“一带一路”税收服务文集

中国税务学会　编

中国税务出版社

图书在版编目（CIP）数据

“一带一路”税收服务文集/中国税务学会编. -- 北京：
中国税务出版社，2018. 4 重印
ISBN 978 - 7 - 5678 - 0647 - 4

Ⅰ. ①一…　Ⅱ. ①中…　Ⅲ. ①税收管理 - 中国 - 文集
Ⅳ. ①F812. 423 - 53

中国版本图书馆 CIP 数据核字（2017）第 314127 号

书　　名：**“一带一路”税收服务文集**
作　　者：中国税务学会　编
责任编辑：王静波　王忠丽
责任校对：于　玲
技术设计：刘冬珂
出版发行：中国税务出版社
北京市丰台区广安路 9 号国投财富广场 1 号楼 11 层
邮政编码：100055
http：//www. taxation. cn
E-mail：swcb@ taxation. cn
发行中心电话：（010）83362083/86/89
传真：（010）83362046/47/48/49
经　　销：各地新华书店
印　　刷：北京京华虎彩印刷有限公司
规　　格：787 毫米 ×1092 毫米　1/16
印　　张：38
字　　数：642000
版　　次：2017 年 12 月第 1 版　2018 年 4 月第 2 次印刷
书　　号：ISBN 978 - 7 - 5678 - 0647 - 4
定　　价：95. 00 元

编辑说明

中国税务学会为响应“一带一路”倡议，自2015年起，持续三年先后在北京、新疆和福建等地多次组织公益性政策宣讲及专题研讨活动，为“走出去”企业了解相关国家税收制度和政策、防范税务风险提供公益性咨询服务，为促进“一带一路”建设和相关税收问题研究发挥了积极作用。

为总结和推广“一带一路”税收服务研究成果，拟将这三年来由中国税务学会组织的研讨会论文、宣讲会相关报告和会议资料汇编成册出版。

书中收录的部分沿线国家和地区税制介绍，是2016年6月中国税务学会与安永（中国）联合举办的“海上丝绸之路税收服务宣讲会”的会议资料，由安永（中国）编写提供。经协商，安永（中国）同意将此部分内容编入本书。在此特表谢意。

参加本书编辑工作的有张木生、王瑾、余东、李扬、冯瑞果、罗力勤、舒启明、焦瑞进、王三川、张美兰、吴鹏、闫海河、张玉梅、王建良、李永梅、苏海欧等同志，由赵景华同志总纂，丘小雄、董志林、吴新联、郝一心同志审核，钱冠林同志审定。

2017年7月

目 录

一、"一带一路"倡议涉税问题研究

二、"海上丝绸之路"税收学术研究

三、“一带一路”部分沿线国家税制介绍

一、"一带一路"倡议涉税问题研究

“一带一路”倡议的税收制度研究

新疆维吾尔自治区税务学会课题组

2013年9月7日，习近平总书记高瞻远瞩，在哈萨克斯坦纳扎尔巴耶夫大学发表演讲时，倡议用创新的合作模式，共同建设“丝绸之路经济带”。随后，2013年10月3日，习近平主席在印度尼西亚国会发表演讲时指出，中国愿同东盟国家加强海上合作，使用好中国政府设立的中国—东盟海上合作基金，发展好海洋合作伙伴关系，共同建设21世纪“海上丝绸之路”。这便是“一带一路”倡议的最初阐释。这预示着中国将更加深入地参与到区域合作进程之中，推动亚洲乃至世界的发展和平进程，形成“政治关系更加友好、经济组带更加牢固、安全合作更加深化、人文联系更加紧密”的合作新格局，无疑是我国的一个战略性决策，在当前我国进入经济新常态时，具有非常显著的意义。

一、“一带一路”倡议的功能和目标

改革开放之后，我国开启了长达30多年的高速增长时期，随着经济发展阶段的不断跨越，中国经济逐渐走向更加成熟的阶段，特别是2013年以来，经济增长逐渐放缓、经济增长率回归至个位数增长，经济发展进入“新常态”的全新发展阶段，这种大环境下，我国须主动适应，大力实施经济结构转型升级，可以说，结构转型升级的成功与否关系到我国经济可持续增长能力的发挥。“一带一路”倡议便是在这种背景下提出的，其本质功能和目标在于创新一种经济合作机制，以服务于我国经济结构转型升级的目标。

第一，“一带一路”并不是一个区域地理概念，而是创造一种新的互利共赢的生产合作机制。在过去30多年的经济增长中，外向型经济成为我国经济增长的重要贡献力量，中国逐渐成为“世界工厂”。在经济发展初期，利用出口导向战略作为拉动国家经济增长的重要战略具有内在必然性；在改革开放初期，通过吸引大量外资，我国的资本短缺状况得到了改善，然而，一旦经济进入更加成熟的阶段，就会凸现一系列问题。首先，依赖资源投入的发展模式加剧了全球资源、能源供应的紧张局面，加剧了人与自然的矛盾，对生态环境保护极为不利，而且也引发了资源、能源产地的社会经济矛盾；其次，随着我国人口结构的不断变化，劳动力优势不再继续保持，这种情况下，产业转移的趋势将加剧，国内很多企业会将资本转移至更具有劳动力优势的地区，例如东南亚、非洲、中亚等；最后，长期依赖于低端制造业获取市场的方式也难以为继，不利于我国企业长期可持续竞争力的培育。

为了应对我国传统禀赋优势不断削弱，以往“大进大出”外向型经济模式难以为继的局面，需要构建新型开放经济格局；在统筹“引进来”和“走出去”、产业升级和产业转移、做强制造业和提升服务业方面构建更加开放的政策体制机制，以服务于我国全面深化改革的大局。

“一带一路”倡议的实施显然能够实现这种功能。它倡导各国互惠互利式的国际分工格局，充分利用各国的禀赋优势。中国不仅仅只进口国外的资源、能源，而是将通过长期发展积累得到的生产能力、技术、资金投入各国，帮助它们打造自身的基础设施，推动中国和各国基础设施的互联互通，培育产业体系，扩大自身的生产能力，增加就业，通过推动产业国际合作，既能帮助中国的先进生产能力推向国外；也能服务于整个世界分工格局，中国也会从中受益，它也必将推动形成新的世界贸易格局。

第二，在中国经济增长不断减速之时，通过“一带一路”倡议的实施寻找、培育新的经济增长点，这是实现中国经济二次起飞的重要动力。过去中国经济发展的突出问题之一就是区域发展不平衡，特别是中西部“老少边穷”地区，当然，这也与当初我国经济发展战略有着紧密关系。先将东部沿海地区发展起来，再带动中西部地区跨越发展，这种梯度发展战略在改革开放以来表现得非常明显。因此，我国目前必须将区域发展不平衡的矛盾和问题作为一个国家战略来加速解决，同时为我国经济增长寻找一条新的可持续道路。中西部地区广阔的土地上大量的基础设施需求有待去填补，东中部地区公共服务均等化的实现需要对中西部地区启动大规模的投资，所以，全国进入新常态并不意味着各省、直辖市、自治区都同步进入，中西部地区还有着强劲的增长潜力可以挖掘。“一带一路”倡议的实施，将中西部“老少边穷”地区的开发开放从改革开放的“大后方”转变为“前沿”，“一带一路”必将成为中西部地区加快发展的主线索，带动经济发展由点及线、由线及面；带动各国深化交通基础设施、贸易与投资、能源合作领域的合作，推动区域一体化进程加快实现。

第三，“一带一路”倡议的实施能够助推中国产业结构升级。过去我们凭借低廉的劳动力价格、廉价的土地资源等低成本优势参与生产的方式已经难以为继，必须利用实施“一带一路”倡议的机遇，带动产业升级，推动我国产业结构“脱胎换骨”。对于一些已经失去禀赋资源优势的产业，如纺织、服装等，通过“一带一路”倡议帮助、鼓励企业通过国际合作找到新的禀赋优势；对于一些仍需要加强的产业，如高新技术，鼓励其通过兼并、收购的方式做大做强，通过“一带一路”倡议寻找国际合作的市场需求空间。

总之，“一带一路”倡议的实施应科学统筹布局，充分发挥各节点的比较优势，形成彼此互补发展的局面，坚持市场导向、政府鼓励，优化政府服务体系，通过市场机制来实现各方共赢。

二、“一带一路”倡议中税制设计所考虑的主要着力点

在“一带一路”倡议实施的过程中，税收制度能够发挥作用的空间非常巨大，我们需要审时度势，积极研究制定支持“一带一路”倡议的税收政策，发挥市场在“一带一路”倡议资源配置的决定性作用。

第一，通过税收政策鼓励、服务企业“走出去”，加大国内资本输出“一带一路”沿线国家的力度。鼓励国内企业去“一带一路”沿线国家兼并、收购相关企业，通过横向或者纵向一体化方式开拓上述市场；鼓励国内企业与“一带一路”沿线国家的企业推动产能合作，将国内部分产能转移至这些国家；鼓励国内企业向“一带一路”沿线国家直接投资，直接设立法人企业或者境外分支机构；鼓励国内企业在“一带一路”沿线国家做大做强，在获取必要收益率的同时，也让投资国得到实实在在的社会经济效益，实现双赢。

目前我国的人均 GDP 已经突破 7000 美元，很多省份甚至达到 1 万美元以上，在这个经济发展阶段，我国的资本全球化程度不断加速。据商务部发言人的数据，2014 年我国的实际对外投资已经超过利用外资的规模，中国已经成为资本的净输出国。因此，在“一带一路”倡议的税制设计实施过程中，应顺应资本输出的大趋势，税制设计的着力点应放在鼓励国内企业走出去，更多地服务于国家战略，更好地让“一带一路”沿线各国分享中国的资金、

市场、技术、管理、人才等方面，探索创新税收政策的支持机制。这既是企业自身发展的需要，也是适应国家和平崛起的需要。

第二，加强税收协定的谈判和执行力度，让“走出去”企业的经营成果“回得来”，通过中外双边或者多边磋商解决国内投资者在“一带一路”跨国经营中的双重征税问题，保护投资者的合法权益。中国要做一个负责任的大国，目前我国在全球地位中的角色已经悄然转变，可以肯定的是，未来一段时间内，我国不仅会吸引较多的外资，而且对外投资和资本输出的增长率会更高。这种情况下，与“一带一路”沿线各国紧密、友好磋商，紧紧把握税收协定这个国际通行的法律制度工具，才能更好地发挥税制在各国互联互通中的中性作用，让国内企业不会因为各国税制差异和税收协定的协调不到位而降低其投资动机。

所以，税务机关应及时帮助广大纳税人，特别是即将参与“一带一路”倡议实施的企业，了解我国对外签订的税收协定的基本内容，确保按照我国与各国签署的税收协定及相关解释性文件等严格执行双边或多边税收法律文件，加大谈判和签订新税收协定、修改现有税收协定的力度，最大可能地减少涉税争议，及时了解并掌握参与投资“一带一路”沿线国家的企业涉税诉求，帮助这些企业与上述各国共同协商涉税争议问题。

第三，通过税收政策设计加强交通、能源、邮电通信等基础设施的互联互通，这些方面将成为“一带一路”倡议的重要领域。鼓励国内企业投资“一带一路”沿线国家的各项基础设施项目，如能源资源陆上通道，建设一批事关地缘战略的能源基地，建设重要交通枢纽中心和商贸物流中心，推动国内与这些国家基础设施的互联互通，激发社会资本长期参与基础设施的热情，鼓励社会资本扎扎实实做基础设施投资，通过不断扩大再生产，扎根于“一带一路”。创新支持基础设施建设的税收政策，按照上述方向和思路对从事交通、能源、邮电通信等基础设施项目投资经营所得设计相应的国内企业所得税优惠政策。

第四，应逐步降低关税等贸易壁垒，甚至建立特别监管区，强化“一带一路”沿线各国之间的贸易与投资便利化。要在“一带一路”战略实施过程中，将贸易与投资便利化作为税收政策设计的着眼点，降低在关税、增值税或者消费税等领域的贸易壁垒，推动各国贸易制度的同一化、互联互通，为贸易与投资的正常开展营造一个便利的制度环境。除了加快保税区建设步伐之外，还要按照“资本输出”思路探索建立新型贸易特别监管区。

第五，从远期来看，推动“一带一路”沿线国家之间税收制度的协调，推动一体化，应使各国税收制度在区域一体化进程的“中性”作用更强。中国要做一个负责任的大国，从“一带一路”的倡议构想来看，沿线各国各种要素资源的互联互通是战略实施的重点，因此，应建立一套各国相似的规则，其中就包括税制的同一化。所以，从远期来看，建立“一带一路”沿线国家税制改革的相互沟通机制，推动“一带一路”沿线各国税制的同一化应成为战略实施的重要发展方向。在此基础上，各国应协商建立一套跨国投资的税收分配机制，既能惠及母国，也能够让东道国享受相应的税收利益。

第六，加强各国间的税制征管协调，强化各国的国际反避税合作，有效应对税基侵蚀和利润转移，注重保护各国的合法税收权益。在“一带一路”倡议实施过程中，随着区域一体化、经济全球化进程的加快，维护“一带一路”沿线国家之间正常的生产要素流动秩序；同时加强对税基侵蚀和利润转移的监测和控制，加强各国税制协调，共同完善税收征管制度，加强情报信息交换，有效应对这个问题对各国税务机关带来的挑战十分重要，应避免“一带一路”战略成为新的税收侵蚀对象。

三、“一带一路”倡议税制的基本思路和主要内容

“一带一路”倡议税收政策的设计应该紧紧围绕“一带一路”倡议的功能目标来统筹考虑，服务于战略实施的中心大局。

（一）不断完善税制体系，鼓励国内企业“走出去”，参与“一带一路”沿线各国的社会经济发展

现行《中华人民共和国企业所得税法》第二十三条、第二十四条明确了已在境外缴纳所得税抵免的相关规定，而且出台了《财政部　国家税务总局关于企业境外所得税收抵免有关问题的通知》（财税〔2009〕125号）（以下简称财税〔2009〕125号文件）作为企业所得税法的补充法规。

然而，现行制度仍有许多方面的问题需要解决：

一是现行制度分国（地区）别计算当期实际可抵免的境外所得税税额和抵免限额，按照国（地区）别分别抵免。而且“在汇总计算境外应纳税所得额时，企业在境外同一国家（地区）设立不具有独立纳税地位的分支机构，

按照企业所得税法及其实施条例的有关规定计算的亏损，不得抵减其境内或他国（地区）的应纳税所得额，但可以用同一国家（地区）其他项目或以后年度的所得按规定弥补”。

这个规定通常被称为“分国不分项”原则，其目的是防止境内企业通过在境外不同国家设置分支机构来实现不合理的商业目的（如避税）。由于境外分支机构与境内总机构之间无法实现盈亏互补，而很多“走出去”企业往往在设立境外分支机构初期较容易发生亏损，因此，这种规定不利于“走出去”企业在境外市场站稳脚跟。此外，财税〔2009〕125号文件第九条对超抵免限额的结转进行了规定，抵免限额按照分国（地区）别进行，超出抵免限额的部分结转也只能分国（地区）别进行，即现行规定禁止以一国的抵免限额去抵补另一国的超出抵免限额部分。这种做法没有统筹考虑“走出去”企业在境外各分支结构的盈亏状况，也不利于提高“走出去”企业的生产经营能力。

二是现行“走出去”的税收政策缺乏明确的产业、区域导向，不利于境内企业在实施“走出去”时全面把握相关的产业投资和区域投资风险。向国内企业提示产业投资和区域投资风险，并以税收法律法规的形式引导企业境外投资行为本身应属于公共服务范畴。

三是财税〔2009〕125号文件第三条第一款规定，“居民企业在境外投资设立不具有独立纳税地位的分支机构，其来源于境外的所得，以境外收入总额扣除与取得境外收入有关的各项合理支出后的余额为应纳税所得额。各项收入、支出按企业所得税法及其实施条例的有关规定确定”。这意味着，国内企业在境外设立的分支机构所发生的成本费用，须按照国内税法规定标准进行调整，然而，各国会计制度差别很大，成本费用计算的标准不一。企业既要按照投资国的会计制度进行核算，又要按照国内的会计制度和税法口径进行调整，显著增加了“走出去”企业的经营负担，造成了境外分支机构与境外本土企业竞争的不公平。

因此，针对上述问题，应改进现行“走出去”税收制度，让“走出去”更加便利：

第一，制定并优化更具有政策导向的“走出去”税收优惠制度。应根据我国国内产能国际合作的现实状况，以国家产业规划为机遇，对一些符合国家产能国际合作方向的企业在境外实现的所得，实行减免税、加计扣除、再投资退税、延期纳税等，以鼓励国内企业进行产能国际合作。此外，鼓励基础设施投资，将加强国家间的基础设施互联互通作为税收制度优惠的重要方面，要对此专门制定关于“一带一路”沿线各国基础设施投资的各项直接和间接税收优惠政策，例如为了鼓励企业在境外扎根，开展持续的基础设施投资，可以用再投资退还企业所得税的方法予以鼓励。

第二，鉴于“走出去”企业在设立境外分支机构初期较容易发生亏损的现实情况，可以设立一定的时期，允许境内总机构和境外各国（地区）的分支机构的投资盈亏之间相互弥补。

第三，解决“走出去”企业境外会计核算成本较高的问题。可以尝试在“走出去”企业进行境外分支机构应税所得申报时，按照投资国的会计准则和税法口径进行申报纳税，并按照各投资国的标准计算抵免限额。

（二）不断完善税收协定，服务于“一带一路”倡议实施

国际税收协定是处理国际税收问题的基本准则，其最终功能在于发挥税收对跨国经营行为的中性作用，有效消除双重征税现象的发生，减少国际税制不一致对经济活动带来的不利影响，并帮助跨国企业有效解决跨国经营活动的税务争议。

然而，很多“走出去”企业对税收协定的程序和功能并不十分了解，在投资于东道国之前，没有事先深入了解其税收制度和税收协定执行程序，导致自身的合法权益受到某种程度的侵害。此外，虽然“一带一路”沿线国家也有着吸引外资的优惠政策，但是部分国家与我国签订的税收协定中仍然缺乏税收饶让的条款，这事实上使得国内企业没有充分享受到东道国的税收优惠政策。

针对未来企业要参与“一带一路”建设中，我国税务机关必须及时与沿线国家之间建立专门的涉税事项纠纷解决机制，开通专门通道，及时满足“走出去”的中国企业的涉税诉求。税务机关也要帮助即将“走出去”的企业了解东道国的税制体系和税收征管体系。另外，还应对已有税收协定进行不断完善，将税收饶让条款及时加入其中，确保国内企业能够实际享受到东道国的税收优惠条款。

（三）协调各国降低关税，推动“一带一路”沿线国家的贸易和投资便利化

“一带一路”倡议实施的战略目标之一是推动沿线国家的贸易和投资便利

化，但沿线国家毕竟都是拥有各自主权的国家，显然各国的关税制度不可避免地会对沿线国家贸易与投资便利化产生不同程度的抑制作用。因此，协调各国的关税制度，降低各国甚至取消相关产品的进口关税便成为“一带一路”促进贸易和投资便利化的重要方向。事实上，第二次世界大战之后形成的关贸总协定以及后来的国际贸易组织所关注的重点就是降低关税壁垒，促进各国贸易和投资的便利化。

如果说，“一带一路”倡议的基础设施互联互通为连通亚洲、欧洲和非洲提供了硬件设施条件，那么协调各国降低关税水平，甚至建立特别关税同盟体系，将成为“一带一路”倡议带动贸易方式变革的重要支点，更加适应于中国和“一带一路”沿线国家产品、技术、服务等价值链的连通。短期内，可以先从沿线国家各自具有禀赋优势的产品先行先试。

（四）推动“一带一路”沿线各国税制和征管制度的一体化

前文也分析到，在推动国内企业向“一带一路”沿线国家“走出去”时，一个至关重要的内容是加强沿线国家税务机关的沟通和交流，特别是针对一些涉税争议的时候，要求东道国和母国税务机关不断协商共同达成共识。而且，“走出去”的企业所面临的涉税问题可能涉及许多环节、许多税种，这就决定了涉税争议的沟通需要制度化、规范化。

“一带一路”沿线国家中，很多国家是发展中国家，市场经济体制并不十分完善，与经济体制相适应的税收制度也就无法匹配“一带一路”倡议的实际需要，其税收征管手段和水平也亟待提高。这种情况下，在“一带一路”实施过程中，我国不仅要帮助国内企业与沿线国家税务机关协商，短期内还要帮助沿线国家培养税收人才，帮助它们提高征管水平。同时，推动中国税务中介机构走出去，利用他们熟悉中国税法规则的优势，服务“一带一路”倡议的实施。

（五）完善反避税体系，加强国际反避税合作

大部分“走出去”企业是具有合理的商业目的，但不排除有些企业具有合理商业目的之外其他动机。而且，由于在现行征管流程中，尚无制定单独对境外投资业务的申报管理文件，只要国内企业履行了外汇管理、商务等部

门的登记程序之后，不需要在税务机关履行相关备案程序，这种情况下，税务机关难以全面了解、掌握国内企业在境外投资经营的具体状况，难以核实国内企业境外分支机构纳税申报是否准确，这给避税行为带来了一定的空间。

因此，不断完善并建立一套由税务机关参与、各部门联合的国内企业境外经营信息管理体系，具有非常显著的迫切性。税务机关应从各个信息渠道了解、掌握国内企业境外经营的涉税信息，并动态完善，最终形成一个能够适应于纳税评估和税务稽查的税收管理体系，通过数据分析来辨别跨国利润转移行为，依托现有大数据和云计算体系，按照年度来分析国内企业境外投资经营的涉税风险。此外，还应加强国际反避税合作，建立各国之间的定期情报交换制度，来促进各国反避税工作的开展。

参考文献

[1]“加强‘走出去’企业税收服务与管理的路径选择”. 乌鲁木齐地税局网站［EB/OL］. http：//ts. wlmqtax. gov. cn/n7380/n1246580/n1246599/n1246606/11105775. html.

[2] 冯立增. 利用税收协定　维护“走出去”企业权益［J］. 中国税务，2010（6）.

[3] 孙玉刚. 国际税收协定与反避税［J］. 涉外税务，2007（4）.

[4] 王开智. “走出去”企业涉税风险与防范［J］. 涉外税务，2012（1）.

[5] 张建红，周朝鸿. 中国企业走出去的制度障碍研究——以海外收购为例［J］. 经济研究，2010（6）.

（课题组指导：安体富
课题组组长：阿不都克里木·买买艾力
课题组成员：蒋　震　孙　敏　李希将
主要执笔人：蒋　震　孙　敏　李希将）

从产业税收的发展看成都国际铁路港建设对接“一带一路”

成都市税务学会课题组

成都国际铁路港是四川省实施国家“一带一路”倡议的重要支点，开行了国内目前运行时间最短、吞吐量最大的“中欧班列”和直达中亚五国的“中亚班列”，成为联通欧亚的“双黄金通道”。目前，“中欧班列”的终点已从波兰罗兹一个落脚点延伸到德国纽伦堡、荷兰蒂尔堡，成功辐射法国、意大利等主要消费品的生产国。借助“一带一路”倡议契机，成都大力实施“蓉欧+”战略，让这条国际物流大通道的功能辐射到了国内国际更多地区，构建起成都乃至四川面向欧洲的国际铁路物流枢纽，进一步促进了内陆开放型经济建设。

经济决定税收，地方经济又好又快的发展是税收持续增长的“原动力”；税收又反作用于经济，税收持续增长是地方经济稳定发展的“助推器”。立足“十三五”规划开启之年，四川如何将成都国际铁路港建设与“一带一路”发展规划有机结合，进一步转变经济增长方式，大力发展优势产业，保持经济又好又快发展，实现产业经济与税收优化升级，是亟待深入研究的问题。

一、国际铁路港建设对接“一带一路”的税收效应

（一）理论效应分析

国际市场的开拓与运输通道的畅通可有效扩大进出口商品的种类和数量，促进国内制造业和商贸业的发展，不仅增大流转税和所得税等税收收入，还将在一定程度上增加进口环节关税收入。从目前实际状况看，成都国际铁路

口岸进口产品主要包括饮料、食品、家具及汽车等，出口商品主要包括手机、电视、显示器等。随着铁路口岸建设的不断推进，进出口商品种类将逐渐丰富，数量也日益增多，地方经济将得到进一步发展，届时，产业税收效应将更为凸显。

成都国际铁路港建设已上升为省市重大战略项目，铁路港口的发展需要完善的交通基础设施作为保障，因此在很大程度上将带动地区工业、房地产业、建安业、仓储业的发展，直接增加耕地占用税、契税、增值税、房产税、土地使用税等税收收入，间接促进所得税税收收入增加。目前，借助“一带一路”倡议契机，结合成都国际铁路港建设实际，成都积极拓展“蓉欧+”的辐射范围，修建铁路运输专线，完善物流园区建设，构建区域供应链合作机制，必将在很大程度上带动地方经济发展，促进税收收入增加。

国际货运班列的开行将直接促进地区物流业、仓储业、装卸搬运行业的发展，进一步扩大增值税、房产税、土地使用税、印花税和企业所得税税源。目前，成都国际铁路港已开通至上海、广州、深圳、厦门、泸州、万州等地的铁路集装箱班列，“中欧班列”国内端已开行“厦蓉欧”“甬蓉欧”“昆蓉欧”班列，国外延伸至德国纽伦堡，并将逐渐延伸至荷兰蒂尔堡；同时，“厦蓉欧”即将连接海上丝绸之路，进一步延伸至东盟经济体。“中欧班列”发车频率已实现去程每日一班，回程达“去6回4”的发车比例，随着铁路港的逐渐发展，这一频率还将不断改写，对物流及仓储产业经济和税收的贡献也将日益扩大。

建设国际枢纽型铁路口岸，必须加强港口的专业化、规模化和多元化发展。成都国际铁路港口已实现了铁路货站、物流基地、国际口岸、保税物流、临港工业区、商业集贸区无缝衔接模式，不仅带动了区域工业及物流业的发展，更有力地促进了住宿、餐饮、娱乐、商务咨询等服务行业的发展，为地方经济发展注入了新的“血液”，有效地促进了税收收入增加。

（二）实证效应研究

由于成都国际铁路港建设处于起步阶段，产业及税收效应尚不明显，因此，本文采用比较分析法和灰色关联分析法相结合的方法，通过对四川产业经济及税收与重庆市的对比分析，探析重庆市建设国际铁路口岸对经济及税收的激励作用，从而证明铁路口岸建设能够带来良好的经济及税收效应。之所以选择重庆市作为对比对象是基于以下原因：①重庆具有与四川相似的国际铁路班列“渝新欧”；②重庆的经济发展水平与四川较为一致；③重庆的交通地理位置和四川大致相当；④重庆的人文社会环境等综合因素都与四川高度类似等。除此以外，自2011年初至今，重庆至德国的“渝新欧”国际铁路货运班列已开通5年多，运行稳定，产业税收效应也初具规模。因此，将其作为税收效应评估对象，从而为成都国际铁路港的发展提供借鉴意义，具有较强的可行性和理论实践价值。

1. 直观效应分析

（1）经济发展比较分析。表1数据显示，2005—2010年，四川省GDP增长幅度与重庆市较为接近，从2011年开始，重庆市经济发展出现了一轮新高潮，当年GDP增幅达到了26.32%，远超过四川省22.35%的增幅，而这一年正是重庆“渝新欧”国际铁路班列开通的一年，此后，重庆经济发展一路高歌猛进，每年GDP增幅均高于四川，这说明重庆国际铁路口岸的建设带动了经济的快速发展。

（2）税收发展比较分析。从税收收入看，在2010年以前，四川省税收收入增幅曾一度高于重庆市，但从2010年开始，重庆税收收入来了个“大反超”，当年超过四川税收收入增幅近10个百分点，此后也一直保持较高的增长速度。2005—2014年，四川省税收收入增幅为469.51%，而重庆税收收入增幅达555.75%，远超四川增幅。同时在近十年里重庆市年税收平均增幅也较四川省高了近1个百分点。综上可以说明，重庆市经济及税收快速发展在一定程度上受到该市国际铁路港口的建设与发展的积极影响。

表1　　四川与重庆经济及税收发展状况①　　单位：亿元

年度	地区生产总值				税收收入			
	数额		增长率		数额		增长率	
	四川	重庆	四川增幅	重庆增幅	四川	重庆	四川增幅	重庆增幅
2005	7385.10	3467.72	15.76%	14.27%	712.68	340.76	23.54%	15.98%
2006	8690.24	3907.23	17.67%	12.67%	887.39	411.64	24.51%	20.80%

① 数据来源：历年《中国税务统计年鉴》、2015年《四川省统计年鉴》、2015年《重庆市统计年鉴》。

续表

年度	地区生产总值				税收收入			
	数额		增长率		数额		增长率	
	四川	重庆	四川增幅	重庆增幅	四川	重庆	四川增幅	重庆增幅
2007	10562.39	4676.13	21.54%	19.68%	1152.31	537.11	29.85%	30.48%
2008	12601.23	5793.66	19.30%	23.90%	1381.78	678.38	19.91%	26.30%
2009	14151.28	6530.01	12.30%	12.71%	1611.52	787.23	16.63%	16.05%
2010	17185.48	7925.58	21.44%	21.37%	2072.87	1084.80	28.63%	37.80%
2011	21026.68	10011.37	22.35%	26.32%	2691.55	1423.53	29.85%	31.23%
2012	23872.80	11409.60	13.54%	13.97%	3332.52	1679.54	23.81%	17.98%
2013	26392.07	12783.26	10.55%	12.04%	3745.86	1937.71	12.40%	15.37%
2014	28536.66	14262.60	8.13%	11.57%	4058.82	2231.13	8.35%	15.14%
平均	16071.23	7618.34	16.26%	16.85%	2020.38	1036.88	21.75%	22.71%

(3) 产业经济发展对税收的影响分析。从产业经济及税收发展看，2005—2014年，重庆市GDP增长了311.30%，税收收入增长了555.75%。其中，第三产业GDP增幅最大，达到了363.27%，其税收贡献率也最高，2014年达到了19.46%，这意味着第三产业1元钱的GDP贡献了0.19元的税款金额。

表2　重庆市产业经济及税收发展状况①　单位：亿元

年度	第一产业			第二产业			第三产业		
	GDP	税收收入	税负	GDP	税收收入	税负	GDP	税收收入	税负
2005	463.40	0.00	0.00%	1564.00	158.60	10.14%	1440.32	182.16	12.65%
2006	386.38	0.00	0.00%	1871.65	248.55	13.28%	1649.20	163.09	9.89%
2007	482.39	0.01	0.00%	2181.82	317.37	14.55%	2011.92	219.73	10.92%
2008	575.40	0.72	0.13%	2586.58	367.06	14.19%	2631.68	310.60	11.80%
2009	606.80	0.25	0.04%	2938.67	402.43	13.69%	2984.54	384.56	12.88%
2010	685.38	0.72	0.11%	3531.10	559.87	15.86%	3709.10	524.20	14.13%
2011	844.52	1.27	0.15%	4462.81	672.14	15.06%	4704.04	750.13	15.95%
2012	940.01	3.96	0.42%	5174.81	739.57	14.29%	5294.78	936.01	17.68%

① 数据来源：历年《中国税务统计年鉴》、2015年《重庆市统计年鉴》。

续表

年度	第一产业			第二产业			第三产业		
	GDP	税收收入	税负	GDP	税收收入	税负	GDP	税收收入	税负
2013	1002.68	2.22	0.22%	5812.29	826.05	14.21%	5968.29	1109.44	18.59%
2014	1061.03	2.37	0.22%	6529.06	929.99	14.24%	6672.51	1298.77	19.46%
平均	704.80	1.15	0.13%	3665.28	522.16	13.95%	3706.64	587.87	14.40%

图1更直观地反映了重庆市产业经济及税收的增长趋势，从中可得出以下结论：

一是重庆市国际铁路口岸的建设对经济及税收发展具有积极影响作用。图1中显示从2009年开始，重庆产业经济及税收的发展趋势更为突显，此时正是重庆铁路港建设的白热化时期。

二是产业经济与产业税收存在一定程度的关联度。从图1中可以看出，重庆市各产业税收的增幅与经济发展速度保持同步趋势。其中第三产业的发展速度最快，同时该产业税收增长速度也较快，在2010年后已高于经济发展速度，这充分说明铁路港的建设与运行促进第三产业的税收贡献度在不断增加。

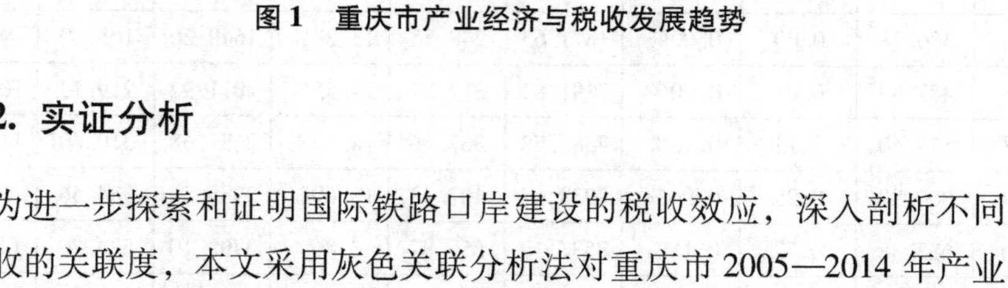

图1　重庆市产业经济与税收发展趋势

2. 实证分析

为进一步探索和证明国际铁路口岸建设的税收效应，深入剖析不同产业与税收的关联度，本文采用灰色关联分析法对重庆市2005—2014年产业经济及税收的关联度进行研究。灰色关联分析方法是根据因素之间发展趋势的相似或相异程度，亦即“灰色关联度”，作为衡量因素间关联程度的一种方法。若两个因素变化的趋势具有一致性，即同步变化程度较高，就称二者关联程度较高；反之，则关联度较低。其基本思路是将评价指标原始观测数据进行无量纲化处理，计算关联系数、关联度以及根据关联度的大小对待评指标进行排序。该方法的优越性在于：

（1）税收收入与GDP之间的关联性难以断定为线性或者非线性，灰色关联分析法则回避了这一问题，不需要对各因素之间的线性关系进行要求。

（2）税收收入的影响因素较多，经济发展只是其中一项主要指标，除此以外，国家税收优惠政策力度、税收征管努力程度、企业纳税遵从度、社会综合治税环境等都是税收收入的影响因素，灰色关联分析法可以实现在不考虑其他影响因素的情况下，对GDP与税收收入的关联度进行研究。

（3）本文进行实证研究的目的是探析不同产业经济与税收的关联度，灰色关联分析法的原理即是“用因素之间发展趋势的相似或相异程度来衡量因素间的关联程度”，刚好符合本文的调研需求。

（4）不同于回归分析和主成分分析等研究方法，灰色关联分析法对样本的需求量小，这刚好适合铁路港建设发展时间不长这一实际状况。

本文选取重庆市2005—2014年十年的税收及GDP数据，进行灰色关联分析。选取税收收入作参考序列X_0，第一、第二、第三产业GDP数据为比较数列X_1，X_2，X_3。研究过程如下：

（1）为保证不受数据单位和数量级影响，需要对原始数据进行去量纲化处理。在此采用均值化法，即将各个序列每年的数值与整条序列的均值的比值作为新的序列，分别记作Y_0，Y_1，Y_2，Y_3。

（2）计算每个比较序列Y_1，Y_2，Y_3与参考序列Y_0的灰色关联系数。由此得到比较序列Y_1，Y_2，Y_3与参考序列Y_0的灰色关联系数$\xi_i(k)$。

（3）因为关联系数不止一个，信息过于分散不便于进行整体性比较。因此求其平均值作为比较数列与参考数列间关联程度的数量表示，关联度公式如下：

$$Y_{0i} = \frac{1}{N}\sum_{k=1}^{N}\xi_i(k)$$

根据以上步骤，最终计算得到重庆市税收收入与三大产业GDP关联度为：$\gamma_{01}=0.59$，$\gamma_{02}=0.72$，$\gamma_{03}=0.77$。

关联度值越接近1说明相关性越好。据此可知，在2005—2014年期间，重庆市产业经济与税收存在一定的关联度，其中第三产业的GDP对税收收入影响最大，其次是第二产业。

为进一步探究与铁路港建设相关的各行业经济与税收关联度，尽量发掘促进铁路港发展的优势产业，结合上述研究，本文再一次运用灰色关联分析法对交通运输业、批发零售业、住宿餐饮业、建筑业、房地产业的经济与税收关系进行关联度分析。结果显示上述各行业与税收的关联度分别为：

$$\gamma_{01}=0.76,\ \gamma_{02}=0.75,\ \gamma_{03}=0.70,\ \gamma_{04}=0.72,\ \gamma_{05}=0.83$$

结果显示，在与铁路港建设密切相关的几大行业中，房地产业的发展产生的税收边际效应最大，其次是交通运输业。不过由于此次研究采用的样本数据是2005—2014年，这两大主力行业创造的税收收入主要体现在营业税上，营改增后，其税收效应肯定会产生一定变化。因此，该实证研究具有一定的时效性和相对性，存在相应的不足之处，也是本课题下一步继续研究和努力的方向。

二、成都国际铁路港建设对接"一带一路"的优势及劣势

（一）发展优势

1. 政府主导优势为铁路港的建设提供强大的"牵引力"

为加快实施自由贸易区战略，积极参与全球经济治理，我国不断加强基础设施互联互通，深化与"一带一路"沿线国家经贸合作，扎实推进中巴、孟中印缅经济走廊建设，努力扩大国际合作与交流，为各地契合"一带一路"倡议提供了良好机遇。目前，四川已形成"全川共建"的铁路港发展模式，以"交通先行"战略为依托，以"加快高铁建设"为着力点，全面推进四川融入国家"一带一路"倡议。成都也紧抓时代机遇，率先提出建设由成都、重庆、西安、昆明四大城市共同构建的"成渝西昆菱形（钻石）经济圈"，推进地区经济协调发展。同时，加快交通基础设计建设，完善促进铁路港发展的物流体系，协调铁路货运资源，以此更好地实现"长江经济带"倡议和"一带一路"倡议的互联互通，为成都国际铁路港的发展提供强大的动力。

2. 区位和交通优势为铁路港的建设提供充足的“自动力”

成都是继北京、上海、广州之后全国第四个区域物流中心，也是我国西部地区重要的经济商贸中心和交通枢纽地带。作为我国“一带一路”和“长江经济带”建设两大战略的集结地，成都占据得天独厚的区位优势，已形成南接“南丝绸之路”和“海上丝绸之路”，北连“北丝绸之路”，东对“长江经济带”的良好地缘经济形势，成为四川建设开放型经济的重要突破口。自2015年成都全力实施“蓉欧+”战略以来，成都国际铁路港的发展已取得了突破性发展，其交通优势更为突出。从国内看，目前已开通了“昆蓉欧”（昆明至成都）、“甬蓉欧”（宁波至成都）和“厦蓉欧”（厦门至成都）国内班列，从而实现了成都国际铁路港覆盖长三角、珠三角和环渤海经济圈的目标，不仅成为成都眺望世界的“第二只眼”，也让国内更多城市搭上了通往欧洲的便捷“顺风车”。从国外看，目前成都国际铁路港“中欧班列”的欧洲终点站已经由波兰罗兹延伸至德国纽伦堡、汉堡和荷兰蒂尔堡，不断缩短中欧市场的距离，推动成都全面构建连接欧洲、泛亚的门户枢纽城市，有力促进了铁路港的进一步发展壮大。

3. 良好的国际合作态势为铁路港的建设提供强劲的“拉动力”

随着“一带一路”倡议的实施，我国不断深化与沿线国家的经贸合作，有力地推进了开放型经济建设发展。据统计，2014年我国对“一带一路”沿线国家的直接投资达136.6亿美元，占全国对外直接投资总额的11.09%，年末存量达到924.6亿美元，占对外直接投资存量总额的10.48%。截至2015年11月底，我国正在建设的境外经贸合作区达到75个，其中53个分布在“一带一路”国家和地区；通过验收的合作区有13个，其中10个分布在“一带一路”国家和地区。[①] 从进出口贸易看，近年来，在全球经济下行趋势下，我国进出口贸易增速大幅减缓，但与“一带一路”沿线国家的经贸往来仍然呈现快速发展趋势。2014年我国对“一带一路”沿线国家和地区进出口总额达到11204亿美元，占全国进出口总额26.1%，较上年增长7.68%（见表3）。[②]

---

① 数据来源：商务部《2015年中国对外投资发展报告》。

② 数据来源：中国国际贸易研究中心与瀚闻资讯《“一带一路”沿线64个国家产业合作报告》。

表 3　　我国“一带一路”沿线 64 个国家进出口贸易情况　　单位：亿美元

贸易	2012 年		2013 年		2014 年	
	金额	增幅	金额	增幅	金额	增幅
进口	5013	10.37%	5691	13.52%	6370	11.93%
出口	4585	4.23%	4714	2.81%	4834	2.55%
合计	9598	7.35%	10405	8.41%	11204	7.68%

从成都国际铁路港发展实际看，中欧、中亚良好的经贸关系为铁路港的建设提供了强大的支撑。2014 年，欧洲成为中国对外投资增长率最高的地区之一，增长率达到 82.2%，投资对象主要分布在俄罗斯、德国、英国、荷兰和卢森堡，投资行业主要包括租赁和商务服务业、金融业、制造业、采矿业和批发零售业；2014 年，中国对亚洲直接投资流量达到 849.9 亿美元，同比增长 12.4%，占中国对外投资流量总额的 69%，其中多个主要投资国都属于“中亚班列”和“中欧班列”的沿线国家，如哈萨克斯坦、土库曼斯坦等。同时，中国对亚洲的工程承包业务保持持续增长，2014 年新签合同金额 842.2 亿美元，同比增长 18.7%。随着中国“一带一路”倡议的实施和推进，中欧、中亚的贸易合作关系将得到进一步加深，为成都国际铁路港的发展提供更好的机遇。

4. 地区商贸及产业迅速发展为铁路港的建设提供持续的“推动力”

良好的商贸及产业优势是地方经济持续发展的核心竞争力，能够带动地方经济不断创新发展。从我国宏观经济发展角度看，随着产业结构不断调整优化，东部的产业逐渐向中西部转移，成为四川乃至整个中西部地区经济发展的新机遇。同时，从成都国际铁路港发展现状和“一带一路”沿线国家实际需求看，电子产品、建筑材料、石油设备等产品将成为未来一段时间主要出口货物，这些产业恰好也是成都经济的优势产业，具有较大的发展空间。随着铁路港口的不断发展，四川已经在很多产业上与“一带一路”沿线国家找到结合点，共同建成了不少合作产业园，为成都国际铁路港的持续发展提供充足的动力。四川省《“十三五”规划》明确提出要推进开放合作载体建设，规划建设国家级中德产业园、中韩创新创业园，支持中法、东盟等国别产业合作园区发展，打造具有示范效应和国际影响力的开放合作平台。

表 4　四川省与“一带一路”沿线国家和地区合作项目情况（部分）

“引进来”项目情况		“走出去”项目名称	
项目名称	项目地点	项目名称	实施主体
新川创新科技园	成都市天府新区	老挝钾盐矿开发二期项目	四川省开元集团有限公司
川法生态科技园	成都市天府新区	新加坡航空培训基地项目	四川海特集团高新技术股分有限责任公司
中法成都生态园	成都龙泉驿区	土库曼斯坦天然气产能建设项目	中国石油集团川庆钻探工程有限公司
中德中小企业产业园	成都市蒲江县	印尼燃煤电站项目	中国成达工程有限公司
中德应急产业园	四川省德阳市	俄罗斯楚瓦什农业项目	四川西林进出口贸易有限公司
东盟国际产业园	四川省遂宁市	白俄罗斯工业园项目	成都市新筑机械股份有限公司等

此外，独有的物流口岸让成都国际铁路港成为了投资热土，美国安博物流、澳大利亚嘉民集团和赛伯乐投资集团、新加坡丰树集团以及上海宇培等多家国内外知名企业先后入驻。DHL 全球货运、联想也分别与成都市口岸与物流办签署了《中欧物流通道建设合作备忘录》，标志着成都国际铁路港与国际性大型企业之间进入了深度合作阶段，以蓉欧快铁为主线构建国际区域经济合作新格局，以物流为杠杆撬动产业转移，依托“蓉欧+”战略品牌为中欧经济发展注入新的动力，有地推动了中欧贸易向纵深发展，为铁路国际铁路港的建设提供了持续的“推动力”。

（二）发展劣势

1. 国家宏观政策的调控作用尚不突出

一方面，“一带一路”倡议是我国促进国民经济发展的重大战略部署，但截至目前仍缺乏具体的明确清晰成体系的战略实施方案。面对众多不同政治体制、经济体制和文化体制的“一带一路”沿线国家，没有针对投资目标、投资产业、投资规模提出意见性建议和战略规划，不仅容易造成各地盲目投资，浪费资源，甚至还可能出现恶性竞争状况。从成都国际铁路港建设来看，由于缺乏国家层面战略性指引，更多的只是依靠地方政府牵头开展建设工作，一方面面临着巨大的竞争压力，既不能很好地发挥优势产业的助推效应，也制约着“走出去”企业的跨国投资经营活动；另一方面外交话语权不足，主导力量较弱，从而影响战略的制定和实施。

另一方面，国家对西部地区财税扶持政策也未体现出明显的引导作用，既不利于西部地区吸引优势资源，也不利于打破东西部经济不平衡目标的实现，影响地区经济发展。从税收角度看，目前我国实行分国不分项的税收抵免法，“中欧班列”和“中亚班列”沿线国家很多属于低税率国家，我国虽然已与其签订了税收协定，但还主要停留在情报交换等初级合作阶段，相互给予的税收饶让条款较少，抵免法消除重复征税不彻底，不利于“走出去”企业参与国际竞争。对于跨国企业来讲，缺乏“走出去”的吸引力，从而影响铁路口岸的快速发展。

2. 铁路运输的固有特性制约着物流集货能力

成都国际铁路口岸建设最大的优势就是西部铁路物流中心的建成，“蓉欧快铁”及“中亚班列”的有序正常运行标志着成都乃至四川地区成为连接欧洲的交通枢纽，其战略地位不言而喻。但同时，铁路运输因其固有的特性也在一定程度上影响了市场竞争力，降低了物流集货能力。

从几种常见国际运输方式比较来看，铁路运输的优势和劣势都较为明显。其优势主要表现在运量较大、速度较快、受自然因素影响小、连续性较好等方面；但其劣势也较为明显，突出表现在运输成本较高、灵活性不够。这是因为铁路货运成本最显著的特点是包含很大部分“与运量无关”的成本费用，如线路、通信设备、大型建筑物、技术建筑物的运用、维护费用，以及管理人员工资等，占铁路货运成本的较大比例。“蓉欧快铁”通行时间已有三年多，目前虽然已达到每日一班，但发车频率明显与国际铁路口岸的发展定位不符，同时回程班列还处在“去六回四”的阶段，即每月至少有10天的回程班列是空车，无形中加大了铁路单位运输成本。

综合来看，铁路运输的市场定位较为清晰，且运输货物范围较为狭窄，即适合运输大型笨重、时间要求较高、附加值较大且需长途运输的货物，对其余性质的货物运输则不具备竞争优势，由此在很大程度上影响了物流集货能力。

表 5　　常见国际运输方式特点比较

比较项目	按顺利排列
运量	从大到小：海运—铁路—航空
运输价格	从大到小：航空—铁路—海运
灵活性	从大到小：航空—铁路—海运
稳定性	由强到弱：铁路—航空—海运
运输速度	由快到慢：航空—铁路—海运
连续性	由好到差：铁路—航空—海运

3. 产业集群助推铁路港建设的积极效应尚不明显

良好的产业集群能够保持持续创新的区域竞争力动态优势，为铁路港的建设提供基础保障和创新动力。目前成都国际铁路港已初步形成了工业区、现代物流与商贸园区、现代粮食物流加工产业园区、凤凰湖国际生态湿地旅游度假区、龙泉山生态旅游综合功能区、现代农业港等六大产业集群，但并未发挥出应有的集群效应，主要受以下因素影响：一是行业集中度严重不足，产业市场和园区较为分散。受传统工业经济模式影响，地区招商引资未形成绩效评估机制和长远产业规划，加之土地资源有限，导致政府招商引资存在局限性，由此形成较为分散的市场和园区，产业集群效应难以形成。二是市场配套设施未得到保障，影响企业及市场的可持续发展。调研了解到，成都铁路港内个别专业市场的基本配套设施未得到保障，如青龙建材市场的排水问题，万贯五金机电市场（二期）的高压线路改迁问题等，严重影响了项目建设进度。三是市场经济下行趋势造成企业经济效益降低，影响扩大再生产。受宏观经济环境影响，市场持续低迷，铁路港各专业市场拓展压力逐步增大，个别市场正常生产经营活动都难以维持，由此难以形成良好的产业集群效应。

4. 区域同质化竞争带来较大发展压力

在现代商贸物流业蓬勃发展的大潮中，全国各地都纷纷加快本区域的物流业发展规划，抢抓"一带一路"倡议机遇。比如，同处西南地区的重庆，早在 2011 年就开通了直达德国杜伊斯堡的"渝新欧"国际铁路联运，目前中欧班列（渝新欧）已实现常态化开行，开行稳定且效率较高。重庆作为直辖市，具有不可比的政策倾斜优势，同时重庆还是我国西部地区唯一集水、陆、空多种运输方式于一体的内陆港口城市，具有明显的“通江达海”和“水陆联运”的优势。相对而言，成都国际铁路口岸的发展则比较滞后，一是物流集货能力不足；二是地理位置和区位优势相对重庆较弱。因此，成都国际铁路港的发展面临着巨大的交通区位类似的同质化竞争。此外，从中西部来看，地处西北地区的陕西西安，已开通至中亚哈萨克斯坦的货运列车，目前正抓紧开通由西安到中亚的多条班列；地处中部地区的河南郑州也开通了通往德国汉堡的国际铁路货运班列。

三、成都国际铁路港建设对接“一带一路”的战略措施

成都国际铁路口岸的建设涉及宏观经济政策、投资环境、区域竞争、跨国企业经营等多方面因素影响。除以上因素外，产业税收发展还受国家税制、税收征管、纳税服务、国际税收协作等诸多因素影响。因此，促进成都国际铁路口岸建设，推动产业经济与税收协调发展，需要政府部门、税务机关及跨国企业自身共同努力。

（一）政府层面

1. 加强宏观政策调控，做好统筹规划布局

作为四川对接“一带一路”的关键点和着力点，成都国际铁路港的建设需要系统、全面、合理的发展规划，如此才能协调全省优势资源，充分把握“一带一路”倡议机遇，最大化发挥政策引导作用，推动成都乃至四川的整体经济发展。一方面，政府应发挥指导性作用，统筹考虑“一带一路”沿线国家经济发展状况、产业基础条件、投资环境、合作意愿、招商引资政策、财税体制及管理模式、人文社会环境等重要因素，进行战略性规划布局，明确合作范围、合作方式和主导产业，避免在同一国家或者地区建立多个类型一致或相似的产业园区或合作项目，造成国内不同城市为争夺海外资源而过度竞争，影响产业衔接和产能互补的预期目标，从而制约“一带一路”整体发展。另一方面，政府应加大对参与“一带一路”跨国经营的物流及商贸企业

的财税优惠和金融扶持力度，进一步强化宏观政策激励作用，增强企业发展动力，拓宽经济发展渠道，促进国内省市顺利对接国家“一带一路”整体发展计划。

2. 健全招商引资策略，强化铁路运输优势

招商引资关系着地区经济是否具备持续发展的活力，既是区域经济发展的“根本”所在，也是促进内陆城市开放型经济建设的“助推器”。四川建设国际枢纽型铁路口岸，更要注重招商引资战略的实施，积极引进优质项目资源，增强综合投资力度。从成都国际铁路港建设实际来看，目前招商引资存在的最显著的问题是缺乏整体产业规划布局和建设用地供需矛盾突出等，改进和完善招商引资策略已迫在眉睫。一是重视现代产业招商规划。加快制定和完善符合成都国际铁路港建设的现代物流产业发展规划。二是注重规模化企业的引进。应针对性地联系国内外综合性较强的高附加值物流企业，进行点对点招商，着力引进一批产业带动力强、品牌效应较好的投资创业主体，提升成都国际铁路港整体形象和实力。三是加强对具有垄断性物流企业的引进。应结合铁路运输方式的固有特征和成都市经济发展实际，引进具有一定垄断性质的物流企业，如汽车整车、家具、肉类储存运输企业，形成专业化产业集群，建立成都国际铁路港物流体系核心竞争力。四是积极破解用地瓶颈问题。坚持节约用地，招商引资要从依靠优惠的土地、税收等政策的外延招商向依靠高附加值企业的内涵式招商转变，积极推进节约招商方式。

3. 加强优势产业发展，创建合作共赢模式

按照四川省《“十三五”规划》“坚持创新发展，培育经济增长新动力”重要战略指示，大力发展符合铁路港建设的优势产业。从成都国际铁路港沿线国家来看，大多属于发展中国家，正处于工业化进程初期，市场潜力巨大。国际铁路港建设对接“一带一路”，应充分了解和重视沿线国家的发展计划与需求，通过优势产业合作创建和谐共赢局面。从实际看，“一带一路”背景下的优势产业主要包括以下几类：一是“基础设施建设类”。无论从当前发展需求还是长远规划来看，“一带一路”沿线国家对基础设施建设的需求都极为强烈，而我国随着固定资产投资增速趋缓，建筑业及制造业产能过剩的问题会日益突出，“基建输出”不仅能够大幅缓解当前经济压力，还能够创造明显的税收效应。二是“交通运输”类。“一带一路”建设中，交通运输是优先发

展领域，可以加快提升我国与周边国家交通基础设施的互联互通水平，从而实现区域交通运输一体化。道路通带动政策通，从而促进贸易通和货币通，最终达到民心通，实现经济协调发展。三是“能源建设”类。“一带一路”沿线国家大多属于能源输出国，如石油天然气资源丰富，由于这些国家制造业相对落后，所涉及的油气勘探、开发、冶炼、输送等电气设备都严重依赖进口，这将直接利好我国油气设备生产、管道建设等相关产业发展。

4. 改善综合投资环境，促进港口持续发展

一是加强基础设施建设，增强铁路物流中心的辐射能力，建立区域供应链共建机制。四川已将“提升‘蓉欧快铁’国际运输能力”纳入《“十三五”规划》，明确提出建立现代基础设施体系，加快构建以成都铁路枢纽为中心，连通京津冀、长三角、珠三角三大经济圈，衔接“一带一路”国际大通道的铁路运输干线网络。成都国际铁路港建设应积极把握时代机遇，推进“海铁”“铁水”多方联运机制，加大物流基础设施建设，修建铁路运输专线，统筹协调省内交通建设资源。此外，应加强与上海港、天津港、深圳港以及泸州港、宜宾港、乐山港的合作，积极与兰州、上海、昆明等地对接，打通至中亚、东亚和太平洋地区、南亚、西亚、东南亚乃至欧洲开放的战略通道。

二是建立与铁路港配套的多功能区域物流中心，加强物流园区的专业化、规模化和多元化发展。四川省《“十三五”规划》提出要“加快产业园区发展转型，着力打造一批专业化特色产业园区和现代产业基地，推进产城融合、园城互动，创新产业园区发展模式和体制机制，提升产业园区建设管理水平”。成都国际铁路港应抓住发展机遇，推动现代多功能物流产业园区建设，不断完善物流基础设施，建立展会中心和国际商贸流通中心，并充分利用这一载体所形成的信息流、资金流、物流、人流，创造良好商机，拉动贸易、宾馆、餐饮、运输、通讯、旅游等相关产业的发展，促进铁路港的快速发展。

三是加强跨境电子商务的发展。以四川省《“十三五”规划》“推动信息化与经济社会深度融合”为契机，充分运用“互联网+”思维，发展线上线下相结合的电子商务交易模式，加强对跨境资金流的监控，通过多方渠道引进成熟的电商企业，不断推动跨境电子商务的发展。

四是政府应进一步推进体制创新，加强不同部门之间的协作效应。以《“十三五”规划》提出的“加快完善发展新体制”为行动纲领，坚持以简政放权、放管结合、优化服务为方向，改革本地区部门分割的物流管理体制，

以“互联网+”为契机，加强信息化建设，实现国税、地税、财政、交通、海关口岸、检验检疫等部门的有机结合和有效衔接。同时积极搭建集货平台，协调四川及周边地区的关系，增强铁路港的集货能力。

（二）税务机关方面

1. 完善我国税制

一是完善境外税收抵免制度，建议实行多数发达国家普遍采用的综合限额抵免法，并允许企业向前结转抵免限额，提高企业境外所得税的实际抵免额。二是加大对西部地区的税收优惠力度。针对优势产业制定特惠政策，鼓励企业做大做强，进而缩小东西部经济发展差距，促进“一带一路”中东西部均衡发展目标的实现。三是进一步完善与“一带一路”沿线国家的税收协定，加强协作的深度与广度，增加税收饶让和权益保护条款。

2. 强化税收征管

一是优化纳税服务。重视对跨国企业投资前后的税收辅导工作。投资前尽量为企业提供目标国家和地区的各项信息，有针对性地进行纳税辅导和协调工作。投资后应加强交流沟通，帮助企业解决经营中遇到的各种涉税问题，减少税收风险。二是加强信息化网络建设。构建功能强大的“一带一路”税收服务网络，让跨国投资者及时了解外国政府的投资指引、政策法规、招商项目等。畅通网上咨询和服务渠道，帮助纳税人解决海外税务问题和纠纷。三是加强税务人才队伍建设。按照人才兴税的战略规划，通过加强对现有人力资源整合和新招录优越人才相结合方法，加强对综合性税务人才的培养。

3. 优化税收环境

一是与“一带一路”沿线国家建立税收争议解决机制。税务部门要与沿线国家建立双边或多边磋商机制，建立税收协调的专门机构，开通纠纷受理专门通道，帮助解决跨境纳税人的双重征税或税收争议问题。二是与“一带一路”沿线国家建立良好的税务合作关系。加强税务系统高层交流，协调相互立场，防止信息不对称造成的误解，创建“合作共赢”局面。

（三）企业方面

1. 重视投资前调研

对跨国企业来讲，应认真进行投资可行性分析，慎重选择投资地区、投资方向、合作单位以及经营模式等，特别是针对政治局势不稳定和人文环境较为复杂的沿线国家和地区，在进行投资前，更应该进行实地调研，充分了解各种影响因素，最大化减少投资风险。

2. 注重投资产业选择

在政府规划和引导下，结合自身经营实际和铁路港发展需求，合理选择投资行业，如适应铁路运输方式的汽车、家具家电、肉类、食品的进出口商贸及运输行业等，更好地与铁路港发展需求相契合，增强企业市场竞争力。

3. 加强风险防范意识

对于“走出去”企业来讲，不仅需要熟练掌握国内法律法规，更重要的是需要了解投资国的各项政策及要求，加强与投资国家和地区行政管理机关的联系、沟通，同时合理利用税收协定，掌握各种救济渠道，避免产生不必要的投资风险。

4. 建立核心竞争力

核心竞争力是企业形成竞争优势的关键，能推动企业不断向前发展。在当前世界经济一体化发展的大潮中，对于“走出去”企业来讲，更应该认识到建立核心竞争力的重要性。要保持与时俱进、坚持创新、加强人才培养、建立绿色发展方式，不断提高企业的组织竞争力、决策竞争力、员工竞争力以及创新竞争力，从而占领市场竞争制高点，推动企业持续健康发展。

参考文献

[1] 陈丽娟. 关于服务“一带一路”战略的税收思考 [J]. 税收经济研究，2015 (5).

[2] 段水仙. 四川省发展对外贸易促进产业结构升级研究 [D]. 四川师范大学，2015.

[3] 中华铁道网. 青白江坐拥双黄金通道　成都国际铁路港成投资热土 [EB/OL]. http：//www. chnrailway. com/html/20160429/1366111. shtml.

[4] 周晓婷. 我国税收与经济增长的相关性研究 [D]. 镇江：江苏大学，2011.

[5] 谢开华. “251”：四川“一带一路”行动计划 [J]. 四川党的建设（城市版），2015（9）.

[6] 陈实. 新红利“一带一路”四川篇 [J]. 四川党的建设（城市版），2015（6）.

[7] 张雪芹，曹立新. 各种运输方式的技术经济特征比较分析 [J]. 交通与运输，2013（21）.

“一带一路”背景下新疆可再生能源发展研究

乌鲁木齐税务学会课题组

能源是经济发展的基础。新疆有丰富的传统能源，支撑着新疆经济发展、社会稳定。然而随着经济不断发展、城市不断扩大、人民生活水平不断提高，对能源的需求与日俱增。传统能源不可再生性、开发使用传统能源对环境破坏日渐显现，其对人民生活安全的潜在危险不可忽视，对开发利用新的能源需求急不可待。就目前的国内外研究开发的状况看，新疆快速开发利用可再生能源的重点应该是风电、光伏电厂有序开发利用，是满足经济的不断发展、保障能源安全、不断提高人民生活水平的有效途径，这也是新疆电力能源结构调整的一次革命。

一、国内外能源结构研究综述

（一）概述

当前世界能源主要以煤炭、石油、天然气、核能为主。这些常规性能源在世界一次性能源供应中约占87.7%；其中石油占37.3%，煤炭占26.5%；天然气占23.9%；非常规性能源和可再生能源增长很快，但占比保持较低水平，约占12.3%。这些主要能源的不可再生性给世界经济带来潜在风险。

据统计，中国2015年燃烧的煤炭达40亿吨，美国每年燃烧的煤炭达70亿吨，加上石油、天然气、核能，全球200多个国家的用量是惊人的。有人按目前的能源用量估算，石油使用枯竭年限为50年，核能源枯竭年限为70

年，煤炭为230年。同时这些燃料使用的过程中排放出的有毒物质和有害气体，会污染环境、污染水源和海洋，更为严重的是污染空气，使臭氧层浓度加大，地球温度上升，破坏人类赖以生存的地球。

因此我们要保护地球，就是保护人类自己，就必须朝着环保的方向发展。课题组认为风力发电、太阳能光伏发电产业就是当前最理想的清洁能源，也符合我国政府出台的“节能减排”政策计划。

（二）风能资源的可开发、利用情况

风能资源无穷无尽，产能丰富，具有极强的商业开发价值。据气象组织估算，地球上风能资源是地球上水能资源的10倍，按80米高度处6.9米/秒的风速测算，全球风能可利用资源量为72万亿千瓦时。预计到2020年世界电力需求上升到约26万亿千瓦时。那时即使只开发利用1/3的风能资源，也能满足世界电力需求。

2006年以来，我国陆上风电装机呈现爆发式增长，2014年，中国（不包括台湾地区）新装机容量23196兆瓦，同比增长44.2%；累计装机容量114609兆瓦，同比增长25.4%。新增装机容量和累计装机容量两项数据均居世界第一。2015年，中国新装机容量30500兆瓦，同比增长31.5%；累计装机容量1.45亿千瓦，同比增长26.6%。

根据中国电力企业联合会的统计数据，2014年中国发电总量5.46万亿千瓦时，同比增长3.2%；2014年风电发电量1534亿千瓦时，同比增长9.49%，占全国发电总量的2.78%。

海上风电正在兴起。2010年8月，上海东海大桥10.2万千瓦海上风电示范项目风电场全部风电机组完成240小时预验收考核，为我国第一座海上风电场；2011年12月，国电龙源江苏如东15万千瓦海上示范风电场一期工程正式投产发电；2014年5月，上海临港海上风电场一期10万千瓦项目获得上海市政府核准，已经进入前期准备阶段。

（三）光伏资源的开发、利用情况

太阳光辐射到地球能量巨大。目前有人员测定，太阳光辐射能到达地球上的辐射能大约相当于当今全球一年内消耗能源总量的3.5万倍。这个数字显示，光辐射能是个天文数字。

人类最早发明太阳能电池是1955年美国开始的。到目前为止已经走过60多年的历史，首先苏联人造卫星使用太阳能电池通信获得成功；1958年美国人使用太阳能电池在通信卫星获得成功；随后美国1984年、日本1985年先后建成太阳能发电站，装机容量为7兆瓦、1兆瓦获得成功。1994年日本在住宅房上开始使用太阳能发电系统规程，并于2003年日本颁布RBP新能源法，其内容主要包括设立清洁能源电力发展金和市民安装小型太阳能发电装置的补助，一般补助金额为发电装置设备购置的50%。

以上数据和事实充分说明，风力发电、光伏发电具备极强的发展潜力。

二、新疆电力能源结构的现状

（一）总装机容量

到2016年6月底，新疆电网总的装机容量为7109万千瓦，全国排名第7位。以火电为主，火电总的装机容量为4115万千瓦，占总装机容量的57.88%。

新能源并网装机容量为2301万千瓦，占总装机容量的32.36%；其中：风电装机容量1691万千瓦，占总装机容量的23.80%；光电装机容量610万千瓦，占总装机容量的8.58%。

（二）风电发展情况

新疆风能资源十分丰富，有九大风区和一些小风区。据勘测全区风能储量18910千瓦，每年可发电8190亿度电，相当于3439.8万吨标准煤。

目前新疆已建成风电装机容量1691万千瓦，占可开发风能储量8.94%。

区域不同、风力不同，发电的天数也不同。按平均每年180天可发电天数计算，新疆目前装机容量年可发电量大约在731亿度，占新疆全社会年用电量的33.83%。按平均每年250天可发电天数计算，目前装机容量年可发电量大约在1015亿度；占新疆全社会年用电量的46.98%。

2015 年新疆风电实际上网电量为 142 亿度，占年可发电量的 13.99% ~ 19.42%，占新疆全社会年用电量的 6.57%。

（三）光电发展情况

新疆太阳能理论蕴藏量巨大。新疆全年日照时数为 2300 ~ 3300 小时；太阳能理论蕴藏量（辐射总量）1450 ~ 1720 千瓦/(每平方米·年)，相当于 100 ~ 150 公斤标准煤/(每平方米·年)，居全国第二。

目前新疆已建成的光电装机容量为 610 万千瓦，年可发电量在 140 亿 ~ 201 亿度。占新疆 2015 年全社会年用电量的 6.48% ~ 9.30%。

2015 年新疆光电实际上网电量为 45 亿度，仅占年可发电量的 22.38% ~ 34.14%，新疆全社会年用电量的 2.08%。

以上风电、光伏发电 2015 年上网电量合计 187 亿度，占新疆全社会年用电量的 8.65%。按照估算的风电、光电年发电量计算，并保证全部上网，应该占 2015 年新疆全社会年用电量的 40.31% ~ 56.28%。

（四）水电发展情况

新疆水能资源理论蕴藏量在 1 万千瓦以上的河流有 340 条（包括干、支流），理论总蕴藏量 3398 万千瓦，占全国的 5%。可开发装机 1 万千瓦以上的水电站 213 处，占全国可开发水能资源的 4%。340 条河流中，南疆有 160 条，总蕴藏量 1773 万千瓦，占全疆的 52%。其中水能理论蕴藏量最大的是伊犁河流域，其次为南疆的叶尔河流域；比较大的还有北疆的额尔齐斯河流域、玛纳斯河流域；南疆的开都河流域、渭干河流域、阿克苏河流域、哈什噶尔河流域、和田河流域。新疆小型水能源蕴藏量也非常可观，按蕴藏量装机，年可发电量达 84611 亿度。

目前新疆已建成水电装机容量 575 万千瓦，占可开发水能储量的 16.92%。按每年可发电 300 天计算，年可发电量在 414 亿度，占新疆全社会年用电量的 19.16%。

2015 年新疆水电实际上网电量为 173 亿度，占年可发电量的 41.78%，占新疆全社会年用电量的 8.00%。

水在新疆是一个稀缺资源。大量开发利用水资源，对水环境污染、地下水位下降带来了极大的危害。为了保护水环境，2012 年 1 月 12 日国务院发布了《关于实行最严格水资源管理制度的意见》，明确提出水资源开发利用控制、用水效率控制和水资源功能区限制纳污“三条红线”的目标要求。所以新疆水电资源的开发需要慎重。

三、风电、光伏的特点

（一）风电的特点

1. 优点

（1）是一种可再生的洁净能源。风力发电是一种既不消耗化石资源，也不污染环境的可再生洁净能源。

（2）建设周期短。一个 5 万千瓦以下的风电场建设期不到一年。

（3）电厂规模灵活。可根据资金情况、区域风能情况决定一次装机规模大小。

（4）具有很高的可靠性。把现代高科技应用于风力发电机组使其发电可靠性大大提高，中、大型风力发电机组可靠性从 20 世纪 80 年代的 50% 提高到了现在的 98%，高于火力发电且机组寿命可达 20 年。

（5）造价低。从国外建成的风电场看，单位千瓦造价和单位千瓦时电价都低于火力发电，和常规能源发电相比具有竞争力。我国随着大中型风力发电机组实现国产化、产业化，风力发电的造价和电价都将逐年降低，不久的将来电价将低于火力发电。

（6）运行维护简单。现代中大型风力发电机的自动化水平很高，完全可以在无人职守的情况下正常工作，只需定期进行必要的维护，不存在火力发电的大修问题。

（7）实际占地面积小。发电机组与监控、变电等建筑仅占火电厂 1% 的土地，其余场地仍可供农、牧、渔使用。

（8）发电方式多样化。风力发电既可并网运行，也可以和其他能源，如柴油发电、太阳能发电、水利发电机组形成互补系统，还可以独立运行，因此对于解决边远地区的用电问题提供了现实可行性。

2. 缺点

(1) 单机容量小。风能密度低，决定了单台风力发电机组容量不可能很大，与现在的火力发电机组无法相比。

(2) 风力是不稳定的，有时无风，有时又有破坏性的大风，这使得风力发电量也不稳定。

(二) 光伏的特点

1. 优点

(1) 太阳光辐射面积大。在海洋、陆地、高山、平原、沙漠以及太空等都有光辐射。

(2) 太阳光辐射到地球能量巨大，有非常大的可开发利用潜能。

(3) 光伏发电没有能源消耗，没有噪声，不排放有毒物质和有害气体。

(4) 太阳能发电质量可靠，应用范围广泛，是人类快速进入新能源发展的特大产业。

(5) 发电装置灵活，可大可小。

2. 缺点

(1) 太阳能电池吸收太阳能的效率不高，导致太阳光能的利用效率低下。目前较多使用的多晶硅、单晶硅散光电池吸光率为10%～15%；德国生产的聚光电池吸光率为25%。

(2) 晚上无太阳光，白天随着天气的变化，有时无太阳光或太阳光辐射弱，这使得光伏发电量不稳定。

(三) 推行风、光发电存在的问题

(1) 新生事物，有很多技术难关要攻克。风电、光电尽管探索开发了几十年，但仍有一些技术难关要攻克，发电设备成本高，需要进一步降低；光电池吸光率低，需要研究提高；风电、光电发电不稳定，需要从技术上得以

解决。

（2）人们认识不足，需要提高。不能只看眼前，不顾长远。大力推广风电、光电应该把它看成益在当前，利在千秋的大事。

（3）风光发电需要政府统一规划，主动推进。风电、光电产业属起步阶段，需要政府统一规划，适度投资，健康发展，不能再走产能过剩的回头路，到时拿出巨额资金来解决问题。

（4）风、光电企业一次性投入大，投资人资金周转困难。建一个5万千瓦以下风电、光电场，一次性投入在3亿~4亿元，大量开发使企业资金周转困难。

（5）风、光电企业发电上网困难，难以正常生产。根据前面的深入分析，风、光电企业发电上网量较少，难以正常生产，企业投资回收期大幅度延长。

（6）消纳电力产品的渠道狭窄，更大的市场需要开发。新疆消纳电力产品的渠道集中在第二产业领域，其他领域用电量占比较低。2015年新疆全社会用电量为2160.3亿度。第一产业用电量为147.5亿度，占全社会用电量的6.8%；第二产业用电量为1823亿度，占全社会用电量的84.4%；第三产业用电量为109.6亿度，占全社会用电量的5.10%；城乡居民生活用电量为80.20亿度，占全社会用电量的3.70%。

四、新疆电力产品发展的目标建议

（一）按照国家绿色经济的发展战略，把新疆风电、光电产业建设成强大的国家级风电、光电产业基地之一

新疆有亚洲最好、最大的风力发电建设场区，而且能源储量巨大，有光照时间长、光辐射强的巨大优势，应尽快将资源优势转化成优势产业，带动新疆经济发展。

（二）进一步拓宽电力消纳渠道，使资源优势转化为经济效益，努力把风电、光电产业做大做强，做成新疆的优势产业

在稳定全社会用电量的同时，重点做好疆电跨省交易。尽管2016年上半

年新能源外送电量达 187 亿千瓦时，同比增长 47.44%，但在看到成绩的同时，也要清晰地认识到存在的问题，外送电量与新疆的产能还有较大的差距。要提高服务意识，保证服务质量，配合国家做好跨省区交易工作。

（三）大力推进风力发电和光伏发电，在“十三五”时期末使风力发电和光伏发电上网电量达到全区全社会用电量的 50% 以上，初步形成以风力发电和光伏发电为主、水力发电互补、火力发电为保障的电力产品结构

世界上风力发电和光伏发电最发达的是德国，其光伏发电占全社会用电量的 50%。其风电装机容量占全世界总装机容量的 20% 左右，德国全年风力发电和光伏发电的发电量占全国总发电量的 70% ~80%。

新疆某地州的电力产品结构比例（见表 1）也说明，各类电力产品是可以互补的，不是水火不相容，不只是火电才能保障全社会用电，风电、光电、水电同样也可以保障全社会用电的安全，只是如何调配利用的问题。

表 1　　某地州 2012—2015 年上网电量统计　　单位：万千瓦时

电厂属性 / 年度	合计	火电	水电	风电	光电
2012	167372	87579	79793		
2013	231662	124658	107004		
2014	231383	29872	141051		60460
2015	264293	15647	179406	9528	59712

五、大力推进风力发电和光伏发电需要解决好的几个问题

（一）提高全社会对大力推进风力发电、光伏发电重要性的认识

大力推进风力发电、光伏发电是促使经济健康发展、保护人类赖以生存

的环境、使人们生活水平不断提高的大事。首先要认识到传统能源的不可再生性，储量是有限的，只要地球存在一天，人类就要永续生存下去。所以我们不能只看眼前，不顾将来，要从大局出发，用发展的眼光看待问题，解决长期的能源问题。其次矿山能源的开采、利用对环境的破坏日渐显现，甚至付出生存的代价。新疆地质环境监测院2013年对271个矿业企业进行了调查，发现矿业企业开发破坏土地面积达136万亩。其中包含破坏草地41万亩，破坏耕地9.29万亩，破坏林地2.72万亩。截至2014年底全国采煤塌陷土地面积达1650万亩。安徽省淮南煤田所属的凤台县是我国深井产煤的第一大县，年产煤可达到4000万吨。由于大量开采煤炭，开采区塌陷，水位上升，村庄的土地、住宅被淹没，大多村民们被迫背井离乡，寻找新的家园；少部分村民在即将塌陷和被淹没的土地上仍然守护着自己的家园。煤炭利用带来的城市雾霾我们耳闻目睹。2016年2月5日，国务院发布了《关于煤炭行业化解过剩产能实现脱困发展的意见》，提出从2016年起在3~5年内，将退出煤炭产能5亿吨左右，减量重组5亿吨左右，三年内原则上停止审批新建煤矿项目、新增产能的技术改造项目和产能核增项目。同年5月8日，财政部发布了《工业企业结构调整专项奖补资金管理办法》，对1000亿元专项奖补资金如何使用问题进行了明确。国务院多次召开节能减排专题会议，安排布置节能减排目标任务。这说明国务院高瞻远瞩，启动相关措施保护环境。我们各级政府、每个公民都必须高度认识大力推行新能源的重要性和必要性。否则将来可能要付出更大的代价弥补对环境的破坏，甚至是无法弥补对环境的破坏。

（二）处理好以风电、光电为主，水电互补，火电为保障的电力产品结构关系

以风电、光电为主，就要降低火电、水电的发电量，在风电、光电发电量不能满足全社会用电量时，首先用水电作补充，水电不能补充时，再用火电，缺多少补多少。降低火电、水电的发电量，不是不要火电、水电企业存在，只是从节约资源、节能减排、保护环境出发，尽量降低火力发电，充分利用风电、光电的优势特点，发挥其主导作用，使我们的电力产品更加节能减排。对火电、水电设备和环境要保护完好无损，达到随时需要随时能发电的要求。

（三）解决好火电、水电企业职工利益分配问题

火电、水电企业从创业到现在，为地方经济的发展、社会的稳定、人民生活水平的不断提高做出了巨大贡献，目前电力产品面临供给侧结构性调整，不能以火电、水电企业职工的利益为代价搞改革，国家应该制定相关政策，在确保火电、水电企业职工当前工资福利待遇水平不降的前提下，大力推进电力产品结构性改革。

（四）处理好地方财政减收的问题

新疆是一个地方财政困难地区，尤其是一些地州，电力产品实现的税收占比很高，在风电、光电产品不能实现税收的几年间，降低火电、水电发电量，短期内会给地方财政正常运转带来困难，各级政府应该重视。

（五）大力研发风电、光电设备新产品

我国目前风电、光电产品价格较高，是源于设备的投资成本很高，我们要大力研发风电、光电设备的新产品，达到降低风电、光电产品价格的目的。石墨烯材料的发现，被称作新材料之王。石墨烯是最薄、最强韧、透光的新型材料，非常适合太阳能电池板的制造。科学家甚至预言石墨烯将彻底改变21世纪，极有可能掀起一场席卷全球的颠覆性新技术、新产业革命。目前有人用石墨烯材料研发出了手机充电宝、蓄电池、电热膜等产品。新疆应在太阳能电池板、电热膜等产品上投入经费，重点研发。

（六）处理好区域均衡发展的关系

新疆地域广阔，各地州经济发展不平衡。应在风电、光电厂立项建设时做到均衡发展。一是解决远距离输电带来的损失。2015年新疆输电线路损失30亿千瓦时，折合人民币12亿元左右。二是均衡发展，做到产业扶贫，尤其是对一些欠发达地区显得尤为重要。2016年7月18日习近平总书记在宁夏回族自治区固原考察时指出：发展产业扶贫是实现脱贫的根本之策。救济式扶

贫“治标不治本”，产业扶贫可以帮助贫困地区解决生存和发展的问题，使扶贫人群由“输血型”向“造血型”转变。

（七）大力开发电力产品的消纳渠道

新疆弃风、弃电现象突出，主要是电力产品的消纳水平与装机容量不配比，需要大力开发电力产品的消纳渠道。新疆冬季取暖时间较长，目前取暖主要以燃煤和燃气为主。电采暖尚处于探索阶段，有电锅炉、空调、电阻丝、电热膜等形式。电锅炉前期投资大，运行成本高，锅炉、管道、地热管维护程序复杂。电热膜寿命长，大约50年，使用方便，只要有民用电，就可以取暖，但目前市场上有的电热膜耗电量较高。用石墨烯材料研制的电热膜有极大的商业开发价值，可以在一些老旧小区、供热不足的地方推广使用，逐步全面推开，这将是一个巨大的消纳电力产品的市场。

（八）设立协调机构，保证气象预报与发电配额紧密结合

设立协调机构，随时掌握天气变化，及时调整各类发电配额，确保既达到节能减排，又保证电力安全的目标。

六、相关政策建议

大力推进风电、光电产业的较快发展是一个综合管理的过程，需要多部门协调配合。

（一）理顺电力产品价格

一是理顺风电、光电发电企业的上网价格。目前火电、水电、光电、风电上网价格各不同。风电、光电产品均享受国家能源基金价格补贴，类型不同、区域不同，价格补贴也各不相同。现实中有风电、光电发电企业拿到国家能源基金价格补贴后，交易价格由风电、光电发电企业与消纳电力产品的消费者私下交易的趋势。如风电、光电发电企业为满足发电量的需求，要到

某些火电企业买发电权；开发电采暖市场，风电、光电发电企业要与热力企业签协议，拿出一部分资金补助热力企业，保证城乡居民供热价格不涨。这种现状给价格的管理和税收的管理带来极大的风险。应该给风电、光电发电企业一个合理的上网电价，不享受国家能源基金价格补贴，补贴在输供电环节一次性解决。我们认为风电上网价格应在 0.40 ~0.45 元之间制定；光电上网价格应在 0.55 ~0.60 元之间制定。但这个价格需要多方配合，深入调研，反复论证，慎重定价。

二是理顺受电环节的价格。在维护目前受电价格稳定同时，降低城乡居民用电价格，鼓励城乡居民消纳电力产品，开拓电力产品消纳渠道。尤其新疆冬季取暖是一个巨大的电力消纳市场。

（二）降低火电、水电企业发电量，给予政策支持

火电、水电发电企业降低发电量会给企业带来亏损。为了维护火电、水电发电企业职工的利益，保护发电机组完好无损，达到随时可以发电的目标，国家应该制定相关政策支持。建议首先用企业当年上交的电力基金弥补其亏损；其次是用当年实现的增税弥补其亏损；再次是国家拿出弥补资金确保企业不亏损。

（三）调整相关税收政策，达到促产增收

风电、光电企业电力产品上网遇到困难，给企业的发展、税收的增收带来隐患。为涵养税源，促进高效、优质的税源快速发展，应制定电网公司购买风电、光电发电企业的电力产品不足当年能生产电量80%的，取消电网企业当年购买风电、光电发电企业电量的全部进项税额抵扣权。发电企业要与协调机构随时沟通，年底通知税务机关执行政策。

（四）给欠收地区财政补贴

火电、水电等企业大量限电会在短期内给一些贫困地区的地方财政带来困难，这就需要进一步调整和完善财政体制。由于火电、水电企业限电造成当年财政短收，新能源电力产品实现的税收又不能弥补，地方财政的正常运

转出现困难时，各级政府可通过财政转移支付的方式来解决。

（五）制定城乡居民用电设备国家补贴政策

大力开发城乡居民用电市场，鼓励有条件的城乡居民安装小型清洁能源发电装置和使用电热设备，形成全民推广使用清洁能源的大环境。但安装小型清洁能源发电装置和使用电热设备就需要投资，国际惯例有补贴政策，我国城乡居民还达不到全额承担安装小型清洁能源发电装置和使用电热设备的能力，这就需要政府制定补贴政策，快速推进城乡居民消纳电力产品渠道。

清洁能源的开发利用，是世界电力能源发展的大趋势，我们要及时解决好清洁能源发展过程存在的问题，不断研发有极高使用价值的新产品，为新疆供给侧改革提供有力的保障。

（课题负责人：阿不都·克里木　郭　超
课题组成员：孙　敏　徐　进　赵永义　刘瑞贤
执　笔　人：刘瑞贤）

促进中国－中亚国家产业合作的企业所得税制协调问题研究

陕西省税务学会

实现沿线国家经济一体化，是丝绸之路经济带发展战略的核心目标。积极开展各国产业合作，是实现这一目标的重要手段。地处核心区域的中国和中亚五国，在现代农业、传统工业、高新技术产业以及金融、旅游等第三产业具有广阔的合作空间。税收协调是产业合作的重要制度保障。通过税收协调，各国可以实现商品和要素在国际间的自由流动，加速产业合作进程。诸多税种中，企业所得税是产业合作过程中涉及内容最多、影响最大的税种，也是各类双多边税收协定、税收优惠政策的核心以及税收协调的难点。由于企业所得税直接影响资本和技术等生产要素的投资回报率，税制的差异对于要素的流动性和流动方向具有重要影响，因此，在丝绸之路经济带发展过程中，建立相互协调的企业所得税税收制度和征管机制，对于中国和中亚国家产业合作意义重大。

一、中国－中亚国家现行企业所得税制及现行协调机制分析

企业所得税制包括税制要素以及税收优惠政策两方面内容。各国关于企业所得税的称呼有所不同，例如中国、哈萨克斯坦称其为“企业所得税”，乌兹别克斯坦、吉尔吉斯斯坦称其为“利润税”，塔吉克斯坦、土库曼斯坦称其为“法人利润税”，但是其本质形式基本相同，为避免理解困难，在后面的分析中，通称其为“企业所得税”。

1. 中国－中亚企业所得税基本要素比较分析

企业所得税基本要素包括应税收入确认、税前扣除项界定以及税率规定。应税收入确认方面，各国普遍规定销售货物、提供劳务所得、租金所得、特许权使用费所得、接受捐赠等所得应当缴纳企业所得税，企业获得的非货币形式收入，应按照公允价值确定收入额。而在转让财产、资本收益和股息红利等内容规定上，存在一定差异，中国关于应税收入的确认相对严格，权益性投资所得等均计入应税所得。除哈、乌、吉三国针对特殊情况制定了免税条例外，各国均将一般性资本收益计入应税所得；哈、吉、塔三国对于居民企业之间获取的股息收入予以免税。此外，乌、土两国一定程度上限制企业间的相互控股行为。

税前扣除项规定主要涉及固定资产折旧、无形资产摊销、利息支出等其他费用、亏损结转、慈善捐赠以及可抵扣财政性费用支出等。各国的相关规定差异显著。固定资产折旧方面，中、土两国适用直线折旧法，哈、吉、塔三国适用余额递减法，乌兹别克斯坦允许企业任意选择折旧方法，中国固定资产折旧率普遍高于中亚国家。无形资产方面，除中、乌两国外，其他国家均不允许扣除商誉。罚没方面，中、吉两国规定各项罚款、罚金、罚没不得扣除，哈、土两国则允许对部分处罚项进行扣除。亏损结转方面，塔、土两国结转年限不得超过三年，中、乌两国为五年，但乌兹别克斯坦同时规定每年结转不得超过当年应纳税所得的50%，哈、吉两国为十年，各国均不允许对亏损进行转回处理。慈善捐赠方面，土库曼斯坦未进行限制性规定，中国为不超过应纳税所得额的12%，吉、塔两国为10%，哈萨克斯坦为3%，乌兹别克斯坦最为严格，只有文教卫、生态类以及基金会捐赠可以扣除，且不得超过2%。此外，各国在维修费用扣除、坏账计算年限等方面的规定也具有一定差异。当前中国和中亚国家的产业合作方向之一就是装备制造业、机械制造业、矿产开采业等重工业，企业固定资产支出占投资比重较高，差异明显的折旧率将导致企业选择投资高折旧率国家，加之各国在修理费用、经营活动面临的贷款本息和坏账扣除上的规定差异较大，且吉、塔、土等国不允许企业扣除准备创办阶段发生的费用，对于中国企业在上述国家的投资影响较大。

企业所得税基本税率方面，中国实行内外资企业统一、行业无差异的企业所得税税率，25%的税率是所有国家中最高的。哈、吉两国和我国类似，但是税率较低。土库曼斯坦实行外资企业高于内资企业、油气行业高于其他行业的差异税率。塔吉克斯坦对生产性和非生产性企业实行差别税率，且自2015年起两种税率每年分别下降1%。乌兹别克斯担对于商业银行适用较高税率，同时鼓励服务型企业利用磁卡支付，同时，为了限制利润流出，对于汇出利润另行课征汇出总额8%的企业所得税。

2. 中国－中亚国家企业所得税税收优惠政策比较分析

企业所得税优惠政策主要包括三种类型：一是区域性优惠政策；二是产业性优惠政策；三是特定规模企业优惠政策。中国的税收优惠政策主要是产业性政策，主要集中在装备制造业、战略性新兴产业以及生产型服务业等第三产业，针对传统产业的税收优惠政策相对较少；区域性税收优惠政策比重不断下降，继续实施的区域性政策主要针对西部地区的鼓励类产业以及试点城市的技术先进型服务企业；主要税收优惠方式为优惠税率。中亚国家税收优惠政策主要是区域性税收优惠政策；产业性税收优惠政策则主要集中在农业、农产品加工业、制造业、棉纺织产业，此外乌、塔两国还分别针对出口比重和投资比重设定了相应税收优惠，乌兹别克斯坦针对石油天然气行业的勘探环节制订了免税优惠；主要税收优惠方式为一定年限内的免税或者应纳税额减半征收。此外，中国广泛针对各产业中的小微企业制订了税收优惠政策，而中亚国家中仅有乌兹别克斯坦针对其五个行业的小微企业予以免税优惠。

由于经济发展阶段等因素，中亚国家的税收优惠政策体系大致与中国2000年前后体系类似。已经逐渐退出中国的区域性税收优惠政策、减免应纳税额是中亚国家的主要政策类型和优惠方式，对于中国转移传统工业领域过剩产能较为有利，有利于利润率相对较低的传统工业在早期积累发展资本。但是，中亚国家针对小微企业的税收优惠力度不足，除普遍缺乏优惠政策之外，塔吉克斯坦根据投资额设定的税收减免实际上具有歧视小微企业的特点，对于广大小微企业参与产业合作十分不利。

3. 中国－中亚现行企业所得税协调机制分析

时至今日，中国和中亚国家仍处在双多边税收协定阶段。各协定主要内容包括纳税主体、各项收入等税制要素的界定，消除双重征税方法、无差别待遇等双边征管规定以及协商程序与情报交换等协定运行保障机制。各税收协定在营业利润、股息、财产收益以及消除双重征税方法等方面存在一定差异。中乌、中哈、中吉协定补充规定，常设机构由于使用专利或者其他权利支付给企业总机构或者其他办事处特许权使用费或者其他类似款项，或者未提供特别劳务或管理而支付的手续费、借款给常设机构而支付的利息，除银行企业以及偿还代垫实际发生费用外，都不得进行扣除，计算常设机构利润时也不考虑上述项目收入。中土协定补充规定在受益所有人是缔约国一方非合伙企业，且直接拥有支付股息公司至少25%资本的情况下，缔约国另一方按照本国法律征税时税款不得超过股息总额的5%。中乌协定补充规定，转让缔约国一方居民公司财产股份时，如果该公司财产直接或间接由位于缔约国一方的动产组成，且该股份股票相当于该公司至少25%股权时，可以在该缔约国进行征税。

消除双重征税方法上，中哈、中吉协定中明确规定哈萨克斯坦、吉尔吉斯斯坦居民取得的所得，按照协定规定可以仅在中国纳税的，哈萨克斯坦、吉尔吉斯斯坦可以将该项所得计入税基，以确定其在本国征税的所得税率。中塔、中土协定中对于在塔、土收入属于塔吉克斯坦、土库曼斯坦居民公司支付给中国居民公司股息，且该中国居民公司拥有支付股息公司股份不少于20%的，规定所得税抵免时应考虑支付该股息公司就各项所得缴纳的塔吉克斯坦、土库曼斯坦税收。

税收协定可以有效避免双重征税和偷漏税，但是并不能消除国别间企业税负差异，加之各协定在收入确认和费用扣除上的区别，反而可能加剧税负差异。运用企业所得税协调促进产业合作，其本质是促进资本、技术等生产要素实现自由流动，这就需要保证上述要素在区域内各国之间享受的税收待遇相同，现行的双多边税收协定仅仅消除了重复征税，无法消除各国税制要素的差异带来的的税负差异，对促进各国产业合作作用有限。

二、促进中国－中亚国家产业合作的企业所得税税收协调可行性分析及建议

从既有理论和实践情况来看，企业所得税协调是税收协调的高级阶段以及难点。欧洲国家以直接税为主的税制结构，是导致各国企业所得税协调进程缓慢的主要原因。根据IMF数据显示，欧盟主要国家企业所得税等

直接税占税收收入比重均超过50%[①]，直接税协调受财政收入保障约束较大。而中国和中亚国家的税制结构中，这一比重普遍低于50%。税收协调受预算约束影响相对较小。在这一阶段尝试建立企业所得税协调机制，制度成本相对较低，具有现实的可行性。综合既有理论和实践，结合中国和中亚国家企业所得税税制特点及产业合作的发展实际，本文提出以下政策建议。

（一）短期内统一与各国税收协定的相关规定，消除对于产业合作的不利影响

当下，税收协定仍然是中国与中亚国家企业所得税协调的主要手段。但是，各税收协定关于费用扣除、股息课税的确定以及消除双重征税方法上存在国别差异，一定程度上扩大了各国企业实际所得税负差距，并不利于企业资本要素的自由流动。因此，短期内各国应当率先在合作产业领域统一上述规定，尽力消除由于税收协定产生的税负差异。

（二）长期内协调统一各国企业所得税税制要素，加快生产要素自由流动

企业所得税基本要素的协调统一包括税基、税前扣除项相关规定和税率的统一，对于区域内产业合作十分重要。在尽力消除税收协定差异的基础上，中国和中亚国家应当积极寻求首先在合作产业试点统一规范税基、税前扣除项的界定以及应税所得的计算方法，对于税前扣除项的协调建立相应的补偿机制。在此基础上，逐步推进企业所得税率统一进程，统一规范各国内外资企业所得税征税问题，逐渐缩小企业在不同国家面临的税率差异以及同一国家内外资企业的税率差异。通过多边谈判形式寻求保障税收利益与加快要素流动之间的平衡点，加快区域产业合作进程。

① 刘国艳，李清彬，黄卫挺．从国际比较看我国直接税与间接税比例关系［J］．财政研究，2015（4）：88－92.

（三）协调企业所得税优惠政策统一和落实，加速产业合作进程

税收优惠政策是促进产业快速发展的重要手段。由于各国经济发展和产业结构处在不同阶段，各国税收优惠政策在优惠产业类型、优惠形式、优惠幅度上存在明显差异。部分中亚国家急需大力发展的产业在中国属于具有技术优势、人才储备和资金实力，但已不再是享受税收优惠甚至产能过剩的产业。国内经济的新常态发展又要求中国应当尽快转移化解过剩产能。因此，中国应当针对上述产业在中亚国家的投资制定税收优惠政策。同时，从优惠税率、优惠年限协调统一针对小微企业的税收优惠政策，消除部分国家对于小微企业的歧视，让更多的小微企业加入到产业一体化进程当中。

（四）加强各国间税收情报交换工作，保护各国税收利益

税收情报交换工作对于保护各国税收利益、履行境外投资者纳税义务十分关键。现行各税收协定对各方在税收情报交换工作中的义务做出了明确规定。在所得税税制协调过程中，税制和具体实施条例变动相对频繁，制度变迁对保障税收利益提出了新的挑战。2002 年，经济合作与发展组织（OECD）发布了《税收情报交换协定范本》，该标准于2008 年正式纳入联合国税收协定范本，成为国际普遍认可和遵循的税收情报交换标准。[①] 在企业所得税协调进程中，各国应当积极顺应这一税收情报交换国际标准，针对税制变迁过程中情报交换所面临的问题，扩大信息交换网络，明确各方情报交换责任，必要时针对特殊征管问题签订具有普遍约束力的税收信息交换协议。保证各国的境外投资企业在享受一体化税收优惠的同时，认真履行纳税义务，防止各国税款流失。

（五）积极推进各国企业所得税税制研究工作，保障税收协调进程

推进我国与中亚国家在产业合作进程中的企业所得税协调工作，基础在

---

① 王月．税收情报交换国际标准的建立及对中国的启示［J］．商，2015（27）：181.

于充分掌握各国的企业所得税税制以及实施细则。“丝绸之路经济带”沿线国家产业合作目标的提出至今已两年有余，然而对于合作产业面临的所得税制差异研究尚在起步阶段。中亚各国现行企业所得税税制的编译研究工作远远不足。2015 年 3 月，新疆维吾尔族自治区国家税务局组织编译了《哈萨克斯坦税法》，但是其他国家税法的编译仍然相对匮乏。关于中亚各国的税制资料呈现碎片化和陈旧化的特点。企业所得税税制研究的不足将影响各国的税制协调工作，而失当的企业所得税政策协调又将影响各国产业合作进程。因此，应当积极建立专业研究机构对于各国企业所得税制开展研究，保障各国产业合作的顺利推进。

附表：中国－中亚国家企业所得税相关规定

表 1　　中国－中亚国家企业所得税应税收入确认的相关规定

国家	应税收入确认相关规定
中国	应税收入包括销售货物所得、提供劳务所得、租金所得、转让财产和股息红利等权益性投资所得、特许权使用费所得、接受捐赠所得、利息所得
哈萨克斯坦	应税收入包括销售货物所得、提供劳务所得、租金所得、利息收入所得；不包括企业出售股票的资本收益、参与哈萨克斯坦法人实体或者联营企业超过三年的资本收益、本国居民企业从另一家居民企业获得的股息所得
乌兹别克斯坦	应税收入包括销售货物所得、提供劳务所得、租金所得、利息收入所得、非居民企业资本收益所得；不包括国内子公司支付的股息已缴纳预扣税时母公司取得的净股息收入
吉尔吉斯斯坦	应税收入包括销售货物所得、提供劳务所得、租金所得、利息收入所得；不包括交易两类特殊股票获得的资本收益、本国居民企业从另一家居民企业获得的股息收入
塔吉克斯坦	应税收入包括销售货物所得、提供劳务所得、租金所得、利息收入所得；不包括居民企业从居民企业获得的股息收入
土库曼斯坦	应税收入包括销售货物所得、提供劳务所得、租金所得、居民企业和非居民企业从土库曼斯坦居民企业取得的股息收入、居民企业从非土库曼斯坦居民企业处获得的股息收入、在土库曼斯坦境内没有常设机构的非居民企业收到来源于土国的利息收入

表2　中国－中亚国家企业所得税税前扣除项相关规定

国家	税前扣除项相关规定
中国	固定资产折旧使用直线折旧法。折旧率：房屋、建筑物为5%；一般交通运输设备、机器、机械和其他生产设备为10%；与生产经营活动有关的器具、工具、家具为20%，除飞机、火车、轮船以外的运输工具为25%；电子设备为33%；林木类生产性生物资产为10%、畜类生产性生物资产为33%；经营租赁租入固定资产租赁费按照租赁期限均匀扣除；融资租赁租入固定资产的租赁费按照固定资产折旧方式扣除。 无形资产摊销：准许对于外购商誉的支出在企业整体转让或者清算时予以扣除，其余符合条件的无形资产可以扣除，无形资产摊销年限不得低于10年。 其他费用：非金融企业向金融企业借款的利息支出及向非金融企业借款不超过同期同类贷款利率计算的数额部分可以扣除；企业之间支付的管理费、企业内经营机构之间支付的租金和特许权使用费不得扣除；企业依法提取的环境保护和生态恢复专项资金准予扣除，各项罚金、罚款、罚没不得扣除。 亏损结转：企业净经营亏损可以在五年之内进行结转，但是不允许转回；境外营业机构的亏损不得抵减境内营业机构的盈利。 慈善捐赠：不超过该公司年应纳税所得额的12%的部分准予扣除
哈萨克斯坦	固定资产折旧使用余额递减法。折旧率：建筑和设施为10%；机械设备为25%；用于信息处理的电脑和设备为40%；石油和天然气井、传输设施、石油和天然气机械设备以及其他固定资产15%。 无形资产摊销：关于商誉没有特殊规定，其余符合条件费用的可以折旧，最低年限为10年。 其他费用：跟经营活动相关的、致力于赚取收入的开办费可以在发生时扣除；支付给无关联的在哈萨克斯坦建立企业的第三方利息支出可以全额扣除；三年内未收回的、真实发生的且反映在纳税人账面价值中的应收账款可以确认为坏账费用进行扣除；汇兑损失进行法定计量后，损失超过收益的部分准予扣除；不属于国家预算的罚没、罚款和罚金部分可以扣除。 亏损结转：企业净经营亏损可以在十年内进行摊销，但是不允许转回。 慈善捐赠：不超过该公司年应纳税所得额的3%的部分可以扣除
乌兹别克斯坦	固定资产折旧按照税法规定税率计算折旧，会计折旧可以采用直线法等四种方法计算，适用税率较高产生的暂时性差异可以抵扣。折旧率：建筑物和其他设施为5%；汽车、拖拉机、专用设备、计算机和相关硬件为20%；卡车、客车、专用车、工农业机械和设备、石油开采和采矿设备、办公室家具为15%；非公路运输工具、发热设备、发电机、柴油驱动器、通信线路、管道为8%；其余固定资产为15%。 无形资产摊销：包括出租权和其他财产权利的无形资产，按照资产使用时间或者企业经营活动持续时间摊销，不确定使用时间时，摊销时间不得短于五年；取得商誉发生的费用按照其历史成本和存在时间按月计提摊销扣除。 其他费用：特殊类型的开办费，如取得生产许可、提供服务和开展工作的权利等所费用可以按月计提折旧扣除；与自然资源开采、地质勘探和开发工作相关的费用可以按照每年15%的速度计提折旧扣除；除惩罚利息和资产资本化利息之外的贷款利息可以扣除；会计立法认可下的坏账可以扣除，到期后三年未偿还贷款可以视为坏账。 亏损结转：商品服务价格低于成本时，按照成本价计算收入，法定生产浪费以及不可抗力损失可以进行扣除；已使用三年以上固定资产处置亏损可以扣除；企业的净经营亏损可以在五年内进行摊销，年摊销额不应超过每年应税收入的50%，亏损不允许转回。 慈善捐赠：对于生态和慈善基金会、文化、医疗、教育机构的捐款可以在不超过应纳税所得额2%的范围内扣除，其余慈善捐赠不允许扣除

续表

国家	税前扣除项相关规定
吉尔吉斯斯坦	固定资产折旧使用余额递减法。折旧率：汽车、摩托车和道路用的拖机、特殊的工具、杂物和配件、计算机、电话、外部设备和数据处理设备为30%；运输车辆、建筑机械设备、冲压设备、电子设备、农业用具、办公家具为25%；铁路、海运和河流运输车辆、动力设备和通信设施、管道为10%；建筑物为10%；纳税人设计和工程研究工作支出为50%；其他固定资产为20%。 无形资产摊销：不可以对商誉进行税前扣除，其余无形资产未作明确规定。 其他费用：未规定企业开办费可以在缴纳所得税时予以扣除；纳税人用于经营活动的贷款债务利息，根据债务方式和性质允许在一定范围内扣除；由于债务人破产、清算或者死亡等情况产生的债券无法清偿的部分可以计入坏账，允许扣除；罚款和罚息不得进行扣除。 亏损结转：企业净经营亏损可以在五年内进行摊销，但是不允许转回。 慈善捐赠：不超过该公司年应纳税所得额的10%的部分可以扣除
塔吉克斯坦	固定资产折旧使用余额递减法计提折旧。按照7%～20%不等的折旧率进行折旧。 无形资产摊销：不可以对商誉进行税前扣除。其余无形资产未做明确规定。 其他费用：企业开办费不可以税前扣除，但是在分支机构登记的情况下，总公司可以将与创建分公司相关的费用扣除；不超过塔吉克斯坦国家银行贷款利率3倍的债务利息可以扣除；与已经缴纳过企业所得税的收入有关的坏账、会计账簿上已经被核销的坏账可以扣除，银行和其他金融机构适用特殊规定；研发费、修理费、地质和地球物理勘探费可以扣除纳入塔吉克斯坦及其他国家预算的罚款和罚金不允许扣除。 亏损结转：企业的净经营亏损可以在三年内进行摊销，但是不允许转回。 慈善捐赠：不超过公司年应纳税所得额的10%的部分可以扣除
土库曼斯坦	固定资产折旧：使用直线法计提折旧。折旧率：总统令规定了五组不同的资产，最大折旧率为5%～25%不等。一般情况下允许扣除折旧计提；经营租赁的固定资产由出租人计提折旧，融资租赁的固定资产由承租人计提折旧。 无形资产摊销：土库曼斯坦税法中对于商誉等无形资产摊销未做明确规定。 其他费用：企业准备阶段发生的费用不允许进行扣除；与纳税人创业活动有关的债务利息可以扣除，但是外国法人在国外发生的利息费用转移给其设立在土分公司的不允许扣除；纳税人无法得到全额清偿的债券和由应收账款收款期届满导致的损失可以扣除；用于维修的备用件和维修器材的费用、进行维修的员工薪酬和其他与修理相关的费用可以扣除；研究和开发的非资本性支出费用可以扣除；罚款、罚金和其他非税收性财政制裁费用可以进行扣除。 亏损结转：企业净经营亏损可以在三年内进行摊销，但是不允许转回。 慈善捐赠：没有特殊限制

表3　　　　中国－中亚五国企业所得税率相关规定

国家	企业所得税率相关规定
中国	居民企业、非居民企业在中国境内设立机构、场所获取所得以及发生在境外但与其在中国境内设立机构、场所有实际联系的所得，适用税率为25%； 非居民企业在中国境内未设立机构、场所的，或者虽设立机构、场所但取得的所得与其所设机构、场所没有实际联系的，其来源于中国境内的所得，适用税率为20%

续表

国家	企业所得税率相关规定
哈萨克斯坦	基本税率为20%
乌兹别克斯坦	商业银行15%；其他企业7.5%；磁卡支付服务企业税率在应税税率基础上减10%；利润汇往国外的，外国投资人再缴纳外汇总额8%利润所得税；居民企业间股息收入适用10%
吉尔吉斯斯坦	基本税率为10%； 纳税人提取和销售金矿石、金合金和精炼金税率为0%，但是上述企业需要根据销售金合金和精炼金的收益或者世界价格计算的金矿石和黄金精矿价值的1%～20%缴纳专门所得税，税率根据世界一盎司黄金价格确定
塔吉克斯坦	非货物生产企业为24%（2016年）和23%（2017年）；货物生产企业为14%（2016年）和13%（2017年）；企业所得税应纳税额不得少于总收入的1%
土库曼斯坦	本国法人实体税率为8%，中小企业为2%；外国法人实体的分公司为20%；居民企业间股息收入适用15%；石油和天然气业务公司，无论其股权结构和法律地位，均为20%

表4　　中国－中亚国家企业所得税优惠政策主要内容

国家	税收优惠政策主要内容
中国	符合条件的高新技术产业（生物药品制造业等）减按15%征收企业所得税；研发费用加计扣除；固定资产加速折旧（超过100万元的加速折旧，不足100万元的可以一次性抵扣成本）。 投资超过80亿元或者集成电路线宽小于0.25微米的集成电路生产企业，减按15%征收企业所得税；重点软件生产企业和关键集成电路设计企业，减按10%的税率征收企业所得税；节能产业和基础设施产业企业所得税实行三免三减半政策。 2009年1月1日至2018年12月31日，21个城市符合条件的技术先进型服务企业减按15%征收企业所得税；2011年1月1日至2020年12月31日，西部地区的鼓励类企业减按15%的税率征收企业所得税。 2015年1月1日至2017年12月31日，符合条件的小型微利企业，减按20%税率征收企业所得税，其中年应税所得额低于20万元的，减按10%税率征收
哈萨克斯坦	从事农业生产或者兼产农产品的企业，农产品销售收入减按6%计算企业所得税；经济优先领域投资（主要是制造业，不包括石油和天然气产业）免征十年企业所得税。 对于在阿斯塔纳、阿克套、奥恩图季斯克、阿特劳、阿克莫拉、卡拉干达、阿拉木图、巴普洛达尔经济特区注册设立的企业，若其经营活动与特区设立目标一致，在特区之外没有分公司，且90%收入来自经济特区内经营活动的，免征企业所得税
乌兹别克斯坦	从事石油天然气勘探工作的外国公司及其承包分包商，勘探期间免除其企业所得税；从事租赁、保险、审计/记账服务和鞋类、皮革制品修理的小微企业，免缴企业所得税。 出口自身生产的产品（不包括棉纤维、石油、天然气、贵金属）、工程、服务的企业，如果出口份额占当年全部销售额的15%～30%，企业所得税率降低30%征收；占当年全部销售额的30%以上，税率降低50%

续表

国家	税收优惠政策主要内容
吉尔吉斯斯坦	以本国农产品为原料的农产品加工企业，免征三年企业所得税。 在纳伦州、卡拉科尔、比什凯克以及马伊纳克经济特区，注册企业可以享受一定企业所得税税收优惠政策；在创新技术园区的企业，其生产经营活动符合吉尔吉斯斯坦税法要求时，免征企业所得税
塔吉克斯坦	在粟特州、喷赤河、伊斯科实姆、丹加拉自由经济区内设立的企业，可以享受一定税收优惠，但是在享受优惠前，制造公司投资 50 万美元、贸易公司最少投资 5 万美元、咨询和服务公司最少投资 1 万美元。 给生产企业投资的纳税人可以根据投资额不同享受企业所得税优惠政策，其中投资额达到 20 万～50 万美元的，免征两年；投资额为 50 万～200 万美元的，免征三年；达到 200 万～500 万美元的，免征四年；达到 500 万美元以上的，免征五年。 水电站建设期间免征企业所得税；棉纤制成品加工业新建企业 12 年内免征企业所得税
土库曼斯坦	自产鸡肉、建筑业、私营教育、私营农业、假肢矫形用品、专用交通工具制造类企业自注册内三年免征企业所得税；旅游业企业自运营起 15 年内免征企业所得税。 自由企业经济区内重点发展行业，免征前三盈利年度企业所得税，若外资占到 30% 以上的，则三个盈利年度后三年内减征 50% 企业所得税，以后年份减征 30% 企业所得税

资料来源：PwC：Worldwide tax summaries－Corporate taxes 2015/16.

内蒙古自治区天然气产业发展和税收政策研究

内蒙古自治区国家税务局课题组

一、选题背景、意义及研究方法

（一）选题背景、意义

在未来一段时期内，化石能源依然是支撑世界经济发展的主要动力，天然气作为化石能源中的低碳能源，发挥着越来越重要的作用。近年来，全球地缘政治格局急剧变化，天然气供需关系发生转变，气候变化和环保压力、美国非常规天然气突破、日本核危机影响以及新能源的经济技术性等因素，进一步推高了全球对天然气的重视度和依赖度。天然气储产量逐年增加，天然气需求快速增长，利用领域进一步扩大，天然气工业在全球范围内将得到快速发展。

21 世纪以来，我国天然气开发利用取得了长足发展，市场进入快速发展期。随着中国经济的快速发展和天然气勘探开发不断取得重大突破，我国天然气产业进入快速发展时期，天然气市场规模快速扩大，已成为亚洲第一大和世界第四大天然气消费国；供应格局由单气源、单管道供应转变为多气源、多路径、网络化供应；天然气供需缺口不断增长，对外依存度不断提高。2015 年中国天然气消费量是 2011 年天然气消费水平的 2 倍。加快天然气利用，确立天然气在我国能源系统中的战略地位，对于保障我国能源供应和保障能源安全、保护生态环境、改善能源结构具有重要的现实意义。

内蒙古自治区横跨东北、华北、西北，毗邻八省区，与俄罗斯、蒙古国交界，边境线长达4200多公里。独特的区位优势，决定了内蒙古在“一带一路”的四条线路之一的中俄蒙经济带中地位举足轻重、不可替代。据资料显示，俄蒙两国与内蒙古相邻地区天然气资源丰富，但技术落后、开发程度低。中俄、中蒙之间的友谊源远流长，这为加强双方合作开发提供了客观基础。利用内蒙古天然气技术比较优势，加强与俄蒙的开发合作，前景广阔。

“一带一路”倡议开启了内蒙古经济发展的新格局，内蒙古应在融入中选准定位发挥作用。内蒙古蕴藏着大量天然气资源，目前已初步形成了天然气开采、运输和应用三者并重的产业格局。随着天然气产业进入快速发展期，该产业作为一个有效的切入点，有助于“一带一路”倡议成为内蒙古经济发展和改革的新支点。

鉴于以上的背景，正确认识和评价天然气产业的发展对全区经济增长的推动作用，对于提高地区天然气产业的发展速度，促进内蒙古地区经济可持续发展有十分重要的意义。内蒙古天然气行业发展现状如何？发展中存在哪些问题？为了解释说明这些问题，本文在前人研究的基础上，采用合适的分布图、统计表和模型分析内蒙古天然气行业发展现状及存在的问题。以便提出具有针对性的对策措施，以更好地促进区内天然气产业迅速发展。具体而言，通过本文的研究希望可以解决以下两个的问题：一是通过对内蒙古天然气产业现状和存在问题的分析，初步认识天然气产业发展对全区经济增长的影响，并通过大量数据统计调查深入探讨天然气产业的发展对地方经济增长的影响方向及程度大小，以便对三者有一个更清晰、更精确的定量认识；二是实证分析可以帮助我们认识到天然气产业的发展在内蒙古经济增长中的重要地位，从而为地区行业发展政策和相关税收政策的制定提供理论和实践的准确依据。

（二）选题的研究方法

内蒙古天然气资源主要集中在鄂尔多斯地区，因此天然气资源的开采、运输和下游产业也主要集中在鄂尔多斯地区。本文主要以鄂尔多斯地区天然气产业的发展为研究对象，结合内蒙古重点天然气相关企业进行案例分析提出相关政策建议。

二、内蒙古天然气行业发展现状分析

（一）天然气储量现状

1. 我国整体储量现状

近年来我国天然气储产量快速增长，我国天然气已探明储量与产量双双快速增长，天然气工业发展进入快车道。据宇博智业市场研究中心的2012—2016年中国天然气行业现状及未来发展趋势分析报告显示，我国天然气地质资源量为62万亿立方米，2012年探明地质储量1.33万亿立方米。其产量呈年均两位数的增长，从2000年的270亿立方米到2012年的1070亿立方米，年均增长12%。2013年天然气依然保持高产，约1170亿立方米，同比增长8.6%。产量增长已跟不上需求的急速攀升，对外依存度也在不断上升。

四川盆地是中国开采较早的地区，1949年中国的天然气产量全部来源于此。经过几十年的发展，中国已经建成十几个产气区，已基本形成了四川、塔里木、鄂尔多斯、柴达木、准格尔、松辽、渤海湾、琼—莺等八大产气区。内蒙古的鄂尔多斯地区就是八大产气区之一。

2. 内蒙古天然气资源储量现状

内蒙古的天然气资源主要集中在鄂尔多斯地区，鄂尔多斯盆地处于我国中部地区，兼有西部地区的资源优势和中东部地区的市场优势，具有西接资源、东接市场的战略优势和市场优势。特别是在国家实施“西部大开发”的今天，为天然气的持续发展提供了有利条件。鄂尔多斯市是鄂尔多斯盆地天然气资源所在地，天然气远景储量4.39万亿立方米，已探明储量8000多亿立方米，占全国的1/3。探明煤层气储量1万亿立方米。其中境内乌审旗有我国最大的世界级整装气田——苏里格气田天然气储量7504亿立方米，具备了大型气田和规模开发的资源基础。

（二）天然气市场的整体状况

1. 天然气的消费量

从1970—2009年我国天然气生产、消费及净进口情况来看，我国天然气消费量随生产量的逐步增长也在迅速增长。到2013年，我国天然气消费量已达到1676亿立方米，同比增长13.9%，已成为世界第四大天然气消费国。从2006年我国天然气开始进口，进口量逐年上升，天然气进口通道不断完善，对外依存度不断提高。2013年，随着中缅管道建成投运，广东珠海、河北唐山和天津浮式LNG项目陆续建成投产，西北、西南、海上三条天然气进口通道初步建成。天然气进口量继续快速增长，全年进口量530亿立方米，同比增长25%，对外依存度突破30%升至31.6%。

1970—2009年我国天然气生产、消费及净进口情况如图1所示。

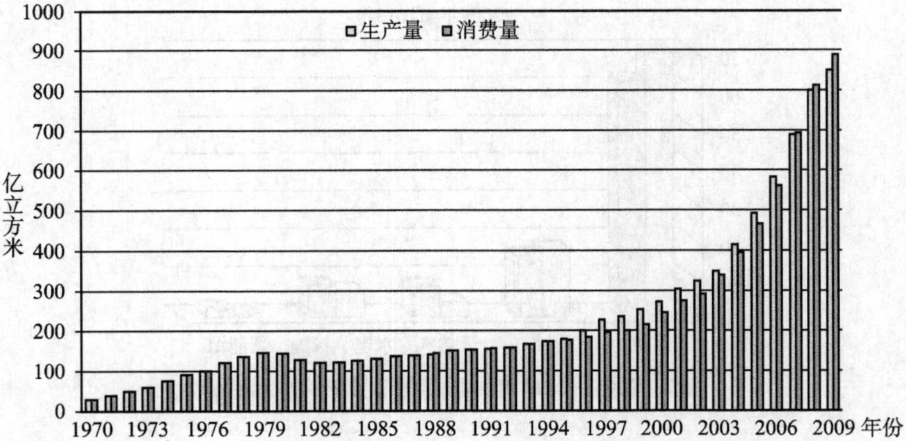

图1　1970—2009年我国天然气生产、消费及净进口情况

2013年，国家发改委出台了天然气价格改革方案，天然气定价机制市场化改革取得了重大突破。2014年，消费量达到1860亿立方米，进口量达到630亿立方米。未来我国天然气需求还将不断上升，基准情景下，预计2020年可达3000亿立方米，到2030年将接近5000亿立方米。

2. 天然气需求量

随着天然气的普遍应用，天然气供应已经成为国家能源安全中越来越重要的组成部分。未来中国天然气需求增长速度将明显超过煤炭和石油。

（1）天然气在一次能源中的比例分析。我国天然气在一次能源中的比例大大低于世界平均水平。近年来，随着能源结构低碳化的发展，我国天然气利用的步伐不断加快，天然气在能源结构中的比例不断上升。2003 年我国天然气在一次能源结构中占比还只有 2.5%，到 2012 年已经上升到 5.2%。石油占比大大降低，煤炭占比悄然回升，可再生能源比例有较大提高。根据规划，2015 年天然气在我国一次能源中的比例达到 7.5%。

但与世界平均水平相比我国还有很大差距。在世界一次能源消费结构中，天然气平均占比 24%，10 多年来都保持了相对稳定。石油与核电呈现不断下降趋势，煤炭由于资源巨大、清洁化利用技术的进步，呈现抬头趋势。

2009—2015 年中国能源消费结构规划目标如图 2 所示。

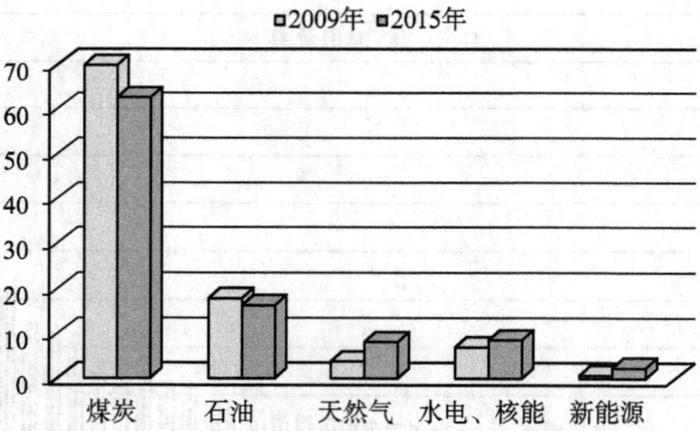

图 2　2009—2015 年中国能源消费结构规划目标

1980—2030 年世界各地区天然气占一次能源消费的比重如图 3 所示。

（2）与石油和煤炭相比，天然气有替代石油成为主要能源的趋势。从单位能耗来看，煤、石油、天然气三大主要化石能源中，天然气含氢比例最低，但是天然气燃烧时热能利用效率较高，属高热值能源。从平均单位发热量来看，煤、石油、天然气三大主要化石能源中，相同质量条件下，天然气的热值最高。

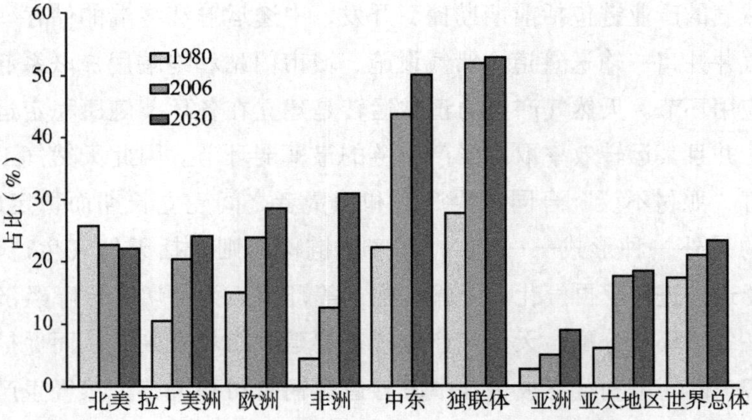

图 3　1980—2030 年世界各地区天然气占一次能源消费的比重

从降低碳排放量来看，天然气的利用可有效降低单位能耗碳排放。天然气减排有两个途径，一是替代燃煤，另一个是替代燃油。有数据显示，1 立方米天然气替代相应当量的煤炭可减排二氧化碳 65.1%、二氧化硫 99.6%、氮氧化物 88.0%。因此，加大天然气合理消费利用，降低石油和煤的用量，可有效改善大气环境。

（三）天然气产业特点分析

1. 天然气工业是一条缺一不可的产业链

天然气产业结构示意如图 4 所示。

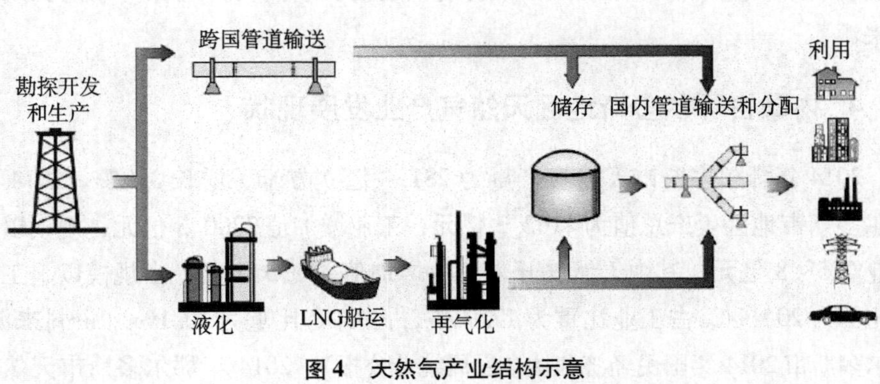

图 4　天然气产业结构示意

天然气的产业链包括前期勘探、开发，中途运输和终端的储存、配送等环节将气井井口、输送管道、储气设施、城市门站和终端用户联系起来，还有加工应用环节。天然气产业的正常运转是建立在各环节健康稳定运行的基础上的，并且其运转效率取决于产业链的最薄弱环节。因此天然气工业往往通过签订“照付不议”合同在生产者和消费者之间建立长期而稳定的关系。天然气的另外一种形式——LNG，其产业链构成则包括天然气生产、液化、出口、船运、进口、再气化、管输和配送等环节。为了切实保障经济利益能更好地在各个环节分配，天然气产业还需要建立市场规则，从而保护产业链中弱势客户的经济利益不被包含中游管道运输公司和上游天然气生产公司等垄断方的挤压。

2. 天然气具有很强的可替代性

天然气可以被煤气、液化石油气、燃料油和煤炭等其他燃料所替代。因此天然气工业不同于石油和煤炭工业，不是由生产驱动而是由需求驱动的，它没有自己的附属市场，在拥有资源和基础设施之外，还需要与其他资源竞争后开发终端市场。

3. 与传统能源煤炭、石油和电力相比，天然气产业具有高投资和高成本的特性

首先天然气在常温下表现为气态的特性使得它需要高昂的储存成本。另外天然气的输送成本也非常高，其长距离运输成本是石油的6~11倍。因此前期需要投入大量资金用于天然气的勘探、开发、运输、储存和配送，并且这些投入的收益回收具有很长的滞后期，这就要求投资方确保可靠的长期资金来源。

4. 内蒙古鄂尔多斯地区天然气产业发展现状

2014年鄂尔多斯市天然气产量为281.1亿立方米，增长3.9%。2014年鄂尔多斯市地区生产总值为4162.2亿元，工业增加值2200.5亿元，规模以上工业2058.8亿元，其中天然气开采工业增加值419.5亿元，占规模以上工业的比例为20.4%，占工业比重为17.03%，占GDP比重为10.1%（资料来源：鄂尔多斯市2014年国民经济和社会发展统计公报）。2014年鄂尔多斯市天然气开采业税收收入合计12.85亿元，占全年税收总额的4.92%。其中，增值税

为12.85亿元。2015年鄂尔多斯市天然气上半年产量120.2亿立方米，增长2%，较上年同期回落1.5个百分点。

（四）天然气管网现状

中国天然气资源主要集中在中西部地区，而天然气需求主要位于东部沿海地区，市场供求的地域矛盾相当突出。管道建设的滞后成为制约中国天然气资源开发利用的瓶颈。进入21世纪以来，中国迎来了天然气管道建设的大发展时期。

随着西气东输一线、二线、陕京线和川气东送等多条管道相继建成投产，横跨东西、纵贯南北、连通海外的全国性天然气管道骨干网络已初步形成。截至2012年底，中国主要天然气管道干线、支干线长度已超过5.5万公里，输气能力超过1600亿立方米/年，基本形成“西气东输、北气南下、海气登陆”的供气格局。

（五）天然气产业下游行业利用现状分析

从目前看，我国天然气利用行业主要包括城市燃气、交通运输、工业用气和天然气发电。从未来看，我国城市燃气行业继续扩张，城市天然气消费量快速增长。天然气汽车迅速发展，多个地区在公共交通领域推行“油改气”。经济回暖和相关政策促进工业用气行业产量回升，用气量增加。部分燃气发电项目进度放缓，天然气分布式发电项目有望进入快速发展期。天然气开发利用由传统的居民燃气、天然气化工、工业燃料和天然气发电进一步发展到交通燃料用气。

1. 城市燃气行业迅速发展

随着天然气管道的不断扩张以及供应量的增加，我国城市天然气消费量快速增长。2000—2012年，城市天然气消费量由82亿立方米增至795亿立方米（见表1），年均增长20.8%，远高于同期16.1%的天然气消费增速。2012年，人工煤气和液化石油气用气继续下降至77亿立方米和1115万吨。天然气在城市燃气中的主导燃料地位继续加强。

表1　近年我国城市燃气供应情况

年份	天然气		人工煤气		液化石油气	
	全年供气量（亿立方米）	用气人口（万人）	全年供气量（亿立方米）	用气人口（万人）	全年供气量（万吨）	用气人口（万人）
2000	82	2581	152	3944	1054	11107
2005	210	7104	256	4369	1222	18013
2010	488	17021	280	2802	1268	16503
2011	679	19028	85	2676	1166	16094
2012	795	21208	77	2442	1115	15683

2. 交通运输用气行业快速发展

天然气汽车由于具有良好的经济效益和环境效益，近几年实现了快速发展。为提高空气质量、优化天然气利用结构，国家鼓励天然气汽车的发展。2013 年天然气汽车保有量从 2012 年的 148 万辆增长到 177 万辆。加气站数量由 2012 年底的 2787 座增长至 2013 年三季度的 4242 座，增长 52%。

世界 LNG 动力船舶产业处于发展初期，2013 年，我国 LNG 船舶产业取得了开拓性进展。2013 年 10 月，交通运输部通过了《关于推进水运行业应用 LNG 的指导意见》，根据该意见，到 2015 年和 2020 年，中国内河运输船舶能源消费中 LNG 比例将分别达到 2% 和 10% 以上，LNG 动力船舶产业市场空间十分广阔。

3. 工业与化工行业用气回升

天然气作为工业燃料主要用于陶瓷、玻璃、钢铁、有色金属行业，作为化工原料主要用于制氢、合成氨生产化肥、制甲醇等。近年来，经济回稳和房地产行业回暖带动非金属建材以及钢铁行业产量小幅上涨，由此带动主要工业用气需求回升。2013 年我国工业燃料用气 469 亿立方米，增长 13.1%，占天然气总消费量的比重降至 28.0%；化工用气 218 亿立方米，年增长 5.8%，占比下降至 13.0%。

4. 内蒙古鄂尔多斯市天然气应用产业发展迅速

鄂尔多斯市天然气产业最早发展是在鄂尔多斯市乌审旗开始，如主要生产甲醇的内蒙古博源联合化工有限公司，生产 LNG 的星星能源有限公司。以后在鄂尔多斯市其他旗区以天然气为原料陆续建成的较大规模的企业有生产 LNG 的内蒙古鄂托克前旗时泰天然气经营有限责任公司，在鄂托克旗棋盘井镇生产化肥的内蒙古鄂尔多斯联合化工有限公司、内蒙古鄂尔多斯化学工业有限公司等。截至 2015 年底，生产液化天然气企业有 121 家，天然气供气企业有 240 家。

三、天然气产业发展中存在的问题

（一）内蒙古天然气价格结构不合理，价格形成机制不完善

天然气价格结构不合理，价格波动巨大。天然气价格波动过大对于天然气产业的生产巨大影响，特别是对应用产业的恶劣影响深远，给代替资源带来了巨大的生存空间，丧失了其已经获得的市场。由于天然气作为计划内外“双轨制”价格的商品，不仅“内外”有别，而且还存在政府指导价、协议气价等多种形式，价格形成机制亟待规范。现行价格长期偏低不仅不利于能源资源节约，而且使得国内石油公司引进国外天然气和 LNG 面临相当大的困难。

由于天然气工业用气价格自 2014 年 9 月 1 日由 1.60 元/立方米调整至 2.04 元/立方米后，以及按照（内发改价字〔2015〕791 号），天然气价格自 2015 年 7 月 1 日调整执行，调整后的天然气价格分别为：居民用天然气价格 1.00 元/立方米，非居民用天然气价格 1.836 元/立方米，工业用天然气价格 1.836 元/立方米，LNG 用气价格 2.04 元/立方米，化肥用天然气价格 1.19 元/立方米。企业压力增大，如生产甲醇的内蒙古博源联合化工有限公司因生产成本过高，导致亏损，从 2014 年 10 月至今停产，个别企业也面临停产的窘境。

（二）天然气产业发展中存在的问题

内蒙古天然气产业链发展处于初级阶段，天然气主要用于燃料、燃气的生产和作为化工原料。

1. 产业链延伸不足，产业结构欠合理

天然气产业结构的布局偏重于上游产业，天然气化工主要集中在甲醇和化肥，产品雷同，附加值低，经济附加值较高的下游深加工企业没有达到相应数量与规模。除此之外，天然气产业链发展的“网状结构”不明显，削弱了其可以带来的竞争优势。天然气产业集群对区域发展的拉动作用尚未充分发挥出来。

2. 政府职能与市场机制之间存在矛盾

天然气资源的特殊性，以及天然气生产企业的垄断特性，决定了天然气产业链的布局和发展在很大程度上依赖于政府调控和协调。但是，由于目前政府在这方面的职能落后于快速发展的经济需要，以致天然气产业集群的发展受到了影响。具体表现为：一方面，天然气生产企业反映成本高，而政府认为对资源的定价过低；另一方面，闲置的民间资本难以跨过保护门槛。这不仅不利于天然气产业的发展，对整个区域的经济发展也会产生一定的阻碍作用。

3. 技术创新能力低，产业升级缓慢

天然气产业内部创新能力比较低，产业升级缓慢，集群效应低。其主要原因是当前产业集群模式欠合理。在当前的模式下，产业集群还没有充分成长起来，高科技人才的支撑力度不足，创新体系不完善，从而影响了整个产业的升级与进一步发展。

4. 案例研究

鄂尔多斯市、乌审旗两级政府与内蒙古伊化集团（现为内蒙古博源控股集团公司）成立了天然气甲醇项目组，统一规划设计在苏里格气田主产区建设年产 18 万吨以天然气为原料制造甲醇的化工项目。18 万吨甲醇项目从 1999 年建设，2003 年投产，2007 年扩建至 35 吨/年的规模，总投资近 9 亿元。2004 年投资 18 亿多元开始建设 100 万吨甲醇装置，形成了目前 135 万吨的大型天然气甲醇现化工业企业。

甲醇企业现有员工 700 余人，多年来，在各级政府、供气企业的关注和支持下，生产经营保持良好的运行。正常生产经营期间，年用存量气 11.2 亿

立方米，其中内蒙古博源联合化工有限公司用气量8.06亿立方米，内蒙古苏里格天然气化工有限公司用气量为3.15亿立方米。近年来随着天然气价格的不断上涨及冬季限气两方面的影响，企业生产经营举步维艰，天然气价格从18万吨项目建设初期的0.48元/立方米，2009年上涨到0.725无/立方米，2010年上涨到1.125元/立方米，2013年7月上涨到1.6元/立方米，同年冬季，为保证北京采暖供气实施大幅限气措施，加之甲醇市场价格的下行，甲醇生产企业全年亏损2亿多元。天然气价格自2014年9月1日由1.60元/立方米调整至2.00元/立方米，企业生产到10月中旬，因亏损巨大无奈停产至今。自2015年4月1日天然气价格由2.00元/立方米调整至2.04元/立方米，甲醇企业更是复产无望。2014年全年亏损2.3亿元，截至2015年6月亏损1.89亿元。

经企业测算，甲醇装置每年3月15日至11月15日期间生产，计划产量为72.48万吨，年用气量7.6亿立方米，以产品售价2050元/吨，天然气按含税价（门站价+管输费）1.28元/立方米计算，吨产品亏损226.34元，全年亏损1.64亿元（相当于全部的折旧费）。

2004年投资18亿多元开始建设100万吨甲醇装置，2010年以来的生产经营情况见表2。

表2　　内蒙古博源联合化工有限公司生产经营情况

年份	甲醇产量（万吨）	销售价格（元/吨）	销售收入（万元）	单位销售利润（元/吨）	应纳税所得额（万元）	应缴增值税（万元）	应缴纳所得税（万元）	增值税税负率（%）
2010	69	1774	127760	222	0（弥补上年亏损）	7503	0	5.87
2011	72	2076	147430	475	15871	8399	3968	5.7
2012	71	2004	144340	339	10694	12573	2673	8.71
2013	64	2009	128586	33	0	7183	0	5.58
2014	57	2083	114589	16	0	4053	0	3.54

资料来源：内蒙古博源联合化工有限公司财务部。

（三）财税鼓励不足、企业税负负担大，没有体现环节补贴

1. 天然气企业不得抵扣的固定资产比例大，增值税税负率高

现行《中华人民共和国增值税暂行条例》对可以抵扣进项税额的固定资

产和应税劳务有严格的限制，我国现行的增值税还不是完全意义上的消费型增值税。这些限制性规定不仅大大减少了可以抵扣的进项税额还影响了增值税的彻底转型。我国增值税在由生产型转为消费型的过程中，只将固定资产中购置机器设备所含的税款进行了抵扣，而这部分只占整个固定资产的1/4，另外占3/4的厂房建筑物等部分仍然存在重复征税问题。天然气产业属于资本密集型产业，固定资产在整个资产中占得比重非常大，现行的增值税体系不允许这部分固定资产全部抵扣，影响了天然气产业投资的积极性和固定资产更新速度。

2. 缺乏对天然气产业企业所得税特殊的鼓励政策

现行的所得税法缺乏对于我国天然气资源开发的激励制度，并且现有的激励措施在执行过程中还存在诸多限制，限制了所得税对企业经营活动的引导作用。根据《企业研发费用税前扣除管理办法》规定，企业研发费用所得税前加计扣除的范围必须是从事《国家重点支持的高新技术领域》和国家发改委等部门公布的《当前优先发展的高新技术产业化重点领域指南》项目的研究开发活动支出。而且能够享受研发费用加计扣除的项目还需要得到相关部门的立项，申请程序烦琐。此外《企业研发费用税前扣除管理办法》以列举的方式规定了可以扣除的研发费用，未列举的费用不得享受加计扣除优惠，这一规定使很多必要的研发支出不能计入加计扣除范围。我国所得税法没有专门针对天然气产业加速折旧和投资抵免的规定，加速折旧是针对特定的固定资产，并且对享受加速折旧和投资抵免规定了较多限制条件。随着开采程度增加，我国许多主力气田开采难度逐渐增加，开采成本不断攀升，投资回报率不断呈下降趋势。由于开采条件复杂，施工难度大、风险高，深海气田和中西部新发现气田的投资回报极不稳定。但是我国缺少对这些油田的激励政策，影响了这类油田的勘探、开采。

3. 案例说明

2015年调研了表3的天然气加工生产企业，他们的税收负担相对比较大。

表3　　内蒙古苏里格天然气有限公司生产经营情况

年份	产量（万吨）	销售价格（元/吨）	销售收入（万元）	单位销售利润（元/吨）	利润小计（万元）	应缴纳增值税（万元）	增值税留抵（万元）	增值税税负率（%）
2010	23	1744.19	45348.9	92.36	-3805.15	2297		5.06
2011	28	2079.32	60300.3	402.1	2926.02	4578		7.59
2012	33	2027.46	64878.58	521.07	3833.04	4204		6.48
2013	25	2057.76	51444.02	315.04	-5156.96	2453		4.77
2014	20	2456.56	51587.72	238.32	-9916.05	2631	41.25	5.1
2015年1—6月	0	2381.53	1667.07	85.84	-5216.73	0	196.58	0

资料来源：内蒙古苏里格天然气有限公司财务部。

鄂尔多斯市星星能源有限公司成立于2004年11月2日，注册资金1.2亿元，是一家集液化天然气生产、销售与液化天然气相关进出口贸易（含设备）为一体的综合性公司。

从2014年10月1日开始，LNG的进气价由每立方米1.95元调整到2.48元。致使2014年销售收入与销售利润较大幅度降低，主要受困于国家发改委的天然气价格改革与大量LNG工厂投产，下游终端市场疲软。目前LNG行业整体面临困境。一是原料天然气价高，LNG工厂开工率偏低，企业生产经营举步维艰，减产停产时有发生。二是下游终端市场疲软，气价涨油价跌。终端客户使用LNG积极性受挫，LNG加气站建设速度减缓，销售量大幅减少。

目前LNG较柴油经济性下跌，导致了车用LNG发展受阻，LNG加气站发展面临的突出问题即加气站数量增速在2012—2013年的爆发式增长后于2014年出现大幅下滑。这主要包括三个方面的原因：一是LNG加气站利润下滑；二是与中国LNG价格上行相伴随的是柴油价格的一路下行，LNG相较柴油经济性变差。自2014年下半年以来，LNG进口现货价格随油价一路下滑，导致现货与国内自产LNG的成本相比出现了较大的优势。国内自产LNG正在面临LNG进口货的竞争。星星能源有限公司2015年1—6月生产LNG5.24万吨，与上年同期相比减少85.31%。销售LNG5.9万吨，同比降低164.91%，实现营业收入18313万元，同比降低201.17%，2014年同期实现利润1757万元，2015年1—6月实现利润总额-3605万元。目前含税销售单价每吨3500元，因技改增值税留抵309万元。缴纳企业所得税为零。

在2015年LNG下游市场不断承压的同时，上游中石油不断提高天然气进气价，使得LNG产品的生产成本进一步提高。

表4　　内蒙古星星能源有限公司生产经营情况

年份	液化气产量（万吨）	销售价格（元/吨）	销售收入（万元）	单位销售利润（元/吨）	利润小计（万元）	应缴纳增值税（万元）	应缴纳所得税（万元）	增值税税负率（%）
2010	14.99	3048.27	47797	528.68	4970	1877	1203	3.93
2011	15.92	3828	51281	620.04	4416	2173	1472	4.24
2012	16.64	3603.81	52933	588.07	3140	2437	1352	4.6
2013	18.6	4315.06	71551	892.08	7626	2699	3221	3.377
2014	19.41	4270.92	73679	656.58	3514	1480	734	2.01
2015年1—6月	5.24	3658.03	18313		-3605	0	0	0

注：该企业自2013年后适用15%的企业所得税税率。

四、促进内蒙古天然气产业迅速发展的建议

（一）调整天然气销售价格结构及价格形成机制

我国应统筹规划、提早部署，结合天然气供需格局的调整，联动调整天然气价格。据IEA初步预计，2015年我国天然气供需形势将由供不应求向供应宽松转变，2020年我国天然气将剩余200亿立方米左右（按照资源供给量为市场需求量1.1倍的保障要求计算）。天然气供应宽松和价格疲弱为我国天然气价格改革提供了有利条件，所以统筹规划、提早部署、联动调整天然气价格成为一种必要。

根据天然气工业的不同发展阶段和市场发育情况，一些天然气工业发达国家制定了相应的价格政策，原则上都紧密联系市场，保障生产者和消费者双方的利益，基本上都经历了政府管制、政府指导和市场化的过程。随着市场发育的进一步成熟，各国都采取了放松管制、向市场定价过渡的路子。目前我国天然气价格正处在从政府定价逐步过渡到管制放松的阶段，但仍然存在着与市场

联系不紧、影响天然气竞争力的问题，因此需要进一步完善市场体系，采取科学定价的方法，保障生产者和消费者的权益，促进天然气市场的发育。

（二）建议打通内蒙古天然气上下游产业链

1. 利用“一带一路”倡议促进天然气产业的发展

内蒙古要抓住国家实施“一带一路”倡议带来的机遇，创新同俄罗斯和蒙古国的合作机制，推进草原丝绸之路经济带建设，在融入和服务国家发展战略中拓展发展空间。

经国务院批准，依据《财政部　海关总署　国家税务总局关于对于2011—2012年期间进口天然气及2010年底前“中亚气”项目进口天然气按比例返还进口环节增值税有关问题的通知》（财关税〔2011〕39号）规定，在2011年1月1日至2020年12月31日期间，在经国家准许的进口天然气项目进口天然气价格高于国家天然气销售定价的情况下，将相关项目进口天然气（包括液化天然气）的进口环节增值税按该项目进口天然气价格和国家天然气销售定价的倒挂比例予以返还。用更为优惠的政策吸引外国的企业“走进来”，同时也方便区内的企业“走出去”。

2. 提高天然气产业对其他重污染代替品产业的竞争力，对天然气开发生产企业采取“耗竭补贴”政策

依目前天然气的价格水平，用天然气发电还不能与煤竞争，需要国家给予政策扶持；天然气化工用户主要是甲醇、化肥企业，国际竞争力不强，价格放开后，竞争加剧，尤其需要注意的是稳定的大型工业用户用气积极性不高；尽管目前天然气作为城市燃料承受能力较强，但城市燃气管网投资巨大、成本较高，而且增长速度比较慢，一定程度上影响了市场的进一步扩展。从国外天然气产业发展成功的经验来看，建议给“下游”用户一定的扶持政策，增强天然气用户的价格承受能力。

对天然气开发生产企业采取“耗竭补贴”政策，即每个纳税年度从净利润中扣去一部分给矿区开采者或经营商，用于寻找新的矿产资源来代替正在逐步枯竭的矿源。与设备和生产设施折旧提成对比，耗竭补贴政策留给天然气开发生产企业的利润更大，越来越多的国家将耗竭补贴制度作为税收优惠

政策的措施之一。

3. 采取措施增加政府对天然气产业的调控能力

（1）自治区政府应制定对企业比较有利的经营政策，使企业投资效益有保障，进而能够吸引资金不断投入；

（2）要进一步促进融资手段多样性，有效地降低资金成本，减轻企业债务负担。我国市场经济还不发达，法规体系还不健全，故有必要通过自治区政府协调天然气工业投资经营和融资模式。它要求"上中下游"企业形成一个统一协调的系统。由于其中涉及的行业和部门较多，只有依靠区内有关部门出面组织和协调，才能理顺天然气生产、运输与天然气消费利用部门和企业的关系；

（3）加强天然气价格方面的立法，特别是要加强在天然气合同的订立和监督方面的法规建设。目前，我国还缺乏类似的政策和法规。在天然气的供应上，国际上广泛使用"照付不议"的合同形式，通过约束消费供应双方的行为，最大限度地避免了天然气的供应风险和市场风险。目前，我国天然气田供应香港地区天然气的供用合同就采用这类合同方式。

4. 大力发展天然气发电产业

与燃煤发电相比，天然气发电具有多重优势。燃气发电几乎不排放及烟尘和氮氧化物。21 世纪以来，我国燃气发电行业快速发展。燃气发电具有很高的环保价值，燃气机组启停灵活，便于为电网调峰，且燃气电厂占地面积小。沿海等经济发达省市、京津地区及中南地区也有部分燃气发电厂，我国天然气发电行业正处于起步阶段，目前还有不少困难。自治区应以提高燃气电厂的上网电价和降低用气价格为主要优惠措施，抓住时机促进燃气电厂的发展。

表 5　　我国与主要发电国家燃气电厂对比　　单位：%

项目	中国	美国	英国	日本	韩国	德国
燃气发电装机占比	3. 40	40	36	28	21	—
燃气发电量占比	2. 50	30	41	—	—	10. 5
发电用气占天然气消费量比重	17. 20	39	34	70	46	26

数据来源：通过 EIA、IEA、KEEI、中国电力企业联合会、德国联邦统计局、英国能源与气候变化部等多家能源机构和政府网站数据整理得到。

（三）完善天然气产业财税政策的建议

1. 要在全面营改增税收改革中对天然气企业特殊对待

2016 年是我国税制改革的关键年份，继交通运输业、现代服务业、电信业先后完成营改增之后，房地产业、建筑业、金融业和生活服务等行业将在 2017 年完成营改增，建议允许企业抵扣建筑投资中的进项税。

建议在进一步税收改革中，将天然气产业部分改革前的建筑物纳入增值税的征收范围，对天然气产业生活、福利设施，大型固定资产和大规模规定资产投资项目的进项税分年抵扣，对大型基础设施投资考虑以直接冲抵投资的方法作为抵扣。

2. 对下游的天然气高新产业给予增值税和所得税优惠

只有鼓励和扶持下游高技术高附加值的天然气应用产业发展，才能从根本上促进天然气产业的健康持续发展。但是，目前高新技术企业认定条件门槛很高，很多天然气新材料和应用企业难以满足高新技术企业认定条件，被拒之税收优惠的门外。为了鼓励下游天然气应用产业发展，充分起到税收政策调控经济的引导作用，可以把“天然气高新应用产业”作为优惠项目单独列入优惠政策中，而不单靠达到“高新技术企业”才给予优惠。

具体优惠方案：对该类企业可以考虑对增值税直接给予减半征收。

3. 天然气企业应该享受加速折旧政策

为促进天然气工业发展，一些国家对公司所得税方面的政策值得借鉴。例如，在税率一定的同时，各国在减少税基和亏损“移后”等方面给予优惠，缓解了高税率的影响，从而降低了实际税收。税基的减少是指在核定税收时，对于生产中所必需的经营成本、权利金、利息以及其他税费支出全部扣减。将天然气产业企业纳入固定资产加速折旧的范围。

4. 对天然气企业高端科技人才予以免征个人所得税税收优惠

就我国天然气产业现在实际情况，这些天然气企业往往地处偏远落后地区，难以留住人才，因此急需制定激励高端科技人才的政策，以利于天然气应用产业的快速发展。同时，根据国际惯例，对具备较强研发能力、掌握尖端科技的高端人才，或者在特殊行业或特殊领域做出杰出贡献的高素质人才，可由省以上单位确认，对其取得的相关个人所得确定为免税所得，享受税收优惠。

适用免征高端人才个人所得税政策，应限定在规定单位的规定人才以及规定的个人所得税收入项目。按照目前我国天然气产业发展的实际，可先期规定为专业天然气科研单位、大学涉及天然气的院系和天然气企业的专业研究人员，具体单位名单以及人员岗位可以授权省级人民政府组织当地行业主管部门、地方税务部门联合认定，并上报工业和信息化部、财政部和国家税务总局备案。免征个人所得税收入项目可以先规定工资薪金所得、劳务报酬所得两类主要收入项目。

“一带一路”倡议涉税问题研究分报告

樊　勇　刘金科

2013年，习近平主席在访问中亚及东南亚期间，提出携手共建“新丝绸之路经济带”和“21世纪海上丝绸之路”倡议。2015年国家出台《推动共建丝绸之路经济带和21世纪海上丝绸之路的愿景与行动》，清晰勾勒出“一带一路”倡议的区域定位与发展路径。随着经济全球化和数字化趋势的加快，传统国际税收体系面临严峻挑战，国际税收已然进入了“税基侵蚀和利润转移”（BEPS）时代。而且沿线各国在经济社会、税收制度等方面存在较大差异，“丝绸之路经济带”与“21世纪海上丝绸之路”的沿线概况亦有所不同。因此，探寻国际税收风险应对新机制，研究“一带一路”背景下的国际税收协调问题是我们当前面临的重要议题。

一、“一带一路”沿线国家经济社会基本概况

“一带一路”倡议具有地理辐射范围广、经济社会多元化、共赢合作泛区域化等特征，并非限定于固定国家。本文以文献及报道中常见的沿线64国作为研究口径，结合地理位置、政治体制、经济等因素，将沿线64个国家划分为六个组别进行研究。即中亚5国，独联体及格鲁吉亚、蒙古8国，中东欧16国，西亚北非16国，东南亚11国，南亚8国。“丝绸之路经济带”沿线国家主要有中亚5国，独联体及格鲁吉亚、蒙古8国，中东欧16国，以及伊朗、土耳其等部分西亚国家，以下简称“一带”沿线国家。“21世纪海上丝绸之路”沿线国家主要有东南亚11国，南亚8国，以及大部分西亚国家和埃及，以下简称“一路”沿线国家。

（一）“一带一路”沿线国家人口密度差异较大

沿线 64 个国家的国土面积将近全球总面积的 1/3，2014 年总人口约为 31.51 亿人，约占全球总人口的 43.4%。“一带”沿线国家覆盖的国土面积贯穿亚欧大陆。“一路”沿线国家覆盖的国土面积相对较少，但是广泛辐射南太平洋、印度洋海域。从具体的国土面积比例来看，位于我国北部的蒙古和俄罗斯两国面积占沿线全部国家面积的 40%，因此，独联体及格鲁吉亚、蒙古 8 国的面积占比最高，将近达到“一带一路”沿线国家面积的一半。面积占比最低的是中东欧 16 个国家，只有 3%。“一路”沿线国家人口数量较多，而“一带”沿线国家人口相对较少。从具体人口构成比例来看，南亚 8 国的人口占比最高，达到沿线全部国家人口的一半以上，中亚 5 国人口占比最低，仅为 2%。中东欧 16 国，独联体及格鲁吉亚、蒙古 8 国这两个组别的人口占比都较低，均未超过 10%。对比来看，沿线国家的人口密度差别较大，沿线亚洲国家的人口密度明显更高，“一路”沿线国家的人口密度整体高于“一带”沿线国家。

（二）“一带一路”沿线国家经济发展水平总体偏低

从经济总量来看，沿线国家存在较大差异。根据世界银行 WDI 数据，2014 年“一带一路”沿线 62 国（缺失叙利亚和巴勒斯坦的数据）的国内生产总值约为 129883 亿美元，约为我国 2014 年国内生产总值的 1.25 倍。从 2014 年不同组别国家的国内生产总值占比来看，西亚北非 14 国（不含叙利亚、巴勒斯坦）的 GDP 总量约为沿线 62 个国家 GDP 总量的 29.2%，占比最高，而中亚 5 国的占比最低，仅为 2.66%。另外，独联体及格鲁吉亚、蒙古 8 国如果不包括俄罗斯，其余 7 国的 GDP 总量占比也仅为 2.55%，中东欧 16 国的 GDP 占比也相对较低。各国之间国内生产总值差异较大，2014 年 GDP 总量排名前三位的国家分别为印度、俄罗斯、印度尼西亚，GDP 总量排名后三位的国家分别为东帝汶、不丹、马尔代夫。沿线 62 个国家国内生产总值的算数平均值约为中位数值的 3.3 倍，可见沿线国家之间的经济发展水平差异较为显著，且经济总量较低的国家数量相对较多。从人均收入水平角度来看，“一带一路”沿线各国的经济发展水平同样存在较大差异。根据 2014 年世界银行计算出的人均国民总收入（人均 GNI）以及在该数据下的国家收入水平分类标准，除了东帝汶和巴勒斯坦数据缺失之外，其余62个沿线国家中，高收入国家有18个，中等偏上收入国家有21个，中等偏下收入国家有20个，低收入国家有3个。各国人均GNI差异较大，而且“一带一路”沿线四个收入组别人均GNI的平均值差距非常明显。高收入国家组别的人均GNI人口加权平均值约为低收入组别的24.44倍。不同收入组别的算术平均值均高于中位数，意味着各组别内部较低收入的国家数量相对更多。2014年我国人均GNI为7380美元，略高于中等偏上收入国家组别的中位数，低于该组的算术平均数和人口加权平均值。

（三）沿线国家国际贸易总量不大，但依存度较高

从进出口贸易的角度来看，根据世界银行WDI数据，除了东帝汶、巴勒斯坦、缅甸指标缺失之外，2014年61个沿线国家贸易劳务进口量的平均值约为847.3亿美元，贸易劳务出口量的平均值约为935.24亿美元，相应的中位数值均更低；贸易劳务进口量占GDP的平均比重约为52.58%，贸易劳务出口量占GDP的平均比重约为50.11%。贸易劳务进口量位于前三位的国家是印度、新加坡、俄罗斯，位于后三位的国家是不丹、马尔代夫、黑山。贸易劳务出口量位于前三位的国家是俄罗斯、新加坡、印度，位于后三位的国家是不丹、阿富汗、塔吉克斯坦。根据世界银行的统计，2014年我国贸易劳务进口量为19601.99亿美元，贸易劳务出口量为23425.41亿美元，远高于上述平均值和中位数值；贸易劳务进口量占比为18.92%，贸易劳务出口量占比为22.61%，均低于上述国家的平均值和中位数值。总体上沿线国家对国际贸易的经济依存度较高，但是大多数国家的进出口总量并不高，远低于我国的对外贸易规模。从资本流动的角度来看，根据世界银行WDI数据，除了叙利亚和巴勒斯坦外，2014年62个国家外商直接投资净流入额占GDP的平均比重约为3.54%，外商直接投资净流入额占比位于前三位的国家是新加坡、马尔代夫、黑山。根据上述数据库的统计，我国2014年外商直接投资净流入额占GDP的比重约为2.8%，低于上述平均比重。关于对外直接投资净流出情况，除了多个缺失指标国家之外，其余49个国家2014年对外直接投资净流出额占GDP的平均比重约为1.44%。对外直接投资净流出额占比位于前三位的国家是新加坡、科威特、匈牙利。根据世界银行的统计，我国2013年对外直接投资净流出额占GDP的比重约为1.72%，略高于上述平均比重。

（四）“一带一路”沿线国家经济概况比较

“一带”沿线国家与“一路”沿线国家在面积、人口、经济发展水平、国际贸易投资规模等多方面存在明显差异，我国与沿线国家之间存在巨大的合作发展空间。

第一，“一带”与“一路”沿线经济总量格局大体平衡，“一路”沿线国家的经济总量整体略高于“一带”沿线国家。我国在经济总量、贸易总量方面均远高于“一带一路”沿线绝大多数国家，而沿线国家对外经济依存度较高，因此，预期我国能够充分发挥对外经济辐射效应，增强与沿线国家的经济贸易合作。沿线国家之间经济发展水平差异较大，我国在推进“一带一路”战略时还需实施差异化、多元化的合作发展规划。

第二，从整体来看，“一带”沿线国家的人均国民总收入水平相对高于“一路”沿线国家，这与“一路”沿线亚洲国家人口数量较多有一定关系。从人均收入水平的角度来看，我国基本上处于“一带一路”沿线国家的中等水平，因此，与“一带一路”沿线国家都具有相应的合作发展空间。

第三，“一路”沿线国家外商直接投资净流入额占 GDP 比重的平均值以及对外直接投资净流出额占比平均值，整体上略高于“一带”沿线国家。我国跨境资本流动和经济总量的比重关系与沿线国家的平均水平较为接近，因此，促进我国企业投资沿线国家、吸引沿线国家资本进入我国具有合作共赢的可行性。

二、“一带一路”沿线国家的税收政策比较

（一）双边税收协定签订情况

目前，在“一带一路”沿线 64 国中，未与我国签订双边税收协定的国家有 11 个，分别为缅甸、柬埔寨、东帝汶、阿富汗、马尔代夫、不丹、伊拉克、约旦、黎巴嫩、也门、巴勒斯坦，大多数为“一路”沿线国家。其中，约旦已经签订的双边税收协定超过了 100 个，多为欧盟和发达国家。其余 10

个国家已签订双边税收协定的数量本身就很少。阿富汗、马尔代夫未与其他国家签订税收协定，东帝汶仅与葡萄牙签订了税收协定，不丹仅与印度签订了税收协定，柬埔寨与3个国家签订了税收协定，黎巴嫩与4个国家签订了税收协定，也门与5个国家签订了税收协定，缅甸与9个国家签订了税收协定。巴勒斯坦与7个国家签订了税收协定，但是目前生效的只有3个；伊拉克与5个国家签订了税收协定，但是目前生效的只有两个。虽然未签订双边税收协定，但是我国与马尔代夫签订了航空协定，与黎巴嫩签订了航空协定和海运协定，其中包含税收条款，涉及公司所得税、个人所得税和间接税。从双边税收协定的签订时间来看，我国与“一带一路”沿线国家签订的避免双重征税协定大多集中于20世纪八九十年代至21世纪初。2005年以来，与我国第一次签订避免双重征税协定的沿线国家有格鲁吉亚、阿塞拜疆、沙特阿拉伯、叙利亚、捷克共和国、土库曼斯坦、塔吉克斯坦，我国还与俄罗斯、新加坡等国重新签署了双边税收协定。目前生效的税收协定中，仍有个别协定签署于20世纪80年代，且进入21世纪之后未有任何修订。当今国际税收形势已经发生诸多变化，国际避税形式更加复杂多变，国际税收协调行动不仅仍然关注避免双重征税问题，而且更加重视防止税基侵蚀和利润转移。从双边税收协定的内容来看，在常设机构的认定时间标准方面，我国与“一路”沿线多数国家所签订协定的规定时间少于12个月，主要有183天、6个月、9个月，且以6个月为标准的协定数量最多；我国与“一带”沿线多数国家所签订协定的规定时间在12个月及以上，主要有12个月、18个月、24个月，且以12个月为标准的协定数量最多。在协定税率方面，我国与沿线国所签订的协定，对于股息、利息、特许权使用费受益所有人的限定税率多数为10%。在税收协定的饶让条款方面，有15个国家与我国相互给予饶让，新加坡、阿联酋、波兰、匈牙利等国给予我国单方税收饶让。

（二）沿线国家公司所得税相关情况

基于“走出去”企业的角度，除了税收协定中的限定税率之外，东道国当地公司所得税税率对于投资经营决策来说同样较为重要①。对于非居民企业

① 实际税负较难考量，这里简要对比2015年沿线64国的公司所得税名义税率，以期形成初步的税负判断。

设立在本国的分支机构的情况，沿线大多数国家都按照本国标准税率对其征收公司所得税。除了蒙古国、阿联酋、埃及、巴勒斯坦、叙利亚、匈牙利、印度7国采用累进税率之外，沿线其他国家基本上采用比例税率。不少国家针对特殊行业设定特殊税率，尤其是一些石油产出国对石油企业适用于高税率。从2015年沿线国家公司所得税的标准税率来看，大约2/3的沿线国家公司所得税标准税率不超过20%。公司所得税名义标准税率高于我国的国家有菲律宾、巴基斯坦、孟加拉国、斯里兰卡、不丹、以色列、巴林、印度、埃及、阿联酋、叙利亚11个国家，大多为“一路”沿线国家。与我国税率相同的国家有印度尼西亚、马来西亚、缅甸、尼泊尔、伊朗、蒙古6个国家，前四个国家均为“一路”沿线国家。综上所述，“一路”沿线不少国家公司所得税名义标准税率并不低于我国，而“一带”沿线绝大多数国家的公司所得税名义标准税率低于我国。分组别来看，南亚8国的平均税率最高（26.4%），中亚5国的平均税率最低（11.9%）。南亚8国、东南亚11国、西亚北非16国三个组别各自的平均税率均高于20%，而其他三个“一带”沿线国家组别各自的平均税率均低于20%。未与我国签订税收协定的11个国家中，除了不丹、缅甸之外，其他9国的公司所得税标准税率均明显低于我国。另外，沿线部分国家还征收分支机构利润汇回税，即设立在本国的分支机构如果将利润汇回总部，还需向本国缴税。考虑到分支机构利润汇回税的税率，土耳其、哈萨克斯坦、阿塞拜疆、泰国等国的所得税实际税率可能会超过25%，因而可能会影响我国“走出去”企业到这些国家进行投资。

除公司所得税税率之外，税收管辖权对于企业税负也有重要影响。沿线大多数国家同时实施地域管辖权和居民管辖权。中东地区部分石油产出国实施单一地域管辖权，仅对来源于本国境内的所得征税，如科威特、卡塔尔、巴林等国。除此之外，东南亚的马来西亚也实行单一地域管辖权。总体来说，“一带一路”沿线国家公司所得税整体名义税负并不高，“一路”沿线国家的公司所得税税率平均水平相对高于“一带”沿线国家，低税率为吸引我国“走出去”企业到沿线国家投资经营创造了有利条件。从实际税负的角度考虑，税制透明度、附加税费、税收征管水平等也会影响沿线国家的实际税负水平，而这些因素通常与各国经济发展水平有着密切关系，因此，可以认为沿线高收入水平国家，尤其是中东欧16国的名义税率与实际税负最为接近。

三、我国“一带一路”倡议相关税收政策现状

在我国提出共建“一带一路”倡议构想后，国家税务总局从“谈签协定维权益、改善服务促发展、加强合作谋共赢”三个方面制定出台了服务“一带一路”倡议构想的税收措施。

（一）签订税收协定，方便企业“走出去”与“引进来”

第一，大量税收协定的签订解决了“走出去”企业的重复征税问题：一是在协定中约定签约各方解决公司所得税等税种的重复征税的方法，消除双重征税，降低企业的整体税收负担。二是提供税收确定性，降低企业跨国经营的税收风险。企业到没有和我国签订协定的国家去投资，执行的是东道国的税收政策；但如果到与中国签订税收协定的国家投资，东道国税法与税收协定不一致的部分执行税收协定。一般来讲，国内税法变动速度快于国际税收协定，因此到与我国签订税收协定的国家投资，税收的确定性更强。三是在协定中规定的关于投资所得的税收负担一般会比来源国国内税法规定的税负低，有利于提升企业的竞争能力。四是企业和东道国税务机关发生税务争议可以启动相互协商程序，由国家税务总局与东道国税务主管当局谈判解决存在争议的问题。

第二，简化手续使更多非居民享受税收协定的好处。税收协定也可以在吸引外国投资方面发挥作用，使在我国投资的外国企业利用税收协定避免重复征税。非居民企业需要享受税收协定股息、利息、特许权使用费及财产收益条款待遇的，应向主管税务机关提出审批申请。非居民企业需要享受税收协定常设机构以及营业利润、税收协定独立个人劳务、税收协定非独立个人劳务条款待遇的，应向主管税务机关办理备案手续。根据《国务院关于取消非行政许可审批事项的决定》（国发〔2015〕27号），非居民纳税人享受税收协定待遇的所有事项均不再需要批准。

（二）建立自贸区实现了与一些国家的关税协调

目前，我国已签署自由贸易协定（FTA）14个，涉及22个国家和地区，已经签署的自由贸易协定中，涉及"一带一路"沿线国家的有3个：中国与东盟、新加坡、巴基斯坦。我国正在谈判的自由贸易协定有7个，涉及22个国家，其中涉及"一带一路"沿线国家的有海合会、RCEP、巴基斯坦（待升级）、斯里兰卡。自贸区成员国在关税方面进行了协调。以我国加入的第一个自贸区（中国—东盟自由贸易区）为例，最开始中国与东盟实施"早期收获"计划，从2004年1月1日起对500多种产品实行降税，到2006年将这些产品的关税降为零。2004年中国与东盟签署《货物贸易协议》和《争端解决机制协议》，规定从2005年7月起，双方对7000多个税目的产品实施降税，对原产于中国和东盟的产品相互给予优惠关税待遇，以自由贸易区的税率实现彼此货物的通关。中国与东盟签署的《服务贸易协议》自2007年7月起正式生效，各方开放相关的服务部门。2009年8月15日，中国与东盟签署《投资协议》，规定各方通过双方相互给予投资者国民待遇、最惠国待遇以及投资公平公正待遇，提高投资相关法律法规的透明度，为双方的投资者创造一个自由、便利、透明及公平的投资环境，并为双方的投资者提供充分的法律保护，从而进一步促进双方投资便利化和逐步自由化。

（三）与二十国集团（G20）成员国展开征管合作

2015年，我国全国人大常委会正式批准了《多边税收征管互助公约》。该公约是一项旨在通过开展国际税收征管协助，打击跨境逃避税行为，维护公平税收秩序的多边条约。公约规定的国际税收征管合作模式包括情报交换、追索协助、文书送达。各国可以根据自身情况制定保留条款。参加《多边税收征管互助公约》以后，我国可利用国际税收征管协助平台与其他国家进行信息交流，了解跨国公司整体的经营情况，有效打击企业的逃避税行为，营造公平的税收环境。

四、“一带一路”倡议推进中我国税收工作的不足与面临的风险

（一）“一带一路”倡议推进中我国税收工作的不足

1. 尚需加强税收协定的谈签与宣传工作

第一，截至2015年6月30日我国已与“一带一路”64个沿线国家中的53个签订了税收协定，未签订税收协定的11个国家中，我国与一些国家的经济联系还比较密切，企业“走出去”容易面临双重征税问题。第二，我国“走出去”企业享受税收协定待遇的比例较低。2014年，根据北京市国家税务局对281户申报境外所得的企业进行的调查，2011—2013年，这些企业取得的境外所得共计2079亿元，其中近90%来源于已与我国签署税收协定或安排的国家和地区，但仅有26户企业曾在境外享受税收协定待遇，仅占被调查企业比重的9.25%。与我国居民企业享受协定待遇现状形成鲜明对比的是，仅2014年，北京市国家税务局受理非居民企业享受税收协定待遇审批和备案900余户次。未享受税收协定待遇的企业可分三类。第一类，企业对税收协定不了解。部分企业表示并没有听过税收协定；有的企业虽然听说过，但不清楚其具体作用，或是误认为税收协定待遇与境外税收抵免是一回事。第二类，企业对税收协定有一定认识，但是认为享受税收协定待遇手续复杂，或是提交的资料不符合对方税务机关要求，因此没有申请或是没有成功享受到税收协定待遇。第三类，企业境外开展的投资经营项目由当地机构负责记账、报税，但其与境外分支机或委托的中介机构缺乏沟通，境内财务人员不清楚境外所得在当地是否享受税收协定。第三，与非居民享受税收协定待遇相关的备案规定尚未出台。我国取消非居民享受税收协定待遇审批，后续相关规定没有出台，仅有各地规定的本地适用的暂行办法。尽快出台相关的备案规定十分必要。因为一旦税务机关判断不准确，非居民纳税人享受了不该享受的税收协定待遇，利益很难追回。

2. 自贸区的税收协调尚不深入

目前我国已经完成的自贸区多是实现了关税在一定程度上的协调、开放了服务领域，提出了投资便利化措施，而在所得税、增值税等领域的协调没有取得进展，随着成员国之间经济联系的增强，会带来一系列不便。

3. 我国尚未出台与其他国家进行税收征管协作的操作指引

根据《多边税收征管互助公约》中的保留条款，我国不参与税款追缴、文书送达，即那么我国积极参与的领域仅有情报交换。其中的同期税务检查、境外税务检查对我国税收执法提出了新的要求，但我国目前尚无相关规定出台。

（二）“一带一路”倡议推进中面临的挑战与风险

从国家层面来看，“一带一路”倡议推进中挑战包括以下三方面内容：第一，减税趋势下的国际所得税利益分配协调。目前，沿线一些国家仍在持续减税，而且沿线大多数国家的公司所得税名义税率并不高。低税国与高税国之间的税收利益分配，一方面已经通过签订的双边税收协定得以明确，另一方面当前的利益分配是否会影响未来“一带一路”倡议的实施仍有待探究。如何突破当前税收协定网络下的局限性，激励我国企业“走出去”，吸引境外企业“引进来”，从根本上应着眼于所得税的国际协调行动。

第二，电子商务背景下的国际增值税征管协调。除了所得税的国际协调之外，随着全球电子商务的普及，在“一带一路”倡议的合作发展进程中，国际增值税的协调问题不容忽视。尽管关于增值税的跨境协调原则已经明确，但是无形资产和跨境劳务所涉及的国际增值税协调还存在现实征管问题。在“一带一路”的战略背景下，加强对电子商务增值税的跨境征收管理，有助于顺应全球贸易形势，增强我国与沿线国家的贸易合作关系。

第三，税基侵蚀与利润转移（BEPS）行动计划下的“一带一路”国际税收协调。2015 年 10 月经济合作与发展组织（OECD）发布 BEPS 行动计划最终报告，不仅对国际税收规则进行了修改，而且针对如何遏制跨国企业规避全球纳税义务、侵蚀各国税基的行为提出了具体的行动方案。BEPS 行动计划的出台，为我国实施“一带一路”倡议指明了国际税收协调与管理的行动方向，尤其是在国际反避税领域。但是考虑到沿线国家的经济发展水平和税收征管水平，如何在促进与沿线国家的跨境投资贸易以及遏制跨国公司避税行为之间做出平衡，在操作层面面临短期困难。

近年来，我国大中型企业到“一带一路”沿线国家进行投资贸易迅猛发展，但由于这些“走出去”企业对跨境税收法规、税收协定条款和申报抵免缺乏了解，对国际税收争议的解决缺乏经验，面临一些涉税风险。

1. 税制差异风险

由于“一带一路”沿线国家的税制差异，税收待遇有较大差别，存在重复征税的风险。不同国家企业所得税的税率的不同，避免双重征税制度选择不同，股息、利息、特许权使用费和财产收益适用税率，采用的会计年度、常设机构的判定标准，国际运输税收的互免条款等都有很大差异。一是税制结构。“一带一路”沿线国家由于国情不一，采用税制类型有很大差异，对“走出去”企业在税收筹划上要有很高要求。二是优惠税率。股息、利息、特许权使用费和财产收益等方面，“一带一路”沿线有些国家没有优惠税率，高于10%的预提所得税税率，会加重“走出去”企业的税收负担，如巴基斯坦对外国提供的技术、专利、商标等许可取得的收入征收12.5%的预提所得税。三是常设机构。各个国家对常设机构的判定有不同的标准，导致各个国家在行使征税权上冲突，可能增加企业的税收成本。如我国企业在境外投资经营，主要是通过代理人（分销商）销售货物、成立分支机构（办事处）和承包工程、提供劳务等，可能会被判定为投资经营所在国家的常设机构，必须依照所在国家税法规定申报纳税。四是会计年度。我国企业所得税法规定的纳税年度为公历1月1日至12月31日，沿线许多国家会计年度不是采用公历制，企业申报缴纳来源于境外的所得企业所得税存在时间上冲突，同时我国所得税法规定未汇回的利润也应申报纳税，企业可能为履行纳税义务垫支税款。

2. 转让定价调查风险

一般情况下，境外投资经营的企业会与其境外关联公司发生关联交易，特别是在货物、劳务、特许权使用费、技术转让、股权等收取与支付，将产生税收权益在不同税收管辖权国家间的分配，企业存在涉税风险。目前有些中国海外企业采取分割式经营，定期向总部沟通汇报，相对独立。由于企业对跨境关联交易的转让定价风险认识不足，在投资前没有对集团价值链进行规划和资产有效配置，没有制定全球关联交易转让定价政策、劳务费的合理分摊和特许权使用费收取，面临境内外税务机关转让定价调查的风险，转让定价调整金额一般比较大，有些达到数千万元甚至上亿元，对企业的生产经营产生很大影响。

3. 境外投资税收风险

在“一带一路”建设中，境外投资主要是工程承包建设和资本输出及并购，主要风险有：一是工程承包和提供劳务税收优惠。沿线许多国家规定对境外企业在本国承包工程和提供劳务免征企业所得税时间为 6 个月，基础设施施工时间较长，许多企业将享受不到当地税收优惠。二是资本弱化的风险。不同国家对债权性投资与权益性投资的适当比例规定差异较大，没有按照东道国的相关政策进行筹划安排，对外投资时可能存在由于资本弱化而带来税收风险。三是境外并购的风险。一些企业缺乏对并购税收风险的识别与管控，并购前未对被投资公司进行详尽调查，可能会继承被收购公司的历史税收风险，不合理股权架构也可能导致汇回利润时产生税收负担。

4. 重复征税的风险

我国对外投资行业主要包括能源、房地产、进出口贸易、对外工程项目承包与劳务合作等多个行业。目前“一带一路”沿线 64 个国家中，我国已与 53 个国家签署了税收协定。但我国实行分国不分项的税收抵免法，沿线国家很多属于低税率国家，抵免法消除重复征税不彻底，不利于“走出去”企业参与国际竞争。一是直接抵免限额不能统筹。当企业投资在高低税率不同的国家，按照分国不分项的税收抵免法，各国单独计算的抵免限额不能统筹使用，并且分国计算抵免限额余额只能向后结转年，不能向前结转，增加了境外投资企业的税收成本。二是间接抵免受限。我国跨国投资经营的企业，普遍在境外设立子公司或者多层法人公司，以负有限责任来减少境外投资风险。这就涉及间接抵免法消除双重征税问题，目前我国和其他国家签订的税收协定中，虽然有间接抵免的条款，但对直接或间接控股比例有较高要求，并且对多次抵免尚无明确规定，存在重复征税的问题。三是税收饶让不足。目前我国已签订的税收协定中，对相互给予的税收饶让条款较少，特别对我国居民企业在境外投资国取得税收优惠的税收饶让规定更少。

5. 税收争议的风险

随着境外投资贸易的迅猛发展，境外税收争议呈现多发态势。境外发生税收争议解决的方式一般是企业跟当地政府去谈判，或者是仲裁、打官司，缺乏统一税收协调与协商，可能带来税收权益损失的风险。由于“走出去”企业采取不同投资架构进行海外投资，特别是间接控股型的企业，可能受到投资国判定质疑和分歧，做出不予享受投资国的相关税收待遇的决定，也可能享受不到相应的税收协定待遇。

五、政策建议

（一）顶层设计“一带一路”倡议下的国际税收规则

通过顶层设计国际税收协调与合作规则，有助于实现国际税收协调的全局性、持续性和稳定性。尽管沿线国家之间在国际税收协调与合作规则方面达成共识存在巨大困难，但是作为“一带一路”倡议的发起者和核心参与者，我国有必要结合“一带一路”倡议规划，借鉴 OECD 关于 BEPS 行动计划的最新成果，顶层设计“一带一路”国际税收协调与合作的基本规则，为我国与沿线国家之间的国际税收问题提供更有针对性的协调机制。与当前 OECD 范本和联合国范本所体现的国际税收规则有所不同的是，基于“一带一路”战略的国际税收协调与合作规则应侧重于实现沿线国家税收利益的共赢。该规则至少需要包含以下内容：“一带一路”区域内未来税收利益的协调分配原则（包括所得税和增值税）、“一带一路”区域内的国际税收征管合作原则、“一带一路”区域内的涉税争议协商原则、针对特殊合作形式的税收协调原则。

从操作层面来说，建议结合沿线国家在经济社会、税收制度等方面的特征，设计相应的协调规则。例如，考虑到“一带”与“一路”沿线国家在税负水平方面的差异，在税收利益分配原则方面，基于“一带一路”战略发展需求，我国可以对“一带”沿线低税负国家适度让渡税收利益，而向“一路”沿线高税负国家争取更多的税收利益。考虑到“一带”与“一路”沿线国家在税收征管水平方面的显著差异；在与“一带”沿线多数国家协商税收规则时，应侧重于加强税收征管合作；在与“一路”沿线多数国家协商时，应侧重于涉税争议协商规则。

（二）适时完善税收协定网络

整体来看，我国与沿线国家的国际税收协定网络已基本成型。随着“一带一路”发展战略的推进，我国仍需从四方面完善现行税收协定网络：第一，适时推进与沿线部分国家重新签订避免双重征税和防止偷逃税的双边税收协定，以适应当前新的国际经济形势和“一带一路”的倡议合作前景。通过重新谈签税收协定，推动我国与沿线国家在国际税收协调方面达成新的共识，从而实现经济和税收的深度合作。第二，结合“一带一路”倡议的实施情况，通过签订议定书等形式积极完善我国与沿线国家的双边税收协定内容，更好地协调双边税收利益。第三，分阶段推动沿线未与我国签订税收协定国家的协定谈签工作。从短期来看，可以借助中缅瑞丽－木姐跨境经济合作区的建设机遇，积极推动中缅税收协定的谈签；结合我国与约旦的经济合作意向，适时推动我国与约旦双边税收协定的谈签工作。第四，尝试推动我国与“一带一路”沿线国家建立区域性的多边税收情报交换网络，加强在国际税收征管领域的深度合作。

（三）实施支持外向型经济发展的税收政策

沿线国家在经济社会、税收制度等方面的差异，尤其是税负水平方面的差异，为构建我国多元化外向型经济格局提供了现实条件。鼓励我国企业“走出去”到沿线国家投资，把沿线国家企业“引进来”到我国投资，已成为实施“一带一路”倡议的重要途径之一。建议从税收征管和国内税法的角度出发，结合“一带一路”的发展规划，加强税收征管服务工作，充分发挥税收的杠杆作用，调节资本、人才的跨境流动。第一，双边税收协定中的常设机构条款，股息、利息、特许权使用费的限定利率，税收饶让条款等，已为企业避免双重征税提供了有效保障，但是仍有不少“走出去”企业未能充分利用税收协定优惠。建议税务部门加强对“走出去”企业的税收协定政策宣传，帮助企业有效利用现有税收协定优惠。第二，对于我国企业“走出去”到沿线国家进行投资经营的情形，我国应加强对“走出去”企业的税收征管和服务工作，既包括涉税信息的管理，也包括帮助协调企业在境外所面临的税务争议。第三，对于我国企业到税收透明度低、名义税率低但非税负担高的国家进行投资经营的情形，建议税务部门在为企业计算境外税收抵免时，可以适当考虑对凭证确凿的非税负担进行一定比例的税收抵免。第四，考虑到我国企业所得税税率高于沿线大多数国家（尤其是“一带”沿线国家），吸引这些低税率国家到我国特定行业进行投资经营，可能会存在一些困难。建议在特定行业试点实施支持吸引外资的税收政策，在短期内可采用减免税等直接激励方式，在中长期内侧重于间接激励税收政策，并逐步减轻企业对税收优惠政策的依赖性。尤其是对与我国有税收协定饶让条款的国家，上述税收优惠政策将会对这些国家的企业凸显出较强的吸引力。

（四）探索跨境经济合作区税收协调机制

充分发挥边境经济合作区、跨境经济合作区在“一带一路”战略中的地理优势，需要明确相应的跨境税收协调原则，探索特殊的跨境税收协调机制。主要体现为明确境内外企业、人员在跨境经济合作区从事相关活动的纳税义务，给予更为便利、优惠的税收政策。考虑到国家之间的税收制度差异，建议在跨境经济合作区内实行简易税制，简化税收征管程序，由跨境两国协商区内税收收入的分成。目前，未能确定的问题是未来我国各地跨境经济合作区的运行模式是否需要统一，所适用的税收政策是否相同。考虑到沿边各地区的现实差异和目标定位，建议授予地方政府一定的税收协调权限，以便更有效地适应沿边特殊情况。

（五）“3I”型国际税务人才培养

培育有洞见（insightful）、会融合（integrated）、能创新（innovative）的“3I”型人才，这就意味着培养综合型税务人才，这应是未来税务教育事业和行业发展的新趋势。当前，国内外的税务、商业、环境都正经历着前所未有的变化和转型，无论是 OECD 组织还是 G20 联合发布的税基侵蚀和利润转移项目，还是当下我国全力倡导的“一带一路”建设，都对税务从业人员以及整个经营环境提出了新的要求。如果税务从业人员没有洞见、不能融合与创新，非但不能迅速准确地理解国内外商业环境和税务法规，更难以与其他业务部门联手或是与第三方跨界合作。因此，只有开放融合、不断创新的税务专业人士，才能在吃透税法的基础上"跳出税法做税务"，顺利推进"一带一路"倡议的实现。

（作者单位：中央财经大学）

“一带一路”倡议涉税问题研究总报告

中国税务学会“一带一路”倡议涉税问题研究课题组

2013年9月和10月，国家主席习近平在出访中亚和东南亚国家期间审时度势地提出共建“丝绸之路经济带”和“21世纪海上丝绸之路”（简称“一带一路”）的重大倡议。2015年3月28日，国家发展改革委、外交部、商务部联合发布《推动共建丝绸之路经济带和21世纪海上丝绸之路的愿景与行动》。“一带一路”秉承“和平发展、互利共赢”理念，以“五通”为内容，共同构建“利益共同体、责任共同体、命运共同体”。它对于推动相关国家形成“政治关系友好、经济发展繁荣、安全意识深化、人文交流紧密”的新格局具有十分重要的现实意义。随着经济全球化和数字化趋势的加快，传统国际税收体系面临严峻挑战，国际税收已然进入了“税基侵蚀和利润转移”（BEPS）时代。本文结合实际，从税务机关角度出发，研究我国实施“一带一路”倡议的税收瓶颈，并提出针对性建议，以期对相关政策制定和措施的执行起到一定的参考意义。

一、“一带一路”倡议引致的利益博弈新格局

（一）“一带一路”倡议出台的背景

自从2008年全球金融危机爆发后，世界经济发展环境发生了深刻复杂的变化。从国际方面，金融危机打破了“西方消费、东方制造”的模式，国际分工发生重组，国际投资贸易格局产生深刻调整，各国贸易保护抬头。这种变化对于我国的制造优势产生了较大挑战，过去依靠大量出口、顺差的贸易

模式难以为继。从国内角度看，“三期叠加”余温尚存，过去粗放型发展模式导致了如今的产能过剩，生态环境恶化，其中，最为严重的问题是我国劳动力比较优势发生了变化，劳动力成本与日俱增，人口红利逐渐消失，“刘易斯拐点”到来。因此，从国际宏观环境变化和国内经济发展综合来看，“一带一路”倡议的实施，符合时代和国家的发展趋势，既迎合了我国新时期构建开放型经济的需求，又可以满足周边国家合作与发展的期望。

（二）“一带一路”倡议的作用和意义

“一带一路”倡议是党中央在国际国内形势发生深刻变化的时代背景下，以全新理念推动的新一轮改革开放；是我国综合实力和地位发展到一定阶段的产物；是主动与周边国家共同维系打造“互利互惠、合作共赢”理念的尝试。它有利于我国实现国内与国际的互动合作、对内与对外开放的相互促进，从而更好地利用两个市场、两种资源，拓展发展空间，释放发展潜力，实施“一带一路”倡议，从当前和长远来看，都具有重大经济和政治意义。

1. 从全球视角看，“一带一路”倡议有助于构建融合全球的“五通”平台，形成全球发展新机制

以“五通”为主要诉求的“一带一路”倡议实施的结果必然通畅贸易、投资，“补足”金融需求与供给，尤其以基础设施建设为优先的区域互联乃至全球互联，某种程度上必然注入中国元素、重寻全球经济发展动力，完善效益互补的多极化新机制；优势整合，形成全球发展及公共产品提供的新机制。通过“一带一路”倡议强化“五通”建设，提供基础设施、交通通信、安全存在等沿线国家急需的区域公共产品，以及周边国家共同面临的反恐、反极端主义等安全威胁而急需的“国际安全公共产品”，既在客观上满足了世界对中国发挥更多作用和承担更多义务的期待，同时也填补了因发达国家经济停滞导致的公共产品提供能力不足的缺位。

2. 从域内国家视角看，沿线国家可以在应对全球经济格局重构背景下确立战略主动、重新寻找发展路径，提供新平台、新契机

“一带一路”倡议将从供给端让沿线国家联系更加紧密，得以分享中国改革发展的红利和经验，借力中国经济发展实现基础设施互联互通、产业升级、

就业扩展，扭转2008年金融危机以来的经济下行压力，促进本国社会经济发展；基础设施互联互通作为“一带一路”建设的优先领域，能够实现亚欧非大陆及附近海洋的互联互通，形成全方位、多层次、复合型的与沿线国家战略的利益交集和契合的网络枢纽；能够向域内国家和地区注入活力，将中国技术、产能、资金优势转化为市场与合作优势，改变沿线新兴经济体和发展中国家基础设施落后、体制政策缺失、经济发展水平总体较低的局面，引发潜力，整合结构，使之“错位发展”、自主发展，并对外输出优势资源或产品(见表1)，实现整体加速与提升；“一带一路”倡议缩短了经济要素流动的“时空距离”，可充分释放沿线各国的发展潜力，给沿线国家人民带来收入提升和就业促进等实质利益。

表1　　　　中亚、西亚国家优势资源和产业

国家（地区）	优势资源	优势产业
哈萨克斯坦	石油、天然气、煤、有色金属、林木	石油天然气开发、有色金属矿开发、农牧业
乌兹别克斯坦	黄金、石油、天然气、有色金属	农牧业、石油天然气开发、有色金属矿开发和冶炼
吉尔吉斯斯坦	水力资源、煤、汞、锑矿	纺织业、矿山开采（黄金）加工、农牧业
土库曼斯坦	石油天然气、有色金属、农作物	纺织业、农牧业
塔吉克斯坦	有色金属、稀有金属、煤、石油天然气	水电、矿产开发、农牧业、铝锭生产和加工
沙特阿拉伯	石油天然气、铜、铁、稀土、磷等矿产	石化产业、农业
伊朗	石油天然气、煤、有色金属、重晶石、大理石等矿产	石油开采、农业
格鲁吉亚	石油天然气、有色金属、森林、水	水电、旅游、制造业、农业、金融业、葡萄酒
阿拉伯联合酋长国	石油天然气、植物、水产资源	石油天然气产业、炼铝业
约旦	磷酸盐、钾盐、铜、锰、油页岩和天然气	农业、工矿业、旅游业
科威特	石油天然气	石油天然气产业、石化工业、旅游业、农业与渔业

续表

国家（地区）	优势资源	优势产业
阿曼	石油天然气、渔业、有色金属、大理石等非金属矿产	石油天然气产业、石化工业、农业与渔业
卡塔尔	石油天然气	石化产业
阿塞拜疆	石油天然气、非金属矿、有色金属、珍贵动植物	天然气开采、加工
以色列	小麦、玉米等作物、经济作物和经济林木、动植物资源	农业、制造业、生物技术、通信业、工业研发、水技术、旅游业
土耳其	硼、铬、铁、铜、铝矾土及煤等矿产、森林、水力	纺织业、汽车业、农业、旅游业

资料来源：根据民生证券网（http：//www. mszq. com/）相关数据整理。

3. 从中国视角看，"一带一路"倡议有助于对冲外部影响，促进区域平衡发展，突破发展困境

"一带一路"倡议既是一道"防火墙"（如图 1 所示）有利于扩大与沿线国家各方面的合作，尤其是解决政治互信问题，拓宽和改善中国经济开放发展的国际空间与外部环境；又是一把"楔子"，在避免正面冲突前提下超越遏制，对冲美日等发达国家的围堵与亚太再平衡对我国造成的负面影响。"一带一路"倡议以对外投资带动产业、产能梯次向外转移，推进我国产业结构升级换代，缓解新常态下增速换挡期、转型阵痛期和改革攻坚期叠加带来的负面影响，避免走入中等收入陷阱和类似 20 世纪 90 年代末改革所引致的社会阵痛。"一带一路"倡议依据比较优势原则对沿线各省（区）区分了目标任务，据此把东部"资本高地"与中西部的"投资洼地"有机连接起来，将实质性改变这些地区经济发展的政策环境，引领新一轮资源重组，实现东部产能、产业渐次西移，形成海陆统筹、东西互济、面向全球的全方位开放的新格局、新引擎，有效解决东部和中西部发展不平衡的突出问题。

（三）实施"一带一路"倡议面临的机遇和挑战

"一带一路"倡议有利于加强我国与沿线周边国家互利合作，促进共同发

展与繁荣，对于缓解我国区域发展差距问题具有重要作用。但随着该倡议的持续推进，可能带来国际秩序的新变化，易引发大国战略冲突，“一带一路”在为我国与周边国家发展带来机遇的同时也面临着巨大的挑战。

1. 面临的机遇因素

第一，“一带”与“一路”沿线经济总量格局大体平衡，“一路”沿线国家的经济总量整体略高于“一带”沿线国家。我国在经济总量、贸易总量方面均高于“一带一路”沿线绝大多数国家，而沿线国家对外经济依存度较高，因此，预期我国能够充分发挥对外经济辐射效应，增强与沿线国家的经济贸易合作。沿线国家之间经济发展水平差异较大，我国在推进“一带一路”倡议时还需实施差异化、多元化的合作发展规划。

第二，从整体来看，“一带”沿线国家的人均国民总收入水平相对高于“一路”沿线国家，这与“一路”沿线亚洲国家人口数量较多有一定关系。从人均收入水平的角度来看，我国基本上处于“一带一路”沿线国家的中等水平，因此，与“一带一路”沿线国家都具有相应的合作发展空间。

第三，“一路”沿线国家外商直接投资净流入额占 GDP 比重的平均值以及对外直接投资净流出额占比平均值，整体上略高于“一带”沿线国家。我国跨境资本流动和经济总量的比重关系与沿线国家的平均水平较为接近，因此，促进我国企业投资沿线国家、吸引沿线国家资本进入我国具有合作共赢的可行性。

第四，我国和“一带一路”沿线国家有着密切的贸易和投资往来，为实施“一带一路”倡议奠定了良好的基础。

以“海上丝绸之路”沿线国家为例，近十年来，中国与海上丝绸之路 24 国的经贸往来日益紧密，双边贸易逐年上升。2005 年中国向海上丝绸之路 24 国出口货物 917.45 亿美元，占中国货物总出口的 12.04%；2014 年，中国向海上丝绸之路 24 国出口增长至 3330 亿美元，占总出口的 14.21%，尤其是向西亚 9 国的出口贸易增长迅速，2014 年的贸易额达到 2005 年的 5 倍。2005 年中国向海上丝绸之路 24 国共进口货物 985.03 亿美元，占中国进口总额的 14.93%；2014 年，向海上丝绸之路 24 国共进口 4026 亿美元，占比增至 20.56%，尤其是向东盟 10 国的进口贸易以年均 10% 以上的速度稳步增长，远远高于其他贸易伙伴。

在海上丝绸之路 24 国中，有不少国家是中国境外投资重点国家。在中国对外直接投资存量前20位的国家（地区）中，对新加坡投资206.40亿美元，位居第六，对印度尼西亚、老挝、缅甸的投资分别排第十三位、第十七位和第二十位。截至2014年末，中国对海上丝绸之路24国的直接投资存量为649.32亿美元，占中国对外直接投资存量的7.36%。

2. 面临的挑战因素

一是少数国家把“一带一路”倡议视为中国对外扩张，认为中国的战略意图很强，企图变革欧亚大陆。甚至有些人把“一带一路”倡议看作是中国版的“马歇尔计划”，觉得我国提出“一带一路”的目的在于平衡跨太平洋伙伴关系协定（TPP）。美日等西方国家对中国的发展长期持有战略防范态度，“中国威胁论”正是这一态度的映像，尤其对“一带一路”倡议的目标疑虑多多。

二是“一带一路”面临的最直接的挑战，是来自于周边复杂敏感的地缘政治环境、各国经济的不平衡发展，以及宗教势力的威胁。容易遭遇因政策变化、宗教与民族问题导致的战争和内乱风险，第三国干预风险，政府违约风险，歧视性的市场准入限制与隐性投资贸易壁垒风险，企业合同违约与延迟支付风险，贸易往来中的商业欺诈风险等。而且，沿线60多个国家，政治制度、法律环境、社会发展、宗教信仰、文化背景差异极大，价值观也迥然不同。

三是制度不完善，增加“走出去”企业风险。很多企业“走出去”前的准备工作还不到位，在很多方面不成熟、不完善。而且国内对企业的管理体制相对滞后。

四是发展不平衡与规制缺陷的制约。“一带一路”沿线国家多为新兴经济体和发展中国家，区域整体发展水平较低，战略需求也各不同，因此，合作的诚意与成功率难保期许。此外，还可能出现经济能力差、无法还贷等情况。对此缺乏保障我国投资利益的规制、手段约束。

二、实施“一带一路”倡议面临的税收问题

我国现行税收政策中还存在诸多不利于实现“一带一路”发展目标的规定，主要涉及税制和征管两个方面。

（一）税制方面

第一，税收协定现状难以满足“一带一路”倡议要求。一是仍有许多沿线国家尚未签订税收协定。以我国来说，目前仍有缅甸、不丹、约旦、也门、柬埔寨、东帝汶、黎巴嫩、阿富汗、伊拉克、马尔代夫、巴勒斯坦等11个沿线国家尚未与我国签署税协定。[①] 如果没有税收协定，企业“走出去”就容易遭遇各种税收冲突、税收障碍，阻碍经济的进一步交往。二是早期签订的税收协定已不能满足各国现实需要。我国与“一带一路”沿线大多数国家协定的谈签时间多集中在20世纪八九十年代至本世纪初，随着经济发展，各国税制均有所调整，因此对早期谈签的税收协定亟须重新审视与修订。三是有些协定待遇无法落实。根据福建国家税务局的调查，只有近三成“走出去”企业享受到协定待遇。原因是多方面的，包括企业不了解税收协定，境外投资企业缺乏全球税务协调规划能力，一些国家即使企业按提交了相关资料协定待遇仍然得到不落实，还有部分企业通过非正规渠道去境外投资，在我国税务局没有进行过相关信息的申报等。

第二，境外税收抵免饶让制度亟需完善。一是境外税收抵免制度不能适应企业“走出去”现状。我国采用“分国不分项”的税收抵免制度，即“在汇总计算境外应纳税所得额时，企业在境外同一国家（地区）设立不具有独立纳税地位的分支机构，按照企业所得税法及实施条例的有关规定计算的亏损，不得抵减其境内或他国（地区）的应纳税所得额，但可以用同一国家（地区）其他项目或以后年度的所得按规定弥补”。[②] 这种抵免制度给“走出去”企业的发展带来诸多弊端。一方面，许多“走出去”企业在设立境外分支机构初期较容易发生亏损，如果境外分支机构与境内总机构之间无法实现盈亏互补，将不利于提高企业竞争力，更不利于企业站稳境外市场；另一方面，按照分国不分项的税收抵免法，禁止以一国的抵免限额去抵补另一国的超出抵免限额部分，各国的抵免限额不能统筹使用，并且分国计算抵免限额余额只能向后结转五年，不能向前结转，这种做法不能统筹考虑“走出去”

---

① 赵书博，胡江云．服务“一带一路”战略构想的税收对策［J］．国际经济合作，2015（11）：40－43.

② 参见《财政部　国家税务总局关于企业境外所得税收抵免有关问题的通知》（财税〔2009〕125号）。

企业在境外各分支机构的盈亏状况，无疑增加了境外投资企业的税收成本。此外，抵免层级少，除石油企业外，其他企业抵免层级仅限于境外三层外国企业，且要求直接控制和间接控制20%或20%以上境外企业股权，无疑增加了多层级企业的境外税负，降低了竞争力。二是税收饶让不足。目前我国已签订的税收协定中，对相互给予的税收饶让条款较少，对我国居民企业在境外投资国取得税收优惠的税收饶让规定更少。税收饶让条款仅在我国少量双边税收协定中规定，且多见于早期与发达国家缔结的协议，绝大部分是单边规定，我国并不承担饶让义务，目前大部分的饶让期限已过或接近到期。随着我国“走出去”企业增多，我国与少部分发展中国家缔结的税收协定中也规定税收饶让条款，但数量不多。沿线国家给予我国企业的税收优惠，如我国对该税收优惠不予饶让抵免，既影响“走出去”企业的投资收益，也可能使“走出去”企业的利润留存国外，不利于维护我国的税收权益。

第三，“走出去”企业境外会计核算成本较高。我国企业所得税法规定“居民企业在境外投资设立不具有独立纳税地位的分支机构，其来源于境外的所得，以境外收入总额扣除与取得境外收入有关的各项合理支出后的余额为应纳税所得额。各项收入、支出按企业所得税法及实施条例的有关规定确定”。[①] 这就意味着，国内企业在境外设立的分支机构所发生的成本费用，都要按中国税法进行纳税调整。在这种情况下，对外投资企业就需要按照东道国税法和中国税法分别计算应纳税所得额，编制两套账，无疑增加了企业的负担，同时，境外费用的确认和核实也势必大大增加税收征管成本。

第四，海外投资风险准备金制度缺乏。企业在海外投资时，面临政治、经济、文化等多方面不确定因素的影响，因此，建立海外投资风险准备金制度可以适当降低企业对外投资的损失。而我国过去海外直接投资极少，在企业所得税法中也没有规定海外投资风险准备金可以税前扣除，企业对外投资一旦失败，就会面临较大的风险。

第五，全方位的国际税收治理机制缺位。国际税收领域的利益协调依据主要是税收协定，包括《OECD 范本》和《UN 范本》。“限制来源国征税权，保证居民国征税权”是两个范本通用的国际税收规则。这一规则在全球化深化背景下越来越难在国家间达成共识，尤其是数字经济下税基侵蚀和利润转

---

① 参见《财政部　国家税务总局关于企业境外所得税收抵免有关问题的通知》（财税〔2009〕125 号）。

移（BEPS）问题越来越严重，而G20主导的BEPS十五项行动计划仍重点关注和维护发达国家在全球价值链中的垄断地位，较少考虑和保障发展中国家的利益诉求；且全球性的国际组织（如WTO）的作用也在弱化，全方位的国际涉税问题治理机制日渐缺位。

第六，税收争端解决机制有待完善。国际税收争端的解决方式主要有相互协商程序（以下简称MAP）和国内救济途径。MAP条款为国际税收争端提供了可行且高效的解决方法，但MAP的弊端也日渐凸显，如MAP较大程度上受到国内法限制、程序复杂、部分案件协商过程漫长、最终未必能达成争端解决的结果，等等。国内救济途径主要为税收行政复议和税收行政诉讼，与国际程序相比，国内程序难以保证争端解决的公正性，难以被对方国家接受。由此，域内国家在“五通”的建设与往来之中势必面临许多困难。

（二）征管方面

第一，国家之间、税企之间信息交流渠道需要拓宽。“一带一路”沿线国家大多属于不发达国家，信息化建设力度不够，跨国企业难以与当地税务机关进行有效的信息交流沟通，容易违反当地税法规定的申报要求而遭受处罚。此外，当前我国税企沟通长效机制还不健全，税务机关的政策法规、新的业务要求、涉税事项未能很顺畅地传达给企业。纳税人的一些业务咨询和办税业务难题也不能很好地反馈到税务机关。

第二，国际税收协定难以执行。“一带一路”沿线国家大多数是经济发展水平相对落后的发展中国家，他们为了推动经济增长、吸引投资，往往对税收情报保留较多。而资本输出国则希望通过情报交换有效获取居民纳税人的海外账户信息。这就意味着即使与沿线国家签订相关国际税收协定、公约，其中税收情报交换机制也难以有效实现。2015年我国加入了《多边税收征管互助公约》。但是，我国参与国际税收征管互助并不全面，目前只部分参与了情报交换。“一带一路”沿线多数国家目前并没有签署《多边税收征管互助公约》，各国税收情报交换的力度仍然较小，这给我国实施税收征管国际合作带来巨大的阻碍。要实现国际税收征管互助，各国仍有很长一段路要走。

第三，各国征管需求和能力不一致。“一带一路”沿线各个国家之间的经济社会发展水平差距悬殊，国内的税收法制和司法的完善程度、整个社会对税收的遵从程度、税务人员素质的高低、信息技术软硬件的配备、社会信息共享水平不同，在税收方面的征管需求和能力也不一样。各国在利益分配上的分歧，使得彼此对利益的需求和希望实现的目标差异较大，难以达成共识并积极开展行动。国际税收征管互助的有效实现依然面临严峻的挑战。

第四，信息化管税力度不够。我国目前在征退税管理上仍实行传统管理模式，未充分利用互联网高效便捷的优势，缺乏统一的税收信息管理平台，致使无法实现税收信息共享。我国对出口企业进行征税的是国内主管税务机关，但负责退税的是海关。管理机关的分离不仅影响税收征管效率，增大税务成本，同时由于对企业信息获取与交换不对等，对企业的出口退抵税监控不全面，容易产生监管漏洞。征税机关不能及时掌握出口企业报关出口的货物和办理退税的电子信息，退税机关难以准确掌握退税出口企业的财务核算状况、销售收入实现情况以及进项税额抵扣状况，退税滞后，出口企业无法及时享受税收优惠，资金流转速度降低，时间成本增加，导致出口贸易受阻。

第五，综合性税务管理人才缺乏。服务“走出去”企业不仅需要详细了解掌握我国税收政策，还需要对“一带一路”沿线国家的税收政策、征管方式、法律法规、社会环境等因素熟练掌握。要想全面提高征管效能，必须拥有一支具有一定数量的专业素质较高的税务管理人员及先进的征收管理理念和方法。从实际看，我国拥有具有较强理论知识和实践技能的专业人才较为欠缺，急需打造一支高水平“走出去”企业管理员队伍。

第六，税收争议的风险。跨国企业由于信息不对称，容易出现税收争议。此时，如果企业单独和当局政府进行谈判，或采用仲裁、打官司等方式，缺乏统一税收协调与协商，则势必会增加涉税风险。

第七，境外税收执法不公。尽管海上丝绸之路 24 国在国际上有较强的竞争力，发展潜力巨大，但通过全球营商环境排名、全球腐败指数和国家风险指数的分析，大部分国家的法律制度有待改善，执法环境不那么透明，而且容易受到政治因素的影响。“走出去”企业在东道国可能会受到税收歧视，甚至恶意刁难，却投诉无门。笔者在对“走出去”企业走访进行过程时，有部分企业反映出口退税长期拖欠、税收优惠政策不按规定落实等问题。

三、税收在“一带一路”倡议中的地位

“一带一路”倡议的推进期、国际税收新规则的磨合期和中国税收职能国

际化的拓展期在时空上的契合和叠加，决定了中国税务在战略中的定位、作用和空间。“一带一路”倡议的提出，给中国“走出去”企业创造了更多的发展机会，同时不同国家税制间的差异问题也给我国“走出去”企业提出了较大挑战。因此，我们需要深入研究如何发挥好税收职能作用，将国内税收政策、纳税服务、税收征管与国际税收惯例及国际税收新秩序的建立进行有效配合，使之对经济社会发展产生持续的带动和示范作用。

（一）税收在“一带一路”倡议中的功能定位

税收既是“一带一路”倡议发展的重要组成部分，又是服务“一带一路”建设的先行者，在加快投资便利化、保护投资者的合法权益等方面具有至关重要的作用。“一带一路”倡议的初衷在于推动沿线国家的贸易往来，而要实现此目标，离不开相关的税收优惠政策，更重要的是应处理好与沿线国家间的税收协调工作，只有这样才能形成推动区域性贸易发展的合力，从而促进“一带一路”沿线国家的贸易繁荣。

“一带一路”涉及国家众多，向东涉及亚太经济圈，向西紧连欧洲经济圈，内容涵盖了国家政策、基础设施、贸易投资、金融体系及风俗文化等多个方面。税收服务“一带一路”具有范围广、跨度大、周期长等困难，而且沿线国家多为政治动荡、经济落后、社会文化差异大的发展中国家，国情及发展状况决定了各成员国间税收制度和政策的不同。因此，在“一带一路”建设的进程中，我们既要坚决执行习近平主席在G20峰会上“加强全球税收合作，打击国际逃避税，帮助发展中国家和低收入国家提高税收征管能力”的主张；又要加强顶层设计，审时度势地研究制定支持“一带一路”的税收政策，利用税收来协调各国间税收管辖权冲突，避免国际重复征税，规范各种税收优惠政策，减少因过度争夺税源而盲目采取降低税率以及滥用税收优惠政策的行为，从而充分发挥税收的资源配置和防范有害国际税收竞争的功能。

（二）税收在“一带一路”倡议中的作用空间

“一带一路”沿线国家彼此依赖程度的加强，贸易自由化趋势的加快，跨国公司的崛起，以及资本流动的频繁发生，使得越来越多税收问题成为单个国家或地区无法应付的难题。因此，应与“一带一路”沿线国家积极开展税收合作，营造互利共赢的税收环境，更好地发挥税收职能作用，服务“走出去”企业。

首先，我国应同沿线国家积极签订和完善税收协定，利用协定对所得来源国较低的税率、较高的征税门槛进行明确规定，以此来限制来源国按照国内税法征税的权利；并且加大税收政策鼓励，服务于“走出去”企业。强化国内税收政策中的所得税收抵免，帮助企业有效避免重复征税问题，降低“走出去”企业税收成本，保护投资者的合法权益，从而加大国内资本输出“一带一路”沿线国家的力度。

其次，通过税收政策的设计，营造良好的税收环境，促进“引进来”企业在中国实现更大的发展，进行更多的研发与创新；助推交通、能源、金融、邮电通信等领域基础设施的互联互通，优化所得税优惠政策，鼓励国内企业投资于“一带一路”沿线国家的各项基础设施建设；同时，引导“走出去”企业加大税收筹划，合理正当地降低税收支出，减轻企业的经营成本。

最后，因地制宜地开展与沿线国家之间的税收协调，逐步降低关税等贸易壁垒；调整我国的关税政策、出口退税政策，提升通关效率，加快自贸区、保税区和特别监管区的建设，以此来减少货物、资金、人员流动障碍，促进货物与劳务在国与国之间的流动，方便跨国投资活动，强化“一带一路”沿线各国之间的贸易与投资便利化。从长期发展来看，为推动“一带一路”沿线国家之间税收制度的协调，应重点强调各国税收制度在区域一体化进程的“中性”作用。为此，需要建立一套符合大部分国家制度的税收规则体系，并在此基础上，加强各国间的税收征管协调，强化各国的国际反避税合作，有效应对税基侵蚀和利润转移，注重保护各国的合法税收权益。

（三）税收服务于“一带一路”倡议的机制

“一带一路”倡议的全面推进使得税源冲破国界限制，逐步在世界范围内流动，企业和资本的“走出去”必然带来跨国资金流动性增加和国际税收分配格局的变化。税源国际化引起的国家间税收管辖权交叉重叠、各国主权意识的增强和延伸，必然引起各国之间的税收竞争愈演愈烈；跨国企业全球一体化、各成员国税制之间的差异，以及沿线一些国家为吸引外来投资实施的税收竞争，都为跨国企业实施国际避税提供了空间和土壤。同时，现有的国际税收规则体系滞后于全球经济和商业发展步伐，尤其是在数字经济和无形资产等领域。在当今政治多极化、经济全球化和国际贸易一体化发展时期，中国企业未来的发展也不可避免受到税收国际化的影响。因此，研究“一带一路”倡议的税收问题，对于加强同沿线国家间的税收交流与合作，打破各国之间在商品、服务、生产要素自由流动中存在的壁垒，增进各国之间贸易往来，提高沿线地区合作能力；避免恶性税收竞争，维护本国税收利益，加速各成员国国内税制改革；加强各国的税收协调体系和征管制度建设，降低逃避税行为的发生，实现各国经济健康稳定发展；为跨境企业创造一个公平合理的税收法治环境，减少“走出去”企业税收风险具有重要的现实意义。

四、实施“一带一路”倡议的税收政策建议

（一）完善我国税制

第一，制定“一带一路”倡议具体执行计划，强化宏观政策引导作用。该计划应在充分调研基础上，根据“一带一路”沿线国家产业经济发展状况、税收制度及税收征管实际、人文环境和社会环境等重要因素，对我国走出去企业投资活动提出针对性意见和建议，如针对某一国家和地区，什么行业最适合投资，投资方式是什么，该地区税收政策和征管模式是什么，如何防范税收风险等；同时该战略计划中还应包括对跨国企业“走出去”的财税优惠政策和金融扶持政策等，加大对企业的支持力度，进一步软化“税收瓶颈”，促进“一带一路”倡议的顺利实施。

第二，凝聚共识，强化国际税收研究与协调。首先，加强合作，不断提升国际税收领域站位。积极参与国际税收领域各项对话与协调，从国际税收规则适应者、追随者转变为参与者、引领者，比如在BEPS行动计划研究、金融账户涉税信息自动交换相关标准制定、《多边税收征管互助公约》执行等方面，适时提出符合大多数沿线国家利益的税收原则，扩大我国理念在全球的影响与实施。其次，借助联合国、OECD等国际组织、亚投行等国际金融机构、东盟等区域组织，适时建立国际税收协调专门机构，通过开展域内税收培训，举办专业论坛、互派税务人员交流研讨等方式，加深与沿线国家税收

领域的交流协作。最后，适时建立区域税收安排。按照先易后难、循序渐进的原则，先启动反避税、税收情报交换等专项领域税收协定，再逐渐发展到综合性的区域税收协定，以应对战略的长期性以及沿线国家的差异性、多样性。

第三，顶层设计"一带一路"倡议下的国际税收规则。通过顶层设计国际税收协调与合作规则，有助于实现国际税收协调的全局性、持续性和稳定性。尽管沿线国家之间在国际税收协调与合作规则方面达成共识存在巨大困难，但是作为"一带一路"倡议的发起者和核心参与者，我国有必要结合"一带一路"倡议规划，借鉴 OECD 关于 BEPS 行动计划的最新成果，顶层设计"一带一路"国际税收协调与合作的基本规则，为我国与沿线国家之间的国际税收问题提供更有针对性的协调机制。与当前 OECD 范本和联合国范本所体现的国际税收规则有所不同的是，基于"一带一路"倡议的国际税收协调与合作规则应侧重于实现沿线国家税收利益的共赢。该规则至少需要包含以下内容："一带一路"区域内未来税收利益的协调分配原则（包括所得税和增值税）、"一带一路"区域内的国际税收征管合作原则、"一带一路"区域内的涉税争议协商原则、针对特殊合作形式的税收协调原则。从操作层面来说，建议结合沿线国家在经济社会、税收制度等方面的特征，设计相应的协调规则。例如，考虑到"一带"与"一路"沿线国家在税负水平方面的差异，在税收利益分配原则方面，基于"一带一路"倡议发展需求，我国可以对"一带"沿线低税负国家适度让渡税收利益，而向"一路"沿线高税负国家争取更多的税收利益。考虑到"一带"与"一路"沿线国家在税收征管水平方面的显著差异，在与"一带"沿线多数国家协商税收规则时，应侧重于加强税收征管合作，在与"一路"沿线多数国家协商时，应侧重于涉税争议协商规则。

第四，加强与海外投资重点国家之间的税收协定工作，特别是"一带一路"沿线的相关国家。加快协定的谈签速度，尤其是我国在柬埔寨、缅甸投资较多，亟须签订税收协定，为"走出去"企业保驾护航。当前要着手推动修订完善已签署的税收协定，增加税收饶让和权益保护条款，进一步降低跨境投资企业税收负担。同时对未签署税收协定的"一带一路"沿线国家，如缅甸、柬埔寨和约旦等国加快与其谈签进程，以发挥，"一带一路"倡议对海外投资的带动作用。

第五，进一步完善税收抵免办法。完善税收抵免制度，在境外税收抵免方面：一是远期积极推行免税法。相较抵免法，免税法更有助于资本输出，放弃全球所得征税而使用免税法是多数发达国家的选择。二是近期以“综合限额抵免法”和“分国不分项限额抵免法”并行作为过渡。建议将“分国不分项抵免”和“不分国不分项（综合）抵免”“二选一”规定推广到所有企业，鼓励国内企业特别是优质制造业和需扶持的产能过剩企业走出国门到境外投资。三是增加间接抵免层级。建议将石油企业境外五层间接抵免的规定推广到所有企业，保证税收公平。四是降低现有税收抵免单一持股20%的比例要求，增加税收抵免层级，扩大税收抵免范围。五是明确境外收入、成本的确认细则，提高境外承包工程税收政策的确定性。六是提高简易抵免方法的可操作性和适用范围，为税收核算能力有限的企业提供便利。

第六，完善税收饶让制度。今后谈签新的税收协定以及修订既有税收协定时，应将税收饶让条款作为重点内容予以补充，但同时也要注意区别对待，即针对发达国家尽可能由对方给予我国税收饶让，针对沿线新兴经济体和发展中国家原则上给予东道国税收饶让，以适应国家倡议的实施需要。

第七，完善境外亏损负担税制。建立海外投资风险准备金制度，允许企业按照境外投资额的一定比例，在最初投资的5～10年内计提风险准备并税前扣除，以国家和企业共担的形式应对境外投资风险，提高境外投资的抗风险能力。完善现有境外亏损弥补制度，允许从事实际经营的境外分支机构或汇总缴纳集团内企业的境外亏损，在一定限额内用境内利润弥补。

第八，完善外贸税收优惠政策。建议加大对西部地区的税收优惠。如在营改增形成的普惠基础上，对西部地区的优势产业给予特惠，进一步促进西部优势产业的快速发展，从而缩小东西部经济发展的差距，以利于“一带一路”中东西部均衡发展目标的实现。针对西部地区鼓励类产业的所得税税率，将优惠税率与全国企业所得税税率的降低幅度保持一致，进一步降低所得税优惠税率，以突出西部地区税收优惠的优势，提高西部优势产业的发展速度，从而尽快缩小东西部的差距，缓解经济的结构性矛盾，实现“一带一路”打破东西部不均衡发展格局的目标。

（二）强化税收征管

第一，加强跨境税源管理，构建国际税收征管合作新格局。“一带一路”倡议的持续推进，将在监控跨境税源的有效性和及时性方面制定更加严格的标准。西方发达国家建立的国际税收体系一直沿用至今，我国作为新兴发展中国家，不能一味顺应国际规则。中国在“一带一路”倡议实施中，不仅要充当资金输出国，更应该充当理念输出国。我国既要准确把握国际税收规则重新制定的战略机遇期，坚持规则制定的主动性，又要积极参与全球税收论坛，提升中国的话语权。作为发展中国家的代表，我国应提出以中国为首的、代表第三世界国家基本利益的新理念，并促使其成为国际税收规则的一部分，这不仅有利于维护我国的权益，也有利于维护发展中国家的利益。同时应在落实新规则方面发挥积极的影响力，加强税基侵蚀和利润转移研究，并积极参与 BEPS 计划的后续衔接工作，将有关成果尽快转化落实，更好地维护本国税收利益。完善境外投资信息的申报和统计。提高申报境外投资信息的刚性，全面掌握企业境外投资数据。规定企业有义务报告境外投资的规模、投资形式、持股比例、经营范围等基本信息，并定期申报境外经营状况、利润分配情况、协定待遇享受情况等信息。

第二，优化纳税服务。从国家政策角度，建议抓好投资前后辅导工作。投资前，建议通过政府和商会组织的驻外机构，为企业提供境外信息的搜集、协调工作；投资后，可定期举办培训和交流活动，协助企业了解当地的商业、法律和财税等合规要求和注意事项，促进中国企业之间的案例和经验分享，从而帮助中国企业规范投后管理，少走弯路。建议建立“一带一路”税收服务专网，介绍沿线国家的税收法律制度和签署的税收协定，重点解读有关税收政策和典型案例。大力开展专项宣传辅导，加强专门业务培训，建立“一对一”联络帮扶制度，深入走访企业，收集涉税诉求，积极为企业排忧解难。

第三，加强信息化网络建设。建立功能强大的“一带一路”税收服务网络，从合作意愿强烈、合作条件成熟的重点国家做起，采取中外合作、商务与税务结合的方式，让中国的投资者及时了解外国政府的投资指引、政策法规、招商项目，还可以就税收政策与投资所在国的税务人员在网上进行直接咨询，遇到纠纷和问题可以向该国税务当局进行投诉，需要中国税务当局帮助时在网上就可以提交启动双边磋商的请求。

第四，加强人才队伍建设。培育有洞见（insightful）、会融合（integrated）、能创新（innovative）的“3I”型人才，就意味着培养综合型税务人才，这是未来税务教育事业和行业发展的新趋势。按照人才兴税的战略规划，建立完善培养机制，通过加强对现有人力资源整合和新招录优越人才相结合方法，按照分层分级多渠道培养思路，加强对综合性税务人才的培养。重点强化“一带一路”沿线国家税收政策和法律法规培训，培养一批业务素质高、沟通能力强的综合型税务干部。

第五，强化国际税收征管协调。提升跨境税源管理与服务水平。搭建全方位的境外税收资讯查询平台，发布统一规范的企业境外投资税收服务指南，帮助“走出去”企业事先搜集、辨识各类税收风险，获取投资目标国税收政策、税收制度、执法环境、争议解决渠道等税收资讯，跟进跨境税源管理和服务，加大对跨境交易行为的预警和监控力度。构建专业的国际税收服务机构，加强培训辅导，为“走出去”企业提供事前辅导、事中指导、事后评估的全方位服务。

第六，完善税收争端解决机制。及时总结实践经验，适时扩大谈签范围，有选择地在税收协定中引入国际税收仲裁机制，并确定 MPA 前置的强制仲裁程序模式，规定仲裁范围，明确程序规则及裁决效力，促进税收争端的公平高效解决，从而更好地维护“走出去”企业在国际税收争议解决机制下实质性的权益和地位。

第七，后 BEPS 时代，税务机关在帮助“走出去”企业减轻税负的同时，也要着力打击逃避税。应细化现有 CFC 操作规则，探索受控外国公司长期未分配利润视同股息分配的实践标准，明确“合理经营需要”的适用范围；更新“受益所有人”判定标准，阐释主要目的测试的方法，提高“受益所有人”判定的可操作性，防止协定滥用；进一步落实间接股权转让重新定性政策，强力打击利用中间层架构规避我国纳税义务的行为；加强对外提供技术、服务和品牌的核查，防止通过转让定价方式向低税国家转移利润；加强对外支付利息和费用等交易的检查，审核对外支付费用的真实性和合理性，防止双重不征税等问题。

第八，全面实行征退税一体化管理制度。出口退税是国际贸易的通行做法，被世界上大多数国家采用，可以促进出口贸易的发展。建议借鉴国际上先进方法，将出口退税纳入增值税常规管理，不单独设立专门的退税机构，由同一税务机关负责征税和退税，实行征退税一体化的运作机制，从而使征退税紧密衔接，管理严密，提高征退税的效率，突出税收优惠的效果，为出口贸易提供便利，以利于“一带一路”扩大出口贸易目标的实际。

第九，完善纳税服务制度。树立分类服务的理念。中小企业受限于自身资金实力，无法负担高额的中介服务，更加需要税务机关提供免费的信息服务和政策宣讲。而对于大型企业，因其关联交易较多，频繁发生并购重组等复杂业务，更加关注消除涉税风险，所以税务部门应在重大涉税事项事先裁定、预约定价、帮助企业解决涉税纠纷等方面完善服务；加大投资国相关信息的收集和披露。继续完善现有的国别税收信息研究机制，定期发布各个国家的税收政策和征管制度；加强宣传辅导，落实协定待遇，在主要投资国派驻税务官员负责涉税事项处理；更好地发挥中介机构作用。合理引导注册会计师事务所、注册税务师事务所等中介机构“走出去”，提供重点投资国税收法律咨询等方面服务，努力为“走出去”企业提供稳定、及时、方便的专业服务；建立风险预警机制，提高企业涉税风险意识。结合本地跨境税源的特点进行专题分析，同时要求各地探索设置风险监控指标，逐步建立分国家分地区的风险预警机制，为“走出去”企业提示税收风险，进而降低企业的涉税成本。

（课题组负责人：中国税务学会　舒启明
中国税务学会　余　东
新疆维吾尔自治区税务学会　阿不都克力木·买买艾力
课题组成员单位：中央财经大学
浙江省税务学会
厦门市税务学会
成都市税务学会
内蒙古税务学会
西安交通大学
新疆维吾尔自治区税务学会）

税收协定为“一带一路”护航[①]

高　峰

大家下午好，下面我跟大家分享一下税收协定怎么为“一带一路”保驾护航。

刚才其实在提问环节大家已经把话题转接过来了，就是我们企业在走出去过程中会遇到各种风险，主要有政治风险，当然也有税收风险，今天我从税收协定的角度跟大家分享一下如何预防风险、化解风险。

今天准备从以下四个方面跟大家分享：一是企业在走出去过程当中面临的涉税风险主要来自哪些方面；二是税收协定能够提供哪些保护；三是对税收协定里的争议解决机制—相互协商程序—专门做一下介绍；四是我个人的几点建议。

我不清楚大家以前是不是接触过税收协定，我个人理解税收协定是比较复杂、全面、自成体系的小法律系统。如果大家看过协定条文可能会觉得它的语言非常拗口，因为它是从严谨的英语法律语言翻译过来的。今天由于时间有限我不跟大家就协定的条文做更多解读，而是告诉大家怎么来用这个协定，点到即止，相当于给大家提供一个税收协定简明使用手册。

首先跟大家总结一下我国“走出去”企业面临的涉税风险。我注意到在座有很多来自企业的代表，包括一些大型国企的代表，可能大家在“走出去”的过程中已经感受到里面的涉税风险。前两天国家税务总局和北京电视台做了一个节目，也是关于协定为“一带一路”倡议保驾护航的，当时有幸请到小米的总裁雷军。他当时有一个感慨：一旦走到“一带一路”上，步步是坑，每一步都要交学费。我觉得他的感慨大家可能也都有共鸣。从涉税风险分析

---

① 本文为国家税务总局国际司国际税收协定处副调研员高峰于2015年在中国税务学会“丝绸之路经济带”税收理论研讨会上的发言稿。

我觉得首先是来自于东道国的税收政策，我们有些企业在“走出去”之前可能确实是比较热血，直接就出去了，准备工作不充分，没有做尽职调查或者做得不到位，对东道国的法律尤其是税制、税收政策没有做深入的研究，缺乏税收风险防范的意识。

其次东道国的税法调整变化可能会比较频繁。有这样一个例子，我们企业在白俄罗斯反映说当地酒店业增值税率每个月都会调整一次，给企业报税带来比较大的困扰。

再有就是从更宏观的方面来讲，近几年来由于国际形势、国际经济形势的变化，各国都在调整各自的税收政策，最近比较吸引眼球的像英国、美国都准备大幅降低所得税的税率。这个乍一看对我们投资可能是好事，但是它可能带来一些连锁反应，会给我们税收架构设计带来不确定性，我知道企业最讨厌不确定性。因此这也是一个风险点。

2013 年以来，经济合作与发展组织（OECD）主导推进了“税基侵蚀与利润转移”（BEPS）计划，这是国际税收政策调整非常大的计划，号称近百年来国际税收政策的最深刻的调整。BEPS 的核心是应该在经济活动发生地和价值创造地征税。总体来讲，打击的是跨国公司的逃避税问题，落实到具体政策上有可能会使税收政策趋紧，这可能也会给我们的企业带来不确定性和风险。

从征管方面，我们企业也会面临一定风险。首先是中国跟境外的征管法制环境不同，使企业一时难以适应。另外有些国家征管不够规范，随意性比较大。譬如说我们某个邻国，也是“一带一路”战略的重要国家，它受到国际货币基金组织的救济，要满足一些条件。其中条件之一是提高组织收入的能力，要求税款每年实现一定增幅。在这个背景下税务局就会受到比较大的压力，难免对企业有一些不合常规的征税，导致了很多涉税争议。

征管上另外一个风险是不执行税收协定，因为税收协定通常会限制东道国征税，我们“走出去”“一带一路”沿线国家2/3 都是欠发达国家，他们税收压力都比较大，有些税务局在给予企业协定待遇时不是那么积极。

我个人认为，“走出去”企业还面临一些内生的风险，有些是中国“走出去”企业特有的。一个是文化背景不同，我们是在东方的文化背景成长起来的，走出国门后会遇到文化冲突、理念冲突、行为习惯冲突。另外我们经济上还有一个比较大的特点，就是国有企业占较大比重。一些外国对我们的国有企业缺乏正确认识，有时甚至带着有色眼镜。举两个例子，一个是几年前，当时广东国资委下属的企业在南非发生了涉税争议，企业撤回来了，税没有交。后来中远有一艘船开到南非被当地扣了，说要把船拍卖解决遗留的问题。因为南非税务局说你们都是中国国有企业，都被国家控制，是关联企业。这个理解肯定是我们不能同意的，我们国有企业那么多，虽然是国家所有，但是从法律和经济上讲并不是关联方。后来通过外交、商务部门出面，事情得到了妥善解决。还有一个加拿大的例子。加拿大税法规定，非居民取得利息，如果利息是支付给非关联方，预提税是免征的。但是加拿大税务局认为中国的国有银行和国有企业之间是关联关系，它就要进行关联关系测试，也不会直接给我们享受免税待遇。这是我们的特色体制引发的一些问题。

再有就是我们企业的成长环境，一些企业可能野外生存能力不足，或者是说单打独斗的能力不强。我们的政府对企业的保护、服务比较多的，一些服务接近保姆式的服务，可能对企业的成长不是那么有利。

为了帮助企业化解、预防风险，国家税务总局做了大量工作，其中一项是给企业提供更好的公共产品，包括在我们总局网站上发布"一带一路"沿线国家的国别税收信息报告。据我所知目前已经发布了关于59个国家的信息报告，其中40个是"一带一路"沿线国家的。这个做法可能跟商务部做的类似，他们的国别报告是关于投资环境方面的，我们的报告是税收政策、征管方面的，这个大家可以关注一下。这些报告还会及时更新，可以帮助我们企业了解东道国的税收风险，做好筹划。

第二部分跟大家分享一下怎么利用税收协定来保护自己的利益，避免风险。先介绍一下税收协定的概念。协定是两个或两个以上的辖区为了协调税收管辖权、处理税务问题，通过谈判缔结的书面协议。税收协定通常是国家间或政府间签署的，因此属于国际法的范畴。税收协定的本质是通过两国各自让渡一部分征税权，促进资本、技术和人员的流动，或者说通过让渡一部分税收收益获取更大的经济收益。

我们一般在税收协定里会提到两个词，一个是来源国，一个是居民国。以我们的企业"走出去"为例，中国就是居民国，对方就是东道国，是来源国。税收协定的征税权划分一般采取这样的原则，来源国有权先征税，但是征税权是要受到限制的，居民国享受剩余的征税权，优势是有义务消除双重征税。举个例子，双方分一个苹果，来源国家可以先咬，但是口不要太大，居民国享有剩余的权利。

和国内法相比税收协定有以下几个特点，第一个是法律地位更高，通常优于国内法。如果看我们的企业所得税法和税收征管法，在最后一条都规定，如果本法和税收协定规定不同，依据税收协定执行，相当于我们承认税收协定有更优的地位。再有就是税收协定能够提供更优惠的税收待遇，体现在以下几方面，一个是限制来源国征税，有些情形下来源国一点儿税也不能征，有些情形下可以征，但要对税率进行限制。第二个是税收协定通常不会增加来源国的征税权，比如两国之间的协定规定了一方可以对利息征收不超过10%的预提税，但是如果你的国内法规定对于利息压根就是免税的，你不能根据协定来征税。协定规定的是可以征，但不是一定要征。

另外在税收协定和国内法提供的优惠条件里一般都是执行孰优原则，哪一个更优惠就按哪个执行。

税收协定还有一个特点，那就是它的确定性更强。一是因为协定的法律级次更高，譬如来源国有可能根据国内的经济形势需要，经常调整预提税的税率，但如果税收协定规定了限制税率，譬如不能超过10%，那就使我们的企业不受来源国国内法调整税率的影响，这是一个方面。另一个方面，税收协定通常在中止条款规定如果一方或者双方想终止协定，得在五年之后才能提出。相当于给税收协定设定了一个为期五年的保质期，增加了确定性。

作为国际法，税收协定的解释和执行还要受《维也纳条约法公约》的制约，它里面有一个非常重要的原则"善意原则"（ingood faith）。简单说就是，如果双方对协定条款的解释产生争议，不应该因为某一种解释对税收征管更有利来采取某种解释。这是一个很重要的原则，在西方的法庭判决里面经常被使用。

下面再介绍一下我们的税收协定网络。既然说税收协定有这么多好处，那我们目前的协定网络有多大规模？截至2015年7月我们签署了106个协定（103+3），后面3个是与我国香港、澳门、台湾地区签署的，和港、澳签署的叫税收安排，跟台湾地区签署的叫税收协议，其他103个都是协定。目前生效执行的是102个。按照"一带一路"窄口径65个沿线国家来统计，以下10个国家还没有签协定：缅甸、马尔代夫、东帝汶、伊拉克、也门、不丹、阿富汗、黎巴嫩、巴勒斯坦、约旦。这些国家要么是还没做好谈签协定的准备，要么是与我们的双边经贸往来体量太小，要么是因为政治局势不稳，例如有战乱，我们暂时没有和他们签。

我们下一步的工作方向是为了配合"一带一路"倡议，继续扩大我们的协定网络。目前我们的协定对非洲、部分亚洲地区、南美的覆盖还有一些空白，我们希望通过谈判把这些国家尽可能覆盖。另外就是要提高质量，一些协定条款谈判更加注重保护我们走出去企业的利益。

另外从刚才上面其他国家签署的协定来看，我们目前的协定网络在全球是排第三的。大家可能注意到美国、日本虽然对外投资也很多，但是目前的协定网络并不大，我们没有亲自和他们税务局或者财政部直接问这个问题，但是分析有可能一个原因是他们自己并没有非常积极推进协定谈签，因为协定谈签是一方面，日常管理也是一方面，如果你和一些国家签了协定但是管理起来执行不到位，与其这样还不如不签。另外一些因素是有些国家不愿意跟美国和日本签，这是双方面的因素。

有的企业也会问，既然我们国家开放战略推进这么多年了，而且这两年“一带一路”倡议也是在加紧推进，为什么我们不把协定尽快拓展到更多地方、扩大我们协定网络？在这跟大家简单介绍一下我们协定谈签的过程和周期。首先要确定谈判对象，只有在双方都有谈签意向的情况下才能开展谈判工作。有些国家我们一直想签，我们去的企业也很多，但是对方没有做好准备，不够积极，所以一直没有进展，这不是一个单方面的过程。确定谈判对象之后就是进入谈判准备阶段，在这个阶段我们会做大量研究，包括对方的税法、税制，我们在对方的投资等情况。

下一个环节是谈判。谈判通常在两三轮之内达成一致，快的也有一轮谈成的，最长的谈了11年，谈了4轮才谈成。下一个环节是协定的正式签署、生效和执行。大多数国家协定生效是要经过议会审议的，这个过程有可能比较长，甚至存在变数。例如2012年我们分别与博茨瓦纳和乌干达签了协定，我们很快就完成了国内法程序，对方到现在还没有完成，所以迟迟没有生效。

协定的修订和终止。根据形势的变化，如果我们发现协定的部分条款或整体已经过时，对我们不利，或者存在被滥用的风险，我们可以提出修订或者终止协定。通常国家间出于外交关系的考虑很少终止协定，但也不是没有先例，例如阿根廷就曾一口气和三个国家终止了协定。

第三部分介绍一下税收协定能够提供的保护。

协定首先可以降低来源国的税收负担，注意这里指的是来源国税负，而不是整体税负，你在来源国减免的税收拿回中国还是要征的，因为我们是对全球所得征税。另外是消除双重征税，我们的所得税法规定了直接抵免和间接抵免。协定里面还有歧视待遇条款，防止我们企业在外面受到不公平待遇。

还有一个解决税收争议相互协商，这是一个非常重要的工具。

先介绍一下税收协定的框架。我们签的所有协定在国家税务总局网站上都可以看到。它一般有这样几个章节，第一章先明确协定的适用范围，包括人的范围和税种范围。第二章是介绍协定的一般定义，尤其是居民和常设机构定义非常重要。第三章是协定主体，对各种所得规定了征税权和限制税率。第四章规定了如何消除双重征税，这对我们企业也是非常重要的，怎么消除征税，海外纳税回国后怎么抵，这涉及企业的切身利益。第五章是一些特别规定，最后是生效和终止。

先重点介绍两个比较重要的概念，一个是居民，一个是常设机构。居民是指按照缔约国法律，由于住所、居所、管理机构所在地或类似标准在缔约国负有纳税义务的人，这个纳税义务不是有限纳税义务，而是全球义务。我们企业走出去在对方享受税收待遇，通常对方会要求你提供中国税收居民身份证明。关于取得居民身份证的方法，国家税务总局关于开具《中国税收居民身份证明》有关事项的公告（2016 年第 40 号）中有很详细的规定。

关于居民企业，我们国内法有很明确的定义。这里面有一个概念叫实际管理机构，它在国内法和税收协定中的含义是不一样的。国内法规定的是对企业的生产、经营、人员、账务、财产等实施实质性全面管理和控制的机构；税收协定中指的是企业做出管理决策的地方。近几年来为了加强对居民身份的认定管理，许多国家包括印度、以色列都出台了实际管理机构认定办法，通过立法形式来明确。我们企业在“走出去”的时候需要注意一下，你可能会觉得你注册在中国，理所当然就是中国居民，但如果你的实际管理行为发生在对方，有可能被对方按照其国内法认定成他们的居民，这一点大家在实际经营的时候要注意。

另一个重要概念是常设机构，它指的是企业进行全部或者部分营业的固定场所。这个概念与协定第七条营业利润直接相关。如果企业在一个国家从事经营活动时间很短，说明它与来源国的经济联系不够强，来源国是不能对企业的营业利润征税的。常设机构有三个特性，通常具有经营性、固定性、持续性。

常设机构有三个比较特殊的类型，即建筑型、劳务型、代理型。建筑型常设机构通常是指建筑、施工工地等，标准一般是按照月来计算的，从施工开始第一天到完工，如果超过了一定时间门槛——有的协定规定 6 个月，有的规定 12 个月，中间即使因为某种原因（例如原材料不到位）停工了，停工的时间也不会扣除。劳务型常设机构通常是指派遣员工的情形，如果你派遣员工到东道国提供劳务，超过183天通常就会被认定构成了常设机构。在计算时间时，这些员工在东道国停留的每一天都要计算在内，中途离境的天数要扣除，计时方法跟前面的建筑型常设机构不一样。代理型常设机构指的是如果东道国有一个人经常代表企业谈合同，这个合同主要由这个人来谈，而且这个合同对企业有约束力，这种情形下在东道国的那个人就会被认为是企业的常设机构。

常设机构的重要性在哪儿呢？税收协定规定的原则是，如果企业在东道国没有构成常设机构，该国就不能对企业的利润征税。所以如果我们企业在东道国从事经营活动，有可能在短时间完成的话，就要注意一下协定规定的常设机构时间门槛，合理规避构成常设机构，实现免税的目的。另外如果你从事准备性、辅助性的活动，比如成立一个代表处只从事信息收集、联络的工作，它本身不具有经营性，也不会构成常设机构。

在股息、利息、特许权使用费这三个条款里，通常都会限制来源国税率，比如国内法规定30%、35%预提税税率，我们可以通过协定降低到10%，这样可以大大降低企业在来源国的税收负担。财产收益条款也限制了来源国征税的情形，通常只有以下几种情形来源国可以征税，一是转让不动产，二是转让常设机构本身。在转让股份的情形下，如果被转让股份的公司的价值50%以上来自于不动产，来源国也可以征税。或者你持有被转让公司股份超过25%，来源国也可以征税。其他情形通常规定只有居民国才能征税。请注意这是一般性规定，具体执行中还要看相关的协定是怎么规定的，因为之前也讲过，每个协定的具体条款是可能存在细微差别的。

另外在我们的协定网络中大家可以注意到有一些中国特色条款，主要体现在利息条款上。我们通常会在利息条款规定免税的情形，主要是对一些国有的政策性金融机构，规定这些金融机构在来源国取得利息，来源国是免税的，不在当地征税。这个有两个作用，一个是直接降低这些金融机构的税收负担，二是可以降低我们“走出去”企业的融资成本。大家知道企业在通过银行融资时，通常都会签署包税合同。如果是我们企业通过这些免税的金融机构来融资，就可以降低融资成本，提高我们企业在海外争取项目的竞争力。

最近几年我们签署或修订的几个协定对利息免税的范围进一步扩大。例如与俄罗斯的新协定规定利息取得全部免税，这是我们的协定中第一个做出这种规定的。与罗马尼亚的新协定将限制税率降到3%，也是现有协定里除了俄罗斯以外最低的。此外中罗新协定还规定了宽泛的免税情形，大家可以看到免税情形很多，可以覆盖大部分取得利息的情形。

非歧视待遇主要包括以下几种情形，主要是规定了在居民身份相同的情况下，不能因为国籍不同采取不同税收措施；常设机构税负不能比来源国从事相同经营活动的公司税负更高；支付非歧视指的不能因为支付是支付给中国居民的公司而不允许抵扣。资本非歧视指的是不能因为公司资本来自于中国而采取不同税收待遇。这里面值得注意的一点是，国际上的趋势是非歧视待遇不仅适用于所得税，也适用于所有税种。也就是说我们企业在东道国面临其他税种的歧视也可以为自己主张权益。

消除双重征税也是我们企业非常关注的，国内法的规定大家应该比较清楚。除了企业所得税法和条例以外，主要是《关于企业境外所得税收抵免有关问题的通知》（财税〔2009〕125 号）以及《企业境外所得税收抵免操作指南》（国家税务总局 2010 年第 1 号公告）这两份文件。

协定的规定有两点不同，一个是有些协定降低了间接抵免门槛，再就是部分协定有饶让抵免条款。饶让抵免指的是我们企业在对方享受到了对方国内法提供的减免税优惠，这部分减免税可以视同在当地已经实际缴纳，回国后可以抵免。饶让抵免通常是来源国吸引投资的一个武器。我们的协定里有的包括饶让抵免，有的没有。近年来随着我们企业"走出去"，许多东道国提供了非常优惠的税收条件，如果双方协定里没有饶让抵免条款，企业在当地减免的税收回到国内还要补缴，使企业无法真正享受对方提供的优惠。所以最近企业的呼声很高，希望在协定里面增加饶让抵免条款，或者采取其他抵免方法。我们正在和财政部等有关部门研究这个问题。

虽然税收协定能够给企业提供诸多保护，但是我们企业享受协定待遇的情况却不理想。2015 年 4 月《中国税务报》曾有过一篇报道：2014 年，北京市国家税务局对 281 户主动向税务机关申报了境外所得的企业开展了调查。结果显示，2011—2013 年，这些企业取得的境外所得共计 2079 亿元，其中近 90% 来源于已与我国签署税收协定或安排的国家和地区，但仅有 26 户企业曾在境外享受税收协定待遇，占被调查企业的比重仅为 9.25%。与此形成鲜明对比的是，仅 2014 年，北京市国家税务局受理非居民企业享受税收协定待遇审批和备案 900 余户次。2015 年 10 月《中国税务报》的另一篇报道显示，北京市国家税务局前 7 个月共开具《中国税收居民身份证明》719 份，涉及 66 个国家（地区），比 2013 年的 689 份增加 30 份。商务部网站统计显示，目前北京市“走出去”企业数量为4600家左右。也就是说开具居民身份证的比例只有16%。

这两组数字显示，我们企业目前对税收协定的利用意识还不够强，协定网络的利用率不高。我们也对这种情况进行了初步分析，可能有以下原因：一是不熟悉协定；二是不熟悉当地税收法律，尤其是税收协定方面的法规。还有些企业是因为在当地经营不合规，害怕和税务机关打交道，担心税务机关调查发现他其他的问题。例如有的企业没有遵守当地的用工法律，当地员工比例没有达到法律要求等。

这两年各级税务机关宣传税收协定的力度不断加大，企业利用协定的意识也在提高。

税收争议解决机制。这也是“走出去”企业比较关心的，在当地遇到争议怎么办？通常国内法会提供救济渠道，例如行政复议、行政诉讼等。国际法救济渠道包括税收协定中的相互协商程序、商业仲裁等。如果争议比较大还有可能通过外交渠道解决。例如2015年有一个例子，津巴布韦根据该国国有化法案，要求在4月1日之前当地所有矿业公司的股份51%必须由当地人持有，如果外国公司此前持股比例高，要将股份转让给当地人。这个法令对我们的矿业企业影响很大，当时我们的商务、外交部门都积极做津巴布韦政府的工作，在多方努力之下把影响降到了最低。

税收协定提供了一种解决涉税争议的渠道，它就是相互协商程序。相互协商程序，指的是双方主管当局按照税收协定的相互协商条款解决违反税收协定导致的税收争议。跟国内救济程序相比，相互协商程序有以下优势：一是法律地位，相互协商程序独立于行政复议、诉讼等国内救济手段，在很多情况下效率更高。二是发起时机，国内救济通常要求在争议事实发生以后才能启动。但是税收协定相互协商条款规定，如果纳税人有足够理由、有足够证据表明税务局将要发生违反税收协定的征税行为，就可以申请相互协商。这相当于提前规避风险，对纳税人是非常有利的。三是相互协商的结果法律效力高，一旦双方主管当局达成一致，就要执行这个结果，而不受国内法的相关限制。比如说国内法规定五年之后不再给退税，但是双方协商达成的协议不受这个限制。也就是说如果协议要求退税，即使过了国内法规定的退税期限也要执行。另外有些国家还在协定中规定一旦启动相互协商就要暂停征税，如果争议在协商两年后仍得不到解决就直接进入仲裁等。关于税收协定相互协商的程序性规定，大家可以看一下国家税务总局《关于发布〈税收协定相互协商程序实施办法〉的公告》（2013 年第56 号公告）以及《国家税务总局关于发布〈特别纳税调查及相互协商程序管理办法〉的公告》（2017 年第6 号公告），里面有详细的规定。

国家税务总局在开展相互协商的工作时，感觉挑战还是比较大的，通常与对方谈判比较困难。一方面，案件本身通常涉及对税收协定的理解和解释存在争议，技术本身有复杂性。如果协商的目的是需要对方退税，可能对方不是那么积极，也给协商带来困难。另外就是人力资源短缺。国家税务总局目前做协商工作的不超过10 个人，相比而言发达国家这个团队要大得多，像英国、美国都有几十人。在另一方面，“一带一路”沿线国家大部分是发展中国家，他们的税务局中从事相互协商的人力资源也很少，有的甚至只有一个人，这些都严重制约了协商效率。

BEPS 第 14 项行动计划要求各国提高相互协商的效率和效果，争取在两年之内就协商案件达成一致，如果达不成就会直接进入仲裁。国际上还要对各国相互协商工作进行审议，这也会督促各国提高相互协商工作的效率。

根据我们对“走出去”企业所做的调查，企业在海外面临的涉税争议违反国内法的情形比较多，违反协定的并不是那么多。许多企业反映，东道国税务局在经济形势好的时候征税相对宽松，经济形势紧的时候更容易发生争议。

这里有一个案例。我们的一个企业在某国建了一个电站，按照当地的州税法，企业缴了3000 万美元的消费税（相当于我们的增值税），结果联邦对法律有不同解释，也要征这3000 万美元。这是它中央与地方征税权协调的矛盾，给我们企业带来困扰。

在违反税收协定的争议中，比较常见的一种情形是 EPC 合同境外采购利润归属问题，EPC 大家知道是工程采购建设合同。好多国家税务局在实践当中会把常设机构境外采购采购设备这部分利润也归到常设机构里面，违反了常设机构利润归属的原则。这里提醒企业一下，如果签署 EPC 合同，尽量单独签署设备采购合同。如果日后就这部分利润归属产生争议，这样的安排会对企业有利。

我们企业在东道国遇到的其他违反税收协定的情形还包括不执行协定规定的限制税率、税收歧视、在享受协定待遇的程序上故意刁难等。

第四部分，几点建议。

一是挖掘自身资源。

在“走出去”之前要做好功课，研究东道国的营商法规、税收法规。许多国家每年年初三、四月预算案出台，会有许多税收法规、政策的调整，这个大家可以关注一下。另外是税收协定，包括协定的解释性文件，看看专业机构对文件的解读。还要了解相互协商的程序性文件，包括东道国国内法和相互协商关系的处理，有的国家会规定国内法的救济和相互协商程序只能选择一种途径；有的规定如果法庭作出判决，相互协商就自动停止。

再有就是关注东道国法院、税务局对一些税案的判决与裁定。大家都知道印度这个国家通常被认为是在税收征管上是非常激进的，税务局经常有一些过于严苛的征税，但是它的司法体系很完善，经常有些税务官司打到法院之后，法院纠正了税务局的做法。这些案例大家应该认真研究，可以为自己提供借鉴。我们还注意到，“走出去”企业开始越来越多、越来越勇敢地拿起法律武器保护自己的利益，我们的企业在一些国家和税务局打官司，一些官司也取得了胜诉。

关于税收协定的学习我有以下建议：一个是关注国家税务总局网站，我国所签的每一个签订，只要一签署哪怕还没有生效，都会放在网站上，大家可以比较一下新老协定的区别。另外就是国家税务总局 2010 年有一个文件，这个文件对税收协定有一个比较全面的解释，虽然已经过去七年了，它的好多原则和法理还是非常好用的。最后再给大家推荐一本书《中国避免双重征税指南》，它把所有协定逐条梳理，进行比较研究，可以帮助大家更好地理解、使用协定。另外大家看协定一定要注意看条款的差别，看条款的细节，因为好多协定大面上看都是一样的，但是细节里面会有不同，细节里面可能藏了对我们有利或者不利的规定。

二是利用政府资源。

我们通过政府提供的公共产品、公共信息可以掌握很多信息。另外就是向政府反映我们的一些诉求，包括协定修订的请求、具体修订条款的建议。

在解决争议上，刚才提到了通过外交、商务、税务各个渠道综合来利用。目前我们有一项服务是非常好的，可能“走出去”企业用的还不多，它就是预约定价安排。预约定价安排（advanced pricing arrangement，APA），是指企业就其未来年度关联交易的定价原则和计算方法，向税务机关提出申请，与税务机关按照独立交易原则协商、确认后达成的协议。预约定价安排适用于自企业提交正式书面申请年度的次年起 3 ~ 5 个年度的关联交易。对于那些在东道国有比较大的关联交易的企业，预约定价安排可以帮企业提高确定性。

如果想了解预约定价安排，国家税务总局每年都会发布一个预约定价安排年度报告，这个在网站上就能看到。里面包括了纳税人需要了解的大量信息。目前国家税务总局预约定价安排这项服务还是免费的，其他好多国家都是收费的。

这是我们国家提供的服务，另外也可以利用对方国家提供的服务，譬如事先裁定。事先裁定，指的是税务机关应纳税人请求，对纳税人未来特定事项所涉及的指定税务问题，按照法律规定做出解释并出具在一定时间内有约束力的书面决定的服务，可以帮助纳税人消除税务上的不确定性。许多国家的税务局都提供这项服务，我们也有可能在新的征管法里增加这项内容。

三是利用中介资源。

有的同志也提到了，税务中介、法律中介可以提供非常专业的服务，许多企业应该已经开使使用中介了，包括请中介帮助做税收筹划。值得注意的是，大家要把握好税收筹划和激进税收筹划的关系，激进税收筹划是税务机关不希望看到的，也有可能受到打击。

（作者单位：国家税务总局）

二 “海上丝绸之路”税收学术研究

深化税制改革　服务“海上丝绸之路”建设

——关于推进“海上丝绸之路”建设的税收政策探讨

黄玉华

中共中央在《关于全面深化改革若干重大问题的决定》中明确提出，“加快同周边国家和区域基础设施互联互通建设，推进丝绸之路经济带、海上丝绸之路建设，形成全方位开放新格局”。2013 年 12 月召开的中央经济工作会议提出，要不断提高对外开放水平，“建设 21 世纪海上丝绸之路，加强海上通道互联互通建设，拉紧相互利益纽带”。由此可见，21 世纪海上丝绸之路建设，已经上升到国家战略层面，并在不断向前推进和落实。鉴于此，本文从国际税制架构方面讨论“海上丝绸之路”建设存在的税收问题，并提出加快推进“海上丝绸之路”建设的税收政策建议。

一、我国现行税收政策存在的问题

（一）税收制度方面

1. 税收立法不够完善

改革开放以来，我国的税收立法工作取得了长足进步，但是，国际税收法律体系仍缺乏系统性。主要表现在：一是国际税收政策分布零散。大部分散落在某些法律、法规以及规范性文件中，现行“走出去”税收政策不少是部门规章或规范性文件，立法级次不高，没有形成体系；二是非居民企业税收政策法规大多比较原则、笼统。实际执行存在较大难度，自由裁量权过大，影响执法的严肃性和统一性，部分政策甚至已过时，不能适应日新月异的税收环境。

2. 重复征税难以消除

目前，我国已与全球共100个国家签署了税收协定，已生效93个，其中“一带一路”沿线64个国家中，已与53个国家签署了税收协定。但是，由于我国实行分国不分项的税收抵免法，沿线国家很多属于低税率国家，抵免法消除重复征税不彻底，不利于“走出去”企业参与国际竞争。主要表现在：一是直接抵免限额不能统筹，增加了境外投资企业的税收成本。二是间接抵免受限，存在重复征税的问题。三是税收饶让不足。目前我国已签订的税收协定中，对相互给予的税收饶让条款较少，特别对我国居民企业在境外投资国取得税收优惠的税收饶让规定更少。

3. 税收协定谈签滞后

目前，我国已经和世界上100多个国家签定了税收协定，为“走出去”企业提供了很大的便利。但是，我国目前的税收协定工作仍存在诸多不足，主要表现在：一是区域分布不均衡。尽管我国现有税收协定覆盖面较广，但在“海上丝绸之路”沿线国家中，目前还有不少尚未与我国达成税收协定，尤其是非洲国家。二是部分协定亟待修订更新和完善。我国与部分国家签订的是框架性质的协定，对实际问题缺少具体指引，部分协定内容未写入税收饶让、国际税收互助等内容，不能充分满足企业实际诉求。

（二）税收征管方面

1. 税收征管体系不够健全

在现行征管模式下，我国“走出去”企业没有被单独作为一类纳税人进行管理，未建立起适合“走出去”企业特点的专业化征管方式。主要表现在：一是管理规程有待完善。对居民企业对外投资方面缺乏程序化、制度化的管理规程，税务部门不能主动获取其真实的财务信息以及纳税信息，只能被动地开展工作。二是未形成国际税收协调网络。我国目前对内没有形成有效的跨境税源动态化全场监督管理体系，对外没有形成“走出去”企业与其他国家、相关部门的信息共享及相互制约体系。

2. 跨境税源管理手段落后

由于跨境税源存在隐秘性的特点，现行的征管手段难以全面把握跨境税源信息。主要表现在：一是申报制度不完善。非居民企业在境内的活动信息只能从合同备案、申请享受税收协定待遇、对外支付备案中少量获取，而针对境外投资的报表只能看见最终结果，无法详细了解背后的具体信息。二是涉税信息交互机制不健全。一方面是国内各部门间缺少有效的配合；另一方面是国际信息交换效率不高。程序烦琐、耗时长是我国与国际信息交换中现存的重要问题，基层税务机关如果需要与国外进行信息情报交换，每次都要通过市、省、国家三级税务部门批准，信息反馈回来通常需要 1～2 年的时间。

3. 国际税收管理团队薄弱

国际税务管理专业性、政策性强，要求高，当前复合型人才严重不足，反避税人员严重短缺。目前对国际税收政策的培训力度不够，没有建立一支适应国际税收管理的专业化团队，基层税务部门对于国际税收中滥用税收协定逃避税款等征管难点管理力不从心，制约了国际税收管理工作开展。

二、对策与建议

（一）推进国内税制改革

当前，我国要充分吸收借鉴国际税收管理经验和良好制度安排，进一步完善我国的所得税和增值税税制。一是推进完善境外税收抵免制度。建议实行多数发达国家普遍采用的综合限额抵免法，并允许企业向前结转抵免限额，提高企业境外所得税的实际抵免额。完善间接抵免法，把 20% 以上持股比例降低为 10% 以上。在条件成熟时实行“免税法”，彻底解决跨国投资企业的双重征税问题，增强我国企业在国际投资贸易中的国际竞争力。二是提取海外投资损失准备金。依照国家“海上丝绸之路”发展战略和产业导向，允许对外直接投资的境内投资者提取一定比例的海外投资损失准备金，计入当期费用税前扣除，减少走出企业投资的风险。

（二）参与国际税收协作

通过多年的努力，我国在国际税收领域的影响力不断增强，在《联合国发展中国家转让定价手册》中提出了成本节约和市场溢价等维护发展中国家税收利益的反避税理念和操作方法，改变了美英等西方发达国家对国际规则制定的垄断地位。我国还应积极参与同有关国家和地区国际税收协作条款的谈判与协商，深度参与无形资产、同期资料、可比分析等专题研讨，在国际上争取更多话语权。

（三）强化区域税收协调

强化税收协调，建立区域税收合作长效机制。一要强化税收征管合作，提高区域税收管理效率。要加强部门协作，建立信息共享机制，联合开展税收征管协作和纳税服务协作，建立严密的征管机制，共同打击逃避活动。二要建立税收协调争端处理机制。积极应对税款征收、税收政策落实等方面出现的矛盾和问题，及时纠正和杜绝有害的税收竞争。三要加强国际区域性税收协调。完善我国国际税收政策，建立健全国际税收法律体系，开展国际税收管理的跨国协调与合作，加强征税监管领域方面的区域性合作。

（四）构建税收服务机制

强化税收服务，从环境上增强区域经济发展优势。一要强化税收管理力度。税务部门必须依法强化税收征管，坚持应收尽收，为区域经济的发展提供可靠的财力保障。二要创新纳税服务方式。从软、硬件方面加强纳税服务，提供多种符合不同纳税人需求的特色服务，有效化解征纳矛盾，打造服务型税务机关。三要加强政策宣传辅导。通过当面宣传、网站宣传、短信宣传、举办纳税人讲堂等多种形式，及时、广泛宣传税收政策，特别是税收协定待遇方面，税务机关要站在企业的角度，深化对“走出去”企业的纳税服务，建立诉求响应机制，加强涉税风险防范，实现税企共赢。四要建立服务监督网络。不断拓展、畅通监督渠道，实时了解纳税人诉求，接受纳税人监督。

参考文献

[1] 漆彤．“一带一路”战略的国际税法思考［J］．税务研究，2015（6）．

[2] 陈有湘．构建“一带一路”战略下的国际税收风险应对机制［J］．税收经济研究，2015（6）．

[3] 朱青．鼓励企业“走出去”与改革我国避免双重征税方法［J］．国际税收，2015（4）．

[4] 陈丽娟．关于服务“一带一路”战略的税收思考［J］．税收经济研究，2015（5）．

（作者单位：福建省税务学校）

浅议税收服务“一带一路”发展倡议

蔡宗武

一、“一带一路”概述及提出的经济背景

2013 年 9 月和 10 月，中国国家主席习近平在出访中亚和东南亚国家期间先后提出共建“丝绸之路经济带”和“21 世纪海上丝绸之路”（以下简称“一带一路”）的重大倡议。“一带一路”作为中国首倡、高层推动的国家倡议，对我国现代化建设和屹立于世界的领导地位具有深远的战略意义。

“一带一路”倡议构想的提出，也契合了沿线国家的共同需求，为沿线国家优势互补、开放发展开启了新的机遇之窗，是国际合作的新平台。“一带一路”沿线有 60 多个国家，两头连接东亚经济圈和欧洲经济圈，贯穿亚欧非大陆，初步估算，“一带一路”沿线总人口约为 44 亿人，经济总量约 21 万亿美元，分别约占全球的 63% 和 29%。

（一）去产能过剩，实现产业转型升级的需要

在计划经济时代，我国处于“短缺经济”状态，改革开放后，中国经济高速增长是以“粗放经营”“量的扩张”来实现的。这种以高投入、高消耗、高污染为特征的“粗放经营”“量的扩张”的经济增长模式导致工业产能过剩问题突出，金融危机时期的 4 万亿刺激措施更是加剧了产能过剩矛盾。

工信部 2013 年的一份报告就指出：“当前，我国产能过剩已呈现出行业面广、过剩程度高、持续时间长等特点，产能过剩从钢铁、有色、建材、化工、造船等传统行业向风电、光伏、碳纤维等新兴产业扩展。”这严重影响了

经济结构的转型升级，已然成为中国经济发展的桎梏，迫切需要调整。

市场调整达成均衡无非是通过供给与需求两个方面的途径，产能调整至新的均衡状态亦是如此，或者增加需求消化过剩产能，或者减少供给淘汰过剩产能。此前在20世纪90年代末，中国亦经历过一轮去产能，伴随淘汰过剩产能的是就业的大幅下滑。这无疑给予通过供给端去产能以警示，淘汰过剩产能或将引起就业的较大波动，这与当前的就业底线思维模式并不契合。因此，扩大需求成为消化过剩产能的最优途径，而这就意味着需要拓宽现有的市场空间。“一带一路”倡议即是在东部沿海地区对外开放的基础上，向西开拓国际市场，以期利用国内过剩的工业产能。

（二）协调区域间的平衡发展，缩小区域贫富差距的需要

对于中国地域辽阔、生产力发展不平衡的经济条件，邓小平曾于1988年提出“两个大局”思想，即率先加快东部沿海地区的开放发展，然后以东部的力量帮助中西部地区发展。在此思想的指导下，东部沿海地区在政策、资金、技术等各方面的扶持下优先改革开放，凭借区位优势和经济极化效应快速发展。但同时。东部与中西部地区的差距也逐步显现并扩大，这导致原本不平衡的区域经济发展更为严重。1990—2003年，东部地区人均GDP与中部、西部地区人均GDP的比值持续上升。

区域经济之间不断扩大的差距，促使国家开始重视中西部的发展。自2000年以来，相继制定了“西部大开发”“中部崛起”战略对中西部地区的经济发展进行扶持，其结果是缩小了地区之间差距，这也是2003年之后东部与中西部人均GDP的比值逐步下降的原因所在。但由于基础设施建设仍不完备、对人力资本吸引力不足，以及交通物流成本较高等原因，各类人才、资源等要素并未形成涌入中西部之势，区域差异依然较大。事实上，对内扶持政策更多的是为经济提供基础建设，却很难开拓市场空间，难以促进经济产业化、市场化。这也就导致中西部与东部之间发展模式具有较大差异。自2000年以来，中西部经济的增长更为依赖投资的驱动，西部尤为如此。相应地，消费、对外贸易却未同步发展，反映出西部大开发战略等扶持政策对于经济的结构化调整与升级的局限性。经济的增长模式使得中西部地区难以形成如东部地区的稳步持续发展。因此，当前提出“一带一路”倡议就是为了统筹两个大局，通过内陆的沿边开放，拓宽国内国外市场，促进中西部经济

结构更为合理地发展，最终协调区域间的平衡发展，缩小区域贫富差距。"一带一路"倡议的推进，将在构建全方位开放经济体系的基础上，从国际、国内两个层面上促进东部与中、西部之间区域协同发展。

（三）进一步完善中国全方位对外开放体系的需要

改革开放30多年来，中国的对外开放格局主要是以东南向为主，即主要侧重对东南方位的美国、日本、韩国等国家的开放与贸易。西北方向的开放层次相对较低。"一路一带"倡议的意义就在于，在继续加强东南向开放的基础上，将面向西北的中亚、西亚乃至欧洲的对外开放水平提至一个新高度，从而达到进一步完善中国全方位对外开放体系的目的。

当前，内陆地区由于既不靠海、也不沿边，存在开放口岸少、物流费用高、区域转关难等诸多亟待破解的制约因素。"一带一路"倡议，尤其是"丝绸之路经济带"的提出使得内陆地区把开放的大门朝广阔的中亚和欧洲地区打开。在已有的交通物流干线的基础上，"一带一路"倡议的实施将促进国际骨干通道的建设与完善，逐步形成连接亚洲各次区域以及亚欧非之间的交通基础设施网络。这可促使国际运输的大幅便利化，而运输便利化带来的贸易成本的下降是对外开放的基础。因此，随着口岸基础设施的建设、陆水联运通道的畅通，横贯东西、联结南北的对外经济走廊将支撑起海陆双向开放格局，快速提升中国对外开放程度。"一带一路"倡议带来的全方位开放将均衡东部与中西部之间的联动效应。总体来看，此前沿海地区由于更早进行对外开放，导致中国开放型经济体制建设处于不平衡、不协调的状态，丝绸之路经济带的建设将平衡当前的开放格局。

（四）为我国巨量的外汇储备寻找出路的需要

2013年末中国的外汇储备为3.88万亿美元，目前这些靠"三高"赚下的外汇储备投资渠道狭窄，主要靠购买美国的国债来实现保值或增值，能否实现保值或增值还要看人家的脸色。"外汇储备是对外的国民财富"这一性质决定了外汇储备只能用于对外经济活动。近4万亿美元的巨额外汇储备不仅可以为海外投资提供可观的先期资本，而且也可以通过企业"走出去"在全球优化资源、技术的配置，实现自身的保值增值。"一带一路"倡议的最终实施将完成中国利用外汇储备对外投资、为全球提供公共产品，进而提升自身话语权的战略目标。

（五）保证能源安全的需要

经济的高速增长使中国成为世界能源进口和消费大国，原油进口来源和运输渠道比较集中和单一，这种原油进口格局与近年来南海局势的紧张，使得我国原油进口潜在的“马六甲之困”日益突出，能源安全形势加剧。

据海关统计，2003—2013 年 10 年间，我国进口原油从 9100 万吨逐年增加，到 2009 年突破 2 亿吨大关，2013 年达到 2.82 亿吨。原油进口来源主要集中在中东国家、非洲的苏丹等地，原油进口来源地区比较集中。原油进口量的 80% 需要经过马六甲海峡，对外依存度高达 58%。而据外媒报道，国家原油战略储备仅 3 天。作为国家重要的战略物资，原油安全保障对国家经济发展和国家安全都有十分重要的意义。当今国际原油市场深受国际政治的影响，原油进口国的原油供应具有很大的不稳定性，原油进口的安全性受到很大挑战。尤其是我国原油进口过度依赖中东地区和马六甲海，在中东局势动荡、美国插手南海的情况下，我国的能源安全受到严重挑战，潜在威胁加剧。开辟新的原油供应国或地区，开通新的安全输送管道，实现原油进口的多元化，已经是亟待解决的重大战略问题。

二、“一带一路”倡议推进中存在的税收风险

近年来，随着我国“一带一路”倡议的推进，我国企业到“一带一路”沿线国家进行投资贸易迅猛发展，部分“走出去”的企业存在对跨境的税收法规、税收协定条款和申报抵免缺乏了解，涉税风险控制能力差，对税基侵蚀和利润转移规则变化应对能力不足，税收优惠政策享受不到位，对国际税收争议的解决缺乏经验等问题。

（一）税制差异风险

一是税制结构。我国采用的是直接税与间接税双重主体，当前国际上采

用的税制结构类型主要有四种：以一般商品劳务税为主体，以所得税为主体，劳务税所得税双重主体和避税港。“一带一路”沿线国家由于国情不一，采用税制类型有很大差异，对“走出去”的企业在税收筹划上有很高要求。二是优惠税率。股息、利息、特许权使用费和财产收益等方面，“一带一路”沿线有些国家没有优惠税率，有些预提所得税税率高于10%，加重了“走出去”企业的税收负担，如巴基斯坦对外国提供的技术、专利、商标等许可取得的收入，征收12.5%的预提所得税。三是常设机构。各个国家对常设机构的判定有不同的标准，导致各个国家在行使征税权上冲突，可能增加企业的税收成本。“走出去”企业在境外从事承包工程作业或提供劳务时，如在境外所在国不构成常设机构，那么它的营业利润就可以免征境外国家的所得税。而我国企业在境外投资经营，主要是以通过代理人（分销商）销售货物、成立分支机构（办事处）和承包工程、提供劳务等形式，可能会被判定为投资经营所在国家的常设机构，必须依照所在国家税法规定申报纳税。四是会计年度。我国企业所得税法规定的纳税年度为公历1月1日至12月31日，沿线许多国家会计年度不是采用公历制，企业申报缴纳来源于境外的所得企业所得税存在时间上冲突，同时我国所得税法规定未汇回的利润也应申报纳税，企业可能为履行纳税义务垫支税款。

（二）关联交易转让定价调查风险

一般情况下，境外投资经营的企业会与其境外关联公司发生关联交易，特别是在货物、劳务、特许权使用费、技术转让、股权等收取与支付，将产生税收权益在不同税收管辖权国家间的分配，企业存在涉税风险。由于企业对跨境关联交易的转让定价风险认识不足，没有制定全球关联交易转让定价政策、劳务费的合理分摊和特许权使用费收取，导致面临境内外税务机关转让定价调查的风险，而转让定价调整金额一般比较大，有些达到数千万元甚至上亿元，将对企业的生产经营产生很大影响。

（三）境外投资税收风险

在“一带一路”建设中，境外投资主要是工程承包建设和资本输出及并购，主要风险有：一是许多工程承包建设企业可能享受不到当地税收优惠。

沿线许多国家规定对境外企业在本国承包工程和提供劳务免征企业所得税的时间为6个月，而基础设施施工时间较长。二是资本弱化的风险。不同国家对债权性投资与权益性投资的适当比例规定差异较大，没有按照东道国的相关政策进行筹划安排，对外投资时可能存在由于资本弱化带来的税收风险。三是境外并购的风险。一些企业缺乏对并购税收风险的识别与管控，并购前未对被并购公司进行详尽调查，可能会继承被收购公司的历史税收风险，不合理股权架构也可能导致汇回利润时产生税收负担。

（四）重复征税的风险

我国已与“一带一路”沿线64个国家中的53个国家签署了税收协定。鉴于我国不断增长的海外投资，以及从资本输入国到净资本输出国身份的转变，需要重新考量其所得税制和避免双重征税方法。我国在所得税方面采取了属人原则，对本国居民纳税人就其全球范围内的收入征税，并且在避免双重征税方法上采用抵免法，对于本国居民纳税人来源于国外的所得，允许其从本国应纳税所得额中抵免已经在来源国缴纳的全部或部分税款。这种规定虽然符合资本输出中性原则，即海外投资和国内投资都负担相同的税率，但是也可能造成其居民企业的全球税负比东道国市场上的其他国家投资者高，降低本国企业在海外市场的竞争力。

因为沿线国家很多属于低税率国家，抵免法消除重复征税不彻底。一是直接抵免限额不能统筹。当企业投资在高低税率不同的国家时，按照分国不分项的税收抵免法，各国单独计算的抵免限额不能统筹使用，并且分国计算抵免限额余额只能向后结转5年，不能向前结转，会增加境外投资企业的税收成本。二是间接抵免受限。我国跨国投资经营的企业，普遍在境外设立子公司或者多层法人公司，以负有限责任来减少境外投资风险，这就涉及间接抵免法消除双重征税问题。目前我国和其他国家签订的税收协定中，虽然有间接抵免的条款，但对直接或间接控股比例有较高要求，并且对多次抵免尚无明确规定，存在重复征税的问题。三是税收饶让不足。目前我国已签订的税收协定中，对相互给予的税收饶让条款较少，特别对我国居民企业在境外投资国取得税收优惠的税收饶让规定更少。

（五）税收争议的风险

随着境外投资贸易的迅猛发展，境外税收争议呈现多发态势。境外发生税收争议的解决方式一般是企业与当地政府谈判，或者是仲裁、打官司，缺乏统一税收协调与协商，可能带来税收权益损失风险。“走出去”企业采取不同投资架构进行海外投资，特别是对间接控股型的企业，可能受到投资国判定质疑和分歧，做出不予享受投资国的相关税收待遇的决定，也可能享受不到相应的税收协定待遇。

三、服务“一带一路”倡议的税收建议

随着“一带一路”倡议的实施，国际税收差异与争议的解决是重要的一环。我们要把握战略机遇，加强与沿线国家的税收协调，推动国际税收合作，优化税收抵免，消除重复征税，完善税收管理安排与服务，助力“一带一路”倡议实施。

（一）优化税收服务工作

“一带一路”沿线国家，许多传统上并非我国对外投资的重点区域，“走出去”的许多企业对“一带一路”沿线国家税制缺乏了解，无法合理判断并有效控制“走出去”的税收风险。

一是开展国别税收信息研究，收集并整理“一带一路”沿线66个国家和地区的相关税收法律规定，建立“一带一路”税收服务网页。分国别发布“一带一路”国家税收指南，介绍有关国家税收政策，提示对外投资税收风险。二是举办“走出去”企业培训班。分期分批为我国“走出去”企业开展税收协定专题培训及问题解答，帮助企业利用税收协定保护自身权益，防范税收风险。三是设立12366纳税服务热线专席。解答“走出去”企业的政策咨询，回应服务诉求。四是更好地发挥中介机构作用。合理引导注册会计师事务所、注册税务师事务所等中介机构“走出去”，提供重点投资国税收法律咨询等方面服务，努力为“走出去”企业提供稳定、及时、方便的专业服务。

五是开展面对面宣讲。在投资相对集中的“一带一路”沿线国家，为“走出去”企业进行税收协定和对外投资税收政策专题宣讲。六是为“走出去”企业开具《中国税收居民身份证明》，绝大部分“走出去”企业在境外享受协定待遇时都需要给对方提供该证明。

（二）加快税收协定的谈签和修订

对未签署税收协定的“一带一路”沿线国家，应加快与其的谈签进程，当前要着重推动修订完善已签署的税收协定，增加税收饶让和权益保护条款，进一步降低跨境投资企业的税收负担。

税收协定又称避免双重征税协定，是两个或两个以上主权国家（或税收管辖区）为了协调相互之间的税收管辖关系和处理有关税务问题通过谈判缔结的书面协议。它是国际税收关系与税务合作的法律基础。资本技术或劳务输出国（又称居民国）和东道国（又称所得来源国），通过签订税收协定分配跨国经营及投资所得的征税权，可以提高税收确定性，避免双重征税，并通过开展税务合作与双边磋商解决涉税争议，保障纳税人的合法权益，从而促进双边经济、技术、文化、人员等的交流。

通过税收协定的谈签和修订可以为“走出去”企业的境外投资经营活动提供支持：一是可以降低“走出去”企业和个人在东道国的税负，提高“走出去”企业和个人在东道国的竞争力。以俄罗斯为例，俄罗斯对利息、特许权使用费所得的标准预提所得税率都是20%，而依据2014年10月签署的中俄新税收协定，对利息的预提所得税税率为0，特许权使用费的预提所得税率也仅为6%。二是可以有效消除东道国和我国之间的双重征税问题，降低“走出去”企业和个人的整体税收成本。三是可以为“走出去”企业和个人提供长期的税收确定性，减轻“走出去”企业和个人的境外税收风险。两个主权国家签订的税收协定具有较高的法律级次和较强的稳定性，不受投资东道国国内税收法律变动的影响，能够为“走出去”企业在东道国营造一个透明、确定的税收环境。四是可以建立起两方主管当局相互协商机制，妥善解决“走出去”企业和个人的境外税务争议。如果没有税收协定，当“走出去”企业在境外与东道国税务机关产生涉税争议的时候，只能依赖东道国的国内救济渠道，而税收协定中的“相互协商程序”为“走出去”企业和个人开辟了一条有效的国际救济渠道。（如“走出去”企业已经在境外被当地税务机关进行了转让定价调查调整，可以向我国税务机关提出启动转让定价对应调整的双边磋商申请，由两国税务主管当局之间进行磋商谈判，解决企业重复征税的问题。这是与境外子公司关联交易额很大的“走出去”企业值得关注的一个重要问题。）

（三）推进国际税收合作

在“一带一路”倡议实施中，要积极参与全球税收论坛，改变美英等发达国家对国际规则制定的垄断地位。积极参与同有关国家和地区国际税收协作条款的谈判与协商，深度参与无形资产、同期资料、可比分析等专题研讨，增强在国际规则制定中的话语权。我国要继续积极参与国际税收治理，加强税基侵蚀和利润转移（BEPS）研究，深度参与应对税基侵蚀和利润转移（BEPS）行动计划。健全中国特色国际逃避税防控体系，为走出去企业提供稳定、透明、可预期的税收环境，进一步参与完善国际税收管理。建立国际税收交换网络和信息情报交换机制。加强国际税收管理的跨国协调与合作，借助互联网优势建立国际税收信息交换的网站。加强与沿线国家对话交流，推动双边或多边税收合作机制，建立国际税收问题与争议协调解决机制，积极推动国际税收新秩序形成。

（四）建立争议解决机制

在推进“一带一路”发展倡议的实施中，我国“走出去”企业将不可避免遇到税收纠纷。税务部门要与沿线国家建立双边或多边磋商机制，建立税收协调的专门机构，开通纠纷受理专门通道，帮助解决跨境纳税人的双重征税或税收争议问题。建立税收争议案例库，帮助辅导“走出去”企业提起税收争议协商申请，税务部门要加强与东道国主管税务机关协商沟通，最大限度保护“走出去”企业的合法权益。

（五）改革完善国内税制

要充分吸收借鉴国际税收管理经验和良好制度安排，进一步完善我国的所得税和增值税税制。一是推进完善境外税收抵免制度。建议实行多数发达国家普遍采用的综合限额抵免法，并允许企业向前结转抵免限额，提高企业境外所得税的实际抵免额。完善间接抵免法，把20%以上持股比例降低为10%以上。在条件成熟时实行“免税法”，彻底解决跨国投资企业的双重征税的问题，增强我国企业在国际投资贸易中的国际竞争力。二是提取海外投资损失准备金。依照国家“一带一路”发展倡议和产业导向，允许对外直接投资的境内投资者提取一定比例的海外投资损失准备金，计入当期费用税前扣除，减少走出企业投资的风险。

参考文献

［1］漆彤．“一带一路”战略的国际税法思考［J］．税务研究，2015（6）．

［2］朱青．鼓励企业“走出去”与改革我国避免双重征税方法［J］．国际税收，2015（4）．

（作者单位：福建省税务学校）

“海上丝绸之路”倡议下国际税收协定的应用与完善

谢素英

2015年3月28日，国家发改委、外交部、商务部等部门经国务院授权联合发布了《推动共建丝绸之路经济带和21世纪海上丝绸之路的愿景与行动》，标志着2013年习近平主席在访问中亚及东南亚期间提出的携手共建“新丝绸之路经济带”和“21世纪海上丝绸之路”的重大倡议，进入了国家有计划的实施阶段。

“21世纪海上丝绸之路”有两个方向，一个是经南海过马六甲海峡去往欧洲；一个是经南海转南太平洋延伸。沿线国家主要包括东南亚、西亚、南亚、东北非、南太平洋以及欧洲地中海地区的国家，各国经济发展水平、政治制度、法律法规方面差异较大，特别是一些发展中国家税收制度和征管环境均不完善，中国“走出去”企业海外投资经营将面临很多不确定性因素。在这种复杂多样的情况下，需要充分发挥税收协定作为国际税收关系与税收合作的法律基础作用，提高税收确定性，避免双重征税，维护“走出去”企业的合法权益。2015年4月，国家税务总局发布了《关于落实“一带一路”发展战略要求做好税收服务与管理工作的通知》（税总发〔2015〕60号），出台了服务“一带一路”发展倡议的10项税收措施，其中首要一条就是“谈签协定维护权益”。2015年5月，国家税务总局还开展了全国“税收协定宣传周”活动，全方位向纳税人宣传、解读税收协定。本文拟从税收协定内容和作用出发，分析我国与“21世纪海上丝绸之路”沿线国家已签订的协定，提出“海上丝绸之路”倡议下应用协定和完善协定的建议。

一、国际税收协定的内容和作用

（一）国际税收协定的内容

国际税收协定是两个以上主权国家或税收管辖区，为了协调相互之间的税收管辖关系和处理有关税务问题，通过谈判缔结的书面协议。现阶段国际上签订的税收协定绝大多数是双边协定，结构及内容在很大程度上受到《OECD 协定范本》和《UN 协定范本》的影响及制约，基本上与两个范本一致，包括七个主要内容。

1. 协定适应的范围

一是人的适用，只适用于缔约国双方的居民，外交代表或领事官员的外交豁免权除外；二是税种的适应，包括所得税和一般财产税；三是领域的适应，包括包含各缔约国各自的全部领土和水域。税收协定在缔约国互换批准文件后立即生效，通常没有时间限制。

2. 协定基本用语的定义

一是对一般用语的定义解释，包括"人""缔约国""缔约国另一方""缔约国一方企业"等；二是对特定用语的定义解释，对如"居民""常设机构"等特定用语的内涵和外延做出解释和限定；三是专项用语的定义解释，只涉及专条文的用语解释，一般放在相关的条款中附带给定义或说明。

3. 税收管辖权的划分

对各项所得由哪方先行使税收管辖权进行明确，并就先行使税收管辖权的一方应由什么样的条件限制等问题加以规定。比如，对缔约国一方企业的营业所得，奉行居住国独占征税的原则；对常设机构的营业利润，一般规定适用来源地国优先征税的原则；对投资所得，一般适用来源地国与居住国分享收入的原则。

4. 避免双重征税的方法

在签订税收协定时，还应考虑采用什么样的方法来避免对优先行使征税权而已征税的那部分所得的重复征税。如何在免税法、抵免法和扣除法中选择采用方法以避免国际间重复征税，如果缔约国双方确定给与对方跨国纳税人全部或部分优惠以饶让，也必须在协定中列出有关条款加以明确。

5. 税收无差别待遇原则

包括国籍无差别条款、常设机构无差别条款、所有权无差别条款、扣除无差别条款等。缔约国一方的国民、企业设立的常设机构、企业的资本，在缔约国另一方应负担的纳税义务，不比缔约国另一方的国民或企业在相同或类似的情况下所受到的纳税待遇不同或负担更重。缔约国一方企业支付给缔约国另一方居民的利息、特许权使用费和其他款项，应与在同样情况下支付给本国居民一样，准予列为支出。

6. 税务情报交换

缔约国双方的主管当局为了正确执行税收协定及其所涉及税种的国内法而相互交换所需情报。

7. 相互协商程序

缔约国双方的主管当局通过缔结互助协议、完善相互协商程序，解决有关协定使用方面的争议和问题。

（二）国际税收协定的作用

签署国际税收协定的最根本的用途，就是避免国家间的双重征税。随着跨国经济交往的日益紧密，以及跨国公司的产生和发展壮大，各国主管当局在税收协定中增加了一些条款加强合作，共同应对跨国公司的逃税行为。对于“走出去”企业来说，税收协定可以有效解决和避免重复征税、税收歧视等问题，为境外投资经营活动提供帮助和支持。

1. 避免双重征税

税收协定设有“消除双重征税”条款，明确签署税收协定的缔约双方消除双重征税的义务和方式。另外，税收协定中关于税收管辖权的划分，涉及争议及关联企业间转让定价相应调整的规定，也可以为纳税人消除双重征税。

2. 避免税收歧视

税收协定通常列有“无差别待遇”条款，保证了缔约国一方的国民或企业在缔约国另一方应负担的纳税义务，不比缔约国另一方的国民或企业在相同或类似的情况下所受到的纳税待遇不同或负担更重。

3. 提供税收确定性

税收协定具有较高的法律级次，大多数国家规定，当国际税收协定与国内税法不一致时，税收协定处于优先执行的地位，而且税收协定不受缔约国国内税收法律变动影响，稳定性强，能为企业提供透明、确定的税收环境，降低企业的境外投资风险。

4. 降低整体税收成本

税收协定以设定限制税率、规定免税项目、设定常设机构等方式，提高了东道国征税的门槛，税收协定中还规定了饶让抵免条款，即在缔约国一方取得的税收优惠缔约国另一方予以承认，回国不用补征该部分税款，可降低企业境外投资的整体税收成本。

5. 解决境外税收争议

当遇到跨国涉税争议或出现税收协定中没有涉及的问题时，可以通过各国主管当局之间的协商来解决，协商多年未果可以进入仲裁程序。2013 年，国家税务总局发布了《税收协定相互协商程序实施办法》（国家税务总局 2013 年第 56 号公告），规范我国税收协定相互协商程序的实施。

二、我国与“海上丝绸之路”沿线国家已签署的税收协定分析

我国从改革开放后开始谈签税收协定。虽然我国国际税收协定的发展历史不长，但税收协定网络覆盖面较广，既包括了对我国投资比较多的国家和地区，也包括了目前我国对外投资比较多的国家和地区。“21 世纪海上丝绸之路”沿线大部分国家与我国签署了税收协定，具体情况见表 1、表 2。

表1　我国与“21世纪海上丝绸之路”沿线国家避免双重征税协定一览表

序号	国家或地区	签署日期	生效日期	执行日期	税收饶让条款	股息的协定税率	利息的协定税率	特许权使用费的协定税率	常设机构认定时间
1	马来西亚	1985.11.23	1986.9.14	1987.1.1	有	10%	10%	10%电影影片免税	6个月
2	新加坡	1986.4.18	1986.12.11	1987.1.1	无				6个月
		2007.7.11	2007.9.18	2008.1.1	有	满足比例5%①	20%	文学、艺术或科学著作15%；其他10%	建筑型6个月；劳务型183天
3	新西兰	1986.9.16	1986.12.17	1987.1.1	有	满足比例10%②	10%	10%	建筑型6个月；劳务型183天
4	泰国	1986.10.27	1986.12.29	1987.1.1	有	满足比例10%①	10%	15%	6个月
5	意大利	1986.10.31	1989.11.14	1990.1.1	有	10%	10%	机器设备7%；其他10%	6个月
6	澳大利亚	1988.11.17	1990.12.28	1991.1.1	有	满足比例10%②	10%	10%	建筑6个月；勘探3个月
7	科威特	1889.12.15	1990.7.20	1989.1.1	有	10%~20%	20%	20%	6个月
8	阿联酋	1993.7.1	1994.7.14	1995.1.1	有	7%	20%	20%	24个月
9	印度	1994.7.18	1994.11.19	1995.1.1	有	10%	10%	10%	183天
10	以色列	1995.4.8	1995.12.22	1996.1.1	无	10%	10%	10%	12个月
11	越南	1995.5.17	1996.10.18	1997.1.1	有	10%	10%	10%	6个月
12	土耳其	1995.5.23	1997.1.20	1998.1.1	无	10%	10%	10%	12个月
13	孟加拉国	1996.9.12	1997.4.10	中98.1.1 孟98.7.1	无	10%	10%	10%	6个月
14	苏丹	1997.5.30	1999.2.9	2000.1.1	无	5%	10%	10%	建筑型18个月；劳务型12个月
15	埃及	1997.8.13	1999.3.24	2000.1.1	无	8%	10%	8%	12个月

续表

序号	国家或地区	签署日期	生效日期	执行日期	税收饶让条款	股息的协定税率	利息的协定税率	特许权使用费的协定税率	常设机构认定时间
16	老挝	1999. 1. 25	1999. 6. 22	2000. 1. 1	无	5%	10%	5%	12 个月，不含劳务型
17	菲律宾	1999. 11. 18	2001. 3. 23	2002. 1. 1	无	10%	10%	10%	6 个月
18	卡塔尔国	2001. 4. 2	2008. 10. 21	2009. 1. 1	无	10%	10%	10%	9 个月，不含劳务型
19	尼泊尔	2001. 5. 14	2010. 12. 31	2011. 1. 1	无	10%	10%	10%	183 天
20	印度尼西亚	2001. 11. 7	2003. 8. 25	2004. 1. 1	无	10%	10%	10%	6 个月
		2015. 03. 26	2016. 3. 16	2017. 1. 1	有	10%	10%	10%	183 天
21	阿曼	2002. 3. 25	2002. 7. 20	2003. 1. 1	有	5%	10%	10%	9 个月
22	巴林	2002. 5. 16	2002. 8. 8	2003. 1. 1	无	5%	10%	10%	12 个月
23	希腊	2002. 6. 3	2005. 11. 1	2006. 1. 1	无	满足比例 5% ①	10%	10%	12 个月
24	摩洛哥	2002. 8. 27	2006. 8. 16	2007. 1. 1	有	10%	10%	10%	6 个月
25	斯里兰卡	2003. 8. 11	2005. 5. 22	2006. 1. 1	有	10%	10%	10%	183 天
26	伊朗	2002. 4. 20	2003. 8. 14	2004. 1. 1	无	10%	10%	10%	12 个月，不含劳务型
27	文莱	2004. 9. 21	2006. 12. 29	2007. 1. 1	有 10 年	5%	10%	10%	6 个月
28	阿塞拜疆	2005. 3. 17	2005. 8. 17	2006. 1. 1	无	10%	10%	10%	建筑 12 个月；勘探 3 个月；劳务 6 个月
29	沙特阿拉伯	2006. 1. 23	2006. 9. 1	2007. 1. 1	无	5%	10%	10%	6 个月
30	阿尔及利亚	2006. 11. 6	2007. 7. 27	2008. 1. 1	无	满足比例 5% ①	7%	10%	6 个月

注：①新加坡、希腊、阿尔及利亚直接拥有支付股息公司至少 25% 股份情况下股息税率为 5%，低于 25% 情况下税率为 10%。

②新西兰、澳大利亚、泰国直接拥有支付股息公司至少 10% 股份情况下股息税率 10%，泰国直接拥有支付股息公司股份低于 25% 情况下税率为 20%。

表 2　我国与“21 世纪海上丝绸之路”税收协定适用税种、抵免方式一览表

序号	国家	税收协定适用税种	境外所得在中国的抵免方法
1	马来西亚	所得税和超额利润税；补充所得税，即锡利润税、开发税和木材利润税；石油所得税	包括间接抵免（股份 10%）
2	新加坡	所得税	包括间接抵免（股份 10%）
3	新西兰	所得税（第二议定书，适用于 1991 年 7 月 1 日之后取得的所得）所得税；超额留存税（原协定）	一般抵免（不包括间接抵免）
4	泰国	所得税；石油所得税	包括间接抵免（股份 10%）
5	意大利	个人所得税；公司所得税；地方所得税；无论这些税是否通过源泉扣缴征收	包括间接抵免（股份 10%）
6	澳大利亚	澳大利亚税收，矿产资源租赁税	包括间接抵免（股份 10%）
7	科威特	公司所得税；控股公司应向“科威特科学发展基金会”支付的净利润的 5%；财产税	包括间接抵免（股份 10%）
8	阿联酋	所得税；公司税；附加税	包括间接抵免（股份 10%）
9	印度	所得税及其附加	包括间接抵免（股份 10%）
10	以色列	所得税（包括公司税和财产收益税）；根据土地增值税法对不动产转让收益征收的税收；根据财产税法对不动产征收的税收	包括间接抵免（股份 10%）
11	越南	个人所得税；利润税；利润汇出税	包括间接抵免（股份 10%）
12	土耳其	所得税；公司税；对所得税和公司税征收的税收	包括间接抵免（股份 10%）
13	孟加拉	所得税	包括间接抵免（股份 10%）
14	苏丹	所得税；财产收益税	包括间接抵免（股份 10%）
15	埃及	不动产所得税（包括农业土地税和建筑税）；统一的个人所得税；公司利润税；国家金融资源开发税；对上述各税按百分比例征收的附加税	一般抵免（不包括间接抵免）
16	老挝	企业利润（所得）税；个人所得税	一般抵免（不包括间接抵免）
17	菲律宾	对个人、公司、产业和信托征收的所得税；股票交易税	一般抵免（不包括间接抵免）
18	卡塔尔	所得税	一般抵免（不包括间接抵免）
19	尼泊尔	按照所得税法征收的所得税	一般抵免（不包括间接抵免）
20	印度尼西亚	按照 1984 年所得税法征收的所得税（根据 1983 年第七号法修订）	包括间接抵免（股份 10%）

续表

序号	国家	税收协定适用税种	境外所得在中国的抵免方法
21	阿曼	根据皇家修订法令第47/1981号征收的公司所得税；和根据皇家修订法令第77/1989号征收的商业和工业利润税	一般抵免（不包括间接抵免）
22	巴林	所得税（所得税法第22/1979号）	一般抵免（不包括间接抵免）
23	希腊	个人所得税；法人所得税	一般抵免（不包括间接抵免）
24	摩洛哥	一般所得税；公司税	一般抵免（不包括间接抵免）
25	斯里兰卡	所得税，包括对投资委员会颁发许可证的企业营业额征收的所得税	一般抵免（不包括间接抵免）
26	伊朗	所得税	一般抵免（不包括间接抵免）
27	文莱	根据所得税法征收的所得税（第35号）；根据所得税（石油）法征收的石油利润税（第119号）	一般抵免（不包括间接抵免）
28	阿塞拜疆	法人利润税；个人所得税	一般抵免（不包括间接抵免）
29	沙特阿拉伯	扎卡特税；所得税，包括天然气投资税	一般抵免（不包括间接抵免）
30	阿尔及利亚	全球所得税；公司所得税；职业行为税；财产税、矿区使用费	包括间接抵免（股份10%）

通过对我国与"21世纪海上丝绸之路"沿线国家已签署的税收协定进行分析，可以得出以下结论：

（1）税收协定网络尚未全面覆盖。尽管我国现有税收协定覆盖面较广，但在"21世纪海上丝绸之路"沿线国家中，仍有11个国家尚未与我国达成双边税收协定，分别是缅甸、柬埔寨、东帝汶、阿富汗、马尔代夫、不丹、伊拉克、约旦、黎巴嫩、也门、巴勒斯坦。这些国家位于东南亚、西亚北非，当地政治社会环境不够稳定，经济发展水平落后，黎巴嫩、巴勒斯坦还实施单一地域管辖权，签署双边税收协定难度较大。虽然没有协定，我国与马尔代夫、黎巴嫩两个国家签订的空运或海运协定包含了税收条款。

（2）大部分协定亟待更新和完善。我国与"21世纪海上丝绸之路"沿线国家签署的协定，除2007年、2015年先后与新加坡、印度尼西亚对税收协定进行修订外，其他都是在2008年新企业所得税法实施以前签署的。2008年新企业所得税法关于对外投资的条款有了极大的增补和修订，如对居民身份的判定按照注册地和实际管理控制地为标准，而原有协定的主要内容基于两税合并前内外资企业所得税，仍然采用原税法的总机构地为标准。原有税收协定与新企业所得税存在的不相协调问题，容易造成“走出去”企业无法适用税收协定有关条款等情况。

（3）部分协定抵免方法有待调整。我国与“21 世纪海上丝绸之路”沿线国家签署的协定中，有的虽然有间接抵免的条款，但对直接或间接控股比例有较高要求，并且对多次抵免尚无明确规定，有的消除重复征税的方法只是一般抵免，不含间接抵免。我国“走出去”企业在境外投资普遍采取在境外设立子公司或者多层法人公司，以负有限责任来减少境外投资风险的方式，导致间接抵免受限，可能存在重复征税的问题。此外，我国实行分国不分项的税收抵免法，“21 世纪海上丝绸之路”沿线国家很多属于低税率国家，当企业投资国家高低税率不同时，按照分国不分项的税收抵免法，各国单独计算的抵免限额不能统筹使用，并且分国计算抵免限额余额只能向后结转 5 年，不能向前结转，不利于鼓励对外投资。

（4）部分税收协定饶让条款不足。我国与“21 世纪海上丝绸之路”沿线国家签署的协定中，只有 14 个包含相互饶让抵免条款，有些还规定了期限，如文莱 2017 年到期。这些饶让条款规定各不相同，有的是单边饶让，有的是双边饶让，有的是定率饶让，有的是针对减免税的饶让。值得关注的是，“21 世纪海上丝绸之路”沿线国家所得税税率水平较低的，如果对方给予我国“走出去”企业减免税的税收优惠，而税收协定或协定中没有相应的税收饶让规定，那么我国“走出去”企业无法有效享受对方国家的税收优惠政策。

（5）常设机构认定标准差异较大。我国与“21 世纪海上丝绸之路”沿线国家签署的税收协定中，对“建筑型”常设机构认定的时间标准差异较大，最短为 6 个月，最长为 24 个月，对“劳务型”常设机构的规定也不尽相同。常设机构认定标准的宽窄直接影响到缔约国双方的征税权。持续经营时间缩短，常设机构判定范围扩大，维护了收入来源国是发展中国家的税收权益。我国企业“走出去”承包工程项目，对外输出劳务，满足时间标准即构成常设机构，要在收入来源国纳税。

三、应用国际税收协定需关注的问题

“21 世纪海上丝绸之路”战略离不开税收的支撑，税收问题关乎国家主权和企业利益。据《经济参考报》报道，走出去企业面临的问题中有60%来自税收方面，税收歧视、税收争议等问题给我国“走出去”企业每年带来的损失或高达数百亿元。可见，提高税收协定的执行力度，使之成为支持中国企业“走出去”更有力、更全面的保障，是当前税务机关和“走出去”企业都要积极面对的重大而现实的问题。

（一）企业方面

1. 了解税收协定签订和执行情况

尽管我国对外签订了税收协定，但现实中仍然存在大量“走出去”或正谋求“走出去”的企业，不了解我国与东道国是否有税收协定，不懂得利用税收协定避免双重征税、维护自身权益的问题。据《中国税务报》报道，北京市国家税务局2014年针对281户“走出去”企业开展调查，仅有26户企业在境外享受税收协定待遇，与北京市国家税务局受理非居民企业享受税收协定待遇审批和备案900余户次的数据形成鲜明对比。“走出去”企业应主动了解我国最新签订税收协定的情况，以及对方国家（地区）执行税收协定的情况，以免因不了解情况而被重复征税或使合法权益受到侵害。

2. 积极申请享受税收协定待遇

中国居民到境外从事经营活动，如所从事活动的国家（地区）与我国有税收协定，可向对方国家（地区）申请享受税收协定规定的相关待遇，但需要向对方国家（地区）提供《中国税收居民身份证明》。《国家税务总局关于〈中国税收居民身份证明〉开具工作的通知》（国税函〔2008〕829号）规定，税收居民身份证明由各地、市、州（含直辖市下辖区）国家税务局、地方税务局国际税收业务部门负责向所辖企业和个人开具，由局长签发。同时，《国家税务总局关于做好〈中国税收居民身份证明〉开具工作的补充通知》（国税函〔2010〕218号）规定，中国居民公司境内、外分公司要求开具中国居民身份证明的，由其总公司所在地税务机关开具。“走出去”企业没有到税务机关开具《中国居民身份证明》，就无法享受税收协定所提供的优惠政策。

3. 充分利用税收协定相关条款

“走出去”企业在境外从事经营活动，如承包工程、以办事处等机构场所形式从事经贸活动，以及通过雇员提供劳务等活动并取得收入，在对方国家（地区）是否纳税，是以是否在对方构成常设机构为前提。如果没有构成协定意义上的“常设机构”，那么其从境外取得相关所得在对方不用纳税。同时，税收协定针对股息、利息和特许权使用费（含租金）等所得通过设置较低税率（一般为10%，部分协定税率不同），限制了来源国的征税权，体现了税收协定优于一国国内税法征税规定的优惠待遇。“走出去”企业应充分利用这些条款，在对方国家（地区）获得减税或免税的待遇，降低税收成本。

4. 利用税收协定解决涉税争议

“走出去”企业在境外从事经营活动，遇到税收争议可按税收协定提请相互协商。国家税务总局已经出台（国家税务总局2013年第56号公告），规定了涉及税收协定的相互协商程序的适用对象、适用情形、受理税务机关、申请程序以及协商结果的法律效力，“走出去”企业遇到问题或者在对方国家遇到了不公平待遇和歧视，向省级税务部门提出相互协商申请后，省级税务机关在10日之内要向国家税务总局反映，国家税务总局则要在20日之内决定是否接受申请。建议“走出去”企业在提起相互协商申请时，一定要按《税收协定相互协商程序实施办法》的要求及时、完整、准确地提供有关资料，以便国家税务总局能够有效地与对方国家主管当局协商，争取最大限度地保护“走出去”企业的税收利益。

（二）税务方面

1. 加强税收协定的宣传辅导

应通过门户网站、官方微博、微信、报刊、办税服务厅、入户辅导等渠道，介绍中国和“21世纪海上丝绸之路”沿线国家签署的税收协定，告知“走出去”企业在境外投资可以享受哪些税收优惠政策，以及按照税收协定可以享受哪些税收服务。开通专线电话，专门解答“走出去”企业的税收政策咨询，回应企业办税服务诉求，确保税收协定宣传、辅导到位。

2. 设立境外税收管理机构

尽管当前各级税务机关采取各种措施服务于“走出去”企业，但是由于其相关职责分散于征管的各个环节，没有专职的岗位和人员，因此尚未形成工作合力。建议在国际税收管理部门设立专门的境外税收管理岗位，其主要职责包括落实国际税收协定的执行，采集“走出去”纳税人基础信息，为“走出去”企业提供境内、境外税收政策和税收协定的宣传与咨询，分国别的境外投资涉税风险提示，以及一些有针对性的个性化税收服务等内容。

3. 建立国别税收信息平台

搜集整理“21 世纪海上丝绸之路”沿线国家的税收法律制度，收集归纳典型案例，建立涉税处理案例库，帮助辅导“走出去”企业提起税收争议协商申请，编写境外投资经营税务指南，为“走出去”企业规避税务风险提供参考。

4. 建立双边或多边磋商机制

加强与“21 世纪海上丝绸之路”沿线国家主管当局的协商沟通，加强涉税争议双边磋商，开通跨境涉外税收纠纷受理专门通道，及时根据纳税人的申请启动相互协商程序，积极配合缔约国税务当局所提要求，帮助纳税人完备相关证明，提供便捷、高效的涉外税收纠纷解决路径，及时妥善地帮助“走出去”企业解决双重征税或税收争议问题，最大限度保护“走出去”企业的合法权益。

四、完善国际税收协定的若干建议

为了有效发挥税收协定作用，服务于“21 世纪海上丝绸之路”倡议，当前和今后一段时期可以从以下几个方面进一步完善国际税收协定。

（一）加大税收协定谈签和修订力度

对当前未签署税务协议的“21 世纪海上丝绸之路”沿线国家，应加快与其谈签税收协定的进程，努力实现税收协定网络的全面覆盖。对于早年签署的税收协定，要积极着手进行修订完善，解决现有税收协定与新企业所得税法相协调问题，优化转让定价、非歧视待遇和关联企业条款等协定内容，并完善税收协定中的纳税人权益保护机制。在税收协定谈签或修订中，要多借鉴《OECD 协定范本》，尤其是在常设机构的认定、航运收入征税权归属、特许权使用费征税权归属问题上，应多从资本输出国的角度加以考虑，保护我国应有的征税权。

（二）调整部分税收协定的抵免方法

针对当前部分税收协定对企业的境外所得仅实行直接抵免，而不实行间接抵免，或者企业由于持股比例达不到现行税法所规定的要求而不能获得间接抵免，可能导致“走出去”企业在境外已缴税款的应税所得在我国被重复课征的问题，建议在与“21 世纪海上丝绸之路”沿线国家新签或者修订税收协定时，增加间接抵免的层级范围并适当降低持股比例限制条件，例如间接抵免层级可从三层增加到五层，持股比例可由现在的 10% 降至 5%。针对当前分国不分项抵免法操作复杂、抵免限额不能统筹使用的问题，建议将“分国不分项限额抵免法”与“综合限额抵免法”选择制度从石油企业扩大到更多“走出去”企业，让其选择其中一种办法进行税收抵免，最大限度减少被重复征税的可能性。

（三）完善部分税收协定饶让条款

税收饶让是指居住国政府对其居民在国外得到减免税优惠的那一部分，视同已经缴纳，同样给予税收抵免待遇，不再按居住国税法规定的税率予以补征。目前，为吸引外资，“21 世纪海上丝绸之路”沿线国家，如菲律宾、老挝等国，都存在着广泛的税收优惠政策。而这些国家与我国不存在税收饶让条款，我国“走出去”企业即使可以得到当地的所得税优惠，其海外利润或股息、红利还是要按我国的税率进行补税，不能真正享受到税收优惠待遇。建议在谈签税收协定或对现有税收协定进行修订时，对于我国鼓励企业积极投资的国家或地区，要给予税收饶让政策。

（四）修订对常设机构的认定标准

我国早期签订的税收协定，很多参照《UN 协定范本》，偏重于非居民企业的所得来源国的利益。目前，实施“21 世纪海上丝绸之路”倡议，越来越多的企业“走出去”，开展承包工程，对外输出劳务。对此，我国在谈签税收协定或对现有税收协定进行修订时，要树立起居民国的意识，针对“走出去”企业在海外投资的重点区域和主要领域，借鉴《OECD 协定范本》，设定符合我国税收利益的常设机构认定的时间节点和标准，帮助“走出去”企业推进海外扩张。

（五）完善相互税收协商程序

在税收协定中建立相互协商程序的主要目标是通过缔约国双方税务当局的行政协助以解决协定在执行中出现的纠纷，消除双重征税以及防止或减少国际间偷逃税和避税行为。实践证明，当我国“走出去”企业在对方缔约国遭遇税收争议或者不公正待遇时，建立相互税收协商程序，能够保障企业得到较为公平合理的裁判。建议在谈签税收协定或对现有协定进行修订时，进一步完善相互税收协商程序中有关条款，通过国家税务当局之间的相互磋商对国际税收争端进行有效解决，保护居民国税收权益，减少“走出去”企业的税务风险。

参考文献

［1］陈有湘，董强．构建“一带一路”战略下的国际税收风险应对机制［J］．税收经济研究，2015（6）．

［2］朱青．鼓励企业“走出去”与改革我国避免双重征税方法［J］．国际税收，2015（4）．

［3］安体富，蒋震．促进区域经济协调发展的财税政策选择［J］．税务研究，2008（5）．

［4］刘宝．“走出去”企业急需顶层税法设计“护航”［N］．中国商报，2015－09－01．

［5］漆彤．“一带一路”战略的国际税法思考［J］．税务研究，2015（6）．

［6］沈国华，王红霞．国际税收协定的相关问题探讨［J］．国际工程与劳务，2015（5）．

（作者单位：福建省南平市顺昌县国家税务局）

“一带一路”倡议下福建的发展策略与税收作为

厦门市地方税务局课题组

2015年3月，中国政府制定并发布《推动共建丝绸之路经济带和21世纪海上丝绸之路的愿景与行动》，标志着我国第三次对外开放进入实质性实施阶段。“一带一路”倡议的实施必然牵动全球发展格局，推动域内国家搭上中国发展快车、优势整合、加速发展，为我国对外投资、区域发展和产业转型升级提供广阔的空间；也必然牵动国内各区域的发展格局，影响各区域的发展空间与产业布局。福建2015年拥有了“自贸区”和“海丝核心区”两大政策优势，体现了中央在改革开放新阶段对福建地位、作用的大力肯定和更高的要求。福建应切实把握机遇，围绕核心区的功能定位，利用好自贸区改革与创新的辐射效应，全方位开创改革开放的新局面。

一、福建核心区优劣势的综合研判

（一）优势凸显

作为“海上丝绸之路”核心区，福建拥有独特优势。第一是地理优势。福建地处东南沿海，是“海上丝绸之路”的重要起点、连接海峡两岸的重要通道、西太平洋航线的必经之地，拥有优越的地理区位、岸线资源和海空枢纽。第二是人文优势。福建是许多海外华侨华人、港澳台同胞的祖籍地，目前旅居世界各地的闽籍华侨华人达1580万人，其中约80%集中在东南亚，80%的台胞祖籍在福建，在“海上丝绸之路”沿线的东南亚国家中闽籍侨胞经济实力雄厚[①]。福建的人文认同基础好，妈祖文化、客家文化影响广泛。第三是经贸优势。福建具有良好的经济社会基础，与“海上丝绸之路”主要区域之一——东盟在贸易和投资上有着紧密的联系[②]，与中亚、东北亚、日韩、欧美均有较为良好的经济合作与商贸往来。第四是产业资源优势。福建拥有电子、机械、石化三大主导产业，还有工程装备、船舶制造维修、纺织、服装鞋帽、五金卫浴、茶叶、石材等传统优势产业，在“海上丝绸之路”国家有稳定发展的营销网络。此外，福建造船修船产业基础较好，一批多功能远洋渔业产业园区、海外综合开发基地正在东盟建设发展，这些都将发挥先导作用。第五是先行先试优势。作为对外开放前沿，福建既是历史上“海上丝绸之路”的重要起点和发祥地，又是改革开放的重要窗口，拥有一个经济特区、多个沿海开放城市等，这些先行先试经验可为深化改革、扩大对外开放提供宝贵的参考。

（二）短板因素不容勿视

尽管福建有着众多优势，但同样面临诸多发展瓶颈，作为核心区的根基并不稳固。一是地缘上福建处于“长三角”和“珠三角”两个经济区之间，在经济总量、辐射范围、创新能力等方面均处于劣势，包括海峡东岸的台湾地区在大陆的产业合作重心也多趋向“长、珠”这两个产业集中区，与福建的合作总量、范围远小于这两个区域。二是闽江流域、闽南金三角的腹地有限，产业集聚规模、总量尚未发展成足以支撑核心区发展的雄厚基础。三是发展不平衡，经济重心主要集中在福州、厦门、泉州和漳州，2014 年上述四个地市 GDP 就占全省的69%，其他五个地市仅为31%。因此，福建经济受挤压、边缘化、空心化的态势短时间内难以扭转，“海上丝绸之路核心区”地位的形成除了国家的支持外，必须找准定位，发挥优势，快马加鞭，才能不负使命。

---

① 2015 年福布斯华人富豪榜显示，菲律宾华人富豪前 5 名均是闽籍华人；马来西亚华人富豪前 5 名中，闽籍华人占 4 名；新加坡华人富豪前 10 名中，闽籍华人占 8 名。引自：福建省侨办副主任：发动闽籍侨胞建设“海上丝绸之路”，http：//roll. sohu. com/20150528/n414037351. shtml，2015 - 05 - 28.

② 东盟是福建的第二大贸易伙伴和第四大资金来源地，已成为福建企业“走出去”的重要地区。

二、福建核心区发展的策略选择

（一）找准定位，构建“核心”框架

所谓“核心区”应是区域发展方向明确、经贸投资资源往来便捷、合作融通保障支撑有力，信息沟通灵敏，办事成事机遇多、效率高，具有一定虹吸效应的“必经之地”。据此，福建核心区至少应有以下定位。

首先，综合历史人文优势和经贸现状，福建核心区对外合作的主要方向应是福建沿海过南海向西至印度洋延伸至欧洲的西线走廊；南下过南海经印尼至南太平洋的南线走廊；北上经日韩至俄罗斯远东、北美一线区域。对内应与“珠三角”“长三角”紧密联系、优势互补，形成服务广大内陆省、区的具备特有吸引力的功能区。

其次，根据“五通”的总体目标要求，福建核心区应建成便捷的物流、信息流、资金流、人才集散、商事联通、民间多层次容纳、企业多样化合作、政府高效服务的综合服务区。

最后，根据“海上丝绸之路”倡议的广泛性、竞争性和制度机制的瓶颈特点，福建核心区应建成合作资源有特色、落地项目有领先、制度创新有实效、合作共赢能持续的具有一定虹吸效应的创新实验区。

（二）发挥优势，提升“核心”功能

1. 发挥区位优势，深度布局，提升基础设施的服务保障能力，形成区域中心架构

基础设施既与各类平台建设相联系，又是相对独立而急迫的需求，也是核心区形成的必需框架，因此必须予以高度关注和前期投入。一是按照核心区的功能要求，整合提升现有岸线码头的功能及吞吐服务的质量，形成强大便捷、与全球各大港对接的港口服务体系；二是整合提升现有空港，加紧推进厦门（闽南）大嶝国际机场建设，加强航线布局，形成强大的航空运输保

障能力；三是依据大数据与商事、产业的密切关系与发展，整合现有信息港功能，加强商事通用数据的分析处理服务平台开发建设，形成强大的数字化、信息化依托；四是整合提升现有陆上交通设施，加强贯通中西部腹地的高铁、高速公路建设，形成高效便捷的陆上交通网络；五是筹划台海、金厦综合交通隧道建设，积极做好前期准备工作，择机上马，形成更加便捷高效低成本的台海通道，为“海上丝绸之路”发展和祖国统一大业打好基础。

2. 发挥体制机制优势，积极构建海内外交流网络，形成龙头牵引

一是充分发挥福建自贸区优势，加大改革力度，适时推出负面清单，放开相关领域，推出各类吸引力较强的投资合作项目，改革口岸管理，力争资本项目适度开放，实质性地提高贸易投资的便捷化程度。二是发挥政策优势，整合福建省内自贸区、经济特区、对台综改试验区、国家新区、金融综改试验区等区域和行业优惠政策，形成“政策洼地”。三是发挥平台优势，积极利用“98 中国投洽会”和“618 福建项目推介会”等面向全球的展会平台，使其成为参与“一带一路”建设的重要载体，挖掘区域贸易投资新增长点，形成牵引机制。四是发挥城市合作优势，推进与“海上丝绸之路”国家的城市合作。在福建现有的与 8 个东盟“海上丝绸之路”沿线国家城市建立友好城市关系的基础上，发挥城市合作形式简单、利益直接、操作性强、见效快的优势，推动合作发展。

3. 发挥产业资源优势，强化“两面”发展，形成纵深布局

在整合现有优势产业、资源，推进产业转型升级，形成部分重化、机电、光电新产品，工程装备、服装鞋帽、茶叶、石材等优势产品和造船、隧道、桥梁建设等优势产能的基础上，强化“引进来与走出去”“外引与内联”“山与海”“台海与海上丝绸之路”的两面发展战略，发挥临海临港得天独厚的区位优势与岸线资源优势，做足海的文章，开展各类海上合作、着力拓展远洋捕捞和远洋资源开发，优化临港工业布局，提升港口物流业现代化水平，强化海洋产业发展，尤其要加大海洋生物、海洋高端装备制造、海洋高技术服务等三个战略性新兴产业的发展力度，使之成为未来海洋经济的新兴支柱产业。构建以福州、厦门、泉州为支撑的濒海城市繁荣带，继续引进高端制造业和现代服务业布局沿海中心城市，做大经济规模，真正形成区域虹吸龙头。利用海洋三所、厦门大学、集美大学航海学院的专业优势，为“海上丝绸之

路”建设培养海洋型专业人才，服务“海上丝绸之路”核心区建设，形成产、学、研、贸、投相互交融的濒海城市繁荣带。同时做足山的文章，利用福建丰富的自然和生态资源，对接“海上丝绸之路”优势，开展现代农业、旅游、养生的开发合作，推进纵深发展。

4. 发挥人文优势，深化交流沟通，做实发展基础

一是善用华人华侨资源。利用丰富的海外闽商人脉资源“引进来”，开展各类寻根访祖、实业报国、合作共赢的交流活动，吸引他们在家乡创业发展以及帮助本土企业“走出去”发展。二是善用文化资源。加大福建作为“海上丝绸之路”核心区的研究和文化传播的力度，加快“海上丝绸之路”申遗步伐，开发“海上丝绸之路”旅游热线，集中福建特色的“妈祖文化”“朱子文化”“客家文化”“华侨文化”（嘉庚精神）、“南少林”“茶文化”等文化产品，从政府、民间两个层面，通过“请进来”“走出去”，文艺传播、旅游演绎等方式，宣扬“生态福建、文化家乡”和“爱国爱乡、敢拼敢赢”等福建元素与福建精神，增强核心区的文化磁吸牵引作用。

（三）防范风险，体现“核心”作为

1. 规避零和竞争

在“一带一路”倡议出台前后，各省市已和“一带一路”沿线国家建立了一定的经贸文化联系。目前，全国有 20 个省市陆续出台了有关“一带一路”的规划，其中不乏定位雷同、同质竞争的状况。福建的主要出口优势地域在东南亚、西亚以及中东 19 国，与沿海其他省市存在一定的重叠，与广东、上海、浙江则存在较大的差距。因此，福建作为核心区，要积极按照中央的相关要求协调各区域各省市的竞争与协作，形成合力，避免“一哄而上”、无序竞争。坚持外引与内联相结合的思路，优先国内选择，实现沿海地区饱和产业向中西部地区的产业、产能梯次转移，提升产业结构，缩小区域差距，规避零和状况，实现合作共赢，协同发展。

2. 防范投资风险

应着手构建“海上丝绸之路”投资、商贸资咨询平台，收集研究“海上

丝绸之路”域内国家和地区的相关资讯，提供专业咨询服务，加强商贸投资的风险评估。还要加强“海上丝绸之路”域内国家与国内相关省区各类专业人才的双向交流培养，造就一支熟悉“海上丝绸之路”、懂商贸投资的人才队伍，为“海上丝绸之路”的长远发展合作打牢基础。

三、税务部门在“一带一路”中的作为

（一）凝聚共识，强化国际税收研究与协调

1. 主动参与，不断增强国际税收领域影响力

首先，税务部门要加强国际合作，要从国际税收规则适应者、追随者转变为参与者、引领者，不断提升国际税收领域站位。其次，借助联合国、经济合作与发展组织（OECD）等国际组织，亚投行等国际金融机构，东盟等区域组织，适时建立国际税收协调专门机构，通过开展域内税收培训，举办专业论坛、互派税务人员交流研讨等方式，加深与沿线国家税收领域的交流协作。最后，适时建立区域税收安排。按照先易后难、循序渐进的原则，先启动反避税、税收情报交换等专项领域税收协定，再逐渐发展到综合性的区域税收协定，以应对战略的长期性以及沿线国家的差异性、多样性。

2. 夯实基础，加强国际税收理论前沿研究

基于我国已是第二大经济体、最大发展中国家的事实，有必要开展国际税收前沿研究，亦即如何使未来税收利益得到最大化保障，尤其是在我国过渡到中等发达国家、现有国际地位发生重大改变的情况下，应对税收利益的去向以及维护从理论上寻找依据。

3. 积极作为，完善和加快国际税收协定谈签

加快与少数未与我国签订税收协定的沿线国家的税收协定谈签进度，同时，对正在执行的双边税收协定也要尽快进行全面的修订，比如税种范围、转让定价内容、非歧视待遇、双边磋商机制，等等，支持境内企业“走出

去”，增强境内企业到“一带一路”沿线国家投资经营的税收确定性、可预期性，消除双重征税，为“一带一路”倡议进行税收上的保驾护航。

4. 深化 BEPS 行动，合力打击国际逃避税

深度参与 BEPS 行动，通过深入研究各项行动计划，适时提出我国的主张和建议，不断提升我国参与国际税收规则制定的能力，建立健全国际逃避税防控体系，防止税基侵蚀和利润转移，特别应注重与“一带一路”沿线国家携手落实 BEPS 各项行动计划，搭建合作平台，交流反避税工作经验，提升沿线国家反避税工作水平，建立公平公正的国际税收新秩序。

（二）适应新变革，适时调整国内税法

1. 完善适应经济新常态的税收制度

一是调整和完善税制结构，改变我国以间接税为主体的税制结构，降低税负水平，提高企业竞争力。二是调整税收政策，进一步规范税收优惠，促进产业结构调整、支持企业技术创新等，创造公平高效的市场竞争环境。三是适应国际税收领域的新变化、新变革，加强直接税和间接税的国际协调。

2. 改革完善适应新常态的税收优惠方式

在境外税收抵免方面，近期以“综合限额抵免法”和“分国不分项限额抵免法”并行作为过渡。建议将“分国不分项抵免”和“不分国不分项（综合）抵免”“二选一”规定推广到所有企业，鼓励国内企业特别是优质制造业和需扶持的产能过剩企业走出国门到境外投资。远期积极推行免税法。相较抵免法，免税法更有助于资本输出，放弃全球所得征税而使用免税法是多数发达国家的选择。还要增加间接抵免层级，将石油企业境外五层间接抵免的规定推广到所有企业，保证税收公平。

税收饶让方面，建议今后谈签新的税收协定以及修订既有税收协定时，将税收饶让条款作为重点内容予以补充，但要注意区别对待发达国家和沿线新兴经济体。

（三）致力合作，强化国际税收征管协调

1. 提升跨境税源管理与服务水平

搭建全方位的境外税收资讯查询平台，发布企业境外投资税收服务指南，帮助“走出去”企业获取投资目标国各类税收资讯，辨识税收风险，跟进跨境税源管理和服务，监控跨境交易行为。构建专业的国际税收服务机构，加强培训辅导，为“走出去”企业提供事前辅导、事中指导、事后评估的全方位服务。

2. 完善税收争端解决机制

及时总结实践经验，适时扩大谈签范围，有选择地在税收协定中引入国际税收仲裁机制，并确定MPA前置的强制仲裁程序模式，规定仲裁范围，明确程序规则及裁决效力，促进税收争端的公平高效解决，从而更好地维护“走出去”企业在国际税收争议解决机制下的权益和地位。

3. 加强国际税收人才队伍建设

联合高校、国际税收组织、中介机构开展专业培训，建设国际税收人才库。推进与沿线国家税务当局合作举办国际税收培训，开展业务交流，共同打造有利于深化“一带一路”建设的国际税收人才队伍。

福建省“一带一路”税收政策研究

谈 政

2015 年 4 月，随着《推动共建丝绸之路经济带和 21 世纪海上丝绸之路的愿景与行动》的发布，福建再一次站到了中国对外开放前沿。根据行动计划，国家将支持福建建设成为 21 世纪海上丝绸之路核心区，推进福建海峡蓝色经济试验区建设，在“一带一路”重点布局的 15 个港口中，福建的福州、厦门、泉州占据了其中三席。那么，“一带一路”又将给福建的经济发展、对外开放带来哪些新机遇，福建又该如何打造海上丝绸之路的核心竞争优势？

一、“一带一路”的内容及意义

“一带一路”是“丝绸之路经济带”和“21 世纪海上丝绸之路”的简称。

“一带一路”倡议是“21 世纪海上丝绸之路”的核心，将对中国经济产生重要作用。它的建立将把长三角、珠三角、海峡西岸、环渤海地区连接起来，同时加强与港澳台地区合作，在建立自由贸易区和建设福建省 21 世纪海上丝绸之路核心区时发挥重要作用。根据数据显示，截至 2015 年年底，我国与“一带一路”相关国家贸易额约占进出口总额的 1/4，投资建设了 50 多个境外经贸合作区，承包工程项目突破 3000 个。2015 年，我国企业共对“一带一路”相关的 49 个国家进行了直接投资，投资额同比增长 18.2%。2015 年，我国承接“一带一路”相关国家服务外包合同金额 178.3 亿美元，执行金额 121.5 亿美元，同比分别增长 42.6% 和 23.4%。① 由此可见，一带一路的推广是福建省发展经济的一次重大机遇，同时对中国的对外发展也是一次巨大飞跃。

① 《涉外税务》2016 年第 1 期。

二、福建省“一带一路”发展概况及税收政策

（一）福建省“一带一路”发展概况

目前，福建省（不含厦门）共有登记在册的“走出去”企业 804 家，2015 年全省对海丝沿线国家投资额达 13.8 亿美元，同比增长 2.7 倍，2016 年 1—2 月福建省外贸进出口额为 1709 亿元，比去年同期增长 9.5%，其中出口 1185.4 亿元，同比增长 22.5%，比全国增速高出 7.2 个百分点，对“一带一路”沿线国家出口量的增长正是推动福建外贸增长的主要动力①。随着“一带一路”的推进，福建省经济也将实现飞速发展，企业纷纷搭上“一带一路”的顺风车，加快“走出去”的步伐，成为福建省经济发展的中坚力量。

（二）福建省税收政策服务“一带一路”

根据《国家税务总局关于落实“一带一路”发展战略要求做好税收服务管理工作的通知》（税总发〔2015〕60 号）的精神，福建省出台了相关税收政策，进一步服务企业发展，帮助企业加快“走出去”的步伐。

1. 全面落实税收协定优惠政策

为帮助企业“走出去”战略发展更加顺畅，减轻企业负担，福建省各级税务部门认真执行我国对外签署的税收协定及相关解释性文件，保证不同地区执法的一致性，减少涉税争议的发生，并配合国家税务总局做好非居民享受协定待遇审批改备案相关工作，为跨境纳税人提供良好的税收环境。同时，针对不同类型的企业，税务部门提供不同的税收优惠政策，对小微企业实施扶持，高新技术产业按照国家标准减免征收，全方位为纳税

① http://www.fj-n-tax.gov.cn/admin/vfs/fj/content/contentTemplate.jsp?CategoryId=1030730&ContentId=1136114&siteName=fj&styleName=blue.

人服务。

2. 开设服务“一带一路”网络专栏

依托福建省国家税务局门户网站，建立“一带一路”政策及信息专栏，及时更新“一带一路”沿线国家税收指南，介绍有关国家税收政策，提示对外投资税收风险。同时发布我国有关税收政策解读、办税服务指南等，为跨境纳税人提供税收服务。针对部分中小企业存在的国际人才缺乏，多各国财税政策不了解的现象，福建省税务部门开通了税收咨询处，帮助企业在走出去过程中了解各项政策。

3. 提供涉税纠纷双边磋商服务

福建省税务部门开通了税务纠纷受理专门通道，及时提供防止双重征税、发生税务纠纷等双边磋商服务。在省局国际处设专岗受理“走出去”企业在国外遇到的税务问题。充分利用双边税收协定项下的双边磋商机制，在第一时间受理“走出去”企业（个人）遇到的涉税诉求并限期反馈。对税收争端和纠纷，企业可直接申请启动《税收协定相互协商程序》。

4. 开展“大走访、问需求”活动

福建省结合“便民办税春风行动”，对“走出去”企业进行深度大走访。同时，采取召开座谈会、高层对话、发放调查表等形式，宣传政策、收集意见，深入了解企业境外生产经营状况、税收待遇情况和跨境涉税需求，全面查找并及时解决“走出去”税收管理与服务中存在的问题。帮助纳税人了解税收协定内容，享受税收协定待遇。近年来，省国家税务局领导分别带队走访了70多户大企业，有效搭建了税企沟通桥梁。

5. 开展对外投资税收辅导培训

积极与“走出去”企业联系，通过纳税人学堂等平台，对企业出境办税人员进行涉税业务知识培训。重点做好我国税法、投资所在地国家税制以及对两国已签订的税收协定或税收安排的讲授和辅导工作，做好境外企业办税人员与国内地税管征机关之间的沟通和交流，使企业在境外能够适时更新和补充涉税业务知识。

6. 编印涉外税收信息资料

编印以“服务‘走出去’企业、支持‘一带一路’战略”为主题的税收协定宣传册，分发至企业手中。同时，在省局门户网站上提供“走出去”企业对外投资经营的所需税收业务知识和境外税制情况，为企业境外投资提供信息化服务。强化各地市税务部门的宣传服务，比如，福州市国家税务局编印了《走出去企业服务指南》，泉州市地方税务局编印了《走出去企业常用涉税政策选编》，免费赠送给“走出去”企业。

7. 规范跨境税收风险管理

依托现有征管数据，进一步拓展第三方数据，及时跟进福建企业投资“一带一路”沿线国家情况，了解投资分布特点、经营和纳税情况。从 2015 年起，每年编写福建“走出去”企业税收分析年度报告，强化对外投资税收分析。根据国际经济环境变化和对外投资特点研究涉税风险特征，探索设置风险监控指标，逐步建立分国家、分地区风险预警机制，提示“走出去”企业税收风险，积累出境交易税收风险管理办法和经验。

8. 助力企业开展税收维权

落实国家有关税收抵免的政策规定，协助我国居民企业和个人在境外享受应有的优惠待遇，及时维护“走出去”企业的合法利益。比如，2014 年 5 月，龙岩市地方税务局为福建龙净环保股份有限公司开具了首份《中国税收居民身份证明》，帮助企业享受税收协定待遇，切实保障“走出去”企业的正当权益。

9. 开展对外投资税收辅导培训

积极与“走出去”企业联系，通过纳税人学堂等平台，对企业出境办税人员进行涉税业务知识培训。重点做好我国税法、投资所在地国家税制以及对两国已签订的税收协定或税收安排的讲授和辅导工作，做好境外企业办税人员与国内地税管征机关之间的沟通和交流，使企业在境外能够适时更新和补充涉税业务知识。

10. 设立 12366 纳税服务热线专席

依托税务咨询 12366 平台，于 2015 年 6 月底前设置专岗，加强对专岗人员培训，解答"走出去"企业的政策咨询，回应服务诉求。在专业处室设立专线电话 87098209，及时解决走出去企业遇到的各类税收问题。

福建省国家税务局通过一系列的税收政策扶持，帮助企业在发展国外贸易和交流中更加顺畅，帮助企业解决"走出去"过程中财税方面的问题，极大地加快了企业走出去的步伐。2016 年 2 月 25 日，由福建省国家税务局主办、毕马威企业咨询（中国）有限公司协办的"一带一路税收行"税务研讨会在福州召开。来自全省"一带一路"重点项目及"走出去"企业代表、涉外财税专家学者等 100 余人受邀参加会议，会议上，福建省国家税务局与"走出去"企业深度交流，直面当前企业遇到的问题，寻求解决方法，分享了"走出去"企业避免双重征税、防止税收歧视等方面的宝贵经验，引导企业积极应对对外投资的机遇和挑战。

三、福建省"走出去"企业遇到的困难及自身优势

（一）优势

一是，经济总量和人均 GDP 位居全国前列。目前福建 GDP 总量排名全国第 12 位，人均 GDP 超过 1 万美元，位居全国第 8 位。此外，福建的 GDP 总量有望在 2018 年、2019 年前后超越台湾地区。二是，在当前这轮全国性经济放缓中，福建经济表现相对不错。例如，2016 年福建省前三季度 GDP 累计增速为 8.8%，远高于全国 7% 左右的平均水平。2016 年前三季度福建出口同比增速 13%，与全国的平均负增长迥然相异；三是，福建省有着很好的工业基础。福建省的产业结构以第二产业为主，电子、石化与轻纺是福建的特色产业。在电子产业方面，福建是全球最大的液晶屏生产基点。福建的石化产能位列全国第三。在轻纺产业方面，福建的泉州拥有 100 多家全国驰名商标。而泉州市下辖的晋江这一个小小的县级市就有 60 多家上市公司。四是，福建省人口仅为 3000 多万人，却有着 1000 多万侨胞，福建省利用台资规模仅次于广东。五是，福建省还是海洋大省与生态强省，全省森林覆盖率超过 60%。六

是，福建是民营经济大省，民营经济占经济总量的比重约为 70%。[①] 福建省的这些优势无疑为其走出去发展战略提供了良好的基础。

（二）遇到的困难

困难一：中小企业“走出去”抗风险能力低

当前中国大型企业的“走出去”战略主要是以海外兼并为主，但是对资金和实力薄弱的中小企业而言，“走出去”战略面临着更多的困难。维鹰（福建）进出口贸易有限公司是一家以工艺品加工、销售为主的进出口企业，注册资本 100 万元，2015 年营业收入 30.8 万元，属于典型的中小型进出口企业，该企业李总说到企业在对外销售工艺品时遇到了各种困难，比如国外贸易壁垒，虽然有政府财政的支持，但总体“走出去”发展较为艰难。在周宁县这样的企业还有多户，由于企业规模较小，抗击风险能力低，企业发展相对缓慢。

困难二：企业“走出去”过程中融资难

2015 年税务部门推出“银税互动”这一项目，目的在于帮助企业快速融资，扶持企业发展，但是由于力度有限，许多企业仍旧处于融资困难的境界。中小企业资金不足，抵御风险的能力较弱，如何获得资金支持，搭上“一带一路”的顺风车成为企业“走出去”遇到的一个难题。福建仙洋洋食品科技有限公司是周宁县一家进出口企业，2015 年该企业应税销售额达到 4398 万元，但是在融资过程中，该企业仍旧遭遇到不小的压力，该公司会计告诉我们，由于市场风险较大，银行融资力度较小，相对阻碍了企业“走出去”的步伐。

困难三：小企业“走出去”过程中人才匮乏

企业走出国门意味着要了解国际动态，熟悉进出口业务，学习外国法律，等等，而中小企业往往并没有配置这些高端人才。周宁县工商局的小吴告诉我们：“在周宁县除了闽东水电开发有限公司、福建三嘉钢铁有限公司等这些大型企业配备了比较完整的人力资源外，大部分中小企业都没有配备国际业务这方面的专业人才，甚至，许多企业都是共用同一个会计，人员机构组成相对简单。”

困难四：企业“走出去”过程中遇到贸易壁垒和政治风险

福建省仙洋洋食品科技有限公司的陈总说到，世界经济增长乏力，大国

---

① 《税务研究》2015 年第 6 期。

经济增速放缓，各国都在有意识地保护本土企业不受冲击，其中重要的措施就是设置贸易壁垒，防止外国企业对本土企业的打压。以往，中国产品以物美价廉在各国畅销，一定程度上对他国本土企业造成了冲击。还有政治环境的问题，一些国家政局不稳也影响到企业的海外项目，威胁到企业和人员的生命财产安全。

困难五：政府缺乏“走出去”战略统一规划

目前由于缺乏自上而下的顶层设计的引导与支持、缺乏一个整体战略规划平台，形成了各地政府各自为战、重复建设与扎堆竞争的局面。由于具体实施办法迟迟没有出台，导致具体业务创新受到传统政策的掣肘，也导致顶层设计难以最终落地。由于没有一个公开的、高级别的协调机制，也导致区域分工合作方面未能更好地统筹协调。

困难六：缺乏全方面服务“走出去”企业的平台

目前在中国对外投资企业与东道国之间的信息不对称非常严重，包括但不限于市场风险、税收环境、上下游状况，等等。对于福建这个“走出去”的企业以民营企业为主的省份，上述问题更加严重。虽然当前福建省国税系统正在努力建立一个多方位服务平台，但确实力不从心。

四、如何完善“一带一路”倡议

（一）建立全方位服务平台

国家应该努力打造中国企业海外投资的综合性“一站式”服务平台。第一，政府与商会等官方与民间机构可以在这个平台上发布更多的关于东道国的宏观经济、政治法律、劳动力市场等方面的信息，这些信息在很大层面上具有公共产品的性质。第二，商务局、税务局、工商行政、海关等政府机构可以在这个平台上对企业提供更富针对性的服务。第三，律师事务所、会计师事务所、商标专利机构等市场化中介机构可以为海外投资企业提供量体裁衣式的服务。第四，在这个平台上，进行海外投资的企业以及有海外投资意向的企业可以相互交流成功经验与失败教训。第五，通过这个平台，海外投资企业还可以寻求包括官方与市场化智库在内的各种智力支持①。

（二）建立健全保护制度

首先，中小企业不能盲目地“走出去”，而应该在“走出去”之前对投资国的国情、政治、经济、法律状况进行调研，做好风险评估，成功进入投资国后，应该加大安保投入，强化员工安全意识，规避风险。其次，中小企业本身抗风险能力较弱，所以在“走出去”过程中企业之间要加强协作，加强沟通，团结一致，增强合力，在遇到风险时，企业要互帮互助，共同抵御。

（三）完善财税制度

进一步完善“银税互动”政策，加大宣传力度。2015 年提出“银税互动”这一新型概念时很多企业并没有获知这项优惠政策，导致融资环境相对艰难。税务部门应在办税大厅做出提示，银行可以在办理业务时对企业进行推广，让广大企业知道并加入到“银税互动”中来，以此缓解融资压力过大的问题。同时政府应提供贷款保证，设立“银税互动”风险保证金，让银行在有保障的情况下为更多的企业提供贷款。

（四）落实税收优惠政策

一般小中型企业都存在着资金困难、抗风险能力低等问题，应进一步加大政策支持力度，在现有的基础上创新财税制度，通过调整财税制度，增强企业资金实力。具体措施有：一是加大政府补贴力度，扶持本地中小企业发展；二是完善出口退税制度，保障企业全面享受税收优惠政策。同时要出台一系列专门针对中小企业的优惠政策，让小企业在进出口中享受到更多的扶持。

（五）建立人才培养制度

造成人才匮乏的状况，一方面在于高端人才引进困难。一些小县城地处

① 《海峡税务》2016 年第 1 期。

山区，经济规模较小，难以吸引高端人才就业。所以，要解决人才匮乏，就是要加大人才引进力度，政府应该设立人才引进专项资金，通过招商引资和人才引进相结合，解决地区人才匮乏的问题。另一方面是中小企业财力水平有限，难以负担高端人才引进的费用。首先，可以通过政府引入人才，设立进出口事务咨询处，企业通过咨询处了解相关知识的方式减轻企业负担；其次企业也可以通过加大融资力度，引进属于自己企业专业人才。

（作者单位：福建省宁德市周宁县国家税务局）

“海上丝绸之路”经济研究

——记顺昌出口企业发展窘境与对策

兰木贤

一、顺昌出口企业发展状况

（一）外资企业发展滞后

顺昌不甘落后，在改革开放之初就以政府引导，企业自营等方式，成立和推进了外向型经济的发展，但经过30多年的发展，顺昌外向型经济发展不容乐观，特别是引进外资和外资企业的发展不太理想。

表1　　外资企业登记情况　　单位：户

年份	税务登记户数	港澳企业	其他外资企业	外资合计	外资占比（%）
2011	3405	18	13	31	0.9
2012	3960	18	13	31	0.8
2013	4451	16	14	30	0.7
2014	4968	16	14	30	0.6
2015	5706	20	16	36	0.6

从表1中的数据可以看出，顺昌外资企业所占登记户的比重很小，在市场主体逐年上升的同时，外资企业不升反降，只占登记户的0.6%，大大低于沿海发达城市平均水平。

（二）外资企业纳税情况

虽然外资企业发展速度不快，但仍然为顺昌经济的发展提供了帮助，为增加地方财政收入添砖加瓦。从表2中可以看出，外资企业每年入库的地方税费不高，都没有超过1000万元，仅占全局入库地方税费的5%。

表2　涉外企业地方税收入库情况　单位：户、万元

年份	总计	营业税	个人所得税	城市维护建设税	房产税	城镇土地使用税	其他地方税费
2011	605	254	38	211	43	14	45
2012	727	285	25	158	65	96	98
2013	946	179	139	135	172	275	46
2014	758	215	49	149	148	144	53
2015	838	110	139	128	104	238	119

（三）利用外资金额很少

通过走访发现，目前顺昌出口企业利用外资的比重很小，仍停留在使用自有资金和国内资金的固有思想，缺少使用低利息外资和使用国外资金降低成本的先进思维。表3反映了顺昌企业利用外资情况。

表3　对外贸易利用外资情况

年份	生产总值（万元人民币）	海关进出口总值（万美元）	进口（万美元）	自营出口（万美元）	实际利用外资（万美元）
2011	639459	28722	15717	13005	751
2012	696441	38200	12474	25726	1207
2013	756361	13500	3878	9622	837
2014	840453	12266	1942	10324	1256
2015	909734	9102	287	8815	1486

二、顺昌出口企业发展存在的窘境

从上述表1～表3可以看出，顺昌近五年外资企业发展缓慢，进口和利用外资金额很小，出口也逐年递减。外向型经济发展不理想，一方面与国际大环境有关，跟总体经济不景气有一定的关系；另一方面，与地方政府的扶持和引导也有一定的关系。面对经济全球化，单一经济体和封闭式的经济体很难在全球化经济发展和市场竞争中生存和发展。通过走访相关部门、外资企业和出口企业，得出导致顺昌出口企业发展窘境的原因可以归纳为以下几个方面。

（一）产品过于单一，制约着出口企业的市场占有

（1）设备陈旧，缺少技术革新。目前顺昌出口企业仍维持出口产品的粗放式加工，产品的附加值不高，产品缺少科技含量，大量的出口企业满足于低端市场，缺乏品牌意识。生产的产品只需要简单的熟练操作工，简单劳动就可以完成产品的生产全过程，增加了出口产品被替代的概率。

（2）产品创新不足。现在顺昌运作相对较好的出口企业，出口的产品仍只是停留在按照客户设定的格式和样式做一些简单的加工，缺少自主研发和创新的产品，经常存在等米下锅、用工不足等问题。

（3）产品自主性不足。与大部分国内出口的加工型产品一样，顺昌主要出口产品以粗加工或来料加工为主，有些企业仅仅提供劳动力，原料材和产品两头在外。以顺昌最大的光电企业欧普登为例，液晶面板从国外进口，经过简单切割和加工后大部分再出口，只是将加工好后的产品作为国外产品的上流原材料，产品增加值不高，缺乏产品的自主特征。

（二）国内信用体系影响了出口企业的市场开拓

（1）国内信用缺失，影响企业发展。目前顺昌出口企业除了产品出口外，仍有大部分产品销往国内市场。国内信用体系不健全，造成货款回笼不及时或恶意拖欠货款的现象普遍存在，不但加大了企业运营成本，还制约着企业

的生存和发展。经走访出口企业，欧美等发达国家诚信体系非常完善，只要供货企业能够严格按照订单的各项指标供货，基本都能够按合同规定的时限将货款回笼。

（2）缺少第三方担保，加大企业运营风险。目前顺昌大多数出口企业都是直接与国外企业单对单联系，按照订单和合同供货和收款，为降低运营成本很少企业会选择出口融资或出口信用保险，仅仅依托建立的客户个体信用维护市场的存在。

（三）金融汇率体系左右着出口企业的发展壮大

（1）抗汇率风险很弱。外向型经济受国际汇率的影响很大，汇率的波动对企业的获利和发展有时是致命的，顺昌出口企业缺少科学的严密的抗汇率体系，在国际市场中相对被动，抗汇率风险很弱。结汇方式选择不当、结汇不及时，往往会把仅有的利润侵蚀，造成顺昌出口经济发展缓慢。

（2）利用外资很少。顺昌出口企业资金使用大部分依托国内金融机构，希望通过与国内金融机构建立良性资金运用关系，保证生产经营正常运行，忽略了国外低利率的外汇资金。从县统计局公布的数据可以看出，顺昌企业利用外资非常少，基本只在1000万美元左右。

（四）落后的管理体制加大了出口企业的管理成本

（1）现代化的管理认识不足。顺昌出口企业更新换代周期很长，企业的革新较慢，管理相对落后。走访的十几家出口企业，没有一家建立了专门的市场部，即使有，也只是其他部门兼职从事市场工作，没有认识到市场对企业发展的重要性。

（2）管理成本居高不下。面对经济的全球化和市场的全球化，高附加值的产品越来越少，加上企业技术改造无法及时跟进，产能上不去，造成单位管理成本高于同行业水平，降低了顺昌出口企业的竞争能力。

（3）人才和员工管理落后。目前顺昌境内的出口企业固定员工占正常用工比例很小，以升升木业为例，申报了社会保险费的员工只有100多人，仅占正常用工的20%。用工的不固定性影响了企业的发展。大量的临时和季节性用工，造成需要赶订单时没有可用之人，影响订单和生产任务的完成。

（五）市场的单一性降低了出口企业的国际竞争能力

（1）客户群体单一。通过走访顺昌出口企业纳税人，顺昌境内出口企业客户群体非常小，有些企业长期依附1~2个客户，导致出口企业抗风险能力很弱。以顺昌木业龙头升升木业为例，产品99%出口，但客户也只有4个，造成下游客户的经营情况严重制约企业的发展。

（2）自营出口比重低。顺昌企业出口较多是通过外贸公司实现产品的出口，自营出口的比例不高。以顺昌出口大户宝利华木业为例，自营出口只占出口总额的50%，其他全部通过外贸公司出口或代理出口，降低了企业的获利水平。

三、促进顺昌出口企业发展的对策建议

（一）加大政府引导力度，助推企业发展

（1）政府应当引导企业发展。政府的政策导向引导着企业的发展和壮大，特别是随着改革开放的深入，在全球经济增速放缓的大气候下，为适应快速发展的市场环境，市场经济主体需要在最短的时间内调整方向，通过结构性调整，使得企业跟得上经济主潮流，才能够把握住经济发展的主方面，使企业在市场经济中立于不败之地。政府可以通过资源整合，引导零散的企业组成集团制工业型出口企业，整合后可以降低固定成本，同时也会提高产品的出口抗风险能力。

（2）政府决策应当听取企业意见。政府部门作为管理主体，具有信息及时、政策决策的主动性；同时市场主体信息相对滞后，属于政策的管理相对人或政策决策对象，经常是政策出台后才根据政策的要求被动地配合政策需要，对企业的发展做重新定位，影响了企业正常的发展规划。政府部门在制定政策、实施决策之前，应当广泛听取市场主体的意见和建议，通过举证和听证让市场主体事前主动参与政策制定，只有这样企业才能够第一时间跟上政策的节奏，使企业向健康、良性方向发展。

（3）政府应当加大出口企业扶持力度。出口型企业面对的是不同于国内文化的国际市场，纯粹的出口企业自主摸索可能会让企业走很多弯路，政府应当积极主动深入了解和引导出口型企业向健康、有序方向发展。可以通过与交易国建立互惠协定等措施，为出口企业建立信用担保和出口风险保证，为出口企业保驾护航，助推出口企业发展壮大。

（二）加大企业产品革新，提高市场竞争力

（1）出口企业应当改变订单式生存方式。产品是企业生存和发展的源动力，出口企业自身应当做好产品的更新换代。自营出口企业不能仅仅停留在订单式生产状态，不能将企业的生命完全寄托在客户的订单上，不应该停留在有订单就开工、没订单就休息，坐享其成的加工型模式。

（2）自营出口企业应该抓住市场的主动性。自营出口企业要建立专业的市场部，要根据企业自身特点“走出去”，深入开展市场需求调查，为企业的发展提出近期、中期、远期规划，通过市场制定生产和产品革新方案。

（3）主动革新提升产品生命力。出口企业应当建立科学的产品更新周期，要通过充分的市场调查研究，了解和掌握企业产品的生命周期。应积极鼓励企业职工的发明、创造和技术革新，积极向政府相关部门申报专项项目资金，将争取到的项目资金全部投入到项目研发中；同时对有创新性和可行性的项目，企业在保障研发经费的同时，应加大研发人员的奖励力度，提升产品的自主性和竞争能力。

（三）完善政府信用体系，提高企业抗风险能力

（1）政府应当加快诚信体系建设步伐。信用是企业长久发展的基石，国内市场长期存在的呆账、死账、赖账现象，政府部门应当逐步或有计划地改变，国内企业之间交往不诚信现象非常普遍，政府应当建立涵盖全方位的市场诚信体系。可以借鉴欧美等经济发达国家的市场诚信体系，让不诚信者寸步难行。

（2）政府应当建立出口保护体系。单一的出口企业抵抗风险能力很弱，政府部门可以通过汇率锁定、汇率保护等金融手段，为出口企业保驾护航，降低出口企业因汇率变动带来的风险。积极引导企业或以政府为主导为出口

企业建立完善的风险防范体系，引导出口企业和金融机构建立长期稳定的出口信用保险伙伴，降低出口企业出口风险。

（3）政府应当为企业资金提供保障。资金是企业的生命力，企业资金的回笼和贷款放款周期经常影响着企业的正常生产和经营，政府部门应当充分利用诚信体系，加大对信用度高的出口企业资金的帮扶。积极引导银行为信用度良好的出口企业提供稳定、充足的资金，保证出口企业资金正常周转。

（四）提升科学管理体系，降低企业运营成本

（1）加大人才培养。对企业现有人才有针对性地开展培训，组织对管理人员特别是市场分析和应对团队的培训，提升市场部门人员市场分析和市场风险应对能力。可以通过与高校或职业学校建立长期有效的合作伙伴，将企业作为高校的实验基地，充分利用高校的人才资源，加快高校科研的生产力转化，并提高企业的管理水平。

（2）提升管理水平。可将企业管理细分，特别是提升一线工组管理人员管理水平，要求管理人员适应和在最短的时间内量化出不同产品、不同流水线的工作量和工资薪酬。最大限度提高工人的工作积极性，可以减少不同工种相同工人薪酬的差异，保证企业有稳定的员工群体。

（3）提高工人业务水平。可通过争先创优等各种方式，鼓励员工参与知识更新和业务能力提升的各类学习，在促进工人接受新事物的同时，提升普通员工的适应能力，为技术革新和新产品新工艺提供知识保障。

（4）引入或借鉴国外先进的管理经验。出口企业可充分利用与国外发达国家贸易往来的机会，带领或安排管理人员“走出去”，学习国外先进的管理经验。也可以邀请发达国家的合作伙伴到企业指导、监督企业生产经营。通过“走出去”和“请进来”，规范出口加工企业各流程严密、规范操作，提升企业管理人员的管理水平。

结束语：出口企业作为外向型经济，必将在新的“一带一路”和“海上丝绸之路”倡议中迎来新的机遇，但机遇和挑战并存，只有做好充分准备的市场主体才会在新的一轮革新中立于不败之地。

（作者单位：福建省南平市顺昌县地税局）

“海上丝绸之路”税收研究

陈少华

21世纪“海上丝绸之路”以连接中国与东盟10国为主，其战略内容以中国—东盟“2+7合作框架”为主体，即中国和东盟深化两点政治共识、推进七方面合作。“海上丝绸之路”不仅传承了古代海上丝绸之路和平友好、互利共赢的价值理念，而且合作层次更高，覆盖范围更广，参与国家更多，将串起连通东盟、南亚、西亚、北非、欧洲等各大经济板块的市场链。新海上丝绸之路将中国和东南亚国家临海港口城市串联起来，通过海上互联互通、港口城市合作机制以及海洋经济合作等途径，有望形成一个覆盖数十亿人口的共同市场，最终形成“海上丝绸之路经济带”。海上丝绸之路的建设将推进港口城市合作网络建设，促进包括海洋装备制造、海洋生物制药、海水综合利用、渔业和海洋环保等一系列产业的发展，并有望和周边国家联手开展海洋综合管理。

一、构建“海上丝绸之路”的重大战略意义

“海上丝绸之路”给整个沿海地区发展注入新动力，也为中国的企业转型带来了新的发展机遇。中国的企业现在既面对中国的本土市场，也面对国际市场，日益融合，市场环境已经发生了深刻的变化。中国企业走出去、引进来，这个进程还会继续在已经改革开放30多年的基础上继续往前推进。中国企业要和国际企业进一步融合，扩大经贸往来，扩大投资，都需要通过“海上丝绸之路”倡议的实施来取得新的成果。

一是构建和平稳定周边环境的战略举措。共建21世纪“海上丝绸之路”的构想，是在新形势下继续高举和平、发展、合作、共赢的旗帜，坚定不移

地致力于维护世界和平、促进共同发展的战略选择。它将成为我国与东盟之间开拓新的合作领域、深化互利合作的战略契合点，有利于搁置争议、增进共识、合作共赢，推动构建和平稳定、繁荣共进的周边环境。

二是深化改革开放的重要途径。目前，我国改革已进入攻坚期和深水区。全球范围内市场、技术、资源等方面的竞争日益激烈，一些发达国家试图通过制订新的国际区域经贸安排继续主导世界经济发展。共建 21 世纪“海上丝绸之路”，是新形势下应对挑战、用开放倒逼改革的重要途径。

三是拓展经济发展空间的深远谋划。当前，我国已是世界第二大经济体，在新起点上科学谋划经济发展，对促进经济持续健康发展十分重要。共建 21 世纪“海上丝绸之路”，不仅有助于我国与海上丝绸之路沿线国家在港口航运、海洋能源、经济贸易、科技创新、生态环境、人文交流等领域开展全方位合作，而且对促进区域繁荣、推动全球经济发展具有重要意义，同时将大大拓展我国经济发展战略空间，为我国经济持续稳定发展提供有力支撑。

四是促进沿线国家共同繁荣的历史选择。“海上丝绸之路”自秦汉兴起以来，就是连通东西方的重要交通走廊、推动商业贸易繁荣发展的黄金路线。目前，我国和东盟已建成世界上最大的发展中国家自由贸易区，我国连续 4 年成为东盟第一大贸易伙伴，东盟是我国第三大贸易伙伴。通过共建 21 世纪“海上丝绸之路”，大力推动自贸区升级版建设，促进政策沟通、道路连通、贸易畅通、货币流通、民心相通，这已成为沿线各国人民的共同意愿。

二、解决“海上丝绸之路”的几项税收问题

“海上丝绸之路”发展，涉及沿线很多国家，而对各国经济的发展互惠，税收问题将影响始终。因此，应对税收的顶层设计、税收定位、税收调节市场配置资源、税收政策的双赢多赢等问题进行探讨，以解决经济可持续发展的瓶颈。

（一）税收的顶层设计问题

“海上丝绸之路”跨越几个省甚至跨国内外，顶层设计必须先行。从财税角度来看，“海上丝绸之路”支持规划税收的顶层设计，这种税收的顶层规划

的制定必须与相关的税收政策等进行协调。税收顶层的宏观设计还要具体分解到项目、分解到细节，明晰宏观与微观的关系，整个方案最后还要落实到具体项目，落实到产业，具有可操作性、可持续性，要做到既有宏观的税收顶层设计，又有微观具体税收政策相扶持，这是一个宏观与微观最后具体规划落地的问题。

1. 国内企业对国际税收的适应问题

“海上丝绸之路”沿线东南亚国家很多是发展中国家，税收制度本身可能就不完善，缺乏国际税收方面的经验和执法力量，有些税法环境不好，自由裁量权太大；有的虽然法律清晰但缺乏执法人才。这些都给我国企业提出了严峻的挑战。此外，国内一些企业在税收领域尚未学会如何开展国际经营，对跨境税收政策、税收协定条款、境外所得申报抵免等政策缺乏必要了解，对当地税收政策不熟悉。两相叠加，我国“走出去”企业涉税风险逐渐暴露，境外合法权益面临损失威胁。

2. 国内税收政策导向性问题

目前，我国在国际资本流动中的地位正在发生深刻变化——从主要以资本输入国为主向资本输入与输出并重转变，我国企业的国际化程度日益提高，海外投资形式逐步多元化。因此，税收的顶层设计要求对国内税收支持政策进行调整。以境外所得税收抵免为例，相关的法规包括《关于企业境外所得税收抵免的通知》《关于高新技术企业税收抵免问题的通知》（财税〔2012〕47 号），以及《企业境外所得税收抵免的指南》（国家税务总局公告 2010 年第 1 号），这些文件体系庞大、规定相对分散，个别文件衔接度不是很高。对外开放新格局下我国的国际税收工作暴露出诸多不足。税收优惠政策导向性弱，税收抵免规定不尽合理，税收服务跟不上企业“走出去”步伐。

3. 国际税法体系的设计问题

中国企业“走出去”主要面临的涉税风险包括重复征税、歧视待遇、税收抵免，以及在转让定价和反避税的问题上被调查。国家税务总局对外披露，截至目前，中国已与 99 个国家签订了避免双重征税协定。截至 2014 年年底，我国为跨国纳税人消除双重征税 200 多亿元。2014 年，全国各级税务机关共受理享受税收协定备案 4694 件，审批税收协定待遇申请 4933 件，减免税款共计138.81亿元。国内法和协定计算所得的方法不同，而协定规则又是采用了税率限制，那么就会产生一个问题：协定规则的限制作用究竟是限制应纳税额，还是既限制应纳税额又限制税率？解决这些问题不但需要构建我国应对“走出去”企业的国际税法体系，也需对我国国内的税法规定进行重新调整。

4. 各国税收制度的差异性问题

我国现行税制是在现有社会、历史、政治、经济等多种因素的共同作用下逐步演变而成的。“海上丝绸之路”沿线各国经济发展水平的差异决定了各国税收结构和税收制度的显著差异。各国税收来源、经济发展基础差异显著，不同税收管辖区域面临不同的环境，每个国家在其政策和立法环境以及管理实践和文化方面都有所不同。各国国情不同，所以各国的税制不可能、也不必要相同。这使跨国公司总会面临比国内经营公司更高的服从成本。

（二）税收定位的问题

不管是“海上丝绸之路”还是陆地丝绸之路，丝绸之路本身就是一个商贸之路。国际税收协定与国内税法的关系应定位在服务沿线国家贸易、商业上。对于税收的定位，基于跨国公司税收利益的保证，确保经济可持续发展。国际税收征管合作的目的是维护国家税收主权利益，履行税收协定职责，更好地开展国际税收合作。

1. 国际税收协定与国内税法的关系问题

国际税收协定属于国际经济法范畴，是缔约国双方国家意志的体现，即以法律条文形式明确解决双重征税问题，从而实现发展国际经贸交流合作、促进资本流动、鼓励技术引进和人员交往的最终目的。而国内法也同样是国家意志的体现，并以法律形式公之于世，必须要严格遵守。当国际税收协定与国内税法发生冲突时，大多数国家采取税收协定优先原则，如我国的《外商投资企业和外国企业所得法》和《中华人民共和国税收征收管理法》都有对税收协定优先原则的明确规定，即当国际税收协定与国内税法发生冲突时，优先适用国际税收协定。值得注意的是，为鼓励外商投资，我国国内税法的部分规定比国际税收协定更优惠，因而在具体处理国际税收协定和国内税法的关系问题时，还体现了“孰优”原则，即如果国内税法的规定比税收协定更优惠，则优先适用国内税法。

2. 跨国公司税收利益问题

当前，跨国公司在世界经济中地位不断加强，由于跨国公司全球化经营所引发的诸如双重征税、国际逃避税等国际税法问题，已经超越了任何主权国家单方面解决之能力，即使美国这样的超级大国也不得不采取多种国际税收征管合作方式，解决这些跨国公司的税收问题。在经济全球化背景下，税基由国内向国外延伸，但是税收的课征主体仍是具有独立利益的国家，跨国公司通过建立生产、贸易和金融的跨国网络，使其有能力对抗和逃避主权国家的管理，特别是避税港和离岸中心的存在加剧了问题的严重性。跨国公司的国际逃避税直接影响有关国家的税收利益，冲击了各国的税收征管制度。如果没有国际税收征管合作，跨国公司将会继续将实际活动和利润分配给低税国，政府将继续用更加复杂的方式去要求得到本国的税基。

3. 国际税收征管合作问题

随着纳税人跨国经济活动不断增加，各国税务机关对纳税人各种涉税信息的依存程度也在增长，这就对外国居民税收身份认定、预提所得税管理、常驻代表机构征免税判定等提出了更高的要求。目前我国已经与多个国家或地区签订了双边征税协定，税收情报交换已成为国际税收合作的主要方式及反避税和离案金融中心的重要方法，在新形式下迫切需要加强国际税收的管理，维护国家税收主权利益，履行税收协定职责，更好地开展国际税收合作。经济全球化使跨国公司全球化经营成为常态，如果不能从根本上解决跨国公司跨国经营获得的利润在国家之间的分配问题，则由此引发的双重征税、双重不征税、跨国公司逃避税、国际税收争端案件等国际税收问题，仅仅依靠一国的单边行动或者少数国家之间的双边行动，都不能得到完全解决。

4. 国家税收利益分配问题

根据国家税务总局与联合国计划署联合举办的反避税专题研讨会披露，2005 年外资企业的亏损面高达 42. 96% ，年亏损总额达 1200 多亿元，有的还是多年的长亏不倒户；同样内资企业的亏损面也始终保持在 50% 左右。不少企业通过与海外投资公司进行关联交易，利用两头在外优势，高进低出，增加成本，造成亏损；有的利用外汇管理中的缺陷，支付巨额境外咨询管理费和名目繁多的境外代理销售佣金，将利润转移国外，有的则是利用资本弱化向母公司大量借款，借贷支付巨额利息，手段层出不穷，造成国家税款流失，变相掠夺了中国合资者的合法资本所得，形成了“把产值留下，把利润带走”的不合理现象。经济全球化的实质是市场营销、资源配置和研究开发、生产制造和商业竞争的全球化，是整个企业经营活动的全球化。从税收的角度来说，毫无疑问跨国公司的纳税活动也是全球化的。跨国公司无国籍化的发展趋势改变了传统纳税人仅仅是某个单独社会的组成部分的性质。就收益分配而言，其所得不属于任何一个特定的社会。

（三）税收调节市场配置资源问题

政府如何更好地发挥作用，这在“海上丝绸之路”规划中是非常重要的问题。而经济全球化使得资源配置市场化问题更加明显。更好地发挥政府的作用，应强调市场在配置资源中的决定性作用。

1. 资源配置市场化问题

经济全球化，要求任何国家、任何地区的经济发展都必须自主或非自主地融入世界经济体系，一个国家或地域的经济仅仅是全球经济发展链条中的一个环节或世界经济体系的一个有机构成部分。经济全球化和一体化的目标就是要在全球范围内实现资源配置最优，在成本最低的地方开发、生产和提供最优质的产品。需要强调指出的是，经济全球化不仅是生产要素、资金、信息、人才、产品流动的全球化，更是一场全球财富生产方式的革命，这场革命的意义就是实现人类资源在全球范围的优化配置。

2. 国际化的产业分工问题

伴随经济全球化的进程，产业的分工越来越细，将会形成形形色色、纵横交错的细化的产业链，诸如全球知识创新产业链、全球金融投资流动产业链、全球加工制造产业链、国际物流产业链、国际商务服务产业链、国际文化传播产业链等。因此，不难看出，产业国际化的内涵就是一国或地区的产业嵌入或跻身国际产业价值链的过程，其实质就是要完成区域产业群与国际产业群的对接，其关键就是对资源要素在全球范围内重新进行优化配置，其本质就是要提高资源配置效率，最大限度地去分享全球化的利益。

3. 我国产业布局不平衡问题

目前，中国经济又一次面临着决定命运的“转型”挑战。这种挑战必然会酝酿一场经济领域的深刻变革，未来的“十三五”时期将是这场变革的战略决战期。低劳动成本的国际竞争优势弱化、改善民生及内需导向的政策驱动、碳减排的全球共同行动等，与全球金融危机影响相叠加，使中国经济发展中不平衡、不协调、不可持续等一系列深层次的矛盾和问题凸显，使长期形成的倚重国际市场、依靠物质资源消耗的发展方式的致命性弊端瞬间暴露，于是，为了保障经济的稳定持续发展，以转变发展方式为核心主题的经济转型便刻不容缓。

4. 消费决定市场资源流动问题

当前，中国消费释放进入重要历史时段，中国13亿人口大市场是最为突出的优势。初步估算，到2020年，中国消费规模有望达到45万亿～50万亿元，并且由此带来巨大的投资需求。如果这个内需规模能够得到有效释放，将奠定7%左右中速增长的坚实基础，由此成功跨越“中等收入陷阱”，到2020年进入到高收入国家行列。而落实到规划上一定体现出市场在资源配置中的作用，它的主体一定是老百姓的贸易。这其中的企业未必是国有企业，很可能是民营企业，甚至是小微企业，这才能有效激发进入“海上丝绸之路”产业带是具有生命力和活力的一个流动的产业带。释放内需，需要通过市场推进三大转型：一是实现资源配置由行政主导转向市场决定，改变资源配置由行政主导的局面，发挥市场的决定性作用；二是实现投资主导向消费主导的转型，加快推进投资转型，实现投资与消费的动态平衡；三是实现从规模城镇化向人口城镇化的转型，以人口城镇化为主要载体、以政策和体制创新为重点，有效释放城镇化的内需潜力，争取到2020年基本形成人口城镇化的新格局，并为实现人的城镇化奠定坚实基础。

（四）要解决税收政策的双赢多赢问题

为实施“海上丝绸之路”倡议，包括中国—东盟海上合作试验区在内的新丝路必须解决税收政策的双赢多赢问题。我国应考虑全球的贸易布局、资本布局、生产布局、服务布局，实现与国际接轨的“海上丝绸之路”经济管理体制和税收优惠政策，实行“境内关外”的自由贸易港区等政策。

1. 产业结构调整问题

当前，我国正为相对过剩的生产能力、适用技术找出路，以延长我国优势产业的生命周期，使固化了的存量生产资本和劳动力资源继续发扬光大，进一步发挥“比较优势”。我国经济结构调整和产业升级寻找资本、技术、管理的支持，弥补国内资本和技术投入不足或短缺所留下的“资本缺口”和“技术缺口”的途径就是借助“海上丝绸之路”战略和经济全球化，在利用好国内市场和国内资源的同时，利用好国际市场、国际资源，实现资源配置跨国化。因此，要坚定地“走出去”，不仅要继续调整我国出口产品结构，适应国际贸易结构的新变化，发展新型服务贸易、资本密集型和知识密集型服务贸易，提高国际市场竞争力；而且要发展我国的跨国公司，直接利用外国资源和外国市场，克服国内资源不足和市场相对过剩的发展障碍，解放生产力，发挥我国优势产业的生产能力。

2. 产业引进的合理化问题

既要积极引进国外的资本、先进技术和管理经验，又要深化与跨国公司的合作，向跨国公司学习。我国是一个人口多、底子薄、地区发展不平衡的发展中国家，必须不失时机地利用发达国家通过经济全球化进行产业结构调整的机遇，把发达国家技术先进的劳动密集型产业转移到中国，充分发挥我国人口多、劳动力成本相对较低的优势。我国是一个地区经济发展不平衡的国家，要改造旧的产业结构，加快企业重组，更需要吸引外资，让外资参与国有企业改革与重组。只有“走出去”和“请进来”并重，着眼全球资源和全球市场发挥自己的优势，实现资源跨国配置，才能真正克服“禀赋缺陷”，资本缺口，技术、知识缺口，以及国内市场萎缩等矛盾，实现经济的快速、稳定、可持续发展。

3. 税收对产业结构的引领问题

由于税率结构的变化对质次价廉的商品压力较大，对质优价高的商品压力较小，能达到高附加值产品出口税负相对较低、低附加值产品出口税负相对较高的效果，从而可鼓励高附加值产品出口，以实现优化出口结构的目的。

对大企业来说，可以通过原料采购、内部管理等环节进行成本控制；但对小工厂出口采取低价竞争其优势就不明显，再加上税金需在出关前支付，对工厂的资金运转也是一种考验。目前，我国对贸易争端的处置从被动设限转为主动设限，从我国贸易国际战略出发平衡国家利益，以实现双赢的目的。中国部分产业（如纺织服装产业）具有全世界无与伦比的范围经济优势，加征出口关税不至于动摇中国的优势。财政部、税务总局应对国际间税收协定进行整合，出台国家统一的细化的税务实施办法。

4. 解决投资互利共赢问题

“海上丝绸之路”经济发展的本质就是实现沿线各国经济利益平等、互利和双赢。其一，在贸易领域，沿线各国应注意扬长避短，优势互补。中国可以提供急需的资金和技术，帮助其发展经济，走出贫困，中国也可以获取能源和原材料，支持中国经济的高速发展。其二，在投资领域，中国的投资项目涉及各个领域，既可满足当地人民的消费需要，又可促使当地就业岗位的增加和税收的增长，取得双赢的结果。其三，在对外援助领域，中国应充分尊重沿线国家意愿，真心帮助受援国发展经济，在农业生产、基础设施建设、人才培养、减免债务等方面开展卓有成效的工作。

三、完善“海上丝绸之路”税收新机制的几点建议

“海上丝绸之路”途经国家的经济互补性强，在交通、金融、能源、通信、农业、旅游等各大领域开展互利共赢的合作潜力巨大。而完善21世纪“海上丝绸之路”税收新机制，将促进沿线相关国家经济协调、健康发展。

（一）建立区域税收合作与协调机制

统筹解决“海上丝绸之路”税收法治问题需要顶层设计。在国外，推动沿线国家建立与完善区域税收法治环境；在国内，构建税收政策扶持体系，包括恰当的税收管理与服务安排。建构“海上丝绸之路”区域税收法治，可考虑借鉴欧盟等区域或国家的做法，先在避免双重征税、反避税等领域形成专项性区域协定，如税务协助、情报交换、保密措施、转让定价、受控外国

公司、预约定价安排、数字经济等，然后逐渐发展到综合性的税收区域协定。中国应抓住国际规则变更契机，积极推动建立层次更高、运行更畅的区域税收合作与协调机制，努力将我国日益上升的经济实力转化为国际制度性权利，通过国际合作与沿线各国共同应对经济全球化给税收征管带来的挑战，共同维护和发展良好的区域国际税收秩序。

（二）制定国际间税收协定

国际间税收协定的主要作用是协调处理跨境税收问题，可以帮助中国企业降低在东道国的税收风险，提高税收确定性，避免双重征税，解决境外涉税争议，助力中国企业"走出去"。签订税收遵协议应以提高税法遵从为核心目标，以合同文本的形式将企业税收遵从的意愿、税务机关以纳税服务为核心的遵从引导措施固定下来，从而使税企双方达成税收风险防控共识。税收遵从协议生效期间，税务部门应给予签约企业更多的鼓励和支持性措施，包括对企业进行税收风险内部防控体系调查，引导和帮助企业建立和完善税收风险内部防控体系；通过设立联络员，及时处理企业提出的涉税诉求，及时向企业宣传税收政策变化；明确规定除涉税检举、专项检查、税收专案外，协议生效期内不对企业实施税务稽查；同时，税务部门应建立省、市、县局三位一体的服务保障网络；以联席会议制度为依托，建立高效的沟通协调机制，进一步密切税企联系，努力为企业提供个性化的税收服务。

（三）构建区域税收交流平台

应以综合保税区为依托，推动跨境人民币业务创新，加快完善金融组织体系，培育发展多层次资本市场，推进保险市场发展，加强金融基础设施建设的跨境合作，促进跨境贸易投资便利化。应推动跨境电子商务平台建设，建立大宗商品现货和期货交易中心。两税合并后国际税收管理部门应根据形式需要，及时调整部分职责，实现由涉外税收为主、国际税收为辅的原体制到专攻国际税收管理的转变。当然加强并不等于简单的增加工作人数，而是需要在重新整合人力资源，提高国际税收工作质量与效率等方面狠下功夫，切实做好反避税、非居民税收管理、税收情报交换、协定执行等各项特色工作，提高国际税收管理的水平，充分发挥国际税收管理在维护国家税收权益，保障国家经济安全，创造公平税收环境等方面的重要作用。应总结多年来国际税收+涉外税收管理，经验形成比较完善成熟的外资企业税收征管体系，总结先进手段和管理经验，如涉外税务审计对风险评估、分析性复核、内控测试、审计抽样等，实现对外资企业各涉税环节的有效监控。加强国际税收管理的重点工作之一就是采取积极稳妥，扎实有效的方针，做好反避税基础工作，重点抓好对避税大户的审计，按照定价规程要求，打击虚报亏损转让定价的避税行为，进一步降低企业的亏损面。

（四）建立国际税收征管合作平台

“海上丝绸之路”沿线国家的国际组织或者区域组织应对跨国公司与国际税收征管合作新关系达成共识，即通过纳税人和税务当局之间构建开放、透明、合作的信任关系，促使纳税人自愿服从，提高国际税收征管合作的效率，最终形成一种税收善治的良性循环。当前我国市场对外开放程度已达到相当高的水平，下一步工作的着力点应当是提高开放型经济水平。要通过优化进出口结构，提高对外贸易的经济效益，支持经济的持续增长。要提高利用外资水平，重点吸引技术、知识密集型产业投资，鼓励外商投资科技研发、服务外包等领域和中西部地区。要重视开放条件下的经济安全问题，防范国际经济波动特别是短期投机资本对我国经济的冲击。

（五）建立税收情报交换制度与机制

“海上丝绸之路”沿线国家可通过建立经济合作论坛，相互确立新型战略伙伴关系，确认平等、互利和双赢的关系。一方面，应鼓励各国税务机关定期进行沟通和交流，针对企业服从税法的实际困难，使税收政策制定部门能够从实际出发、从基层出发，提高税收政策的可操作性，减轻企业的纳税管理成本和负担，从而提高跨国公司对税法的自愿服从程度。具体可以采纳的方式包括：定期召开业界座谈会；在制定税收政策时给予跨国纳税人表达自己的权利和主张的机会；为了使新旧税收政策之间的衔接更加畅通，应当督促企业加强对税收政策法规的学习，从组织、人员以及经费上为企业学习税务知识提供支持；让企业积极使用纳税新系统、新平台、新工具并参与税务信息化建设。另一方面，鼓励各国税务机关参与跨国纳税人合法纳税筹划。

税务机关参与企业相关税收筹划方案的评价，为企业提供详细的信息，结合实际情况指导企业科学纳税，合理筹划，就可达到税企“双赢”的目的。

参考文献

［1］“海上丝绸之路”战略分析（中国市场调研网）2014-03-14.

［2］霍军．建“海上丝绸之路”税收应积极作为［N］．中国税务报，2014-09-22（5）.

［3］沈媛仪．宁波建设21世纪海上丝绸之路的设想与措施。

［4］樊勇，等．OECD国家大企业税务风险管理［J］．国际税收，2014（2）.

（作者单位：福建省宁德市霞浦县国税局）

“海上丝绸之路”税收问题的研究

马晓辉

一、海上丝绸之路

（一）背景

海上丝绸之路自秦汉时期开通以来，一直是沟通东西方经济文化交流的重要桥梁，而东南亚地区自古就是海上丝绸之路的重要枢纽和组成部分。在中国着眼于与东盟建立战略伙伴十周年这一新的历史起点，为进一步深化中国与东盟的合作，提出了“21 世纪海上丝绸之路”倡议。

国家发展改革委、外交部、商务部联合发布的《推动共建丝绸之路经济带和 21 世纪海上丝绸之路的愿景与行动》，推进了浙江海洋经济发展示范区、福建海峡蓝色经济试验区和舟山群岛新区建设，加大了海南国际旅游岛开发开放力度。加强了上海、天津、宁波—舟山、广州、深圳、湛江、汕头、青岛、烟台、大连、福州、厦门、泉州、海口、三亚等沿海城市港口建设，强化了上海、广州等国际枢纽机场功能。

（二）路线

泉州—福州—广州—海口—北海—河内—吉隆坡—雅加达—科伦坡—加尔各答—内罗毕—雅典—威尼斯，涉及中国、印度尼西亚、马来西亚、菲律宾、新加坡、泰国、文莱、越南、老挝、缅甸、柬埔寨等 11 个国家。

（三）原则：秉承共商、共享、共建原则

恪守联合国宪章的宗旨和原则。遵守和平共处五项原则，即尊重各国主权和领土完整、互不侵犯、互不干涉内政、和平共处、平等互利。

坚持开放合作。“一带一路”相关的国家基于但不限于古代丝绸之路的范围，各国和国际、地区组织均可参与，让共建成果惠及更广泛的区域。

坚持和谐包容。倡导文明宽容，尊重各国发展道路和模式的选择，加强不同文明之间的对话，求同存异、兼容并蓄、和平共处、共生共荣。

坚持市场运作。遵循市场规律和国际通行规则，充分发挥市场在资源配置中的决定性作用和各类企业的主体作用，同时发挥好政府的作用。

坚持互利共赢。兼顾各方利益和关切，寻求利益契合点和合作最大公约数，体现各方智慧和创意，各施所长，各尽所能，把各方优势和潜力充分发挥出来。

二、中国与东盟国家税制的比较

（一）税制结构

东盟国家内部税制结构存在较大差异。各国都以税收为主要的财政收入来源，发展程度较高的国家以所得税等直接税为主体，后发展国家一般以流转税等间接税为主体。从统计数据看，中国近几年排在前几位的主要税种是增值税、企业所得税、营业税、消费税、个人所得税、关税等。比较东盟各国的税收制度，也是以所得税和流转税为主体的税制结构，从官方数据看，中国直接税比例呈现出明显的上升趋势，而间接税比例则呈现出下降趋势。与东盟各国相比，中国的直接税比例是较低的，仅高于柬埔寨、老挝。与东盟各国的人均CDP进行比较，可以看到其税制结构有这样一个规律：经济发展水平越高的国家，其直接税在税收收入中的比例就越高。

（二）主要税种

中国与东盟多数国家仍然属于中低收入国家，根据自身发展水平，采用以间接税为主的税制结构，流转税收入在税收收入中占较大比例。在开征增值税的国家中，增值税都是第一大税种，其他国家中，只有文莱未开征商品税或销售税。东盟各国中有8个国家开征了公司所得税，6个国家开征了个人所得税，柬埔寨则开征了工资税；虽然开征增值税的国家只有5个，但马来西亚已计划把销售税和服务税合并为具有增值税性质的商品劳务税，新加坡的商品和劳务税、老挝的营业税、缅甸的商业税实质也属于增值税，上述几个税种是该地区比较普遍开征的税种。

从所得税来看，中国、新加坡、文莱、马来西亚、泰国的公司（企业）所得税实行单一税率。个人所得税方面，中国、缅甸等国家实行的是分类所得税制，其他国家都是综合所得税制，越南、老挝、缅甸等国家对国内居民和非居民适用不同的税率。

三、税制改革

（一）充分利用税收政策鼓励外来投资和促进各地区之间协调发展

随着经济发展水平的提高，为顺应经济全球化和区域一体化的大趋势，吸引外资政策正逐步由以税收优惠政策为主转向实行国民待遇，加强投资软环境建设。本区域各国加入 WTO 之后，各国经济与世界经济的联系更为紧密，税收政策在吸引外资中仍将发挥重要作用，并将更多地由直接优惠转向间接优惠，由过去的区域优惠为主，转为以产业优惠为主。

（二）税收信息化已成为不可逆转的趋势

中国依托税收信息化建设形成了以计算机网络为依托、专业化分工明确的税收征管新格局，建立了分工明确、岗责明晰、管理规范的税收征管新模式。计算机征管系统将税务登记、发票管理、申报征收、稽核评税、税收计划、税收会计、税收统计等20多项征管业务融为一体，环环相扣，克服了以往审核中的人为因素和填报表的随意性，建立了全面而严密的税收监控体系。东盟国家也越来越多地利用信息技术，进行税务登记、纳税申报、税款征收、税务稽查、税源监控和纳税资料的收集存储检索等，这不仅提高了税收征管的效率，而且大大推进了税收信息化进程。

（作者单位：福建省宁德市国家税务局）

服务泉州民营企业“走出去”涉税问题初探

泉州市国家税务局课题组

一、泉州民营企业“走出去”发展战略的比较优势

泉州2014年GDP达5733.36亿元，工业总产值3184.38亿元，公共财政总收入达723.12亿元；2015年GDP达6137.74亿元，比上年增长7.05%，工业产值3345.09亿元，比上年增长5.04%，公共财政总收入达804.7亿元，比上年增长11.28%①。经济总量连续17年位居福建省首位，培育形成了纺织服装、鞋业、石化、机械装备4个超千亿元产业集群，建筑建材、食品饮料2个超500亿元产业集群②，以及光电信息等一批超百亿元产业集群，为与“海上丝绸之路”沿线地区的经贸往来和产业转移提供了巨大的空间。

第一个优势：贸易基础。

宋元时期，泉州港就被称为“东方第一大港”，有着优秀的历史文化。泉州市2013—2015年三年平均进出口贸易总额达到290.38亿美元，其中年均出口总额为176.55亿美元，年均进口总额为113.84亿美元。出口总额中，平均65.77%的贸易额是民营企业的；进口总额中，平均28.99%的贸易额是民营企业的。泉州与东盟、中东国家的双向投资有着非常紧密的联系。在泉州民营企业的主导推动下，泉州与“海上丝绸之路”国家和地区的贸易继续呈快速发展势头。2013—2015年三年内，泉州与“海上丝绸之路”国家和地区间

① 根据泉州市统计局官网数据统计．http：//www.qztj.gov.cn/outweb/news.asp？ClassID=109.

② 数据来源：新华网 http：//www.fj.xinhuanet.com/news/2016-01/19/c_1117822366.htm.

平均出口贸易额为86.59亿美元，约占全市外贸总量的49.39%①。

第二个优势：人脉资源。

600多万祖籍泉州的华侨、华人分布在世界五大洲110多个国家和地区，其中90%居住在东南亚各国②。20世纪下半叶以来，随着经济行业的扩展，东南亚逐渐形成了一些蜚声国际的企业集团，如新加坡华侨银行集团（南安人李光前之子李成伟为董事局执行委员会主席）、印尼黄奕聪家族（祖籍泉州罗溪）的金光集团、郑少坚（祖籍泉州永春）的首都银行集团、郑周敏（祖籍泉州晋江）的亚洲世界（国际）集团、马来西亚林梧桐家族（祖籍泉州安溪）的云顶集团等，这些企业集团旗下都拥有数十家企业，为经营多元化、实现跨国经营的大型华资企业集团。

第三个优势：文化同源。

泉州有三顶文化帽子：第一顶是世界教科文组织授予的“世界多元文化展示中心”；第二顶是1982年首批国务院公布的历史文化名城之一；第三顶是2013年获得的中日韩三国文化部门评选并且批准的首届东亚文化之都。泉州是多种宗教聚集的地区，历史上有佛教、道教、伊斯兰教、景教（古天主教）、印度教、摩尼教、基督教、天主教和拜物教等，历史悠久、史迹丰富，在海内外有较大的影响，素称“宗教胜地”“世界宗教博物馆”。文化同源会增进信任，推动经贸旅游更加紧密的合作。

第四个优势：港口优势。

泉州海域面积1.1万平方千米（与陆地面积相同），海岸线长541千米，可建设万吨级以上深水泊位158个，规划综合吞吐能力为5.7亿吨。目前泉州港口已建成投产码头泊位87个，其中万吨级以上深水泊位25个，10万吨级以上泊位6个；泉州港口货物吞吐量已突破亿吨，其中肖厝、斗尾、泉州湾、围头湾和深沪湾五大港区是国务院批准的对外开放港口，开通了80多条航线③。2014年泉州出台了古港转型升级规划方案，对以后渚港和港后区为代表的古港群落提升港口综合配套服务体系，以推进所在片区乃至更大区域经济及城市的发展。

---

① 根据泉州市商务局官网数据统计.http：//www.qzbofcom.gov.cn/column.jsp；jsessionid=28EDA7B5ED16A2C9E709BB9B054729BE？lm=126。

② 数据来源：泉州晚报.http：//szb.qzwb.com/qzsb/html/2016-03/07/content_211570.htm.

③ 数据来源：人民网.http：//fj.people.com.cn/n/2014/0820/c181466-22042419.html.

第五个优势：产业优势。

自古泉州与“海上丝绸之路”沿线国家有着频繁的产业互动，运出去的是丝绸、茶叶、陶瓷，运回来的是宝石、香料等，如今德化陶瓷已经远销到德、法、英、美等80多个国家和地区，德化名瓷依然受到全世界的欢迎。2014年泉州制造业销售收入近1.1万亿元，其中纺织服装、鞋业、石化、机械装备四大产业达5600亿元①。这些都可为东盟、中东国家的经贸往来和产业转移提供巨大空间。

第六个优势：民营企业“走出去”的规模。

目前泉州共有亿元企业1891家，上市公司89家，中国驰名商标124件。泉州在国内异地泉商还有150多万人②，商迹遍布全国各大中城市，这支队伍是增进与“海上丝绸之路”国家和地区双向投资贸易往来的生力军。截至2015年底，泉州在商务部门登记备案的“走出去”企业有150户，“海上丝绸之路”沿线国家（地区）共115个，占全年总批准数的76.67%。从投资类别看，泉州市“走出去”企业以贸易性企业为主，投资户数104户，分布在15个国家及地区，其中位于香港地区的企业有70户；生产性企业24户，分布在14个国家，其中位于东南亚地区（柬埔寨、印度尼西亚、越南三国）有9户，主要是纺织类、服装制造类等附加值较低的产业；服务性、综合性企业共22户，主要位于阿联酋及中国香港、台湾等地。在商务部门登记备案的对外承包工程企业有9户。从泉州商务局取得的2015年对外投资相关信息表明，境外备案项目有19个，投资总额5.9亿美元，主要分布在中国香港（2.74亿美元）、东盟（2.72亿美元）、欧洲（0.42亿美元）等地区或国家；主要投向矿业、纺织服装、鞋业、渔业、食品等行业。从商务部对外公布的网站中获取的有关2015年福建对外投资企业名单，初步筛选出泉州对外投资企业20户，对外工程备案信息2户③。目前，泉州一些大企业响应国家号召“走出去”，匹克品牌国际代理商超过40家，在菲律宾、印度尼西亚、埃及、阿联酋、阿尔及利亚等不少“海上丝绸之路”沿线国家建立了品牌形象店。总部在晋江的中国体育用品第一品牌安踏也将品牌专营打入东欧的塞尔维亚、匈牙利，东南亚的新加坡、菲律宾，中东的科威特，南美的巴拉圭、秘鲁等20多个国家和地区。

---

①② 数据来源：人民网．http：//fj. people. com. cn/n/2014/0820/c181466 - 22042419. html。

③ 数据来源：泉州市国家税务局内部资料。

二、泉州民营企业在“走出去”过程中面临的税收问题与困境

目前，泉州民营企业对外投资还处于起步阶段，在“走出去”方面存在总体效益不高、比较优势不明显、核心竞争力不强等特征。从“走出去”企业实践来看，与发达国家相比，现行的财税制度、税务管理和服务能力与现实需求相比仍有许多需要改进和完善的地方。

（一）现行支持“走出去”企业的税收政策力度不够

1. 税收协定的谈签滞后于企业“走出去”需要

（1）覆盖面不够广。随着我国企业“走出去”步伐的加快，投资目的地分布越来越广泛，截至2014年底我国境内投资者设立对外直接投资企业近3万家，分布在全球186个国家（地区）。但目前与我国签订了双边税收协定的国家只有100个和2个税收安排，且大多数与发达国家签订，与亚洲、非洲、拉丁美洲等发展中国家签订的协定数量相对较少，与“一带一路”沿线65个国家仅签订53个协定，还未完全覆盖，与49个非洲建交国家仅签订13个协定。而发展中国家政策透明度和征管规范化等方面比较欠缺，没有与之签订税收协定，容易引起我国“走出去”的税务风险。

（2）具体条款有待于完善。税收协定中税收饶让条款是对鼓励企业“走出去”具有一定积极影响的条款之一，但从我国目前已签署的税收协定来看，100个税收协定中只有26个包含相互饶让抵免条款，有些还规定了期限，如斯里兰卡和葡萄牙。在东道国获得的税收减免若不能获得抵免，将极大影响“走出去”企业的效果。此外，在较早签订的税收协定中，内容有些已经过时，有必要根据变化了的情况修订协定。还有与一些国家签订的是框架性质的协定，对实际问题缺少具体指引，如缺失税收征管互助的规定，其中的非歧视待遇条款通常也缺少税种无差别的规定，不能充分满足企业实际诉求。

2. 税收优惠政策导向不明且支持力度不大

（1）没有显现政策在境外投资上的导向功能。现行对外投资税收政策多数是吸引外资的税收政策，扩大境外投资的政策相对较少，并且都分散在现行法律、法规和部门规章中，没有形成法律体系，缺乏系统性和规范性。而且对外投资政策减免的优惠，在投资规模、地域和投资形式上尚未区别对待，难以充分显现政策在境外投资上的导向功能。

（2）与发达国家促进企业境外投资的措施相比，我国既不实行免税，也没有境外投资准备金扣除制度。与加拿大、德国等发达国家相比，延迟纳税、特别准备金等间接优惠方式尚未运用，可能会影响我国企业“走出去”的竞争力。

3. 企业所得税抵免规定影响了“走出去”企业拓展海外业务的积极性

（1）分国不分项限额抵免制度不尽合理。我国现行政策对于境外所得实行是分国不分项限额抵免法，这种抵免法虽然有利于保障国家的财政收入，但在这一规定下，政府只分享海外投资的收益，却不承担海外投资亏损的风险，这无疑将增加企业的税收负担和资金压力，与鼓励企业“走出去”的目标背道而驰。同时，企业“走出去”肯定存在风险，特别是对于新办境外投资企业，新办之初甚至几年内很难盈利。境外投资带来的亏损无法抵减境内所得或其他境外所得，境外投资较之于境内投资而言处于不利地位，将会在某种程度上抑制境外投资行为。

（2）境外税收间接抵免政策不彻底。现行政策将适用间接抵免的境外所得确定为直接或间接持有20%以上股份向下3层控股公司，而我国民营企业“走出去”企业的境外投资组织架构一般比较复杂，控股企业层级多于三层。按照此规定，这些企业层级超过3层，或每一层级持股比例少于20%，在境外缴纳的税款就不能被纳入间接抵免的范畴，从而造成这些企业的税收抵免不彻底。境外所得缴税时间的控制，与美国、英国、日本、新加坡等国相比也显得过严。这些国家对于纳税人境外所得未汇回国内时暂不征所得税（即可“延迟纳税”）。相比之下，我国对于居民企业在境外设立不具有独立纳税地位的分支机构取得的各项境外所得，无论是否汇回中国境内，均应计入该企业所属纳税年度的境外应纳税所得额，这可能会相对增加境外企业资金运营难度。

（3）执行中难计算、难核实。我国现行的抵免方法具体操作非常复杂，要求企业的境外所得都要按我国税法规定纳税年度、成本费用开支标准进行纳税调整，分别列出各国的抵免限额再汇总纳税。这样规定存在的问题，一是各国的企业所得税法关于成本费用开支标准的规定不同，这使得成本费用不具备可调整性；二是境外企业要编制两套账本，大大增加了企业工作量，而且要求税务人员要有较强的征管水平，实际执行难度较大；三是境外所得计算，由于涉及多个国家和地区，会计财务制度难以核实，会计计算难度大，税务机关根本无法准确核实境外所得。由于抵免操作实际执行复杂，因而账证不规范的民营企业多数选择不申报境外投资信息或境外投资所得。

（二）“走出去”跨境税源征管基础不扎实

1. 难于掌握“走出去”企业信息，税源监控难到位

目前，对于企业”走出去”没有形成一套制度化和规范化的税源监控制度，税务机关难以掌握企业境外经营和纳税情况。一是“走出去”企业没有及时办理税务登记，有些企业不知道境外投资还需要办理税务登记。二是税务机关无法及时获取企业境外投资信息，导致税企之间信息严重不对称。三是按照规定企业来源于境外的所得，不论是否汇回，均应按规定计算申报并缴纳企业所得税。但某些企业在境外投资所得没有及时办理纳税申报，只在境外投资所得分配且汇回时才办理纳税申报。四是税务机关对纳税人境外投资申报的真实性和准确性无法核实，尤其是对境外控股公司利润产生、分配的过程以及分配依据等难以掌握真实情况，在现有征管条件下只能简单地进行“案头”审核。

2. 征管资源配置不足

与“走出去”企业的发展速度相比，税务机关的征管能力相对薄弱。一是境外投资税务管理具有专业性强、检查难度大等特点，传统税收管理模式已经不适应境外投资发展的要求。二是专业化管理人才匮乏。现行人力资源管理机制缺乏境外交流、外语学习、税收协定和外国税法的学习提升能力，目前迫切需要在机构设置、人员培训和人才“入口”等方面加强机制建设。

（三）“走出去”税收服务不到位

1. 税收信息服务机制不畅

一是我国税务机关尚未全面建立完善的海外税收信息搜集和指引机制，难以为企业提供针对性、时效性、综合性较强的信息服务。二是对境外投资相关税收案例缺乏深度分析、总结及经验分享。三是税务机关对税收协定的宣传仍然不够，缺少必要的通俗化解读，企业往往难以准确理解和把握协定的具体内容。四是国内的中介机构整体发展滞后，而且境外税收信息服务能力较国际知名的税务中介机构有很大差距。

2. 高效办税服务机制缺失

当前，为“走出去”企业提供办税服务尚未成为基层税务机关日常征管工作的重点。基层税务机关普遍缺乏收集企业境外投资信息的渠道，也没有针对性地开展相关工作，特别是涉税凭证开具和认定、申报管理规范化等工作滞后。这在一定程度上导致“走出去”企业境外涉税凭证法律效力认定难、效力不足，加大了“走出去”企业纳税申报信息披露不充分、遭遇反避税调查等风险。另外，政府部门间的信息共享、服务协同机制还不完善。

3. “走出去”企业的正当税收权益难以得到有效保障

一是现行外事管理体制中，没有纳入税收服务的内容，驻外机构和外派的外事人员往往不能有效协助“走出去”企业维护税收权益。二是我国税务机关缺乏专门的机构和专职的团队为“走出去”企业提供税收维权服务，国际税收合作的层次和水平仍有待提高。三是税务机关对争端协商程序的宣传、辅导不足，导致“走出去”企业缺乏主动寻求税务机关支持和帮助的意识。

三、构建“走出去”企业税收支持体系的建议

“走出去”作为国家发展战略，应该在国家政策层面得到大力支持。税收支持体系作为政府宏观政策的重要组成部分，直接关系“走出去”企业经济

利益问题，关系国家主权的维护及政府间财政利益问题。从国家战略高度研究制定“走出去”的财政税收政策支持体系，发挥政府在“走出去”中的应有作用，为企业“走出去”提供坚实的国家后盾，创造良好的外部环境，对于实施“走出去”、全面参与经济全球化具有十分重要的意义。

（一）健全税收政策，以政策引导促发展

1. 加快协定谈签

为适应我国企业“走出去”的需要，根据“走出去”企业现实的区域分布状况，对尚未与我国签订税收协定的国家，建议加快谈签进度，同时修订我国与一些国家的税收协定，扩大税收饶让抵免的适用范围和税收征管互助内容，完善转让定价、非歧视待遇和关联企业条款等协定内容。

2. 完善税收抵免制度

（1）用综合限额抵免法代替分国限额抵免法。世界上越来越多的国家采用综合限额抵免法，而我国的对外投资者要面对比国内投资者更激烈的竞争，本文认为，应该用综合限额抵免法代替分国不分项限额抵免法。这样既可在一定程度上减轻企业的竞争压力，使其免受歧视待遇；又能更好地体现资本输出中性原则，大大降低征管难度，提高征管效率。

（2）在国内税制中完善间接抵免的规定。建议增加间接抵免的层级范围并适当降低持股比例限制条件，例如抵免层级不限于三层，可扩至如石油行业五至七层抵免，持股比例可由现在的20%降至10%或5%。

3. 建立体现国家政策导向的税收优惠体系

为引导鼓励企业“走出去”，对于特定产业和地区，可实行特殊的税收优惠鼓励措施，直接减轻对外投资者税负，引导企业的对外投资行为，实现国家的产业政策和宏观经济目标。

一是建立海外投资准备金制度。企业进行对外投资时，面临东道国陌生的法律、语言、文化等制度环境，存在一定的亏损风险。为降低这种风险，可以借鉴日、法、韩等国家的对外投资风险准备金制度的经验，建立我国的对外投资风险准备金机制。

二是实行对外投资退税政策。对“走出去”企业正常经营5~10年，能如实认真履行境外投资报告信息和境外所得申报资料，建议按其对外投资资本的一定百分比退还对其国内所得课征的所得税额。

三是对投资初期境外所得实行免税法。多数民营企业在“走出去”初期营利能力不高，账证不规范，部分成本费用不能如实列支状况，建议从开始投产经营3~5年内，如能提供真实财务资料或中介机构的鉴定报告，则其境外所得分回的利润可直接予以免税。

4. 简化纳税申报制度

借鉴美国、新加坡、澳大利亚等发达市场经济国家的相关经验，我国可以原则上承认境外企业所在国税法规定的成本费用开支标准，结合国际反避税，按照跨国收入和费用的分配原则进行调整，以此确定纳税人境外收入的应纳税所得额。另外，应允许企业延迟纳税，对不分回的利润不征税，鼓励企业将实现的利润直接在境外再投资，扩大生产规模。

（二）完善税收征管制度，以征管促发展

1. 强化居民企业境外投资税收管理

一是尽快出台居民企业境外投资税收管理规范。对相关政策规定和要求进行整合、补充和完善，形成规范性的操作指南，便于基层执行。二是对境外投资企业实行“一户一档”管理。建立健全境外投资企业档案，实行动态管理，及时、全面掌握企业境外投资相关税收问题。三是认真落实税务登记备案制度和境外所得纳税申报制度，严格管理，深化服务，切实提高境外投资企业的纳税遵从度。

2. 加强第三方信息采集利用

一是搭建高效严密的国内信息共享平台。建议在省局、总局层面建立起与商务、外汇管理等部门的信息共享长效机制，实现信息管税，使得“走出去”企业能得到各部门紧密配合，联动服务，在“走出去”的过程中得到必要而适时的涉税服务。二是充分利用税收情报手段，切实掌握企业境外所得情况，防范境外投资企业将利润长期滞留境外、延迟缴纳或不缴纳我国税收

情况的发生。

3. 整合对“走出去”企业的管理部门

目前对“走出去”企业的服务与管理由国际税收部门牵头负责，企业所得税申报的境外所得在企业所得税年度申报表中，由所得税部门负责。但是鉴于企业所申报的境外所得和所得税抵免质量不高的现状，两个部门对“走出去”企业的管理有脱节现象，导致有些企业钻了漏洞。建议由一个部门既负责“走出去”企业的服务与管理，也负责企业所得税的境外所得申报和所得税抵免事项。

（三）健全“走出去”服务体系，以服务助发展

1. 加强税收信息服务

一是撰写入门级的境外投资经营税收分类指南，加强对国际税收协定的通俗化解读，制作简明易懂的宣传文本或解读文本，帮助“走出去”企业更好地理解把握税收协定的内容；要高度重视案例的收集整理和经验教训的总结与分享，建立“走出去”企业涉税处理案例库。

二是构建复合型的信息服务渠道，保障各项税收服务的及时、有效。要加强境外投资税收信息供给和咨询辅导工作，加快建立“一站式”的综合性信息服务渠道；要进一步强化税务机关官方网站的主渠道作用，注重发挥其“呼叫中心”的功能，并逐步增加办税服务厅对境外税收方面的咨询辅导，帮助“走出去”企业解决税收难题。

三是改进信息服务提供方式，帮助企业正确评估“走出去”的税收风险。税务机关应定期组织开展年度境外投资经营调研，加强对境外投资税收环境等相关信息的更新，成立由各类型专家组成的团队，专门为“走出去”企业提供咨询和信息服务，定期或不定期举办“走出去”企业税收论坛，帮助“走出去”企业正确评估税收风险。

2. 加强税收程序服务

一是强化服务和管理基础，完善企业申报基础信息管理。税务机关要与商务、外汇管理、发改委等部门建立境外投资信息共享机制，积极参与“一

体化”政府建设，做好企业境外投资信息收集，加强基础信息管理，为优化税收服务创造条件，确保纳税人合理利益得到有效保障。

二是优化境外投资经营所得申报操作，完善境外投资涉税凭证管理，提高企业境外投资涉税事项的办理效率。要借鉴国外经验，规范境外所得申报制度，完善申报管理流程，避免服务缺位、管理不到位；要以实质重于形式为原则，进一步做好企业境外投资信息的分析利用，完善涉税凭证管理；要以加强双边预约定价谈签为突破口，提高企业境外经营中转让定价的确定性，以较低的成本规避境外反避税调查的风险。

三是加大税收协定执行力度，保证“走出去”企业的税收利益。在对国际税收协定法律文本进行通俗化解释的基础上，税务机关应结合日常征管实践，做好境外所得办税业务指引的编纂工作；同时，进一步做好享受协定待遇的服务工作，完善涉及税收协定的征管业务规程，帮助“走出去”企业便利快捷地申请获得相关资格待遇。

3. 加强跨国税收维权服务

“走出去”企业在投资东道国遭遇税收纠纷和不公平税收待遇时，国家是唯一具有对等协商资格、维护“走出去”企业税收利益的主体。作为国家这一维权职能的具体承担者，税务机关一方面必须主动增强维权服务意识，积极为纳税人提供税收专业援助；加强与东道国的税收情报交换，尽量避免双重征税；逐步规范境外税收专业援助，建立健全境外税收争端的专业援助体系，提高响应速度，帮助企业维护海外税收合法利益；充分利用各种交流平台，增进国际税收合作。另一方面，税务机关也要积极引导和鼓励纳税人增强维权意识，及时向税务机关反映东道国税收管理中存在的不规范、不透明，不执行税收协定，不合理、不合法的税收检查等侵害企业正当税收权益的问题，以便税务机关更及时、更高效地通过国际税收协商维护国家税收权益和企业税收利益。

4. 加强基础保障工作

一是强化驻外机构的税收服务职能。国家应向境外贸易和境外投资比较大的东道国大使馆和领事馆派驻税务参赞，或者对已有的商务参赞进行国际税收业务的专门培训，要求其能熟练帮助“走出去”企业协调解决海外税收问题。

二是更多地培养“走出去”企业税收服务人才。要切实增强国际税务管理人员的维权意识和服务意识，打造数量充足、结构合理、相对稳定的专业人员队伍；加强专门业务培训，构建多层级、多元化、立体化的专业技能培训体系；及时更新知识结构，提高外语、财会、法律等方面的专业技能；建立科学的能级管理和绩效考核机制。同时，要加强国际税收业务纳税辅导，促进“走出去”企业境外税务管理人才的培养。

三是更有效地引导中介机构提供有针对性的专业服务。要加强与中介机构的合作，厘清税务机关与中介机构的税收服务分工，积极引导中介机构正确参与“走出去”企业税收服务工作，促进执业人员和机构提高支持企业“走出去”的专业能力。

化解企业“走出去”涉税风险的策略研究

陈文裕

问卷调查具有节省调查时间、经费和人力，调查结果容易量化和便于统计分析，可进行大规模调查等优点，是一种应用范围较广的调查方法。2016年1月，根据中国税务学会关于开展海上丝绸之路走出去企业调查问卷的通知，福建省漳州市税务学会及时将调查问卷发放到15家“走出去”企业，并做好相关的宣传辅导。漳州税务学会将此次调查结果及本地企业“走出去”过程中面临的有关涉税风险问题，与北京、广东、福建、浙江、江苏等省市进行横向比较，提出了应对服务策略。

一、漳州市企业“走出去”问卷调查情况

2015年，国务院授权国家发展改革委、外交部、商务部三部委联合发布《推动共建丝绸之路经济带和21世纪海上丝绸之路的愿景与行动》。中国税务学会研究后，决定将海上丝绸之路“走出去”企业税收服务研究列为2016年度重点研究课题。为扎实做好此项研究工作，中国税务学会针对沿海“走出去”企业在境外可能遇到的相关涉税问题，制作了一份调查问卷，部署福建等11个省市税务学会实地走访企业，开展问卷调查，以便就企业反映的涉税问题，有针对性地提出解决问题的统一政策和维权措施建议。

（一）问卷调查内容

此次问卷调查共涉及10个方面内容：一是企业对外商业投资目的以及项目所在国；二是企业对外投资项目类型；三是企业境外机构功能；四是企业

境外所得主要来源；五是企业对外投资面临突出的税务问题；六是企业采取何种方法应对税务难点；七是企业享受双边税收协定情况；八是企业境外纳税情况；九是企业境外纳税种类、税负及优惠情况；十是希望可以从中国税务机关得到何种帮助。

（二）调查结果剖析

漳州市税务学会共向15家“走出去”企业发放了问卷调查，涉及芗城、龙文、龙海、漳浦、东山、南靖、长泰等七个县（市、区），除仍处在筹办期的3家企业，其余12家企业基本完成问卷调查。根据问卷调查统计数据逐一进行剖析，发现目前漳州市“走出去”企业主要面临以下涉税问题。

1. 企业“走出去”战略不清

漳州市“走出去”企业投资项目主要分布在东南亚的新加坡、马来西亚和印度尼西亚，欧洲的荷兰和非洲的坦桑尼亚，以及中国香港和台湾地区（如图1所示）；对外投资经营目的主要是为了充分利用闲置资金、拓展国际市场和扩大业务渠道；对外投资项目类型主要是在境外设立分公司和通过并购股权投资两种类型（如图2所示），境外机构功能主要是生产和贸易（如图3所示）。投资项目所在地、投资经营目的均有“其他”选择，表明有的企业“走出去”投资经营目的含混不清，在“走出去”战略制定方面对投资目的行业发展趋势把握不准；有的企业急于做大做强，未作充分准备就盲目“走出去”，隐藏投资经营风险；有的企业没有足够重视税收风险问题，没有建立有效的税收风险防控机制。

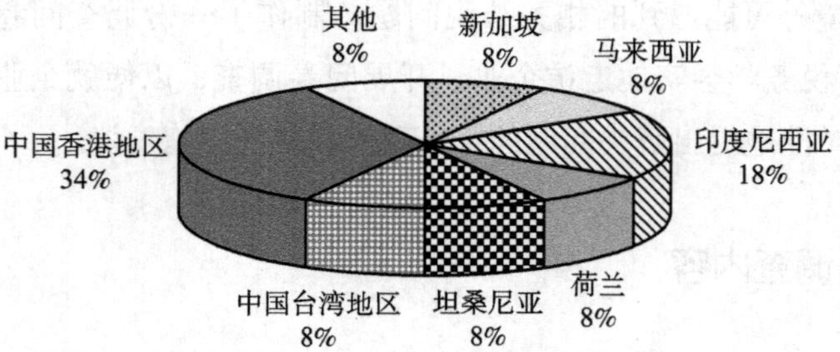

图1 漳洲市“走出去”企业投资项目分布

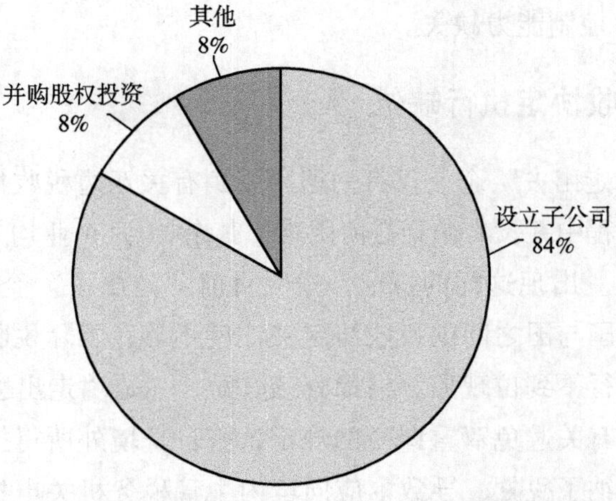

图 2　漳州市“走出去”企业投资项目类型

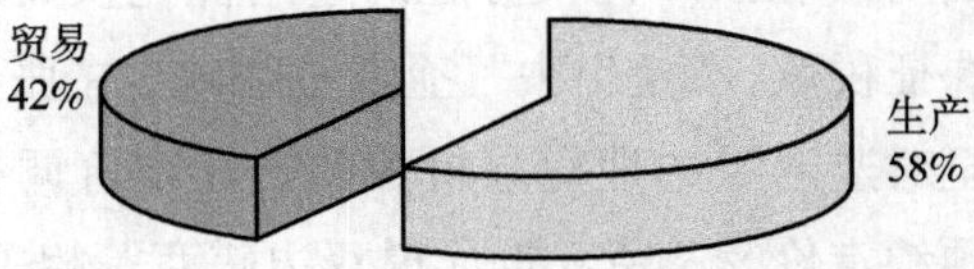

图 3　漳州市“走出去”企业境外机构功能

2. 涉税风险控制能力不足

漳州市“走出去”企业境外投资经营所得主要来源于常设机构经营所得、分设机构经营所得、股息和其他，其中常设机构经营所得占一半，与上述在境外设立子公司占 84% 的外投资项目类型并不吻合；对于对外投资或项目运营过程中面临的突出的税务问题，有 5 家企业信心十足地选择无税务问题，有 4 家企业“担心境外税法难以掌握或理解，或无法掌握有关最新税法规定”和“担心遇到境外税务争议，缺乏有效应对措施”，另外 3 家企业还增添“境外合规性申报应对困难”这一项担忧；针对上述税务难点一般采取的应对方法，有 2 家企业选择“不知道”，有 7 家企业选择由境外机构自行解决，有 3 家企业选择聘请外部税务顾问帮助处理。这些现象表明有些企业对如何规划企业税收成本核算架构、投资并购交易成本架构、外派人员薪酬税务规则等认识不足；有的企业对投资目的国涉税风险认识不够，事前调研评估不充分；有的企业缺乏国际化经验，对税基侵蚀和利润转移规则变化跟踪和应对准备不足，过分依赖境外机构提供信息，组织和协调涉税风险控制能力缺失。

3. 国际税收协定执行缺位

漳州市的“走出去”企业仅有一家享受到有关双边税收协定待遇，且在申请协定相关过程中并没有遇到任何困难，其余 11 家企业均未能享受有关双边税收协定待遇。出现这样的情况，表明目前“走出去”企业在境外投资、并购过程中，对国与国之间的税收协定关注度不够，国际税收协定在执行中出现具体条款执行不到位现象。根源有三方面，一是“走出去”企业没有意识到税收协定中有关避免双重课税的规定，就自身境外所得按照来源国的较高税率在当地缴纳了税款，导致本应向境内主管税务机关申报缴纳的税款在来源国申报缴纳，增加境内税务机关后期协调和追回税款的困难；二是一些国家没有明确规定国内法和国际税收协定的适用优先权关系，在两者发生冲突时按照本国税法课征税款，“走出去”企业往往缺少主张适用税收协定征税的意识和渠道，甚至对遭遇目的地税务机关的转让定价调查或其他税务调查时，缺乏对如申请预约定价及避免双重征税双边磋商等相关救济手段的了解，导致税收协定难以发挥作用；三是企业未能及时提起相互协商程序可能与其对税务机关的信任度、依赖度及税务机关的办事效率等有关，对协商结果的信心不足。

4. 企业“走出去”投资准备不足

漳州市“走出去”企业目前仅有 2 家赢利并在境外申报缴纳企业所得税，其中有一家企业已将境外缴纳的税款顺畅在境内进行境外税收抵免，其余 10 家企业均未能获利。出现这样的情况，一方面表明漳州市“走出去”企业目前处在起步阶段，有的企业在“走出去”之前缺乏在税收上的整体筹划，没有对境外可能遇到的税收风险问题给予足够的重视，非常盲目地“走出去”；另一方面可能是由于漳州市“走出去”企业普遍存在着准备不足的问题，加上缺乏自主创新能力，企业规模太小难与国际跨国巨头相抗衡，市场竞争手段简单落后且缺乏品牌意识，管理水平未能适应国际化战略的管理模式，导致短期内企业难以盈利。

5. 境外涉税环境不容乐观

漳州市“走出去”企业向境外税务机关申报缴纳的税种主要涉及增值税、

营业税、关税、个人所得税或薪俸税、企业所得税等，目前没有一家企业在境外申请享受税收优惠，可见境外税收环境的复杂性。在税收法律环境方面，有的国家很多税种名称和征收规定与国内区别较大，“走出去”企业没有花费时间精力研究国外税收优惠，导致无法准确掌握和享受税收优惠政策；在税收征管环境方面，有的欠发达国家税务机关的税收执法存在不规范问题，影响“走出去”企业申报和享受税收优惠；在依法行政环境方面，有的国家未能及时公布政府针对外来投资企业的税收优惠政策，让企业难以申请享受这些政策，导致权益受损。

6. 征纳互动力度有待加大

面对“如果可能，贵公司希望可以从中国税务机关得到何种帮助”这个问题，漳州市“走出去”企业居然有4家选择“不知道”，另外8家企业有的选择“希望得到关于中国境外税法的培训和指导”“希望普及一些在境外交涉中可能发生的相关税法知识”，有的选择“语言、国度、税制存在差别，帮助效果可能也是甚微”；“对外投资公司在国内应如何缴交税费”。调查结果暴露了目前征纳双方互动不够理想，“走出去”税收宣传力度还有待于进一步加大的问题。近年来，税务机关虽然日益重视为“走出去”企业服务，税法宣传普及和纳税服务质量不断提升，诸多涉税问题能够得到迅速解决，但仍有一些问题制约着税务机关提升服务“走出去”企业的质量，比如目前税务机关还是难以全面掌握“走出去”企业基础信息，税收征管系统未能有效支撑服务和管理“走出去”企业，还有税务机关对“走出去”企业的政策指引服务仍需加强。同时，我国现行税制对“走出去”企业的支持力度仍显薄弱，针对“走出去”企业的税收优惠政策不多。此外，调查问卷数据在很大程度上难以真实地反映“走出去”企业在境外的涉税风险，一方面是有的负责问卷调查发放的税务人员责任心不强，未能尽职做好宣传辅导，收回问卷时没有进行数据勾稽关系审核；另一方面是“走出去”企业经办人员综合素质不高，填报调查问卷应付了事，或是对税务机关的纳税服务能力持怀疑态度，宁可相信中介机构也不相信税务机关，或是企业怕泄露自身的涉税问题，对税务机关有抵触情绪。

二、我国企业“走出去”涉税风险研究

近年来，随着越来越多的企业“走出去”拓展经营国际市场和扩大投资领域，涉税风险问题逐渐成为社会各界关注的焦点，各地纷纷开展企业“走出去”涉税风险问题调研，以求廓清满足此类企业应对涉税风险的有效途径，为全面实施“走出去”发展战略提供参考。

（一）调查结果比较

由于篇幅所限，本文仅选择北京市、广东省、福建省、浙江省、江苏省等省市的企业“走出去”调查结果进行横向比较。

1. 北京市

北京市国家税务局第二直属税务分局选择了70多家“走出去”企业开展问卷调查。调查结果显示：一是由于很多企业不够重视境外税收风险防范，没有建立有效的税收风险防控机制，高达51%的企业最关心经营风险和税收负担问题，已有不少企业为此付出了高昂的“学费”。二是由于税务机关对自身服务范围、服务能力宣传力度不到位，服务水平不高，加上企业怕泄露自身的涉税问题，对税务机关有抵触情绪，50%的企业通过聘请税务中介机构了解海外投资所在国税收体制，只有25%的企业想到寻求税务机关的帮助。三是由于很多企业在“走出去”之前缺乏税收整体筹划，非常盲目地“走出去”，加上税务机关还没有建立给企业提供相关信息的体制机制，有近80%的企业一旦遇到投资国法律和行政规章之间的统一性、协调性不足，不同层级、不同区域税务机关的执法标准不一致，往往很难准确把握相关法律法规和政策而导致不必要的税收负担。四是由于我国政府部门尚未建立高效统一的境外投资管理与协调机制和服务促进体系，有54%的企业在海外投资过程中受到过税收歧视，且只有29%的受歧视企业想到寻求我国税务机关帮助，说明企业对税务机关的信任度、依赖度及税务机关的办事效率有看法，加上税收服务宣传不到位，企业对相互协商程序不了解，故对协商结果的信心不足。五是由于企业对我国签订的双边税收协定内容和涉外税收政策缺乏必要研究，又缺乏与税务机关沟通的意识，高达99%的企业不能运用国民待遇、税收相互磋商程序等条款和税收抵免或税收饶让等优惠政策来维护自身合法权益。六是由于税收宣传缺乏主动性，宣传方式不够多样化、宣传范围太窄、宣传力度不够等因素，有84%的企业并不了解税务机关可以提供哪些税收服务；所有被调查企业都希望得到税务机关的帮助，有61%以上企业选择提供涉外税收资讯、境外所得税收抵免培训、在双边税收谈判和税收争议解决等方面能给予更多支持和更多“走出去”案例等有针对性的税务风险指引和个性化辅导。

2. 广东省

广东省国家税务局组织了对1160户“走出去”企业进行全样本问卷调查，调查报告显示：一是扶持政策的惠及面不够广，享受最多的税收政策的企业转少，享受过财政政策和外汇政策扶持的企业分别仅占总数的19%和9%，导致仅有23%的企业认为“一带一路”倡议对其在沿线国家投资决策有促进作用，多达45%的企业则在“等待利好政策”。原因是政策宣传不集中，扶持“走出去”企业的政策分散在各个部门，缺乏统筹宣传和“打包”推送，企业难以及时全面掌握相关政策信息。二是信息获取的渠道不够畅通，仅有11%的企业享受过境外投资信息发布服务，高达64%的企业完全不了解如何申请启动相互协商程序，38%的企业完全不了解如何报告境外投资和所得。三是权益保护机制还不到位，只有2%的企业表示享受过境外权益保护政策，高达74%的企业表示没听说过中国税收居民身份证明，还有超过66%的企业反映完全没享受过双边税收协定的税收权益；有42家企业表示在投资国遭受过税收歧视，其中仅有10家企业在处理过程中曾经寻求我国税务机关的帮助。四是面临的风险因素仍较多，有48%的企业反映“走出去”经营过程中遇到的最大问题是资金问题，还有就是汇率风险。

3. 福建省

福建省国家税务局通过问卷调查、实地走访、税企座谈等形式开展企业“走出去”税收调查。调查结果显示：一是仅有一半企业处于正常经营状态，盈利的企业不足三成；在被问及是否了解境外税收环境时，高达94.12%的企业表示不完全清楚，仅有2.9%的企业选择完全了解。二是近期有海外投资意向的闽企最关心的问题，就是海外税收风险的管控和规避，选择该选项的闽企高达53.75%。三是企业对如何利用税收协定普遍感到迷茫，804家“走出去”企业中仅有三成企业享受到税收协定待遇；2015年全省审批通过的非居民企业享受国际税收协定76件，其中享受税收协定待遇申请备案54件，而企业开具中国税收居民身份证明的只有5户。四是由于基层税务机关打击国际反避税的工作重心在“引进来”上，对“走出去”企业的管理明显滞后于其发展速度，目前国际税收治理能力与“走出去”企业的需求相比有一定差距，亟须建立完善的税收服务支持体系。五是有34%的闽企希望及时得到涉外税收资讯，有近两成的闽企期盼在发生双边税收谈判和争议时能第一时间得到税务机关支持。六是基层税务机关存在税收服务短板，事后服务和被动服务居多，事前主动服务意识不够，税企之间、税务机关之间没有统一的信息交流平台，缺乏收集企业境外投资信息的渠道，加上基层向上反馈诉求的程序繁杂、环节较多、时间跨度长，许多涉税争议在得到反馈前往往早成定论。七是国际税收工作难度较高、专业性较强，而基层国际税收管理岗位人员流动快，身兼多职、工作量大、业务繁杂，且业务培训中缺乏对境外交流、外国税法的学习。

4. 浙江省

浙江省工商联对133家“走出去”民营企业的调查问卷结果显示，三大因素影响民企“走出去”发展：一是企业自身因素影响较大。最突出的制约因素是缺乏人才，有63.91%的企业表示企业缺乏国际经营管理人才，40.6%的企业表示缺乏专业技术人才；最难把握的因素是对投资国综合信息的了解，有43.61%的企业表示对投资国政策、法律法规、投资环境、市场信息等不了解；最普遍的制约因素是缺乏资金，另外还有30.08%的企业认为资金缺乏影响企业“走出去”。二是国内支撑因素影响较多。服务体系仍不健全，高达61.55%的企业认为国内的法律、会计、投资、信息咨询、人才培训等各类专业服务体系尚不健全，直接影响企业“走出去”发展；金融支持依然不足，43.61%的企业认为金融对企业“走出去”支持存在不足，利用自有资金进行投资的企业占比达87.97%，利用境内融资进行投资的企业占比32.33%，利用境外融资进行投资的企业只有11.28%；外汇管制还需放开，33.08%的企业认为外汇管制严格，存在不规范、不合理的问题，阻碍了企业“走出去”发展；财税支持仍需加大，许多企业希望得到政府财政资金的补贴和支持。三是海外风险因素影响较重。汇率波动风险，有39.1%的企业认为投资国汇率波动风险影响企业经营发展；国际地缘政策与冲突严峻，33.08%的企业认为投资国的国际地缘政策与冲突，直接影响企业在海外的生存和发展；27.07%的企业认为投资国管理不规范、法规不完善、政策不稳定，对企业有较大影响；23.31%的企业认为投资国劳工政策、安全生产或工会干预对企业在海外经营有较大影响；投资国基础设施落后、双重征税、市场秩序差、投资审批手续繁、文化和宗教信仰复杂等因素，在一定程度上影响企业“走出去”发展。

5. 江苏省

江苏省人大财政经济委员会和外事委员会联合开展的企业“走出去”调研报告显示：一是规模大、实力强、具有品牌影响力的企业尚不多，具有核心竞争力的更少；大多数企业处于整个产业链的低端，产品和技术创新能力不强，品牌优势不明显，高水平的生产研发和营销管理人才储备不足，跨国经营的能力和水平目前还是比较弱；核心产品、核心技术和创新能力的相对欠缺，不但限制了企业自身做大做强，也导致企业在海外发展的综合实力不够，持续发展的动力不足，抵御风险的能力不强，海外投资的成功率不高。二是目前对外投资主体中半数以上为中小企业，他们与海外市场接触少，对国际市场了解不深，获取有效信息的渠道十分有限；各方信息资源未能得到有效整合，难以形成统一的政府信息搜集体系和发布平台；缺少专门从事境外投资的研究机构和中介服务机构，无法为企业“走出去”提供高质量的信息咨询服务。三是少数地方对支持企业“走出去”动力不足，项目审批依然存在部门条块分割、职责不清、多头管理、审批权下放不彻底等情况，容易导致企业境外投资计划不能按期实施；部分优惠政策和扶持政策宣传力度不够，落实不到位，未能真正惠及企业，影响了政策的实际效果。四是国际环境复杂多变增加了企业海外投资经营风险。

（二）涉税风险启示

本文根据北京市、广东省、福建省、浙江省、江苏省等省市进行的企业“走出去”调查结果，从宏观的税收经济形势，到微观的企业数据分析，全面总结企业“走出去”的涉税风险特点。主要有以下四点启示。

1. 企业“走出去”存在风险，这是共性问题

无论是漳州市的调查问卷，还是北京、广东、福建、浙江、江苏等省市的调查报告，均反映出信息获取、市场风险、投资国涉税纠纷是企业“走出去”面临的三大风险高发区。调查结果显示，企业“走出去”需要了解投资国法律制度、税收制度、外汇制度、劳工问题、审批程序等信息，但企业“走出去”后获取信息比较困难，获取信息渠道较为有限，且获取的信息针对性不够强、信息的内容比较狭窄。企业在“走出去”的过程中准备不充分，企业风险防范措施不全面、不系统，存在对投资的后续整合及争议解决阶段不重视等。特别是针对投资国安全审查、税务制度、外汇制度等方面的专项调查流于形式，对企业的潜在交易及历史发展状况的关注程度较低。

2. 企业“走出去”利大于弊，需要引起重视

经济全球化、区域化发展以及以互联网为代表的新经济发展，会带动各国、各区域资源以更为公平的方式在世界范围内流动和共享，这一发展趋势为我国“走出去”企业提供了一次难得的发展机遇。尽管目前还有许多企业“走出去”面临着政治风险、法律风险、汇率风险、涉税风险等问题，风险控制意识不足，专业人才缺乏，投资经营成果难以令人满意，但从长远发展战略来看，除了纳税人进行自救和升级外，还需要引起各级政府的高度重视，及时抓住实施“一带一路”发展倡议的机遇，提高综合统筹能力，完善跨部门协调机制，并按照市场导向和企业自主决策原则，加快制定更为开放、便捷的“走出去”服务政策，为企业提供更具针对性的政策指导，引导“走出去”企业到境外投资合作，防范各类风险，提高国际化经营水平，切实维护我国海外权益。

3. 企业“走出去”的风险控制决定了其发展前景

大多数的调查结果显示部分中小企业“走出去”存在涉税风险控制能力不足问题，表明这些企业在“走出去”过程中对如何规划企业税务架构、投资并购交易架构、外派人员薪酬税务规则等认识不足，对税基侵蚀和利润转移规则变化跟踪和应对准备不足，在遭遇投资国税务机关的转让定价调查或其他税务调查时，缺乏通过申请预约定价及避免双重征税双边磋商等相关救济手段的应对策略。甚至还有个别企业在税务规则理解和执行方面出现严重偏差，导致投资国税务机关认定其恶意规避税收，甚至开出了巨额税务罚单。也就是说，企

业“走出去”到海外发展，需要改变思维方式，改变投资理念，这是企业的“换脑”。如果缺乏涉税风险控制能力，企业“走出去”很难走好、走长远。

4. 对企业“走出去”的税收服务重在沟通互动

为“走出去”企业提供高效优质的纳税服务，是化解企业境外经营风险的有效途径和维护国家税收主权的必然要求。调查结果显示，由于面对不同国家和地区各具特点的税收制度和税收征管环境，绝大多数的“走出去”企业需要从税务机关得到有效的政策辅导和风险管理指引，来化解各类跨国经营税收风险，实现稳定发展。同时，税务机关必须站在维护国家税收主权的高度，密切关注“走出去”企业海外经营发展情况，主动开展服务，帮助企业执行好税收协定条款，切实维护好自身和国家的权益。如果“走出去”企业不能够有效执行跨国税收协定中避免双重课税的条款，就会导致应在我国征收的税款流失到他国。为此，税务机关必须加强与“走出去”企业的沟通互动，消除误解和盲区，尽可能满足纳税人的税收服务需求。

三、化解企业“走出去”涉税风险的策略

随着“一带一路”发展战略的稳步推进，将会有越来越多的企业走出去参与国际市场竞争，国际税收问题将逐渐成为“走出去”企业普遍关注的焦点，解决涉税风险控制能力不足问题就显得格外的必要和紧迫。本文建议纳税人、税务机关和政府三个层面一起发力，建立健全防止国家税收流失和维护国家税收主权的监督协调机制，帮助“走出去”企业化解投资经营中遇到的涉税风险，更为有效地落实“一带一路”发展战略。

（一）纳税人层面：应着眼于提升发展战略、风险控制能力和国际化管理水平

1. 要提升“走出去”发展战略

新常态下“走出去”对企业提出了更高要求，不仅要思考如何应对国际化经营挑战，更好地发展具有企业自身比较优势的产业和产品，更要思考国际化税收，树立风险理念、内控理念、法治理念和诚信理念，提高“走出去”

涉税风险应对意识，积极维护国家税收主权。因为在当前国际大环境下，国际税收越来越受到各国的重视，企业只有提高税收遵从意识，事先建立好自身的税收风险防控机制，提早做好准备应对各国越来越严的税收监管，才能避免相应的税务风险。特别是进入国际市场初期实力尚不雄厚，应进行境外全方位税务分析，合理安排投资经营架构，用好用活政策优惠，弥补企业自身薄弱环节，尽量避免在境外构成常设机构和盲目扩大经营多元化，或是直接与跨国公司展开恶性竞争。

2. 要提升涉税风险控制能力

"走出去"企业应尽量把涉税风险应对功课做足，熟悉掌握投资国税收政策和税收协定，关注国际规则变化，学会运用税收协定维护自身权益；遇到重复征税、享受投资国税收待遇遇阻、存在或已形成税收歧视、关联交易转让定价调查等深层次涉税风险，应聘请中介机构和专家顾问，或是向国家税务总局申请启动税收协定相互协商程序，或是设立涉税风险管理部门，维护自身合法权益；境内集团总部要密切关注"走出去"企业出现的新情况、新变化，完善境外投资经营相关监督管理制度，建立健全监测体系，明确职责分工，提升事中事后监管水平，妥善应对随之而来的新需求、新挑战，有效化解涉税风险，促进境外投资经营健康发展。

3. 要提升国际化专业管理水平

国际化专业管理人才短缺是导致"走出去"企业对外投资经营失败，影响国际化经营规模扩大和跨国经营能力提升的最大瓶颈。"走出去"企业国际化经营管理，不仅需要法律、金融、财务、技术、营销等方面的专业人才，还需要有税收战略思想和熟悉涉税风险应对的管理人才。可以通过招聘熟悉国际规则和投资国市场的外国高级人才、留学生、旅居海外华侨华人在企业做高层管理，弥补靠自身培养之不足。

（二）税务机关层面：应着眼于完善涉税信息收集、预警和互动机制

1. 要完善境外涉税信息收集机制

要尽快建立"走出去"企业境外投资经营申报、备案制度，健全申报和

备案管理流程，明确境内外所得税合并申报缴纳企业所得税的范围，并在企业所得税年度申报表六“境外所得抵免计算明细表”中增添企业“走出去”涉税信息明细项目，在金税三期征管信息系统的税务登记表增添企业“走出去”标识功能和查询功能；要规范“走出去”企业境外投资经营涉税信息收集内容，通过分国别、分行业、分项目采集、筛选、共享和应用企业的各项境外收入、来源国家、适用税率、境外缴纳税款等项目信息，便于动态跟踪服务“走出去”企业境外投资经营情况，开展政策效应分析和经济运行分析，为完善服务与后续管理奠定基础；要充分借助政府涉外部门和跨国中介机构的信息资源优势，拓宽境外涉税信息来源渠道，发挥服务“走出去”企业的合力效应；要完善“走出去”企业申报信息的管理制度，建立税收信息资料库，定期了解企业境外税收纳税情况、适用境外税率和涉税诉求，比对查询是否存在境外对企业课税税率高于协定税率等不符合税收协定规定的情况，便于国家税务总局及时启动协商机制，切实维护好我国的税收主权。

2. 要完善境外涉税信息预警机制

要完善涉税预警信息对接服务机制，依托各级税务门户网站、微信平台、微信群等现代化信息传播平台上的“一带一路”专栏，主动对接政府相关职能部门，将税收信息化建设融入社会诚信化体系，形成境外信息、国内信息、典型案例和征管系统互为补充的信息管理机制，及时发布有关企业“走出去”的涉税政策和风险资讯，让纳税人在第一时间了解最新涉税预警信息；要完善涉税风险应对管理机制，启动分国别、分地区、分行业涉税风险预警机制，及时为“走出去”企业解读和发送境外税收风险提示，帮助纳税人减少在国际贸易往来、跨国兼并重组和资本运作中的涉税风险；要完善与境外税务机关合作机制，组织编写境外投资经营涉税风险服务指南，并及时向纳税人发布；要完善“走出去”企业典型案例收集整理机制，从正反两面为“走出去”提供翔实的可借鉴资料，指导纳税人做好境外投资经营中的涉税风险控制。

3. 要完善征纳双方信息互动机制

要实施“走出去”企业涉税政策确定性沟通服务，范围应涵盖企业跨境投资、融资、重组和海外上市、重大建设项目国际招投标等业务中涉及相冲突的重大事项，境外注册中资控股企业中国税收居民身份确认、中国居民企业海外控股子公司身份判定、缔约国税收协定待遇享受相关实际受益人身份确认等疑难事项，企业在境外投资经营中受到税收歧视待遇、不合理的税收调查、未能享受缔约国税收协定待遇存在双重征税问题等需要启动双边税务协商程序或开展对应纳税调整的特殊事项等方面；要完善境外涉税政策解读和辅导培训机制，定期开展"走出去"企业专项政策辅导，明确告知纳税人应享受税收协定和应执行的税收抵免等境外政策规定；要以省别为单位组建"走出去"服务专家库，组织熟悉和精通海外投资及跨国经营的企业家、专家学者及专业人士，形成专家咨询服务团队，提供战略咨询和疑难问题培训服务；要完善征纳双方信息沟通交流机制，为"走出去"企业开辟互动交流区，让企业有充分的自由来反馈自身关注的政策资讯，并及时记录和回复纳税人反馈的热点问题，对"走出去"企业面临的涉税风险进行重点提示；要完善征纳双方权益保障机制，在尽快完善我国与世界各国税收协定体系的同时，对自觉执行税收协定的"走出去"企业在信誉等级评级上给予考虑，在涉税事项办理上制定便利措施，以提高纳税人维护国家税收主权的意识；创新纳税服务渠道，建立税收权责"正面清单"，适应企业"走出去"的国际化要求。

（三）政府层面：应着眼于加快政策支持、风险防范和监督协调体系建设

1. 要加快政策支持体系建设

要加快推进国际税收协定签订进程，尽快制定和完善适应"走出去"企业迅猛发展的对外直接投资法或境外投资基本法、税收协定体系等法律法规，注重国际税制改革与国内税收征管体制改革的协同配合，特别是社会关注度较高的"走出去"企业境内外投资所得的计征办法、亏损的弥补办法和税收抵免的管理办法，细化纳税人境外所得的种类、成本费用扣除标准等政策规定，切实减少"走出去"企业的税收抵免风险；要完善纳税人申请启动税务相互协商程序暂行办法的具体操作方法，明确企业向基层一线税务机关申请启动税务相互协商程序的流程，提高办理效率，切实维护"走出去"企业利益和我国税收主权；要加大简政放权力度，深化有关部门衔接后续管理，进一步理顺税务、海关、商检、金融、商务等部门的政策协同机制，特别是深化银税合作机制，拓展延伸"税贷通"等融资产品服务范围，帮助境内纳税信用良好的企业解决"走出去"融资难题；要进一步拓展税收协定和税收饶

让的适用范围，建立海外投资风险准备金制度，并设立专项扶持资金，对企业在境外建设资源基地、转移富余产能、建立营销网络、承包工程和劳务合作等给予奖励支持。

2. 要加快风险防范体系建设

从中央政府层面开展对外投资合作国别风险评价和境外合作伙伴资信评估，建立健全境外投资合作预警体系，完善日益增多的经贸摩擦和税收纠纷应对机制、不可抗力引起的突发事件应急机制；借鉴欧盟等一体化组织经验，主导建立“一带一路”沿线国家税收合作机制，在避免双重征税、反避税等方面形成区域性协定，并逐步向综合性的税收区域协定发展；深化与经济合作与发展组织（OECD）、G20、国际货币基金组织、世界银行等的国际税收合作力度，注重国际税收合作与国家税收权益维护的平衡对接，形成建设国际税收新体系的强大合力，并积极参与税基侵蚀和利润转移行动计划，为“走出去”企业营造风险防范体系。

3. 要加快监督协调体系建设

建立健全防止国家税收流失和维护国家税收主权的监督协调机制，完善由政府、行业协会等多层次组成“走出去”企业服务团队的合作机制，加强“一带一路”沿线国家投资环境评估，筛选出适合“走出去”企业投资经营的区域、产业和项目，并协调维护“走出去”企业投资经营的整体商誉和形象；借鉴美日韩等发达国家在我国派驻税务参赞的做法，加快推进海外税务联络官制度建设，派驻税务干部进驻我国驻外使馆或有关省份驻外联络处，为“走出去”企业提供及时的咨询、维权等服务。

参考文献

[1] 孔丹阳，李倩，张剀．服务“走出去”企业这些数据值得关注［J］．中国税务报，2014－10－17（B2）．

[2] 广东省国税局课题组．发挥税收职能作用　服务“一带一路”战略——广东“走出去”企业调研报告［EB/OL］．（2015－12－15）广东省国税局门户网站．http：//portal. gd-n-tax. gov. cn/pub/gdgsww/gzcy/wsdcbg/201512/t20151215_845347. html.

[3] 廖燕庆，林曦．找风险寻对策 税企共圆"海丝梦"[J]．中国税务报，2016-05-06（B1）．

[4] 浙江省工商联．浙江省民营企业"走出去"综合调研报告[EB/OL]．（2015-08-21）浙江省国际投资促进中心门户网站．http：//www. zjfdi. com/news/2015821/n74292826. html.

[5] 江苏省人大财政经济委员会，省人大常委会外事委员会．关于全省"走出去"战略实施情况的调研报告[EB/OL]．（2014-11-21）江苏省人大常务委员会门户网站．http：//www. jsrd. gov. cn/zyfb/hygb/1212/201411/t20141121_151426. html.

（作者单位：福建省漳州市国家税务局）

关于“海上丝绸之路”经济带税收征管的几点思考

郑志华

“丝绸之路经济带”涉及国家安全、对外开放、西部大开发、经济增长等多重战略目标。从丝绸之路经济带发展实际现状来看，丝绸之路经济带西边的欧洲和东边的中国东部省份都是经济相对发达的地区，两者的中间地段，即中国西北和中亚地区（丝绸之路经济带重要核心区），人口和产业密度低，经济发展滞后，交通等基础设施差。可以说中国西北地区与中亚地区的经济落后和道路不畅是丝绸之路经济带建设的最大障碍和瓶颈。中国西北地区发展滞后的原因，既有地区性因素，也有政策性因素等，其中税收政策是重要因素之一。因此，如何通过税收政策调节促进丝绸之路经济带建设是当前税收领域值得研究的重要课题。

2015 年 4 月，国家税务总局发布的《关于落实“一带一路”发展战略要求做好税收服务与管理工作的通知》，从执法协定维权益、改善服务谋发展、规范管理促遵从三个方面，提出 10 项税收措施服务“一带一路”。国家税务总局提前谋划的服务“一带一路”税收工作方向，为各类经济实体“走出去”和“请进来”提供政策支持和纳税服务保障，对税收工作提出了具体服务措施和征管要求，为税务机关更好地发挥职能作用指明了前进方向。

一、丝绸之路经济带建设的税收因素分析

一是增值税因素。我国目前基本上形成了中西部供应能源和原材料、东部沿海地区生产高附加值终端产品的国内分工体系。在产业结构上造成中西部地区的企业进项税额抵扣较少，企业税负高；东部地区的企业进项税额抵

扣多，企业税负低。在以增值税等间接税为主并且由企业缴纳的情况下，税负高影响企业投资选择。据国家税务总局公布2013年重点税源企业税负数据显示，西部地区重点企业税负为7.82%，中部地区为6.18%，东部地区为4.36%。相对税负偏高是导致企业不愿投资西部，西部地区经济发展相对滞后的原因之一。

二是营业税因素。由于居民收入水平低、投资环境差、消费能力不足等，导致西部地区服务业等第三产业发展滞后。第三产业主要缴纳营业税，营业税为地方税。第三产业落后导致营业税收入低，营业税收入低则影响西部地区的财政收入，财政收入低则导致公共服务投入低、西部基础设施建设薄弱，影响贸易和人员的往来。虽然目前营改增推进服务业发展，但这一现状短期难以改变。

三是资源税因素。西部地区有丰厚的资源产品。但大部分资源产品应征的资源税实施“从量定额”征收，资源税收入没有随资源价格的上涨而增收，高价格的资源收益没有给西部地区政府和人民带来更多的财政收入和可支配收入。同时近年由于经济发展对资源产生巨大需求，使得资源呈现过度开采状态，造成大量的环境破坏，中西部地区地方政府又没有足够财力来治理破坏的环境，使得投资及生产环境恶化，经济社会发展相对滞后。

四是关税因素。我国加入世界贸易组织之后，关税和进出口退免税方面的优惠政策主要是向东南沿海省份倾斜，推进了中国与东南亚、西欧、美国等国家贸易的深度发展。西部地区由于没有出海港，加上交通运输落后，对外开放贸易发展始终滞后于东部地区。国务院2015年颁布的关税实施方案中，涉及最惠国税率和协定税率等优惠关税政策，有东欧、拉美、欧洲等20多个国家的近6万种商品，而中亚五国中只有哈斯克斯坦的100多种商品，涉及协定税率的只有巴基斯坦的6546种商品。东盟、拉美和日本、韩国等是中亚国家的10多倍。这一关税政策直接导致东南沿海等地区的外贸远远高于中西部地区。

五是税收转移因素。西部地区的大型企业主要是国有企业，特别是央企。央企生产经营地在西部地区，而总机构不在西部地区，因此在西部的税款一部分随总机构所在地转移到外地。比如原铁道部（现铁路总公司）、各银行总行、各保险总公司集中缴纳的营业税100%归中央；在所得税缴纳分成上，银行等企业的所得税100%为中央；其他总分机构不在同一地区的企业，则采取到总机构汇总缴纳或者分地区预缴、总机构汇总缴纳等方式，西部的一些税收转移到外地的企业总机构所在地缴纳。税收转移主要涉及石油化工及销售、铁路交通、银行、保险、证券、通信等多个行业。

六是税收优惠因素。2008 年以前我国的税收优惠政策主要是区域型，实施对象优先在东部沿海地区，以吸引外商投资。税收优惠事实上形成了“经济特区—经济技术开发区—沿海经济开放区—内地”逐步递减的格局。据统计，在内资企业所得税和外资企业所得税合并之前，针对经济特区和经济开发区的所得税优惠政策就有 30 项之多，优惠税率也从 15% 到 24% 不等（在两法合并之前，内资企业所得税税率 33%）。这一优惠政策使得东部地区吸收外资企业的能力大大高于西部地区。目前在服务丝绸之路经济带建设中，虽有西部大开发税收优惠政策，但力度不够，难以吸引各方面的投资。

二、丝绸之路经济带建设中，对基层税务机关加强税收征管工作的意见建议

新丝绸之路经济带建设已全面启动，基层税务机关应立足税收征管工作现状，把握税收工作主动权。本文对深入推进区域经济社会和税收收入协调发展提出几点拙见。

（一）积极主动作为，把握丝绸之路经济带建设历史机遇

（1）丝绸之路经济带建设，必将为区域内市场经济注入新的活力，带来新的税收增长点。基层税务机关在税收收入任务重、难度大的情况下，要迎难而上，弥补征管工作短板，完善征管措施，坚持“依法治税，应收尽收”根本宗旨不动摇，保障税收工作持续健康发展。

（2）主动融入地方经济发展大潮，为地方经济社会建设、调整区域经济结构、谋划招商引资工作等提出合理化建议。把税收征管工作、税收宣传工作、纳税服务工作同地方经济社会发展紧密结合，使税收工作的调控和杠杆作用在地方经济发展中有效发挥。

（二）强化综合治税，共享丝绸之路经济带建设巨大发展效益

（1）按照综合治税工作整体部署，基层涉税信息单位必须牢固树立服务丝

绸之路经济带建设的大局意识和责任意识。形成网络化管理和服务平台，共享经济社会发展基础数据，为政府科学决策、优化管理手段提供真实可靠依据。

（2）基层县市区工作应及时建立和完善县级“信息互通共享机制”，及时制定配套“信息互通共享工作考核办法”，以考核手段强力推进协税护税网络建设，把涉税信息数据质量、数量、匹配度、贡献率等纳入考核标准，增强地方政府及各部门对协税护税工作的积极性和主动性，有效提高税收征管工作效率。

（三）强化队伍建设，满足丝绸之路经济带建设征管力量需求

（1）根据干部队伍存在的实际问题，创新教育培训方式和方法，尽快建立和完善干部队伍“传、帮、带”培养机制，制定有效的培养计划和严格的考核标准。把教育培训与干部队伍普遍存在的短板相结合，大力开展学习实践，开展模拟演练、现场检查等创新性培训模式，有效提升干部队伍整体素质，使税务干部能够适应丝绸之路经济带建设的各种征管需求。

（2）强化干部队伍的思想政治教育和职业道德教育，培养干部队伍，特别是年轻干部爱岗敬业、勇于争先和锐意进取的创业精神。不断强化干部队伍的责任意识和履职意识，为干部提供展现自我能力的广阔平台，有效提高干部队伍干事创业的积极性和主动性，使税务干部乐于为丝绸之路经济带建设贡献力量。

（3）抓住征管改革有力契机，认真调查研究人力资源短缺和整合问题。根据管户数量变化、经济发展现状、管辖范围大小等实际情况，整合可利用的现有人力资源，进行科学合理的调配。整合调配仍不能满足征管需求，基层税务机关应向上级部门提出人力资源需求，积极主动解决好丝绸之路经济带建设与人力资源严重短缺之间形成的客观矛盾。

（4）完善考核标准，使考核标准与税收征管改革中“明晰征纳双方权利义务”主要任务相适应。提请上级机关取消计算机考核中与征管改革方向不相适应的考核标准，将税务干部从“保姆式”征管模式中真正解脱出来，做好税务干部更应该做的其他各类税收征管工作。

（四）加强依法治税，为丝绸之路经济带建设提供良好法治环境

（1）随着丝绸之路经济带建设的推进，应不断加强税法宣传工作的深度

和广度。在广泛应用互联网、电视、报刊等传统媒介的基础上，充分利用微信、微博等新兴媒介，不断扩大税法宣传的广度。通过持续的税法宣传工作，使税务机关和纳税人的权利义务尽快明晰，有效增强各类纳税人的法律意识和诚信纳税意识。努力营造人人懂税法、人人遵守税法的良好局面。良好的法治环境建设，可对更多企业加入本区域丝绸之路经济带建设增加动力和吸引力。

（2）提高税收违法成本，对违反税收法律的行为加大处罚力度。利用好纳税信用等级评定、税收违法行为曝光等有效手段，尽快由上级部门推动，尽快实现纳税信用等级在基层有关部门间共享，让税法遵从度低、违反税收法律法规的纳税人寸步难行。加大税收违法行为曝光力度和处罚力度，采取必要的税收保全和税收强制措施，多措并举，让纳税人不敢违法，从而达到不想违法的目的。同时，弘扬依法纳税正能量，倡导和奖励诚信纳税单位和个人，增加诚信纳税人的荣誉感，为丝绸之路经济带建设中“请进来”更多企业和“走出去”更多优质企业创造良好法治环境。

（五）强化服务理念，为丝绸之路经济带建设创造良好服务环境

（1）持续加强基层税务机关作风建设。有效转化“党的群众路线教育实践活动”和“三严三实”教育活动成果。税务干部应按照实践教育活动要求，自我严格要求，树立“为民务实”的工作理念，不断增强服务意识和履职意识，杜绝“吃、拿、卡、要、报”行为的发生，以更好的作风建设促进丝绸之路经济带建设工作取得成效。

（2）认真贯彻执行《全国税收征管规范》以及《全国税务机关纳税服务规范》各项规定，切实缩短办税时间、简化办税流程、提高办税效率。一方面加强征管，规范征管；另外一方面坚持一个尺度、一个标准服务各类纳税人，为纳税人创造公平、公正、公开的纳税服务环境。

（六）完善征管改革，减少丝绸之路经济带建设税收征管工作风险

（1）减少税务行政执法风险，保障税务行政执法主体的合法性。征管改革中，对新设立的基层税务机关内设机构，特别是税务所，应尽快纳入“三定方案”调整和增加范围之内，明确各内设机构具体名称和部门职责，使新

设机构能够有效执法，减少税务行政复议和税务行政诉讼败诉风险。

（2）基层税务机关征管模式已逐步由“管户制”向“管事制”转变，基础信息管理成为薄弱环节。税务机关应及时完善税务基础管理流程工作，建立税务基础数据的管理平台，确保采集数据的准确性、及时性和完整性。建立动态跟踪管理机制，能够适时监控企业经营变化情况，减少漏征漏管，防范税款流失风险。

重大历史机遇的到来也带来了新的任务和新的挑战。税务系统作为政府的职能部门，行使国家赋予的税收执法权力，肩负着“为国聚财、为民收税”的神圣使命。在依法保障国家税收，为新丝绸之路经济带建设助力，共同完成跨越式发展和长治久安的重大历史任务中，税务系统大有可为。

（作者单位：福建省福安市国家税务局）

构建支持福建“走出去”企业税收管理与服务的对策

郑振沂

福建作为海上丝绸之路的重要发祥地，是我国“一带一路”建设的先行区，“海上丝绸之路效应”正日益凸显。目前，全省“走出去”企业达693家，业务遍及全球82个国家和地区，覆盖“一带一路”大部分区域，成为建设21世纪海上丝绸之路核心区的生力军。主要业务涵盖贸易、承包工程、劳务合作、生产加工、农业开发、金融、旅游、船务运输等行业。在“一带一路”拉动下，福建与海上丝绸之路沿线国家的双向贸易和投资初步呈现大幅增长态势。据福建省商务厅统计，2016年一季度，福建省对海上丝绸之路沿线国家和地区实际投资新增13个项目，实际投资11.08亿美元，同比增长24.5倍。福州海关和省国家税务局数据显示，2016年一季度，福建出口1563.4亿元，同比增长8.5%。随着企业“走出去”步伐的加快，“走出去”企业的税收管理与服务就显得尤为重要。本文拟对福建“走出去”企业税收管理与服务提出对策和建议。

一、完善相关的税收法律法规制度

（一）制定“走出去”企业税收征收管理规程

要针对境外投资企业和外派人员境外所得税收征管复杂、政策执行不统一、申报程序不规范等情况，制定具体管理办法，加强税源控管。一是完善境内企业境外投资及外派人员情况申报备案制度；二是建立投资经营情况和境外所得申报制度；三是明确有关申报操作规程；四是明确境外投资企业和外派人员的纳税义务、计税依据以及相关内容和要求；五是规范相关滞纳金、罚款等制度。

（二）完善“走出去”企业的税收优惠措施

一是完善税收抵免制度。对公司企业来源于境外的所得，已在境外实际缴纳的所得税税款，准予在汇总纳税时，从其应纳税额中扣除（抵免）。目前我国没有对资本利得征税的专门规定，应考虑对公司企业从境外子公司或投资入股的股份公司取得的股息，其税收抵免额可以包括支付股息公司就该项股息相应的公司利润额所缴纳的公司所得税税额。

二是扩大税收饶让适用范围。对纳税人从对方国家得到的减免所得税，不论对方国家是否与我国签订避免双重征税协定，都可以由纳税人提供有关证明，经税务机关审核后，视同已全额缴纳所得税进行抵免。

三是建立境外投资储备金制度。为引导和帮助更多的企业“走出去”，建议国家出台政策，允许企业根据境外投资项目和投资总额，规定不同的提取比例建立储备金，允许企业直接从境外所得中扣减，以增强企业抗风险的能力。

四是增加境外收入延期缴税措施。为了鼓励企业对外再投资，可以增加境外收入延缴税款的规定。对企业来源于境外的所得，只在汇回国内时征税，未汇回境内而用于境外再投资的暂不征税。

（三）修订不合时宜的税收协定

我国较早签订的税收协定中，较少考虑我国企业“走出去”的情形，应该通过协定的不断完善解决这一问题。同时要加快协定谈签步伐。目前全球200多个国家中与我国签署综合性税收协定只有80多个，不及全世界国家数的一半、已生效的才1/3，这将不同程度地影响我国企业开拓国际市场的范围。

二、建立有效的征管体系，构建信息共享平台

（一）提高专业化管理水平，快速提升征管能力

一是优化境外投资经营所得申报操作，完善境外投资涉税凭证管理。应

以“实质重于形式”为原则，进一步做好对企业境外投资信息的分析利用，完善涉税凭证管理，提高企业境外经营中转让定价的确定性，以较低的成本规避遭受境外反避税调查的风险。

二是加大税收协定的执行力度，保障“走出去”企业应有的税收利益。应在对国际税收协定法律文本进行通俗化解释的基础上，结合日常征管实践，做好享受协定待遇服务工作，重视税收协定相互协商程序的利用，完善所涉及的税收协定征管业务规程，帮助纳税人便利、快捷地申请获得相关资格待遇。此外，税务机关还可利用税收协定等国际法的规定，对存在较大税收嫌疑的企业，主动开展国际税收情报专项请求，利用情报交换取得的相关信息进行延伸税务检查。

三是落实反避税政策，深入开展转让定价调查。税务部门应认真审核境外投资企业提供的资料，准确定性关联交易，审查关联交易定价的真实性、合理性，在全面了解企业行业背景等多项因素的基础上，寻求可比信息，为选择适当的调整方法、确定合理的调整方案提供依据。

（二）强化涉税信息服务，降低“走出去”企业税收风险

一是制定统一、规范的税收服务指南。税务机关应积极编写《走出去企业税收服务指南》，主要内容包括“走出去”企业基本知识问答和税收政策问答、企业境外所得税抵免操作问答和计算举例以及税收协定案例等。同时，召开“走出去”企业税收宣讲会，重点讲解近年来“走出去”企业涉及的相关税收政策，请“走出去”企业代表做经验介绍，进行税企间的探讨和交流。这是税务机关加强对“走出去”企业管理与服务工作的重大举措。在今后的工作中，还应注重对服务指南的定期更新，注重提供对境外所得计征所得税的抵扣、境外税收减免及境外业务盈亏弥补等的处理方法和程序，注重加强境外投资企业在国外发生税务争议时的应对措施等。

二是拓展涉税信息服务资源。要加强税务机关与中介机构的合作，加强对国外税收制度信息的收集、归纳，加强对国际税收协定通俗化解读，制作简明易懂的宣传文本，帮助企业更好地理解把握税收协定相关内容。此外，还应重视案例的收集整理和经验教训的总结与分享，逐步建立“走出去”企业涉税处理案例库。

三是建立复合型信息服务渠道。加强“走出去”税收信息的咨询辅导，

加快建立“一站式”综合性信息服务渠道，进一步强化网站的主渠道作用，逐步增加办税服务厅对境外投资经营方面的咨询辅导，帮助企业正确评估税收风险和税收利益，作出正确的经营决策。

四是改进信息提供方式。应逐步开展年度“走出去”企业经营调研，有针对性地为“走出去”企业提供咨询和信息服务，还可以通过定期或不定期举办“走出去”企业税收论坛，进行信息交流。

（三）强化税收征管基础建设，将税收服务与管理融入到日常税收征管工作中

一是做好对“走出去”企业的日常服务与管理工作。本着按照“优化流程、减少环节、提高效率”的工作要求，进一步落实境外所得的确认和征税、境外税收抵免及境外投资或出口退税等方面的政策。积极受理境外涉税纠纷，确保企业在境外应享受的协定优惠待遇落到实处，及时为企业开具《中国税收居民身份证明》，便于企业享受税收协定待遇。

二是要加强对企业的调查审计。我国居民境外投资经营是国家税收的另一个重要税源。因此，在做好服务的同时，要加强对“走出去”企业的管理。应开展居民企业境外投资、所得信息报告制度的检查审核工作，通过对企业报送的与其关联企业往来情况申报表等资料的审查，对其进销价格、销售收入、成本、盈亏等方面进行分析，对同等条件的价格信息进行比对，收集有价值的线索。要结合信息报送、纳税申报、税收抵免开展境外所得风险分析，积极运用受控外国公司等方法实施风险应对。要防范对外投资逃避税，促进境外所得依法回流，支持国内经济和社会建设。

三是提高国际税收情报交换效率，实现情报共享。一方面，应建立税收情报交换的横向联系制度，加强地区之间，国税、地税之间，相关部门之间的税收情报交换，尤其应注重与财政、工商、发改委、海关、商务、外汇等部门的沟通与协作，全面掌握境外投资企业的源头信息、经营信息及其他相关涉税信息。另一方面，创造条件积极与“走出去”企业所在国建立税收征管互助机制，主动加强与外国税务当局的协作，力争协同开展税务调查和相关取证工作。

三、构建信息共享平台，以大数据创新“走出去”企业的税收管理与服务

一是各设区市税务机关要建立“走出去”企业税收管理服务电子档案，与外经贸、财政等部门沟通，以经贸局和税务机关数据来源为支撑，构建“走出去”企业数据库，及时掌握“走出去”企业基础信息，摸清“家底”。

二是指定专人管理服务台账、负责联系“走出去”企业，依托“互联网+”服务宣传模式，为其提供个性化、全天候税收服务，确保心中有数，一个不少。有了大数据的支撑，国际税收服务必然如虎添翼。

三是拓宽第三方信息，及时跟进“走出去”企业投资“一带一路”沿线国家情况，借助其投资分布特点、经营和纳税等信息，开展对外投资税收分析，定期为地方政府和“走出去”企业投送有价值的决策参考。为实现“走出去”企业退税再次提速，应加快“一带一路”税收政策与自贸区的无缝对接。

四是税务主管部门应大力加强对境外投资企业和外派人员的税收传宣和辅导，开展各项国际援助服务，启动加大税收协定的宣传和贯彻力度，积极发挥税收协定在维护国家税收主权和保护企业合法权益方面的职能作用，以服务促管理。制定境外投资企业和外派人员税收宣传规划，通过在审批部门或出入境口岸派发宣传手册，网站开辟专栏以及媒体宣传等，拓宽境外投资企业和外派人员税收传宣渠道，提高纳税人依法纳税的意识和责任感。

五是加强业务培训，提高税务干部的税收服务水平。境外投资企业和外派人员税收政策性强，既涉及国内税收，又涉及国际税收。因此，必须加强对基层税务干部的专题业务培训，可根据实际需要，对税务干部开展有针对性的、多层次的国际税收知识培训，重点了解和掌握我国与世界主要国家和地区签定的税收协定文本以及我国“走出去”企业主要资金投向国家和地区的税收政策。通过“走出去”“引进来”，建立多方位的学习交流机制，逐步打造一支数量充足、结构合理、相对稳定的具备国际视野和国际税收管理能力的高素质人才队伍，从而提高税收管理的国内国际税务咨询服务能力。

四、提高“走出去”企业的纳税遵从度，增强纳税意识

（一）加强国家主权税收观念教育

要通过爱国主义和支持国家经济建设方面的法律知识和信息方面的宣传教育，使“走出去”企业自觉把维护国家利益放在最高位，鼓励企业把投资收益尽可能流回国内，依法纳税，支持国家经济建设。

（二）规范企业财务管理

应明确境外应纳税所得额的计算方法、规范境外投资收益的概念；境外应纳税所得额的计算应本着管理从简的原则，建议按各国的税法规定计算成本费用和损失，确定企业所得税的应税所得，以经当地会计师事务所审计的会计报表为准。

五、坚持依法行政，净化境外投资纳税环境

（一）严厉打击境外投资涉税违法行为

针对境外投资企业和外派人员税收征管难度较大的实际，税务机关要通过与审计等政府部门的合作，深入调查，查处一批规模大、影响深的境外投资企业以及层次高、有代表性的外派人员偷逃税行为，达到以查促管的目的。以境外所得税收征管，促进社会公平、和谐，维护税法刚性，并为此加大宣传力度。

（二）充分利用税收情报交换工作

目前我们的情报交换工作还基本停留在少数国家的工程劳务等方面，对企业境外投资以及被投资企业的盈亏情况都还没有涉及。为此，要进一步扩大情报交换工作的业务范围，发挥情报交换在“走出去”企业税收管理方面的作用。

（三）加强关联企业反避税工作力度

国内投资企业与其境外企业属于关联公司，利用关联交易进行避税筹划问题日益严重，因此必须建立起较高素质的反避税专业队伍，强化信息采集，逐步搭建起国际税收信息网络，建立反避税需要的信息库，包括国内外无形资产的定价、利润率、劳务价格水平、资金拆借利息率等资料。对国内投资公司与其国外关联企业之间的业务往来，应当按照独立企业之间的业务往来收取或者支付价款、费用，对于不按照独立企业之间的业务往来收取或者支付价款而减少其应纳税所得额的，税务机关要严格根据“税收征管法”及有关行政法规的规定进行合理调整。

参考文献

[1] 国家税务总局. 关于进一步做好“走出去”企业税收服务与管理工作的意见.

[2] 邵凌云. 完善“走出去”企业税收征管与服务的建议 [J]. 涉外税务，2012（9）.

[3] 韩丽华. 进一步加强“走出去”企业税收征管与服务 [J]. 国际税收，2012（10）.

[4] 常秀娟. 全面加强“走出去”企业的税收服务与管理 [J]. 国际税收，2011（12）.

（作者单位：福建省税务学校）

紧扣交汇点　做强核心区

——推动连云港在“一带一路”倡议中发展的税收思考

殷　然

2013 年 9 月和 10 月，习近平主席在访中亚和东南亚国家期间，先后提出了共建“丝绸之路经济带”和“21 世纪海上丝绸之路”（以下简称“一带一路”）的倡议。接着，2015 年 3 月，国务院授权（由国家发改委、外交部、商务部联合下文）发布《推动共建丝绸之路经济带和 21 世纪海上丝绸之路的愿景与行动》，全面拉开了“一带一路”建设的崭新篇章。江苏省连云港是中国海岸中部的重要商港城市，是陇海铁路的出海口，是国家首批 14 个沿海开放城市之一、作为新亚欧大陆桥东方桥头堡被江苏省确定为“一带一路”交汇点核心区；目前，连云港利用其具有的独特区位优势，正在积极融入“一带一路”交汇点建设。如何在认识连云港在“一带一路”倡议发展中定位的基础上，充分运用税收政策，推动连云港在“一带一路”倡议中加快发展是税务机关需要探讨的一个重要且不可回避的课题。

一、连云港在“一带一路”倡议中的独特地位和区位优势

在“一带一路”倡议中，连云港具有独特的基础地位和区位优势，这包括历史的、现实的各个方面。

一是具有深厚的历史承载。在连云港市孔望山上有比敦煌莫高窟还要早 300 年的摩崖石刻，在那里，具有深厚的文化底蕴，并从一个侧面印证了海上丝绸之路的历史足迹。连云港山海相拥，在这片土地上还孕育出两部古典浪漫主义文学名著《西游记》和《镜花缘》。在《西游记》中可以找到古人

“西行”追求理想的许多情节，映衬着“古丝绸之路”的航标。早在民国建国初期，伟大的先行者孙中山先生就在《建国方略》中明确把这里建成“东方大港”。1982 年，原国家交通部对连云港的交通可行性进行研究，认为连云港是我国西北、中原省区最短路径的出海口岸。

二是有着独特的资源条件。连云港地处我国沿海中部、江苏省东北端，东临黄海，是江苏省唯一的海港城市。连云港港 1933 年正式开港，因港得名，由港而兴。该港经过 80 多年的建设和发展，目前已拥有近、远洋航线 60 条，与 150 多个国家和地区的港口有贸易往来，货物吞吐量超过 2 亿吨。同时，连云港被国家确定为新亚欧大陆桥东方桥头堡，是我国中西部及中亚地区重要的出海口，承接着全国 50% 以上、中亚国家 60% 以上的过境运输业务。无论是总量还是占比一直位列中国沿海港口之首，其中连云港—霍尔果斯出境通道已形成高峰期每天 2 ~ 3 列的运输能力，成为全国集装箱铁水联运过境运输的典范，是真正的“一带一路”国际班列，发挥着“一带一路”的重要桥头堡功能作用。连云港还拥有 30 万亩临港工业用地，具有经济后发的重要潜力，非常适宜石化、钢铁等大型临港产业发展，这里能源充足，核电、火电、风电等发电装机容量超过 300 万千瓦，其中，田湾核电是中俄两国迄今最大的经济技术合作项目。连云港还有包括 1 个国家级经济技术开发区在内的 13 个省级以上开发园区，是江苏省确定的三大国际商务中心之一。目前已开发规划建设近 40 平方公里上海合作组织国际物流园区。具备了“一带一路”综合枢纽和重要节点的基础条件和基本设施。

三是有着重要的经济战略地位。从经济上说，连云港南连长江三角洲，可延伸向南航行运输至沿海国内城市、相关国家、地区，北接山东半岛，东与日韩隔海相望，向西通过新亚欧大陆桥（新丝绸之路）与我国中西部及中亚、西亚乃至欧洲国家相连，在全国地理版图特别在经济方面有着独特的重要位置。现已陆续汇聚了江苏省沿海地区发展、东中西区域合作示范区建设、创新型城市试点区等多个国家战略，特别是“一带一路”倡议提出后，连云港被国家确定为新亚欧大陆桥国际经济合作走廊东方起点，中哈物流中转基地和上海合作组织出海基地，被江苏省明确为“一带一路”交汇点建设的核心区先导区，在全国开放发展大局中正在展现出重要的角色。这里还是我国最长两条高速路“同三高速”和“连霍高速”的唯一交汇点，这里还有飞机场，陆海空交通运输十分便捷。

四是新时期“一带一路”突出地位明显接连上升。2009 年，习近平同志曾在连云港视察时指出："如果孙悟空的故事有现实版的写照，就是连云港在新的时期新的世纪后发先至，构建新欧亚大陆桥，完成新时代的西游记。"2013 年 9 月，习近平主席在访问哈萨克斯坦期间，与纳扎尔巴耶夫总统共同见证了连云港市与哈萨克斯坦国有铁路公司物流中转基地合作项目协议签约仪式。2013 年 11 月，李克强总理在上海合作组织成员国总理第 12 次会议上提出："中国愿在新亚欧大陆桥东端的连云港，为成员国提供物流、仓储服务。"2014 年 5 月 19 日，中哈两国元首在上海通过视频连线方式共同见证中哈（连云港）物流合作基地启用仪式，这一项目成为"一带一路"倡议构想提出后，我国与沿线国家开展实质合作并建成运营的第一个实体项目。2014 年 12 月，习近平总书记在江苏视察时明确指出：江苏是"一带一路"的交汇点。作为"一带一路"的交汇点，江苏要抓住"一带一路"建设的重大机遇，自觉担当在"一带一路"建设中的重大责任，主动参与"一带一路"建设，放大向东开放优势，做好向西开放文章，拓展对内对外开放新空间。这里的向"东"就是要做好"海上丝绸之路"文章，"向西"就是要做好"新丝绸之路经济带"文章。这里的"东""西"无疑包含着江苏省的重要海港城市连云港。2015 年 5 月 6 日，江苏省委、省政府在连云港专门召开会议，贯彻落实"一带一路"国家倡议，将连云港正式确定为全省推进"一带一路"交汇点建设的核心区和战略先导区。如所前述，连云港作为全省沿海开发和沿东陇海线产业带开发战略的重要支点，随着"一带一路"倡议的不断落实和推进，其新亚欧大陆桥走廊首要节点城市地位和作用越来越突显出来。

五是连云港加快"一带一路"建设辐射带动作用较大。从全省来看，连云港加快"一带一路"建设步伐，是一个新的潜力较大的经济增长点，它通过依托"一带一路"的倡议，发展好、建设好，成为现代化对外开放的新型城市，其辐射的作用和效应、功能是较大的。不仅能与苏中打成一片，与苏南相呼应，彼此互补互促，促进全省形成生产力的合理布局；而且能带动和影响、辐射周边城市乃至全省、外省城市发展，对它们将带来有利的发展机遇，产生较大的有利推动作用。有可能成为继上海港之后的又一东方大港或我国中部大港，在我国漫长的海岸上将发挥着不可估量的作用。如能带动和辐射淮安、徐州、宿迁，山东的日照、临沂，安徽的宿州、砀山等市县外向型经济发展。江苏省委要率先实现现代化的宏伟目标，最大的难点在苏北，而苏北发展的优势之一重在连云港，如果连云港乘着"一带一路"发展大好机遇经济实现了腾飞，综合实力上来了，推动和促进着苏北其他城市发展，无疑对全省实现现代化起着举足轻重的作用。

六是连云港“一带一路”发展远景看好。随着连云港市“一带一路”建设步入助跑期，即将驰入快车道，发展远景极其看好，效果极其明显。首先，国务院批复连云港为国家东中西区域合作示范区。正在加快建设的服务国内中西部及中亚等地区的进口资源深加工基地、出口产品生产加工基地和产业承接与转移基地，加快推动跨境电子商务、保税商品直销、山海旅游产品等新型合作项目，打造电子商务和快递物流产业高地将成为深度参与“一带一路”经济建设的巨大引擎。其次，交通运输将迎来大好的发展机遇。不久将建成连盐铁路、连淮扬镇铁、连青铁路，加快建成连徐客专铁路线，到2020年将构筑成“T”形高铁格局，新增铁路里程280公里，总里程达到380公里以上。连云港新机场在2019年将投入使用，并开通“一带一路”沿线国家及地区航线。“一体两翼”组合大港建设全面推进，重点港口基础建设加快，以港口为核心的综合集疏运体系完善，物流中转和出海口功能不断提升，世界级深水大港建设成功。到2020年，港口吞吐量将超过3亿吨，集装箱吞吐量达600万标准箱。最后，一大批“亮点基地”将频现。随着“一带一路”建设的推进，连云港将成为一大批“亮点基地”。如将建设更大的连云港中医药、化学原料和生物医药研发生产基地，以进一步壮大自身医药企业发展空间，培育全国重要的医药龙头企业；建设连云港国际商务中心基地，更好地服务陆桥和海上市场贸易活动；建设连云港大陆桥国际航运中心基地，以提升国际中转运输功能，加快成为服务“一带一路”的区域国际枢纽港基地；建设国家新材料高技术产业基地，以全面加快企业转型升级；建设区域性国际物流中心基地，以重点推进中哈（连云港）物流中转基地和上海合作组织山海基地建设；建设连云港金融创新中心区基地，以引导在发展多种所有制金融企业、创新外汇管理制度方面先行先试。

二、连云港在“一带一路”建设中存在的税收阻碍和需要改进的方面

笔者在走访调查、深入分析的基础上发现，在推动“一带一路”建设中，还存在一些税收阻碍环节和不足之处，需要切实加以改进和完善。

（一）对涉及“一带一路”建设的“税收家底”掌握不牢，深入调研力度不大

目前涉及“一带一路”建设的税收法律法规政策比较多，且比较凌乱。但一些税务部门没有很好地进行疏理、整合，按类别进行必要的归类，并缺乏细致的分析，更缺少深度的调研，对涉及“一带一路”境外的相关国家地区的“税收”也缺乏研究和分析。目前，我国在“一带一路”建设中“走出去”企业涉及的国际税收法规政策大多是部门规章或规范性文件，缺少立法的依据，没有形成完整体系，非居民企业税收政策部分已经“过时”，不能适应新时期“一带一路”建设的发展需要。我国避免双重征税方法较为单一，税收协定、政策协定滞后于企业“走出去”的需要；在“一带一路”沿线国家中，还有不少尚未与我国签订税协定。对这些不利于甚至阻碍“一带一路”建设的涉税问题，当地税务机关没有很好地开展全面调研，没有安排专人写成调研报告，向上级反映，请求关注，引起重视，及时修改、完善相关税收法律法规及政策。

（二）税收征管对推进“一带一路”建设存在不畅

一是税收征管专业模式没有建立。目前，连云港在“一带一路”建设中，当地税务机关还没将“一带一路”建设中的“走出去”或“请进来”企业作为一类纳税人进行专门的管理，未建立适合这两类企业特点的专业税收征管模式；二是没有建立涉及国际税收的专业网络，缺乏对跨境税源动态化的信息分析和管控；三是共享涉税等信息平台没有形成，目前连云港税务部门与外汇、海关、银行、公安、边检等部门还没有建成完善的共享信息平台，从而导致税务部门获得信息滞后，存在为“一带一路”建设中的企业提供信息服务程序烦琐、费时长的现象；四是没有针对“一带一路”建设而尽快建立一支适应国际税收管理“特殊的”高素质的专业化服务管理团队；五是在深化税收征管中，还没有顾及“一带一路”建设需要，没有涉及这方面的针对性较强的内容。

（三）落实税收政策存在不力、不够到位现象

笔者通过了解发现，当地税务机关虽然为了推进“一带一路”建设，努力落实税收各项政策，特别在落实优惠政策方面做了大量的有效的工作。但仍然存在落实不力、落实不到位的现象。具体表现在：一是少数税务机关或少数税务人员针对推进“一带一路”建设主动性、积极性不高，对应落实的税收政策没有及时、全面落实到位，甚至存在拖拉、延期、刁难现象；二是在向相关企业宣传、解读税收政策特别是税收优惠政策等方面做的不够，存在不作为或没有尽力作为的现象，致使少数企业没有很好地、及时地、全面地用好、用足税收优惠政策，致使这些企业因未能完全享受税收优惠政策影响了企业的发展后劲；三是办理退税方面存在一定不足，如程序仍然需要简便，速度仍需进一步提高，环节仍需进一步简化等；四是在落实推动港口建设、重大项目建设等方面的税收政策，没有组织专人进行跟踪服务，在这方面仍存在工作不力现象。

（四）纳税服务仍需要进一步提升质量

在开展对“一带一路”建设的纳税服务中，当地税务机关仍需进一步提高质量和效果。一是税收宣传比较单一、单调，缺乏创新，缺乏实效性，缺少针对性，没有结合国家税务总局的相关规定，开发出“适销对路（指一带一路）”的税务宣传产品，要真正避免只是散发宣传资料的单一做法，切实转变形式，要注重提高宣传效果。二是办税流程和环节仍然存在不规范、不科学的现象，如存在窗口设置不尽合理、不符合实际的现象，致使纳税人办税或多或少还比较烦琐。三是税务部门内部协调、配合、衔接存在不力现象，机构设置不规范，责任主体分工不明确，没有形成整体服务的合力，从而或多或少影响纳税服务质量的提高。四是创新纳税服务方法、方式做得不够，如没有很好地推广运用“互联网 + 税收”，不能更好地适应新时期不断变化的多种经济结构类型的纳税人的需求。五是没有根据“一带一路”建设实际情况，开辟专门的绿色“税务服务通道”，专司对“一带一路”涉税服务。

（五）营改增工作存在做的不力方面，需进一步完善和改进

当下，推行营改增是一项重要的税制改革，也是一项重要的政治任务。但笔者了解到：在当地少数税务干部中存在思想认识不足、主动参与推动的积极性不高的现象。由于前期准备工作没有做细做好，致使部分纳税企业、纳税人不理解，对营改增政策有的知之较少、知之甚少，甚至一知半解、一无所知，对推动这项工作产生了一定的负面影响，使这项重大税改在平稳过渡、顺利展开中存在一定阻力。还有少数税务人员业务素质低，适应能力弱，大局观念不强，对营改增全面推进、深入铺开、完善后续工作有一定的不利影响；再加上税务机关办税流程存在“过时”、不适应新常态发展的现象，没有及时更新，与有关部门协调、配合存在不力等原因，对建筑安装、代理报关、货代运输、生活服务等行业的营改增进程有一定的影响。

（六）税务部门工作作风需进一步转变

虽然国务院陆续下发了改革行政审批制度、进一步简政放权的文件，税务部门工作作风得到了进一步改进，但在某些（少数）税务机关和少数税务工作人员身上，还存在工作作风转变不快、观念不更新、理念不转换的现象，还存在少数干部不作为、懒作为，甚至违法乱纪的行为，影响了整体税务机关工作效率的提高，损害了整体税务干部队伍的形象，必须加以整改。

三、对运用税收政策加快连云港推动“一带一路”建设的对策和措施

作为税务部门和税务工作者，在充分认识连云港在“一带一路”建设中独特地位和区位优势的基础上，针对上述存在的不足和问题，应牢固树立机遇意识，务必结合税收实际，采取得力有效措施，为推进连云港“一带一路”建设作出积极的贡献。笔者认为，应从以下几个方面加以考虑。

（一）要全面疏理涉及“一带一路”发展的税收政策

作为税务部门要想在推动“一带一路”建设中履好职、有所为，主要的工作就是运用好税收政策，充分发挥税收调节功能，促进企业发展。在这方面，重要的工作就是要组织人员对涉及“一带一路”建设的相关税收法律、法规、政策进行全面的疏理，摸清涉及相关税收政策的“家底”，进行必要的归类、整理，便于在服务“一带一路”建设中落实、执行起来；要有针对性，便于引导和帮助企业充分运用，依法享受税收政策的优惠，从而达到服务企业发展，服务“一带一路”建设的目标。如将对推动“一带一路”发展的有利的、促进作用的税收政策汇编成册，具体可按支持港口建设税收优惠政策、支持“走出去”企业发展税收优惠政策、支持“三新”（新材料、新能源、新医药）产业发展的税收优惠政策、支持节能环保产业发展的税收优惠政策、支持交通运输发展的税收政策、支持现代农业绿色农业发展的涉税优惠政策、支持企业重组升级改制的税收优惠政策等几大类进行详细划分，分门别类地疏理出来，编发成册，既便于税务部门执行、落实，也便于企业一目了然知晓该依政策享受哪些涉税优惠，心中有本税收政策的“明白账”“清楚账”。

（二）全面切实地落实好税收优惠，持续放大其对“一带一路”建设的促进、激励效应

连云港“一带一路”建设需要包括税收政策在内的一系列政策来推动、来助力、来促进，税收优惠政策是其中必不可少的重要组成部分。全面、依法、及时落实各项税收优惠政策，既是税务部门推动“一带一路”建设的重要工作，也是税务部门在推动“一带一路”建设中应尽的核心职责和主要任务。

1. 切实落实营改增政策，避免或减少企业重复征税

当下，全国正在全面推行营改增工作，党中央、国务院十分重视、关注这项重大税收改革。一部分企业将通过改革转型，由缴纳营业税改征增值税。连云港在推动“一带一路”建设中将有大批建筑业、房地产业、金融业、生

活服务业等领域行业涉及营改增业务。对此，连云港的税务部门要全面、积极地落实好营改增各项政策，确保这项改革平稳推进、顺利过渡，使相关企业享受税负降低红利，避免或最大限度减少企业重复征税。要切实做好后续跟踪服务工作。要围绕连云港是“一带一路”交汇点核心区的战略定位，重点做好对一般纳税人提供的仓储服务、装卸搬运服务选择按简易计税办法计缴增值税，以进一步推动中哈（连云港）物流基地、上海合作组织国际物流园区建设；对取得交通运输部颁发的《台湾海峡两岸水路运输许可证》且登记地址在中国台湾的航运公司从事两岸海上直航业务在大陆（连云港）取得的运输收入免征增值税，以推动连云港与台湾阳明海运、万海航运的经贸交流合作；对一般纳税人提供的国际货物运输代理服务免征增值税，对境内的一般纳税人提供适用增值税零税率的应税服务，实行退（免）增值税，以促进连云港“一带一路”建设涉及的物流产业的快速发展壮大。

2. 切实落实“启运港”退税政策，加快提升出口退税进度

港口是连云港推动“一带一路”建设的最大优势资源，又是重要关键节点，必须要充分发挥税收政策调控功能，加快港口建设，使之成为推动“一带一路”建设进程的重要动力和亮点抓手。这里涉及的重要方面就是要切实及时落实好“启运港”退税政策，以维护依托相关港口企业的合法权益，增强企业发展后劲。一方面，对符合“启运港”退税条件的企业申报出口退税，开辟绿色通道，尽快办理，并要优先安排退税计划，加快审核进度；另一方面，要通过推行网上税申报、短信平台、QQ 群等各种形式，开展这方面政策宣传解读，使全港乃至全市出口企业及时、更多地了解、掌握“启运港”退税政策，便于他们用足、用好政策，放大政策效应。与此同时，要加强走访调研，做好符合条件的“启运港退税”政策的运输企业上报工作，指导企业及时申请享受退税政策，全面提升连云港在“一带一路”建设中“启运港退税”业务出口线路运输总量。

3. 落实好企业所得税优惠政策，推动产业转型升级

一是落实港口企业重组改制涉及所得税等税收政策，推动港口集团等企业完成现代企业制度改革；二是落实公共基础设施项目企业所得税“三免三减半”优惠政策，推动连云港市的徐圩、赣榆、灌河等港区公共基础设施项目建设进度；三是落实固定资产加速折旧、研发费用加计扣除、技术让所得

减免税、高新技术优惠税率，促进企业进行技改、创新，积极推动在连的新医药、新材料、新能源、装备制造等产业群发展；四是落实“农、林、牧、渔行业和初加工”免征、减征所得税，“公司+农户”减免所得税等涉税优惠政策，支持推动在连的“一带一路”农业国际合作示范区、东海国家级农业经济开发区的快速发展，加快培养新型农业综合主体，适应“一带一路”发展需要。

4. 落实“一带一路”中“走出去”税收优惠政策，助推沿线企业发展

对连云港“走出去”企业在“一带一路”沿线国家从事承包工程作业、提供劳务、国际运输取得的所得，按我国对外签署的税收协定，及时予以免税；对“走出去”企业取得的来源于另一方的股息、利息、特许权使用费及财产收益，按规定享受相关优惠；对“走出去”企业取得的来源于中国境外的应税所得已在境外缴纳的所得税税额，按规定给予有关抵免优惠政策；按照上级相关规定，可适时开通涉及“一带一路”建设中税务纠纷受理热线和专门通道，为跨国跨境纳税人避免双重征税或税收损失、涉税维权等方面提供便捷、高效、及时的服务。

（三）致力于做好纳税服务，着力营造推动“一带一路”建设的和谐税收环境

1. 深化税收政策宣传

一是要建立“一带一路”税收服务网页或涉税公共信息平台，对相关国家税务法律法规、政策以及征管制度，执法和服务等动态情况进行收集和公布，为包括“走出去”企业、参与“一带一路”建设的企业提供信息支持；介绍国内外税收新政策、办税服务新举措。二是要加强税务服务专热线建设，通过12366专门电话、短信平台、微信、办税场所显示屏等不定期宣传税收热点、焦点问题，宣传解读“一带一路”交汇点中的税收政策。三是要开展行之有效的宣传、咨询活动，比如向企业发放《连云港“一带一路”交汇点税收政策汇编》等，为地方政府和纳税人熟悉、了解涉税政策提供“看得见、说得清”的服务。

2. 进一步提升纳税服务水平

要积极创造条件，进一步规范办税流程，改善办税环境，提升办税水平，提高办税效率，要致力营造“流程更优、环节更简、耗时更短、效率更快、效果更佳”的办税环境，要全面推行“三证合一”，最大程度地减轻纳税人负担，最大可能地方便纳税人办理涉税业务。

3. 积极推进纳税人自主办税

在服务“一带一路”建设中，作为当地税务部门，要积极推广应用网上办税项目，引导广大纳税人使用电子税务局，最大范围实现纳税人线上办理涉税业务。要在此方面加大投入，舍得投入，添置和增加抄报税、发票认证、发票发售等自助办税设备，进一步方便申报纳税、购买发票等涉税事宜。同时，要建立纳税人诉求快速回应机制，及时受理回应、答复纳税人提出的涉税诉求，及时反馈诉求的办理结果，并要回访纳税人的满意度，切实做到“事事有着落，件件有回音”。

4. 强化对“走出去”“来连地”（即请进来）企业的专业服务

在“一带一路”建设中，定会出现一批来连创业发展的外地企业和走出连云港赴外创业发展的企业。对这两类企业要做好“专门服务”，给予“特殊的照顾”。一方面，可组建特殊的“一带一路”税收服务团队（或相应的机构），并要在梳理不同国家税收法规政策和投资风险基础上编写两类企业涉税专门指南与管理手册；另一方面，强化业务培训指导，分期分批对本地“走出去”“请进来”（即“来连地”）企业开展税收政策专题培训，帮助他们依法享受税收优惠，依法纳税，防范税收风险，保护自身权益，进一步缩短这两类企业办理涉税有关证明时限。

（四）积极建言献策，充分发挥以税咨政功能

一是要扎实做好重点涉税政策事项向上反映工作，要深入研究“一带一路”沿线城市和地区，如上海、广东、天津、福建自贸区以及海关特殊监管区域的税收政策，分析争取税收政策支持的可行性，为上级政府决策提供有益的参考。及时向上级机关汇报推动连云港“一带一路”建设的税收政策需

求，推动上级部门给予税收政策支持。加强与当地海关、市商务局等部门的配合、沟通和联系，主动做好连云港综合保税区、自由贸易港区的申报工作，推动“两区”尽快落地连云港。二是加强调研，深入涉及“一带一路”建设的企业了解情况，收集他们的意见和建议，积极向上级反映涉税重大问题，请求国家、上级机关调整、完善、修订相关涉税法律法规、政策，为这类企业提供合理的、更多的税收优惠。三是要深入开展税收经济分析，为“一带一路”建设建言献策。要充分利用税收经济数据，深入分析连云港企业在“一带一路”建设中发展的优势和不足，为政府引导、企业实现转型升级，以及“一带一路”对港口后续经营、发展的影响，提出良好的建设性建议，为壮大港城医药、加快交通运输建设进度提供参考意见。同时，对地方政府及有关部门在起草推动“一带一路”建设规范性文件时，提供合法性、专业性的税收建议；对他们正确分析经济形势、经济走势、形成决策起到积极的借鉴作用。四是要依托协作，提供更多信息支撑服务。税务部门接触广、信息来源渠道多，可充分利用自身这些优势，建立“一带一路”信息技术服务网，收集多方面、全方位的经济投资环境信息，为“一带一路”建设多行业、全领域的投资及投资风险评估等提供信息服务，以帮助企业做好投资前的可行性咨询、分析准备工作。五是要落实税收政策执行反馈制度。在当前，特别要分析全面营改增后的执行情况，及时反馈落实过程出现的问题和症结所在，提出进一步完善的建议，便于上级及时作出判断，研究解决对策，出台新的政策，依法降低企业税负，做好营改增的后续各项工作，以确保这项重大税收改革全面实施，取得如期效果。要强化税收其他政策的前瞻性研究，分析制约和影响连云港“一带一路”建设发展的涉税因素，及时上报上级机关，推动国家调整、完善相关税收政策，推动“一带一路”建设深入开展。

（五）要运用税收政策，推动“一带一路”建设中重大产业项目的建设工作

作为连云港，推动一批重大产业项目建设是加快“一带一路”建设的龙头。新时期，有必要在税务部门全面落实有关税收政策，相关产业部门充分享受、运用税收政策基础上，加快推进“中陆海联运试点口岸、建设新机场、港口 30 万吨级航道二期、徐圩 30 万吨级原油码头、连淮扬镇铁路连云港段、

陇海客运专线徐连段”等一批重大项目，以全面带动连云港“一带一路”交汇点核心区建设，并要注重提升重大产业项目对其他产业的拉动和支撑、影响作用。

（六）要运用税收相关政策，打造好“一带一路”建设资金供应链

推动“一带一路”建设，没有资金，那就是一句空谈。对此，要加快打造连云港“一带一路”建设资金供应链，以为其深入实施提供资金保障。一方面，在依法运用税收政策的条件下，可充分吸引和利用亚投行和“丝绸之路”基金等金融机构和平台，建立连云港“一带一路”金融平台，通过金融平台推进“一带一路”建设进程；另一方面，可通过协商、签约，吸收多元化投入，尽快成立连云港“一带一路”建设专用金融供应中心，切实解决企业融资难、贵、慢等问题，进一步拓宽投资渠道，为企业发展提供所需资金上的保障和方便。

（七）运用税收优惠政策，鼓励支持建设创新型人才建设

“一带一路”建设离不开人才，人才建设是关键之关键，作为开放港口城市、“一带一路”交汇点核心区的连云港，务必要重视人才建设，尤其要重视加强创新型人才建设，为“一带一路”建设带来强有力的人才保障，也为深入实施这一重大战略带来生机和活力。作为税务部门，一定要落实好涉及人才引进及其津贴、工资方面的税收优惠政策，以鼓励和引进更多的好人才、优秀人才来连云港创业发展，为连云港“一带一路”建设贡献才华和技能、力量。

（八）运用好税收政策，扶持中小企业发展

要充分运用现有税收优惠政策，鼓励和扶持中小企业发展。一方面，可以为中小企业搭建专门涉税的沟通平台，免费提供投资国项目合作信息；另一方面，向上级积极申请制订特惠税收优惠政策，鼓励中小企业以特殊方式进行业务合作、报团投资，共同发展。

（九）重视税收研讨，为连云港“一带一路”建设提供理论上的服务

作为税务部门，在做好落实税收政策、服务“一带一路”发展的同时，要高度重视开展涉税方面的研讨、科研工作，通过定期或不定期召开“一带一路”税收实践与理论专门研讨会，形成科学的有价值的科研理论成果，以便在服务“一带一路”建设上提供理论上的支撑。或者通过研讨，形成有深度、有广度的调研报告，及时纠正税收政策在执行中的偏差，把握好执行税收政策的“度”，为领导在“一带一路”建设中决策起到参谋助手作用，避免税收风险的发生。

（十）加强税收征管，为“一带一路”建设创造公平公正的税收法治环境

推进“一带一路”建设也需要法律法规作保障。对此，税务部门要坚持依法加强税收征管，建立健全有关税收征管制度，为“一带一路”建设创造良好的公正公平的税收法治环境。对假借“一带一路”建设之名，采取违法手段偷税逃税骗税的行为，要严肃依法查处，绝不能纵容涉税违法犯罪，损害整体，对“一带一路”建设产生消极的负面影响；同时，要着力加强税务干部队伍建设，进一步转变工作作风。教育税务干部严格遵纪守法，爱岗敬业，乐于奉献，文明执法，热情服务，为做好“一带一路”建设中的各项涉税工作提供作风正、业务精、素质硬的人才保证。

2016 年 4 月 29 日，习近平总书记在中央政治局就历史上的丝绸之路和海上丝绸之路进行第 31 次集体学习会上，进一步强调：推进“一带一路”建设，要广泛调动各类企业参与，引导更多社会力量投入“一带一路”建设，努力形成政府、市场、社会有机结合的合作模式，形成政府主导、企业参与、民间促进的主体格局。作为江苏省“一带一路”交汇点核心区的连云港，一定要抢抓这一难得的大好机遇，开拓进取，扎实工作，切切实实把“一带一路”建设好、推进好、发展好。连云港应抓住这个难得的大好机遇，耽误不得，贻误不得，错失不得，输不起，更错过不起，必须扬起“只争朝夕”的气势，振奋起拼搏的激情，汇聚全市力量，全面落实习总书记对加快“一带一路”建设作出的最新讲话精神，不断推动“一带一路”进程，以实现把连

云港建成“一带一路”核心区的宏伟目标。作为当地税务部门，一定要紧密结合税收实际，充分运用税收政策，为促进“一带一路”建设作出更多的有益贡献。

参考文献

[1] 连云港港史（现代部分）[M]. 北京：人民交通出版社，1984.

[2] 连云港·徐州双城论坛：“一带一路”战略与徐连一体化发展(2015 年12 月，连云港、徐州两市社科联).

[3] 焦微家. 加快“一带一路”交汇点核心区建设研究 [N]. 连云港日报，2016－03.

[4] 马清涛. 筑梦“一带一路”加速崛起振兴——2015 年度连云港市交通运输发展综述.

（作者单位：江苏省连云港市税务学会）

加强港口经济建设，打造“海上丝绸之路”枢纽城市

青岛市税务学会课题组

作为我国重要的经济中心城市和沿海开放城市，1000年前，青岛曾是古代海上丝绸之路起航地之一，而今这座城市积极融入国家战略，砥砺前行，奋力打造“海上丝绸之路”枢纽城市。作为一座港口城市，港口经济的发展是青岛市“一带一路”建设的重要组成部分，更是青岛“海上丝绸之路”建设的重头戏。本文结合港口经济的发展，对青岛市“海上丝绸之路”建设进行探讨。

一、21世纪“海上丝绸之路”倡议的提出

21世纪“海上丝绸之路”，是2013年10月习近平主席访问东盟成员国时提出的倡议构想。海上丝绸之路自秦汉时期开通以来，一直是沟通东西方经济文化交流的重要桥梁，而东南亚地区自古就是海上丝绸之路的重要枢纽和组成部分。中国着眼于与东盟建立战略伙伴十周年这一新的历史起点，为进一步深化中国与东盟的合作，提出了“21世纪海上丝绸之路”的倡议构想。

（一）21世纪“海上丝绸之路”倡议提出的背景

海洋是各国经贸文化交流的天然纽带，共建“21世纪海上丝绸之路”，是在全球政治、贸易格局不断变化形势下，中国连接世界的新型贸易之路，其核心价值是通道价值和战略安全。尤其在中国成为世界上第二大经济体，全球政治经济格局合纵连横的背景下，“21世纪海上丝绸之路”的开辟和拓

展无疑将大大增强中国的战略安全。

（二）"21 世纪海上丝绸之路"的主要内容

"21 世纪海上丝绸之路"通过以点带线，以线带面，增进同沿边国家和地区的交往，串起连通东盟、南亚、西亚、北非、欧洲等各大经济板块的市场链，发展面向南海、太平洋和印度洋的战略合作经济带，它以亚欧非经济贸易一体化为发展的长期目标。

（三）建设"21 世纪海上丝绸之路"的重大意义

"21 世纪海上丝绸之路"倡议构想的提出，契合沿线国家的共同需求，为沿线国家优势互补、开放发展开启了新的机遇之窗，是国际合作的新平台。"21 世纪海上丝绸之路"建设一旦成功，受益地区将是全局性的，不仅会促进沿线国家的经济繁荣，更能对中国的经济改革、产业升级创新、资源有效配置产生强大推力。特别是中国沿海的各个口岸依据不同地缘潜力更会得到相应的大提升。

二、青岛在"21 世纪海上丝绸之路"建设中的战略地位及其优势

（一）青岛的战略地位

1. 主要角色

2015 年 3 月 28 日国家发展改革委、外交部、商务部联合发布了《推动共建丝绸之路经济带和 21 世纪海上丝绸之路的愿景与行动》，中国倡导的"一带一路"有了纲领性文件。对沿海诸市的定位是：加强沿海城市港口建设，强化国际枢纽机场功能。其中第六项"中国各地方开放态势"中，提出"加强上海、天津、宁波 - 舟山、广州、深圳、湛江、汕头、青岛、烟台、大连、

福州、厦门、泉州、海口、三亚等沿海城市港口建设……以扩大开放倒逼深层次改革，创新开放型经济体制机制，加大科技创新力度，形成参与和引领国际合作竞争新优势，成为‘一带一路’特别是21世纪海上丝绸之路建设的排头兵和主力军”。

2. 在主要沿海城市的位置

根据“一带一路”国家倡议规划，青岛的定位是“新欧亚大陆桥经济走廊”的主要节点城市和“21世纪海上丝绸之路”合作支点城市。在“一带一路”国家倡议规划中，青岛在“新欧亚大陆桥经济走廊”主要节点城市和“21世纪海上丝绸之路”合作支点城市中的“双重”地位明显。《青岛市国民经济和社会发展第十三个五年规划纲要》第十六章“强化‘一带一路’倡议支点功能”提出：突出海、陆、空港和信息港多港联动，创新自由贸易体制机制，提升国际大通道功能，建设海陆综合枢纽。

（二）青岛对“一带一路”建设的构想

在“一带一路”建设中，青岛的规划如下：一是打造“一带一路”双向开放桥头堡。深化与乌鲁木齐、霍尔果斯等西部口岸合作，搭建“青新欧”跨国货运铁路直达通道。二是东北亚区域合作的节点城市。加快面向日韩的门户机场建设，打造与韩国贸易交往快速通道，推动丝绸之路经济带向东部沿海延伸，促进海上丝绸之路向中西部地区拓展，加快海陆双向衔接。三是构建“一带一路”经贸合作枢纽。以申建青岛自由贸易港区为引擎，推动贸易投资便利化；积极打造国家级区域性财富管理中心城市，开展对外金融合作；提升发展国际货物贸易、突破发展国际转口贸易、扶持发展国际服务贸易，加快建设国际贸易中心城市。四是打造“一带一路”综合保障服务基地。发挥城市功能完善、综合承载能力突出的优势，整合各种力量，在国际海洋合作、深远海开发、航道安全、综合信息等方面为国家“一带一路”倡议实施提供坚实服务保障。

（三）青岛的优势

作为中国东部沿海城市，由于优越的自然条件和历史原因，青岛具有融入“一带一路”倡议得天独厚的优势和条件。

1. 区位优势

青岛是沿黄河流域最大的出海口，青岛港连接着全球180多个国家和地区的700多个港口，是连通“一带一路”的重要港口枢纽。随着董家口港以及青岛胶东国际机场建设启用，青岛将打造成“海、陆、空、铁”多式联运枢纽门户。海关总署批复设立了位于胶州的多式联运海关特殊监管中心，向西由霍尔果斯口岸连通中亚，可以直达荷兰阿姆斯特丹港；向南可以直达东南亚国家。

2. 经济优势

青岛是国家首批14个沿海开放城市之一，在“一带一路”相关规划中，被定位为“新亚欧大陆桥经济走廊主要节点城市”和“海上合作战略支点”，是同时涉及“一带”和“一路”的少数城市之一。从经贸往来看，青岛已经和74个沿线国家地区开展了经贸往来，2014年，与沿线国家的贸易额为413亿美元，占全市总额的69%；在沿线国家承包工程额为27亿美元，占全市对外承包额的74%；2015年1—10月，青岛市与“一带一路”沿线国家贸易额为282.58亿美元，占全市对外贸易总额的50%；对外承包工程额15.9亿美元，增长33.1%；沿线国家在青岛投资项目有387个，实际利用外资20.5亿美元，占全市的35.1%。截至2015年10月底，青岛对“一带一路”沿线国家累计投资项目762个，投资额为42.6亿美元，占全市的48.8%。目前，青岛与“一带一路”沿线国家的交流合作已经开了好头、打实了基础，为长期持续推进“一带一路”倡议创造了条件。

3. 港口优势

青岛港是青岛市“以港兴市”战略的重要承载体。青岛港的吞吐量、集装箱装卸量均位居世界各港口前列，2016年4月网上发布的消息称：2016年第一季度公布的集装箱吞吐量数据，青岛港排名升至全球第五名；同时，它还是我国第三大外贸口岸，主要从事集装箱、原油、铁矿石、煤炭、粮食等各类进出口货物的装卸、储存、中转、分拨等物流服务和国际客运服务。

青岛港航线密度居江北第一，与世界上180多个国家和地区的700多个港口有贸易往来，集装箱装卸效率连续4年保持世界第一，已成为国家“一带一路”交汇点上的重要桥头堡之一。在“一带一路”国家规划的海陆5条路线中，有4条可以从青岛港始发，使其具备成为国家“‘一带一路’东西南北全向开放的重要门户和桥头堡”的区位优势，青岛港为“海上丝绸之路”倡议实施提供了有力支撑。

三、青岛“21世纪海上丝绸之路”建设情况

（一）“21世纪海上丝绸之路”倡议为青岛经济发展带来机遇

2015年，围绕打造“一带一路”北方重要门户城市的目标，青岛市制定实施了《青岛市加快“走出去”实施国家“一带一路”倡议行动计划》，布局推进一批投资贸易重点项目。其中包括海尔俄罗斯家电、海信埃及家电等30个产业转移项目，约旦油页岩矿、蒙古铅锌矿等20个境外资源能源开发项目，南车四方、电建三、中石油七建等优势企业在轨道交通、电力能源、路桥建设等领域实施了20个国际承包工程项目，10个国际服务贸易合作项目。

随着“一带一路”成为时代命题，青岛港被纳入……规划，通过增加航线密度，青岛港将与“21世纪海上丝绸之路”沿线15个港口实现互联互通。未来还将采取海上、陆上双向行动策略，通过组团投资、国际化港口合资合作、逐步实现航线贸易互联互通方式，成为国家“‘一带一路’东西南北全向开放的重要门户和桥头堡”，在国际经贸合作中发挥更大作用。

（二）“21世纪海上丝绸之路”为青岛港口经济发展创造了契机

一是青岛港主动抢抓机遇，积极融入国家发展战略，在深化与“海上丝绸之路”沿线港口的合作、加快国际化步伐方面作出了大量努力。2015年1月30日，在国家规划的海上丝绸之路15个港口之一的缅甸皎漂港，由中石油集团委托青岛港管理的中缅原油码头成功靠泊第一艘30万吨级原油船舶，迈出青岛港向海外输出管理的第一步。4月与南亚巴基斯坦瓜达尔港成功建立友好港关系后，又与东南亚柬埔寨王国第一大港西哈努克港签署建立友好港关系意向书。

二是海铁联运已成为内陆直通青岛港的“物流高速路”。青岛与新疆乌鲁木齐，一个是古代海上丝绸之路的北线起航点，一个是陆上丝绸之路上的璀璨明珠。如今，在“一带一路”倡议之下，两座城市实现了历史牵手。通过新疆阿拉山口和霍尔果斯两个边境口岸，开通了连接日韩、东南亚和中亚5国，贯穿东西的过境海铁联运大通道。今后，青岛港将加快推进新内陆港建设选点，同时对接上海合作组织，争取在中亚国家选点建设境外内陆港。

三是“21世纪海上丝绸之路”建设扩展了青岛企业“走出去”之路。青建集团是青岛企业“走出去”的“急先锋”，从1983年第一次承揽海外工程项目至今已有30多年的历史。目前，在“21世纪海上丝绸之路”沿线的新加坡以及众多非洲国家都能看到青建的身影。青岛依托青建集团海外发展的优势，创新了“青建+”模式，即以青建集团海外布局为主体，加强与相关企业紧密合作，抱团开拓国际市场。目前，青建集团已与海尔集团、海信集团、澳柯玛、恒顺众昇等企业开展合作，联合建设境外产业园和生产基地。

除了大企业之外，随着“海上丝绸之路”的建设，越来越多的小企业、民营企业也开始探索“走出去”之路。如在《青岛市加快“走出去”实施国家“一带一路”倡议行动计划》中，民营企业青岛瑞昌棉业有多个项目入选，在“一带一路”倡议的带动下，该公司将开始开发西非市场。

（三）“21世纪海上丝绸之路”建设给青岛提出了新的课题

一是如何利用现有资源寻求突破值得研究。在“一带一路”倡议中，如何利用优势，完成从传统制造业到高端制造业的产业升级，考验着青岛人的智慧。作为我国知名海洋科技城，青岛集聚了中国海洋大学、中科院海洋研究所等28个海洋科研、教育与管理机构，汇集了全国70%涉海领域两院院士和30%高级海洋人才，借助“一带一路”在不断发展临港产业的基础上，在海洋产业、高端装备制造、新材料等新兴产业领域实现突破，是我们必须研究的内容。

二是对企业来说，如何把握机遇，寻求发展，应引起重视。“一带一路”赋予了青岛四大战略定位，这对于对青岛的经济发展、改革开放，对于城市及企业走出去都将产生重要的影响。面对机遇，企业如何抓住属于自己的机会，分享到“一路一带”的建设红利，就看企业怎么去认识，怎么去捕捉。

三是对于税务部门来说，面对“21世纪海上丝绸之路”建设，有许多新的问题需要解决，包括：在政策层面如何从税收的角度进一步简政放权，实施包括减税在内的财税体制改革，为我们的企业和市场主体建设“一带一路”提供更好的环境，提高企业国际竞争力；如何适应“一带一路”倡议实施、中国进入资本输出新时代、国际税收新秩序形成的需要，对国际税收管理和国内税制进行改革；在税务管理层面如何建立与“一带一路”倡议的实施对应的税收制度和政策，加强税收管理和服务，促进“21 世纪海上丝绸之路”的建设……

四、加快“海上丝绸之路”枢纽建设的对策建议

一直以来，青岛以其开放、包容的城市性格，以其勇于创新的胆识，始终屹立于改革开放和市场经济发展的潮头，走在时代的前列。在“21 世纪海上丝绸之路”建设中，青岛也不甘落后，提出把青岛打造成“海上丝绸之路”枢纽城市，以此融入国家战略。在此，围绕港口经济的发展谈几点意见和建议。

（一）进一步加快港口经济建设

如前文所述，港口经济的发展是青岛市“一带一路”建设的重要组成部分，因而，为打造“海上丝绸之路”枢纽，必须进一步加快港口经济建设。

1. 增强青岛港综合竞争力，大力促进青岛港发展

一是巩固拓展港口装卸板块。强化集中统一调度，优化调整生产布局，发挥质量、服务、效率和品牌优势，加大市场开发力度，确保集团货物吞吐量、集装箱吞吐量和外贸吞吐量等各项指标持续增长。

二是做大做强现代物流板块。构建综合立体、多式联运机制的国际物流网络；建立和完善综合信息平台，提高信息化应用水平，带动经济转型升级。组建大货代、大场站、大车队，拉长物流链，拉长利益链，全面拓展功能，把资源变财富，强力打造港口利润的新增长点。正在建设中的董家口港区面积多达 150 平方公里，是标准的第四代世界物流大港，可为国家“海上丝绸之路”倡议实施提供有力支撑。

三是全力突破资本运营板块。在严控风险的前提下，积极稳健地发展保

险、债券、股权投资、质押融资、期货交割、交易市场等业务，打造与港口实体经济相匹配的金融服务功能。在加快主业转型的同时，青岛港应大力实施金融战略，落实金融产业发展规划，打造港口发展新增长极。

2015 年 2 月，青岛港集团与国家开发银行青岛分行签署《服务“一带一路”国家倡议开发性金融合作协议》，双方创新性地建立了港口与银行的合作模式，打造了企业集团与金融集团全方位深度合作的新型战略合作伙伴关系。根据协议，国开行和青岛港会以“一带一路”国家倡议的规划合作为切入点，共同落实后者的“一带一路”国家倡议行动方案，探索打造“以港口为龙头、以产业为依托、以物流为载体，以金融为支撑”的一体化投融资新模式。

四是着力发展邮轮经济板块。应依托世界最大的邮轮码头，大力发展商务贸易、金融投资、高端旅游、现代服务、休闲娱乐和商务地产等高附加值的产业项目，以邮轮产业的发展推动百年老港实现根本性转型升级，努力打造“东北亚区域性邮轮母港”和“重要的国际海上旅游集散中心”。

五是强化提升港航服务板块。依托老港区转型和董家口港区开发，通过招商引资、联盟发展等途径，全力开拓市场，形成港口现代综合服务体系，实现服务的市场化、规模化、产业化和效益的最大化。

2. 借助港口经济的发展，促进“海上丝绸之路”枢纽建设

一是通过港航综合能力提升和物流产业转型升级，促进“一带一路”综合交通枢纽和物流枢纽城市建设。2015 年青岛市交通委出台枢纽建设三年方案，规划到 2017 年，青岛将基本建成“一带一路”综合交通枢纽和物流枢纽城市。在物流产业转型升级方面，青岛将建设大宗物资集散分拨中心，加快物流园区建设步伐，大力发展多式联运，实现青岛港至郑州内陆港铁海联运通关一体化，探索开通中日陆海联运货运通道，初步形成连接中西部、中亚和欧洲的国际物流大通道。

二是借助港口经济发展，推动青岛市经济发展。“海上丝绸之路”在拉动航运业发展的同时，也能够推动沿海经济带，尤其是港口腹地产业结构和经济增长模式的转变，通过港口经济的建设，还可以推动临港产业的发展。以青岛为例，黄岛油港区使大炼油项目落户黄岛。利用董家口港区发展的有利时机，将临港石化产业做大做强，不但可以吸引一批国内外上下游企业落户，而且可以引进相关高校、科研院所跟进，进一步用大项目串联上下游产业，形成产业集群，为青岛市的经济发展提供强大助力。

三是通过海铁联运，搭建内陆直通青岛港的“物流高速路”。目前，青岛港已铺设了近20条通达山东、辐射西部、直至中亚的铁路班列线路，并在河南郑州、陕西西安合作共建了内陆港，通过新疆阿拉山口和霍尔果斯两个边境口岸，开通了连接日韩、东南亚和中亚5国，贯穿东西的“过境海铁联运大通道”。

四是改善发展环境，带动对外经济发展。随着青岛港的发展，港口经济集聚效应明显，马士基、伊藤忠、韩国韩进海运等世界500强和众多国际著名企业相继到青岛投资发展，大量资金、技术、人才以及一些重大项目向青岛及周边区域集中，形成了大量外部投入，为经济发展带来了新的活力。未来，青岛港还将加强与“海上丝绸之路”沿线的缅甸皎漂港、巴基斯坦瓜达尔港等海上合作重点港口的战略合作，参与投资、建设和经营。与“海上丝绸之路”沿线国家加强货物贸易，建设便捷高效的双向物流通道。

（二）进一步完善“软环境”

青岛作为国家“一带一路”倡议的“节点”“支点”城市，应主动担起应尽之责，全面融入“一带一路”建设中，抢抓机遇、积极作为，着力打造“一带一路”综合枢纽城市。除了利用自然优势加强港口经济建设外，还应在进一步完善“软环境”上下功夫。

一是在推进上发力。青岛市成立了推进“一带一路”建设工作领导小组，下设8个专项推进组，定期召开领导小组会议，加强对“一带一路”倡议实施有关重大政策、重大问题、重大项目的组织协调。制发了《落实“一带一路”战略规划总体实施方案》，明确了目标任务、重点领域和保障措施，每年出台工作计划，形成有效工作指导。建立推进“一带一路”建设实施督查机制，确保各项部署任务落到实处。

二是从政策层面，应对“一带一路”倡议的实施。“一带一路”尤其是“海上丝绸之路”的建设，在给整个沿海地区航运业发展注入新动力的同时，也为中国的企业转型带来了新的发展机遇。中国企业要和国际企业进一步融合，扩大经贸往来，扩大投资，都需要通过“一带一路”倡议的实施来取得新的成果。在支持国内企业走出去方面，政府应该给予一定的政策支持。

三是打造城市对外开放的新格局，为融入“海上丝绸之路”提供坚实保障和有力支撑。首先，开辟对外新通道。优化海上港口合作布局，推进青岛前湾港、胶州铁路集装箱中心站海铁联运项目申报国家多式联运示范工程，开通"青岛—郑州—中亚"直通班列，打通"陆海联运"国际物流大通道。其次，探索通关新模式。青岛市通过与海关、检验检疫部门密切配合，加快推进"丝绸之路经济带"一体化改革。通关一体化改革以来，企业通关物流成本降低20%～30%，通关时间缩短7.2小时。再次，坚持保障共建，推进国家深远海开发战略保障基地建设，加强航行安全、海上搜救和应急处置等领域的合作，构建海上安全保障基地。坚持服务共享，依托新华国际海洋资讯中心、大数据中心等平台，打造海洋信息交流服务平台，提升海洋综合服务辐射水平。最后，畅通对外投资渠道，建立跨境担保联动机制，助力"走出去"企业融资，对外担保项下的余额达600余亿元，增长54.1%，间接支持企业从境内外融资380余亿元，为企业累计节省融资成本4亿元。

（三）进一步落实"一带一路"相关税收政策，支持青岛建设"海上丝绸之路"枢纽城市

1. 从政策层面采取有效措施，应对"海上丝绸之路"建设

一是完善相关法律法规，尽快制定企业对外投资基本法律。对税收促进企业"走出去"的基本功能、基本原则和基本原理等作出必要规范，并明确规定涉及海外投资的各项税收政策和实施细则，增加政策的科学性、稳定性和可操作性，确保企业在海外投资过程中遇到税收问题时有法可依。

二是要完善各税种的法律法规。在企业所得税方面修改不利于促进对外投资的条款，优化税收抵免制度，增加税收优惠举措，避免国际重复征税；在流转税方面完善出口退税制度，解决营改增落实问题等；对于关联企业的认定标准应引入"实质重于形式"原则；对转让定价的调整，应取消有关"依顺序"规定，采取灵活务实的态度，由税务机关选择适当的方法进行调整。同时，应尽快制定避税港对策税制、资本弱化对策税制、受控外国公司对策税制、防止滥用税收协定对策制度、限制成本分摊协议对策税制等一系列反避税专门条款，最大限度地维护国家的税收利益。

三是加强税收协定的谈签和修订工作。在"一带一路"沿线国家中进一步扩大税收协定的谈签范围，完善转让定价、非歧视待遇和关联企业条款等协定内容，同时将避免货物与劳务双重征税纳入国际税收协定的谈签范畴。

2. 加强管理监控，逐步实现税源精细化、专业化管理

首先，要建立专门的跨国税源管理机构。将我国企业的对外投资统一纳入国际税收业务部门管理，落实国际税收协定的执行，解决执行过程中出现的矛盾和争端，帮助企业防范海外税收风险，防止激励性税收政策被滥用。

其次，要打造国际税收管理人才队伍。依托国家税务总局开展的领军人才选拔和培养工作，自上而下打造一支熟悉境外投资业务，能综合运用国际贸易、会计、法律、税收等领域知识处理实际业务的复合型人才队伍，定期开展多种涉外专门业务培训，同时注重与从事涉外税收业务的中介机构沟通交流，自上而下、自内而外提升税务人员素质，做好涉外税收管理服务人才准备。

最后，健全国际税收协调机制。推动国际税收制度改革，防止跨国企业滥用税收协定、滥用各国税制差异逃避税收。健全中国特色国际逃避税防控体系，为走出去企业提供稳定、透明、可预期的税收环境，进一步参与完善国际税收管理。积极参与国际税收协作，争取国际税收领域话语权。建立国际税收交换网络和信息情报交换机制，加强国际税收管理的跨国协调与合作，借助互联网优势建立国际税收信息交换的网站，收集跨国企业的纳税基本信息，提供税收信息查询、申请交换的功能。建立包括事前自主机制、风险预警机制和跟踪反馈机制的信息情报交换机制。

3. 认真做好税收服务工作，促进“一带一路”建设

（1）认真落实国家税务总局提出的税收服务“一带一路”十项措施。按照党中央、国务院实施“一带一路”发展倡议的重大部署，国家税务总局从“谈签协定维权益、改善服务促发展、加强合作谋共赢”三个方面制定出台了服务“一带一路”发展倡议的10项税收措施。青岛国税将严格按照总局部署，将相关的税收政策落实到位，为“一带一路”综合枢纽城市建设添砖加瓦。

（2）改善税收服务，助力“走出去”企业发展。一是提供国别税收法律服务。完善“走出去”目的地国家（地区）基本税法和税收协定汇编，收集整理“一带一路”沿线国家地区的税收法律法规，发布“一带一路”国家税收指南，介绍有关国家税收政策，提示对外投资税收风险。二是加强税收合作，促进互联互通。利用各类国际经济交流合作平台，努力拓展和加强与

“一带一路”沿线国家的税收合作，共谋税收服务“一带一路”发展之道。三是深入了解企业境外生产经营状况、税收待遇情况和跨境涉税需求，全面查找并及时解决“走出去”税收管理与服务中存在的问题。四是协助防范化解税收风险。加强对“走出去”企业（个人）税收风险管理，定期对其年度财务税收数据进行采集整理、风险分析和风险排查，指导企业（个人）规范跨境收入成本费用核算、境外税收抵免和税收协定适用，及时消除跨境税收风险。五是快速响应跨境涉税诉求。在第一时间响应“走出去”企业（个人）遇到的涉税诉求，及时处理并限期反馈。对税收争端和纠纷，企业可以直接向税务部门反映并请求援助。六是维护境外合法税收权益。建立健全税务机关与“走出去”企业（个人）的沟通交流机制，及时掌握其境外税收权益情况。对在境外面临的涉税诉讼等法律纠纷，适时启动税收双边磋商程序。充分运用税收协定消除双重征税和税收歧视，切实保障跨境纳税人的合法税收权益。

“一带一路”背景下的启运港制度探讨及国际借鉴

杨 柳

2013年9月和10月，中国国家主席习近平在出访中亚和东南亚国家期间，先后提出共建“丝绸之路经济带”和“21世纪海上丝绸之路”（以下简称“一带一路”）的倡议构想，强调相关各国要打造互利互赢的“利益共同体”和共同发展繁荣的“命运共同体”。“一带一路”圈定重点涉及的18个省，除西北6省、东北3省、西南3省和内陆地区重庆外，沿海主要涉及上海、福建、广东、浙江和海南5个省和直辖市。

2015年3月，国家发展改革委、外交部、商务部联合发布了《推动共建丝绸之路经济带和21世纪海上丝绸之路的愿景与行动》，明确了各省在“一带一路”中的定位及对外合作方向，分析了推进“一带一路”建设中中国各地开放态势，对沿海和港澳台地区提出了要“加快中国（上海）自由贸易试验区建设，支持福建建设21世纪海上丝绸之路核心区”，并提及沿海重要节点城市。规划强调，要加强上海、天津、宁波－舟山、广州、深圳、湛江、汕头、青岛、烟台、大连、福州、厦门、泉州、海口、三亚等沿海城市港口建设，内陆节点城市建设方面则强调加强内陆口岸与沿海、沿边口岸通关合作，开展跨境贸易电子商务服务试点。可以看到，设施互联、经贸合作、海上合作等是当前推进“一带一路”建设的重要合作领域，而基础设施连通是其优先领域，推动口岸基础设施建设、畅通陆水联运通道、推进港口合作建设等成为基础设施建设中的关键节点。

一、启运港退税政策的实施背景

根据启运港退税政策出台前的国家海关退税政策，必须在出口货物上船离境后才办理退税，手续烦琐，退税核销慢，通常要一个月之久，有的甚至要等两三个月；但在釜山等境外港口中转，数天内即可办理核销退税，导致我国北方港口每年有300多万国际标准箱的集装箱经韩国釜山等境外港口中转集拼后转运出口到欧美市场。集装箱选择境外港口中转，离港启运即可退税优势是一个非常重要的因素，尽早获得退税款，加快公司资金周转，无疑是广大货主和航运企业最为期盼的，启运港退税政策也正是在这种背景下出台的。而首批启运港退税试点将离境港设在上海，就是出于支持上海打造国际航运中心的目的。

上海港位于长江三角洲前缘，居于我国18000公里大陆海岸线的中部、扼长江入海口，地处长江东西运输通道与海上南北运输通道的交汇点，是我国沿海的主要枢纽港，我国对外开放、参与国际经济大循环的重要口岸。上海市外贸物资中99%经由上海港进出，每年完成的外贸吞吐量占全国沿海主要港口的20%左右。作为世界著名港口，上海港货物、集装箱吞吐量连续5年稳坐全球第一的宝座，荣获中国世界纪录协会世界货物吞吐量最大的港口世界纪录。同时，上海洋山保税港区还是中国的第一个保税港区，其作为港口的“龙头”地位毋庸质疑，上海获批中国首个自贸区的极大可能性也为其争取了更大的筹码，可以说，选择上海港作为我国启运港首批试点的离境港，是占尽天时地利。

上海港虽然是集装箱吞吐量世界第一大港，但要成为国际枢纽港，不只是一个吞吐量的概念，还必须要有中转量的指标，这也是国际航运中心的标志之一。2015年12月，上海洋山港区成为国内首个保税港区，2006—2010年，天津、大连等13个港口也相继成为中国保税港区，上海港的先发优势已然不再。启运港退税政策如果将上海港设为离境港，那将使上海重新确立先发优势地位，洋山港区在出口退税的时效上如能取得与境外中转港口相同的地位，就会吸引更多国内集装箱货物经洋山港转运，从而进一步提升上海港综合竞争力和洋山港的国际枢纽港地位，对上海国际航运中心建设非常有利。

早在国务院2009年印发的《国务院关于推进上海加快发展现代服务业和先进制造业建设国际金融中心和国际航运中心的意见》（国发〔2009〕19号，以下简称《意见》）一文中，国务院就提出“要站在全局和战略的高度，充分认识加快上海国际金融中心和国际航运中心建设的重要性，努力推进上海率先实现产业结构优化和升级，率先实现经济发展方式的转变”。

《意见》要求优化和发展上海的现代航运集疏运体系和现代航运服务体系，加快洋山深水港区等基础设施建设，扩大港口吞吐能力，充分利用长江黄金水道，推动洋山深水港区的江海直达，大力发展水水中转，积极研究采取措施，降低国际集装箱中转成本，鼓励我国外贸集装箱在上海国际航运中心转运，并对建立国际航运发展综合试验区提出了“实施启运港退税政策”的明确要求——“在完善相关监管制度和有效防止骗退税措施前提下，实施启运港退税政策，鼓励在洋山保税港区发展中转业务”。

2012 年 6 月 15 日，财政部、海关总署、国家税务总局联合发布《关于在上海试行启运港退税政策的通知》（财税〔2012〕14 号），决定自 8 月 1 日起，在青岛、武汉至上海洋山保税港口之间试行启运港退税政策。2014 年 8 月 14 日，财政部、海关总署、国家税务总局再次联合发布《关于扩大启运港退税政策试点范围的通知》（财税〔2014〕53 号），决定从 9 月 1 日起扩大启运港退税政策试点，启运地口岸由原来的 2 个增至 8 个，进一步加快了我国出口货物便捷通关的速度。

二、启运港退税政策的相关解读

启运港制度，是指国内货物只要确认开始发往该港，即被视同出口并办理退税。即实际意义上的“境内关外”。虽然港口位于国境内，但却类似于单独关税区，进出区视为进出口，执行有别于境内的关税政策。启运港退税政策，即指对启运地口岸启运报关出口，并由符合条件的运输公司承运，从水路转关直航运输经上海洋山保税港区（离境港）离境的集装箱货物，实行出口退税政策。目前的启运港退税政策试点管理办法主要有如下变化和特点。

（一）启运地扩围

2012 年 6 月 15 日，财政部、海关总署、国家税务总局联合发布《关于在上海试行启运港退税政策的通知》（财税〔2012〕14 号），自 8 月 1 日起，在青岛、武汉至上海洋山保税港口之间试行启运港退税政策。2014 年 8 月 14 日，财政部、海关总署、国家税务总局联合发布《关于扩大启运港退税政策试点范围的通知》（财税〔2014〕53 号，以下简称《通知》），决定从 9 月 1 日起扩大启运港退税政策试点，启运地口岸由原来的 2 个增至 8 个，即南京市龙潭港、苏州市太仓港、连云港市连云港港、芜湖市朱家桥港、九江市城西港、青岛市前湾港、武汉市阳逻港、岳阳市城陵矶港，覆盖江苏、安徽、江西、山东、湖南、湖北 6 个省份，囊括了长江黄金水道的多个主要港口（如图 1 所示）。目前启运港退税政策仅限于《通知》规定的 8 个启运港至上海洋山保税港区之间。

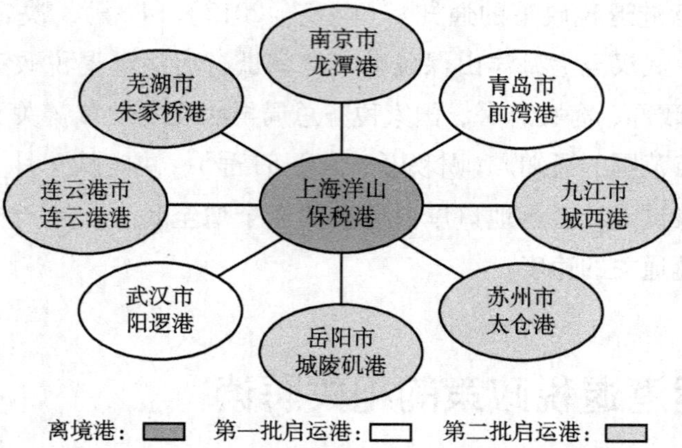

图 1　启运地口岸

（二）运输条件限定

启运港退税政策确定的运输方式为水路运输。最初试点时，只有少数指定的运输企业获得参与试点资格，如原来规定适用启运港退税政策的运输工具名称限为永裕 016、永裕 018、新滨城、向莲。自 2014 年 9 月 1 日起，符合以下条件的运输企业和运输工具均可参加：①运输企业应在启运地与离境地之间设有直航航线，纳税信用级别被税务机关评价为 B 级及以上，并且三年内无走私违规记录。②运输工具应配备导航定位、全程视频监控设备，并且符合海关对承运海关监管货物的运输工具的相关要求。相关省、直辖市、计划单列市的税务部门应会同当地财政、海关等部门，根据上述条件确定运输企业和运输工具名单，定期报国家税务总局汇总发布。

（三）适用要求明确

适用启运港退税政策的出口企业原要求必须属于海关管理的 B 类及以上企业，且无涉税违法违规行为的自营出口企业。2014 年 9 月 1 日起新增了“纳税信用级别被税务机关评价为 B 级及以上，并且不属于出口退税审核关注信息中关注企业级别为一至三级的自营出口企业”条件。

（四）申报流转有序

一是启运环节。启运口岸报关出口时，启运地海关依据出口企业的申请，对其符合启运条件的货物办理放行手续后签发出口货物报关单（出口退税专用），在全部货物进入离境港后，离境地海关办理启运地口岸至离境港口岸的转关核销手续，启运地海关再办理启运地口岸的结关核销手续。二是备案环节。采取出口退税审核系统自动审核确认，税务机关在读入海关提供带有“启运港标识”的出口货物报关单电子信息时，会自动辨认并在出口企业的“企业代码”库中加上“启运港退税”标志，以此作为审核出口企业启运港退税的比对依据。三是退税环节。出口企业按照现行出口货物劳务退（免）税规定，在申报期内凭启运地海关签发的出口货物报关单（出口退税专用）及相关材料到税务机关办理退税手续，并在出口退税申报报表的明细表“退（免）税业务类型”栏内填写“QY”标识。

（五）审核流程相扣

一是免税审核。主管税务机关对适用启运港退税政策的出口货物，应使用“启运数据”进行审核，确认无误后办理退税。如果是免税出口货物，税务机关可按正常结关数据审核免税。二是结关核销。在全部货物进入离境港后，离境地海关办理启运地口岸至离境港口岸的转关核销手续，启运地海关再办理启运地口岸的结关核销手续，如货物未运抵离境港不再出口，海关收回已签发的退税证明联的报关单数据。三是税款调整。对已办理出口退税手续的货物，自启运日起 2 个月内未办理结关核销手续、未收到正常结关数据的报关单数据，根据现行规定追缴已退（免）税款或进行调整处理，不再享受启运港退税政策。主管税务机关应及时将复核结果反馈出口企业，并督促出口企业依照反馈信息补缴已（免）退税款或在次月增值税纳税申报期内调整申报数据。出口企业未按时补缴已退（免）税款或调整申报数据的，税务机关应及时予以追缴。

（六）退税管理严格

启运港退（免）税政策对于出口企业的管理要求更加严格，具体体现在：一是出口货物退税率执行时间以启运地海关签发的退税证明联上注明的“出口日期”为准，而不是离境港报关出口的日期。二是出口退税审核关注信息中关注企业级别列为一至三级的出口企业，税务机关必须使用正常结关数据审核办理退（免）税，不得使用启运数据审核办理退（免）税。三是货物未运抵离境港不再实际出口的，出口企业应按照现行规定向税务机关申请出具《出口货物退运已补税（未退税）证明》，出口企业未申报退（免）税的，不得再申报退（免）税；已申报办理退（免）税的，应补缴已退（免）税款。

三、启运港退税政策的启动效应

启运港退税政策未出台前，中国的出口货物只有装上最终出境的船舶后，才能办理退税。由于退税过程环节多，一般要过两三个月后才能拿到出口退税，增加了不少中小企业资金周转压力。以青岛为例，在非启运港退税模式下，由青岛出口转关到上海洋山港出境的货物，需等待货物装上国际航行船舶实际离境，海关收到清洁舱单并结关后，出口企业方可申领退税证明联。从青岛到上海，内支线船需航行 40 小时左右，即使与国际航行船舶衔接顺利，出口货物也需一周左右时间才能结关。如果遇到舱位紧张甩货或天气原因船舶拖班，那么结关时间将会大大延后，甚至可能会达两个月之久。而在启运港退税模式下，符合条件的企业在货物集港报关后，当天就能办理完转关放行手续，可以在内支线船离开青岛之前就申领退税证明联。而在青岛报关直接出境的货物须实际离境，海关收到清洁舱单并结关后才能申请退税证明联。所以，启运港退税模式下的货物甚至比在青岛报关直接出境还要更早拿到退税证明联，这无疑对出口企业有很强的吸引力。①

这一政策的启动，在很大程度上避免了因跨关区退税带来的不确定性，同时简化了进港手续，减少了出口企业的资金压力，加快了企业的资金流转。例如按照规定，国内出口货物一经确认离开启运港发往离境港中转至境外的，即视同已经出口并可办理退税，相比传统的“到港退税”，办理退税时间比过去提前15~30天。仅2012—2014年试点推行2年期间，启运港退税政策就惠及了湖北300余户出口企业，2014年该省仅8个月即办理出口退税72亿元，累计实现启运港出口1.9亿美元，实际办理启运港退税1.2亿元，实际办理退税额相当于2013年全年水平。

启运港退税政策的实施，吸引了大量回流的出口货物经国内港口中转，不仅提高了国际中转比重，有效减少国内每年流失到国外港口的中转集装箱量，也大幅增加了出口货物的集装箱多式联运，加快了现代物流网络体系建设，拉动了口岸腹地经济。其次，近年来受国际经济下行和国内港口能力过剩的双重影响，过度依赖码头作业等传统收入的港口盈利水平不断不降，迫使港口企业转向拓展仓储、集拼、配送等新兴增值服务业务领域，而这些业务的开展依赖于港口的货物中转量，实施启运港退税有助于提高港区航运服务的能力，促进集拼、配送等增值服务业务的发展；有助于离境港的货物集聚，巩固提高地区航运中心的地位，提升与周边国家和地区港口的综合竞争力。

四、启运港退税制度存在的局限性

（一）制度合法性问题

2015年3月15日全国人大通过的《中华人民共和国立法法》修正案第八条第六项规定：“税种的开征、停征和税收征收管理的基本制度只能由法律规定。”《中华人民共和国税收征收管理法》第三条规定：“税收的开征、停征以及减税、免税、退税、补税，依照法律的规定执行，法律授权国务院规定

① 8月1日我国启运港政策试点启动［N］. 国际商报，2012-08-10.

的，依照国务院制定的行政法规的规定执行。”据此，有研究者指出，启运港退税作为出口退税的一种形式，属于税收征收管理范畴，相应的法律规范只能由全国人大及其常委会规定或由国务院授权制定的行政法规规定，而两次启运港试点都是以国家财政部、海关总署、国家税务总局联合发布的方式实行，其合法性受到一定质疑，认为违反了税收法定原则。但也有观点认为，启运港退税实质上只是基于出口退税的一项制度创新。其通过改进出口退税程序，缩短退税时间，改善企业资金流通，引导外贸货物聚集特定港口中转出口，促进国家国际航运中心建设，从而实现政府优化港口布局、抢占国际贸易高地的经济宏观调控目的。如果从这个角度来考虑，即启运港退税只是政策创新，并非税收基本制度，那么国务院及其职能部门以及地方立法机关在其职权范围内可以根据上位法制定相关规定。

（二）启运港分布问题

2012 年首次试行启运港退税政策的启运报关出口试点选择比较慎重，只开放了一个长江港口（武汉阳逻港）和一个沿海港口（青岛前港湾），具有很强的代表性。2014 年 9 月 1 日财政部扩大了启运港退税政策试点，从原来的 2 个扩大到 8 个，但被列为启运港退税试点的 8 个口岸多数为长江沿线港口（除连云港港、青岛前湾港两个海港外）。启运港相对集中在长江黄金水道，紧扣了国家“长江经济带”“中部崛起”“西部大开发”等战略的有效实施，增强了启运地港口对周边货源的吸引力，极大地促进了长江经济带的航运发展和经济建设，但目前政策并未涵盖长三角地区的所有港口，未能实现整个长三角地区的通关一体化。此外，长江以北以南的流域尤其是黄河流域的水道功能也需要提升。

（三）离境港设置问题

目前我国启运港退税离境港只有上海洋山港，鉴于地理位置，长江货物多选择上海港作为中转港，上海港的国际中转业务主要是长江中转量，其次是上海港的沿海中转量，启运港政策的辐射面仍然相对较小，而上海洋山港中转集拼的业务份额也有限，使得启运港退税的作用未能完全发挥。在 2014 年全球 10 大集装箱港口吞吐量排名中，中国占据 7 席，但要成为国际枢纽港，不仅要根据吞吐量指标，还必须要有中转量指标。以新加坡、汉堡为代表的自由港以最大限度进行国际自由贸易为主要目的，而我国的保税港区除现已试点启运港退税政策的上海洋山港区外，其他的港区在国内出口货物中转、国际航班集装箱中转业务以及国际集装箱拆拼集拼中转业务等方面仍缺少较大的吸引力。启运港退税政策中离境港的最大作用就是吸引出口货物经国内港口中转，提高国际中转比重，促进开展集拼、配送等增值服务业务，目前国内多个港口城市如大连、青岛、重庆等城市也在争取启运港的试点政策。

（四）承运过程监管问题

2012 年最初试点时期，只有少数指定运输企业获得参与试点资格，2014 年出台新规定后，扩大到符合条件的运输企业和运输工具。对于承运企业的资格认定成为资格认定部门即省级国家税务局、当地财政、海关等部门今后应重点关注解决的问题，对今后如何更加市场化运行，以及如何避开这部分承运企业出现垄断现象等问题，都需要在政策措施具体实施过程中加以重视和解决。此外，实施启运港退税的前提和关键是对出境前海关验放货物进行有效监控，因此，如何对货物进行全程监管，防止出口企业骗退税至关重要。

（五）运行机制完善问题

配合《财政部　海关总署　国家税务总局关于上海试行启运港退税政策的通知》和《财政部　海关总署　国家税务总局关于扩大启运港退税政策试点范围的通知》，国家税务总局相继发布了《启运港退（免）税管理办法》，对出口企业退（免）税备案、申报、审核、复核、退运等环节都作了较为详细的规定，其中也涉及财政、海关等相关管理部门的配合，但在实际运行中，部门之间的协调机制还有待完善，退税审核流程的效率也有待加强。此外，启运地退税政策在具体监管方面也带来不少实质性的问题，由于启运港退税政策是一项全新的出口退税制度，国内外尚无现成的经验可循，因此，税务部门、海关部门都需要在实际工作中进行深入的研讨，尤其是防止监管上的漏洞。

五、启运港退税政策试点的相关建议及国际借鉴

（一）推动税收法定

2015年3月18日，修改后的《中华人民共和国立法法》全文公布，对税收法定原则进行了明确和细化，规定“税种的设立、税率的确定和税收征收管理等税收基本制度”只能由法律规定。这一修改意义重大，是我国贯彻落实税收法定原则的关键性一步。在此之前，我国18个税种中只有3个通过人大立法，其他大部分由国务院依据授权制定暂行条例。根据修改后的立法法，税收基本制度只能由全国人大及其常委会制定的法律规定，行政法规、地方性法规和规章均不得对此作出规定。税收法定原则包含3个主要内容，一是税种要法定；二是基本要素要确定；三是征税程序要合法。税收的基本要素包括纳税人、征税对象、税率、计税依据、减免税等，而税率是税种的基本要素，其高低关系着纳税人的负担。未来的税收政策调整要在法治思维、法治框架下进行，启运港退税制度也应改变当前仅由财政部、海关、税务等部门出红头文件规定的现状，通过修订相关的行政法规，使这项调控政策于法有据。

（二）扩大试点范围

扩大启运港试点范围，选择更加符合实际经营所需的中转地，可有效带动当地报关代理、船舶代理、货运代理、保险等航运服务业的发展，同时又能减轻口岸海关的工作压力，提高通关效率。

1. 建议拓展海港作为启运港

对未来启运港退税政策试点再扩大的话会涉及哪些港口，财税专家表示，预计主要会在海南或者是沿海一些港口。目前港口开放的主要还是长江沿岸，如果要放开的话，会在黄河沿海的某些城市。除了内河流域港口的逐步开放、加大内河流域的中转外，鉴于目前启运港仅有连云港港、青岛前湾港两个海

港，建议逐步增加海港作为启运港，提高沿海中转量。

2. 从保税港中选取启运海港

启运港退税试点推行前，中国绝大部分的进出口货物都是通过周边国家进行输送，为了更好地参与国际间港口的竞争，首先就要拥有有国际中转能力的枢纽港口。保税港区的建立首先就是要担负起参与国际间港口竞争的功能，使我们自己拥有世界级的航运中心。我国现在有 14 个保税港：上海洋山、大连大窑湾、天津东疆、海南洋浦、宁波梅山、广西钦州、厦门海沧、青岛前湾、深圳前海湾、广州南沙、重庆两寸滩、江苏张家港、山东烟台、福建福州，其中上海洋山保税港区是中国第一个保税港区，2005 年批复的，绝大多数保税港区是2006—2008 年批复的，2009 年、2010 年新增了山东烟台和福建福州两个保税港区。从分布来看，保税港区都是处于区域经济中的热点地区，而布局也在日趋完善。目前，我国获批的 14 个保税港区，分布在华东、华北、东北、西南、华南等地区，地理位置也从沿海扩展到了内地，形成了一个覆盖全国较为完整的保税港区链条，不仅将带动长江三角经济区、环渤海湾经济区、北部湾经济区以及珠三角经济区的经济发展，更是面向东南亚、东北亚发展国际航运和物流的重要枢纽。鉴于保税港区是中国目前港口与陆地区域相融合的保税物流层次最高、政策最优惠、功能最齐全、区位优势最明显的监管区域，是在形式上最接近自由贸易港的政策模式，从现有保税港中选取启运海港，虽然部分政策功能会重合，但作为试点推行将会减少实际操作难度，为进一步推广积累经验提供参考。

3. 综合考虑海港区域优势

未来启运港退税政策试点再扩大的话会涉及哪些港口，除第一保税港区所在地上海港已先行作为首批启运港退税试点外，天津、大连、海南还有内陆保税港重庆都具有各自区域的优势，值得探讨：天津是我国最重要的出海口，滨海新区的开发使其优势进一步显现；大连肩负东北振兴的重任，与日韩相距甚近，联系紧密；海南处于东南亚至东北亚国际海运主航线的中心位置，是我国沿海经济发达地区对接东南亚、中东地区的咽喉地带，区域优势无可比拟；重庆则是内陆第一个保税港区所在地，是唯一具有水陆空综合交通条件的城市，承东启西、连接南北的优势明显。

(三)推进港口建设

启运港退税政策的实施，离境港的确定是一个至关重要的先决条件。企业在选择中转港口时考虑的主要因素有港口费用的高低、进出港手续的便利程序、箱源的丰富程度和航线设置等。而国际集装箱中转业务的发展除受港口地理位置、深水泊位、港口设施以及经济发展程度等条件制约外，所在国实行的港口政策也起着决定性的作用。

1. 启运港政策有力推动离境港发展

实施启运港退税政策，对于离境港发展的意义尤其重大：一是可以吸引出口货物经国内港口中转，提高国际中转比重，推进港口集装箱枢纽港建设；二是大幅增加出口货物的集装箱联运，加快推进现代物流网络体系建设；三是提高港区航运能力，促进开展集拼、配送等增值服务业务；四是降低因跨关区退税带来的不确定性，简化进出港手续，方便不同关区间的中转，提高出口企业资金周转效率；五是选择更加符合实际经营所需的中转地，可有效带动当地报关代理、船舶代理、货运代理、保险等航运服务业的发展，同时又能减轻口岸海关的工作压力，提高通关效率。

2. 选取自贸港作为离境港具有先行优势

海关总署 2015 年 5 月出台的《关于支持和促进中国（福建）（天津）（广东）自由贸易试验区建设发展的若干措施》就支持航运业务发展明确提出了“支持两岸海运快件业务发展，允许自贸试验区试点海运快件国际和台港澳中转集拼业务。允许自贸试验区符合条件的船舶开展外贸集装箱在国内沿海港口和自贸试验区内港口之间的沿海捎带业务试点。支持实施启运港退税试点政策”。因此，在增设离境港的设置方面，从中转业务量、退税政策、海关监管等方面的衔接过渡考虑，建议可以先从目前已开放的自贸试验区港口结合地理位置多方位考虑选取，在选择时应综合考虑与周边启运地港口的地理位置能否匹配，能否建立优势互补、联动发展和实现双赢的战略伙伴关系。

3. 综合考虑港口发展潜力与前景

据 2015 年 2 月中港网发布的 2014 年全球 10 大集装箱港吞吐量统计排名

表显示，全球10大集装箱港口吞吐量排序依次为上海港、新加坡港、深圳港、香港港、宁波－舟山港、釜山港、青岛港、广州港、迪拜港、天津港，包括香港港在内的中国港口共包揽七席。[①] 2014年，我国港口集装箱吞吐量排名前十位的港口依次是上海港、深圳港、宁波－舟山港、青岛港、广州港、天津港、大连港、厦门港、营口港、连云港港。而厦门港以集装箱吞吐量857.24万标准箱位列第八位，与2013年持平；按增长速度排序，厦门港以7.1%的增速排位第五（具体见表1）。

表1　　2014年中国主要港口集装箱吞吐量排名[②]

排名		港口	2014年（万TEU）	增幅（%）	2013年（万TEU）	增幅（%）
2014年	2013年					
1	1	上海港	3528.50	4.96	3361.70	3.34
2	2	深圳港	2403.00	3.23	2327.90	1.47
3	3	宁波－舟山港	1945.00	12.10	1735.07	7.27
4	4	青岛港	1662.44	7.10	1552.2	7.03
5	5	广州港	1616.00	5.54	1531.10	5.25
6	6	天津港	1405.00	7.98	1301.20	5.76
7	7	大连港	1012.76	1.12	1001.50	24.19
8	8	厦门港	857.24	7.05	800.80	11.19
9	11	营口港	576.82	8.81	530.10	9.28
10	9	连云港港	500.54	－8.79	548.80	9.32
11	10	苏州港	445.00	－16.12	530.50	-9.52
12	12	佛山港	287.26	4.46	275.00	3.11
13	17	虎门港	283.60	49.82	189.29	36.25
14	13	南京港	276.00	3.41	266.90	15.94
15	15	日照港	242.00	19.39	202.70	15.89
16	14	烟台港	236.12	9.82	215.00	16.22
17	16	福州港	223.94	13.22	197.80	8.38
18	18	泉州港	188.45	10.79	170.10	0.24
19	19	丹东港	167.00	10.74	150.80	24.80
20	20	中山港	135.70	2.80	132.00	6.45

① 2014全球10大集装箱港吞吐量排行榜：中国港口包揽七席．中港网．2015－02－05．

② 锦程物流网：2015－02－27．

集装箱中转业务是离境港选择的一个重要因素，如果没有足够的吞吐量及相关的国际贸易，港口的国际中转枢纽地位就无从建立起。启运港退税政策就是为了使国内规模以上港口（相关指标如表2所示）既能留住国内外贸企业的境外中转箱源，又能争取国际中转货源。因此，在今后的启运港试点时离境港的选取上，鉴于启运港退税政策具有很强的针对性，是自由贸易试验区和国际航运中心建设的国家经济战略需要，具有有限的可复制性，笔者认为从地理位置、港口地位、政策支持及发展前景上综合考虑，应在现有自贸区域内先行选取天津港、厦门港和深圳港作为试点。而福建作为建设21世纪海上丝绸之路的核心区，如厦门港能先行作为离境港试点，“一带一路”规划中涉及的福建沿海港口城市福州和泉州两个港口占据天时地利，而福州港作为14个保税港区之一入选启运海港的优势则极大。

表2　　2015年3月中国规模以上港口货物吞吐量（节选）①

港口	港口货物、旅客吞吐量（万吨）	外贸货物吞吐量（万吨）
全国总计	270643	87521
沿海	191419	79227
宁波－舟山	21794	10615
上海	16595	9345
天津	13031	7594
青岛	12297	8234
唐山	11978	6532
广州	11446	2657
大连	10893	3027
营口	9060	1848
秦皇岛	6049	400
湛江	5893	1565
深圳	5092	4346
厦门	4975	2553
连云港	4794	2240
北部湾	4747	2882
福州	3123	1246

① 交通部网站：2015－04－13.

4. 审慎对待启运港退税政策推广

继上海试行启运港退税政策以后，我国沿海各地掀起了一股争取启运港政策的热潮。2010 年以来，国务院相继发布《国务院关于推进海南国际旅游岛建设发展若干意见》《天津北方国际航运中心核心功能区建设方案》《福建海峡蓝色经济实验区发展规划》，原则允许在海南岛洋浦保税港区、天津东疆保税港区、厦门港等地适时实施启运港退税政策。2012 年 11 月获批的《福建海峡蓝色经济实验区发展规划》提出厦门港被列为启运港退税政策试点，同时推进厦门港国际航运发展综合试验区建设，并拟在省内和省外各选取一个港口作为启运港，福州港和汕头港入选的可能性较大。但在 2014 年财政部、海关总署、国家税务总局联合发布的扩大启运港退税政策试点的文件中，上述的海南、天津、厦门等地港口并未出现在名单中，启运港试点仍局限在长江黄金水道的港口，在一方面也说明了国家对启运港退税政策推广的审慎态度。

（四）促进政策惠及

政策支持是提升港口软环境的重要手段，国际先进港口一般具有比较完善的政策支持体系。如汉堡港是欧洲经济自由区的典型，被称为"通往世界的门户"，享有以下主要优惠政策：①船只从海上进入或离自由港驶往海外无须向海关结关，船舶航行时只要在船上挂一面"关旗"，就可不受海关的任何干涉；②凡进出或转运货物在自由港装卸、转船和储存不受海关的任何限制，货物进出不要求每批立即申报与查验，甚至 45 天之内转口的货物无须记录。货物储存的时间也不受限制；③货物只有从自由港输入欧盟市场时才需向海关结关，缴纳关税及其他进口税。汉堡自由港并非不允许非监管性质货物通过，只要能提供有关单证证明，海关就可给予区别管理，视同在欧盟境内另一口岸已完成进入欧盟手续，到汉堡只是为了完成物流流程。汉堡自由港对进出的船只和货物给予最大限度的自由，提供自由和便捷的管理措施，贯穿于从货物卸船、运输、再装运的整个过程中。这种自由和便捷程度，在世界上所有自由港和自由贸易区中是少见的。

如今很多城市都希望能够在本地建立自由贸易试验区，可以通过扩大启运港退税政策试点范围，在货物贸易层面将自贸区范围进行扩大，使得相关启运港地区都能够享受到自贸区的优惠政策。自贸区的惠及措施是"以点带面，再到片"，从而形成一个大范围的发展格局，对纳入启运港与自贸区港口有合作的地区可以复制自贸区先行先试的措施。不同的边贸、口岸和地区在国际贸易中所处的地位是不同的，其优势、发展潜力和资源优势等条件也不同，如广东自贸区的功能主要是加强粤港澳合作，带动珠三角地区发展，其起点相对较高，在高端服务方面有较多投资机会；天津自贸区的功能主要是面对东北亚市场，航运、金融租赁有较强优势；福建则主要发展台海贸易，在与我国台湾企业开展深入交流、合作方面有优势。鉴于启运港退税的本质功能和我国沿海港口协调发展的客观需要，启运港退税政策只具有有限的可复制性，但通过积极争取启运港试点，可以延伸功能，以及发挥优惠政策叠加的效果。

（五）增进联动合作

按照现有的出口退税流程，企业获得所退税款的时间间隔较长，尤其在财政资金短缺的中西部省份尤为突出。国家税务总局和财政部应制定启运港退税的相关管理办法，尽可能使启运港退税的具体操作流程最简化、最快捷，使其成为贸易便利化的一项重要措施。如荷兰鹿特丹港，是世界最重要的货物集散地之一，拥有完善的海关设施、优惠的税收政策，保税仓库区域内企业在海关允许下可进行任何层次加工。对集装箱货物的仓储和配送来说，坐落在港区和各个工业区内的物流配送基地可以为其提供最完善的各种增值服务。就通关方式而言，海关可以提供 24 小时通关服务（周日除外）、先存储后报关、以公司账册管理及存货数据取代海关查验，企业可以选择适合的通关程序，运作十分便利。

启运港退税政策的实施关键在于海关、税务、财政等部门能否建立长效的沟通协调机制，而企业能否在较短时间内获得退税款，不仅需要启运地与离境地的海关部门之间的协调，需要转关监管流程的简化，更需要海关与税务等相关部门的紧密配合和共同推进。从海关总署 2015 年 5 月出台的《关于支持和促进中国（福建）（天津）（广东）自由贸易试验区建设发展的若干措施》也可以看到，我国正在努力形成一整套推动贸易发展的措施和系统性的政策体系，努力改变原来较为零散的各部委单打独斗的局面，并积极推动各部委之间更加紧密地配合协作，形成良好的联动合作机制，为全面实现通关一体化奠定良好的体制基础。

（六）实现综合监管

如何对在途货物有效监管和防止骗税也是亟须解决协调的问题。应建立畅通的海关信息传递机制，确保启运地、中转地信息的无缝对接；采取 GPS 系统、海关关封、电子数据对碰等手段，加强对在途货物的监管，对享受该政策的企业和海关监管车队进行认证评估，建立诚信准入机制等。① 如比利时安特卫普港是世界海运网络的重要节点，为欧洲第三大集装箱港，具有领先于欧洲其他港口的货物装卸作业效率，拥有现代化的 EDI 信息控制与电子数据交换系统，港务局使用“安特卫普港信息控制系统（APICS）”安排船舶抵离港和掌握国际海运危险品的申报。无论汉堡自由港，还是鹿特丹、安特卫普港保税仓库区，海关都代表国家对进出该地区的货物实行监管。海关监管的出发点不是通过监管增加税收，而是通过监管和关税协调国家的整个经济发展，促进国际贸易和国际物流的开展。这些特定的区域都以不影响贸易运输活动的便利为原则，采取尽可能简便的手续，建立了一种极为自由灵活的监管系统。

上海自贸区试验的重点内容之一即是推进综合监管制度，主要是信息共享监管平台建设、监管效益评估体系建设、企业诚信监管体制建设和分类特殊监管模式建设等。在监管手段方面，我国台湾自由港区的“分级监管”的新举措可供借鉴，即可根据区内企业能力、自律程度分级，赋予具有良好信誉和优质资格的企业较大的业务经营弹性；在综合监管制度方面，德国自由贸易港区的“大通关”综合体系更值得认真学习，“大通关”不仅涉及口岸监管验查单位、港口、机场、税务、外汇管理，还将金融、中介机构、运输、仓储以及生产企业和进出口企业等多个部门纳入其中进行综合管理，既有效地带动了地区相关产业的发展，又实现了自由港与城市功能的互相促进。②

未来的口岸区域大通关合作将重点推进通关无纸化，大力发展水水中转，积极推进航空货物中转和旅客联程中转等，而水水中转的重点就是加强沿江口岸城市点对点合作，促进物流信息交换与共享，扩大启运港退税试点。与

---

① 张磊．实施启运港退税政策　推进北方国际航运中心建设［J］．港口经济．2012.

② 汤婧．探索上海自贸区综合监管新路径［N］．经济参考报，2014-01-06.

此同时，还应看到，启运港退税政策具有很强的针对性，如何推广应基于国家航运发展战略和港口总体布局调整的实际需要。当前，要推动我国内陆货源向港口集聚，推进“国货国运”，拉动我国口岸腹地经济，提升港口综合竞争力，应当实施无水港战略、陆桥战略与启运港政策同时并举，积极拓展水水中转、航线开拓合作，充分发挥铁海联运和直通关优势，从而构建开放型经济新体制，更好地契合和实现国家“一带一路”倡议构想。

参考文献

［1］中国自贸区启运港退税制度的思考［J］. 中国海商法研究，2015，26（1）.

［2］张磊. 实施启运港退税政策 推进北方国际航运中心建设［J］. 港口经济，2012（2）.

［3］石城秋，李明. 启运港退税与上海国际航运中心建设的关系［J］. 港口价格研究，2012（9）.

（作者单位：福建省漳州市国税局）

“海上丝绸之路”核心区开放型经济发展研究

陈文裕

2015年9月中旬，中共中央、国务院发布《关于构建开放型经济新体制的若干意见》纲领性文件，明确了构建开放型经济新体制的基本原则、总体目标和重点任务，突出体现了战略性、系统性和可操作性，为福建打造21世纪海上丝绸之路核心区、建设开放型经济强省指明了方向。

一、福建开放型经济发展概况

改革开放以来，福建作为全国最早对外开放的省份之一，逐步形成包括经济特区、保税区、经济开发区、沿海开放城市和开放区、台商投资区的全方位、宽领域、多层次的对外开放格局。国际金融危机之后，无论是“引进来”还是“走出去”，福建更加主动参与经济全球一体化，推进世界贸易投资多元化，多维度地扩大对外开放。

（一）“引进来”卓有成效

“引进来”不仅体现在扩大引资规模和进口贸易，还在于增加财税收入和劳动就业。

1. 外商投资规模不断扩大

招商引资，不仅可以解决发展资金瓶颈问题，还可以扩大投资规模，既可增加总需求，又能增加总供给，具有明显的乘数效应。表1数据显示，

2008—2014 年福建实际利用外商直接投资总额 435.45 亿美元，年均增长 3.85%。同时，吸引外商直接投资的结构不断优化，以传统制造业为代表的第二产业呈现明显下降趋势，以农、林、牧、渔种植养殖业为代表的第一产业出现摆动式下降态势，以金融业、建筑业与房地产业、租赁和商务服务业、交通运输业、仓储和邮政业等为代表的第三产业异军突起，呈现快速增长势头。数据显示，虽然外商直接投资增速保持连续正增长态势，受经济转型和投资结构影响，制造业投资占外商直接投资总额由 2008 年的 66.99% 下降至 2014 年的 55.13%，总体规模增长明显放缓，2013 年达到最低点 48.88%。

表 1　　2008—2014 年福建实际利用外商直接投资情况　　单位：万美元

	2008 年	2009 年	2010 年	2011 年	2012 年	2013 年	2014 年
总额	567171	573747	580279	620111	633774	667896	711499
农林牧渔业	10168	9485	14040	14153	12483	9769	11571
制造业	379931	382543	371139	391243	351982	326452	392281
电力、燃气及水的生产和供应业	8459	25027	20756	4153	1684	16286	33270
建筑业	289	2176	3016	881	5670	8648	21773
批发和零售业	20489	30559	25724	43986	45317	75184	35224
交通运输、仓储和邮政业	17949	24897	8265	15319	12677	14758	24605
金融业	426	2193	1517	2235	7057	39822	24015
房地产业	76580	46434	72368	81908	79505	105590	107865
租赁和商务服务业	27255	17431	24911	23525	13656	53027	23494

数据来源：《福建统计年鉴（2015）》，中国统计出版社。

图 1 显示 2008—2014 年外商固定资产投资数额呈波浪型下降走势，由 2008 年的 206.24 亿元攀升至 2011 年的 388.41 亿元，主要得益于 2009 年增值税转型以后，一般纳税人购进固定资产可抵扣进项税额、递延纳税时间、减轻当期税收负担、增加投资成为各类型经济摆脱国际金融危机影响、拉动全省经济增长的主要动力，之后逐年下降至 2014 年最低点 187.39 亿元；同期外商固定资产投资额为 1878.22 亿元，年均增长 -1.58%。

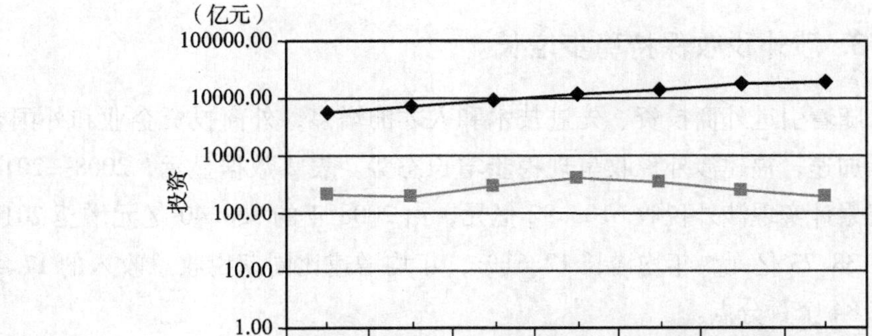

	2008年	2009年	2010年	2011年	2012年	2013年	2014年
全社会固定资产投资	5755.2	7091.6	8934	11453	14085	17429	19313
外商固定资产投资	206.24	200.43	286.57	388.41	352.83	256.35	187.39

图 1　2008—2014 年福建全社会固定资产投资与外商固定资产投资对比情况

数据来源：《福建统计年鉴（2015）》，中国统计出版社。

可见，随着经济结构转型升级，原先那种以牺牲环境追求 GDP 的制度安排逐步被修正，加上福建全面融入全球经济一体化，资本流动既有“走进来”，又有“走出去”，外商直接投资、外商固定资产投资的增减变动趋势，在表明外商投资影响力下降的同时，反映出福建综合实力逐步增强。

2. 进口贸易规模不断扩大

2008—2014 年福建货物进口情况图 2 显示，期间货物进口规模不断扩大，总额达到 3270. 39 万美元，年均增长 14. 88%；进口数额呈持续上升走势，由 2008 年的 278. 29 万美元攀升至 2014 年的 639. 56 万美元，推动了世界经济发展。

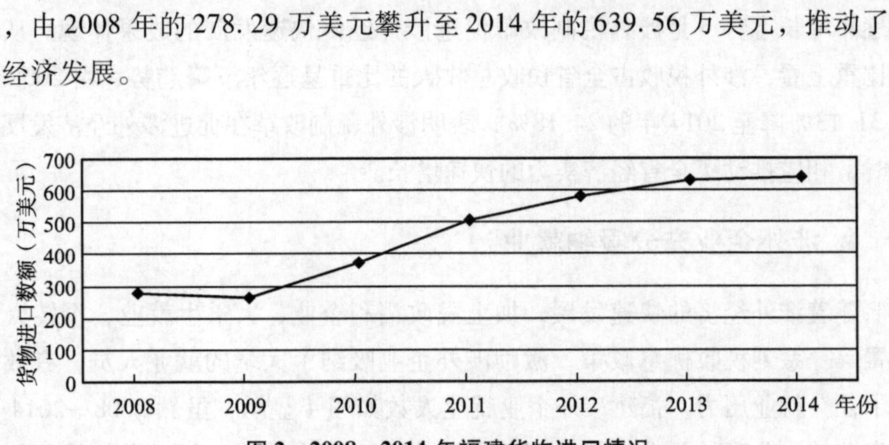

图 2　2008—2014 年福建货物进口情况

数据来源：《福建统计年鉴（2015）》，中国统计出版社。

3. 涉外税收保持稳步增长

随着引进外商投资、先进技术和人才的增多，外商投资企业和外国企业发展加速，福建涉外税收呈现稳步增长态势。表2数据显示，2008—2014年福建累计实现涉外税收6103.92亿元，由2008年的558.40亿元增至2014年的1138.73亿元，年均增长12.61%，年均增速比同期税收总收入的17.45%低4.84个百分点。

表2　2008—2014年福建涉外税收主要指标　单位：万元

年度＼税种	合计	货物和劳务税	企业所得税	个人所得税	城市房地产税	车船使用牌照税	其他各税
2008	5583964	4148765	915063	199179	70376	677	249904
2009	6352558	4831800	1032001	186644	76143	931	225039
2010	7621798	5551535	1450124	236470	89401	845	293423
2011	8837795	5962118	1890808	279397	115425	920	589127
2012	10367041	7679230	1973281	222036	81930	1113	409451
2013	10888732	7930345	2051444	242027	197124	3058	464734
2014	11387280	8181647	2194065	279574	156912	4100	570982
累计	61039168	44285440	11506786	1645327	787311	11644	2802660

注：①涉外税收含海关代征税；②货物和劳务税含增值税、营业税、消费税。
数据来源：《福建统计年鉴（2014）》，中国统计出版社。

全省税收发展如图3所示，从税收总量上看，2008—2014年涉外税收呈现逐年增长态势，是涉外税制改革促进涉外经济快速发展的成果体现。从所占比重上看，涉外税收占全省税收总收入的比重呈逐年下降趋势，由2008年的31.13%降至2014年的24.18%，表明涉外税制改革在促进涉外经济发展的同时，相应推动了全省经济实力的快速增长。

4. 涉外企业充分吸纳就业

随着涉外经济的快速发展，加上民政福利企业、大学生就业、军转人员安置等一系列税收优惠政策，激励涉外企业吸纳了大量的就业人员，有效缓解了社会就业压力。福建涉外企业就业人数如图4显示，虽然2008—2014年全省涉外企业吸纳从业人员数量每年都在180万人以上，但呈抛物线状，除2011年和2012年超过200万人以外，其余年度均低于200万人。

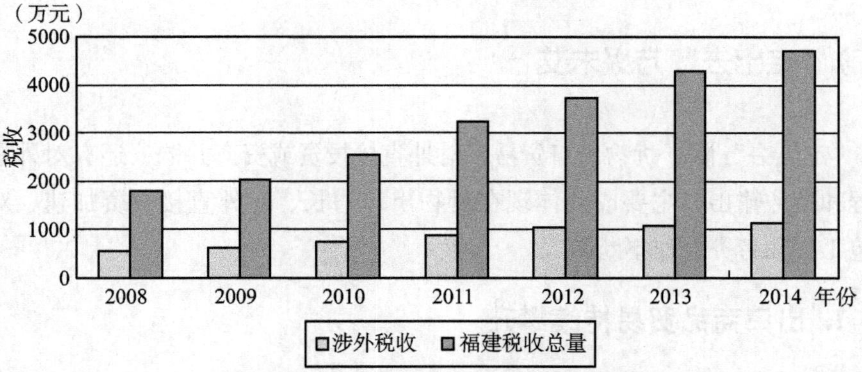

图3　2008—2014年福建税收发展情况

数据来源：2008—2015年福建统计公报，国家统计局福建调查总队。

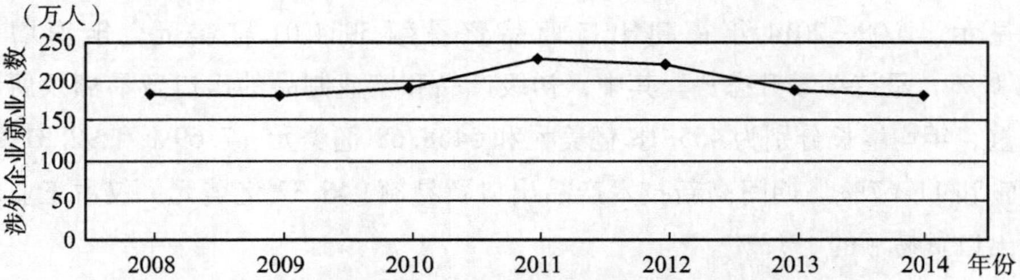

图4　2008—2014年福建涉外企业吸纳从业人员情况

数据来源：《福建统计年鉴（2015）》，中国统计出版社。

5. 涉外游客入闽外汇增加

开放型经济的持续发展，吸引了大量涉外游客入闽，有效增加了国际旅游外汇收入。2008—2014年入闽旅游外汇收入如图5显示，期间福建共接待入闽游客2951.57万人次，国际旅游外汇收入253.15亿美元，年均增长分别为10.88%和12.73%。

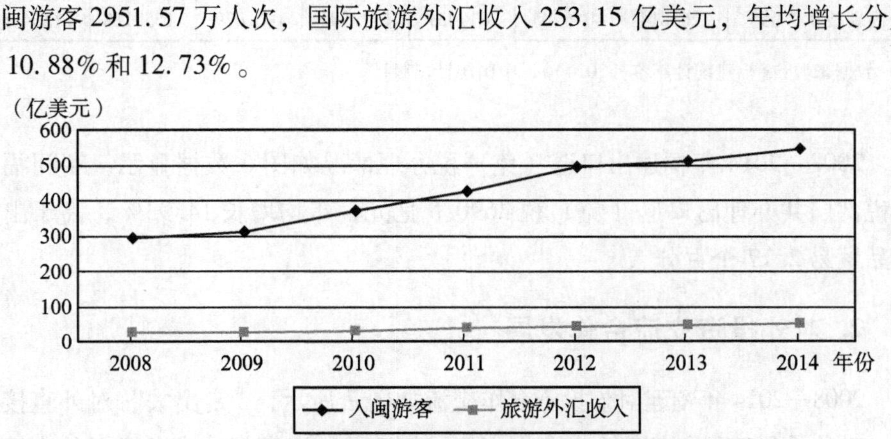

图5　2008—2014年福建旅游外汇收入情况

数据来源：2008—2015年福建统计公报，国家统计局福建调查总队。

（二）“走出去”方兴未艾

“走出去”除了货物出口贸易、对外直接投资或资产并购，还有对外承包工程和劳务输出，主要成效体现在货物出口增长、对外直接投资加速、对外承包工程和劳务合作不断扩大。

1. 出口商品贸易持续攀升

受益于出口退税政策调整、出口退税加速及政府相关部门优化服务举措，出口企业不断扩大国际市场份额，拉动福建出口商品贸易持续增长。见表3数据显示，2008—2014年福建出口商品贸易额5924.01亿美元，年均增长12.16%，呈持续攀升态势。其中，初级产品和工业制品的出口贸易额及所占比重、年均增长分别为455.18亿美元和5468.68亿美元、7.69%和92.31%、19%和11.67%。期间高新技术产品出口贸易额946.32亿美元，仅占工业制品出口贸易额的17.3%。

表3　　2008—2014年福建出口商品贸易情况　　单位：万美元

项目	2008年	2009年	2010年	2011年	2012年	2013年	2014年
出口商品总额	5699184	5331902	7149313	9283779	9783259	10647442	11345229
初级产品	323470	360440	529791	753509	807977	858009	918602
工业制品	5375715	4971463	6619522	8530270	8973735	9789433	10426627
高新技术产品	1267814	1046985	1317431	1373585	1401029	1552188	1504180

数据来源：《福建统计年鉴（2014）》，中国统计出版社。

2008—2014年福建出口退（免）税办理情况如图6数据显示，期间福建国税部门共办理出口退（免）税3690.6亿元，年均增长14.93%，高于出口商品贸易2.77个百分点。

2. 对外投资交流合作发展

2008—2014年福建对外投资合作交流如图7所示，“走出去”对外直接投资、对外承包工程和劳务输出合作交流呈加速状态，期间核准备案对外直接投资额67.78亿美元，年均增长49.43%；对外承包工程完成营业额30.54亿美元，年均增长32.39%；对外劳务合作完成营业额25.15亿美元，年均增长16.04%。

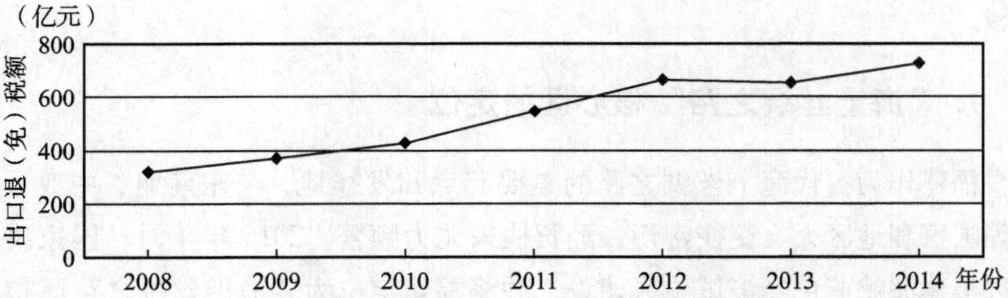

图6　2008—2014年福建出口退（免）税办理情况

数据来源：《福建国税税收收入统计资料》，福建省国家税务局收入规划核算处。

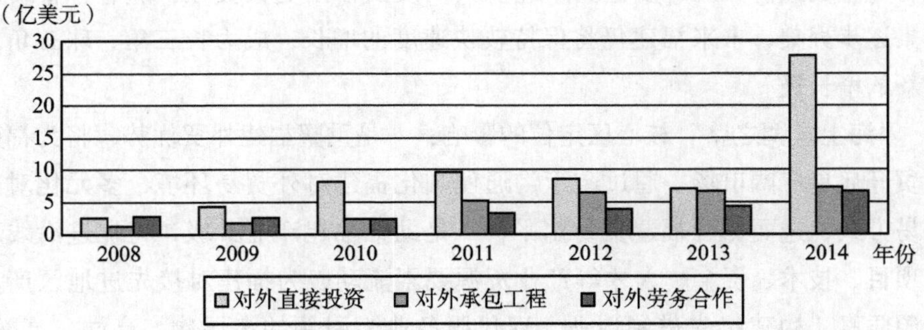

图7　2008—2014年福建对外投资合作交流情况

数据来源：2008—2015年福建统计公报，国家统计局福建调查总队。

二、“海上丝绸之路”核心区开放型经济发展机遇与挑战

随着全球经济逐渐探底回暖，“一带一路”沿线国家自我发展能力提升，以及21世纪海上丝绸之路核心区定位、福建自由贸易实验区建设和海峡两岸经济融合发展，福建开放型经济发展将获得更多的机遇、更广阔的市场，面临更多的机遇与挑战。

（一）机遇前所未有

根据“一带一路”倡议下国家对“海上丝绸之路”核心区发展新定位、

新要求，福建面临四个最具特色机遇：一是建设"海上丝绸之路"核心区；二是建设自贸区；三是深化两岸经济合作；四是蓝色经济区，即海洋经济区域。

1. "海上丝绸之路"核心区的定位

福建作为古代海上丝绸之路的重要起点和发祥地，与东南亚、中亚、中东等国家和地区人文交往密切，经贸往来尤为频繁。2015 年 4 月，国家决定推进福建海峡蓝色经济试验区建设，并将福建定位为"海上丝绸之路"核心区，在"一带一路"重点布局的 15 个港口中，福建的福州、厦门、泉州占据了其中三席。随着配套政策叠加效应不断显现，福建经济将保持较快的增速，也将为全国经济大局特别是两岸经济共同发展作出更大贡献；随着各种资源要素逐步聚集，未来福建仍将保持较快速度的增长，成为长三角、珠三角之间新的增长极。

"海上丝绸之路"核心区定位的影响：一是重塑福建外贸优势，将为福建外贸开启更广阔市场，通过政策沟通便利化福建对外贸易环境，多元化对外贸易方式，进而提升福建贸易水平；二是助推福建产业升级，将促进沿线地区项目、技术、资金、人才等产业资源要素流动，为福建对接先进地区产业资源要素，构建以先进制造业、现代服务业为引领的多层次、高端、高效、高辐射的现代产业体系带来新机遇，未来福建将获得更多的产业资源；三是为福建基础设施建设升级带来重大机遇，以交通为主的基础设施以及重点园区载体将获得更多资金和政策的支持，获得从政府到企业的各方关注，再掀一轮投资建设热潮。

2. 福建自贸区的启动

自贸区作为国内贸易最自由、投资最便利的特殊经济区域，是"一带一路"对外开放的重要平台。2015 年 4 月中国（福建）自由贸易试验区正式挂牌，福建正式跨入自贸区时代。福建自贸区建设的启动，一是有利于进一步提升福建经济的开放性，利用自贸区平台，可以更好地发挥海上丝绸之路起点的历史优势与人文优势，发挥"侨"的优势，加大与"海上丝绸之路"沿线国家的贸易对接力度，实现经济增长新动力；二是有利于进一步加强载体软硬件设施建设，完善重点园区载体的基础设施建设、信息化、智能化建设，为企业营造便利化、市场化、法制化、国际化的营商环境；三是有利于科学设计制定包括人才、资金、土地等方面的优惠政策，积极构筑重点载体比较优势和吸引力，推动产业资源要素向重点载体集聚；四是有利于进一步激发促进海峡两岸经济深度融合发展的新动力，积极培育面向全球的竞争新优势，构建对外对内合作发展的新平台，拓展经济增长的新空间，不断激发开放型经济发展新活力。

3. 海峡两岸税收协议的落地

福建作为对台经济合作前沿，在海峡两岸经贸交流方面具有重要的作用。2015 年 8 月，海峡两岸关系协会、财团法人海峡交流基金会在福建签署了海峡两岸避免双重课税及加强税务合作协议，弥补了大陆与台湾地区税收协同机制的短板，为促进两岸经贸往来、妥善解决涉税争议发挥了极大作用。海峡两岸税收协议的签署，对于深化两岸经贸合作具有重要意义：一是两岸税收协议通过规定合理的协议税率，为两岸企业创造了优惠以及具有竞争力的投资环境，同时通过明确税收抵免规定和方法，能够有效地消除重复课税现象，切实降低两岸经贸往来中企业与个人的税收负担；二是两岸税收协议有关"非歧视待遇"的规定有利于避免税收歧视，公平税收待遇，确保两岸投资者与对方当地居民享受无差别的税收待遇；三是两岸税收协议建立起了两岸共同接受的税务争端协商解决程序，有利于解决税务争议，为两岸投资者维护其合法权益提供救济渠道；四是两岸税收协议搭建了税收合作平台，有利于维护良好的税收秩序，消除潜在的税收不公平现象。

4. 海峡蓝色经济区的建设

建设福建海峡蓝色经济试验区，对促进沿海地带协同开放发展、促进区域交流合作具有重要意义：一是有利于科学开发利用海洋资源，提升"海上丝绸之路"核心区综合竞争力，进一步推动陆海统筹、联动发展，提高岸线、海域、海岛等海洋资源的集约利用水平，加快构建现代化海洋产业体系；二是有利于完善沿海地带经济布局，推动与浙江海洋经济发展示范区、广东海洋经济综合试验区的一体化发展，密切与长江三角洲和珠江三角洲的联动融合，增强沿海地带协同开发开放总体实力，辐射带动周边地区加快发展和扩大开放；三是有利于深化区域交流合作，充分发挥福建对台交往的独特优势，推动建立两岸海洋开发深度合作的长效机制，提升海域海洋资源开发利用、海洋生态环境保护、海洋防灾减灾、海上运输通道安全等领域合作水平。

（二）竞争不可避免

建设21世纪海上丝绸之路的倡议，给沿途各省市的开放型经济发展带来了机遇，也给它们带来了激烈的竞争。“海上丝绸之路”核心区的定位提升了福建在21世纪丝绸之路建设的地位，邻近其他省份甚至省内的竞争将不可避免。

见表4所示的沿海省市开放经济水平排名研究表明①，受地缘条件、政策倾斜、跨国公司产业配置、国际分工以及人流、物流、信息流等要素的全球流动因素影响，在落实建设海洋经济强省和全面提升开放型经济水平的发展战略中，福建的开放型经济竞争优势总体偏弱，与北方辽宁、山东同处在一般开发区类型，开放型经济水平只是略高于弱开放区类型如河北、广西，但远远低于强开放区类型如上海，与开放区类型如天津、广东、江苏、浙江也有一定差距。在产业结构方面，福建目前仍是以传统的机械加工、石油化工、轻工纺织等为主，产业附加值不高、信息化智能化水平有待提升，产业转型方面存在较大瓶颈；在新兴产业方面，教育和科技基础薄弱的福建不仅远远落后于长江三角洲和珠江三角洲，甚至与内陆一些城市相比也有一定的差距；交通基础设施也存在不少短板，港口与经济腹地的配套还有很多改进空间。“海上丝绸之路”核心区建设要加快完善融入“一带一路”战略的快速运输大通道，加快完善港口、机场等基础设施的承载能力、信息化水平，提升交通枢纽的支撑辐射作用。同时，加强与台湾地区、东南亚等国家和地区的港口航运业合作，积极组建国际港口联盟，开辟新航线，积极拓展在仓储物流领域的对外合作。

表4　各省市开放型经济水平排名

地区	竞争力因子得分	排名	开放型结构因子得分	排名	辐射型结构因子得分	排名	总得分	排名
辽宁	0.28	3	-0.31	8	-0.12	10	-0.14	6
河北	-0.35	7	-0.35	10	-0.03	6	-0.73	9
天津	0.78	1	-0.33	9	0.13	2	0.58	2

① 资料来源：马慧强，等．中国沿海省市开放型经济发展水平综合评价研究［J］．资源开发与市场，2014（2）．

续表

地区	竞争力因子得分	排名	开放型结构因子得分	排名	辐射型结构因子得分	排名	总得分	排名
山东	-0.12	6	-0.23	6	0.00	4	-0.36	8
江苏	0.06	4	0.01	5	0.12	3	0.18	4
上海	0.63	2	0.51	1	-0.08	8	1.06	1
浙江	0.02	5	0.22	4	-0.11	9	0.14	5
福建	-0.35	7	0.23	3	-0.05	7	-0.17	7
广东	-0.38	9	0.48	2	0.14	1	0.24	3
广西	-0.55	10	-0.24	7	-0.01	5	-0.80	10

资料来源：马慧强，等．中国沿海省市开放型经济发展水平综合评价研究［J］．资源开发与市场，2014（2）．

从省内来看，“海上丝绸之路”核心区建设重点要协调好福州都市圈、厦漳泉都市圈等经济大都市圈的竞争与合作关系，特别是处理好自贸区与非自贸区的政策衔接和利益分配问题，发挥区域联动作用，形成优势互补、协同发展格局。同时，要整合福州港、厦门港、泉州港三大港口资源，推进港口的综合开发利用，提高对外贸易水平。

（三）优势先行一步

在社会物质财富创造和资源可获得性方面，福建具有构建开放型经济体系必不可少的物质基础和人力基础，为落实“一带一路”发展倡议和提升开放型经济水平奠定了基石。

1. 地理优势

福建南接珠三角，北邻长三角，西倚中部腹地，东隔台湾海峡与台湾岛相望，闽台关系最为密切，台湾同胞中有80%祖籍福建；福建居于东海与南海的交通要冲，拥有海岸线3324公里，长度居全国第二位，由海路可以到达南亚、西亚、东非和欧洲，是历史上海上丝绸之路的起点和重要的海上商贸集散地；福建海湾众多，三沙湾、福宁湾、罗源湾、湄洲湾、厦门湾和东山湾等环绕东面，天然海港资源丰富，有沙埕港、三都澳、福州港、厦门港和古雷港。

2. 交通优势

福建应凭借优越地理位置和丰富岸线资源，加快与航空网、铁路网、高速公路网、信息网的协调发展，构建东南沿海经济对外贸易最佳"黄金口岸"。资料显示，2014 年以来，福建已经在铁路、公路、港口、机场等方面提前布局，合福铁路、赣龙铁路、中化斗尾 30 万吨级原油码头、国投湄洲湾煤码头、厦门新机场、福州长乐机场二期等一批重大项目有序推进，构成了辐射 21 世纪海上丝绸之路经济带周边国家的交通网络。目前福建沿海港口已开通至东南亚海上航线 51 条，具有实行政策沟通、道路连通、贸易畅通、货币流通和民心相通的条件，不断提升了福建"一带一路"载体的支撑力。

3. 经贸优势

随着大规模高铁、高速公路建设，尤其是大量央企入闽后，使得福建原来以纺织鞋帽为主的轻型产业结构得到调整，经济增速在沿海地区一直位列前茅。数据显示，2014 年，福建 GDP 实现 24055.76 亿元，比上年增长 9.9%，增速继续位居沿海省第二。较好的经济基础为对外开放提供了基础支撑。福建与东盟国家具有良好的经贸合作基础，东盟国家是目前闽企"走出去"的重要地区。2015 年上半年，福建与东盟双边贸易额达 705.7 亿元，同比增长 4%；在出口总额高于 15 亿元的"一带一路"沿线国家中，对菲律宾、泰国、沙特阿拉伯、阿联酋、巴基斯坦、伊朗、以色列和约旦等出口增长均超过 18%。福建还积极推进海洋经济对外交流合作，设立福建海峡蓝色经济试验区，目前已占我国水产品出口东盟的 60% 左右，在海外建有 7 个远洋渔业综合基地，为打造"海上丝绸之路"核心区增添了动力。

4. 人文优势

福建推进 21 世纪海上丝绸之路建设的人文优势十分明显。福建在历史上是海上丝绸之路的起点，在对外经贸文化交流史上发挥了重要作用；目前与海上丝绸之路合作重点东南亚国家的联系一直十分紧密，经贸基础非常好。福建还是中国著名侨乡，旅居世界各地的闽籍华人华侨超过千万人，其中菲律宾、马来西亚、印度尼西亚三地的闽籍华人华侨最多。福建作为古丝绸之路的起点和经贸窗口，历史文化遗存丰富，与沿线各国文化交流历史悠久。

2012年以来先后成功举办了中国（福建）—东盟合作与互联互通研讨会、中国（福建）—东盟工作交流会等系列交流活动，中国—东盟教育培训中心落户福建。福建还是旅游资源最富集的省份之一，资源品位高、存量大、种类多、文化积淀深厚。

（四）劣势阻碍发展

上面见表4所示因子的选择分析表明，福建开放型经济水平总得分位居沿海省市的第7位，通过竞争力因子、结构型因子、辐射型因子三个方面的比较分析，“海上丝绸之路”核心区的经济发展战略重点应放在大力发展开放型经济。

1. 竞争力偏弱，开放型经济资源未能充分发掘

竞争力因子包括人均港口货物吞吐量、人均GDP、人均社会零售额等7项指标，主要反映社会发展的整体水平，既体现人们的生活水平，也反映区域自然资源和人力资源优势。见表4数据显示，福建竞争力因子排名与河北并列第7位，得分仅-0.35，略高于两广，与拥有的开放型经济资源不相匹配。根源在于福建进出口产品结构性矛盾突出，进口商品多为高附加值产品，出口产品结构相对单一，中低档的劳动密集型工业制品比重过高，高新技术产品不多，结构矛盾较为突出，对外贸易增长方式粗放；外商投资规模小、层次低，引资利用不充分，主要集中在劳动密集型的制造业和资本密集型的房地产业等产业，科技密集型和高科技产业较少；产业发展层次较低，第一产业仍然以出口传统农业初级产品为主体，第二产业传统工业制品比重较高，金融等现代服务业相对滞后，对开放型经济竞争力不能形成良好的支撑。

2. 开放度偏向，开放型经济有待转型升级

开放型结构因子是福建开放型经济水平得分最高的指标，排名第三，略高于浙江，外贸依存度、外资依存度、旅游开放度、对外贸易结构整体水平等因素作用明显，但与上海、广东差距较大。该指标包括外商经济贡献度、外资依存度、外贸依存度、旅游开放度等8项内容，主要是反映经济结构和对外开放程度两个方面。与上海、广东相比，福建的贸易结构还不够合理、人均GDP偏低，特别是传统制造业比重较大、先进服务第三产业比重偏低。

产业结构调整对福建开放型经济发展意义重大，需加快用高新技术改造传统产业，大力发展先进服务第三产业，以促使产业协调发展；应加强区域合作，拓宽引资领域，优化外资产业流向，以提高福建经济的开放度。

3. 辐射面偏窄，开放型经济缺乏硅谷效应

辐射型结构因子包括高新技术产品出口比重、对外直接投资比重等四项指标，主要是反映辐射外流程度和对社会经济发展贡献率。见表 4 数据显示，福建辐射型结构因子排名第 7 位，得分仅为 -0.05，与高新技术产业发展较快的上海、天津和广东差距较大，表明福建开放型经济存在对外直接投资结构不科学、对外贸易结构不合理、要素聚集能力与收益能力极不匹配等问题，这是目前福建开放型经济处于阶段性局限的重要原因。在“海上丝绸之路”核心区建设中，需要进一步加强“引进来”和“走出去”国际交流合作，优化对外直接投资水平和产业结构，大力培育在国际市场有竞争力的高科技战略型产业。

三、“海上丝绸之路”核心区开放型经济发展战略

在全面推进“一带一路”发展倡议中，“海上丝绸之路”核心区应发挥经贸优势、人文优势和历史优势，统筹经贸与人文、官方与民间、“走出去”与“引进来”，提升核心竞争力，优化开放经济结构，增强经济辐射能力，扩大对外开放、加强国际经贸合作与文化交流，进一步巩固港澳台，深耕东盟、东亚，扩展中亚、中东，实现互利共赢、共同发展。

（一）提升开放型经济竞争力

1. 拓展开放型经济新空间

要抓住用好福建开发开放上升为国家的机遇，大力挖掘港澳台合作开发开放优势，做好重大项目建设的配套服务，推动产业相互融合和错位发展；充分利用自由贸易协定带来的贸易创造和贸易转移效应，扩大货物贸易规模，加大服务业人才、技术和管理理念的引进；既要及时掌握重大项目的进展情

况和税收产出，以及发展的新动向、新问题，又要对重大项目进行跟踪分析，能够更好地评价重大项目的质量和效益。

2. 打造开放型经济环境

要着力优化投资环境，进一步强化开放型经济税收政策支持，大力扶持产业关联度高、技术含量高、附加值高、符合可持续发展要求的先进制造业、现代服务业外资大项目发展做强；强化开放型经济环境平台，加强知识产权保护，引导金融机构开展产品和服务创新，进一步完善风险补偿机制，拓宽跨境贸易人民币结算；加强相关产品技术壁垒的预警，推进已批准项目的资金到位率，加快已签约和在谈重大项目的进度，督导项目尽早签约、履约和资金到位。

3. 推进开放型税收国际化

随着涉外税制改革、税收国际化日益向纵深推进，抓住用好税收现代化建设机遇，促进开放型经济稳步快速发展，应重点做好以下几方面功课：

（1）由政府牵头，督促相关经济职能部门通力合作，将税收信息化建设纳入社会诚信化体系，形成境外信息、国内信息、典型案例和征管系统互为补充的信息管理机制；通过创新纳税服务渠道，建立税收权责"正面清单"，适应"一带一路"发展战略的国际化要求；通过创新大数据比对分析，筛选过滤"走出去"企业涉税风险，构建具有现代纳税服务特征的智能纳税服务渠道；通过取消传统税收优惠备案审批制度，改为税务机关依托数据分析筛选或自动实现或定向向纳税人推送优惠政策提醒，实施网上填报、以报代备、即时享受。

（2）税务部门要深入开展"税基侵蚀和利润转移"专题研究，梳理现行涉外税制，查找政策漏洞，完善跨境交易税收管理体系并推动税收征管法、个人所得税法修订，推进专业化反避税模式和预约定价安排，加强非居民税收管理和国际税收征管协作，积极参与国际反避税信息交换，遏制跨境逃避税和不良税收筹划，防止税收流失。要进一步规范居民企业境外所得信息报告制度，维护"走出去"企业和个人的税收权益，减少企业税收风险和防止地方税源的流失。

（3）发挥出口退税服务功能，努力实现加工贸易从贴牌加工向自主品牌加工出口的转变，进一步提高加工贸易产品的附加值；大力发展机电和高新技术产品的出口，继续做好相关产业链的"扩容"；支持具有自主知识产权、自主品牌产品和高附加值产品出口，进一步限制高耗能、高污染和资源性产品出口。

（二）优化开放型经济结构

1. 加快"引进来"产业经济转型升级

应强化投资引导，促进工业结构调整优化升级，重点支持产业链关联度高、有效带动未来经济增长的大企业集团、龙头骨干企业和优势品牌企业，掌握高新技术领域核心和关键技术、拥有自主知识产权的企业，生产专、精、特、新产品的中小企业，科技含量高、资源消耗低、环境污染少的节能降耗企业。同时，要进一步发展以现代服务业为代表的第三产业，从强化政策、健全体制入手，优先发展金融保险、现代物流、商务会展、旅游服务、科技信息等重点行业，鼓励和引导传统制造业企业分离研发、物流、采购、营销及其他专业配套服务环节，促进生产性服务业发展壮大，以提升福建经济的整体实力和核心竞争力。税收方面应将进口政策与产业结构调整、技术改造紧密结合起来，有秩序地进口当前福建经济建设急需的资源、原材料以及先进的技术、设备，优先安排有利于福建产业优化的进口商品结构，适度加大高科技产品和先进技术的进口，确保福建产业结构的不断优化；税务部门要帮助这些企业用好用足税收政策，促进规模企业产业结构优化调整，解决市场的有效需求不足。

2. 加大"引进来"技术进步改造投入

立足"海上丝绸之路"核心区高新经济发展定位，建立稳定的各级财政科技投入增长机制，综合运用政策、投入、金融、服务等多种方式和手段，鼓励社会技术、资金、人才、管理等各类创新要素流向高新科技产业，切实发挥科技支撑引领作用，打造一批特色产业基地，促进形成高新技术产业集群。同时引导企业用好用足国家现行税制中促进科技进步的税收优惠政策，鼓励企业加大技术开发资金投入，加速产品的升级换代；鼓励企业利用"三废"产品，提高资源使用效率；促进企业加强与科研院所、高等学校的合作，增强企业技术研发能力；加速企业技术成果的转化，促进科技成果的产业化和商品化；推进企业机器设备的更新。

3. 积极培育“引进来”外资龙头产业

与上海、广东、浙江、江苏等沿海地区相比，福建外资龙头产业规模偏小、发展不够、辐射效应不足，无论在户数和税收体量上都有一定的差距。要用好税收服务功能导向，大力引进新能源、新材料、新医药、环保、软件和服务外包、新传感网等战略性新兴产业，培育外资龙头产业，鼓励外资投向现代农业、高新技术、先进制造、现代服务业，支持设立跨国公司地区总部和功能性机构，增强企业的核心竞争力，打造“海上丝绸之路”核心区开放型经济新优势。

4. 促进“引进来”外商企业转型升级

要善于抓住外商直接投资传统制造业下滑契机，用好用足研发投入加计扣除、固定资产加速折旧等税收优惠政策，鼓励外资企业技术改造和设备革新，加大研发投入比重，加快为制造业配套的现代金融、现代物流、科技服务、信息服务、商务服务、市场集群等生产性服务业发展，突出抓好软件、文化创意等发展潜力大的新兴服务业，依托厦门经济特区大力发展总部经济，借助平潭综合试验区抓好海峡两岸示范基地建设，通过古雷石化产业园区加强闽南服务外包产业带的整体推进，全力推进现代服务业发展。

（三）增强开放型经济辐射能力

1. 加强“走出去”海洋经济合作

立足海峡蓝色经济试验区，鼓励民间资本和外来资本进入海洋经济领域，采取直接投资、合资、项目融资、支持企业上市等方式投资海洋产业；实施海洋经济产业合作规划，积极推动与东盟建立长期、稳定的渔业合作会谈机制，支持福建企业建设境外渔业综合基地和水产养殖基地；推动财税政策向蓝色海洋经济合作领域倾斜，打造海洋渔业资源市场化配置平台，加快建设中国—东盟海产品产业合作暨交易平台；加快推进海洋经济专业人才培养，加大对东盟国家渔业人力资源培训力度，进一步完善国际海洋科技交流合作机制，加强海洋科技创新、教育培训等领域合作。

2. 拓宽“走出去”产业合作领域

重点要加强现代农业、先进制造业、现代服务业等领域合作，进一步拓宽技术研发能力、对外辐射能力、海外销售渠道和境外战略资源交流空间，弥补福建开放型经济辐射偏窄的短缺；借鉴上海自贸区金融制度创新经验，加强与境外金融机构的双边或多边交流合作，鼓励金融机构大力发展各类贸易融资产品，为“走出去”企业提供金融支持；以自贸实验区和台商投资区为载体，推动闽港澳台电子信息、机械、石化、海洋生物技术等产业深度对接；深化旅游合作，带动物流、资金流的聚集，加快厦门邮轮母港建设，开拓与东南亚、台港澳等国家和地区间的邮轮航线，发挥福建沿海的物流中转作用；构建闽港澳台电子商务信息平台、物流中心和数据中心，以信息共享、互设海外仓等方式，为闽港澳台中小微企业协同合作提供金融、信息、交易物流平台和渠道。

3. 扩大“走出去”双向投资规模

主动到东盟、东亚、中亚、中东、港澳台等国家和地区宣传推广“海上丝绸之路”核心区，特别是福建自贸区的建设成就及良好投资环境，扩大双边投资规模；组织招商队伍赴新加坡、马来西亚等国家和地区开展招商活动，引进福建短缺的科技创新型、生态环保型、资源节约型、服务贸易型投资项目；及时抓住福建“走出去”条件逐步成熟的有利时机，鼓励引导本土有竞争优势的企业通过境外投资进行海外战略布局，积极寻求企业合资、合作和建立战略联盟，多渠道参与境外资源项目合作开发，拓展境外投资合作领域，提升对外经济技术和劳务合作层次；运用税收杠杆支持福建企业赴东盟、中东等地区投资建设资源开发、境外生产加工、营销网络等项目，实现在全球范围内配置资源。

4. 研究“走出去”经贸交流创新

贸易自由化方面，重点建立“一次申报、一次查验、一次放行”监管制度和国际贸易“单一窗口”服务平台，以简化贸易手续，提高进出口贸易效率；投资自由化方面，应投资服务业、高新产业、生态环保产业、旅游业和海洋产业等与港澳台对接的各类企业，可以不受股权比例和经营范围的限制；金融自由化方面，应鼓励金融创新，建立金融离岸中心，设立闽港澳台股权交易所和外汇综合交易市场，组建闽港澳台产业并购基金，为园区内闽港澳台企业提供债券发行、信用担保、融资上市等金融服务；航运自由化方面，应允许闽港澳台合资设立航运公司。

参考文献

[1] 福建省统计局，国家统计局福建调查总队．福建统计年鉴（2015）[M]．北京：中国统计出版社，2015.

[2] 马慧强，等．中国沿海省市开放型经济发展水平综合评价研究［J］．资源开发与市场，2014（2）.

[3] 福建税务学会课题组．立足闽台税收收入能力比较分析探索福建经济增长方式［J］．发展研究，2014（11）.

[4] 陈文裕．涉外税制改革对福建经济社会的影响［J］．税官论坛，2015（3）.

[5] 黄继伟．发挥福建优势，融入“一带一路”建设［J］．福建论坛，2015（5）.

[6] 陈文裕．做好税收功课促进开放型经济发展［N］．中国税务报，2015－03－11（6）.

（作者单位：福建省漳州市国税局）

“海上丝绸之路”倡议布局下福建省跨境税源流动变化与征管对策研究

泉州市地方税务局课题组

从一般意义上讲，货物收入与要素所得是目前最为主要的税源形式。在封闭的经济体中，由于货物与要素的流动完全局限于内部，并不会产生跨境税源的流动与管理问题。一旦该经济体处于开放状态，货物与要素的流动必然会出现跨界现象，国际贸易、国际投资等行为肯定会不断增加，跨境税源流动与管理问题自然而然就产生了。考虑到土地要素流动性非常弱，因此根据税源表现形式的不同，我们大体可将跨境税源流动划分为跨境货物流动、跨境劳务流动和跨境资本流动三大类。现实中，各经济体之间的贸易、投资等经济政策的协调，以及较大规模经济体内部财政、税收、汇率等经济政策的调整都会对上述跨境税源流动产生重大影响。“21 世纪海上丝绸之路”是涉及面大、覆盖面广、影响面深的综合性倡议，对跨境税源流动的总量与结构必然会产生巨大影响。深厚的历史积淀、独特的地理位置，以及较强的经济实力，使得福建省被赋予“海上丝绸之路”倡议布局核心区的重要使命，机遇与挑战都可谓空前绝后。此背景之下，研究“海上丝绸之路”倡议布局对福建省跨境税源流动及管理的影响，既具有历史传承的意味，更具有现实指导的意义。

一、福建省跨境税源的流动与管理现状

（一）福建省跨境税源流动的基本情况

始于 20 世纪 70 年代末的对外开放政策极大刺激了各类税源的跨境流动，

福建省的跨境税源流动受此影响总体上呈现出迅猛增长的态势。2014 年，福建省货物跨境流动总额已达 1774.08 亿美元，是 2001 年的 7.8 倍；同期跨境劳务流动总额达 209.51 亿美元，是 2001 年的 9.2 倍；跨境资本流动总额达 112.63 亿美元，是 2004 年的 2.1 倍（见表 1）。跨境税源流动总体上呈现出以跨境货物流动为主要形式，货物输出和资本输入为主要构成的格局，主要表现如下。

表 1　　福建省 2001—2014 年跨境税源的主要流动情况　　单位：亿美元

年份	跨境货物流动				跨境劳务流动				跨境资本流动			
	货物出口		货物进口		服务出口		服务进口		外商直接投资		对外直接投资	
	金额	增长率	金额	增长率	金额	增长率	金额	增长率	金额	增长率	金额	增长率
2001	139.22	7.9%	87.04	4.7%	12.02	—	10.79	—	—	—	—	—
2002	173.71	24.8%	110.28	26.7%	14.21	18.2%	14.69	36.1%	39.01	—	—	—
2003	211.32	21.7%	141.94	28.7%	13.38	-5.8%	16.64	13.3%	47.73	22.4%	—	—
2004	293.95	39.1%	181.32	27.7%	17.55	31.2%	24.51	47.3%	53.73	12.6%	0.34	—
2005	348.42	18.5%	195.69	7.9%	21.89	24.7%	27.48	12.1%	59.57	10.9%	0.54	58.8%
2006	412.62	18.4%	213.97	9.3%	29.79	36.1%	31.05	13.0%	86.21	44.7%	0.87	61.1%
2007	499.40	21.0%	245.10	14.5%	44.85	50.6%	39.95	28.7%	86.74	0.6%	1.36	56.3%
2008	569.92	14.1%	278.29	13.5%	45.84	2.2%	45.01	12.7%	71.52	-17.5%	2.49	83.1%
2009	533.19	-6.4%	263.30	-5.4%	40.04	-12.7%	53.52	18.9%	53.61	-25.0%	4.36	75.1%
2010	714.93	34.1%	372.87	41.6%	51.62	28.9%	51.51	-3.8%	73.76	37.6%	8.14	86.7%
2011	928.38	29.9%	506.85	35.9%	66.13	28.1%	49.76	-3.4%	92.19	25.0%	9.54	17.2%
2012	978.33	5.4%	581.05	14.6%	66.17	0.1%	60.5	21.6%	92.91	0.8%	8.54	-10.5%
2013	1064.74	8.8%	628.47	8.2%	74.8	13.0%	75.8	25.3%	83.36	-10.3%	6.99	-18.1%
2014	1134.52	6.6%	639.56	1.8%	82.89	10.8%	126.62	67.0%	84.91	1.9%	27.72	296.6%

数据来源：《福建统计年鉴（2015）》、2001—2014 年福建省国民经济和社会发展统计公报、福建省商务厅网站等。

1. 跨境货物流动是最为主要的跨境税源流动形式

尽管差距不断发生变化，但跨境货物流动总额一直远远高于跨境劳务流动总额和跨境资本流动总额，2014 年福建省的跨境货物流动总额是跨境劳务流动总额的 8.5 倍、跨境资本流动总额的 15.8 倍。值得注意的是，2014 年外商投资企业货物进出口金额占跨境货物流动总额的比重高达 42%，说明长期以来，外商直接投资对跨境货物流动的推动作用非常之大。

2. 跨境货物流动以输出为主，跨境资本流动则以输入为主

从跨境货物流动看，福建省货物出口额一直远高于进口额，2014 年货物出口额与货物进口额仍然保持约 500 亿美元的差距。而从跨境资本流动看，尽管对外投资总额迅速增加，但 2014 年福建省外商直接投资金额仍然比对外直接投资高 2.1 倍，资本输入远远超过资本输出。跨境劳务流动的结构相对均衡一些，服务出口和服务进口之间一直呈胶着拉锯状态。

3. 跨境货物流动速度开始逐步放缓，跨境劳务流动和跨境资本流动依然具有快速增长的潜质

2010 年以后跨境货物流动呈现的“波浪式”增长轨迹被打破，货物出口和进口增速在 2010 年双双冲到顶点后，呈现急剧下滑的增长态势，其中货物出口 2012—2014 年连续三年保持个位数增长，货物进口也连续两年保持个位增长，这在 2001 年以来是首次。相比较而言，跨境劳务流动和跨境资本流动增速波动幅度非常大，但整体上升趋势明显，反弹速度也很快，因此后期增长潜力不可小觑。如服务出口增速在 2010 年下滑 3.8%，此后开始迅速攀升，2014 年冲高到 67%；对外直接投资 2013 年负增长为 18.1%，但 2014 年猛增 296.6%，达到历史最高点。

（二）跨境税源管理的基本逻辑

中国跨境税源的课税原则与基本规定见表 2。

表 2　　中国跨境税源的课税原则与基本规定

<table>
<tr><th colspan="2">税种</th><th>课税原则</th><th>基本规定</th></tr>
<tr><td rowspan="3">货物与劳务税</td><td>关税</td><td>互惠互利原则</td><td>中国缔结或参加的国际条约规定减征或免征关税的货物、物品</td></tr>
<tr><td>增值税</td><td rowspan="2"></td><td rowspan="2">①免抵退税办法。生产企业出口自产货物和视同自产货物及对外提供加工修理修配劳务，以及列明生产企业出口非自产货物，免征增值税，相应的进项税额抵减应纳增值税额，未抵减完的部分予以退还。
②免退税办法。外贸企业或其他单位出口货物劳务，免征增值税，相应的进项税额予以退还</td></tr>
<tr><td>消费税</td></tr>
</table>

续表

<table>
<tr><th colspan="2">税种</th><th>课税原则</th><th>基本规定</th></tr>
<tr><td rowspan="4">所得税</td><td rowspan="2">企业所得税</td><td>居民管辖权原则</td><td>①居民企业应当就其来源于中国境外的所得缴纳企业所得税。
②非居民企业在中国境内设立机构、场所的，应当就其发生在中国境外但与其所设机构、场所有实际联系的所得，缴纳企业所得税。
③企业取得的上述两项所得已在境外缴纳的所得税税额，可以从其当期应纳税额中抵免，抵免限额为该项所得依照本法规定计算的应纳税额；超过抵免限额的部分，可以在以后5个年度内，用每年度抵免限额抵免当年应抵税额后的余额进行抵补。
④居民企业从其直接或者间接控制的外国企业分得的来源于中国境外的股息、红利等权益性投资收益，外国企业在境外实际缴纳的所得税税额中属于该项所得负担的部分，可以作为该居民企业的可抵免境外所得税税额</td></tr>
<tr><td>地域管辖权原则</td><td>非居民企业应当就其来源于中国境内的所得缴纳企业所得税</td></tr>
<tr><td rowspan="2">个人所得税</td><td>居民管辖权原则</td><td>①在中国境内有住所，或者无住所而在境内居住满一年的个人，从中国境外取得的所得缴纳个人所得税
②纳税义务人从中国境外取得的所得，准予其在应纳税额中扣除已在境外缴纳的个人所得税税额。但扣除额不得超过该纳税义务人境外所得依照本法规定计算的应纳税额</td></tr>
<tr><td>地域管辖权原则</td><td>在中国境内无住所又不居住或者无住所而在境内居住不满一年的个人，从中国境内取得的所得缴纳个人所得税</td></tr>
</table>

在传统的跨境税源管理逻辑中，关税是最为主要的管理税种。随着世界贸易的自由化，关税保护民族工业或改善自身贸易条件的“壁垒”作用逐步弱化。国内货物与劳务税、所得税经由管辖权来介入跨境税源管理的趋势越来越明显。从目前的管理实际看，中国对跨境税源管理的基本逻辑是：①货物与劳务税采取单一课税原则。其中关税以互惠互利原则为基础，课税原则以缔结或参加国际条约的形式实现；增值税和消费税等国内货物与劳务税采用的是消费地管辖权原则，课税原则的实现主要通过对生产企业实行免抵退税、对外贸企业实行免退税等出口退税方式实现。②所得税采用的是双重管辖权原则。其中地域管辖权处于支配地位，只要有来源于中国境内的所得，原则上应该缴纳相应的所得税；居民管辖权处于补充地位，居民或居民企业

原则上应就境外所得缴纳相应的所得税，但允许抵免已在境外缴纳的相应税收。

（三）福建省跨境税源管理现状

对省级政府而言，关税并不属于其管理范畴，其对跨境税源管理的介入只能通过国内货物与劳务税、所得税等税种来实现。考虑到以往出境税源并不多，监管难度又非常大；而入境税源增长速度非常之快，监管难度相较于境外税源更低一些，因此省政府对跨境税源的管理就逐步衍生为对涉外税源的管理，专业的组织架构和专门的管理制度由此产生。2001—2014 年福建省涉外税收占公共财政收入的比重一路攀升，2004 年达到 44.2% 的峰值，此后逐步下滑，2014 年已降至 29.7%，财力仍然不可小觑（见表 3）。其中货物与劳务税、企业所得税等法人税始终占据涉外税收九成以上比例、个人所得税、房地产税、车船税、其他税等比重很小，维持在一成左右。这种变化趋势与国内市场空白度和涉外税收优惠政策变化的关联度非常大。比如，改革开放之初国内市场空白度很大，为吸引外资入驻，中国先后出台一系列涉外税源管理法律制度，赋予涉外企业较多的优惠政策。这些政策刺激了涉外企业的蓬勃兴起，因此福建省早期涉外税收增长速度非常之快，这种增长趋势在 2002 年中国加入世贸组织之后得到进一步强化；此后随着中国产业布局逐步成型成熟，以及内外税收制度逐步统一，尤其是 2008 年内、外资企业所得税合并，涉外税收增速逐步放缓。

表 3　　福建省 2001—2014 年涉外税收总量与结构　　单位：亿元

年份	涉外税收占比	公共财政收入	涉外税收总额	货物与劳务税	企业所得税	个人所得税	房地产税	车船税	其他税
2001	27.7%	428.33	118.54	94.36	14.97	5.81	2.45	0.03	0.92
2002	36.8%	476.20	175.27	138.90	25.93	5.99	3.13	0.03	1.30
2003	37.8%	551.00	208.35	164.80	31.02	7.31	3.60	0.02	1.60
2004	44.2%	622.57	275.04	220.55	39.62	9.37	3.77	0.01	1.71
2005	41.8%	788.11	329.72	264.79	45.14	11.71	4.75	0.01	3.31
2006	37.1%	1012.77	376.24	297.05	55.00	12.61	5.47	0.02	6.09
2007	34.6%	1282.84	443.29	343.17	66.27	16.43	6.38	0.01	11.03

续表

年份	涉外税收占比	公共财政收入	涉外税收总额	货物与劳务税	企业所得税	个人所得税	房地产税	车船税	其他税
2008	36.8%	1516.51	558.40	414.88	91.51	19.92	7.04	0.07	24.99
2009	37.5%	1694.63	635.26	483.18	103.20	18.66	7.61	0.09	22.50
2010	37.1%	2056.01	762.18	555.15	145.01	23.65	8.94	0.08	29.34
2011	34.0%	2597.01	883.78	596.21	189.08	27.94	11.54	0.09	58.91
2012	34.5%	3008.88	1036.70	767.92	197.33	22.20	8.19	0.11	40.95
2013	31.7%	3430.35	1088.87	793.03	205.14	24.20	19.71	0.31	46.47
2014	29.7%	3828.40	1138.73	818.16	219.41	27.96	15.69	0.41	57.10

注：货物与劳务税含增值税、营业税、消费税等；房地产税包括城市房地产税、房产税、城镇土地使用税；车船税包括车船牌照使用税、车船使用税和车船税；其他各税包括城市维护建设税、印花税、契税、土地增值税等。

数据来源：《福建统计年鉴（2015）》。

二、"海上丝绸之路"倡议对福建省跨境税源流动与管理的总体影响和主要挑战

（一）"海上丝绸之路"倡议福建省跨境税源流动的总体影响

1. 对跨境货物流动的影响

2005—2014年福建省的跨境货物流动总额提高了2.26倍。除中国香港、澳门、台湾地区外，其中与拉丁美洲、非洲、大洋洲，及亚洲的菲律宾、泰国、马来西亚、阿联酋等发展中经济体双边贸易额增长速度大大高于平均增速；而与欧洲、北美洲，以及亚洲的日本等发达经济体双边贸易额增长速度都低于平均增速（见表4）。这说明福建省跨境货物流动对"海上丝绸之路"沿线发展中经济体的依存度越来越大。

表 4　　福建与"海上丝绸之路"沿线主要经济体

2005—2014 年货物流动情况

单位：万美元

主要经济体	2005 年			2014 年			
	合计金额	出口	进口	合计		出口	进口
				金额	增长率		
总额	5441130	3484195	1956935	17740784	226.0%	11345229	6395555
亚洲	2849019	1451213	1397806	8920713	213.1%	5255192	3665521
中国香港地区	308018	287749	20269	1037992	237.0%	1014479	23513
中国澳门地区	1057	1049	8	5668	436.2%	5662	6
中国台湾地区	48774	7863	40911	1243469	2449.5%	382087	861382
日本	823745	575271	248474	949871	15.3%	652844	297027
菲律宾	69950	42498	27452	496338	609.6%	373544	122794
泰国	60725	26149	34576	340275	460.4%	207663	132612
马来西亚	125011	47458	77553	510197	308.1%	345729	164468
新加坡	115030	64781	50249	300295	161.1%	211588	88707
阿联酋	58752	54608	4144	282032	380.0%	273249	8783
大洋洲	85945	58104	27841	645971	651.6%	223618	422353
拉丁美洲及非洲	374308	258032	116276	2062312	451.0%	1341365	720947
欧洲	987962	782456	205506	3135720	217.4%	2376570	759150
北美洲	1143895	934389	209506	2975808	160.1%	2148484	827324

数据来源：《福建统计年鉴（2015）》。

表 5　　"海上丝绸之路"沿线主要亚洲经济体

2005—2014 年人均 GDP 变化情况

经济体类型	人均 GDP（美元）	国家名称	
		2005 年	2014 年
要素驱动型	低于 2000	柬埔寨、越南、菲律宾、印度尼西亚、孟加拉、尼泊尔、印度、巴基斯坦、斯里兰卡	柬埔寨、越南、孟加拉、尼泊尔、印度、巴基斯坦
要素驱动向效率驱动过渡型	2000～3000	泰国	菲律宾、斯里兰卡
效率驱动型	3000～9000	马来西亚	泰国、印度尼西亚
效率驱动向创新驱动过渡型	9000～17000	韩国	马来西亚
创新驱动型	高于 17000	日本	韩国、日本、新加坡

数据来源：社会科学文献出版社《21 世纪海上丝绸之路》。

依存度的提高与"海上丝绸之路"沿线发展中经济体工业化进程不断加快有密切关系。以海丝沿线主要亚洲经济体为例：2005 年要素驱动型国家有 9 个，其他类型各 1 个；而到 2014 年要素驱动型减至 7 个，其他各类型普遍增加 1 ~2 个。可以预测，随着"海上丝绸之路"战略的推进与海丝沿线经济体工业化的进一步加速，中国与"海上丝绸之路"沿线经济体之间的贸易壁垒将会逐步降低乃至取消，福建省将会充分利用"海上丝绸之路"核心区和自贸区的战略机遇与周边经济体深化主导产业合作，优化自身贸易结构，逐步将机械、纺织、服装、制鞋等优势产能向上述地区转移，与"海上丝绸之路"沿线经济体的跨境货物流动肯定会出现质量"双优"变化以及进出口"双高"态势。

值得注意的是，尽管拥有"海上丝绸之路"核心区和自贸区的双重政策"红利"，但在中央确认的 10 个与"海上丝绸之路"倡议相关省份中，福建省 2015 年跨境货物流动总额占全国的 4.3%，排在第五位，远低于山东、上海、浙江、广东等发达省市的跨境货物流动水平，仅高于辽宁、广西、云南和海南等发展中省区流动水平（见表6）。因此其后的"海上丝绸之路"核心区建设和福建自贸区建设可能会面临巨大的竞争压力。①福建省跨境货物流动的产业基础和经济腹地相比比较薄弱。目前福建省的优势产业主要集中在纺织、服装、制鞋等轻工领域，这些产业的跨境货物流动始终面临着上海、江苏、浙江、广东等发达省市的同质化激烈竞争，自身的跨境货物增长空间有限。而从经济腹地看，辽宁、天津、山东、上海、广东、广西的跨境货物来源地分别可利用自身区位优势辐射至整个东北、华北、中原、长江流域、华南和西南地区；浙江、海南、云南各自毗邻上海、广东，或者直接地处西南，因此其跨境货物来源地可以分别延伸至长江流域、华南地区、西南地区；唯独福建省的跨境货物来源地辐射空间最小，北有长三角的限制，南受珠三角的掣肘，除了可以部分辐射至江西、湖南等部分中部发展中省份外，外拓空间不大，后续增长令人堪忧。②福建省跨境货物流动的港口保障比较有限。作为福建最大的港口，厦门港 2015 年货物吞吐量 2.1 亿吨，位列全球第 16 位；在中国大陆进入全球二十强的 8 个港口中，厦门港排在最后一位，前七位分别是上海、深圳、宁波—舟山、广州、青岛、天津、大连等与"海上丝绸之路"倡议直接相关省份的港口。同时，两岸全面实现"大三通"后，大陆 74 个港口和台湾地区 4 大港口都已互相开放，加上福建与台湾地区之间货物互补性不强，福建与台湾农产品的相似度很高，需求有限，又缺少台湾地区稀缺的煤、麦、棉花、高粱、矿石等货源，因此以前所提出的福建对台优势，从港口、海运角度看可能并不是优势，或者说优势不明显。相反，随着福建海运条件的不断改善和港口国际化程度的不断提高，与相距仅100多海里的高雄、花莲、台中、基隆等台湾4大国际港的竞争可能会愈演愈烈。

表6　"海上丝绸之路"布局中主要省份2015年跨境货物流动情况对比

单位：亿美元

区域	货物进出口总额		货物出口		货物进口	
	金额	占全国比重	金额	占全国比重	金额	占全国比重
全国	39719.69	100%	22831.46	100%	16888.22	100%
辽宁	960.90	2.4%	508.40	2.2%	452.50	2.7%
天津	1143.47	2.9%	511.83	2.2%	631.64	3.7%
山东	2417.50	6.1%	1440.60	6.3%	976.90	5.8%
上海	4535.56	11.4%	1976.54	8.7%	2559.03	15.2%
浙江	7159.00	18.0%	2767.00	12.1%	4392.00	26.0%
福建	1693.60	4.3%	1130.16	5.0%	563.44	3.3%
广东	10229.52	25.8%	6435.62	28.2%	3793.90	22.5%
广西	515.66	1.3%	281.22	1.2%	234.44	1.4%
海南	140.40	0.4%	37.56	0.2%	102.84	0.6%
云南	245.27	0.6%	166.26	0.7%	79.01	0.5%

注：根据国家发展改革委、外交部、商务部联合发布的《推动共建丝绸之路经济带和21世纪海上丝绸之路的愿景与行动》相关内容，与"海上丝绸之路"倡议直接相关的有辽宁、天津、山东、上海、浙江、福建、广东、广西、海南、云南等10个省区市。

数据来源：全国及相关省份2005年国民经济和社会发展统计公报。

2. 对跨境劳务流动的影响

跨境劳务的种类很多，"海上丝绸之路"倡议对福建省最直接最深远的影响将是建筑服务和运输服务领域。在"海上丝绸之路"核心区倡议规划中，福建省被定位为互联互通建设的重要枢纽，但一直以来"海上丝绸之路"沿线主要经济体的物流绩效指数总体偏低（见表7），除新加坡、日本、韩国及中国香港、台湾地区等成熟经济体外，沙特、泰国、印度、越南、印度尼西亚、巴基斯坦等发展中或欠发达经济体的交通、能源、通信等基础设施的互联互通比较薄弱，建筑投资需求比较大。考虑到设施联通将直接催生对外承包工程新的项目机会，而亚投行、丝路基金、金砖国家开发银行等金融机构的组建运营能为项目成功落地提供坚实的资金支持，因此福建省建筑业企业对外承包工程数量和金额在短期内肯定会不断提升。随着“海上丝绸之路”倡议沿线国家基础设施和港口建设日趋完善，集装箱、干散货及油运的长期运营能力会不断增加，以海运为主要构成的运输服务将有望成为跨境劳务流动的新增长点，旅游、通信、金融、保险等其他商贸服务也将随之逐步增加。

表7　　　　海丝沿线主要经济体2012年物流绩效指数

经济体	世界排名	分值	与得分最高者相比
新加坡	1	4.13	100.0
中国香港地区	2	4.12	99.8
日本	8	3.93	95.2
中国台湾地区	19	3.71	89.8
韩国	21	3.70	89.6
中国大陆	26	3.52	85.2
马来西亚	29	3.49	84.5
沙特	37	3.18	77.0
泰国	38	3.18	77.0
印度	46	3.08	74.6
越南	53	3.00	72.6
印度尼西亚	59	2.94	71.2
巴基斯坦	71	2.83	68.5
斯里兰卡	81	2.75	66.6
柬埔寨	101	2.56	62.0
老挝	109	2.50	60.5
缅甸	129	2.37	57.4

注：物流绩效指数主要反映基础设施、海关、国际运输、物流能力等，分值区间为1~5，1表示最差，5表示最好。

资料来源：社会科学文献出版社《21世纪海上丝绸之路》。

与跨境货物流动一样，福建省的跨境劳务流动当前主要集中在旅游和运输等传统劳动力密集型行业，发展水平不高，结构有待优化，占全国跨境劳务流动总量以及全省跨境税源流动总量的比重都很低，同样面临着来自“海上丝绸之路”倡议相关省区市巨大的同质化竞争压力。应予以关注的是，跨境劳务流动对政治风险、商业环境等的敏感度非常高，而“海上丝绸之路”沿线主要经济体正好处于大国角力的核心地带，又是基督教、伊斯兰教、佛教等东西方文明的交汇区，区域内经济体大多处于政治转制、经济转轨、社会转型的关键时期，因此风险水平处于相对高位。中国信保国别风险研究中心2013年底从政治、经济、法律、商业环境四个角度对“海上丝绸之路”沿线65个重点国别的国家风险参考评级显示，风险等级5~9级的占84%，也从侧面印证了这一点。高风险将使得福建省跨境劳务流动面临非常大的不确定因素，尤其是项目期限较长的对外承包工程企业的海外运作，由于必须随时警惕政局不稳、诚信不高、地方保护、技术壁垒等问题可能给工程项目带来的困局甚至纠纷，所以它们的投资意愿和投资能力肯定会受到影响。

3. 对跨境资本流动的影响

一直以来，外商直接投资都是福建省跨境税源流动的主要形式。随着国内经济下行压力的加大，省内产业布局基本完成，以及涉外税收优惠政策基本取消，外商直接投资增速明显放缓。相反，随着“海上丝绸之路”倡议的有序推进，“海上丝绸之路”沿线大多数经济体的基础设施将逐步完善；而为解决产业升级和产能过剩问题，福建省具备一定规模与实力的企业肯定会根据比较优势原则，加快“走出去”的步伐，将具有比较优势或即将失去比较优势的产业向“海上丝绸之路”沿线发展中或欠发达经济体转移。目前福建已有安踏、特步、鸿星尔克、亚礼得、361°等鞋企在东盟国家开设专卖店，国辉鞋业、金鹤毛绒分别在越南、南非等地设立加工厂等，对外直接投资进一步增长的空间十分广阔。

正常情况下，一个经济体向另一个经济体进行直接投资，要么基于本经济体的技术优势，要么基于被投资经济体的成本优势。从当前实际看，福建省具备一定生产规模且国际竞争力较强的产业主要是机械、纺织、服装、制鞋、非金属矿物制品、食品及活动物等。其中除机械外，几乎属于轻工、纺织产品或者工农业初级产品行业，劳动力密集型特征明显；即便是机械行业也是建立在大量关键零部件进口基础上，省内主要进行装配制造，仍然处于劳动力密集型环节。福建在国际产业分工体系中还处于较低层次，既不存在具有垄断性技术优势的的产业，也不存在可以逐步扩散的新技术产品，因此凭借技术领先及先进产业优势主动对外直接投资的可能性很小。对外直接投资的主要动因是本地要素成本，尤其是劳动力成本快速上升不得已而为之的被动选择。这种类型的对外直接投资具有短板因子：①由于先进技术仍然掌控在美、日等成熟经济体企业手中，而福建省的优势产业又集中在外商投资领域，如前文所述，2014年外商投资企业货物进出口金额占跨境货物流动总额的比重高达42%，这一方面会限制福建省企业的对外直接投资能力，另一方面当美、日等成熟经济体不断加大对“海上丝绸之路”沿线经济体的直接投资力度时，福建企业的比较成本优势将会受到削弱甚至荡然无存。且由于缺乏技术垄断优势，所以被投资经济体企业的准入门槛将很低，模仿抄袭现象肯定会不断增加，被投资经济体企业发挥本土优势赶超福建企业的时间不会很长，对外直接投资的可持续性堪忧。②福建省企业向“海上丝绸之路”沿线经济体增加直接投资主要基于推动产业升级或者消化过剩产能的考量，所投资的实体经济很多将集中在劳动力密集、高能耗，甚至高污染领域。且福建省对外直接投资以国有企业为主，以国有企业为主体的投资模式很容易受到被投资经济体的质疑和抵触，所投资领域也比较容易受到当地群众或者工会组织的阻挠，相对更易成为国际间政治博弈的牺牲品；民营企业虽然数量多但投资规模大多偏小。随着资本输入的逐渐增多，“海上丝绸之路”沿线被投资经济体为维护本国利益，环境保护、劳动力保护等相关法律法规的制定与执行会越来越严厉，对外直接投资企业的运营压力将会越来越大。

（二）“海上丝绸之路”倡议对跨境税源管理的主要挑战

前文阐述过，目前省级政府对跨境税源的管理已经衍生为对涉外税源的管理，这种管理机制在外商直接投资迅猛增长时代层发挥了较好的作用，但难以胜任“海上丝绸之路”倡议对跨境税源管理的新要求。

1.“海上丝绸之路”倡议下的跨境税源管理对国际税收合作的依赖度大大提高

传统的涉外税源管理对纳税义务的认定主要基于国内税法，而跨境税源对纳税义务的认定虽然仍然基于国内税法，但必须依托国际税收合作才能实现。国际税收合作一般包括三个层次，即事前签订国际税收协定、事中交换国际税收情报、事后仲裁国际税收争议。①尽管中国已经和101个经济体签署避免双重征税税收协定，并加入《多边税收征管互助公约》，但这些协定部分条款是为了适应当时吸引外资、引进先进技术等经济需求而制定的，内容完整性有待进一步增强。早期签订的部分税收协定既没有关于税收饶让和税收征管互助的规定，其中的非歧视性待遇条款通常也缺少税种无差别规定。国际税收协定覆盖面有限，签订对象大多是经贸交流较多的美、日、欧盟等成熟经济体，而“海上丝绸之路”沿线像老挝、缅甸、马尔代夫、柬埔寨、尼泊尔和阿富汗等多个发展中或者欠发达经济体，至今仍未与之签订协议。②国际税收情报交换协定的缺失现象更为严重，与中国签署该协定的主要是巴哈马、百慕大、英属维尔京等传统避税岛国，“海上丝绸之路”沿线经济体基本没有与中国签订国际税收情报交换协议。由于国际税收情报交换整体起步较晚，除辐射范围外，制度建设、组织机构、信息化建设、人员储备等也存在很多不足或空白，急需予以完善。③尽管在过去经贸条约实践中，采取强制仲裁方式解决国际经贸争议不乏其例，但中国并未在税收协议中引入相应的仲裁条款，国际税收争议仲裁主要是作为其中组成部分镶在相互协商程序中，并不是独立的争议解决法律途径，进一步加强的空间还很大。

2.“海上丝绸之路”倡议下的跨境税源管理对国内税法也提出诸多挑战

（1）货物与劳务税方面。中国自由贸易区服务网数据显示，中国目前有在建自贸区 20 个，涉及 32 个国家和地区，大多集中在“海上丝绸之路”沿线。其中已签署自贸协定 12 个，涉及 20 个国家和地区，目前均已实施。自贸区的成功推进，使得中国与自贸区成员之间的关税壁垒大大降低，也让以往被掩盖或忽视的货物与劳务税的扭曲作用日益浮出水面。中国增值税的标准税率是 17%，与中国签订自贸协定的“海上丝绸之路”沿线主要经济体的增值税税率基本低于中国，东盟 7 国平均为 9.43%、中国台湾地区为 5%、韩国和澳大利亚为 10%、新西兰为 15%、瑞士为 6.1%、哥斯达黎加为 14%，中国香港地区不征收增值税等。巨大的税负差异一方面会导致本地消费者涌向境外低税负经济体跨境消费；另一方面会诱导本地生产者把产品销往低税负经济体，以便从本国获取出口退税，降低企业税负水平。

（2）所得税方面。中国所得税实行双重管辖权原则，其中地域管辖权处于支配地位，居民管辖权处于补充地位。为避免居民管辖权可能导致的重复征税，技术上采用抵免法，即对本国居民纳税人来源于境外的所得，允许其从本国应纳税所得额中抵免已在境外缴纳的全部或部分税款。这种规定虽然符合境外投资与境内投资税负相同的资本输出中性原则，但由于经济合作与发展组织（OECD）大多数成员只采用地域管辖权原则，或者虽然也采用双重管辖权原则但为避免重复征税，技术上直接采用免税法，所以其居民纳税人进行境外投资不用承担境外税负。显然以抵免法作为技术手段的双重管辖权会造成中国居民纳税人的总体税负高于 OECD 等其他经济体投资主体的税负水平，降低本国居民纳税人在境外市场的竞争力，也可能会打击本国居民纳税人将境外收入汇回境内的积极性。

3. “海上丝绸之路”倡议下的跨境税源管理对现行征管机制和服务能力提出更高要求

（1）征管机制方面。从税源监管机制看，语言的差异性、管辖权的交叉性，以及财务核算的隐蔽性等，使得税务机关建立制度化、规范化跨境税源监控管理体系的努力举步维艰，尽管已经出台了境外投资和所得信息申报制度，但申报范围、内容、方式，以及未按规定申报如何处罚等事项至今仍没有明确，税务机关对境外投资和所得信息很难核实掌握，常常只能被动接受。从跨国情报交换机制看，世界各国税务机关之间的税收情报交换一般是应对方请求的内容进行数据的沟通与共享，且只限定在请求方与被请求方之间，属于点对点的交换，自动交换机制并没有形成，所交换的情报信息面很窄，交换质量和效率不高。税收情报交换的主体一般是限于国家一级税务机关之间的合作，省级及其以下税务机关暂时没有沟通的渠道，这导致跨境税收情报交换效率低下的问题。从机构设置看，跨境税源管理处于交叉分散状态，国际税收管理部门负责对内相关税收政策和法规的业务指导和对外政策宣传，具体的跨境税收征管工作由跨境税源机构所在地税务机关负责。这导致跨境税源管理集约化、专业化程度不高，类似案例处理缺乏统一尺度，不利于维护税收管理的规范性和严肃性。

（2）纳税服务方面。世界银行《2015 全球纳税情况报告》显示，中亚、中南美、非洲等一些“海上丝绸之路”沿线投资热门地区，“纳税便捷度指数”都排在中国之后。“纳税便捷度指数”过低的原因主要是“海上丝绸之路”沿线经济体大多属于新兴经济体和发展中国家，涉税信息不够公开透明，税收法律法规统一性与协调性不足，激进式、选择性、歧视性等执法行为较多，纳税服务意识落后，中国跨境投资纳税人很容易遭受不公正待遇，急需境内税务机关予以援助、协调、支持和辅导。但是，境内税务机关整体服务能力偏弱，表现在跨境涉税服务思维滞后，针对纳税人跨境运营更多体现为事后服务和被动服务，缺乏事前主动服务意识；跨境涉税服务程序繁冗，基层税务机关收集的相关问题只能通过层层请示，流转环节多，纳税人涉税问题难以得到及时解决；跨境涉税服务成效慢，企业从提出需求到得到服务，时间跨度很长，许多涉税争议问题已经形成定论，部分企业由此遭遇不公正的税收裁定，经营成本大幅增加等。另外，缺乏高效、完整的跨境税务权益保障机制。纳税人与当地税务部门发生税务争议时，往往只能向当地会计师事务所等中介机构购买服务；在税收争议中因不公正的税收裁定而遭受损失时缺乏相关的涉税保险机制，企业只能自行承担风险。

三、以“海上丝绸之路”倡议为契机优化福建省跨境税源流动与管理的对策建议

“海上丝绸之路”倡议的提出，为中国在新的国内外形势下参与全球治理指明了方向。但国家层面除了战略定位之外并没有明确要求，而是由各地根据实际情况自行采取相关的发展政策措施。福建省应加强顶层政策设计，以福建自贸区建设为契机，将建设“21 世纪海上丝绸之路”纳入福建省构建全方位开放格局的发展战略中，谋划发展政策。

（一）以加快港口建设和优化产业布局为抓手推进福建省跨境货物流动

1. 加快东南国际航运中心建设

港口建设方面，应以技术创新为支撑，将商品流、资本流、信息流融入厦门、福州以及泉州的港口整体规划和建设中，加快完善海陆空及信息通道等基础设施，形成集海港、空港、陆地与信息港为一体的智能型港口群。同时，充分发挥福建省自贸区建设的政策红利，借鉴上海自贸区经验，设置标准化的单一信息和单证通关平台，将原来分散在各口岸主管部门的通关业务集中到一个平台共同协商、一次办理，提升通关效率，降低物流成本。互联互通方面，在与大连、天津、上海、宁波—舟山、广州等国内大型港口开展良性竞争的同时，应调整好自身东南航运中心的定位，着眼于上述港口的互

补性和关联性，拓展合作共赢空间，防止陷入恶性竞争。加强与高雄、花莲、台中、基隆等台湾地区4大国际港的合作交流，尤其要关注“海上丝绸之路”沿线经济体的港口群发展动态，借鉴先进经济体的国际航运经验，厘清自身战略，使东南国际航运中心在港口码头、物流园区、集散基地和配送中心等方面与国际接轨。

2. 加快产业结构升级和区域内布局

产业结构升级方面，需着力加强企业自身的科技研发能力建设，提高企业对先进技术的自我掌握能力。大力发展高新技术新兴产业，吸引国内外的相关企业前来投资，通过新兴产业的崛起来为产业结构的调整提供战略支撑。对海洋资源丰富的宁德、平潭、莆田、泉州等地区，结合其海洋资源发展相应的海洋产业，构筑现代海洋产业体系；推动海洋生物医药、海洋新能源等战略性新兴产业规模化发展；推动海洋工程建筑、海洋生态环保、海洋文化旅游等优势产业集群化发展，推动海洋食品加工等传统产业高端化发展。产业区域布局方面，强化省内与省际间产业布局，拓宽福建的跨境税源流动腹地。主要做法是：积极推进厦门、福州、泉州对其他地区尤其是省内的产业转移，加快漳州、莆田、宁德外向型经济发展速度，发挥龙岩、三明、南平等地丰富的矿产资源与劳动力资源，发展特色工业体系，带动地区跨境税源的流动。加强省际间的联系与互动，充分利用周边省份的资源、人力等优势，有序推进省内企业将加工贸易向内陆省份转移，强化福建港口的腹地型和中转型功能。

3. 加强与“海上丝绸之路”沿线经济体的产业合作

利用福建与“海上丝绸之路”沿线经济体在资源、技术、人力等方面的差异性和互补性，推动产业升级。首先，福建应改变以往基于生产环节的简单和垂直分工合作，加大与新加坡、韩国及中国台湾地区等经济体的合作，通过整合这些经济体的资源和技术，共同实现经济创新发展，提高产业发展科技含量。其次，福建应充分利用沿线国家丰富的劳动力资源，发展总部经济，将服装、纺织、机电等劳动力密集型的传统优势产业，尤其是其中的加工制造环节，向东盟、南亚、拉美、非洲等发展中或欠发达经济体转移，扩展福建在上述地区的跨境货物流动空间。

（二）以鼓励对外承包工程和发展服务外包为重点推进跨境劳务流动

1. 积极参与“海上丝绸之路”沿线经济体的建筑市场竞争

“海上丝绸之路”倡议是福建省建筑业企业参与“海上丝绸之路”沿线经济体基础设施工程项目承包的最佳时机。考虑到工程项目多、投资期限长，因此在鼓励建筑企业大力开拓境外承包市场的同时，应引导企业制定合理的远期规划，包括充分调查项目所在地的政治、经济、文化、安全环境，加强涉外专业人才的引进和培养，注意防范工程项目合同风险等。为提高福建省建筑企业的竞争力，还应大力鼓励企业加大技术投入，推动省内大型建筑企业改制上市和兼并重组，鼓励具有甲级资质的优秀企业将总部迁至福建境内，引导建筑企业推广总承包模式等。对于企业对外承包最为关注的外部投资环境风险问题，一方面可由政府出面，与项目所在地中国驻外机构、中资机构、华人团体等沟通协调，对于福建省企业承包工程项目较多、金额较大的区域，可尝试派驻项目沟通协调组，直接与当地相关部门、机构交流沟通；另一方面可探索实施保险服务外包模式，帮助建筑企业就工程项目和工人安全投注商业保险，降低外部投资环境风险对企业可能造成的毁灭性打击。

2. 大力发展服务外包

服务外包是当前跨境劳务发展的重要领域之一，“海上丝绸之路”倡议的实施定将大大拓展这一市场。福建省应抓住这一机遇，在国内外包产业发展起步不久、实力参差不齐的情形下，制定服务外包产业发展规划和政策措施。可尝试以福州、厦门、泉州等城市为中心逐步建立若干具有一定国际竞争力的服务外包产业园区，在服务外包示范区和基地城市建设一批公共技术服务、信息服务和人才交流培训服务平台。建立引进服务外包高中级人才的奖励机制，吸引培养外包领军人物和高端人才。鼓励软件和服务外包等重点扶持领域的服务贸易出口企业开展研发创新工作，培育一批具有自主知识产权、品牌、高增值服务能力的龙头企业。发挥福建软件国际合作联盟等中介组织作用，通过联盟整合福建软件出口相关资源，统一策划和组织实施，打造福建外包整体形象，树立福建软件出口的地域品牌。

3. 统筹推进其他重要传统跨境劳务的快速发展

伴随跨境货物流动规模的不断扩大，海运服务市场需求规模必然随之水涨船高，以海运为主的国际航运业将会逐步接近，乃至最终取代对外承包工程和劳务合作，成为跨境劳务流动的主要形式。福建省应以厦门等大型港口建设为依托，加强海工装备产业的发展，进一步完善高速公路、快速铁路、国家及省级干线公路和民航机场客货运立体综合交通枢纽，形成对接国内外大枢纽和大通道的海峡西岸现代综合交通网络，增强国际运输服务能力。对旅游产业，则应突出旅游产品特色，培植强势旅游品牌，整合滨海旅游、红色旅游、生态旅游等核心旅游产品，优化旅游产业和关联产业发展，做大做强旅游这一传统服务贸易等。

（三）以协调产业转移和促进投资便利化为核心推进跨境资本流动

1. 积极协调福建与“海上丝绸之路”沿线经济体的产业转移

加快推动与海丝沿线经济体之间产业园区合作建设，合作形式可采用经济示范区、科技合作园、境外经贸合作区和人才培训基地等多种形式，主要目的是：第一，瞄准“海上丝绸之路”沿线经济体的产业政策导向，加快不适宜本省发展的部分劳动、资本密集型产业，以及高新技术产业中的劳动密集型部分向发展中或不发达经济体转移，以腾出空间发展现代服务业、绿色产业和高新技术产业，推动本省产业向价值链高端转移。第二，立足本省实际，积极承接“海上丝绸之路”沿线发达经济体的产业转移，最大限度地吸收和利用全球高级生产要素，发展和延长本省价值链，实现本省企业价值链由低端向中高端有序攀升。

2. 提升投资的自由和便利化水平

进一步处理好政府与市场之间的关系，尽量减少对市场的直接干预。对于市场上的企业，无论是境内企业还是境外企业、国有企业还是民营企业等，在财税、贸易、金融等政策方面一定要做到一视同仁。政府主要立足于加强执法、保护正当竞争、维护市场秩序，不仅要鼓励跨国公司和外资流入，充分发挥外商直接投资的示范效应和技术外溢效应，实现省内产业升级；还应减少资本输出限制，加快完善福建与沿线国家的金融合作机制，充分利用现有基金和融资平台，如亚洲发展基金、中国—东盟投资合作基金、“海上合作基金”等双方、多方融资合作平台，为交易双方的基础设施建设提供资金支持。通过建立海丝绿色交易通道等措施，加快福建与沿线国家在交易过程中的速度，减少交易障碍，加快资金流动，畅通各经济主体间的交易渠道。

3. 积极引导侨商侨资参与建设

福建省应充分利用侨商侨资优势，拓宽资金来源渠道，使参与主体多样化。可通过为闽籍侨商搭建更多的沟通平台，加强与侨商的紧密联系，发挥文化、教育、智库、非政府组织的作用，通过各主体间交流合作加强福建与“海上丝绸之路”沿线各国的交流等。积极引导海外华侨、企业和社会组织参与福建与“海上丝绸之路”沿线国家的经贸往来，发挥华侨华人桥梁纽带作用，为闽企“走出去”牵线搭桥，使沿线国家进一步了解福建省“海上丝绸之路”倡议核心区定位和作用。政府部门应制定相关政策措施鼓励各类企业和民间组织参与新“海上丝绸之路”建设，加强与“海上丝绸之路”沿线国家的联系和合作。

（四）以加强国际税收合作和优化征管体制为两翼强化跨境税源管理

1. 深化国际税收合作

优化国际税收协定，尽早与尚未签订税收协定的国家加强沟通，及早签订国际税收协定，填补空白；对于已经谈签但内容过时的，及时开展更新和升级协调工作，切实为企业围绕“海上丝绸之路”倡议布局扫除税收障碍。结合日常征管实践，加强对税收协定执行情况的督导，完善涉及税收协定的征管业务规程，做好境外所得办税业务指引的编纂工作。提升国际税收情报交换工作的效能，稳步推进自动情报交换工作，加强非居民税收管理，做好税收协定的执行；加强对情报的增值利用，做好对外来情报的核查、对外提出专项情报请求及提供自动和自发情报；发挥情报交换在反避税、非居民税收管理等工作中的作用，逐步形成有效的国际税收征管协作机制。强化涉税争议双边协商及仲裁。推动境外涉税仲裁立法工作，提高仲裁结果可行性。及时了解中国与“海上丝绸之路”沿线经济体企业的涉税诉求和税收争议，及时处理企业提起的相互协商申请。

2. 完善跨境税源的相关税收政策

适当简并和降低增值税税率。参照日、韩及我国台湾地区等“海上丝绸之路”沿线经济体的经验，将增值税的标准税率逐步下调至10%左右，低税率逐步合并并下调到5%左右；将增值税六档税率简并调整为三四档税率，以促使各行业税负大体均衡。完善境外税收抵免政策。采取渐进式办法，首先对纳税人境外已纳所得税，允许其按分国不分项的方式在扣除限额内予以抵扣；借鉴德国的做法，对纳税人根据国内法和税收协定自行抵免外国已缴纳的税款，无须经过审批。待时机成熟，可考虑直接采用免税法的方式消除境外投资所得的重复征税。优化税收激励政策，对纳税人从国内采购用于对外承包工程、对外修理修配及对外投资的货物，给予免征或退还出口环节增值税、消费税的待遇；对纳税人采取股权并购等非货币资产投资进行跨境重组税务处理进行适当调整，对适用特殊性税务处理相关比例要求予以降低，减轻企业税收负担。

3. 强化对跨境税源的征收管理

按照合法合理的原则，逐步建立符合风险管理导向的跨境税源征管制度。优化境外投资经营所得申报制度，整合申报事项，改进申报流程，实现境外投资信息网上报备、启动相互协商程序网上申请，推进税收协定待遇网上以报代备，研究部分税收居民身份证明网上即时开具，建立全面智能的境外投资和经营信息申报体系。实现外部信息的实时利用，动态跟踪境内企业对外投资经营活动，根据企业对外投资经营内外部信息设定风险监控指标，评析潜在的跨境税务风险。建立对外投资企业跨境税务风险预警体系，通过纳税服务平台给企业推送风险提示，要求企业反馈风险排查结果。结合落实税基侵蚀和利润转移行动计划，加强对企业关联交易的监管，对恶意税收筹划实施反避税专业调查。促进跨境税源管理组织的现代化建设，全面融合国税、地税业务，进一步优化税务部门内设机构，以节约税收征管成本、提高税收征管效率。

4. 优化对跨境税源的纳税服务

健全跨境纳税人税收服务制度，建立全面智能的境外投资和经营信息申报体系、跨境税收风险防控机制等，加强风险分析与提示，增强企业对境内外税法的遵从意识。定期开展“海上丝绸之路”税收服务专项活动，如举办专题税收沙龙、纳税人学校专项培训等，不定期举办专题宣讲，邀请内外部专家学者宣讲政策，现场咨询答疑。定期走访重点的“海上丝绸之路”项目和跨境企业，有针对性地开展对应国别的税收服务，协助企业利用税收协定、中国驻外机构等解决境外税务争议，或者引导企业申请启动相互协商程序，请求国家税务总局与有关当局磋商解决争议。参照发达国家经验，在境外投资集中的地区派驻税务专员，为企业维权提供明确方向和详细指导。突出税务机关和税务专员主导，利用中介等资源的专业优势，推进企业协同互助，形成国际税收维权合力，进一步提升维权效果。

参考文献

［1］赵江林.21世纪海上丝绸之路：目标构想、实施基础与对策研究［M］.北京：社会科学文献出版社，2015.

［2］杨志勇.实施“一带一路”战略的财税政策研究［J］.税务研究，2015（6）：16-21.

［3］马克和.跨境企业税收管理：国际经验与路径选择［J］.税务经济研究，2014（1）：33-36.

［4］西安市国家税务局课题组.促进丝绸之路经济带建设的税收措施——以西安为例［J］.税务研究，2015（6）：41-45.

（课题执笔人　洪　江）

完善我国居民企业境外投资税收服务与管理体系的思考

苏　磊

随着“一带一路”重大决策的部署，我国居民企业不断加大“走出去”的步伐，在境外投资。充分利用国内外两种资源、两个市场，成为经济发展现阶段不少中国企业的一种必然选择。企业“走出去”极大地改变了过去单纯适应“引进来”需求的税收管理模式，也倒逼着我国国际税收部门重新定位。在新形势下如何为我国居民企业境外投资提供税收服务、完善居民企业境外投资税收政策、加强居民企业境外投资税收管理，正成为各级国际税务部门必须面对的新课题。

一、我国居民企业境外投资发展迅猛

根据商务部、国家统计局、国家外汇管理局 2015 年 9 月联合对外发布的《2014 年度中国对外直接投资统计公报》（以下简称《公报》）显示，截至 2014 年底，中国 1.85 万家境内投资者在全球设立的境外企业已达近 3 万家，分布在全球 186 个国家和地区，对外直接投资累计净额（简称存量）已达 8826.4 亿美元，位于全球国家（地区）排名的第 8 位，首次步入全球前 10 行列。其中，2014 年对外直接投资净额（简称流量）为 1231.2 亿美元，当年我国吸引外商投资金额 1196 亿美元，是改革开放以来首次对外投资额超过了吸引外资金额。2002—2014 年，中国对外直接投资的年均增速高达 37.5%。

《公报》还显示，2014 年对“一带一路”沿线国家的直接投资流量为 136.6 亿美元，占中国对外直接投资流量的 11.1%。境外企业对东道国税收和就业贡献明显，对外投资双赢效果显著。2014 年境外企业向投资所在国缴纳的各种税金总额达 191.5 亿美元，雇佣外方员工 83.3 万人，来自发达国家的雇员为13.5万人，较上年末增加3.3万人。

福建作为"一带一路"倡议的核心区，近年来居民企业境外投资的发展也较快。根据商务部的数据，截至2016年1月末，福建共有803户（次）居民企业在境外投资，见表1、图1。

表1　　福建居民企业在境外投资户（次）数

年度	户（次）	年度	户（次）	年度	户（次）	年度	户（次）	年度	户（次）
2001	1	2004	11	2007	31	2010	87	2013	55
2002	4	2005	12	2008	66	2011	62	2014	110
2003	3	2006	16	2009	91	2012	40	2015	182

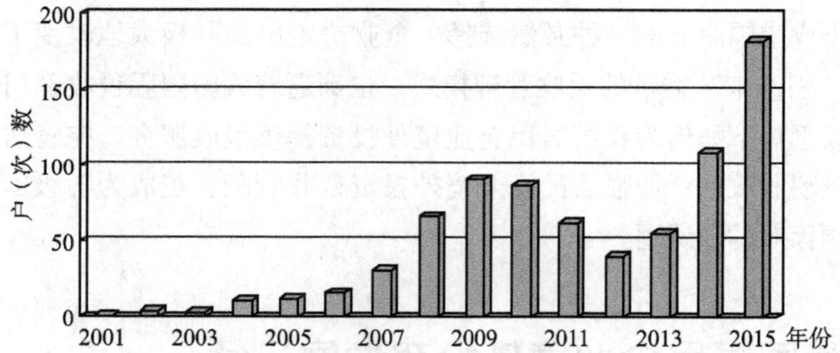

图1　福建居民企业在境外投资户（次）数

二、我国居民企业境外投资税收服务与管理体系存在的问题

面对如此庞大的数据、如此迅猛的增长势头，目前税务机关的境外投资企业服务与管理水平却停留在较低的水平，相关税收政策也有改进的余地。

（一）税收管理待加强

1. 对"走出去"企业情况不了解

目前，税务机关掌握的"走出去"企业信息匮乏。基层税务部门对所辖企业境外投资情况了解甚少，没有专门的居民企业境外投资档案资料，仅凭印象和所得税申报的相关资料判断居民企业是否存在境外投资。对于居民企业境外投资的规模、投资收益情况、利润分配情况、税收抵免状况等没有掌握，也没有确切的数字。

2. 对居民企业境外投资的税收管理机构不到位

缺乏有效的管理体系，对居民企业境外投资的税收管理机构不到位是目前境外投资企业管理的又一软肋。由于现有的国际税收管理机制是建立在管理“引进来”企业的基础上，因此在基层（县区局）——无论各地是采取属地化管理还是专门机构（涉外税收管理局）管理模式，均没有考虑到“走出去”企业向外延伸的特殊管征需要。虽然国家税务总局在近年的政策文件中不断要求加强国际税务管理工作，指出国际（涉外）税务管理机构工作的主要内容包括组织实施对本国居民境外所得的有关税收管理规范，对本国居民境外经营活动依照税收协定提供税收援助。但地市一级的机构设置无法替代基层的税收管理。

从各个基层税务局内部组织架构看，没有一个科室能真正针对居民企业境外投资的所得进行有效管理，具体到岗位上，有责无岗现象严重，国际税收工作职能大多数是放在税政科。但是，多数基层局反映税政部门人少事杂，很难有多余的精力对“走出去”企业进行有针对性的管理。

同时，企业所得税国家税务局、地方税务局分块管理的二元管征体系也极易产生管征的漏洞。

3. 对自然人或民营经济境外投资情况，与相关部门缺乏沟通

民营经济是我国经济的重要力量，由于其经济性质的“民间”属性，因此也是企业境外投资发展最快的一个群体。但税务机关掌控的“走出去”企业名单，多是向商务部门取得的，因此名单中的企业基本是国资背景或运作较为规范的外企、上市公司，民营企业所占比例较少。而事实上，近年来很多国内个人是通过投资性移民达到移民的目的，因此这些在境外投资的民营企业和自然人，很大一部分实际上是脱离了有效监管。究其原因，虽然主要是由于自然人或民营资本境外投资渠道灵活，有一部分可能脱离了相关职能部门的正常监控范围，但更多的是由于各部门间缺乏有效的沟通机制，造成各管一片、互不通气的情况。

（二）税收服务需提高

1. 基层税务管理人员素质有待提高

要做好“走出去”企业的税收服务，关键在人。而“走出去”企业不仅涉及企业所得税，还涉及出口退税、国际税收协定的执行，以及国际会计准则等多方面知识，因此对“人”的要求特别高。目前，我国税务干部队伍人员结构老化现象突出，绝大多数干部业务素质还不能适应“走出去”企业的税收服务与管理要求。尤其是在基层税务部门，高素质业务干部的匮乏，很大程度上制约了“走出去”企业税收服务与管理工作的开展。纳税人咨询境外投资涉税业务时，只有少数税务人员能较为全面地解答他们提出的政策问题。

2. 对境外投资企业的税收“个性化”服务亟待加强

目前，税务部门与在境外投资的“走出去”企业互动不足。一方面，税务部门不太了解境外投资的“走出去”企业需要税务部门提供哪些方面的服务；另一方面，境外投资的“走出去”企业也不知道我国税务部门能为他们在哪些涉税事宜上提供帮助。

在和“走出去”企业的座谈中，我们了解到大多数在境外投资的企业，由于语言不通，对投资所在国的法律政策不熟悉，一般都是选择聘请所在国的中介机构提供会计、税务申报服务，对被投资企业纳税情况大多表示只知其然，却不知其所以然。因此一方面，很多企业希望得到税务部门在纳税上的辅导和个性化的服务，减少执行上的偏差；另一方面，又害怕暴露问题后造成公司被动。

另外，企业对我国境外所得抵免的政策理解不足，有的企业对间接抵免不熟悉、对分国不分项规定不能准确计算，对“受控外国企业”政策不了解，造成了企业税收利益的损失。

所以对于“走出去”企业，我们一定要站在换位思考的角度体谅企业经营的艰辛和不易，以服务作为管理的导向，用税务部门的专业知识主动辅导企业，建立有效的沟通机制。

（三）税收政策尚有改进的余地

1. 境外投资的备案登记需加强

现行的《中华人民共和国税收征收管理法》及其细则均未明确要求纳税人在境外投资时向税务部门进行有效的备案登记，因此纳税人无告知义务，使得税务机关从源头上对纳税人境外投资行为不了解。

2. 企业所得税申报失之“繁”

我国的企业所得税年度申报是纳税人向税务机关申报其境外应税所得及计算税收抵免的法定环节。但是，随着税务机关对申报信息要求的逐年增加，现在的企业所得税年度申报已经膨胀到主表附表42张、填表说明130多页的“庞大工程”。其中的境外所得税收抵免附表更是繁杂。可以想象，除了少数专职人员以及部分业务素质出众的中介人员，要填写清楚企业所得税年度申报实在是件不易的事。因此在年度申报等环节，对于境外所得这一块的审核形同虚设，基本上是按照企业自报数进行汇算。

3. 企业境外投资税收抵免不彻底

我国居民企业境外投资税收抵免主要是根据《财政部　国家税务总局关于企业境外所得税收抵免有关问题的通知》（财税〔2009〕125号）和《企业境外所得税收抵免操作指南》（国家税务总局公告2010年第1号）执行。这两个文件是在参考不少国家成熟做法的基础上，按照分国不分项的原则对居民企业境外所得进行抵免。不过，从纳税人的反映看，主要存在抵免不够彻底的问题。

例如，在汇总计算境外应纳税所得额时，企业在境外同一国家（地区）设立不具有独立纳税地位的分支机构，按照《企业所得税法》及其实施条例的有关规定计算的亏损，不得抵减其境内或他国（地区）的应纳税所得额，但可以用同一国家（地区）其他项目或以后年度的所得按规定弥补。这一规定实际上意味着若在未来年度同一国家（地区）的没有利润产生，那么该国家（地区）境外投资的非实际亏损额将得不到弥补。

又如，企业应按照规定分国（地区）别计算境外税额的抵免限额，超过抵免限额的，当年应以抵免限额作为境外所得税抵免额进行抵免。这就使得在多国（地区）进行境外投资的企业，不能将在高所得税率国家超过抵免限额的税额在低所得税率国家低于抵免限额的部分进行调剂抵免。

再如，企业来源于境外的股息、红利等权益性投资收益，按被投资方作出利润分配决定的日期确认收入实现。这一政策虽然在延迟纳税上有利于境外投资的纳税人，但很显然若是境外投资出现亏损，亏损额也不能在当年境内所得和境外其他国家（地区）的利润中抵补亏损。

4. 简易办法计算抵免，抵免比率过低

居民企业从境外取得营业利润所得以及符合境外税额间接抵免条件的股息所得，虽有所得来源国（地区）政府机关核发的具有纳税性质的凭证或证明，但因客观原因无法真实、准确地确认应当缴纳并已经实际缴纳的境外所得税税额的，除就该所得直接缴纳及间接负担的税额在所得来源国（地区）的实际有效税率低于12.5%以外的，可以按境外应纳税所得额的12.5%作为抵免限额，企业按该国（地区）税务机关或政府机关核发具有纳税性质凭证或证明的金额，其不超过抵免限额的部分，准予抵免外；超过的部分不得抵免。

当然，《财政部　国家税务总局关于企业境外所得税收抵免有关问题的通知》（财税〔2009〕125号）也规定如果所得来源国（地区）的法定税率且其实际有效税率明显高于我国，并且在财政部、国家税务总局列举的名单内，可以按照境外应纳税所得额乘以25%税率计算抵免限额作为可抵免的已在境外实际缴纳的企业所得税税额。法定税率明显高于我国的境外所得来源国（地区）名单包括美国、阿根廷、布隆迪、喀麦隆、古巴、法国、日本、摩洛哥、巴基斯坦、赞比亚、科威特、孟加拉国、叙利亚、约旦、老挝。

但在管征实践中，我们觉得如果纳税人对境外投资选择了简易办法抵免，一般是来源国税收管理相对不规范的原因，如有的企业在非洲就未必能取得规范的纳税凭证。同时，从世界范围看除低税地和避税地外，很少有国家（地区）的企业所得税税率低于20%，因此目前白名单以外国家（地区）的简易办法抵免12.5%税率过低，增加了企业境外所得的实际税收负担。

5. 境外所得的成本费用确认不合理

我国居民企业所得税按照《中华人民共和国企业所得税法》进行管征，但根据《财政部　国家税务总局关于企业境外所得税收抵免有关问题的通知》

（财税〔2009〕125号）的规定——居民企业在境外投资设立不具有独立纳税地位的分支机构，其来源于境外的所得，以境外收入总额扣除与取得境外收入有关的各项合理支出后的余额为应纳税所得额；居民企业就其来源于境外的股息、红利等权益性投资收益，以及利息、租金、特许权使用费、转让财产等收入，扣除按照企业所得税法及实施条例等规定计算的与取得该项收入有关的各项合理支出后的余额为应纳税所得额。

在上述规定中各项收入、支出都是按我国企业所得税法及实施条例的有关规定确定。这使得企业在国外纳税时，按所在国家（地区）税收政策和会计制度缴纳税收，在本国核算境外所得时，又不得不按照中国的税法再算一遍。在实际操作中，增加了纳税遵从的成本。

事实上尊重被投资国的税收政策和会计制度，是“走出去”企业减少国际税务纠纷的基础，上述规定的条例既难执行，又容易给“走出去”企业带来不必要的麻烦。

（四）居民境外投资应关注我国和投资所在国的反避税政策

居民企业在跨国经营过程中不可回避的一个税收敏感话题就是避税与反避税。2013年7月，经济合作与发展组织（OECD）发布了《关于税基侵蚀和利润转移的行动计划（BEPS）》（以下简称《BEPS》），完整地阐述了税基侵蚀和利润转移的国际现状，并明确指出“为了有效地避免双重不征税，避免涉及人为地将应税所得与产生这些应税所得的经营活动相分离的做法的不缴税或少缴税的情况，需要实行根本性的改革”。我国作为《BEPS》行动计划的重要参与方，在今后的税收管征和税收政策立法中必然会贯彻《BEPS》的核心观点。

1. 我国企业境外投资要注意符合“受控外国公司“条款

根据我国相关部门的统计90%的中国非金融业对外直接投资存量分布在亚洲、拉丁美洲地区，其中中国香港、开曼群岛、英属维尔京群岛占81.5%，而这三个地区都是国际上著名的避税地或低税地。很多国内企业选择这些地方注册作为向第三国投资的跳板，是有其税收原因的。

根据《财政部 国家税务总局关于企业境外所得税收抵免有关问题的通知》（财税〔2009〕125号）的规定——来源于境外的股息、红利等权益性投资收益，应按被投资方作出利润分配决定的日期确认收入实现。因此，我国税收上对境外投资收益的确定是以被投资企业做实际的利润分配处理为前提的，那么在境外子公司取得利润的企业就可能利用这一规定，不做或少进行利润分配，达到延期纳税的目的。但这只是一般法的规定，在我国的《中华人民共和国企业所得税法》第四十五条规定，“由居民企业，或者由居民企业和中国居民控制的设立在实际税负低于12.5%的国家（地区）的企业，并非由于合理的经营需要而对利润不作分配或者减少分配的，上述利润中应归属于该居民企业的部分，应当计入该居民企业的当期收入”。作为特殊法的《特别纳税调整实施办法（试行）》第八章就进一步明确规定我国受控外国企业管理的实施标准和计算口径。从2015年企业年度所得税自行申报情况看，几乎没有企业主动申报自己境外投资的企业属于受控外国企业，但事实上这类企业比例并不低，虚假申报其实隐藏着税收风险。

2. 在投资所在国需注意反避税政策

我国企业对外投资的最终目的地主要是两类：一是欧美、日本等发达国家；二是东南亚、印度、非洲等劳动力成本低的发展中国家。无论是哪一类国家，目前对跨国企业的避税问题都很重视，例如印度就是国际上公认的反避税工作最激进的国家；欧美、日本等发达国家在实施反避税调整时，一般还会处以纳税调增额一定比例的罚款。

因此，我国的居民企业在实施“一带一路”倡议走出去时，确实无法规避关联方之间的交易或存在资本弱化、成本分摊协议、滥用税收协定、税收优惠等问题的，应该事先研究投资所在国的反避税法律法规，避免因税收问题造成经济上的重大损失。

三、完善居民企业境外投资的税收服务与管理体系的建议

针对我国居民企业境外投资存在的税收问题，我国税收部门应立足国情，适当借鉴国外一些成熟的经验，构建和完善我国企业境外投资税收支持体系。

（一）提升税收管理水平

没有有效的税收管理，就谈不上有针对性的税收服务。

1. 境外投资建立统一的登记备案制度

正本需要清源。要实现对我国企业境外投资有效的税收服务与管理，首先就必须建立居民企业（还可包括自然人）境外投资的登记备案制度，掌握境外投资动态。比如，可以规定纳税人在境外投资获准之日起30内，应将相关情况（投资项目、投资所在国、投资金额）向主管税务机关告知，办理登记备案手续，实现源头上的控管。同时，借鉴“三证合一”工作的经验，避免纳税人同一事项在不同部门间（如工商、国税、地税、商务、外管）重复备案、申报。

2. 重视企业境外投资数据信息的采集

税务部门可借助纳税人年度所得税汇算申报，采集确实需要纳税人报送的境外所得相关信息，如投资所在国经中介机构审计的会计报表数据、向所在国税务机关申报的企业所得税纳税情况、董事会年度分配决议等，强化对境外投资的管理。当然这些措施必须简便易行，以不增加纳税人额外负担为原则。

3. 强化国际税收管理机构，提升基层税务人员履职能力

要做好企业境外投资的税收服务与管理，机构是保障，人员是关键。现在省市级税务部门都建立了国际税务管理专职机构，从职能上看，国际税务管理处肩负的任务之一就是组织实施对辖区内本国居民境外所得的相关税收管理。

省市级国际税收管理部门应定岗定责，加强绩效管理，理顺国际税收管理部门与所得税管理部门在境外所得管理的衔接关系，做到责任清楚、岗位明晰，强化工作执行力。处于管征一线的县区税务局，必须有专人负责企业境外投资的税收工作，让那些业务好、责任心强的干部对投资境外的企业进行集中管理。同时，应加强对基层和相关岗位人员国际税收协定、境外投资所得税抵免政策、相关出口退税政策的培训，提升他们的业务素质。

4. 利用情报交换制度，加强和投资所在国的信息互换

情报交换制度，是加强国际税务合作的重要手段，也是当前条件下税务机关具体掌握我国纳税人境外投资状况的重要补充手段，税务机关应充分用好这一制度，与我国境外投资较多的国家建立税收征管互助机制，通过授权代表访问等方式对我国企业境外投资行为开展税务调查和取证工作，以确保对纳税人境外投资、所得情况的掌控。

5. 加强与相关部门的沟通，并强化信息的系统化管理

在税收征管日益信息化的今天，要真正做好企业境外投资的管理工作，就必须打破部门间分割管理的壁垒，主动与地税部门、商务部门、工商行政管理局、外汇管理局、公安出入境管理部门联系和沟通，取得他们的理解和支持，将这些部门的相关信息资料进行整理复核，并将企业境外投资信息系统化，实现在金税三期业务平台的统一管理，实现管理信息和资源的共享。

（二）提供优质的税收服务

1. 加强国际税收管理人才队伍建设，成立专业化团队

居民企业境外税收服务与管理涉及的业务政策广而深，税收抵免、税收情报交换、税收协定的执行、反避税调查，都需要专家型的人才。因此，要提供优质的税收服务，必须锻造一支精干、有为的国际税收管理人才队伍。税务部门应对国际税收管理工作给予人力资源上的倾斜，从税务系统内培养、选调熟悉国际税收业务的领军人才。在现有人员基础上，通过委托高校、国际组织以及借助包括“四大中介事务所”为代表的中介机构资源，以举办中长期培训、相互派遣税务官员、跟随中介机构参加跨国审计等形式，逐渐培养和锻炼一批熟悉国际税收规则的高级专业人员队伍。同时，在工作中营造良好的工作氛围，完善人才激励机制，尝试将职称制度、年薪制度引入国际税收管理人才的梯队建设。

此外，在国际税收管理中应建立专业化管理团队。对于上市公司、大型国有骨干企业的服务，要通过建立包括各税种业务骨干、国际税收专家、信息人员在内的管理服务团队，以及外聘院校、行业协会、中介机构的专家人

才，组成税务系统的“智库”，以充实税务系统内专业化管理团队的不足。

2. 对境外投资企业进行分类管理、提供个性化服务

随着我国企业境外投资数量的增长，税务部门要提高服务效率，应对境外投资企业进行分类管理，提供个性化服务。

首先，国际税务管理机构应该按照境外投资企业的规模和行业进行分类管理，形成对大企业、中小企业或某几类行业的服务管理团队。团队通过更深层次地对这些行业的经营特点、涉税风险点的了解，达到举一反三的效果，减少税收服务管理中的重复性劳动。

其次，对于在境外投资规模较大的居民企业，应提供个性化的“定制”服务。从管理到服务不仅是简单的称谓变化，更意味着工作职能和重心的改变。在与境外投资的上市企业、国有大企业的联系中，我们可以感受到大企业确实有得到准确的税收政策咨询的需求，及作为纳税人的平等对待和尊重。国际税收协定的执行和境外投资国涉税事项都会对境外投资的经济活动产生重大影响。由于这些大企业既希望了解税务机关对于涉税事项的准确看法，又担心潜在问题的发现引来不必要的税收麻烦。因此，就要求国际税收管理部门将大企业作为客户，提供有针对性的政策咨询，改事后审计为事前介入、事中发现，为大企业提供更有效率的税收服务，逐步化解税企之间不信任感。国际税收管理部门只有做到公正平等对待纳税人，并在工作中表现出良好的专业素质，才能真正获得守法纳税人的信任与尊重，并实现税企双赢的目的。

3. 强调税收遵从引导

遵从引导是指通过个性化的纳税服务和专业化的税收管理，提高企业自身依法处理涉税事务的能力，主要包括税收政策服务、涉税诉求的处理、引导企业建立完善税务风险内控体系、税企双方签订税收遵从协议。例如，居民企业在境外投资前，可以向税务机关报告相关事项，并提出可能涉及的税务风险、相关的税务服务需要。税务部门可通过参与企业制度建设的方式提前介入企业纳税管理服务环节，引导企业建立全方位的税务风险管理和内部控制机制，实现税务管理环节的前移。以上措施有利于境外投资的居民企业提前防范、及时化解税收风险，实现税收征管由管理型向服务型的转变。

4. 加强对企业境外投资的税收救济

居民企业境外投资在投资所在国遇到税务风险是走出去过程中可能遇到的难题。一方面，相关涉事企业要积极维权，不要一味退让，将涉税情况及时报告给我国税务当局；另一方面，中国税务部门需要积极维护企业合法权益，当企业境外投资经营遇到税收争议或遭遇歧视待遇，税务机关可根据税收协定和《国家税务总局关于印发〈中国居民（国民）申请启动税务相互协商程序暂行办法〉的通知》的规定，引导企业逐级向国家税务总局申请，启动与当事国税务部门的相互协商程序解决问题，维护我国企业的合法权益。

（三）进一步改进企业境外投资的相关税收政策

1. 考虑建立境外投资风险准备金制度

我国居民企业境外投资时由于投资决策、经营管理、投资所在国政治经济形势变动等，出现投资损失的情况时有发生。由于我国境外所得抵免政策的限制，境外投资的亏损一直得不到充分地相应抵免。

在国际上，不少国家针对对外直接投资的亏损风险设计了风险准备金制度，以对冲企业可能出现的经营损失。例如，日本就规定满足一定条件的海外直接投资，可将投资的一定比例（特定海外工程经营管理费用的7%、大规模经济合作和合资事业投资的25%）计入准备金，在税前进行扣除，减少当年的税收负担。若海外投资受损，企业可以通过冲减准备金，弥补一定程度的税收损失；若5年内海外投资没有损失，从第6年起将准备金分5年逐年合并应税所得进行纳税。

我国可以考虑建立境外投资风险准备金制度，对符合行业政策导向的海外投资按一定比例（考虑我国的财力和企业投资风险偏好，建议不超过15%）提取准备金，以缓和企业海外经营风险带来的税收负担。

2. 考虑综合限额外国税收抵免制度

在分国不分项的抵免制度下，最大的问题是海外投资中的某国所得出现亏损将很可能得不到抵免（除非将来该国项目产生利润），以及高所得税率国家超过抵免限额的税额无法在低所得税率国家用低于抵免限额的部分进行调剂抵免，以致产生税收上抵免不足的问题。

我国可以考虑在适当时机参考日本、美国等参与海外投资较多的国家所实行的综合限额外国税收抵免制度，让在多个国家（地区）投资的居民企业可以将海外亏损和盈利互相抵减，将高所得税率国家超过抵免限额的税额在低所得税率国家用低于抵免限额的部分进行调剂抵免，以减少因抵免制度造成的国际重复征税。

3. 提高简易办法抵免比率

简易办法抵免在操作上有利于税务机关和纳税人减少因境外所得管理带来的繁杂计算和征纳双方成本，是征纳双方都较能接受的一种管理方法。但目前备案采用简易办法抵免的企业不多，主要因素就是简易办法抵免比率太低，白名单以外国家（地区）采用简易办法只允许按12.5%税率抵免，增加了企业境外所得的实际税收负担。

因此，国家税务总局是否可以考虑提高简易办法抵免比率到20%，以提高这一办法的适用度。

4. 境外成本费用确认标准由企业自行选择

现行的境外所得抵免制度中各项成本费用都是按我国企业所得税法及实施条例的有关规定确定的。但居民企业在境外投资的子公司、孙公司在国外纳税时，是按所在国家（地区）税收政策和会计制度来计算所得和缴纳税款的。如果在本国核算境外所得时，又按照中国的税法再次进行核算，必然增加纳税人和税务部门遵从的成本。

我们应当承认这种事实上的不一致，尊重投资所在国的税收政策和会计制度，认可被投资企业按所在国税收政策、会计制度计算后的税后利润，减少“走出去”企业的遵从成本和依法纳税的难度。建议我国可以让在境外投资的居民企业在计算境外所得抵免时，自主选择境外成本费用确认标准，要么按照中国企业所得税法及实施条例的有关规定，要么按照投资所在国的税法及会计准则确定，但一经选择确认，将来年度同一国家（地区）公司项目不得更改适用国别的税收法规和会计制度。

（四）对居民企业加强辅导，使之重视境外投资的避税风险

税务部门可通过专题讲座、个性化服务等多种形式，对居民企业进行避

税和反避税知识的辅导，使之对境外投资税收风险特别是避税问题有充分认识。

1. 居民企业应遵从我国受控外国公司条款

针对纳税人在低税地或避税港进行境外投资，利用境外投资收益确认政策，有意延期纳税的现象，各国都普遍采用受控外国公司条款进行制约。我国的企业所得税法也对此做了明确规定。但也要注意到并非所有设立在实际税负低于12.5%的国家（地区）的境外公司都应将归属于中国股东的未分配利润计入中国居民的当期收入。除了满足对境外企业的控制条件外，《特别纳税调整实施办法（试行)》第八十四条还规定——中国居民企业股东能够提供资料证明其控制的外国企业满足以下条件之一的，可免于将外国企业不做分配或减少分配的利润视同股息分配额，计入中国居民企业股东的当期所得：①设立在国家税务总局指定的非低税率国家（地区）；②主要取得积极经营活动所得；③年度利润总额低于500万元人民币。

因此，居民企业境外投资可以根据我国税法的相关规定安排自身的海外投资组织架构和经营活动，确实符合受控外国公司条款的企业应主动申报海外受控外国公司的利润，提高税收遵从度。

2. 居民企业可采取预约定价主动化解投资国的避税风险

如果我国的居民企业在实施"走出去"战略时，确实无法规避关联方之间的交易，那么最能保证自身税收权益的还是按照公平交易原则进行关联方交易，同时主动与所在国税务主管当局签订预约定价安排，尤其是双边或多边的预约定价安排。预约定价制度目前在多数国家普遍被税务部门所采用，其最大的优点就是变事后审计为事前评估，使纳税人与关联方的预期交易在税收层面上更透明，能够让企业对未来承担的税负水平更确定，同时也可减少投资所在国税务机关事后审计的自由裁量和纳税人的举证负担。

此外，我国居民企业的海外投资公司如果因为关联交易被投资所在国税务部门实施了转让定价调整，存在税收争议，也可按照我国与投资所在国签订的税收协定提请税务协商程序。同时我国居民企业因与境外的投资企业关联方交易被投资所在国税务部门实施了转让定价调查调整的，可以在三年内向我国税务机关提出相应调整的要求，允许国内另一方做相应调整退税以消除双重征税。

参考文献

［1］苏磊．完善我国反国际避税对策的研究［D］．福州：福州大学，2012.

［2］陈爱珠，苏磊．鼓励和规范我国企业境外投资税收服务与管理存在的问题及建议［M］．国际法学研究（第一辑）//长春：吉林大学出版社，2008.

［3］鲍少杰．走出去企业税收扶持体系研究［D］．南昌：江西财经大学，2010.

（作者单位：福建省福州市国家税务局）

福建建设“21世纪海上丝绸之路”核心区的税收创新探究

许亦如

海上丝绸之路是陆上丝绸之路的延伸，它形成于秦汉时期，发展于三国隋朝时期，繁荣于唐宋时期，鼎盛于明清时期。丝绸之路经济带和“海上丝绸之路”建设是以习近平同志为总书记的党中央主动应对全球形势深刻变化、统筹国际国内两个大局做出的重大决策。为配合推进中央提出的“一带一路”构想，福建省政府于2014年制定了《福建省融入国家丝绸之路经济带和海上丝绸之路建设行动方案》，其目标定位为加强与东南亚、南亚、东亚、中东和中亚等国家和地区的经贸合作，扩大友好往来，力争通过2～3年的努力，推动福建省与“一带一路”沿线国家和地区的贸易往来、双向投资、人文交流等领域取得新突破，实现互利共赢、共同发展。本文以东盟为例，探究福建在建设“21世纪海上丝绸之路”核心区税收方面对应的创新策略。

一、当前福建建设21世纪海上丝绸之路核心区的比较优势

福建地处东南沿海，位于长三角、珠三角之间，连接两岸三地，是中国距东南亚、东非、南亚最近的省份之一，也是我国面向亚太地区的主要开放窗口之一，特殊的地理区位、友好的往来历史、稳固的经贸关系使得福建自古就是中国对外交往的重要区域，积极融入新海上丝绸之路建设具有不可比拟的优势。

一是底蕴深厚，渊源流长。古代海上丝绸之路首先是通商合作之路。“福建的区域发展史，就是中原文化与海洋文明不断融合发展的历史。”地处

东南沿海的福建，被联合国教科文组织确认为“海上丝绸之路”重要起点之一。宋元时期，泉州是“海上丝绸之路”的主港，与埃及亚历山大港齐名，被誉为“东方第一大港”。在唐代中期至五代期间，福州是“海上丝绸之路”的重要港口城市和经济、文化中心，并与广州、交州、扬州并列为唐代四大贸易港口。二是闽侨众多，实力雄厚。福建是我国著名的侨乡。改革开放以来，福建经济社会所取得的巨大成就，与海外华人华侨资本有着密切联系。据公开数据显示，近年来福建省对外贸易总值的一半左右、利用外资的70%以上来自侨资。三是经贸合作基础坚实。近年来，福建省与“一带一路”尤其是海上丝绸之路沿线主要国家、地区经贸往来快速发展，产业互补性强。“海上丝绸之路”建设的重点集中于东南亚国家联盟国家和印度，东盟是福建“走出去、引进来”的重点区域。

二、“21 世纪海上丝绸之路”税收合作、协调方面（以东盟为例）存在的几个难点

随着经济全球化和区域经济一体化进程的加快，国家或地区之间的经济联系日趋紧密，一国或地区的政策影响范围也就相应地扩大，产生了外部性，具体到税收领域就是一国的税收制度和税收管理不仅影响本国，也会影响其他国家或地区；同样也会受到来自区域外不同政策的影响，在这种情况下税收制度和税收管理的差异便会衍生出政策冲突和利益矛盾，需要相互协调以避免经济和社会利益损失。

（一）自贸区的水平相对较低

2010 年中国—东盟自贸区成立，2013 年上海自贸区成立，2015 年天津、福建、广东自贸区同天揭牌。尽管自贸区的数量可观，但自贸区的水平相对较低，涵盖的范围不能适应新的趋势和要求。此前东盟自贸区国家主要开展产品贸易，在国与国之间其他的合作层面并未有突破，后续将推动国与国在经贸、政治文化交流等更多方面进行合作，而中国与东盟国家的许多试验区，恰好可以承担先行先试的作用。

自贸区的升级最关键的在于自贸区产业的升级，而产业的升级往往取决

于投资结构的升级。新兴产业的兴起、已有产业的升级都需要借助于投资。产业升级才有贸易升级。因而，对于投资的税收优惠政策才是自贸区升级的关键。中国参与东盟自贸区的投资有自己的“一区一带”的“海上丝绸之路”大战略，虽然实施大战略的投资会面临一定的风险，但只要有利于中国与东盟各国共同发展的互利性投资，必然有它自己的生命力。

（二）各国税收结构差距过大

就国家的税收结构所言，中国与东盟国家存在较大差异。税收结构存在明显差异，不利于国家间的税收协调。而就增值税而言，课征范围在中国仅限于货物销售阶段，大部分东盟国家则扩大到货物销售和劳务服务。我国和印度尼西亚主要属于生产型增值税（中国在某些领域进行消费性增值税的改革），而其他东盟国家则为消费型增值税；马来西亚政府计划把销售税和服务税合并为具有增值税性质的商品劳务税；新加坡实行商品和劳务税，采用进销相抵的计算方法，具有增值税特性；其他东盟国家或只征单一商品和劳务税，有的国家则同时开征消费税。再就所得税而言，有的内外所得税统一，有的则分离征收。个人所得税有的实行综合所得税，有的实施分类个人所得税；就分类个人所得税而言，其复杂程度存在明显地差异。

（三）重复征税与税负过重

东盟国家6个老成员国印度尼西亚、马来西亚、新加坡、泰国、菲律宾和文莱以所得税为主体，而4个新成员国越南、老挝、柬埔寨和缅甸与中国一样实行流转税与所得税为主体的双主体税。中国的生产性增值税已经向消费型增值税转型，营改增改革正在推广，这有利于降低税收负担，但中国生产型增值税仍然在某些领域广泛存在。就所得税制度而言，所得税制度差异过大、税负过重的问题需要解决。2008年中国内外资所得税合并后普通税率为25%，与东盟国家税率趋近，对自贸区的建立起到了推动作用，但对于自贸区的升级还显得税率较高，所得税的比例税率特别对于小型企业不利。关键是中国没有建立综合征收个人所得税体系，不能体现个人所得税征收的公平与效率。税收的差异过大，税收协调的基础就不明确，不利于税收制度的协调与使用。

三、税收创新策略（以东盟为例）

改革开放以来，福建经济社会的快速发展和进步很大程度上得益于开放型经济和全球化红利。从建设经验看，税收政策无疑在福建建设“21 世纪海上丝绸之路”核心区上有不可取代的作用。

（一）吸收中国—东盟自由贸易区税收合作、协调方面的先进经验，大胆创新改革

中国与东盟的经济合作不断走向深入，2010 年 1 月 1 日，中国与东盟自贸区进入“零关税”时代。中国与东盟国家在税收上的良好合作与各国经济增长需求与扬长避短的紧急合作意愿、长期税收合作促进经济发展取得的显著成绩、各个国家税收制度改革和调整密切相关。福建建设“21 世纪海上丝绸之路”核心区时，可以吸收中国—东盟自由贸易区税收合作方面的优秀经验，立足本省实际和特色，大胆创新改革，制定利于双方经贸、海洋经济合作的税收政策。

截至 2013 年末，东盟已成为福建省第二大贸易伙伴、第四大外资来源地和福建省企业海外投资的重要目的地。机电产品、纺织纱线织物及制品、农产品为主要出口商品；机电产品、煤及褐煤、集成电路为主要进口商品。以一般贸易方式进出口为主，且增长迅速。基于这些现实合作基础，福建与东盟国家的税收合作应关注以下两点。一是加大轻工业、能源、电子、农业方面的税收合作力度；二是税收合作与福建省经济发展重点结合在一起，即与福建省自贸区的投资贸易发挥的目标结合在一起。

（二）结合福建自贸区，搭建福建与东盟国家税收合作平台

2015 年 4 月 21 日，福建自由贸易试验区正式揭牌成立。福建自贸区着重进一步深化两岸经济合作，构建落地平台，打造两岸税收协调试验田。随着两岸的经济交流越来越密切，税收协调问题越来越突出，可以通过福建自贸区与台湾自由示范区之间的对接，先就两岸税收业务问题、税收信息交换问

题、协调制度问题进行沟通、交流、合作，建立定期的协商制度，建立正常化的税收协调合作工作机制。为两岸签署税收合作框架协议或安排赢得时间，打好基础；为福建与东盟在经贸、海洋经济方面合作提供更好的的跳板。

（三）发挥现有政策优势，推进全省税改上台阶

国家给予福建建设“21 世纪海上丝绸之路”核心区的政策主要集中在福建建设自由贸易试验区方面。平潭在人员居住、出入境自由、税收、财政支持等方面甚至比上海自贸区更具政策优势。应积极扩展平潭“共同家园”的政策优势，吸引台资积极介入平潭的投资建设；厦门经济基础好，对台商吸引力强，有必要整合平潭的优惠政策与厦门的磁吸作用，让台湾民众在平潭、厦门都能享受到共同的优惠政策。

（四）整合税收优惠政策，构建“洼地”优势

一是融汇既有政策，形成特色优势。福建自贸区除了借鉴上海自贸区在选择性征税、分期缴纳所得税、融资租赁出口退税、启动港退税和飞机租赁进口环节增值税等方面享受的优惠政策外，还拥有平潭的特殊税收政策，因此，整合融汇、用好用足，对招商引资具有较强的吸引力。

二是创新涉外税收管理服务，打造现代化税务机关。在税收征管上，可借鉴上海税务机关。对适宜专业化管理化的行业设置专门机构进行专业化管理，如金融行业；针对自贸区税收管理的特点要求，全面加强税务队伍建设，打造素质精良、高效灵敏、服务一流的现代化税务机关。

参考文献

[1] 吴国培．福建金融业融入“21 世纪海上丝绸之路”建设研究 [J]．福建金融，2014 (10)：4 -6.

[2] 黄安．福建融入海上丝绸之路建设的思考 [J]．亚太经济，201 (5)：111 - 114.

[3] 尤权．打造 21 世纪海上丝绸之路重要枢纽 [J]．求是，2014 (17).

[4] 吴崇伯．福建构建 21 世纪海上丝绸之路战略的优势、挑战与对策

[J]. 亚太经济，2014（6）：109 – 113.

[5] 袁新涛. 丝绸之路经济带建设和21 世纪海上丝绸之路建设的国家战略分析 [J]. 东南亚纵横，2014（8）：3 – 8.

[6] 黄瑞新. 论中国与东盟税收合作的深化 [J]. 铜陵学院院报，2014（6）：3 – 7.

[7] 刘展. 中国—东盟经济一体化中的税收协调研究 [D]. 广西大学硕士论文，2014.

[8] 张资华. 中国—东盟自由贸易区成员国税收协调问题探讨 [J]. 当代经济，2013（9）.

[9] 厦门地税局课题组. 我国自贸区发展策略选择与税收政策构想——兼论福建自贸区发展策略 [J]. 福建论坛·人文社会科学版，2015（1）：126 – 131.

[10] 林香红，高健，张玉洁. 福建省“海上丝绸之路”建设的优势与发展路径研究 [J]. 海洋经济，2014（6）：29 – 36.

（作者单位：福建省莆田市地方税务局）

中法企业（公司）所得税制度的比较研究

黄德荣

“一带一路”是中国提出的具有全面影响的全球性经济发展核心倡议，必将成为货物、服务、技术和资本密集流转的通道。丝绸之路经济带的合作重点之一是畅通中国经中亚、俄罗斯至欧洲的通道。法国前总理多米尼克·德维尔潘（Dominique de Villepin）在《回声报》发表文章说：“通过大量港口、铁路、公路、金融和电信等基建项目，填补欧洲和东南亚之间两大繁荣极之间的人文、政治和经济真空。”法国是世界第六大经济体、是中国“走出去”企业及对外资本投资的重要落脚点，如经哈萨克斯坦阿拉木图、西姆肯特和哈萨克斯坦西部干草原直抵法国、西班牙的“双西公路”将于2017年竣工。法国对华投资额也比较大。据商务部《2015年1—12月对华直接投资前十位国家/地区》披露：2015年法国对华直接投资12.2亿美元，位列第八位。因而，了解法国公司所得税制度十分必要。本文就两国企业所得税制度作比较，就如何完善中国企业所得税制度，更好服务“一带一路”倡议，提出建设性意见。

一、中法企业（公司）所得税制度相似之处

企业（公司）所得税制度是企业（公司）所得税纳税人、税收管理人共同遵守的准则。中国所称的企业所得税法国称为公司所得税。中国是世界第二大经济体，对外投资以及接受外资都十分活跃。中法两国企业（公司）所得税制度在适用地区、纳税人、征税对象、税率、税收优惠、应纳税所得额计算、纳税申报等方面诸多相似之处。

（一）两国（公司）所得税制度均适用局部地区

中国企业所得税制度适用于中国大陆，不适用中国香港、澳门和台湾地区。由于历史原因，1842—1997 年香港沦为英国殖民地，实施《税务条例》征收利得税、物业税。澳门 1887 年 12 月—1999 年 12 月被葡萄牙殖民统治，依《所得补充税章程》征收团体所得补充税。1949 年国民党退守台湾，目前岛内征收营利事业所得税、综合所得税。法国版图比较复杂（见表 1），公司所得税制度适用于法国大陆架、科西嘉岛，以及法属圭亚那、瓜德罗普岛和马提尼克岛。

表 1　　　　法国分区情况

大区	阿尔萨斯、阿基坦、奥弗涅、勃艮第、布列塔尼－中部、香槟－阿登、弗朗什－孔泰、法兰西岛、朗克多克－鲁西永、利穆赞、洛林、南部－比利牛斯、北部－加莱海峡、下诺曼底、上诺曼底、卢瓦尔、皮卡第、普瓦图－夏朗德、普罗旺斯－阿尔卑斯－蓝色海岸、罗讷－阿尔卑斯
特殊的地方行政区	科西嘉、新喀里多尼亚
海外大区（海外省）	瓜德鲁普、马提尼克、法属圭亚那、留尼汪
海外地区	瓦利斯和富图纳群岛、法属南方和南极洲领地
海外行政区	法属圣马丁、圣巴泰勒米
海外省级行政区	圣皮埃尔和密克隆
海外属国	法属波利尼西亚
无建制岛屿	克利珀顿岛

（二）纳税人为团体，且分类相同

两国均把企业（公司）所得税的纳税人限定在团体。中国企业所得税的纳税人是企业和其他取得收入的组织。在法国从事生产、经营活动或者公司注册地在法国的法人实体，不论本国公司或者外国公司，也不论其经营活动类型，均为公司所得税纳税人。两国均将纳税人分为居民和非居民。

（三）征税对象相近

中国企业所得税的征税对象是所得，法国公司所得税对公司的净利润征税，表面上看似乎不同，但实质相同。都是企业（公司）收入扣除折旧、成本、开支等项目后的余额。

（四）中法两国均适用比例税率

两国都有法定或者标准税率，中国法定税率25%、20%。法国、法属圭亚那标准税率33.33%，法属波利尼西亚标准税率25%～35%；法国公司向非合作国家或地区分配利润，预提所得税税率为55%。

（五）两国均实施税收优惠，如减免税、低税率、加计扣除等

两国均实行减免税混合型优惠制度。如集成电路生产企业“五免五减半”，从事公共基础设施、环境保护、节能节水、清洁发展机制项目“三免三减半”，以及集成电路生产、设计企业和软件企业，动漫企业，西部地区新办交通、电力、水利、邮政、广播电视企业，新疆困难地区新办企业“二免三减半”定期减免税优惠。法国对新建公司，前两年免征公司所得税，第三年缴5%，第四年缴50%，第五年缴75%，第六年才全缴。

特定行业或者企业实施低税率。中国对小型微利企业减按20%税率。国家需要重点扶持的高新技术企业、技术先进型服务企业、特定区域（西部大开发、广东横琴新区、前海深港现代服务业合作区和福建平潭综合实验区）的鼓励类产业企业、集成电路生产企业减按15%税率。非居民企业在中国境内未设立机构、场所，或者虽设立机构、场所但取得的所得与其所设机构、场所没有实际联系，其来源于中国境内的所得，减按10%的税率。中法协定税率也比法定税率低，如向法国投资者支付股息按10%税率，向使用法国方机器设备支付的特许权使用费适用6%税率。法国对年营业额低于76.3万欧元的公司应纳税所得额中不超过38120欧元的部分、特许权使用费收入、风险投资取得的长期资本利得等可适用15%税率。非营利性的地方集体公司（如农业合作社）享受低税率。

两国均实行加计扣除制度。中国对开发新技术、新产品、新工艺发生的研究开发费用，安置残疾人员和国家鼓励安置的其他就业人员所支付的工资的加计扣除。法国公司的研究开发支出可以加计扣除。

（六）应纳税所得额的计算方法相似

中法两国均以应纳税所得额×适用税率为基础，扣除可以扣除的税额得出应纳税额。中国应纳税所得额＝收入总额－不征税收入－免税收入－各项扣除－允许弥补的以前年度亏损。或者应纳税所得额＝会计利润＋按照会计准则规定计入利润表但计税时不允许税前扣除的费用±计入利润表的费用与按照税法规定可予税前抵扣的费用金额之间的差额±计入利润表的收入与按照税法规定应计入应纳税所得额的收入之间的差额－税法规定的不征税收入±其他需要调整的因素。或者应纳税所得额＝会计利润±永久性差异纳税调整±暂时性差异纳税调整。

法国公司所得税的纳税人每一纳税年度的收入总额减去准予扣除项目以后的余额为应纳税所得额。如免税所得、折旧费用、支付给关联公司的合理费用、亏损、研究费用、来源于境外的所得已经在境外缴纳的企业所得税税款等，按照规定的范围、标准准予从应纳税所得额中扣除。

（七）中法均以自主申报为税款主要缴纳方法

当然中国除自主申报，还有少量的源泉扣缴。法国上一年度营业额超过0.15亿欧元（不含增值税）的公司，必须通过电子手段申报企业所得税。其他公司可选择电子申报。

二、中法企业（公司）所得税制度之不同及其分析

中法两国政治、经济制度不同，人文、观念差异颇大。1949年中华人民共和国成立后，在中国大陆建立了人民代表大会制度的政体。法国实行总统共和制，立法、行政、司法三权分立。法国是经济合作与发展组织（OECD）重要成员国，OECD税收协定范本在国际上很有影响。中法两国企业（公司）所得税制度尚有不少差异。

（一）合伙企业的所得税处理不同

表面上，两国均把合伙企业排除在企业（公司）所得税纳税人之外。中国对合伙企业生产经营所得和其他所得采取“先分后税”的原则。合伙企业合伙人是自然人的缴纳个人所得税，合伙人是法人和其他组织的缴纳企业所得税。法国一些人合性质的合伙企业，原则上不须缴纳公司所得税，但这些企业也可以自愿选择缴纳公司所得税，一旦作出决定不得更改。

中国之所以没有规定人合性质的合伙企业可以“自愿选择”缴纳个人所得税或者企业所得税，可能与中国人法治意识不强，在这个充满关系、面子的国度里执法到位率不高，处罚常常留有空间有关。可以“自愿选择”就有漏洞，也给管理带来难度，不利于税收公平原则落地。1789 年开始的法国大革命结束了1000 多年的封建统治，220 多年来法国人法治观念深，有较好的法治环境，可以让法人、自然人有更多的选择空间。

（二）法国公司所得税有附加税种，中国没有

法国、法属圭亚那在公司所得税之后，征收附加税——社会税和临时附加税。社会税税率为1.09989%（=33.33%×3.3%）。根据税收协定允许抵消的税收抵免前，对应纳税所得额超过7.63 万欧元的部分征收该项附加税。若公司75%以上的股份为个人或符合规定的中小型公司拥有，且公司年度营业额不超过7.63 万欧元，则无须缴纳3.3%的附加税。合并集团公司必须考虑全球公司总营业额，以判定其是否达到上述提及的7.63 万欧元限额。

临时附加税针对2012—2015 年营业额超过2.5 亿欧元大公司征收。2011 年12 月31 日至2013 年12 月31 日会计年度附加税率为5%，2014—2016 年税率为附加税率10.7%。目前实际执行的临时附加税税率为3.56631%（=33.33%×10.7%）。

此外，还得征收一道地方所得税——地方经营税，税率≤3%。对股息分配再征收一道其他所得税，税率为3%。这一点与非居民企业从中国居民企业取得股息收入被征收一道企业所得税类似，但还有不同。法国称为其他所得税，而中国仍然为企业所得税。法国于2014 年取消原定额征收的其他所得税——最低限度税AMT（Alternative Minimum Tax）。

法属波利尼西亚公司的附加税税率为 7% ~ 15%，临时附加税税率为 7%，其他所得税——AMT 税率为 0.5%。

法国公司所得税附加税有 5 个，如此之多与法国的体制不无关系。法国当下开征的税种 22 个，够多的，作为一个法治国家，开征新税种来增加收入比较困难，开征附加税相比之下会容易些。附加税规定复杂，申报准确是对企业的考量，这是中国企业或者资本进军法国所要注意的。考虑到社保附加税，法国企业所得税边际有效税率为 34.43%（33.33% + 1.1%）。若适用于临时贡献，此项税率增至 38%。与法国相比，中国所得税的税负更轻，有利于法国企业到中国投资。

（三）预缴税款时间金额有所不同

中国实施分月或者分季按当期实际利润额预缴企业所得税。按当期实际利润额预缴有困难的可按上一纳税年度应纳税所得额的月度或者季度平均额预缴，或者按照经税务机关认可的其他方法预缴。多数纳税人按季预缴，年度预缴税款占当年企业所得税入库税款（预缴数 + 汇算清缴数）不少于 70%。法国分季预缴企业所得税数为上一会计年度应纳税所得额的 1/4。缴纳时间分别为同年 3 月、6 月、9 月和 12 月的 15 日，其余额应在次年 4 月 15 日或者 4 月底前缴纳。

法国在次年 3 个月内汇算清缴。中国纳税人从纳税年度终了之日起五个月内或实际经营终止之日起 60 日内汇算清缴。中国之所以在 5 月 31 日前应该是考虑了春节这个因素。需要说明的是，法国的纳税年度与会计年度、财政年度一样，都使用公历年度，从 1 月 1 日至 12 月 31 日。中国的纳税年度包括会计年度、实际经营期或者清算期间三种。中国会计年度与公历年度一致。

中法两国企业（公司）所得税虽然都实行预缴办法，中国按季或者按月预缴，时间规定有弹性，这与中华文化有关。法国按季预缴，且时间固定，反映出法国人做事严谨的作风。

（四）亏损弥补之不同

中国企业经营亏损向后弥补期为 5 年。《中华人民共和国企业所得税法》第十八条规定：“企业纳税年度发生的亏损，准予向以后年度结转，用以后年度的所得弥补，但结转年限最长不得超过五年。”法国2003年12月31日之后的财政年度发生的亏损，可以无限期向后结转。不过考虑均衡性，有金额限制。如2012年12月31日之后的财政年度，某一指定年份的可弥补亏损额不能超过100万欧元，如果当年应税利润超过100万欧元，可再加上超过部分的50%。

中国企业亏损用以后年度的所得弥补，该所得包括会计利润、清得所得、纳税检查调增的应纳税所得额。法国企业可使用前一财政年度的未分配利润来弥补企业亏损，这与中国的规定大不相同，可能认为反正是企业经营产生的利润，可以由企业自行支配，当然亏损弥补一般不超过100万欧元的规定还是要遵守。

（五）征收机关之不同

中国国家税务局和地方税务局系统均有管征企业所得税任务（具体范围见表2）。法国公共会计公司负责公司所得税的征收。法国公共会计是中央政府监督和控制公共财政、特别是地方公共财政的最重要工具，直属中央财政部，是一套独立于所在部门首长的平行行政系统。法国建立这样一套高度集中的公共会计制度绝非偶然，其中包含了历史积累起来的许多合理因素。在中世纪时，国王最先依靠主教和封建领主收税，但毫无效率。从路易十四开始，逐渐把公共收支的管理集中到中央。真正开始实行强有力的中央集权的公共会计体系是在拿破仑时代。从拿破仑当政以后，历时200年，公共会计体制经历了从君主专制转向民主制和经济现代化的考验，已成为国家机器中强有力的一部分。

（六）避免和消除国际重复征税的办法不同

中国实施境外所得税收抵免制度。企业到税率低于中国的国家（地区）直接投资，其境外投资利润汇回国内，应按国内税率高于国外税率的差额在国内补缴税款。如法国（包括法属圭亚那）小企业年所得不超过38120欧元部分公司所得税为15%，到法国投资的中资小企业面临补税问题。中国采取限额抵免，超限额部分允许结转5年抵扣，如果5年内抵扣不完，我国企业到法国从事投资活动的税收成本就可能高于实行免税法国家的企业。“分国不分项”的税收抵免制度，导致不同投资国之间的超限额与抵免余额不能相互抵消，只对中石油等少数企业采用综合抵免。税收抵免制度计算复杂，税务机关的征税成本、纳税人的遵从成本都比较高。“既难倒了税务机关，也难倒了纳税人”。一些“走出去”企业选择了放弃抵免。加之，间接抵免通常只有三个层级，可能导致消除重复征税不彻底。

法国实行免税法为主的混合税制。国外分公司的利润以及来源于10%股份外国子公司97.5%的利润通常被免税。但对纳税人从某些低税率国家取得的所得允许申请外国税收抵免。来源于协定国的利息、特许权使用费等消极所得允许对已被扣缴的外国预提税给予抵免。来源于非协定国的利息、特许权使用费等消极所得已被扣缴的外国预提税，允许企业在扣除法和抵免法之间选择。直接免税可能考虑了企业在海外有更大的竞争力，更容易生存。

三、完善中国企业所得税制度的建议

2008年金融危机之后，国际资本都在寻找保值、增值的途径。中国资本走出去不仅可能，而且必要。商务部、国家统计局、国家外汇管理局共同编辑出版的《2014年度中国对外直接投资统计公报》指出：2014年，中国对外直接投资创下1231.2亿美元的历史最高值，同比增长14.2%。当年末，对外直接投资存量8826.4亿美元，占全球外国直接投资流出存量份额的3.4%。截至2014年底，中国1.85万家境内投资者设立对外直接投资企业近3万家，分布在全球186个国家（地区），对“一带一路”沿线国家的直接投资流量为136.6亿美元，占中国对外直接投资流量的11.1%。因此，对法国及世界各国的税收制度要有敏捷反应，当然研究一国的税收制度应与该国地理、政治、历史、人文相结合。建议对法国或者其他国家在避免双重征税方法上采用免税法，允许到法国或者其他国家投资企业税前提取对外投资风险准备金，允许到法国或者其他国家的企业经营亏损可向以后无限期弥补，等等。

（一）吸收发达国家企业所得税制度的优点为我所用

他山之石可以攻玉。研究一个国家的税收制度应与当地地理、政治、经济、历史、人文相结合，要有全局性思维，才能客观全面，才有比较真实的研究成果。法国历史上靠武力征服了南美洲和南太平洋的一些地区，有4个海外省（即1个海外大区辖有1个海外省）、4个海外领地和2个特殊地位的行政区。在税收制度的执行上，海外这么多地方，只有位于南美洲东北部的海外属地圭亚那，位于加勒比海小安的列斯群岛中部的瓜德罗普，位于小安地列斯群岛的向风群岛最北部的马提尼克岛等三地区实施法国的税收制度。圭亚那受地理位置限制、基础设施陈旧和缺少熟练工人等原因，经济发展受阻，经济以农业、林业和渔业为主，集中在沿海地带，内地大部分未开发，工业很少。瓜德罗普是著名的旅游胜地，同法国和北美大陆保持定期的空中和海上联系，工业以制糖、酿酒、食品和加工业等为主。马提尼克岛经济以旅游业和农业为主，畜牧业发达。这三个地方经济相对好点，实施与法国相似度较高的税收制度。

（二）在避免双重征税方法上采用免税法

2015年3月，国家发展改革委、外交部、商务部联合发布的《推动共建丝绸之路经济带和21世纪海上丝绸之路的愿景与行动》第四点明确指出："鼓励本国企业参与沿线国家基础设施建设和产业投资。促进企业按属地化原则经营管理。"今后我国不能仅仅站在"来源国"立场上考虑吸引外资，也需要站在"居民国"角度考虑税收制度是否有利于本国居民海外投资，以提升跨国公司的海外竞争力。方法简便让纳税人容易读懂，方法简单让纳税人容易操作。采用免税法，即本国居民来源于境外并且符合一定条件的所得免于在本国征税，由此，本国居民海外投资不用承担母国的额外税收负担，轻装上阵，有利于本国投资者在东道国能够与来自不同国家的资本平等竞争。

（三）允许税前提取对外投资风险准备金

1996年诺贝尔经济学奖获得者剑桥大学教授詹姆斯·莫里斯（James A. Mirrlees）提出的最优税收体系认为："由于信息不对称，政府的最优税收行为受到很大限制，税收要有激励兼容性才是最优的税收机制。"税收制度要有激励企业大胆创业的功效，对"走出去"企业更应该如此。商务部《2015年与"一带一路"相关国家经贸合作情况》披露：2015年我国企业共对“一带一路”相关的49个国家直接投资合计148.2亿美元，同比增长18.2%。与“一带一路”相关的60个国家新签对外承包工程项目合同3987份，新签合同额926.4亿美元，占同期我国对外承包工程新签合同额的44.1%，同比增长7.4%；完成营业额692.6亿美元，占同期总额的45%，同比增长7.6%。据法国国际投资署（AFII）提供的数据，2011年中国企业在法投资项目数量为23个，其中16个项目是生产型项目，4个项目投向新能源领域。中国是法国第十大外资来源国，也是亚洲第一大对法投资国。企业对外投资风险大，允许企业提取对外投资风险准备金，并在税前扣除，可以降低企业投资风险。

（四）企业经营亏损可向以后无限期弥补

1996年诺贝尔经济学奖获得者威廉·维克里（William Vickrey）提出的激励经济学理论认为：“税收制度会直接影响和激励相容问题，以便在两者之间找到一个最佳的平衡。”税收制度应该以激励为主，经济发展了会直接带来税收的增长。企业经营形成的亏损应允许企业自行消化，可向以后无限期弥补，降低成本，以增强企业参与国际竞争的能力。考虑到税收的均衡入库，可限定每年弥补金额，如亏损额的15%。

参考文献

[1] 冯并．“一带一路”全球发展的中国逻辑［M］．北京：中国民主法制出版社，2015.

[2] 漆彤．“一带一路”战略的国际税法思考［J］．税务研究，2015（6）.

[3] 龚辉文．227个国家和地区公司所得税和增值税税率表（2014/2015）［J］．税务研究资料，2015（11）.

[4] 魏志梅．发达国家鼓励企业“走出去”所得税政策趋势及启示［J］．税务研究资料，2015（12）.

[5] 国家税务总局税收科学研究所、国际税务司编．2007—2009年国外税收考察报告集［M］．北京：中国税务出版社，2011.

[6] 国家税务总局税收科学研究所编译．法国、英国、日本公司税［M］．

大连：东北财经大学出版社，1990.

［7］法国税收制度介绍［EB/OL］. 财政部网站 . http：//gjs. mof. gov. cn/pindaoliebiao/cjgj/201309/t20130927_994351. html.

［8］周红 . 法国公共会计体制评介［J］. 会计研究，2001（3）.

（作者单位：福建省南平市高新技术产业开发区国税局）

福建建筑业“走出去”和税收扶持问题研究

泉州市地方税务局课题组

“一带一路”（One Belt And One Road）是指由习近平总书记分别在2013年9月和10月提出的建设“新丝绸之路经济带”和“21世纪海上丝绸之路”的倡议。2014年11月，中共十八届三中全会《关于全面深化改革若干重大问题的决定》将“一带一路”正式上升为国家倡议。2015年3月发布的《推动共建丝绸之路经济带和21世纪海上丝绸之路的愿景与行动》提出充分支持福建建设21世纪海上丝绸之路核心区。

基础设施的互联互通是福建建设“21世纪海上丝绸之路核心区”的优先与重点领域，建筑业及配套产业作为“海上丝绸之路”沿线国家产能建筑的执行者将首先从中受益。随着亚投行、丝路基金等政策性金融机构的建立，后续订单的承接量和行业业绩增量预期也将得到提升。国内方面，2015年与“一带一路”相关的拟建和在建项目总规模达1.04万亿元，由“一带一路”海外投资基建项目拉动的国内基建项目投资规模达4000亿元；国际方面，目前已落实的跨国投资规模约524亿美元，将进一步提升我国大型建筑集团的海外收入占比。

“海上丝绸之路”沿线的发展中国家近年来经济增长有所放缓，一定程度上是受制于基础建设，中国在基础设施建设领域经验丰富，部分领域存在产能过剩。这些产能可以通过扩大海外需求的方式解决，“海上丝绸之路”沿线的发展中国家无疑具有这方面的需求。在当前国内社会固定资产投资减少，低劳动力成本、低能源资源成本、低环境成本一去不复返的形势下，福建省建筑企业通过整合“走出去”，已经成为建筑产业转型升级、可持续发展的重要途径。

一、福建省建筑业转型升级融入"海上丝绸之路核心区"建设的现实基础

(一)福建省建筑业发展现状

1. 行业产值不断提高，产业增速迅猛

福建省在经济高速发展的同时，建筑业总产值快速攀升，1998—2014 年，福建建筑业总产值基本保持高速增长，增速自 2001 年起基本保持在 20% 以上，1998—2014 年年均增长率达到 23.38%（见表 1）。

表 1　　1998—2014 年福建建筑业产值增长情况

年份	建筑业产值（亿元）	增速（%）
1998	244.67	—
1999	251.17	2.66
2000	271.15	7.95
2001	369.06	36.11
2002	408.81	10.77
2003	557.31	36.32
2004	679.35	21.90
2005	889.41	30.92
2006	1189.37	33.73
2007	1596.69	34.25
2008	1921.26	20.33
2009	2302.37	19.84
2010	3062.17	33.00
2011	3873.87	26.51
2012	4713.38	21.67
2013	5812.37	23.32
2014	7056.89	21.41

数据来源：根据 1999—2015 年福建统计年鉴数据整理。

2. 企业数量稳步增加，行业规模持续扩展

1998 年，福建省有建筑企业 1707 家，2014 年发展至 3734 家，总包与分包比为 1.71∶1。其中从事房屋建筑业的企业达 1603 家，比 1998 年增加 502 家；其次是从事土木工程建筑业的企业，共 752 家，比 1998 年增加 482 家。

3. 高资质等级企业增加，企业总体规模偏小

1998 年，全省仅有一级及以上建筑企业 44 家。到 2013 年，在总承包企业中，一级及以上企业 199 家、二级企业 568 家，二级以上企业占全省的比重为 37.73%。专业承包企业中，一级企业 147 家、二级企业 508 家，占全省专业承包企业的比重分别为 12.36% 和 42.72%。

4. 从业人员队伍不断扩大，人才队伍建设加快

建筑产业从业人员数从 1999 年的 47.93 万人增加到 2014 年的 321.76 万人，增长 5.71 倍。1998 年，全省一级及以上建筑企业年末从业人员数仅 9.08 万人，2014 年达 138.96 万人，增长 14.30 倍。17 年间，福建省建筑产业从业人员人数增长迅猛，对拉动就业发挥了重要的作用，一级及以上建筑企业的从业人员数增速较大，一定程度上提升了福建省建筑队伍的竞争力。

（二）与各省建筑业相关指标的比较

1. 总产值比较

从表 2 可以看出，2010—2014 年五年间福建建筑业产值排名逐年上升，由 2010 年第 14 位上升至 2013 年第 10 位，2014 年排名不变，但与第 9 位产值差距在缩小。与沿海相邻省份比较，福建建筑业产值处于末端，与江苏、浙江和广东相比差距依然很大，可见福建建筑业产值仍有很大的提升空间。

表 2　　2010—2014 年全国各省的建筑业产值和排名

地区	2010 年		2011 年		2012 年		2013 年		2014 年	
	产值（亿元）	排名	产值（亿元）	排名	产值（亿元）	排名	产值（亿元）	排名	产值（亿元）	排名
全国总计	96031. 13		117059. 65		137217. 86		160366. 10		176713. 40	
江苏	12405. 92	1	15122. 85	1	18423. 55	1	21993. 60	1	24592. 90	1
浙江	12007. 89	2	14907. 42	2	17332. 74	2	20200. 00	2	22668. 20	2
山东	5496. 59	3	6482. 90	3	7281. 33	4	8467. 70	4	9313. 50	4
北京	5196. 02	4	6046. 22	5	6588. 30	6	7464. 40	7	8209. 80	6
广东	4715. 46	5	5774. 01	6	6514. 43	7	7863. 90	6	8356. 50	5
辽宁	4690. 31	6	6217. 52	4	7547. 39	3	8629. 20	3	7851. 10	9
河南	4400. 61	7	5279. 36	8	6009. 08	9	7003. 20	9	7911. 90	8
湖北	4345. 20	8	5586. 45	7	7043. 42	5	8465. 30	5	10059. 60	3
上海	4300. 19	9	4586. 28	10	4843. 44	11	5205. 90	13	5499. 90	14
四川	4163. 07	10	5256. 65	9	6240. 33	8	7209. 90	8	8066. 70	7
河北	3231. 46	11	3972. 66	11	4865. 09	10	5244. 90	12	5625. 80	12
湖南	3161. 73	12	3915. 02	12	4407. 92	13	5283. 80	11	6021. 00	11
陕西	3063. 61	13	3216. 63	16	3529. 39	16	4000. 40	16	4557. 70	16
福建	2935. 94	14	3692. 62	13	4424. 54	12	5461. 80	10	6689. 20	10
安徽	2864. 96	15	3597. 26	14	4230. 44	14	4965. 50	14	5482. 90	15
重庆	2534. 36	16	3328. 83	15	3975. 67	15	4731. 20	15	5552. 20	13
天津	2424. 49	17	2986. 45	17	3258. 57	17	3694. 40	17	4123. 50	17

数据来源：根据 2011—2015 年全国统计年鉴数据整理计算。

从图 1 可以看出，2010—2014 年五年间福建建筑业总产值一直处于高速增长阶段，增速基本高于沿海其他三省及全国水平，表明福建省建筑业追赶沿海其他三个省份的步伐在加快。

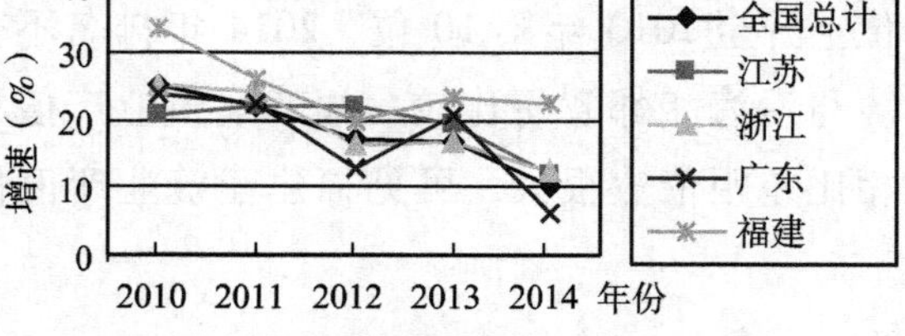

图 1　沿海各省建筑业产值增速对比

2. 资质企业产值比较

从表3和图2可以看出，2013年福建一级以上建筑企业产值远低于沿海其他三省，特级建筑企业产值仅为广东的23.79%，浙江的4.2%、江苏的4.15%，可见福建建筑业与沿海其他三个省份相比，集中度相对较低，企业经营规模偏小，总体实力不强，规模效益难以实现，这将影响福建省建筑业融入“21世纪海上丝绸之路”建设的竞争力。

表3　2013年沿海四省按资质等级分建筑业企业产值　单位：亿元

地区	特级	一级	二级	三级及以下
江苏	4748.57	7576.16	4172.12	2969.49
浙江	4693.63	9320.80	2997.45	1487.30
福建	197.01	2711.79	1322.76	720.10
广东	828.19	3421.48	887.78	812.00
全国	25777.17	64607.71	32001.06	20047.90

数据来源：根据2014年中国统计年鉴数据整理。

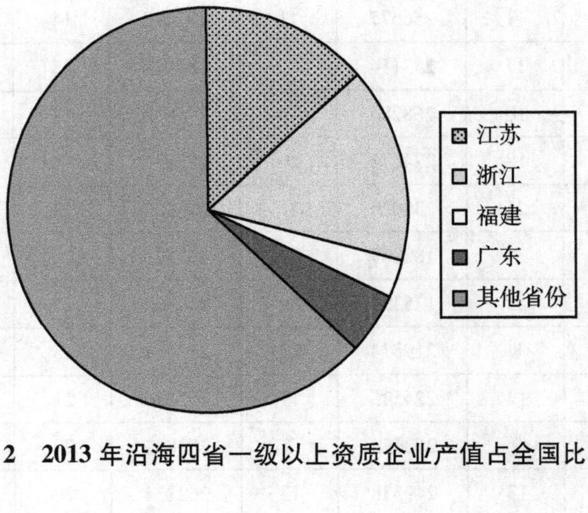

图2　2013年沿海四省一级以上资质企业产值占全国比重

3. 劳动生产率比较

从表4可以看出，福建建筑产业劳动生产率始终低于全国水平，排名靠后，2011—2012年甚至处于全国最末。这一方面是因为福建建筑业从业人数较多，外出施工队数量较大，为省外工程创造产值的同时，增大了本省从业人数基数，说明福建省建筑业发展还需要在产值集聚上下功夫；另一方面也有福建建筑业效率较低，企业"走出去"的竞争力不高的原因，急需从企业自身和政府层面同时入手，进一步改善与提高建筑业效率。

表4　全国各省按总产值计算的建筑业劳动生产率　单位：元/人

地区	2010年	排名	2011年	排名	2012年	排名	2013年	排名
全国	203962	—	233104	—	296424	—	324842	—
北京	254836	5	328012	5	740349	1	842475	1
天津	370312	1	457313	1	552285	2	532842	2
湖北	268719	4	261332	9	410437	5	486265	3
海南	175249	22	371991	2	442835	3	455360	4
河北	236052	7	260868	10	351210	8	430534	5
上海	344720	2	359232	3	425215	4	417313	6
广东	246971	6	263407	8	356691	6	378116	7
陕西	269631	3	353927	4	355890	7	373459	8
辽宁	173666	24	178724	27	300220	11	371612	9
贵州	196170	14	237199	16	319244	9	368854	10
吉林	170603	25	244300	14	309998	10	354323	11
广西	212407	11	256677	11	281118	14	318323	12
江西	187612	17	252154	12	280918	15	318287	13
浙江	214019	10	268285	6	274610	17	307251	14
河南	183664	18	224172	20	287736	12	303213	15
安徽	177486	21	230026	17	263822	18	299427	16
甘肃	149820	29	182869	26	260028	24	299229	17
重庆	175245	23	175332	29	261969	22	298643	18
山西	222319	8	219834	22	282148	13	297286	19
西藏	209126	12	224525	19	262516	21	294010	20
青海	221885	9	263623	7	252800	26	290417	21
江苏	207116	13	249338	13	262834	20	282532	22
山东	159439	26	210959	23	236030	30	280704	23
云南	192488	16	209120	24	261167	23	279802	24
新疆	179823	20	225622	18	249756	28	274400	25
内蒙古	151321	28	189534	25	263203	19	272421	26
四川	148526	31	142186	30	256912	25	269274	27

续表

地区	2010 年	排名	2011 年	排名	2012 年	排名	2013 年	排名
湖南	193661	15	240866	15	280156	16	267424	28
福建	157807	27	134966	31	221179	31	242927	29
黑龙江	183395	19	220377	21	236574	29	242193	30
宁夏	148544	30	178490	28	251093	27	237415	31

数据来源：根据 2011—2014 年全国统计年鉴数据整理。

4. 行业宏观税负比较

从表 5 和图 3 可以看出，福建建筑业宏观税负在 2010—2012 年逐年上升，从 4. 39% 上升至 4. 54%，上升幅度不大，略高于全国税负水平，2013 年税负略有下滑，下滑至 4. 19%，并比全国税负水平低。与沿海其他三省比较，福建税负高于江苏，远高于浙江，仅低于广东。

表 5　　沿海四省建筑业税收收入和宏观税负

地区	2010 年		2011 年		2012 年		2013 年	
	税收收入（亿元）	宏观税负（100%）	税收收入（亿元）	宏观税负（100%）	税收收入（亿元）	宏观税负（100%）	税收收入（亿元）	宏观税负（100%）
江苏	438. 84	3. 54	571. 63	3. 78	692. 44	3. 76	841. 06	3. 82
浙江	254. 33	2. 12	266. 44	1. 79	326. 19	1. 88	365. 66	1. 81
广东	314. 36	6. 67	353. 39	6. 12	373. 61	5. 74	414. 36	5. 27
福建	128. 82	4. 39	164. 54	4. 46	200. 85	4. 54	228. 79	4. 19
全国	3801. 34	3. 96	4862. 74	4. 15	5993. 60	4. 37	6960. 72	4. 34

数据来源：根据 2011—2014 年中国税务年鉴数据整理。

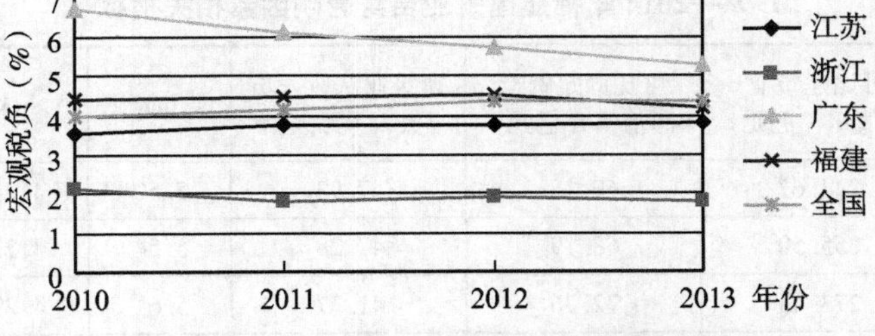

图 3　2010—2013 年沿海四省建筑业宏观税负

二、福建建筑业转型升级和税收扶持的相关实证分析

(一)福建省经济增长自身影响因素实证分析

1. 变量的选取

在对建筑业领域相关文献及经济增长理论研究的基础上，结合福建经济和建筑业增长的实际情况，从自身影响因素的角度，借鉴经济学理论的劳动、资本、技术进步三大生产要素，选取以下变量作为分析对象：一是总产出指标。选取1998—2014年福建建筑业总产值作为产出量指标，用 Y 表示。二是资本要素指标。根据福建现有统计资料，选取1998—2014年福建建筑业固定资产净值作为资本要素的指标，用 K 表示。三是劳动要素指标。为能够直观地体现劳动投入量且同时剔除掉价格因素，选取1998—2014年福建建筑业从业人员数作为劳动投入指标，用 L 表示。

2. 数据的处理

本文的数据来源于1999—2015年《福建统计年鉴》和《中国统计年鉴》，为了消除价格因素对各变量的影响，确保数据间的可比性，本文的模型数据均采用1998年价格指标，用生产价值指数对数据进行价格缩减处理，剔除通货膨胀的影响，价格缩减后的数据结果见表6。为了降低数据的波动性，对所选的变量进行对数变换，分别记为 $\ln Y$、$\ln K$、$\ln L$。

表6　　1998—2014年福建建筑业自身影响因素相关指标

年份	可比建筑业产值 Y（亿元）	可比固定资产净值 K（亿元）	建筑业从业人员数 L（万人）	$\ln Y$	$\ln K$	$\ln L$
1998	244.67	69.18	47.93	5.50	4.24	3.87
1999	255.50	68.19	47.28	5.54	4.22	3.86
2000	273.45	72.76	41.37	5.61	4.29	3.72
2001	373.81	84.73	44.09	5.92	4.44	3.79

续表

年份	可比建筑业产值 Y（亿元）	可比固定资产净值 K（亿元）	建筑业从业人员数 L（万人）	$\ln Y$	$\ln K$	$\ln L$
2002	415.84	97.15	49.34	6.03	4.58	3.90
2003	566.44	115.82	59.99	6.34	4.75	4.09
2004	667.71	110.74	58.45	6.50	4.71	4.07
2005	857.80	124.62	81.72	6.75	4.83	4.40
2006	1138.16	144.18	95.33	7.04	4.97	4.56
2007	1443.36	140.79	124.97	7.27	4.95	4.83
2008	1677.04	179.82	153.90	7.42	5.19	5.04
2009	1996.44	206.01	182.97	7.60	5.33	5.21
2010	2511.19	220.34	229.57	7.83	5.40	5.44
2011	2994.04	218.65	219.09	8.00	5.39	5.39
2012	3617.04	257.02	249.64	8.19	5.55	5.52
2013	4460.50	292.91	300.60	8.40	5.68	5.71
2014	5410.55	307.82	321.76	8.60	5.73	5.77

3. 模型的设定及测算方法

本文选取加入技术要素的詹恩·丁伯根 C－D 生产函数模型作为测算工具，詹恩·丁伯根 C－D 生产函数在柯布－道格拉斯生产函数的基础上进行改进，加入时间变量，认为技术水平对经济的贡献是根据时间变化，变化的呈现方式是指数变化形式。

柯布－道格拉斯生产函数：

$$Y = AK^{\alpha}L^{\beta} \tag{1}$$

詹恩·丁伯根 C－D 生产函数：

$$Y = A(t)K^{\alpha}L^{\beta} \tag{2}$$

式中：A 表示技术水平对经济的贡献，因其随时间变化，假设 $A(t) = A_0e^{\lambda T}$，则有

$$Y = A_0e^{\lambda T}K^{\alpha}L^{\beta} \tag{3}$$

式中，Y 表示总产出；K、L 分别表示资本要素和劳动要素；A_0 表示初始时刻的技术水平；λ 表示时间 T 的参数；α、β 分别表示资本要素和劳动力要素的产出弹性。对式（1）两边取对数，则有

$$\ln Y = \ln A_0 + \lambda T + \alpha \ln K + \beta \ln L \tag{4}$$

根据式（4），便可以建立以 T，$\ln K$，$\ln L$ 为自变量，以 $\ln Y$ 为因变量，$\ln A_0$、α、β 和 λ 为参数的多元线性回归模型。

4. 参数估计及贡献率计算

将表6数据代入式（4），使用统计分析软件 Eviews 进行回归分析，得到的生产函数模型为：

$$\ln Y = 4.0287 + 0.1575T + 0.6819\ln K + 0.2891\ln L$$

$$t \quad (3.7956)(6.0712)(2.2532) \quad (3.2182)$$

$$R^2 = 0.9975,\ F = 1727.72,\ DW = 1.4299$$

R^2 数值接近1，说明该模型拟合程度很好，四个系数的 t 值很大，证明在5%的显著水平下，λ、α、β 均显著不为0，DW 值为1.4299，经查 D. W. 检验表得 $D_u = 1.42$，DW 值在（D_u，$4 - D_u$）之间，无自相关。回归结果通过检验，模型中资本要素的产出弹性系数 $\alpha = 0.6819$，劳动要素的产出弹性系数 $\beta = 0.2891$。

借助几何平均法，本文计算出1999—2013年福建建筑产业总产出 Y、资本要素 K、劳动要素 L 和技术要素 T 的年平均增长率，分别记为 y、k、l、a，计算过程如下：

$$y = \left(\sqrt[16]{\frac{Y_{2014}}{Y_{1998}}} - 1\right) \times 100\% = \left(\sqrt[16]{\frac{5410.55}{244.67}} - 1\right) \times 100\% = 21.35\%$$

$$k = \left(\sqrt[16]{\frac{K_{2014}}{K_{1998}}} - 1\right) \times 100\% = \left(\sqrt[16]{\frac{307.82}{69.18}} - 1\right) \times 100\% = 9.78\%$$

$$l = \left(\sqrt[16]{\frac{L_{2014}}{L_{1998}}} - 1\right) \times 100\% = \left(\sqrt[16]{\frac{321.76}{47.93}} - 1\right) \times 100\% = 12.64\%$$

$$a = y - \alpha k - \beta l = 21.35\% - 0.6819 \times 9.78\% - 0.2891 \times 12.64\% = 11.03\%$$

通过 y、k、l、a 的计算结果，进而得出建筑产业各要素对产出增长的贡献，资本要素的贡献率记为 E_k、劳动要素的贡献率记为 E_l、技术要素的贡献率记为 E_a，计算结果如下：

$$E_k = \alpha \frac{k}{y} \times 100\% = 0.6819 \times \frac{9.78\%}{21.35\%} \times 100\% = 31.23\%$$

$$E_l = \beta \frac{l}{y} \times 100\% = 0.2891 \times \frac{12.64\%}{21.35\%} \times 100\% = 17.11\%$$

$$E_a=\frac{a}{y}\times 100\%=\frac{11.03\%}{21.35\%}\times 100\%=51.66\%$$

5. 结论

通过模型及计算结果可以看出：①在福建建筑业经济发展中，资本要素产出弹性大于劳动要素产出弹性，这表明福建建筑业产出增长中资本要素的贡献度要大于劳动要素的贡献度。而资本和劳动两项要素的产出弹性 $\alpha+\beta=0.971<1$，说明福建建筑产业处于小幅规模效益递减阶段。②福建建筑产业的资本要素、劳动要素及技术要素的年平均增长率分别为9.78%、12.64%和11.03%，资本要素的年增长速度慢于劳动要素和技术要素的年增长速度，说明福建建筑产业经济增长的同时，资本要素增长仍有进一步提升的空间。③福建建筑产业的资本要素贡献率、劳动要素贡献率、技术要素贡献率分别为31.23%、17.11%和51.66%，技术要素贡献率最大、资本要素贡献率次之，劳动要素贡献率最小，表明产业经济增长主要还是靠技术进步和资本投入。

因此，应从建筑工程的生产组织方式入手，转变企业盈利方式，提升建筑业劳动生产率；同时优化政府引导和服务，提升建筑企业的综合实力，进一步提升资本投入和技术进步贡献率，推进建筑企业自身转型升级，以推动福建省建筑业做大做强，更好地融入“一带一路”倡议大局。

（二）福建省建筑业税收影响因素实证分析

1. 变量的选取

根据福建现有的数据资料，在考虑价格因素及数据波动的前提下，本文以2001年价格为基准，选取2000—2012年福建可比建筑业产值，并取对数作为建筑业经济指标 *LG*。因为税收收入滞后于收入的特殊性，本文选取次年税收收入与当年建筑业产值比率即实际税负，作为税收因素影响指标，记为 *X*。

表7　　　　税收影响因素相关指标

年份	可比建筑业产值 *G*（亿元）	实际税负（*X*）	*LG*
2000	271.15	0.0668	5.60
2001	370.66	0.0610	5.92
2002	412.34	0.0611	6.02

续表

年份	可比建筑业产值 G（亿元）	实际税负（X）	LG
2003	561.66	0.0538	6.33
2004	662.09	0.0603	6.50
2005	850.57	0.0620	6.75
2006	1128.57	0.0598	7.03
2007	1431.21	0.0506	7.27
2008	1662.92	0.0467	7.42
2009	1979.62	0.0529	7.59
2010	2490.04	0.0506	7.82
2011	2968.82	0.0515	8.00
2012	3586.58	0.0485	8.18

数据来源：根据 2001—2014 年福建统计年鉴、中国税务年鉴数据整理计算。

2. 模型设定与方法

本文拟对两个变量进行回归，建立模型如下：

$$LG = \alpha_0 + \alpha_1 X + \varepsilon_t \tag{5}$$

式中：α_0、α_1 为常数，ε_t 为随机扰动项。α_1 的大小体现了建筑业产值对税收因素影响指标的反应程度。本文采用 Granger 因果检验两种方法来对变量的可靠性进行检验。

3. 检验分析

（1）变量的平稳性检验。

从表 8 的检验结果可以看出，LY 和 X 两个序列都是一阶单整序列，可以做进一步的数据分析。

表 8　　变量的单位根检验结果

变量	ADF 检验值	检验类型	5% 临界值	结论
LY	1.2105	含截距项	-3.1449	不平稳
X	-2.8333	含截距项	-3.1449	不平稳
DLY	-5.9404	含截距项	-3.1754	平稳
DX	-6.2894	含截距项	-3.2598	平稳

（2）Granger 因果关系检验。

从表 9 检验结果可以看出，税收负担的变化是建筑业产值变化的 Granger 成因，验证了税收负担是建筑业产值变化的影响因素。

表 9　　LY 与 X 的 Granger 因果关系检验结果

原假设	滞后阶数	F 统计量	伴随概率	结论
LY 不是 X 的 Granger 成因	1	3.6107	0.0899	接受原假设
X 不是 LY 的 Granger 成因	1	5.3242	0.0464	拒绝原假设

4. 模型估计

对模型（5）进行 OLS 回归：

$$LY = 12.5394 - 100.8088X$$

$$t \quad (9.5823)(-4.2945)$$

$$R^2 = 0.7923,\ F = 18.4424,\ DW = 1.1184$$

R^2 数值较大，说明该模型较为拟合，两个系数的 t 值均通过检验，证明在 1% 的显著水平下，α_0、α_1 均显著不为 0。

5. 结论

由模型可知，2000—2012 年福建省建筑业可比产值增速对实际税负的反应程度大致为 -100.8088，即实际税负增长 0.01 点，可比产值增速相应降低 1.01%。由此可见，福建省建筑业实际税负对建筑业产值会产生影响，税收影响因素指标在一定程度上对建筑业经济增长呈反方向拉动。

三、“练内功”：提升技术进步和资本投入贡献率，推进福建建筑产业转型升级

当前，福建建筑业依然处于粗放的经济增长模式阶段，技术进步的贡献率较小。要更好地融入“海上丝绸之路核心区”建设，应加大建筑行业的资本投入，从企业自身转型升级角度出发，加大技术进步在建筑企业发展中的贡献率，同时重视人才和管理以及企业文化在提升劳动生产率上的重要作用，

通过一系列措施“练好内功”，全面提升福建建筑企业综合实力，增强进军海外建筑市场的竞争力。

（一）推动福建建筑业“三化”建设，提升技术进步贡献率

1. 管理信息化

一是企业管理信息化。运用信息技术和网络进行建筑企业现代化和扁平化管理，构建远程动态监控体系，实现项目零距离管理。二是建筑工程项目管理信息化。项目建设过程包括项目前期决策、规划设计、项目施工和竣工试运行四个阶段，特别是项目的合同、成本、进度、质量、安全、环保等方面的信息量十分庞杂，容易面临失控风险。通过各种项目管理软件和建立信息系统，能提高多数项目建设参与方的沟通效率，增强项目和企业管理的可控性。

2. 标准规范化

改革现行推荐性标准和强制性标准相结合的混合体制，建立技术标准与技术法规相结合的标准体制；引导和指导有实力的建筑企业成为行业技术标准的制定者，将新的科技成果和施工工法及时纳入标准体系。在“海上丝绸之路核心区”建设推进过程中，鼓励福建省建筑行业协会和大型建筑集团积极参与国际标准化或区域标准化组织的标准修订。同时，为适应建筑企业“走出去”的需求，应加快工程建设标准的外文翻译与宣传工作，推进工程项目建设标准的国际化。

3. 建筑工业化

建筑工业化是指采用类似工业生产的方式进行工业、民用建筑的建造，其要求建筑企业分别采用成套的标准构配件和统一的结构形式，集中在工厂按专业分工进行大批量生产，然后在施工现场进行机械化安装和建造。主要包括四个关键环节：一是结构设计多样。采用轻钢结构、混合结构等新型结构体系，以适应建设方对建筑物多元且灵活分割的需求。二是功能适用现代。采用新型节能、环保材料和可再生材料，满足节能、隔音、防火、抗震等功能要求，建筑垃圾可循环利用。三是制造分工合理。建立科学完整的构配件

目录，提升制造和施工机械化水平，并实现制造、施工相分离。四是现场施工环保。减少大规模现场湿作业，尽可能采用统一模数构件，工序质量可查可控，减少施工过程环境污染。

（二）推动建筑业自身及与其他要素的融合发展

1. 建筑企业与资本的融合

建筑企业有机地融合资本运作能力和工程建造能力，可带动整个建筑产业盈利模式的升级。建筑企业要改变被动局面，从施工承包商向工程开发建造商转变，持久增加建筑产品的增值收益；可以积聚科技、金融、商贸等高端人才，转变服务方式，延伸工程建造的前后端产业链，拓展业务范围，开展技术智力密集的咨询服务业务和技术研发应用业务，扩大利润空间。应更多地推进高资质的大型综合性建筑企业通过上市、自有资本和社会资本的集中运用，与金融企业的战略性合作等方式实现与资本的融合。

2. 建造过程各环节和专业的融合

以工程总承包方式为运作平台，实现建造过程不同环节的融合。项目组织管理上进行创新，解决融合的方案、程序及决策规则等问题，以建设总目标为框架进行项目组织设计的优化和建筑产品功能、品质、成本、运行等的统筹。不断增强工程项目组织能力，使工程建造过程的不同专业和环节实现深度互动、协同推进、整体优化。

3. 工程项目劳动要素投入与人才培养的融合发展

继续加大劳动要素投入，重点培养两类人才：一是决策与高端管理的复合人才；二是专业技术和特需工种的劳务型技能人才。应发挥行业培训优势，推行特需工种职业培训执证上岗制度，培养一批务实肯干、技术精湛的劳务企业技术骨干。项目管理人才培育的着力点应放在推进人才的社会化、职业化和国际互认方面，着力培养一批以工程类和建造师专业执业资格为主体、国际杰出项目经理（IOPM）为核心的建筑业项目经理人才。

（三）健全和完善建设工程质量和安全生产保障体系

建立内容全面完善、切实可行的质量安全保证体系，形成建筑企业质量与安全生产管理自律的机制。增加工程质量和安全生产管理人才素质培训和一线操作工人技能水平培训的资金投入。建立社会化监管保障体系，扎实做好质量安全基础工作，落实施工质量和安全生产责任制度，合理界定质量检测与认证、工程监理、质量仲裁、工程担保等中介机构和执业人员的责任。完善社会综合评价，加大奖罚力度，通过推行工程质量安全保险和担保制度，规避和转移建筑工程的风险。

（四）持续推进建筑节能减排

国外许多国家对工程建设有较高的环保和节能减排要求，要推进"21世纪海上丝绸之路"工程建设，必须积极发展绿色建筑，推广绿色施工。施工企业要从减少噪声和施工用水、降低扬尘、完善施工垃圾处理等关键环节抓起，加强对整个项目施工全过程、全方位的管理。要不断降低环境污染和产品资源消耗，提高节能减排能力，以绿色建筑示范和建筑节能为重点，完善绿色节能技术，研发相关技术产品，制定节能改造政策，进一步推动建筑业绿色发展。

四、"转模式"：推进以工程总承包为主流模式的建筑工程生产组织方式变革，提升产业劳动生产率

（一）工程总承包模式对提升产业劳动生产率的优势

工程总承包模式是当前国际上一种先进的项目建设管理模式，即工程总承包单位受建设单位委托，根据合同约定对建筑工程项目的勘测、设计、采购、施工、竣工验收、试运行等实行全过程承包。工程总承包可从体制上解决设计、采购、施工相互脱节、相互制约的矛盾，使几个环节有机地组织在

一起进行统筹安排，系统地进行设计方案的优化，合理减少资源浪费。对施工企业而言，该模式由分阶段管理转变为项目的全过程管理，可促使承包商统筹安排、协调运作，有效地对质量、进度、成本和安全等进行综合控制，提高劳动生产率，更符合社会化大生产的要求，更适应“21世纪海上丝绸之路”基础建设中建筑产业输出的需求。

实行工程总承包有利于优化建筑企业和工程项目的组织结构，重构工程总承包与施工承包、分包三大梯度塔式结构形态。该模式作为协调中枢必须建立起计算机系统，反向推动各项工作和环节的规范化、信息化和自动化，提高管理效率，便于扩大市场份额，增强参与海外建筑市场承包竞争力，有利于整合成资金、管理和技术密集型的大型建筑集团。

国内学者曾在工业、铁道、交通项目以及房屋和市政基础设施项目等行业选取具有代表性的工程，通过论证，证明施工总承包方式模式能促进设计、采购、施工和试运行等环节的深度合理交叉，使技术、资本、劳动等要素高效组合，克服各个市场主体分阶段、发散型管理的弊端，大大提高工程项目建设的技术水平与整体效益，一般可缩短总体工期10%~30%，节省项目投资10%~15%。实现建设单位降低成本、缩短工期目标，总承包单位技术水平和受益水平双提高的多赢局面。工程总承包还在减少索赔、责任来源单一性和融资操作等方面具有显著优势（见表10）。

表10　　工程总承包模式与传统模式的优点比较

承包模式	传统分包	施工总承包	工程总承包
合同简明性	★		
节省时间		☆	★
降低费用	★		
减少索赔		☆	★
预算和计划的可控制性		☆	★
质量保障性			
责任来源单一性			★
融资操作性			★

注：★表明优点显著；☆表明优点较显著。

（二）积极推进建筑业生产组织方式向工程总承包转变

1. 完善工程总承包立法体系，营造良好市场环境

解决工程总承包市场准入的问题，完善现行法律法规及企业资质管理标准，并从立法上对承包商实施工程总承包的法律地位予以确认。充实总承包中、高级专业技术人员，增强设计、采购、施工和科研一体化的全方位综合服务能力；引入外部资金，优化总承包企业的股权结构，建立完善经营综合化、管理集约化、企业集团化、产业国际化的管理体制。

2. 改革推进方案设计与施工图分离，使施工图设计环节逐步位移总承包单位

将设计环节进入市场竞争领域，为总承包商实现设计施工一体化，优化建设施工方案，实现节材、节能提供二次深化设计空间。这既符合融入“一带一路”倡议中国际工程承包的要求，也是规范建筑市场秩序，优化和理顺工程项目各环节，培育工程总承包企业发展的客观需要。

3. 探索鼓励企业间联合经营以适应高端市场的发展

“强业主、大项目、高投资”是国际高端建筑市场的发展趋势，发达国家的建筑企业和集团对一些规模浩大、风险巨大、技术复杂的建筑工程项目，往往组成企业集团联合体进行联手投标、联合经营。参与“一带一路”沿线国家项目建设的过程中，为应对目前国际市场风险加大的实际情况，福建省建筑企业间应探索开展联手投标和联合经营，政府部门和行业协会有必要从政策上引导和鼓励建筑企业和集团推进联营总承包。

4. 提高工程总承包企业的综合实力

建立与工程总承包模式相适应的高效率事业部制架构；加强人才队伍建设，引进中高级项目管理人才，加大项目管理后备力量的培训力度，将设计或施工环节的技术人员转型为工程总承包综合管理人才；设计院应提高设计技术核心竞争力，推动专利技术转化为生产力，提高施工方案审查实力；施

工单位应进一步充实设计力量，提高全局设计掌控能力；要培养项目融资人才，使项目的投融资方式多元化。

五、“走出去”：充分准备，主动参与“海上丝绸之路”沿线建筑市场竞争

（一）“海上丝绸之路核心区”建设是福建省建筑业走出去的最佳历史机遇

基础设施互联互通是“21 世纪海上丝绸之路”建设的优先领域，亚投行将为“海上丝绸之路”沿线国家基础设施建设提供资金方面支持。“21 世纪海上丝绸之路”建设对“海上丝绸之路”沿线国家和地区经济的融合发展将起到显著的正效应，并将优先带动大批公路、铁路、能源和港口等跨境工程项目建设。“一带一路”倡议大大提高了福建省建筑企业获得大批海外市场基础设施和房建工程业务的机遇，还将带动建筑材料和成套设备出口增长。预计 2015—2024 年，“一带一路”沿线建筑市场份额将达 2. 8 万亿美元。在这种国际背景下，学习国外建筑企业先进的管理和技术，培养和锻炼适应“一带一路”倡议的国际化人才，获得海外市场份额，寻找行业新增长点，福建省建筑业“走出去”面临最佳历史机遇。

（二）充分调查东道国法律环境，减少“走出去”的盲目性

深入了解工程当地的法律环境甚至是宗教文化、政治环境，是整个投资战略中的重要前提。基础设施领域的调查应注意以下方面：一是产业负面清单。基础设施领域涉及面极广，包括各类交通设施、市政公用设施和社会事业项目等的建设，倘若属东道国负面清单产业，就应注意不能进行投资。二是投资壁垒问题。“21 世纪海上丝绸之路”基础设施建设中，国内建筑企业通常会在东道国境内设立项目公司，而许多东道国会对外资股权有所限制，如股权转让限制、股权比例限制等。三是税收政策。有些东道国在特殊领域设置高税收标准的政策，对外资企业设置超额的所得税。为做好税收策划和

利润预算，理解当地税收政策是必不可少的。

（三）合理制定“走出去”的远期规划

制定规划应当考虑：一是涉外翻译和法律人才的引进和培养；二是加强有对外签约权建筑企业之间的沟通交流，在“21 世纪海上丝绸之路”倡议中形成抱团经营；三是民企和央企间应考虑构建战略伙伴关系，在海外市场竞争中同舟共济；四是对外投资经营应先易后难、循序渐进，有条件的应考虑在项目所在国发展本土建筑企业乃至集团。

（四）注意工程经营中的法律风险防范

一是培养合同意识。合同明确了双方的权利义务关系，每个条款都不能忽视，重视对关键条款的研究，提高合同意识，是福建省建企参与海外竞争抵御风险的有效措施。二是注意设置灵活的退出机制。海外项目建设的投资期间往往较长，有的甚至达几十年，因此应设置合理的退出机制，有效转移时间因素带来的投资风险和投资成本。三是完善争议解决机制。为保护建企自身权益，在项目初始就设计好完善的争议解决机制是必要的，应注意尽量在争议解决条款中引入对建企自身较有利的国际仲裁规范和法律。

（五）熟悉双边和多边投资合作协定

“一带一路”倡议推进中，签订双边和多边投资合作协议是主要方式。我国已经和俄罗斯、卡塔尔、科威特、哈萨克斯坦等国签署“一带一路”建设的相关投资合作协议。并与东盟、新加坡、巴基斯坦等 20 个国家和地区签署了 12 个自贸协定。因此，福建省建筑企业在“21 世纪海上丝绸之路”项目建设中，应注意利用已有投资合作协议明确各方权利义务关系，合理利用国家打下的合作政策基础，通过双边、多边机制消除对项目投资的干扰，使投资各方利益得到合理保护。

六、“优扶持”：优化政府引导和政策支持，打造“海上丝绸之路建筑业核心区”

（一）打造我国建筑业“走出去”的总部核心区

1. 鼓励建筑企业发展总部经济

以“海上丝绸之路核心区”建设为契机，将福建省打造成我国建筑业向“海上丝绸之路”沿线国家输出的总部核心区。对省内外大型建筑集团申请建设企业基地和总部大楼的，赋予建设用地、人才保障、金融和财税支持等方面的优惠奖励政策。鼓励具备甲级资质的设计单位等福建省稀缺的建筑经营优秀企业总部迁移到福建省境内，给予资质奖励和总部建设用地支持。各地市在进行土地利用总体规划时，应尽量安排适量建筑工业园区用地，支持建筑企业总部基地建设，发挥建筑业总部经济效益，加快形成我国建筑产业的总部核心区。对建企自筹资金建设的员工住房，建议纳入当地保障性住房建设计划，享受相应的优惠政策。

2. 鼓励企业大力开拓外部市场

增强建筑企业“走出去”的能力，搭建银政企交流合作平台；引导建筑企业通过融资租赁方式提升开拓区外项目的能力，鼓励符合条件的企业通过股权融资、短期融资、公司债等工具进行融资。在福建省建筑业输出较集中的地区，可派出专业服务人员甚至机构，为建筑企业开拓国内市场提供服务，创造良好的经营环境和市场环境。对有拓展境外市场、参与“海上丝绸之路”沿线国家项目建设意向的建筑企业，在申报对外经济合作经营权过程中给予支持，鼓励建筑龙头企业带动咨询、监理、设计和施工等关联行业共同开拓境外市场。为企业参与“海上丝绸之路”沿线国家项目建设提供退税、通关和融资等方面的高效便捷服务，对承包“海上丝绸之路”沿线国家项目建设的，给予前期考察、运营管理、投标设计等方面的资金扶持。

3. 政府引导推广工程总承包模式，参与海外市场竞争

构建以高等级、高资质企业为主，主业突出、总包实力强、多元经营的建筑业结构体系，形成以工程总承包为龙头、劳务分包为基础、专业承包为依托的分工协作、优势互补且比例协调的建筑产业格局。政府可通过补贴和税收制度等激励措施，引导推广工程总承包市场模式，在政府投资项目建设中加大工程总承包模式的发包范围和频次，对项目的应用效果和经验进行梳理总结，宣传工程总承包模式带来的正效应，引导越来越多的政府和国有企业投资工程乃至私营企业投资项目采取工程总承包模式。

（二）优化市场环境，扶持福建建筑企业做大做强

1. 完善并应用诚信体系管理平台，强化市场监管

以市场手段解决市场问题，建立、完善并应用福建省统一的诚信体系网络平台。整合目前各自运行的企业信息网、工程信息网、招投标网等资源，建立统一的建筑行业诚信体系管理机制，形成“一个网络、三大数据库（企业库、人员库、项目库）”的网络信息管理平台。实行市场和现场挂钩，利用诚信评价体系，监管部门对企业的经营生产活动进行信用等级评价，评价结果直接影响企业投标，促使企业合法经营、规范施工。

2. 鼓励企业转型升级，提升技术投入力度

（1）鼓励企业加大技术投入。搭建建筑企业与科研院所、高等院校的合作平台，增强企业核心技术储备，支持企业开发专利技术和建立工程技术中心，逐步建立和完善以市场为导向、企业为主体、建筑工程项目为载体、产学研结合的科技创新体系，加快技术成果转化和应用。加强建筑工业化的技术开发，引导和扶持福建当地建筑企业创建省部级科技示范工程。加快推进企业信息化建设，鼓励建筑企业申报建筑业新技术应用示范工程，支持其申请信息化管理专项补助资金。

（2）扶持企业提升市场竞争力。培育打造一批管理一流、资本雄厚、技术密集的建筑企业集团，鼓励企业资质升级。引导一批设计单位和大型施工企业快速拓展企业功能，向集咨询、设计、施工管理于一体的综合性建筑企

业集团发展。探索建立设计与施工管理、基础设施建设与投资、房地产投资与开发一体化的运行模式，逐步引导建筑企业由建造建筑产品转变为经营建筑商品，走产业资本与金融资本互动发展的新路子。探索对建筑企业资质升级增加税收的财政补助返还，对新取得专业承包一级资质和特级总承包资质等的企业给予奖励。

（3）鼓励企业拓展服务业领域，不断推进产业延伸。鼓励企业不断延伸产业链，开展多元化经营，逐步从单一性土建施工向综合性土木建设拓展，积极向水利、交通、建材、装饰、能源等基础设施和新兴领域拓展。鼓励企业发展包括招标代理、造价咨询、勘察设计、工程监理等知识、技术型服务机构，加快形成网络化、市场化的建筑工程咨询服务体系。在提升原有传统专业实力的同时，培育一批较有实力的建筑企业向通信、铁路、港口航道、电力、石油化工等科技技术含量高的专业市场拓展，引导一部分低资质建筑施工企业向劳务企业转型。

3. 加强银企合作，加大资本投入和运用

推动企业和银行合作，走建筑业和金融业互动融合发展之路。充分利用"自贸区"和"海上丝绸之路核心区"的政策优势，对符合条件的建筑企业在投标保函、贷款、提供担保等方面给予支持，对优质建筑企业可进一步提高授信额度，合理降低保函开具的条件，为建筑企业提供财力支持。鼓励企业通过兼并重组等形式整合优势资源和优势资产，鼓励企业打破单一经营模式，通过上市扩大融资平台，并对成功首发上市和运用各类融资产品的企业给予一次性奖励。

4. 创造建筑业发展的良好外部环境

安全保障机制方面，探索实施保险服务外包模式，可考虑在每年建筑业专项经费里预留一部分用于补助建筑企业工人投保商业保险，创新财政资金的使用方式，帮助企业建立安全管理体系。完善中标体系，在工程项目招投标时将承包商的安全施工记录列为取得投标资格的必备条件之一，从源头上降低各类作业风险，最大限度减少事故的发生。人才保障机制方面，建立健全经费保障机制，加快建立多元化的人才经费投入体系，设立建筑人才专项资金；鼓励权益培养和引进建筑人才，对符合条件的引进人才给予一次性奖励。完善建筑人才"五险一金"政策，完善落户和子女就学等公共服务政策；

对获得建筑行业高级职称评定的给予一定奖励，制定高层次建筑人才经济适用房或廉租公租房的申请资格。

七、“惠税收”：优化纳税服务，完善建筑企业“走出去”参与“21 世纪海上丝绸之路”建设的税收扶持体系

（一）优化建筑业纳税服务，落实和探索税收扶持措施

1. 落实和探索税收优惠和税收扶持措施

落实各项税收优惠和税收扶持措施，给予重点工程项目在用地、信贷、技术、人才等方面更有力的支持。鼓励建筑企业建立产学研相结合的技术创新体系，拓展企业科技创新能力，及时兑现高新技术企业在所得税税率，技术转让所得减免，新技术、新产品、新工艺研究开发费用税前扣除等方面的优惠政策，促进建筑业转型提升。在税收立法权限内，对响应“21 世纪海上丝绸之路”倡议，积极“走出去”的建安企业，适当减免如地方教育费附加、堤防工程维护费、副食品基金等地方性收费，合理确定建筑业应税所得率，切实为建筑企业减负。引导和辅导民营建筑企业规范财务管理，创造条件实行查账征收，以减轻企业税负。统筹兼顾解决征税中不合理问题，如调研中企业反映建筑砂、石资源税应该由砂石生产供应商负责缴纳，而不应转嫁给建筑企业；也有企业反映，地方政府融资工程项目未及时付清工程款的，建议可申请延迟缴纳。

2. 推动大型建筑企业改制重组，开设绿色通道扶持上市

对列入福建省上市重点后备企业的建安企业，积极扶持其进行改制重组：对改制重组（包括企业法律形式改变、债务重组、股权收购、资产收购等）过程中资产转移所及的营业税、土地增值税、印花税、契税等税费，按照相关规定给予减免。对企业上市过程中涉及的税收问题，开设“绿色通道”特事特办，提高服务效率。对高素质管理人才、高技能操作人才、创新型科技

人才申报缴纳个人所得税按地方留成部分给予全额财政返还，对财政返还部分免征个人所得税，鼓励企业上市过程中引进高端人才。

3. 优化对工程总承包项目的纳税服务

加强税务干部有关工程总承包等新型建筑业生产组织方式的学习和培训，掌握工程运转基本流程。建议有针对性地制定专项税收征收管理办法，区分建筑业、服务业、交通运输业等不同劳务范畴，确保不重征不少征税。深入项目管理部，分批次对进场的各级下包单位开展培训，讲解办税流程、所在地税收政策等。对于手续齐备、符合征管业务规定的有关涉税事项，给予税务登记、税收申报和发票开具等手续一次性全程跟踪服务。

（二）完善建筑企业"走出去"的税收扶持体系

1. 完善税收抵免和税收饶让制度，增强国际税收协调

目前我国在税收抵免上实行分国不分项限额法，但在实践中境外工程所得额计算方法十分复杂，增加了征收成本；同时境内外亏损无法相互弥补，超限额抵扣无法结转，也加重了参与"21 世纪海上丝绸之路"建设企业的税负。建议采取综合限额抵免的办法，允许汇总境内外收入后纳税，增加境外所得的整体抵免额；适当降低对持股比例要求，加大对"走出去"建筑企业的税收扶持力度。建议加强国际协调与合作，扩大税收饶让的抵免范围，提高我国建筑企业参与"21 世纪海上丝绸之路"建设的投资积极性。

2. 完善信息服务渠道体系

省级税务局特别是国家税务总局应完善官方网站对"走出去"企业的专题辅导，将我国与其他国家和地区所签订税收协定的基本情况，"海上丝绸之路"沿线东道国的税收政策和吸引投资的税收优惠政策，工程项目投资发生的税收争议应对等投资涉税问题纳入其中。建立"一带一路"沿线国家税制资料中心，方便建筑企业收集"一带一路"沿线国家的税收制度与税收协定执行情况，可考虑设置税务专家咨询辅导栏目，解答涉外纳税申报、税款抵免办理和争议磋商等方面问题。

3. 对开拓省外市场和建安总部建设的企业优化纳税服务和政策协调

随着福建省建筑企业在省外积极拓展市场行为日趋增多，不少企业反映由于部分地区的地方保护主义，办理回注册地缴纳所得税手续阻力重重。建议省、市政府或委托相关部门牵头组织前往福建建筑企业建设工程较集中的地区、建筑工程项目所得税难以回注册地缴纳的地区沟通协调，为福建省外出企业解决回注册地缴纳所得税难题。对省内建设建安总部的应税土地，从低确定使用的税额标准。加强省内外税务部门的协调，吸引省外企业总部回归，并带动税源回流。

4. 培养国际税收人才，完善涉税部门设置

建立国际税收人才培养体系，针对“海上丝绸之路”沿线国家涉税事项开展国际税收知识培训，使税务干部熟悉相关税收协定和主要东道国税收政策及管理模式，提高分析、驾驭涉及“海上丝绸之路”沿线国家国际税收事务的能力。完善相关涉税部门的设置，加快各部门间涉税事项传递处理速度，实现信息共享。地方政府牵头统筹，加强职能部门间的联动，建立服务“走出去”的建筑企业的行政管理、劳务输出、技术投资、金融货币业务涉及部门的跨部门信息共享平台，让“走出去”的建筑企业得到及时的“一站式”涉税服务。建议适时向主要投资国统一派驻税收、商务专家，定期发布和统筹分析东道国税收制度和税收执法状况，帮助“走出去”建筑企业解决涉税难题。

参考文献

［1］姚先成．国际工程管理与现代建筑企业［M］．中国建筑工业出版社，2004.

［2］王永新．完善工程总承包立法的思考［J］．山西建筑，2010（7）.

［3］邵辉，龚靖川，应杰，张世和．完善我国工程总承包之孔见［J］．建筑施工，2011（8）.

［4］徐晓东．发展工程总承包的困局及对策研究［J］．建筑，2011（9）.

［5］张楚恩．关于大型设计企业开展工程总承包项目管理的思考［J］．工程建设与设计，2012（1）.

[6] 张雪芹. 基于市场主导的建筑业产业结构调整研究 [D]. 重庆：重庆大学，2007.

[7] 毛小平，陆惠民，李启明，唐世海. 江苏省建筑产业经济增长内部影响因素分析 [J]. 建筑经济，2011 (2).

[8] 李小冬，黄天健，武振，杨继梅. 北京与上海、江苏、浙江的建筑业集中度对比研究 [J]. 工程管理学报，2013 (2).

[9] 张贵林. 中国建筑业发展路径暨施工企业转型升级研究 [J]. 建筑，2014 (3).

[10] 吴勤. 我国建筑业发展存在的主要问题及对策研究 [D]. 武汉：华中科技大学，2006.

[11] 邓瑞芬. 加强建筑节能设计实现建筑业可持续发展 [J]. 山西建筑，2015 (3).

[12] 魏志梅. 中国企业对外投资合作的税收政策研究 [J]. 涉外税务，2007 (6).

[13] 马克和，陈启英，侯伟. 运用税收杠杆助力企业“走出去” [J]. 税务研究，2008 (1).

[14] 福建省统计年鉴. 2010—2014.

[15] 泉州市统计年鉴. 2000—2014.

（课题组指导：黄小平

课题组负责人：吴秋生

课题组成员：郑俊峰　林祥祥　黄艳艳）

"一带一路"倡议下的水泥行业产能过剩问题研究

——基于税收视角以南平市为例的实证分析

吴 诚

"一带一路"倡议贯通中亚、东南亚、南亚、西亚乃至欧洲部分区域，覆盖60多个国家和44亿人口，而基础设施互联互通是"一带一路"建设的优先领域。全面推进"一带一路"倡议，将带动我国与沿线多国铁路、公路、港口等方面互联互通，为我国水泥行业带来新的需求空间。据亚洲开发银行估计，2010—2020年亚洲地区将投资8万亿美元基础设施资金。2015年地方政府工作报告涉及"一带一路"基础设施投资项目共计114项，主要以"铁公机"项目为主，投资规模达到1.04万亿元人民币，带动水泥消费量在1亿吨左右。"一带一路"倡议的层层推进有利于国内水泥行业加快"走出去"的步伐。水泥是区域性较强的产品，由于供求失衡，在我国已经呈现出严重的全面产能过剩现象，但"走出去"又存在着诸多困难。由于水泥行业存在的产能过剩问题具有普遍共性，本文着重以南平市为例，从税收进角度对水泥行业存在的问题进行实证分析，并在"一带一路"框架背景下提出相应的对策建议。

一、水泥行业整体经营现状

2015年我国水泥市场需求持续低迷，呈现大幅负增长，水泥价格维持低位运行，且降幅较大。中国水泥价格指数全年累计跌幅达20.59%，从年初开始一路下行（如图1所示），较2014年跌幅进一步加深，行业主营业务收入下滑，利润总额大幅下降。2015年全国规模以上水泥产量23.48亿吨，同比下降4.9%。此外，2015年全国固定资产投资（不含农户）551590亿元，比上年名义增长10%，增速比1—11月回落0.2个百分点，创下多年新低。水泥下游行业中基础设施和房地产整体表现乏力，基础设施投资（不含电力）101271亿元，比上年增长17.2%，增速比1—11月回落1个百分点。房地产投资增速从2014年增长10.3%下降到2015年的1%，下降幅度超过9个百分点，是导致水泥需求大幅下降的直接原因。2015年全国房地产开发投资95979亿元，比上年名义增长1.0%，增速比1—11月回落0.3个百分点。房地产开发企业房屋施工面积735693万平方米，比上年增长1.3%，增速比1—11月回落0.5个百分点。房屋新开工面积154454万平方米，下降14.0%，降幅收窄0.7个百分点。房屋竣工面积100039万平方米，下降6.9%，降幅扩大3.4个百分点。2016年固定资产投资增速继续减缓的可能性加大，预计低于10%，加之房地产行业短期内难以复苏，水泥行业总体形势仍然十分严峻①。

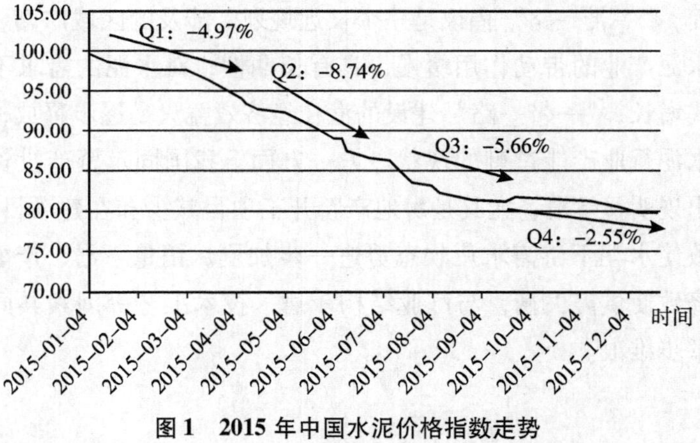

图1　2015年中国水泥价格指数走势

从2007—2015年水泥产能、销量及销量占产能的比例（如图2所示）可以看出，2007—2015年水泥行业的销量占产能的比例主要在66%～71%这个区间，由此可知过剩产能还是占了相当的比例。2007年销量占产能的比例处于最高值71%，2008—2010年在低位66%，没什么变化，2011年开始一波上升。2015年产能过剩问题又开始突显，从供需关系来看这是上述水泥价格指

① 上述数据资料主要来源于中国水泥网《2015年水泥产量下跌4.9%固投增速创多年新低》《年末指数平稳长江流域同比跌25%》；图1、图2也来源于中国水泥网。

数不断下探的重要原因。行业在以往依赖需求的高增长发展中所积累的矛盾和问题，在2015年开始暴露和放大。

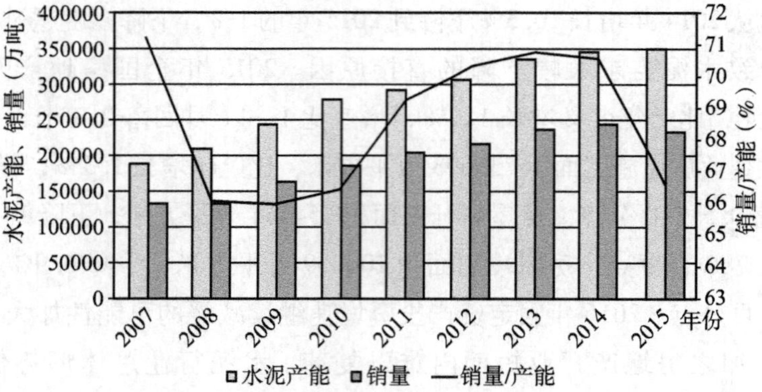

图2　2007—2015年水泥产能、销量及销量占产能的比例

一方面，“一带一路”倡议是一个长远规划，涉及的区域广阔、实施期限较长，对水泥产业的带动作用缓慢，具有长期性，对水泥的需求不会在短期内呈爆发式增长；“一带一路”建设的潜在经济效益只是逐步释放，无法快速改变国内水泥行业产能过剩的现状。另一方面，我国固定资产投资和房地产投资增速出现明显下滑，尤其是房地产新开工项目减少和在建项目复工迟缓，投资失速致使水泥下游需求疲软态势进一步加剧。销量下滑、产能过剩、宏观需求下降致使供需失衡，与产业结构矛盾、技术工艺等因素共同作用使得水泥行业举步维艰。

二、南平市水泥行业利润与税收、产能过剩等因素的实证分析

企业的经营状况可以通过盈利情况进行分析，以下以利润作为被解释变量，以主要影响利润的因素税收、产值、库存、营业收入、营业成本等作为解释变量建立回归方程对水泥行业进行实证分析，模型设置如下：

$$R_{it} = C_{it} + \beta_1 T_{it} + \beta_2 G_{it} + \beta_3 S_{it} + \beta_4 I_{it} + \beta_5 B_{it} + \mu_{it}$$

式中：C表示常数；R表示利润，口径为纳税调整后的所得；T表示税收；G表示产值；S表示库存金额，代表生产过剩；I表示营业收入；B表示营业成

本；μ 表示随机误差项，是影响利润的随机因素，体现了除解释变量外的其他因素的综合影响。

选取南平市目前正常生产经营的6户水泥企业2010—2014年的数据为样本，由于能取到的企业样本量较小且年份短，故考虑选择面板数据模型；经过F检验，表明存在个体效应，因此不采用混合回归模型；经过Hausman检验，结果表明不适合采用随机效应模型，故采用固定效应模型。由于本文采集的样本容量较小，如选择变系数模型估计参数太多会导致自由度太小，影响模型的准确性，所以决定采用变截距模型。运用Eviews 6.0软件，南平市水泥行业利润与税收等因素的个体固定效应面板数据模型回归结果见表1。

表1　个体固定效应面板数据模型回归结果

被解释变量：利润				
解释变量	系数	标准误差	*t* 统计量	*P* 值
截距	-31311952	10061486	-3.112060	0.0057
税收额	-1.136972	0.555696	-2.046035	0.0548
产值	0.201548	0.069171	2.913781	0.0089
库存金额	-0.572932	0.415529	-1.378803	0.1840
营业收入	0.778217	0.076073	10.22983	0.0000
营业成本	-0.864415	0.075403	-11.46389	0.0000
固定效应（截面）				
企业1的截距	14446394			
企业2的截距	35334437			
企业3的截距	26152566			
企业4的截距	-88628017			
企业5的截距	9975795.			
企业6的截距	2718826.			
可决系数：0.969960		被解释变量的均值：10305708		
调整后的可决系数：0.954150		解释变量的标准差：29991684		

由上述面板数据模型回归结果可以看出，Adjusted R-squared达到0.954，模型的拟和程度很高。南平6户水泥企业个体截距差异较大，这与企业的技术水平、经营管理等差异都有着重要的联系。在显著性水平为5%时，产值 G、营业 I、营业成本 B 都非常显著，税收 T 也较为显著，而代表生产过剩的

库存 S 的 P 值偏大（可能受限于样本量的原因，这里我们进行适度放宽）。营业收入的系数为0.778，营业成本为-0.864，表明营业成本对利润的影响系数大于营业收入，可见，盈利能力不容乐观。营业收入主要由价格决定，价格又受供需关系的影响，产能过剩表明供需处于买方市场的失衡状态，严重的产能过剩导致了水泥价格的持续低迷。上面回归结果表明，生产过剩对企业的利润存在很大的负作用，库存每增加1元，利润将降低0.573元。营业收入对利润的影响系数是产值系数的近4倍，可见压缩产值、消耗生产过剩已迫在眉睫。目前水泥行业营业成本主要取决于技术优势，高附加值利用且具有重大带动效应的技术和装备能有效降低生产成本。某些大型企业严格把控价格与成本，对下属生产子公司规定"谁的成本低，开谁的窑"。此外"一带一路"倡议虽然涉及区域广阔，但又呈现带状分布，普通水泥制品自重大且附加值低，长距离运输并不经济，受运输成本制约，水泥销售半径大致为300公里以内，存在普遍的"短腿"现象。我国水泥（熟料）产品的出口量常年在1000万吨左右，未来水泥产品出口提升幅度有限。

税收 T 的系数为-1.137元，说明对企业而言，税收每增加1元，企业利润将减少1.137元，即税收通过一步步的传导效应最终对企业利润的影响为-1.137倍；反而言之，利用减免税等税收优惠政策能有效提高水泥企业盈利水平，减免税对水泥行业有着重要的影响。可以得出结论，税收优惠政策通过降低企业成本，对资本形成产生影响，可以极大地刺激水泥企业提高盈利能力，进而激活企业经济发展机能。因此借助"一带一路"倡议，水泥企业消化产能过剩，实现"走出去"，急需税收政策来引导、扶持。

三、南平市某水泥企业即征即退税额和销售总额的脉冲响应分析

选取南平市某大型水泥企业①2013年5月—2015年2月即征即退税额Taxrebate和销售总额Sales月份数据，经季节调整后建立VAR（向量自回归）模型。VAR的表达式是：

$$y_t = \boldsymbol{A}_1 y_{t-1} + \cdots + \boldsymbol{A}_N y_{t-N} + \boldsymbol{B} x_t + \boldsymbol{\varepsilon}_t$$

① 由于笔者难以取得更多水泥企业的数据，故此处仅选取具典型性的南平市一大型水泥企业为例。

式中：y_t 是一个内生变量列向量；x_t 是外生变量向量，$\boldsymbol{A}_1$，…，$\boldsymbol{A}_N$ 和 $\boldsymbol{B}$ 是待估的系数矩阵；ε_t 则是误差向量。在 VAR 里，每个方程的最佳估计为普通最小二乘法估计。（因篇幅限制，且 VAR 模型过程内容较多，本文不在此具体罗列过程）

在已建立的 VAR 模型的基础上，利用脉冲响应分析 Taxrebate 和 Sales 在相互冲击后的反应形态及其影响程度，运用 Eviews6.0 软件，分解方法采用经过乔立斯基自由度调整（Cholesky-dof adjusted），得出脉冲响应结果，如图 3 所示。

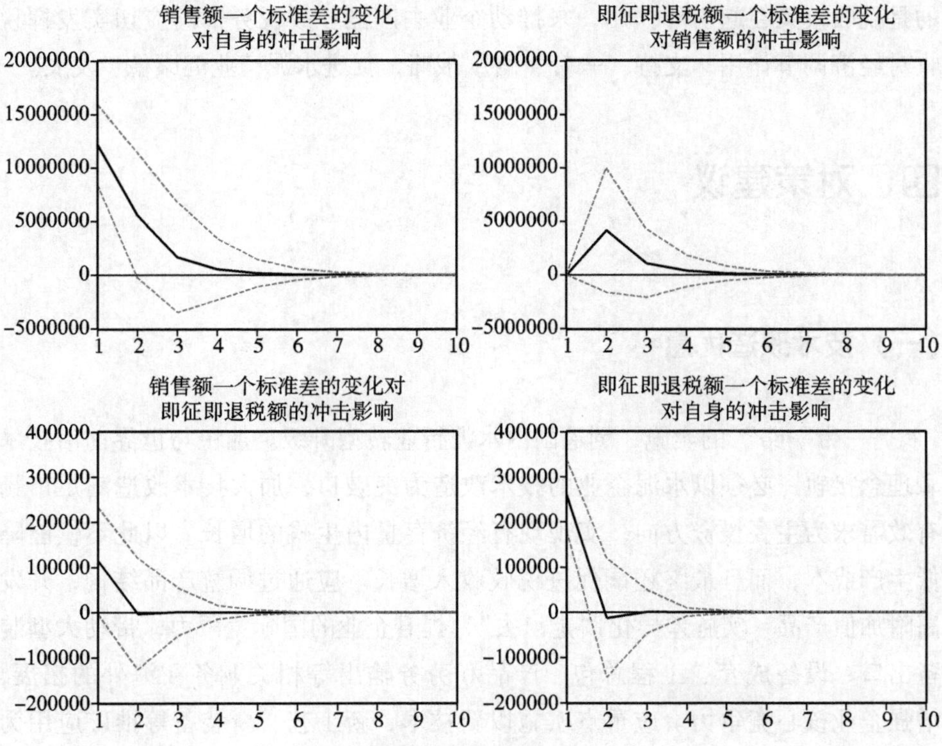

图 3　脉冲响应结果

由以上结果可以看出，在本期给变量即征即退税额 Taxrebate 一个单位正向标准差冲击后，对销售总额 Sales 主要表现为快速上升趋势，到第 2 期后开始缓步回落，至第 4 期后逐渐回归水平线，但总体表现出对销售总额的促进作用。而本期给变量销售总额 Sales 一个单位正向标准差冲击后，在当期就达到最高点，然后逐渐回落，至第 2 期便回归水平线。

以上分析可以看出，水泥企业即征即退税额短期对销售总额会起到促进作用，而销售额的增加，就是一种去库存、消化产能的过程，这意味着，加大对水泥行业即征即退税政策力度，对于消化产能能起到一定的作用。但同时发现脉冲响应没有持续性，即作用时期短。现行的水泥资源综合利用税收优惠政策规定"42.5及以上等级水泥的原料20%以上来自所列资源，其他水泥、水泥熟料的原料40%以上来自所列资源"享受优惠，该规定数值已落后于现行先进生产技术标准，阻碍了高标特种水泥生产、水泥行业技术升级和产能过剩问题的化解。而销售总额对水泥企业即征即退税额的正效应更加短暂，这说明销售总额的提高并未能很好地促进企业对税收优惠的倾向，更多的是税收政策在起引导作用，来推动企业去产能。故税务部门应切实发挥税收对经济调节作用，支持"一带一路"战略，促进水泥产业健康稳步发展。

四、对策建议

（一）技术改造优惠

"一带一路"的实施，倒逼国内水泥行业转型升级。加快与世界前沿技术和理念接轨，必须以水泥企业的技术改造为突破口，加大技术改造满足市场有效需求为主要投资方向，实现现有经济存量内生式的增长。以此不仅能降低生产成本，而且最终还能促进税收收入增长。应通过调整产品结构，开发高附加值产品，实施差异化"走出去"，提升企业的国际竞争力，带动大型装备出口、设备成套、工程总包、产品和劳务输出等相关业务在海外的拓展，增强企业核心竞争力。应重点实施以新技术、新工艺、新装备等推广应用为主要内容的技改项目，支持企业新上自动化、智能化、成套化设备，引进消化吸收先进工艺技术；从生产制造环节的改造向研发、设计、营销和服务全流程的再造转变；从单个企业改造向产业链协同改造转变。建议各级政府充分利用财政资金的杠杆效应，多渠道引入各类产业扶持资金、金融资本，根据企业技术改造实际情况，选择无偿补助、贷款贴息、股权投资、无息借款等多种方式对重点技术改造项目进行扶持。在此特别建议国家税务总局在技术改造环节对企业给予一定的税收优惠，鼓励水泥企业进行技术改造，引导其形成规模优势、质量优势，以此降低企业生产成本。

(二)资源综合利用优惠

建议修改现行水泥资源综合利用税收优惠政策,降低优惠政策中对生产原料限制掺有废渣生产比例的要求,根据不同的标号规定相应的掺兑比例,对高标号水泥给予更多的税收优惠,鼓励企业多用工业废弃物生产高质量的高标号水泥。让即征即退税收政策惠及更多的优质水泥企业,成为抓住“一带一路”机遇的重要助推力。

(三)加大“走出去”和出口税收服务

借助“一带一路”倡议去海外投资建厂或加大外销出口都是新的增长点。长期来看,在“一带一路”及互联互通建设带动下,通过资本投资带动行业产能输出,大型水泥企业走出去的步伐将明显加快,应深度融入国际化竞争,加快海外投资建厂,以转移国内部分过剩产能。针对水泥企业发展特点,税务部门要进一步加大税收协定谈签和修订力度,充分利用双边税收协定下的磋商机制,为跨境企业避免双重征税或税收损失更好地服务。水泥行业只有走向国际,开拓海外市场,才能从根本上解决国内产能过剩的问题。要鼓励对外消化产能,就应该在“走出去”和出口退税方面给予更多的政策支持,缩短退税周期,营造良好的退税环境,增强企业在境外的价格优势,减少同类企业在国内的恶性价格竞争。

(四)货运优惠

对规模较大的水泥企业在货运方面实行增值税税收优惠,有利于降低大企业的成本,对油料耗用等在企业所得税上给予一定的加计扣除,可克服水泥行业“短腿”现象,摆脱销售半径的束缚,让大企业在“一带一路”上走得更远,让水泥企业资金更加充裕地用于生产技术、经营管理的改善。

(五)借力供给侧改革,加快企业合并重组步伐

要提高全要素生产率,实现水泥行业规模经济、总供给与总需求的平衡。在目前条件下,要借力供给侧改革,加快企业合并重组步伐。“一带一路”战

略涉及区域广阔，但又呈现带状分布，水泥行业必须由区域充分竞争转向整合、集中，这样才能获得相对双赢的结局，同时还能稳定就业。淘汰落后产能，可避免给供给端带来负面冲击和影响，减轻供给压力，促进水泥产能集中度提升。应整合现有水泥企业，按照总量控制的原则，重新规划企业布局。合并重组有利于国家推进“控制总量，调整结构”、全面错峰生产等产能调控措施。对生产工艺落后、产品产出率低的应予以淘汰。应对一个县域内重复建设、产出率低、资源消耗大、污染大的企业进行整合。建议对水泥企业重组所得税给予优惠，降低企业重组成本，这样有利于加强水泥产业链条，在区域内形成合理分工，产生产业集聚效应，走规模化、集约化道路。

参考文献

[1] Solow, R.: Technical change and the aggregate production function [J]. Rebiew of Economics and statistics, 1957, 39 (3).

[2] Kennedy, C., and A. P. Thirlwall: Subeys in Applied Economics: Technical Progress [J]. The Economics Journal, 1972, 82 (325).

[3] Farrell, M. J. Measurement of Productive Efficiency [J]. Journal of the Royal Statistical Society, 1957, 120 (3).

[4] Chow, G. C. Capital Formation and Economic Growth in China [J]. Quarterly Journal of Economics, 1993, 108 (3).

[5] Young, Alwyn. Gold into Base Metals: Productivity Growth in the People's Republic of China during the Reform Period [J]. Journal of Political Economy, 2003, 111 (1).

[6] 王小鲁，樊刚等. 中国经济增长的可持续性——跨世纪的回顾与展望 [M]. 经济科学出版社，2000.

[7] 张军，吴桂英，张吉鹏. 中国省际物质资本存量估算（1952—2000）[J]. 经济研究，2004 (10).

[8] 单豪杰. 中国资本存量K的再估计：1952—2006年 [J]. 数量经济技术经济研究，2008 (10).

[9] 陈美. 探讨高新技术企业税收优惠政策的运用 [J]. 财经界，2014 (26).

（作者单位：福建省顺昌县国家税务局）

“2016 年海上丝绸之路税收学术研讨会”论文观点综述

中国税务学会

由中国税务学会主办、福建省税务学会承办的“2016 年海上丝绸之路税收学术研讨会”，于 2016 年 6 月 28 日在福建省泉州市召开。参加研讨会的有中国税务学会领导，有关高等院校和科研机构专家，福建、新疆、江苏、陕西、海南、青岛税务学会领导和课题执笔人，福建省国家税务局、地方税务局领导及有关处室负责人，福建省各设区市税务学会、教育分会带队和课题执笔人共 50 人。会议收到论文 26 篇（其中新疆、江苏、陕西、青岛税务学会各 1 篇、福建各设区市税务学会、教育分会 22 篇）。论文围绕“海上丝绸之路税收学术研究会”课题，各有侧重地开展研究，涉及实施“海上丝绸之路”发展战略的研究、“一带一路”相关税收制度的研究、“走出去”企业（境外投资）税收问题的研究和具体行业或企业发展的研究等。论文针对相关问题进行深入剖析与研究，提出了相应的对策和建议，论点鲜明、论证充分、论据有力，对上级领导决策和基层税务部门开展工作有着较高的参考价值。

一、实施“海上丝绸之路”发展战略的研究

一些论文紧密联系当地实际，在分析当地实施“海上丝绸之路”建设中的地位、优势和劣势的基础上，对当地实施“海上丝绸之路”发展倡议的对策进行深入研究。江苏连云港市税务学会在《推动连云港在“一带一路”倡议中发展的税收思考》论文中认为，连云港在“一带一路”倡议中有着独特的地位和区位优势，通过分析连云港在“一带一路”建设中存在的税收阻碍和需要改进的问题，提出要全面疏理涉及“一带一路”发展的税收政策，落实税收优惠政策，持续放大其对“一带一路”建设的激励效应；运用税收政

策推动重大产业项目建设，扶持中小企业发展，打造“一带一路”建设资金供应链；致力纳税服务，营造和谐税收环境；支持创新型人才建设；重视税收研讨，建言献策为连云港“一带一路”建设提供理论服务；加强税收征管，为“一带一路”建设营造公平公正的税收法治环境。

青岛市税务学会《加强港口经济建设，打造“海上丝绸之路”枢纽城市》论文从“海上丝绸之路”的背景，深入分析青岛在“海上丝绸之路”建设中的战略地位、优势及实施构想、建设情况，提出加快青岛“海上丝绸之路枢纽城市”建设的对策建议：进一步加快港口经济建设，增强青岛港综合竞争力，借助港口经济发展促进“海上丝绸之路枢纽城市”建设；进一步完善“软环境”，从政策层面推进“一带一路”倡议的实施，打造城市对外开放新格局；进一步完善“一带一路”相关法律法规，落实税收优惠政策，加强税源精细化、专业化管理，认真做好税收服务工作。

厦门市地方税务局在《“一带一路”倡议下福建的发展策略与税收作为》论文中认为，要综合研判福建作为“海上丝绸之路核心区”所具有的地理、人文、经贸、产业资源和先行先试等优势，指出短板因素不容勿视：一是地缘上福建处于“长三角”和“珠三角”两个经济区之间，在经济总量、辐射范围、创新能力等方面均处于劣势，以致海峡东岸我国台湾在大陆的产业合作重心多趋向“长、珠”两个产业集中区；二是闽江流域、闽南金三角腹地有限，产业集聚规模、经济总量尚无法足以支撑核心区的持续发展；三是发展不平衡，经济重心主要集中在福州、厦门、泉州和漳州，其他五个设区市经济发展一般，福建经济受挤压、边缘化的态势短期内难以扭转。论文据此认为，福建作为“海上丝绸之路核心区”发展的策略选择应该是：找准定位，构建“核心区”框架，确定合作方向，建设创新试验区，提升开放型经济竞争力；发挥优势，提升“核心区”功能，全方位布局提升基础设施的服务保障能力，构建海内外交流网络，创新经贸合作，推进产业转型升级，发展海洋经济，夯实发展基础；体现“核心区”作为，规避与沿海其他省市的零和竞争，防范投资风险。税务部门应凝聚共识，强化国际税收研究与协调；适应新变革，适时调整完善国内税收制度；致力合作，强化国际税收征管协调。

泉州市地方税务局的《海丝战略布局下福建省跨境税源流动变化与征管对策研究》论文，在对大量数据进行比较分析的基础上，指出目前福建省的跨境税源流动总体上呈现以跨境货物流动为主要形式、货物输出和资本输入为主要构成要素的格局，省政府对跨境税源的管理也基本衍生为对涉外税源的管理。"海上丝绸之路"倡议既会加速或优化福建省跨境货物、劳务和资本的流动，也会因福建产业基础、经济腹地、港口保障、省际竞争、国际风险、技术缺失等因素而给跨境税源流动带来巨大挑战。现行跨境税源管理体系因国际税收合作、国内相关税法、现行征管机制和服务能力等方面的短板而无法满足"海上丝绸之路"倡议推进的需要。论文分析福建省跨境税源流动的基本情况、跨境税源管理的基本逻辑和福建省跨境税源管理现状，论述"海上丝绸之路"倡议对福建省跨境税源流动与管理的总体影响和主要挑战，提出以"海上丝绸之路"战略为契机优化福建省跨境税源流动与管理的对策建议：以加快港口建设和优化产业布局为抓手，推进福建省跨境货物流动；以鼓励对外承包工程和发展服务外包为重点，推进跨境劳务流动；以协调产业转移和促进投资便利化为核心，推进跨境资本流动；以加强国际税收合作和优化征管体制为两翼，强化跨境税源管理。

漳州市国家税务局在《"海上丝绸之路"核心区开放型经济发展研究》论文中指出，福建作为"海上丝绸之路"核心区，开放型经济发展既面临机遇，也面临诸多挑战：与沿海邻近省份的竞争不可避免；竞争力偏弱，开放型经济资源未能充分发掘；开放度有偏向，开放型经济有待转型升级；辐射面偏窄，开放型经济缺乏硅谷效应。据此论文提出"海上丝绸之路"核心区开放型经济发展战略的建议：提升开放型经济竞争力，拓展开放型经济新空间，打造开放型经济好环境，推进开放型税收国际化；优化开放型经济结构，加快"引进来"产业经济转型升级，加大技术进步改造投入，积极培育"引进来"外资龙头产业，促进外商企业转型升级；增强开放型经济辐射能力，加强"走出去"海洋经济合作，拓宽"走出去"产业合作领域；扩大"走出去"双向投资规模，研究"走出去"经贸交流创新。

二、"一带一路"相关税收制度的研究

（一）税收政策建议

一些论文分析了实施"一带一路"倡议中的具体税收问题，对进一步完善相关税收政策提出了建议。

霞浦县国家税务局在《“海上丝绸之路”税收研究》论文中阐述了构建“海上丝绸之路”倡议的重大意义，认为实施“海上丝绸之路”倡议一些税收问题亟待解决：税收顶层设计问题、国内税收政策导向性问题、各国税收制度差异性如何解决问题、国际税法体系设计问题；税收定位问题、国际税收协定与国内税法的关系问题、跨国公司税收利益问题、国际税收征管合作问题、国家税收利益分配问题；税收调节市场配置资源问题；税收政策的双赢多赢等问题。论文提出完善“海上丝绸之路”税收新机制的建议：建立区域税收合作与协调机制，制定国际间税收协定，构建区域税收交流平台，建立国际税收征管合作平台，建立税收情报交换制度与机制。

漳州市地方税务局《关于服务“一带一路”倡议的税收思考》论述了实施“一带一路”倡议推动我国经贸发展的情况，指出“一带一路”倡议推进中存在的税收风险：税制差异风险、转让定价调查风险、境外投资税收风险、重复征税风险、税收争议风险，提出助力“一带一路”倡议实施的税收对策建议：推进国际税收合作，谈签修订税收协定，建立争议解决机制，改革完善国内税制，建立“一带一路”税收服务专网，做好税收宣传服务，积极为企业排忧解难。

（二）税收制度比较研究

一些论文注意比较中外国家税收制度的异同，或提出税制协调的建议，或提出吸取他人之长为我所用的建议。陕西省税务学会《促进中国－中亚国家产业合作的企业所得税制协调问题研究》指出，产业合作是丝绸之路经济带发展的重要内容，作为重要的制度保障，企业所得税税制协调对于产业合作顺利实现十分关键。论文分析中国和中亚国家在产业合作过程中面临的企业所得税制基本要素、税收优惠政策、协调机制等诸多障碍，对促进中国－中亚国家产业合作的企业所得税税收协调的可行性进行了分析并提出建议：短期内统一与各国税收协定的相关规定，消除对于产业合作不利的影响；长期内协调统一各国企业所得税税制要素，加快生产要素自由流动；协调企业所得税优惠政策的统一和落实，加速产业合作进程；加强各国间税收情报交换工作，保护各国税收利益；积极推进各国企业所得税税制研究工作，保障税收协调进程。

南平市开发区国家税务局在《中法企业（公司）所得税制度的比较研

究》一文中比较了中、法两国企业（公司）所得税制度之异同，提出了完善我国企业所得税制度的建议：吸收发达国家企业所得税制度优点为我所用，在避免双重征税方法上采用免税法，允许税前提取对外投资风险准备金，企业经营亏损可向后无限期弥补，等等。

漳州市国家税务局在《“一带一路”背景下的启运港制度探讨及国际借鉴》一文中解读了国家在推进“一带一路”倡议构想下，启运港退税政策出台的背景、政策内容和政策效应，分析现行启运港退税制度的局限性，借鉴国际启运港经验，对完善启运港退税制度提出建议：推动税收法定，扩大试点范围，推进港口建设，促进政策惠及，增进联动合作，实现综合监管。

三、“走出去”企业（境外投资）税收问题的研究

“海上丝绸之路”倡议背景下，完善我国“走出去”企业（居民企业境外投资）的税收政策、税收服务与税收管理体系，是福州、漳州、泉州、莆田、南平、宁德税务学会、教育分会多篇论文共同关注的热点。这些论文指出，近年来我国居民企业境外投资发展迅猛，福建作为“海上丝绸之路核心区”，企业“走出去”境外投资发展也较快，但我国税收政策、税收服务与税收管理还存在一些问题。

（一）税收政策层面

境外投资税收政策缺乏规范性、导向性和可操作性，已缔结的国际税收协定有限，“一带一路”沿线国家税收协定尚未全面覆盖，税收饶让适应面较窄，企业境外投资税收抵免比率过低，部分协定抵免方法有待调整和完善，境外所得的成本费用确认不够合理，所得税申报程序繁杂，境外投资备案登记管理不到位。

（二）企业层面

一些企业“走出去”战略不明，对境外投资国税收政策了解不足，涉税风险控制能力不足，面临着境外涉税环境较差、国际税收协定执行缺位

等困境，还面临税制差异、转让定价调查、重复征税、税收争议等税收风险；少数“走出去”企业税收风险防范意识不强，在投资所在国纳税遵从度不高。

（三）税务部门层面

对“走出去”企业的税收服务意识不强，难以掌握企业境外经营情况，缺乏有效的税收征管机制，相应的税收管理机构设置不到位，基层税务管理人员素质有待提高等。

论文据此提出完善我国“走出去”企业（居民企业境外投资）的税收政策、税收服务与管理的对策和建议：

（1）税收政策层面。调整完善国内税收法律法规，完善境外投资税收优惠措施；加大国际税收协定谈签和修订力度，调整完善税收抵免制度，实行综合限额税收抵免制度，提高简易办法抵免比率，扩大税收饶让适用范围，建立境外投资风险准备金制度，境外成本费用确认标准可由企业自行选择，增加境外收入延期缴税规定，完善国际税收协商程序。

（2）企业层面。准确定位“走出去”战略，做好境外投资充分准备；风险控制决定“走出去”企业发展前景，企业应增强税收风险意识，尽力了解投资所在国税收政策和相关国际税收协定，充分利用税收协定相关条款，积极申请享受税收协定待遇；境外遇到税收争议问题，主动寻求我国税务部门的帮助，维护合法税收权益；增强税收遵从意识，遵守投资所在国税收法规。

（3）税务部门层面。增强“走出去”企业的税收服务意识，提供税收“个性化”服务；加强“走出去”企业的税收遵从宣传和辅导，加强国家主权税收观念教育，规范企业财务管理，主动为企业境外投资提供税收救济，降低“走出去”企业税收风险；建立“走出去”企业境外投资登记备案制度和税收管理服务电子档案，制定“走出去”企业税收征收管理规程，提高税源专业化管理水平；加强和投资所在国的税收情报交换工作，重视“走出去”企业投资信息采集，构建税收信息共享平台，以大数据创新“走出去”企业的税收管理与服务；设立国际税收专业化管理机构，加强国际税收管理人才队伍建设，提升税务人员的履职能力和服务水平。

四、具体行业或企业发展的研究

一些论文重视研究“海上丝绸之路”倡议下具体行业或企业的发展问题。泉州市地方税务局在《“海上丝绸之路核心区”福建省建筑业“走出去”和税收扶持问题研究》论文中，分析了福建省建筑产业发展现状：规模持续扩展，产值不断提高，企业数量稳步增加，高资质企业增加，企业总体规模偏小，从业人员队伍不断扩大，人才队伍建设加快；通过与各省建筑业总产值、资质企业产值、劳动生产率、行业宏观税负等相关指标的比较，运用数据实证分析福建省建筑业发展的自身影响因素和税收影响因素。提出推动福建省建筑业“走出去”和税收扶持的建议：“练内功”，提升技术进步和资本投入贡献率，推动行业管理信息化、标准规范化、建筑工业化建设，推动建筑业与资本、工程总承包与建造各环节、要素投入与人才培养融合发展，完善建设工程质量和安全生产保障体系，持续推进建筑节能减排，推进产业转型升级；“转模式”，推进以工程总承包为主流模式的建筑工程生产组织方式变革，提升产业劳动生产率，鼓励企业联合经营以适应高端市场发展需求；“走出去”，紧抓福建省作为“海上丝绸之路核心区”的历史机遇，主动参与“海上丝绸之路”沿线建筑市场竞争，合理制定“走出去”远期规划，熟悉双边投资合作协定，注意防范工程经营的法律风险；“优扶持”，优化政府引导和政策支持，将福建省打造成我国建筑业“走出去”的总部战略核心区，优化市场环境，扶持企业做大做强；“惠税收”，完善建筑企业“走出去”参与“海上丝绸之路”建设的税收扶持体系，优化纳税服务。

顺昌县国家税务局在《“一带一路”倡议下的水泥行业产能过剩问题研究》一文中指出，水泥行业产能过剩在我国具有普遍共性问题。论文通过分析我国水泥行业整体经营现状，运用面板数据模型、脉冲响应分析等计量经济建模方法，对南平市水泥行业2010—2014年税收、财务等数据进行实证分析，对“一带一路”倡议背景下税收支持水泥行业化解产能过剩提出对策建议：制定水泥行业技术改造、资源综合利用、货运税收优惠政策，优化“走出去”企业和水泥出口税收服务，借力供给侧改革，加快水泥企业合并重组步伐。顺昌县地方税务局《“海上丝绸之路”经济研究》一文分析了顺昌县出口企业发展面临的窘境并提出了有针对性的对策建议。

本次研讨会交流的一些论文紧密结合本省（区）、市、县实际，注重资料的收集与分析运用，通过数据、图表乃至运用数据模型实证分析经济发展、税收收入情况，剖析存在问题及其原因，提出的对策与建议可行，论据切实有力，论证充分严密。一些论文注意联系当地实际进行研究，提出的措施建议符合实际，有较大的参考价值。当然，一些论文作者关注宏观问题较多而关注微观问题不足，宏观分析研究、议论问题较多而联系当地实际运用数据、图表分析论证较少，导致提宏观建议较多而微观措施不足，这些尚有待作者进一步修改提高论文。

三、"一带一路"部分沿线国家税制介绍

俄罗斯税制介绍

一、企业相关税项

（一）概览

俄罗斯允许多种形式的外国投资，包括投资全资子公司、合资公司，以及其他类型的俄罗斯法律实体、分支机构和代表处。

表 1　　企业相关税项

税目	税率（%）		
企业所得税	0/15.5/20		
资本利得税	0/15.5/20		
分支机构（常设机构）税	15.5/20		
预提税	国内法	与中国的税收协定（1994 年）①	与中国的税收协定（2014 年）②
股息	0/13/15	10	5/10
利息	20	10	0
特许权使用费	20	10	6
从事运营、维修或租赁国际运输船舶或飞机所取得的收入	10		
境外公司取得的来源于俄罗斯的其他收入，包括处置不动产的收入以及直接或间接转让俄罗斯公司的股权，且该公司资产价值的 50% 以上由位于俄罗斯的不动产组成（除非该股权被视为在证券市场流通）	20		

续表

税目	税率（%）
分支机构利润汇回税	0
俄罗斯的税收协定网络	截止到2016年1月1日，俄罗斯已经签署了82个税收协定
资本弱化	
债资比	3:1
税务亏损	（年）
向以前年度结转	0
向以后年度结转	10
增值税	
标准税率	18
特定商品（如食品以及儿童商品）	10
部分出口商品和特定服务	0
财产税的征税对象包括俄罗斯企业和在俄罗斯通过常设机构或持有不动产从事经营的外国企业。 税基通常为固定资产的账面净值，不同的地方税率有所不同。在第一或第二类折旧分组中的固定资产不需要缴纳财产税。2013年1月1日投入使用的动产免缴财产税，除非该动产是通过重组或清算从关联方处获得	最高税率2.2%（地方政府有减免税政策）。 针对不动产的不同　税率不同
矿产开采税（MET）（按照所开采商业矿产的价值或开采量征税）	石油和天然气的税率是根据矿产体积或数量设定的固定税率，但需要根据国际油价的变化来调整。其他矿产资源按开采的商业矿产的价值来征税
针对员工工资的社会保险税（由雇主负担）	针对俄罗斯员工和外国员工，税率会有所不同，比如被认定为“高级专家”的外国员工享受特殊免税。具体规定请参见二（二）“社会保障”
工作场所意外事故的补充缴款	根据行业的不同费率从0.2%～8.5%不等
雇主代扣代缴的所得税	
居民	13
非居民	30
消费税 针对销售俄罗斯生产的特定商品或进口商品进行征税（比如石油产品、酒、烟、轿车等）	税率一般按单位计量或是按照价值的一定比例来确定，不同产品之间税率差别很大
运输税	根据车辆的不同，税率从每马力2.5卢布（大约0.04美元）到15卢布（大约0.23美元）不等

续表

税目	税率（%）
其他税种	其他税种包括水资源税、博彩税、土地税、贸易税、印花税
关税	
出口关税 对特定种类商品（如石油、天然气、木材）征收出口关税	税率根据货物种类确定
进口关税 进口货物通常需要缴纳进口关税和进口增值税。对特定种类的商品（如酒、烟、私人轿车、汽油）还征收消费税	关税税率根据商品关税价值的不同从 0% ~20% 不等
特殊税制	▶ 针对农产品生产者的税制（统一农业税） ▶ 简易征税体系 ▶ 推算收入的统一税收制 ▶ 产品分成协议 ▶ 专利税收体系

注：①现行有效的中俄税收协定于 1994 年签订。
②新的中俄税收协定于 2014 年 10 月签订。

（二）企业所得税

俄罗斯企业和在俄罗斯构成常设机构的外国企业需要缴纳企业所得税。俄罗斯税法对于“常设机构”的定义与经济合作与发展组织（OECD）的税收协定范本中的定义相类似。俄罗斯企业需就其全球所得纳税。俄罗斯法律实体是指在俄罗斯注册成立的企业。相对而言，外国法律实体仅就其通过在俄罗斯常设机构取得的利润在俄罗斯纳税。

基本的企业所得税率是由向中央政府支付的 2% 的税率和向地方政府支付的 13.5% ~18% 的税率共同构成。向地方政府支付的税率由每个地区自行设定。由此，企业所得税的基本税率在 15.5% ~20% 之间。零税率适用于从事符合特定要求的教育活动和医疗活动所取得的利润。这些要求包括获得进行相关业务的牌照以及 90% 以上的应税收入应来源于教育、医疗和研发活动。目前，零税率政策的有效期为 2011 年 1 月 1 日—2020 年 1 月 1 日。

应税所得通过计算企业经营活动和非销售活动的利润或亏损来确定，比如租赁收入和资本利得，但不包括从俄罗斯企业获得的股息。取得的外币收入需要先根据收款当日俄罗斯央行发布的汇率换算成卢布后再来确定。应税所得由非免税收入减去扣除项目计算得出。非免税收入包括销售收入（根据会计销售数据确定）和非销售收入（税法明确提及的特定项目）。扣除项目包括那些在经济上具有合理性并且在俄罗斯税法中规定的费用。但是，资本性质的支出不允许立刻扣除。

俄罗斯税法提供了可税前列支的费用列表。

如果公司收到持有其50%以上股份的股东（公司或个人）赠与的资产，按照资产价值确认的收入可免于缴纳企业所得税。但是，如果被转让财产来自境外，要享受该免税待遇还须通过额外的测试，即出让财产的外国公司不能是财政部公布的注册于黑名单地区的永久居民。另外，此财产在一年之内不可转让给第三方，方可享受免税。

利息支出扣除：自2015年1月1日起，利息支出可以全额税前扣除。但是如果借款被认定为受控交易，则相关利息支出的税前扣除受到以下条件的限制：（1）特别利息抵扣限制；或（2）转让定价规则限制。

资本弱化规则：俄罗斯的资本弱化规则对债务扣除进行了限制。

资本弱化规则适用于如下类型的债务：

▶ 俄罗斯公司从直接或间接持有其20%以上股权的外国股东获得的债务

▶ 从其外国股东的俄罗斯关联方获得的债务

▶ 由外国股东或俄罗斯关联方提供了担保、保证或其他类型抵押的债务

受控的债资比超过3:1（银行和租赁公司为12.5:1）时，根据俄罗斯资本弱化规则，实际发生的利息超过利息扣除最大限额的部分将不得扣除，并且需要按照对海外股东支付股息来缴税。

折旧：从税法角度，可以折旧的资产是指具有有限使用寿命并且使用价值随着时间而减少的资产。特许权不能像固定资产一样进行折旧；但是，对于从国家获得特许权而发生的费用，纳税人可以选择在特许权期限内或者两年内进行摊销。需要注意的是，俄罗斯税法规定可进行折旧的资产是指使用寿命超过12个月并且购置成本大于40000卢布（约合615美元）（从2016年1月1日——100000卢布，约合1538美元）的资产。

可进行折旧的资产根据其使用寿命被分为10组，资产的折旧年限既根据法规规定也需要由纳税人自行决定。

纳税人可以通过余额递减法或者直线法进行折旧。但是直线法只能适用于预计使用寿命超过20年的固定资产。折旧方法可以在五年后改变一次。

企业可以将新购置的固定资产初始成本的10%在购置当年一次性计入费用（对于预计使用寿命在3～20年的固定资产一次性可计入费用的比例为30%）。如果固定资产在购买后五年之内在关联方之间转让，那么上述在购置时一次性扣除的费用需在企业所得税前进行纳税调增。

与研发相关的特定成本可以在实际发生成本的基础上按1.5倍加计扣除。

纳税年度为一个日历年度，外国企业以外的其他企业需要每月预缴税款，纳税人需要根据纳税调整后的实际应税所得进行企业所得税年度纳税申报。年度纳税申报表在纳税年度次年的3月28日前提交。如果纳税人没有在规定的期限内进行纳税申报，则需要缴纳高额罚款。纳税申报期限不能延期。

对于超额支付的税款，纳税人可以用其抵减未来的应付税款或者向税务机关申请退税。但是，在实践操作中退税成功的可能性很小。

纳税人需要根据情况向以下地点的税务机关进行登记注册：

▶ 俄罗斯的注册成立地

▶ 俄罗斯的经济上独立的分支机构所在地

▶ 俄罗斯的持有的不动产或运输工具所在地

股息收入需缴纳预提税，因而不属于企业所得税的应税收入。俄罗斯企业或俄罗斯居民取得的股息需要缴纳13%的预提税。外国企业从俄罗斯企业获得的股息需要缴纳15%的预提税。俄罗斯企业从其俄罗斯子公司取得的股息所缴纳的预提税可以抵消其向俄罗斯母公司支付股息时代扣代缴的预提税。

“战略性持股”股东从俄罗斯企业取得股息时享受免税。如果取得股息收入的俄罗斯公司在被投资方宣布派发股息决议的当日，已经连续持有派发股息的公司至少50%的股权并且至少持有365天，则会被认定为“战略性持股”股东。

境外税收抵免：如果企业自境外取得的收入需在俄罗斯缴税，那么企业就该项收入在境外缴纳的预提税可以抵免该项收入在俄罗斯应缴纳的税款，但抵免额不能超过该项收入在俄罗斯应缴纳的税额。

（三）外国企业（在俄罗斯不构成常设机构）取得来源于俄罗斯收入的征税问题

俄罗斯的来源地征税体制与OECD的原则相似。如果外国企业取得来源于俄罗斯的收入，且该收入与其在俄罗斯的常设机构的经营活动无关，则该项收入应按照来源地征税原则在俄罗斯纳税，该项收入的支付人有代扣代缴义务。

来源于俄罗斯的收入包括：

▶ 俄罗斯企业分配的股息和其他类型的利润分配

▶ 所有类型债务相关的利息收入（包括利润分享和可转债）

▶ 授权俄罗斯企业使用的版权、专利权、商标权、工业设计和秘密配方或工艺取得的特许权使用费

▶ 直接或间接转让俄罗斯企业（俄罗斯企业的资产 50% 以上由不动产组成）股权或股权相关的金融衍生工具的收入，但转让俄罗斯上市公司股票或在外国证券交易所交易的股票除外

▶ 转让位于俄罗斯的不动产获得的不动产所得

▶ 与在俄罗斯使用的资产相关的租赁收入

▶ 国际运输收入

▶ 俄罗斯企业以及政府机构由于违反合同义务支付的罚款

▶ 其他类似收入

（四）增值税

增值税纳税人包括：

▶ 组织机构

▶ 私营企业主

▶ 向俄罗斯或其他受俄罗斯管辖的地区进口商品的个人

增值税纳税不需单独登记。所有俄罗斯增值税纳税人均需进行纳税登记，此登记涵盖所有税种，包括增值税。

以下经营行为是增值税应税行为：

▶ 销售货物（或者服务）、在俄罗斯境内转让房产

▶ 为自身需要，在俄罗斯境内转让货物（或者服务），该转让交易相关的费用不能在企业所得税前列支

▶ 用于自身消费目的的建筑和安装行为

▶ 向俄罗斯和其他由俄罗斯管辖的地区进口商品

无偿转让货物（或者服务）视同增值税销售行为。

以下情况将被视为在俄罗斯销售货物：

▶ 货物位于俄罗斯境内或受俄罗斯法律管辖的地区，且没有被发出及运输；或者

▶ 货物在发出及运输时，位于俄罗斯境内或受俄罗斯法律管辖的地区

根据税收法典，以下情况（包括但不限于）被视为在俄罗斯提供服务：

▶ 该服务直接与位于俄罗斯境内的不动产相关

▶ 该服务与位于俄罗斯境内的动产相关

▶ 某些服务的买方在俄罗斯境内开展业务

税收法典亦列明了在特定情况下提供的某些服务不应视为在俄罗斯提供增值税应税服务。

增值税销项税额应根据权责发生制计算，并根据以下时点孰早计提：

▶ 货物（行为或服务）或财产所有权发生转移的当天

▶ 预收全部或部分款项（未来销售货物或提供服务，或转让财产所有权）的当天

但销售货物或提供服务适用增值税零税率或免税取得的收入不包括在销项税的税基中。

税收法典提供了增值税免税项目的清单，其中包括教育、医疗服务、特定种类的特许权使用费。某些旨在产品创新和技术现代化的研究开发活动也适用增值税免税，目的是鼓励企业对创新和研发的投入。

一般情况下，与增值税免税项目相对应的进项税不能做进项抵扣。

进口货物在海关需要缴纳进口增值税。

一般来说，应缴增值税等于增值税销项税额减去增值税进项税额。

只有进行了税务登记并在俄罗斯履行了应税行为的纳税人才可以申请增值税退税。实际操作中，取得增值税退税非常耗时，并且增值税的退还还可能被延迟。

在俄罗斯境内履行了税务登记的俄罗斯公司从在俄罗斯没有履行税务登记的外国公司购买货物或服务，并且提供货物（服务）的地点位于俄罗斯境内，纳税基数由买方决定。购买方应作为外国公司的代扣代缴义务人，从向外国公司支付的款项中代扣代缴增值税，并缴纳给税务机关。

根据俄罗斯税法，由俄罗斯购买方代扣代缴的增值税可以用做抵扣销项税额。

增值税纳税申报表需按季申报。增值税纳税申报表上的税额需要在相应纳税期后的三个月内平均缴纳。增值税反向征收机制需单独进行。增值税纳

税申报需在网上进行。

（五）去离岸化（deoffshorization）改革法案

于 2015 年 1 月 1 日生效的去离岸化改革法案，为税收法典引入了以下新内容：

▶ 以实际管理机构所在地为基础界定税收居民：税收法典规定公司的实际管理机构所在地会被视为在俄罗斯境内的特定标准。

▶ 受控外国公司（CFC）规则：根据 CFC 规则，受控外国公司的控制人（即俄罗斯居民企业或个人）即便未收到股息收入，控制人的纳税税基仍将包括受控外国公司的某些利润。

▶ 根据受益所有权判定是否符合适用税收协定低税率的条件。

（六）其他事项

1. 转让定价

转让定价规则适用于 2012 年 1 月 1 日之后发生的受控交易，其在很大程度上借鉴了 OECD 转让定价指南规定的独立交易原则。受控交易包括：

▶ 关联方之间的跨境交易

▶ 关联方之间超过规定限额的境内交易

▶ 包含特定商品类型的跨境交易（如原油、成品油、化肥和金属）

▶ 与位于某些提供有利税制的管辖区内的独立企业之间的交易

2. 经济特区

经济特区（SEZs）是指在特定区域开展企业活动，并享有特殊激励政策的区域，特别是在税收和海关方面享有某些特殊优惠。另外，在自由关税区可享受关税和增值税减免。

目前，法律规定了四类经济特区：

▶ 工业生产经济特区

▶ 科技创新经济特区

▶ 旅游娱乐经济特区

▶ 港口经济特区

3. 离岸油气开发

自 2014 年 1 月 1 日起，一些离岸油气开发项目适用特殊税收和海关制度。税收法典和海关法引入“运营者”“离岸油气田”“离岸开采活动”等定义，为符合条件的活动建立特殊利润税、采矿税和关税制度。当采矿许可证持有者或符合条件的运营者进行这类活动时，要遵循特殊栅栏原则（ring-fencing rules），以防止用其他活动的亏损来抵扣新开发的离岸油气田的应税收入，并且对用某油气田的亏损来抵扣其他油气田应税收入的抵扣额进行了限定。

二、个人相关事项

（一）个人所得税

俄罗斯居民纳税人需就其在全球所得在俄罗斯纳税，俄罗斯非居民纳税人仅就其来源于俄罗斯的收入纳税。来源于俄罗斯的收入包括但不限于以下项目：在俄罗斯境内工作或提供服务取得的报酬；处置俄罗斯境内财产取得的收入；来自俄罗斯的存款利息；出租俄罗斯境内财产的租金收入；以及俄罗斯公司支付的股利。

从税收征管角度而言，如果个人在连续 12 个月内在某国境内停留 183 天或以上，则其将被认定为该国居民纳税人。然而，俄罗斯财政部和联邦税务局采取的做法是个人必须在一个日历年度内在俄罗斯停留至少 183 天才可被定义为居民纳税人。俄罗斯税收法典并未规定此要求。

不同类型的收入适用四种不同的税率，分别为 13%、15%、30%、35%。

（二）社会保障

在俄罗斯，缴纳社会保险是雇主的责任。员工个人不需要负担。雇主需负担强制性养老金，医疗保险和社会保险。补充退休金可由个人或其雇主自愿缴纳（例如：作为一揽子社会保险方案的一部分）。

在雇佣协议、提供劳务或服务（为个体户提供劳务或服务的除外）的民事合同以及版权协议下，对个人支付薪金都需要计提社保费用。总体来说，计提基数包括工资和提供给员工的大部分福利。

从2015年以来，适用于所有类型支付人的社保费用计提比率见表2（享受社保优惠制度的除外）。

表2　社保费用计提比率

个人累积应税的社会保障的收入，卢布，年初至今	养老金（%）	医疗保险金（%）	社会保险金（%）	总计（%）
直到670000（10307美元）	22	5.1	2，9①	30
直到711000（10938美元）	22	5.1	0	27，1
超过711000（10938美元）	10	5.1	0	15，1

注：①从2015年以来，外国劳动力（除了HQS，HQS信息请看第（六）部分）适用税率为1.8%。

（三）适用于高级专家（HQS）的特殊制度

对于在俄工作的受雇于俄罗斯公司或外国企业在俄的分支机构或代表处的高水平外籍员工，法律对其规定了有利的移民政策。这些人被称为“高级专家”。高级专家的认定标准为月收入超过167000卢布。

无论高级专家在俄罗斯停留的时间长短，高级专家的雇佣收入按13%缴纳个人所得税。按照财政部的现行规定，高级专家的雇佣收入（适用13%税率）限于基本工资、奖金，或按照与协助其获得高级专家工作许可的雇主之间的雇佣合同或民事协议取得的报酬。因此，税务机关可能会质疑其他类型的雇佣收入或非税收居民高级专家从其他雇主处（例如高级专家可能在俄罗斯向位于境外的雇主提供劳务）取得的收入也应按照13%缴税。

雇主无需就外籍高级专家的收入缴纳社会保险，但是仍需缴纳针对职业疾病以及工作场所意外的保险（根据公司的经营活动的不同从0.2%～8.5%不等）。

高级专家可以在不事先取得临时居住许可证的情况下申请永久居住许可证。

哈萨克斯坦税制介绍

一、企业相关税项

（一）概览

表 1　　企业相关税项

税种	税率（%）	
企业所得税	20	
资本利得税	20	
分支机构所得税：对常设机构税后利润征收	15	
预提税	国内税法	与中国签订的双边税收协定
股息	15①	10
其他利息	15①	10
特许使用权费，包括专利、专有技术等	15①	10
其他收入 （国际运输服务收入，再保险风险协议的保险费－5%）	20	N/A
①支付给注册在避税天堂实体的来源自哈萨克斯坦的收入，需缴纳 20% 的预提所得税		
哈萨克斯坦税收协定网络	截至 2016 年 1 月 1 日，哈萨克斯坦已经与 48 个国定或地区签署了税收协定	
资本弱化		
债资比	4∶1	

续表

税种	税率（%）
税务亏损	（年）
向以前年度结转	0
向以后年度结转	10
增值税：征税对象为进口的货物和在哈萨克斯坦境内提供的货物或服务	
标准税率	12
其他税率	零税率或免税
财产税	
征税对象为固定资产的年平均资产负债表价值	1.5
消费税：针对特定商品征税，计税方法为每单位固定坚戈或为海关完税价格的一定比例	不同税率
其他税种：包括但不限于土地税和汽车所有者税	
除企业所得税外，纳税人从事开采矿产资源的许可活动时，还需缴纳特定地下资源使用者税/支付，包括：合同签字费，商业油气发现定金，采矿税，超额利润税，原油出口税和消费税	
矿产开采税是按照开采矿产量（原油、凝析气和天然气）进行征税，此税种属于特许使用权费，矿产量越多税率越高。根据产出种类及是否出口或在国内销售，适用不同的税率。对出口销售来说，税额根据税率和产品国际价格而定	5~18
超额利润税以企业所得税后利润为税基，采用累进税率，为年度征收税种。应税部分由可抵扣费用的比例决定	0~60
原油出口税的计税基础为出口原油和气体凝析油的价值，其计税基础与矿产开采税相同	0~32
个人所得税：由员工个人负担，一般按照固定的税率征税	10
社会保险税：由雇主按照固定税率缴税	11
个人养老保险基金：（由雇主从员工薪金中代扣代缴；每月税基最高不超过1602300坚戈）	10
补充专业养老基金缴款（根据危害健康行业清单，雇主为在危害健康行业工作的雇员缴纳），按照固定税率征税	5

续表

税种	税率（%）
社会保险税由雇主和个体工商户缴纳（计算月税额的税基不能超过213640坚戈）	5
关税	
出口关税 对特定种类商品（如原油或特定石油产品）进行征税；税额按海关价值的一定比例确定，而每单位不能低于最低税额（通常用美元或欧元表示）	不同税率，原油税率为60美元/吨
进口关税是对特定种类商品进行征税；该税额按海关价值的一定比例确定，而每单位不能低于最低税额（通常表示用美元或欧元）	不同税率
特殊税制	▶ 产品分成协议 ▶ 针对小型企业税制 ▶ 专利税收体系 ▶ 简易征税体系 ▶ 针对农业产品生产者（农场或农民控股）的税制 ▶ 针对特定法人，包括农产品生产者、水域（渔业）产品生产者及农村消费者合作社的税制

（二）企业所得税

对企业所得、资本利得和股息的征税

哈萨克斯坦企业和在哈萨克斯坦设立常设机构的外国企业需要缴纳企业所得税。本国税法对于“常设机构”的定义与经济合作与发展组织（OECD）的税收协定范本中的定义相类似，但是不包括通常的税收豁免，而包括某些本地特点。哈萨克期坦居民企业应对其全球所得纳税，非居民企业应就其常设机构取得的来源于哈萨克斯坦的所得缴税。

企业所得税普通税率为20%。该税率适用于哈萨克斯坦企业，包括外商投资的合资企业、外商独资企业及外国法人设立的常设机构。

常设机构还需就企业所得税后所得缴纳15%的税（即分支机构税）。无论所得是否支付给母国，此15%的分支机构税都应缴纳。

外国企业或在哈萨克斯坦不构成常设机构的非居民企业取得的来源于哈萨克斯坦的收入应缴纳预提税（请参见第（一）和（三）章部分）。

资本利得：资本利得需按一般企业利润缴纳企业所得税。非居民企业的某些特定资本利得需缴纳预提税。

股息：支付给非居民企业的股息应征收预提税（请参见第（一）和（三）章部分）。支付给居民企业的股息通常免预提税。居民企业的股息收入通常免征企业所得税（此规定有例外情况）。

根据哈萨克斯坦税法，居民企业是根据哈萨克斯坦法律在哈萨克斯坦境内成立，或者依照外国（地区）法律成立但实际管理机构在哈萨克斯坦的企业。

纳税年度为日历年度。若企业前一年度的总收入超过 325000 坚戈每月，则其必须在每月 25 日前缴纳月度预付税款。企业在注册当年和次年无须缴纳预付税款。

年度申报表应在纳税年度结束后的 3 月 31 日之前申报。税款应在年度纳税申报表截止日起的 10 天内支付。

境外税收减免：企业就境外所得在境外缴纳的所得税额允许在境内进行抵免，前提是该项所得在哈萨克斯坦不免税。

境外税收减免需按国别计算，抵免额为如下两者最低额：

- 纳税人就境外所得在境外实际缴纳的所得税额
- 纳税人就境外所得按照税法及国际税收协定计算的所得税额

1. 应税所得计算

一般条款：根据会计法规，大型企业、金融机构、股份公司和一些特定公司应按照国际会计准则准备其财务报告。其他实体可选择按照国际会计准则或哈萨克斯坦国家会计准则准备其财务报告。

一般来说，应税所得由年度总收入减去允许扣除的费用。收入和费用依据财务报告进行计算和调整。

根据税法，除非税法特别规定为不允许扣除的费用，企业其他费用通常可以在税前扣除，前提是该项费用具有相关文件支持和经济合理性。

坏账准备：由哈萨克斯坦国家银行建立并经国家机构核准的银行和保险公司，可抵扣按照国际会计准则而计提的坏账准备。若满足其他特定条件，其他实体一般也可抵扣已产生 3 年的实际坏账。

税收优惠：用于符合条件的固定资产的支出可以在该固定资产投入使用后的前三年内扣除，每次的扣除额等于该资产初始价值的 1/3。或者，该项支出也可以在其发生的纳税年度全额扣除。

利息支出（某些情况下为预提利息费用中的实际支付数）允许扣除额不能超过按如下公式计算的金额：

$$(A+E)+(OC/AL)\times(MC)\times(B+C+D)$$

上述公式中所包含的变量描述如下：

▶ A 是利息的总额，不包括 B、C、D 和 E 的金额

▶ B 是给关联方支付的利息总额，不包括 E 的金额

▶ C 是应付给注册在避税天堂的纳税人的酬金，不包括 B 中已包含的金额

▶ D 是应向独立第三方支付的应付利息的金额，该应付利息是基于某项存款发放的贷款，或关联方因执行担保，担保债券或其他形式的担保而提供的担保，担保债券，或其他形式的担保的应付利息，C 项的金额不包括在内

▶ E 是由哈萨克斯坦境内设立的贷款合作给出贷款的酬金

▶ MC 是边际系数：金融机构使用 7，其他机构使用 4

▶ OC 是纳税人的年平均资本金额

▶ AL 是年度平均负债金额

所有超过按上面公式计算的利息额将不允许扣除。

2. 税务折旧

税务的固定资产需按照国际会计准则分类。根据税法，固定资产被分为表 2 所示四类，且其折旧率不超过表 2 中规定的最高折旧率。

表 2　　最高折旧率

固定资产分类	固定资产类型	最高折旧率（%）
1	建筑，结构（除了石油及天然气井和传输设备）	10
2	机器和设备（除了石油及天然气生产机器和设备，计算机和数据处理设备）	25
3	计算机，软件和数据处理设备	40
4	不包含在 1 ~ 3 类的固定资产，传输设备，石油及天然气生产机器和设备	15

以下项目不被视为固定资产：

▶ 土地

▶ 无确定使用年限的无形资产

▶ 在建工程等

所有与使用、修理、维修和清除固定资产有关的费用被视为“后续费用”。该项“后续费用”通常在其实际发生纳税年度进行扣除（资本性质的费用之外）。

税务亏损：企业纳税年度发生的亏损准予向以后年度结转并弥补以后年度的所得，但结转年限最长不得超过10年。税务亏损不允许向以前年度结转损失。

合并纳税集团：目前税法不允许集团成员之间的利润和损失相互弥补。

（三）预提所得税

大部分来源于哈萨克斯坦向非居民企业支付的所得需缴纳预提所得税。预提所得税支付规定具有一定的复杂和不一致性，比如在某些情况下，支付给在哈萨克斯坦没有任何经营活动的境外公司也需要缴纳预提所得税。另外，为享受税收协定的优惠税率，也需要遵循复杂的征管要求。

付款人：扣缴义务人必须就非居民纳税人来自哈萨克斯坦的收入进行代扣代缴预提税并向税务局申报。任何支付源于哈萨克斯坦的收入并进行了税务登记的企业都可能成为扣缴义务人。

应税所得包括但不限于：

▶ 利息，股息，特许权使用费

▶ 非居民企业在哈萨克斯坦销售产品（包括出口销售）、完成工作或提供服务的所得

▶ 在哈萨克斯坦境外提供的管理、金融（风险保险或再保险之外的）、咨询、法律（法庭代理和公证服务除外）和审计服务所取得的收入

▶ 避税天堂所取得的收入（而无论经营活动的具体地点）

▶ 转让哈萨克斯坦企业的股权或出售外国企业的股权（如果该公司大部分价值来自于哈萨克斯坦）产生的资本利得

▶ 经登记的转让哈萨克斯坦资产的资本利得

如果满足一定条件，大多哈萨克斯坦签署的税收协定规定预提税免税或税率减至5%～10%。根据税法，享受税收协定的优惠税率需要纳税人准备相关书面证明文件。建议扣缴义务人在适用税收协定优惠的情况下提供并留存相关书面证明文件，否则将需全额代扣代缴税款，纳税人随后再申请退税。

（四）增值税

如下交易需缴纳增值税：

▶ 在哈萨克斯坦销售货物和提供服务

▶ 进口货物

增值税应税额等于全部货物销售和提供服务（如销售、交换或赠予）所取得的收入。增值税应税货物包括各种形式的财产及其相关权利。增值税应税服务包含提供所有收费或免费服务，以及以非货物形式提供并需支付相应对价的交易。

根据发生地原则，如果货物和服务被认定为在哈萨克斯坦提供的，则该货物和服务有关的交易应征增值税。

根据哈萨克斯坦税法，提供货物地点是：

▶ 如果货物是由提供方、收货方或第三方发出，提供货物地点是运输该货物的起点

▶ 在所有其他情况下，提供货物地点将被视为采购方实际提交货物的地点

提供服务的地点取决于交易的性质。如果不动产位于哈萨克斯坦，所有对于该不动产（如建筑或安装）提供的服务应视为在哈萨克斯坦提供。

根据税法，某些在哈萨克斯坦境外提供的服务仍被视为在哈萨克斯坦提供，这些服务包括但不限于：

▶ 知识产权使用权的转让

▶ 咨询/顾问

▶ 审计

▶ 广告和营销服务

▶ 动产租赁（运输工具除外）

▶ 对于采购货物和服务有关的代理服务

▶ 通信服务

▶ 广播和电视服务

▶ 旅游公司服务

▶ 出租货车和集装箱

增值税纳税人为增值税目的进行登记的居民企业和非居民企业，以及将货物进口到哈萨克斯坦的进口商。

企业应纳税额超过增值税起征点，其应进行增值税登记，如未超过，企

业可自由决定是否进行增值税登记。按照哈萨克斯坦法律，在未及时进行增值税登记的情况下，纳税人将被处以罚款（能达到在非登记期间内产生成交额的 30%）。

增值税应税货物和服务包括按零税率征税的货物和服务。增值税免税货物和服务无需缴纳增值税，同时相关的进项税额不得抵扣销项税额。

一般增值税税率为 12%，除了按零税率征税和免税的货物和服务之外，所有提供的服务和货物应按一般增值税税率纳税。

以下列举按零税率征税和免税的货物和服务。

按零税率征税的货物和服务包括：

▶ 出口销售

▶ 国际运输服务

▶ 通过机场向进行国际运输的外国航天器销售石油和润滑剂

▶ 向经济特区销售货物

免税的货物和服务包括：

▶ 同土地和民用房屋相关的收入

▶ 特定金融服务

▶ 按金融租赁合同转让资产

▶ 非商业组织提供的服务

▶ 文化、科学和教育范围内的服务

▶ 与医学和兽医学活动有关的货物和服务

▶ 进口特定资产（具体清单由政府规定）

交易时间（销售完成的时间）：商品、工程或服务交易完成的时间分别为商品的装船（转移）时间，工程和服务的提供时间。不需要装船的商品，交易完成的时间为商品所有权转移的时间。

增值税的应纳税额为征期内的销项税额减去可抵扣的进项税额（纳税人向供应商缴纳的增值税包括由对方代付的以及在海关缴纳的增值税）。进项税额超过销项增税额的部分可以结转至下个征期继续抵扣。由免税产品和被视为向境外供应的产品所产生的增值税进项税额不得从销项税额中抵扣。

退税：增值税退税在实际操作中较为困难，然而增值税法规为特定条件下的退税提供了相关程序。

增值税纳税人在每一个征期（季度）次月的 15 日之前向税务机关提交增值税申报表，相应的税款应在每一个征期季度次月的 25 日之前缴纳。

关税同盟成员国家（白俄罗斯和俄罗斯联邦）进口到哈萨克斯坦货物的增值税应在次月的20日之前征税。

进口货物的增值税应在哈萨克斯坦海关法确定期限之内征税。

（五）其他事项

1. 地下资源使用税

从事矿产资源勘探与开采的哈萨克斯坦企业（根据哈萨克斯坦法法律通常称为“地下资源使用者”）通常根据地下资源使用协议工作，其征税制不同于标准的哈萨克斯坦税制。

2. 特殊经济区域

目前哈萨克斯坦有10个经济特区：

- ▶ 阿斯塔纳——新城经济特区
- ▶ 国家工业石化技术园经济特区
- ▶ 创新科技园区
- ▶ 阿克套海港经济特区
- ▶ 恩图斯季克经济特区
- ▶ 布拉巴伊经济特区
- ▶ 萨雷阿尔卡经济特区
- ▶ 霍尔果斯——东大门经济特区
- ▶ 巴甫洛达经济特区
- ▶ 塔拉兹化学园区

对在经济特区开展活动的企业，哈萨克斯坦税法提供特定的税收优惠。相关优惠通常包括100%减征企业所得税，免征土地税、资产税和使用地块税。当企业在创新科技园进行活动时，允许其申请免缴社会保险税。为了获取上述税收优惠，企业应满足哈萨克斯坦税法的特定要求。

3. 转让定价

转让定价法规针对跨境交易价格和跨境交易有关境内贸易的价格加强控制。转让定价的规定同样适用于关联方和非关联方（如非关联方不允许偏差于市场价格)。此法律对于转让定价文档提出具体要求，包括但不限于行业、市场、功能和风险分析。

目前，转让定价规定具有如下方法：

▶ 可比非受控价格法

▶ 成本加成法

▶ 再销售价格法

▶ 利润分割法

▶ 净利润法

4. 外汇管制

哈萨克斯坦法定货币为坚戈（KZT)。

哈萨克斯坦外汇管制规定依靠外汇管制和外汇控制法律及哈萨克斯坦国家银行决议。

外汇管制系统大致划分为以下两种规则：

▶ 对于居民企业的规定（如哈萨克斯坦公民，哈萨克斯坦法人、其哈萨克斯坦境内和境外的代表处及分支机构，哈萨克斯坦的位于境外的外交、贸易和其他正式代表处，以及具有哈萨克斯坦居留许可证的外国公民)

▶ 对于非居民企业的规定（如外国公民，外国公司、其代表处和分支机构，国际企业，外国的外交和其他正式代表处)。

通常来讲，居民企业之间的付款仅能以坚戈进行。根据民法法典，除少数例外，两居民企业之间的付款不得使用外币。本规定不适用居民和非居民企业之间的合同。

二、个人相关事项

哈萨克斯坦居民和从哈萨克斯坦境内取得收入的非居民纳税人需缴纳个人所得税。

(一) 个人所得税

哈萨克斯坦居民纳税人须就其全球所得在哈萨克斯坦纳税。无论收入支付地点，哈萨克斯坦非居民纳税人仅就其来源于哈萨克斯坦的所得纳税。通常来讲，如果工作是在哈萨克斯坦境内完成，此项工作相关收入将视为来源于哈萨克斯坦。来源于哈萨克斯坦的收入包括但不限于：从在哈萨克斯坦居民或在哈萨克斯坦设有常设机构的非居民取得的利息收入和从居民企业取得的股息。

从税务的角度而言，如果个人在连续12个月内在某国境内停留183天或以上，则其将被认定为该国居民纳税人。

哈萨克斯坦个人总是被视为哈萨克斯坦居民，前提是其关键利益中心位于哈萨克斯坦。

如果满足所有如下的条件，则“关键利益中心”位于哈萨克斯坦：

▶ 纳税人是哈萨克斯坦公民或有权住在哈萨克斯坦的居民（居留许可证）

▶ 纳税人的家人或近亲属居住在哈萨克斯坦

▶ 纳税人或其家人拥有或者处置位于哈萨克斯坦的永久可用的不动产

▶ 净利润法

双重税收协定对于居民身份确定可能会有不同的规定。

国内税法列举了需缴税及免税的收入。

税率：根据不同类型的收入，居民和非居民纳税人应按表3税率纳税。

表3　　　　税率

收入类型	税率（%）
居民和非居民纳税人的受雇收入	10
律师和私人公证员的收入	10
资本利得，利息和居民纳税人的奖励收入	10
纳税人取得的股息（从离岸机构或者国内机构获得）	5
哈萨克斯坦企业对非居民纳税人支付的资本利得，股息，利息和特许使用权费	15
非居民纳税人的收入（如果该纳税人登记地位于优惠税收政策国家/地区）	20
所有其他来自哈萨克斯坦及对于非居民纳税人支付的收入（税务代理之外来源的收入）	20

所有外币收入应在其获取日期按当日汇率兑换成坚戈。

哈萨克斯坦纳税年度为日历年度。

扣缴义务人应从支付给居民和非居民纳税人的款项中扣缴个人所得税。

根据代扣代缴规定，扣缴义务人应按月代扣代缴实际个人所得税（扣缴日期不晚于所得支付日期）及在次月的25日之前缴纳税款。在每个季度次月的15日之前，扣缴义务人应向税务机关报送个人所得税和社会税（包括个人养老保险计税和社会保险税）申报表。

如果哈萨克斯坦境内没有扣缴义务人的，居民或非居民纳税人应自行承担其哈萨克斯坦个人所得税计算和申报。哈萨克斯坦税务申报时间为次年的3月31日，纳税人应在提交申报表之后的10日内缴纳税款。

以下居民纳税人必须报送个人所得税申报表：

▶ 个体企业家

▶ 有财产性收入的纳税人

▶ 获取哈萨克斯坦未征税的收入（包括哈萨克斯坦境外的利润）的纳税人

▶ 在外国银行账户具有资金的纳税人

如果非居民纳税人来自哈萨克斯坦的收入在哈萨克斯坦缴纳预提税，则其不需要在哈萨克斯坦进行纳税申报。

根据税法，纳税人少报应税收入将需缴纳利息和罚金。

根据税法，居民纳税人在哈萨克斯坦境外缴纳的所得税可以抵扣对应收入在本国的应纳税额，但是抵扣数额不能超过本国的应纳税额。若申请境外税收抵免，收入确认证明和所得税完税证明或代扣代缴证明必须随纳税申报表一并提交。有关证明文件必须由外国税务机关出具认证。

个人获得来源于哈萨克斯坦的收入，如果符合税收协定条款，同时可以提供由主管税务机关出具的税收居民身份证明，则可以申请免税。

（二）社会保障

1. 社会保险税

社会保险税由雇主支付，是一种非员工社会福利性质的由雇主负担的额外直接税负。

社会保险税基等于与雇主支付的雇员收入有关的费用。社会保险税免征包括但不限于：

▶ 因企业清算获得的补偿金，解雇员工或人事部门裁员支付的赔偿金

▶ 雇主对员工未使用假期的赔偿

▶ 强制养老基金缴款

社会保险税由雇主根据员工总收入的 11%（固定税率）减强制性养老金而计算缴纳。社会保险税的最低税基是哈萨克斯坦最低月薪（至 2015 年 1 月 1 日为 21364 坚戈）。

每月社会保险税计算时可扣除强制社会保险缴款。

个人创业（适用特殊税制的企业家除外），私人公证员和辩护人（律师）可以享受特殊税率。

2. 养老基金缴款

每个月雇主应将本地员工薪资总收入的 10% 留存缴纳强制养老基金缴款。强制养老基金缴款额可以抵扣个人所得税和社会保险税。

3. 强制社会保险缴款

雇主应将员工薪资收入的 5% 留存缴纳社会保险，上限为每月 10682 坚戈。如果雇员的总收入少于最低月薪，则每人每月应缴纳社会保险的税基为最低月薪。

个人创业也应缴纳强制社会保险缴款，按总收入的 5% 缴纳。该税额不能少于最低月薪的 5%，且不能大于本申报期的社会保险税总额。

乌兹别克斯坦税制介绍

一、企业相关税项

（一）概览

表 1　　　　　　　　**企业相关税项**

<table>
<tr><td>税种</td><td colspan="2">税率（%）</td></tr>
<tr><td>企业所得税</td><td colspan="2" rowspan="3">7.5
（商业银行适用税率为 15）</td></tr>
<tr><td>资本利得税</td></tr>
<tr><td>常设机构税</td></tr>
<tr><td>分支机构所得税
补充税①</td><td colspan="2">10</td></tr>
<tr><td>预提税</td><td>国内税法</td><td>与中国签订的双边
税收协定（1994 年）</td></tr>
<tr><td>股息</td><td>10</td><td>10</td></tr>
<tr><td>利息</td><td>10</td><td>10</td></tr>
<tr><td>特许权使用费</td><td>20</td><td>10</td></tr>
<tr><td>其他来源于
乌兹别克斯坦的收入</td><td>20</td><td>不同税率</td></tr>
<tr><td>乌兹别克斯坦税收协定网络</td><td colspan="2">截至 2016 年 1 月 1 日，乌兹别克斯坦已经与 52 个国家或地区签署了税收协定</td></tr>
<tr><td colspan="3">资本弱化：乌兹别克斯坦无资本弱化规定</td></tr>
</table>

续表

税种	税率（%）
税务亏损	（年）
向以前年度结转	0
向以后年度结转	5
增值税；除零税率和免税外的所有服务和货物，包括进口	
标准税率	20
其他税率	零税率或免税
资产税；征税对象为有形固定资产和其他特定资产的年平均折旧价值；土地免税	5
土地税；根据土地位置、质量和用途的不同，每公顷按固定税率征税；塔什干一区固定税费为	99187500 苏姆 （合约 35298 美元）
基础设施发展税； 税基为税后净利润	8
地下资源使用税；针对开采地下自然资源征税；税基为开采地下自然资源的销售价格，也对开采及加工地下自然资源的废物量征税	
销售	2.6～30
废物	0.78～9
超额利润税；税基为实际净销售价和对某些自然资源与货物特定门槛价的差额	不同税率
对于地下资源使用者的合同签字红利和商业发现红利的税务	不同税率
代扣代缴个人所得税	累进税率，最高税率为 23
社会基金缴款	
养老保险：雇主负担（针对不含增值税的销售收入征税）	1.6
养老保险：员工负担（从本地员工的薪资中扣缴）	7
统一社会付款； 由雇主按工薪总额缴纳	25 （对于小型企业税率为 15）
向公民的个人累积养老公民银行账户的缴款；由雇主从本地员工的薪资中代扣；此缴款金额通常允许个人所得税税前扣除	1
消费税（对于大量在乌兹别克斯坦生产或进口的货物征收；征税对象为油气产品、酒精、烟草、糖果制品、电子产品、家具和汽车）	不同税率

续表

税种	税率（%）
道路使用基金缴款；税基为增值税前的销售额，以及采购机动车辆	
销售额的标准税率	1.4
采购汽车	不同税率（最低税率为3%，此税率将对在俄罗斯联邦、乌克兰和乌兹别克斯坦生产的新汽车征收；对于在其他国家/地区生产的汽车最低税率为6%）
采购其他车辆	不同税率，最低税率为20%
水资源税；每立方米按一定税率计算	
地表水	71.2苏姆（合约0.0253美元）
地下水	90.4苏姆（合约0.0322美元）
教育和保健缴款；税基为增值税前的销售额	0.5
关税	
进口关税；货物和设备进口通常征收进口关税，具体税率根据海关编码清单。按乌兹别克立法某些特定货物和设备进口将被免除征税	不同税率
特殊税制	产品分成协议

注：①此税项计税基础为常设机构的税后净利润。

（二）企业所得税

大部分乌兹别克斯坦企业（包括外商投资企业）适用通常的企业所得税制。然而，小型企业，零售和批发贸易公司按不同税制征税。如果税务局认为外国企业在乌兹别克斯坦国内构成常设机构，则该外国企业应就该常设机构的经营活动产生的利润征税。本国税法对于“常设机构”的定义与经济合作与发展组织（OECD）的税收协定范本中的定义相类似，但包含某些例外情形；不过，乌兹别克斯坦的常设机构的税法和税务处理目前尚不完善。

企业所得税标准税率为7.5%。该税率同样适用于乌兹别克斯坦外商投资企业和外国企业的常设机构。商业银行普通税率为15%。另外，常设机构的税后利润还需按10%税率缴纳常设机构利润税。未设立常设机构的外国企业应对其来源于乌兹别克斯坦的收入缴纳预提税。预提税适用税率见表2。

表 2　　预提税适用税率

付款性质	税率（%）
股息和利息	10
国际交通和货运费	6
保险费	10
特许权使用费，资本利得，服务费和其他来源于乌兹别克斯坦但与乌兹别克斯坦常设机构无关的收入	20

1. 资本利得

资本利得应计入应税所得按照一般企业所得税税率缴税。用于生产经营至少三年的固定资产而产生的资本损失通常允许从应税所得中扣除。非居民企业出售乌兹别克斯坦居民企业的股权或位于乌兹别克斯坦的不动产应按20%的税率缴纳预提税。

2. 税务年度

税务年度为一个日历年。

3. 退税

多缴的税款由当地税务机关在纳税人提交书面申请之后的30天之内进行退税或从其他税负中抵扣。在实践操作中，退税较为困难。

4. 股息

股息（包括向国内企业支付的股息）应按10%的税率缴纳预提税。当企业获取股息并将该股息再投资到注册资本中，则该项股息将免税。但如果投资后在一年内清算或退出投资，则无法适用免税政策。

5. 境外税收抵免

根据乌兹别克斯坦签署的税收协定，企业就境外所得在境外缴纳的所得税额允许在境内进行抵免（前提是纳税人必须提供相关书面证明文件）。

（三）交易收入测定

应纳税所得额根据乌兹别克斯坦税法规定，对于乌兹别克斯坦企业年度财务报表披露的净利润进行调整后确定。财务报表必须以权责发生制为基础并具有相关书面证明文件。

不得税前抵扣的项目如下：

- 与营业无关的支出
- 超过法定限额的业务招待费、差旅费和自愿保险费用
- 逾期及递延贷款利息（如该利率高于普通贷款利率）
- 滥用货币资金或资产而产生的损失
- 在一个纳税期间内超过一次的年度审计费
- 特定员工福利
- 慈善捐款
- 诉讼费用
- 罚款

税法也规定了其他可以降低应纳税所得额的抵扣项目。

乌兹别克斯坦银行允许在国家中央银行规定的限额之内抵扣其贷款损失准备。

1. 税务折旧

乌兹别克斯坦税务折旧率见表3。

表3　税务折旧率

资产	年折旧率（%）
建筑和建设	5
火车、船舶、飞机、管道、交通设备和电力（输送）线和设备	8
生产机械和设备	15
汽车、计算机和办公室设备	20
多年生植物	10
其他资产	15

无形资产摊销按照资产使用年限、企业存续期间或五年期间（如果使用年限无法确定）之中最短者确定。

2. 亏损结转

企业纳税年度发生的亏损准予向以后年度结转并弥补以后年度的所得，

但结转年限最长不得超过五年。另外，每年可弥补税务亏损不得大于本年应纳税所得额的50%。在免税期内发生的亏损不得向以后年度结转。

3. 合并纳税集团

根据税法规定，利润和损失不得在集团成员公司之间分配。

（四）增值税

增值税适用于所有货物销售和服务提供，包括进口，适用于零税率和免税的商品和服务除外。原油、天然气和凝析油等产品的出口适用零税率，从事以上产品出口业务的企业通常可以抵扣进项税，或者申请进项税退税（根据一定的行政手续和限制）。进口商品或设备通常适用于20%的进口增值税税率。

从非居民进口劳务或服务是否适用乌兹别克斯坦增值税的问题，取决于劳务和服务发生地的认定。需要注意的是，在发生地原则下，实际发生于乌兹别克斯坦境外的服务很有可能根据税法被认定为发生在乌兹别克斯坦境内。比如，提供与位于乌兹别克斯坦境内的不动产相关的服务，或者在境外向境内的客户提供咨询服务等。如果提供服务的发生地被认定为境外，将不适用于乌兹别克斯坦的增值税。

认定服务发生地的一般原则：

▶ 直接关系到不动产的服务，发生地为不动产所在地

▶ 有关动产的劳务和服务的，发生地为劳务和服务的实际发生地

▶ 以下劳务或服务的发生地为接收方的开展业务或活动所在地：知识产权转让、咨询服务、审计服务、工程服务、设计服务、营销服务、法务服务、会计服务、律师服务、广告服务、数据收集和分析服务、动产租赁（除机动车租赁）、人力以及通信服务

▶ 除以上的劳务或服务的发生地为提供方的开展业务或活动所在地

（五）其他事项

1. 转让定价

乌兹别克斯坦没有转让定价法。但是，税法条款规定，如果关联方之间

的商业和财务交易所采用的价格与非关联方之间采用的价格不同，那么税务当局将根据非关联方之间的价格定价。但是，税法并未对价格调整方式、计算方法和信息来源等进行进一步规定。

2. 外汇管制

乌兹别克斯坦的通用货币为苏姆。

乌兹别克斯坦实施了各种外汇管制，具体如下：

▶ 对于购买外汇的限制，取决于授权银行持有的外汇额

▶ 除特殊情况外，企业外币收入的50%必须在银行兑换为本国货币

▶ 法定汇率由乌兹别克斯坦共和国中央银行每周公布，用于会计、报告、税务和关税的计算

▶ 对使用外币对外付汇实行严格把控

▶ 限制乌兹别克斯坦外币的流通量，以及本国的外汇市场

乌兹别克斯坦的居民个人可以自由汇出最多等于2000美元的外汇。非居民个人持有的合法汇入的外汇在有报关单支持的情况下都可以汇出。如果提供相应的证明文件，则从乌兹别克斯坦外汇账户汇出的金额可以增加。

3. 经济特区

乌兹别克斯坦一共设有三个经济特区（纳沃依工业经济自由开发区、安哥伦工业特区、吉扎克工业特区）。在特区从事经营活动的投资者享受特殊的纳税和投资条件（比如一些免税政策、特殊的物流设备和汇率制度等）。

4. 地下资源使用税税制

在普遍适用的财政体制下，申请在乌兹别克斯坦从事石油和天然气行业（除产品分成协议外）的勘探和开采业务适用所得税、奖金、地下资源使用税、超额利润所得税以及其他普遍适用的税费。

二、个人相关事项

（一）个人所得税

个人按照其税收居民状态在乌兹别克斯坦缴纳个人所得税。在任一个日

历年度的 12 个月之内在乌兹别克斯坦停留达到或超过 183 天的个人将被认定为乌兹别克斯坦税收居民。不满足此标准的个人被视为非居民。税收居民个人需要就其全球所得缴纳个人所得税。非居民个人只需要就其来源于乌兹别克斯坦的所得缴纳个人所得税。

一般来说，除非明确规定可以免税，所有收入和实物福利需在乌兹别克斯坦纳税。明确规定可以免税的收入包括赡养费、离职补偿金（不超过最高限额）和国家养老金所得。

1. 财产收益和损失

财产收益通常需要按照一般个人所得税税率纳税。出售私人非商业财产取得的财产收益免税。出售住宅取得的财产收益免税，前提是在 12 个月内进行该类交易的次数不超过两次。财产损失不可以在税前扣除。

2. 税前扣除项目

个人纳税人没有重大的税前扣除项目。

3. 税率

目前的月度个人所得税税率见表 4。自 2015 年 1 月 1 日起，最低工资为每月 118400 乌兹别克斯坦苏姆。表 4 是月度个人所得税税率表。

表 4　　　　个人所得税税率

月度应纳税所得额		税率（%）
超过最低工资的倍数	不超过最低工资的倍数	
0	1	0
1	5	8.5
5	10	17
10	—	23

（二）社会保险

乌兹别克斯坦公民（和永久居住于乌兹别克斯坦的外国公民）需按照工资的 7% 缴纳养老基金。雇主被强制要求每月按照雇员工资的 1% 向公民个人累积养老金账户缴费，并且该缴费金额可在计算应交个人所得税时扣除。雇主需要按照雇员工资总额的25%缴纳统一社会基金（对小型企业该缴费比例为15%）

（三）其他税收

1. 财产税

对个人建筑和公寓征收财产税。税率从财产成本的1.3%～2.2%不等。

2. 遗产、房地产及赠与相关税收

从其他个人处收到的遗产和赠与的财产不征税。每年从雇主处收到的价值超过6倍最低工资的财产按照一般个人所得税税率征税。

3. 土地税

个人被授予某地块的永久所有权可能按照一个固定税率征税，单位税额按照地块位置的不同而不同。例如，在塔什干市，根据地块的位置，该税率从每平方米195.5乌兹别克斯坦苏姆到494.5乌兹别克斯坦苏姆不等。

4. 汽油、柴油燃料和液化气消费税

个人消费汽油、柴油燃料和液化气，或压缩气需要按照下列税率缴税：汽油和柴油燃料290乌兹别克斯坦苏姆每升，液化气200乌兹别克斯坦苏姆每升，压缩气240乌兹别克斯坦苏姆每立方米。上述税款包含在燃料的零售价中，并在加油站收取。

蒙古税制介绍

一、企业相关税项

（一）概览

外国投资允许采用多种形式，包括投资全资子公司、参股合资公司和其他类型的蒙古法人实体、分支机构和办事处。

表 1　　　　企业相关税项

税种	税率（%）
企业所得税	10/25（累进税制）
资本利得税	10/25（累进税制）
非居民企业所得税	10/25（累进税制）
预提税	
股息	20
其他利息	20
专利、专有技术等的特许权使用费	20
租赁费	20
管理和行政费用	20
租赁利息	20
使用有形和无形资产	20
出售商品、履行工作或提供服务	20
分支机构利润汇回税	20

续表

税种	税率（%）
蒙古税收协定网络	截至2016年1月1日，蒙古已与27个国家或地区签署税收协定
资本弱化	
债资比	3:1
税务亏损	（年）
向以前年度结转	0
向以后年度结转	2/4/8（参见"亏损结转"）
增值税	
标准税率	10
出口商品和特定服务	0
不动产税 按不动产在政府登记部门登记的价值征税；如果不动产没有登记，则使用投保价值；如果两者皆不可用，则使用账面价值进行计算；税率取决于面积、位置和市场需求	根据不动产的所处区域，税率从0.6%～1%不等
特许权使用费。 根据新的双层征税体系，除了标准的统一税率（基础特许权使用费）之外，还对23类矿产的销售额征收特许权使用费附加税。基础特许权使用费的税率视矿产的类型以及是否在蒙古境内销售而定；特许权使用费附加税的税率视矿产的类型、市场价格和加工程度各不相同。低于规定市场价格的矿产，不征收特许权使用费附加税	基本特许权使用费： ▶内销的蒙古发电厂的煤炭和普通矿产资源：2.5 ▶外销的煤炭、外销的普通矿产、外销或内销的非普通矿产：5 特许权使用费附加税 ▶铜以外的所有矿产：0～5 ▶铜：0～30
社会保险税 适用于按合同基础受雇于在蒙古开展活动的经济实体、政府或宗教或其他机构的蒙古公民或外国公民；由强制的医疗和社会保险税组成；对雇员征收上限为每月192000蒙古图格里克（MNT）	雇主：11～13 雇员：10
工作事故附加费 是社会保险税的一部分，税率视行业各不相同	税率视行业各不相同：1～3
雇主对雇佣收入代扣代缴所得税	
居民	10
非居民	10
消费税 对制造或进口酒精饮料、烟草、汽油、柴油和汽车等商品的个人或法人实体征收；用于博彩的技术工具和设备的实物单位也需缴纳消费税；税率视金额和产品各不相同	税率通常按每单位多少图格里克或价值的百分比而定，差异较大

续表

税种	税率（%）
运输税	税率视发动机功率或车辆吨位各不相同
其他税种	土地税和印花税
出口关税。 特定类型的商品（如驼毛、木材）需缴纳出口关税	税率视商品类型各不相同
关税。 计算机技术设备、医疗设备和牲畜适用零税率，以及中小型企业进口的特定设备免征关税以外，进口至蒙古的其他商品均适用统一关税	5
印花税 对多种类型的服务征收，税率因涉及的不同服务类型而异	多种税率
空气污染费 适用于国内生产的原煤、二手或进口的有机溶剂、交通工具	多种税率
特别税制	▶ 税收稳定措施 ▶ 投资协议 ▶ 自由贸易区

（二）企业所得税

蒙古永久居民需为其全球收入缴税。符合下列任一情况的公司即视为蒙古永久居民：

▶ 在蒙古注册成立

▶ 是外国公司，但总部位于蒙古

永久居民由特定产品的生产和种植产生的收入或符合税收抵免的条件见税收激励。非蒙古居民仅需为来源于蒙古的收入缴税。非居民这一术语一般定义为包括通过常设机构在蒙古开展业务的外国公司实体以及并非通过常设机构产生来源于蒙古的收入的外资实体。

企业所得税税率。企业所得税采用累进税制，年应纳税所得额不超过30亿图格里克的部分应按10%的税率缴税，超出部分按25%的税率缴税。

居民企业收到的特定类型的收入适用不同的税率，具体情况见表2。

表 2　　居民企业税率

税种	税率（%）
股息	10
特许权使用费	10
利息	10
权益出售（总额）	30
赌博和博彩收入	40
不动产出售	2

税收激励。纳税人生产或种植下列产品所获收入可享受50%的税收抵免：

▶ 谷物、土豆和蔬菜

▶ 牛奶

▶ 水果和浆果

▶ 饲料作物

税收协定向在他国纳税的企业实体提供额外的税收抵免。按与蒙古政府签订的产品共享合约，在蒙古经营石油行业的投资者可享受企业所得税豁免。蒙古自由贸易区内的基础设施开发商符合一定条件的（如最低投资额），可享受税收激励。这些税收激励措施涉及发电、供热、卫生设施、公路、铁路、机场、通信设施等项目。外国和本国公司均可申请税收稳定证书（取决于满足特定条件，如引入新技术和创造稳定的工作岗位等）以管理在蒙古的投资。该证书为四个不同税种在固定期限内提供了稳定的税收条件（无论税法变化均采用一致的税收处理）；这四个税种是企业所得税、关税、增值税和特许权使用费。税收稳定证书的期限（5～18 年）取决于行业、投资额和投资的地理位置。以前税收稳定证书有效期最高可达 30 年；然而在蒙古矿产法影响下，对采矿业的有效期进行了限制。

资本利得。资本损益与其他应税损益按同一方式处理。收益需按 10% 和 25% 的累进税率缴纳蒙古企业所得税。此项规定的例外情况为由不动产出售产生的收益应在总金额的基础上按 2% 的税率缴税。

税收征管。蒙古的纳税年度为日历年度。纳税人通常按照权责发生制计算税额。税务机关告知纳税人月度和季度的申报期限，纳税人须在每月 25 号前交纳税款。季度申报表应在每个季度结束后 20 天内报送，年度纳税申报表应不迟于纳税年度结束后的 2 月 10 日，纳税人须在该日期前结清所有未缴税款。

如果有必要对股息、特许权使用费、权益出售、外国公司常设机构向海外转移利润以及其他非居民纳税人所获蒙古来源收入代扣税款，代扣的税款须在 7 个工作日内上缴给国库。

对出售不动产所获收入代扣代缴税款须在不动产出售后 10 个工作日内上缴给国库。所有代扣代缴税款报表须在季度结束后 20 天内提交，年度报表须不迟于纳税年度结束后的 2 月 10 日报送。纳税申报表提交后，蒙古税务机关一般会对申报表进行行政检查，以确保所有报送要求均已满足。在之后的阶段，税务机关可通过税务稽查对申报表进行更为详细的审核。

股息。蒙古永久居民之间支付的股息需按 10% 的税率缴纳预提税。非居民从永久居民处收到的股息收入需按 20% 的税率缴纳预提税。按照适用的税收协定，该税率可能有所降低。

境外税收抵免。国内法律规定，境外税收抵免一般仅在境外纳税所在国家/地区与蒙古有税收协定时可用。

应纳税所得额。广义定义为减去以下几项之后的总收入：

▶ 可抵扣费用

▶ 免税收入

▶ 税务亏损

应纳税所得额可归为以下三种类型：

▶ 营业收入，主要是由经营活动产生的收入，但也包括出售股票、证券、许可证和无形资产的收入，汇兑收益以及其他一些项目

▶ 与资产有关的收入，包括租赁收入、特许权使用费、股息和利息收入

▶ 出售资产的收入，包括出售动产和不动产的收入（除股票和证券外）

不同来源的应纳税所得额适用不同税率（见上文）。

以下类型的收入免于征税：

▶ 由政府债券所获利息

▶ 纳税人按产品共享合约在蒙古从事石油行业贸易所获收入和股息，以及出售其产品份额所获收入和股息

▶ 合作社通过中介出售其成员的产品所获收入

▶ 投资基金所获收入

税法列明了可抵扣的费用类别。凡是税法中未列为可抵扣的项目在计算应纳税所得额时均须加回。

以下为不可抵扣的费用：

▶ 赚取免税收入时发生的费用

▶ 纳税人未记录的费用

▶ 未正确代扣代缴税款的支出

▶ 融资租赁下的租金支出

▶ 税务机关征收的罚款和罚金

下列抵扣适用特定限制：

▶ 定期维护费用

▶ 自愿保费费用

▶ 银行和其他非银行金融机构风险基金中积累的储备金

▶ 每日津贴

▶ 自然灾害救灾费用

▶ 存货折旧

按照资本弱化条例，为公司主要和辅助生产、运营、服务和资产购置提供资金的贷款，其第三方利息支付按税法一般可抵扣。

通过常设机构在蒙古开展贸易活动的非居民可按照适用于永久居民的规定抵扣营业费用。然而，在蒙古境外发生的费用以及不涉及创造营业收入的管理和行政费用从税收角度不可抵扣。

税收折旧。非流动资产的税收折旧采用直线法计算。表 3 为各种非流动资产的使用年限。

表 3　　各种非流动资产的使用年限

非流动资产	非流动资产使用年限（年）
房屋建筑物	40
机械设备	10
计算机、计算机部件和软件	3
没有确定使用年限的无形资产	10
有确定使用年限的无形资产（含矿产勘探开采许可）	有效期
其他非流动资产	10

矿产勘探开采许可的折旧价值等于为此类许可的所有权以及转让支付的购买价格和费用之和。如果资产仅部分用于创造应纳税所得额，所申报的税

收折旧按相应比例计算。如果纳税人停止使用其自有可折旧资产产生应纳税所得额，则资产视为已售，并按资产账面价值和市场价值的孰高值征税。土地和存货为不可折旧资产。

亏损结转。通常，税务亏损可向以后年度结转最长达 2 年，且在任一税务年度，对此亏损的使用不得超过应纳税所得额的 50%。对于采矿和基础设施行业的公司，根据其投资额，亏损可向以后年度结转 4 ~ 8 年，且对亏损的使用不设限制。亏损不允许向过往年度结转。

合并纳税集团。蒙古没有集团企业合并缴纳企业所得税的制度。

（三）增值税

增值税适用于蒙古公民及法人实体进口及出口的商品，以及在蒙古境内出售或制造的商品、履行的工作及提供的服务。增值税适用于以下交易：

▶ 在蒙古出售的商品

▶ 在蒙古提供的服务和履行的工作

▶ 销售至境外的货物和提供给境外企业的服务

▶ 进口的货物和接受境外企业提供的服务

增值税适用但不限于以下服务类型：

▶ 提供电力、供热、天然气、供水、下水管道、邮政服务、通信及其他公用事业服务

▶ 租赁、占有或使用商品

▶ 出租除居住用房屋外的不动产和动产，或允许以其他方式占有或使用不动产和动产

▶ 出售、转让或租赁新的发明、新的产品设计、专利、版权、商标、软件、专门技能和其他资产信息

▶ 以履行工作和提供服务等方式向其他实体偿还所欠债务

▶ 由非居民向居民出售货物和提供服务

▶ 从事博彩、有偿测试或赌博的机构

▶ 提供中介服务（特殊权利的中间人、贸易代表、授权代理或相似服务）

▶ 由违法或不合规行为而产生的利息、罚金和罚款

▶ 通过转让货物、履行工作和提供服务来抵消债务

通常，纳税人（或扣缴义务人）为在蒙古境内参与进出口商品，以及销

售与制造商品、履行工作和提供服务的任一公民或法人实体（含外国法人实体）。任何根据劳务合同被永久性或暂时性雇佣的公民均不视作增值税纳税人。

蒙古适用以下增值税登记标准：

▶ 财务年度内应纳税营业额逾 5 千万蒙古图格里克时，纳税人须进行增值税登记。

▶ 年应纳税营业额达 1 千万蒙古图格里克时，纳税人可自愿进行增值税登记。

增值税纳税义务豁免。如纳税人在给定财政年度未达到 5 千万蒙古图格里克应纳税营业额的登记标准，则该纳税人免于缴纳增值税。

增值税纳税集团登记。不允许增值税纳税集团登记。

非常设公司（外国法人实体）。“非常设公司”即在蒙古境内没有固定机构的公司。

在蒙古境内销售货物、履行工作或提供服务的外国法人实体或个人，涉及金额逾 5 千万蒙古图格里克时须缴纳增值税。在此情形下，服务或商品的接受方须作为税务扣缴人，按蒙古的增值税“反向征税”机制代为缴纳增值税。外国法人实体无法取得任何进项税抵扣（对采购征收的增值税），除非已按蒙古增值税法注册常设机构。

反向征税机制。增值税反向征税适用于外国法人实体向蒙古法人实体或个体企业家提供工作或服务所获得的报酬。根据反向征税机制，由工作或服务的接受方作为扣缴义务人，承担增值税扣缴、支付和申报的责任。同时满足下列两个条件时，适用反向征税机制：

▶ 外国法人实体未在蒙古登记为纳税人。

▶ 商品（工作及服务）的发生地为蒙古境内。

逾期登记罚款。根据蒙古增值税法，若个人或法人实体超过登记标准但未在相应税务机关登记，则主管的国家检查人员将对应缴的增值税额作出评估并处以 192000 蒙古图格里克至 768000 蒙古图格里克的行政处罚，处罚金额依据逾期时间而定。

注销登记。如企业或组织的财务报表或个人的所得及纳税报表证实其在登记为增值税纳税人之后连续 12 个月的应纳税所得额少于 5 千万蒙古图格里克，则登记为增值税纳税人的个人或法人将从纳税人登记簿中移除，其增值税登记证亦将被注销。

增值税税率。“销售”指转让商品所有权或履行服务以换取报酬。“商品”包括除货币资本外的所有类型的财产，“服务”则包括所有活动。

蒙古所适用的增值税税率如下：

▶ 标准税率：10%

▶ 零税率：0%

▶ 其他：免增值税

增值税标准税率适用于所有提供的商品（工作与服务），除非有特别规定为零税率或免征增值税。

应按零税率纳税的商品和服务范例如下：

▶ 自蒙古出口且已向海关申报的商品

▶ 按照蒙古签署的国际协定，由蒙古境内至国外、由国外至蒙古境内以及由国外经蒙古中转至第三国的客运及货运服务

▶ 在境外提供的服务（含免税服务）

▶ 向非居民提供的任何服务（含“不征税服务”）

▶ 向执行国际航行的国内外飞机提供的空中导航管理服务、技术和燃料服务以及清洁服务，以及在国际航班飞行过程中向机组人员及乘客提供的销售和餐饮服务

▶ 按照政府或蒙古银行的要求在国内铸造的国家勋章及硬币

▶ 出口的矿业成品（政府批准的矿业最终产品目录）

免税商品范例：

▶ 乘客的个人用品（需在允许限额内且经海关批准）

▶ 通过人道主义及援助获自外国政府、非政府组织（NGO）及国际组织或人道主义机构的商品

▶ 供身体有缺陷的公民使用的特殊目的器械、设备及机械

▶ 民航飞机及相关零部件

▶ 出售用于居住的建筑或其一部分所获收入

▶ 承包商和分包商用于原油和非传统原油工业等特殊目的而进口的机械、技术、零部件、原材料、化学物品或易燃易爆物。这类免税适用于勘探期（勘探期 5 年以下）或勘探期（勘探期 5 年以上）的前 5 年

▶ 用于特定治疗的血液、血液产品和器官

▶ 天然气燃料、天然气燃料容器、设备、特殊目的机器、器械和相关机械

▶ 黄金销售

▶ 与科研工作相关的实验性产品

▶ 除用于出口的矿业成品外的矿业产品

▶ 农民在国内种植和销售的谷物、土豆、种子、蔬菜和水果，以及国内生产的面粉

▶ 有资产作支持的借款组合，或由银行、非银行金融机构或其他合法实体转移到其他银行、特殊目的公司或抵押公司的融资租赁安排所产生的追偿权

▶ 进口的树木、木材、木屑、木板、木块和半加工木制材料

▶ 出口的经初步加工（清洗和梳理）过的羊绒和皮革

免税服务范例

▶ 货币兑换

▶ 银行业服务，如接收现金、转账、其他现金业务，或有价证券、票据、汇票，以及储蓄账户的操作等

▶ 保险、再保险和财产登记服务

▶ 证券和股票的发行、转让或接收，以及证券认购

▶ 贷款发放

▶ 提供或转让与社会和医疗保险基金相关的收益

▶ 银行、非银行金融机构或出租和贷款合作社的贷款利息、融资租赁利息、股息、信贷担保费或保险费服务

▶ 与出租住房及住房和其他目的的建筑相关的服务，与用于住宿的部分相关的服务

▶ 医疗服务

▶ 宗教组织服务

▶ 由政府机构提供的服务，包括政府、其机关和预算机构提供的公共服务

▶ 公共交通服务

▶ 旅游经营服务

选择纳税权。不适用。

纳税义务发生时点。产生应缴增值税的时刻称为“征税时点”，许多国家/地区称之为发生时点。对于纳税人，征税时点为下列日期中最早的时点：

▶ 卖方开具发票的日期

▶ 卖方收到出售商品、履行工作及提供服务的报酬的日期

▶ 购买商品、工作及服务的日期

保证金及预付款。不适用。

进口商品。进口商品适用10%的增值税。

获批所送、待售或退回的商品。不适用。

持续提供服务。不适用。

现金会计。请参照征税时点。

租赁资产。租赁的资产应缴纳增值税。

纳税人增值税抵扣。纳税人可申请进项税抵扣，进项税即为在增值税范围内购买商品（工作及服务）所承担的增值税。纳税人通常通过抵扣提供商品（工作及服务）所产生的增值税销项税额，实现进项税抵扣。

进项税包括对蒙古境内商品（工作及服务）征收的增值税、为进口商品缴纳的增值税，以及由作为反向征税方就购自外国法人实体的商品（工作及服务）向蒙古政府支付的增值税。

不可抵扣的进项税。如购买的商品（工作和服务）和产权并非用于增值税应税项目（如为企业家私人用途购买的商品），则不适用增值税进项抵扣。

不可抵扣进项税的项目示例如下：

▶ 个人费用

▶ 为汽车零部件支付的增值税

▶ 从非居民处获取服务者根据反向征税机制缴纳的增值税

▶ 矿产勘探和预采矿作业发生的增值税

▶ 用于免税项目的增值税

部分免税。若蒙古纳税人兼有免税与应税活动，则须将其分别核算。直接与应税活动相关的进项增值税可全额抵扣，而直接与免税活动相关的进项增值税不可抵扣且须从企业所得税角度作为费用处理。并非由应税或免税活动直接产生的进项增值税（如对公司间接成本征收的增值税）须按比例分摊。法定的分摊方法即以应税活动价值占公司总营业额的比例为基础，按比例计算。

资本性商品。公司资本性商品产生的增值税不允许抵扣或返还。法律规定，无论特殊的供给是否免税，购买、采购或开发资本性商品（如固定资产）支付的进项税不可抵扣。

退税。增值税退税申请必须递交给有关税务机关。有关税务机关将审核、确认期末余额，并在15个工作日内将其提议提交给蒙古税务局（MTA）。MTA将在七个工作日内审核该申请及提议，并在两个工作日内将其关于纳税人名称、注册号码、银行账户、可退税金额的意见提交给蒙古财政部，财政部将在收到该意见后45天内退还该金额。然而，增值税退税金额不得超过特定月份、季度或年度国家预算的增值税总收入的30%。因此，如金额巨大，退税可能需要花费一些时间。

退税利息。增值税法要求税务机关在就纳税人增值税退税申报做出肯定决定后的45天内支付退税。然而，在实际操作中，退税经常延期支付。如果退税延期，税务机关须按照蒙古政府2014年2月14日公布的利息计提并支付利息。自2015年1月1日起，日利率为0.052%。

预登记费用。在纳税人向税务机关提交完整的登记申请后发生的进项税方可予以抵扣。

坏账核销。不适用。

非经济活动。如果增值税纳税人已购买非经济有关活动或商品，进项税不可抵扣。

非常设企业增值税抵扣。增值税抵扣仅限于在蒙古进行了增值税登记的人士。境外法人实体发生的增值税不可进行进项税抵扣。

开具发票。通常情况下，增值税纳税人须提供增值税发票。发票必须以蒙古语开具，也可以用蒙古语和任何其他语言开具双语发票。增值税发票仅以纸质形式开具。

出口证明。从蒙古出口的货物以及与出口有关的部分类型的工作和服务适用增值税零税率。为了确认零税率的适用性，供应商须附上报关单，作为辅助证明文件。对于工作和服务，应附上书面协议、发票和银行对账单，作为辅助证明文件。

外币发票。增值税发票须以蒙古货币开具。

电子发票。可接受电子发票。

增值税申报表。纳税人须按月提交增值税申报表。每份增值税申报表填具的增值税金额须在次月10日内缴清。增值税反向征税与当月纳税人自身申报金额合并，计入同一份增值税申报单。

电子申报和存档。纳税人应在次月10日前提交月度增值税申报表。无须向MTA递交增值税申报表的复印件，但是纳税人应保留一份副本备查。

缴款。纳税人应在次月10日前缴清月度应付增值税金额。

年度申报表。不适用。

专项方案。不适用。

罚款。蒙古税法就增值税申报规定了以下处罚措施：

▶ 未就增值税应税货物和服务履行纳税义务

▶ 延迟申报：延迟期间，罚款从384000蒙古图格里克至768000蒙古图格里克不等

▶ 未向税务机关缴纳税款

上述行为将收取30%的罚款加上财政部门每年设定的日利息。罚款是基于商业银行平均借款利率设定（2015年日利率为0.052%）。然而，罚款与利息总和通常最高不超过应纳税额的50%。

对于刻意违反合规的行为将处以下列行政处罚：

▶ 对于未能提供客户购买商品和服务的现金收据的，处以相当于收入总额2%的罚款

▶ 以高于或低于商品或服务实际价格来篡改现金收据的，处以相当于收入总额20%的罚款

（四）其他事宜

转让定价。纳税人与关联方之间的交易须遵循公平交易原则。如果未遵循该原则，税务机关可按照市场公允价值对交易价格进行调整。财政部已发布指南，规定纳税人可使用的定价方法以及关联方交易的证明文件要求。

债资比：支付给关联方的利息须符合3∶1的债资比规定。

外汇管制。境外收入和费用须于交易日转换为图格里克。已实现的外汇收益和损失分别应纳税和予以抵扣。

自由贸易区。自由贸易区是指采用特殊制度开展创业活动和特殊营业激励，尤其是特定税收和关税优惠的划定区域。企业所得税、关税和增值税根据自由贸易区的海关手续可予以免税。

税收稳定。投资一定金额的境外或当地投资方均可就其投资申请税收稳定证明，从而确保固定期限内税收条件稳定。稳定的税种包括企业所得税、关税、增值税和特许权使用费。

税收稳定证书的期限取决于投资的金额和地理位置。

投资协议制度。对于超过5千亿图格里克（约合2.6亿美元）的投资，如投资方要求，政府可与其订立投资协议，以稳定投资方将开展经营的环境。

投资法未明确规定可适用稳定协议的范围，但是预计投资方将感兴趣的

范围不仅包括税收，还包括更加安全的法律保护、政府激励、特许和许可、资金汇回和使用以及社区咨询等。投资协议可约定比税收稳定制度更长期限的稳定期。

对投资协议的最长期限没有限制：法律仅说明该期限可长于稳定证书的期限。

二、个人相关事项

（一）个人所得税

蒙古居民纳税人应就其全球收入缴税。非居民仅需为源于蒙古的收入缴税。

以下人员视为蒙古纳税居民：

► 在蒙古拥有住房的个人。就这一点而言，如果个人拥有或依法占有（例如租赁）位于蒙古的住房，即被视为蒙古居民纳税人。

► 在任一特定税务年度在蒙古连续或间断居住超过183天的个人。

蒙古的税务年度为日历年度。

应纳税收入。不同类型的应税收入类型如下。

雇佣收入。蒙古个人所得税法规定的应税报酬包括工资、薪水、奖金、激励及类似雇佣收入。提供给雇员和/或雇员家庭成员的福利和礼物，雇员应缴纳个人所得税。从境外或当地法人实体及个人收到的奖励和/或激励亦属此类别。以企业监事会成员或委员会成员身份收到的报酬视为雇佣收入。

投资收入。居民和非居民收到的股息、利息和特许权使用费应按照总额的10%缴纳预提税。

个体经营收入和营业收入。独立承接业务活动（例如制造、贸易、租赁及服务，包括专业服务）而未建立法人实体的个人应按照净收入（准予进行法定扣除）的10%缴纳个人所得税。专业服务包括医生、律师、辩护律师、建筑师、会计师和教师提供的服务。个体工商户人员可按照企业纳税人同种方式抵扣营业费用。通常允许抵扣的费用包括所售货物成本、薪水和工资、折旧补贴、利息、租金和广告费用。然而，如果费用无证明文件，与业务活动无关或为纳税人个人使用，则视为不可抵扣费用。

在此等相同税则下，来源于非常规业务活动的收入也需缴纳个人所得税。

董事费用。个人因公司监事会成员或委员会成员身份所获报酬视为雇佣收入（见雇佣收入）。

其他收入。源于科学、文学及艺术作品的创作与发明、产品设计、体育竞赛或艺术表演的组织与参加的收入和其他类似收入按总额5%的统一税率缴税。源于赌博、知识竞赛和彩票的收入按总收入40%的税率缴税。

免税收入。在蒙古，个人获得的如下收入免征个人所得税：

▶ 国债利息收入

▶ 按蒙古法律规定提供的养老金、福利、报酬、支付款项、折扣、报销和一次性补助

▶ 献血津贴

▶ 出差相关的每日补助

▶ 保险赔偿金

▶ 依法律规定产生的防护服、制服、解毒性饮品和其他等效供应品有关的劳动力成本

其他免征项可能适用。

雇主提供的股票期权的税项。雇主提供的股票期权在实际行使时而非授予时征税。股权奖励在奖励时或兑现时（如果设有兑现期）应纳税。应税金额通常是行使、奖励或兑现时股权的市场价值。该收入计入员工的应纳税所得额，作为普通雇佣收入的一部分，并相应地按10%缴税。在后续出售股权或其他工具时获得的任何收益均按10%缴税。

资产处置损益。源于股权、证券或动产销售的收益需按总额的10%缴税。不动产销售包括蒙古境内的不动产，按总额的2%缴税。

税前扣除项目。员工缴纳的法定社会与健康保险缴款是蒙古唯一允许的雇佣税税前扣除项目，雇佣税不允许其他税前扣除项。

个人开支不允许税前扣除。

税率。蒙古居民和非居民的大部分收入，包括营业收入、雇佣收入、投资收入和资本利得，统一按照10%的标准税率征税。如其他收入和资产处置损益部分所论述，某些特殊情况例外。

税收抵免。所有居民纳税人每年可享有84000蒙古图格里克（约50美元）的税收抵免。生产或种植谷类、马铃薯与蔬菜、水果以及饲料作物的蒙古居民销售此类产品的收入可享受50%的税收抵免。

亏损结转。在蒙古，没有个人所得亏损结转制度。

（二）社会保险

一般而言，在蒙古境内从事经营活动的经济实体按合同基础雇佣的蒙古公民和外国公民均应缴纳强制社会与健康保险缴款，该缴款按要求由雇主代扣代缴，按 10% 的统一比率征收。然而，员工需缴纳部分的上限为每月 192000 蒙古图格里克（约 110 美元）。雇主需缴纳部分视所在经济领域费率为 11% ~13% 不等，且不设上限。社会与健康保险承保范围包括养老保险、失业保险、医疗保险、福利保险（当员工暂时失去工作能力、休产假或死亡时提供），以及工伤与职业疾病保险。

个体经营者可以登记自愿缴纳社会与健康保险。

双边社会保险互免协定。为免除双重社会与健康保险并保证福利覆盖范围，蒙古与哈萨克斯坦、韩国以及俄罗斯联邦等国签订了双边社会保险互免协定。

波兰税制介绍

一、企业相关税项

（一）概览

波兰于 2004 年 5 月 1 日加入欧盟（EU）。这对波兰的税务系统，尤其是增值税（VAT）部分影响重大，同时也影响了企业跨境交易的税务处理方式，如股息支付和重组（合并和分立）。鉴于波兰监管框架的迅速变化，建议在投资及参与交易前事先了解最新的波兰税制变化。

表 1　　企业相关税项

税种	税率（%）	
企业所得税	19	
资本利得税	19	
分支机构税	19	
预提税	国内税法	与中国签订的双边税收协定
股息	19	10
其他利息	20	0/10
专利、专有技术等的特许权使用费	20	7/10
服务	20	
波兰税收协定网络	截至 2016 年 1 月 1 日，波兰已与 83 个国家或地区签署了税收协定	

续表

<table>
<tr><th>税种</th><th colspan="4">税率（%）</th></tr>
<tr><td colspan="5">资本弱化</td></tr>
<tr><td>债资比</td><td colspan="4">详见第（二）部分中资本弱化部分</td></tr>
<tr><td>税务亏损</td><td colspan="4">（年）</td></tr>
<tr><td>向以前年度结转</td><td colspan="4">0</td></tr>
<tr><td>向以后年度结转</td><td colspan="4">5</td></tr>
<tr><td colspan="5">增值税</td></tr>
<tr><td>标准税率</td><td colspan="4">23</td></tr>
<tr><td>特定商品与服务的优惠税率</td><td colspan="4">8/5</td></tr>
<tr><td>零税率及免税</td><td colspan="4">详见第（三）部分“增值税”</td></tr>
<tr><td>石油产品消费税</td><td colspan="4">税率不等</td></tr>
<tr><td colspan="5">社会保险</td></tr>
<tr><td>退休保险</td><td colspan="4">19.52，雇主与员工各支付一半</td></tr>
<tr><td>残障保险</td><td colspan="4">8，雇主支付6.5%，员工支付1.5%</td></tr>
<tr><td>疾病保险</td><td colspan="4">2.45，全部由员工支付</td></tr>
<tr><td>工伤保险</td><td colspan="4">0.40～3.60（取决于经营活动类型）全部由雇主支付</td></tr>
<tr><td colspan="5">雇主代扣代缴所得税</td></tr>
<tr><td rowspan="6">居民与非居民</td><td colspan="4">应纳税所得额（%）</td></tr>
<tr><td>超过
波兰兹罗提</td><td>不超过
波兰兹罗提</td><td>速算扣除数
波兰兹罗提</td><td>超出部分
税率%</td></tr>
<tr><td>0</td><td>3091</td><td>0</td><td>0</td></tr>
<tr><td>3091</td><td>85528 *</td><td>0</td><td>18</td></tr>
<tr><td>85528</td><td>—</td><td>14839.02</td><td>32</td></tr>
<tr><td colspan="4">* 本类税款按照18%税率计算后，再减去556.02波兰兹罗提</td></tr>
<tr><td colspan="5">其他税种</td></tr>
<tr><td>医疗</td><td colspan="4">9
社会保险缴款扣除后再行计算</td></tr>
<tr><td>遗产与赠与税</td><td colspan="4">3～20
取决于赠方或被继承人与受方之间的关系</td></tr>
</table>

（二）企业所得税

居民企业（包括正处于成立或注册过程中的公司）应就其全球收入与资

本利得缴纳企业所得税。非居民企业仅就其源于波兰的收入缴纳企业所得税。如果一公司注册成立于波兰或在波兰进行管理，则在税收角度视作波兰居民企业。非居民企业的分支机构通常按与波兰公司同样的规则征税，但仅限于其源于波兰的收入。除在别国视作企业所得税纳税人的外国合伙企业，合伙企业（在波兰，此类企业包括民事合伙、有限合伙和普通合伙）均视为穿透实体。

应纳税所得额为应税收入与可税前扣除的费用之间的差额。在实务操作中，通过从税务角度对会计利润进行调整计算应纳税所得额。外国公司的分支机构和常设机构按其会计记录中确定的收入缴税，会计记录须以波兰货币记账。

资本利得：资本利得，包括源于销售公开交易股票和国家债券的利得，均视作公司利润的一部分，按正常企业所得税税率征税。资本亏损可从正常营收中扣除。在满足特定条件的情况下，根据波兰国内法规，非居民出售或以其他方式处置国外市场发行的国家债券所取得的资本利得，可实际免缴波兰税款。

亏损结转：在同一税务年度内，不同来源的盈利与亏损可互相抵销。税务亏损可向以后年度结转 5 年，以抵销以后年度内所有来源的盈利，每年使用限额为税务亏损的 50%。亏损不允许向以前年度结转。

资本弱化：波兰的资本弱化规则已经修订，且自 2015 年 1 月 1 日起生效。通常，所有集团内贷款的利息（以及间接关联实体的利息）均存在扣除限制。若上述关联债务的金额超过借款方所有者权益，则为关联方贷款支付的部分（按比例计算）利息无法税前扣除。在此类规则的角度上，所有者权益根据利息支付上月月末的账面金额确定，且不考虑评估准备金和附属贷款。权益价值还应扣除并未实际转让至该实体的资本金，或股东贷款、应收款项和不进行摊销的无形资产对应的股本价值。贷款的定义包括所有形式的债务融资，含债券发行、贷款以及银行和非银行存款。该定义不包含衍生工具。资本弱化规则适用于波兰和外国有关实体所给予的贷款产生的利息。

包括如下贷款：

▶ 直接或间接持有借款方至少 25% 投票权的实体给予的贷款

▶ 直接或间接联合持有借款方至少 25% 投票权的实体给予的联合贷款

▶ 一公司给予另一公司的贷款，且同一实体在借款方和贷款方公司均直接或间接持有至少 25% 投票权对于有限股份制合伙中的普通合伙人，无论普通合伙人的股份多少，均视同满足有关最低股份（投票权）的条件。

自2015年1月1日起，纳税人有权选择新的资本弱化计算替代方法。新方法规定了适用于所有利息（含第三方贷款利息）的一般限制，限制基于波兰国家银行的参考利率，以及最高达息税前利润50%的资产（不含无形资产）计税价格。在某一税务年度内未能扣除的利息可在以后的连续五个税务年度内进行扣除。如果纳税人决定使用这种方法，则须至少使用三年。

税收征管：波兰的税务年度必须包括12个连续的月份，通常为日历年度。然而，公司可以选择使用其他的连续12个月的周期作为其税务年度，只需在特定期限之前通知相关税务机关。变更之后的首个税务年度须不短于12个月，不长于23个月。如果注册成立于日历年度上半年的公司选择日历年度作为其税务年度，则首个税务年度短于12个月。注册成立于日历年度下半年的公司可选择最长达18个月的周期作为其首个税务年度（即包括了注册成立年度的下半年及次年）。如公司发生清算、合并或分立，则其税务年度或短于12个月。公司须在其税务年度结束后3个月内报送年度所得税申报表。

分支机构汇回税：分支机构向其总公司汇回利润时不征收预提税，因在法律角度，分公司视作外国企业的一个组织单位。

股息：向居民和非居民支付的股息和其他利润分配应缴纳19%的预提税。对于非居民接收方，预提税视为最终税款，因此接收方无需就其收到的股息再支付任何税款。若接收方为股息的受益所有人，且能提供证明接收方在另一税收协定国税收居民身份的所需证明，则可对该非居民的分配采用税收协定优惠税率。

利息、特许权使用费和服务费：根据波兰的国内税法，对支付给非居民的利息、特许权使用费和特定服务的费用征收20%的预提税。

满足下列条件的情况下，此类预提税可免除或降低：

▶ 支付方可书面证明收款人（受益所有人）或服务提供者税收居民身份，表明收款人或服务提供者在与波兰有税收协定的国家/地区为税收居民

▶ 相关协定将征税权指定给服务提供者或收款人的所在国，或提供不同税率

根据波兰的大部分税收协定，服务费在波兰不予征收预提税。

境外税收抵免：根据税收协定，波兰对源于境外的收入提供免税或税收抵免待遇（多与股息、利息和特许权使用费相关）。通常，境外税收可抵免的

波兰税额最多为境外收入所对应的波兰税款。

（三）增值税

增值税向在波兰境内出售的商品或提供的服务，以及在欧盟内进出口、购买及提供的商品征收。欧盟的大部分增值税规则均适用于波兰。

纳税义务人：纳税人为进行经营活动的企业实体或个人，无论经营活动的目的和结果如何。经营活动包括所有制造、贸易和提供服务的活动，还包括以获取收入为目的的对商品和无形权利的持续使用。

增值税登记最低限额为 15 万波兰兹罗提。限额适用于下列两种方式的任一种：

▶ 补登记：在前一税务年度所提供商品或服务的价值超过 15 万波兰兹罗提

▶ 预登记：公司经营伊始，所提供商品或服务的价值预计将超过 15 万波兰兹罗提。如公司自日历年度开始之后开始经营，登记限额按照年内剩余时间相应折算

如果所提供应税项目的价值预计不会超过登记最低限额，新公司将免于缴纳增值税。

登记最低限额不适用于商品和服务的进口、由商品采购和购买者缴纳增值税的欧共体内商品供应。此外，下列类型的企业无论营业额多少，均须在经营活动开始之前进行增值税登记：

▶ 提供贵金属产品的企业

▶ 提供应征特定消费税产品的企业

▶ 提供新型交通方式的企业

▶ 提供建筑用地的企业

▶ 提供法律、咨询和专业服务的企业

▶ 提供珠宝相关供给与服务的企业

15 万波兰兹罗提的登记最低限额不适用于外国公司。外国公司（即非在波兰注册成立且在波兰没有营业场所的实体）如在波兰提供应纳税商品或服务，则须在波兰进行增值税登记。然而，一般而言，外国公司若仅提供下列服务，则无须在波兰进行增值税登记：

▶ 波兰购买者需按反向征税机制承担和缴纳税款的商品和服务

▶ 适用零税率的特定服务（如在波兰海港就国际交通提供的服务、为外

国航空服务提供商提供的航空管制服务，以及涉及商品进口且运输费用包含在商品计税基础上的交通服务

非欧盟企业在波兰进行增值税登记前须指定波兰居民为税务代表。税务代表对其代表的外国公司应缴税款负有连带责任。

以下提供了免税、零税率和按优惠税率缴纳增值税的商品和服务的部分示例。

免税商品和服务包括：

▶ 部分金融服务

▶ 房地产供应（有选择纳税权）

▶ 医疗和社会福利服务

▶ 教育、部分文体活动

▶ 住宅物业租赁

▶ 科学相关服务

零税率商品和服务包括：

▶ 出口、国际交通运输和相关服务

▶ 向教育机构提供计算机设备

▶ 通过燃气管网系统提供燃气，或向未在波兰设立机构的采购方提供电力

按 5% 税率缴税的商品和服务包括：

▶ 特定未经加工的基本食品

▶ 特定农林产品

▶ 书籍和特定杂志

按 8% 税率缴税的商品和服务包括：

▶ 特定食品

▶ 酒店服务

▶ 客运

▶ 医疗产品

▶ 特定农业相关服务

▶ 提供、建造、维修和重建“公益住房”类建筑

纳税义务发生时点：增值税纳税义务发生时点称为“发生时点”或“征税时点”。商品的基本发生时点为商品的交付时点。服务的基本发生时点为服务的履行时点。

增值税“反向征税”机制：进口服务应由接受方支付缴税，这是增值税

的一种自评形式。反向征税机制如适用，则由服务的接受方（实际代表服务提供商）缴纳销项税。

若服务提供商并非为在波兰设立的机构，则应采用反向征税机制。然而，反向征税机制也适用于特定商品的销售，如加工、制造或熔解黑色和有色金属及其合金产生的废品或半成品。

资本性商品：进项税在购买商品的纳税期间可获抵扣。进项抵扣金额取决于纳税人在购买商品的增值税税务年度的部分免税状况。资本项目的进项抵扣金额须根据商品使用情况按一定时间调整。在波兰，资本性商品调整适用于下列资产（年限如下所示）：

▶ 房地产：按 10 年期调整

▶ 资本性商品和无形资产：按 5 年期调整

调整可能导致可抵扣的进项税产生增减变化，由企业抵扣当年应税销售的比例与资本商品购买年度相较的变化幅度决定。

退税：通常，如果增值税纳税申报表显示进项税超过销项税，则进项税超出部分可向以后结转，以抵销次月销项税。

既非在波兰设立或登记的机构、也未在波兰进行增值税登记的企业发生的增值税进项税，波兰可予以退税。非常设公司可申请与波兰纳税人同等的增值税（退税）。

（四）其他事项

1. 转让定价

波兰税法包含转让定价的特别规定。基本规定以 OECD 指南为基础，包含在企业所得税法和个人所得税法中。

波兰税法列举的转让定价方法与 OECD 行动计划基本一致。关联交易超过法定最低限额的纳税人须就相关关联交易编制转让定价同期资料，并呈交税务机关或税务检查机关。

编制转让定价同期资料没有规定期限；但纳税人应在税务机关提出要求的 7 日内呈交材料。

若纳税人未按波兰税务机关要求在规定时间内呈交转让定价同期资料，税务机关可就其核定的额外收入适用 50% 的惩罚税率，而非通常适用的标准税率。此外，纳税人还需为所欠税款支付利息，按财政处罚法（Fiscal Penal Code）规定缴纳财政罚款，并可能根据商法典（Commercial Code）承担个人民事责任。

2. 外汇管制

波兰公司可开设外汇账户。所有可兑换货币形式的出口收入和从多数外国来源收到的进款均可存入此类账户。企业可在国外开设外币账户。

3. 特许权与矿业用益权协议

自然资源勘探和生产为特许活动。两个阶段均须获得特许权。由于地质和矿业法（Geological and Mining Act）主要条款为碳氢化合物国有，上游活动须与波兰政府达成矿业用益权协议（Mining Usufruct Agreement），并按年缴纳矿业用益权费（根据储量价值以从价费形式缴纳）和开采特许权使用费（根据矿物开采量缴纳）。2016 年起生效，石油的年开采特许权使用费为每吨 36. 84 波兰兹罗提；天然气的特许权使用费为富甲烷气每千立方米 6. 23 波兰兹罗提，低甲烷气每千立方米 5. 18 波兰兹罗提。

二、个人相关事项

（一）所得税

居民需为全球收入缴税。非居民仅为来源于波兰的收入缴税。

根据国内法规，个人生活中心或经济利益中心（切身利益中心）位于波兰或在既定税务年度内在波兰居留逾 183 天的个人通常视为波兰税收居民。个人生活中心或经济利益中心不在波兰且在既定税务年度内在波兰居留不足 183 天的个人仅为源于波兰的收入在波兰缴税。

雇佣收入。应税薪酬包括在波兰的雇佣活动中以现金或实物形式取得的工资、奖金和其他薪酬。雇主提供给当地或外籍员工 18 岁及以下年龄子女的教育津贴，以及提供给员工的额外医疗费用（非劳动法规定）在所得税和社会保险角度为应税收入。

个人扣除和优惠。计算所得税时可申报小额个人扣除或优惠。

可扣除费用。仅允许有限的扣除和抵免，且仅有少数适用于非居民。

税率：2015 年所得税如表 2 所示税率征收。

表 2 所得税税率

应纳税所得额		速算扣除数 波兰兹罗提	超出部分税率
超过波兰兹罗提	不超过波兰兹罗提		
0	3091	0	0
3091	85528①	0	18
85528	—	14839.02	32

注：①在此范围税款按 18% 计算，再减去 556.02 波兰兹罗提。

未披露来源的收入单独按 75% 的税率征税。

非居民按董事会决议规定依董事会成员身份所获收入，以及由佣金、管理合同、利息、版权、商标、设计和专有技术所获收入需按 20% 的税率缴纳最终预提税。

亏损结转。个体经营活动的亏损仅可抵消同一来源的收入。未使用的亏损可向以后结转 5 年。但这 5 年中每年用以抵消利润的结转金额均不得超过原始结转金额的 50%。因此，若纳税人从特定收入来源所获利润不足，则部分亏损结转可能无法充分使用。

（二）社会保险和医疗保障税

社会保险：社会保险缴款由雇主和雇员各缴纳一部分。

医疗保障系统：医疗保障系统缴款按员工缴费基数 9% 的比例征收。缴费基数为扣除员工退休、残障和疾病保险后的薪酬总额。通常医疗缴款在个人所得税角度可部分扣除（医疗保障缴费基数的 7.75%）。

（三）纳税申报和缴款程序

波兰的税务年度为日历年度。截至税务年度结束后的 4 月 30 日，纳税人须报送纳税申报表并结清应缴税款总额与预缴税款之间的差额。

所得税通常由雇主直接代扣并在收入支付或员工获得收入的次月 20 日前代缴至税务机关。

匈牙利税制介绍

一、企业相关税项

（一）概览

表1概述了匈牙利的一般税项。

表1　　企业相关税项

<table>
<tr><th>税种</th><th colspan="2">适用税率（%）</th></tr>
<tr><td>企业所得税</td><td colspan="2" rowspan="3">10/19
标准税率为19%；不超过5亿匈牙利福林，适用税率为10%</td></tr>
<tr><td>资本利得税</td></tr>
<tr><td>分支机构所得税</td></tr>
<tr><td>预提税</td><td>国内税法</td><td>与中国签订的双边税收协定（1997年）</td></tr>
<tr><td>向公司支付的股息</td><td>0</td><td>0</td></tr>
<tr><td>向个人支付的股息</td><td>15</td><td>10</td></tr>
<tr><td>向公司支付的利息</td><td>0</td><td>0</td></tr>
<tr><td>向个人支付的利息</td><td>15</td><td>10</td></tr>
<tr><td>特许权使用费</td><td>0</td><td>0</td></tr>
<tr><td>分支机构汇回税</td><td colspan="2">0</td></tr>
<tr><td>匈牙利税收协定网络</td><td colspan="2">匈牙利对支付给外资实体的款项不征收预提税，但对支付给外国个人的股息及利息征收预提税。截至2016年1月1日，匈牙利已签署77个税收协定</td></tr>
</table>

续表

税种	适用税率（%）
资本弱化	
债资比	3:1
税务亏损	（年）
向以前年度结转	0 不适用
向以后年度结转	5年（对于2015年以后的亏损）
增值税（VAT）	
标准税率	27
优惠税率	5/18
免税	详见第（三）部分“增值税”
社会保险以工资总额为计征基础，通常外籍雇员不参加；征收比例如下：	
雇主	28.5
雇员	18.5
雇主代扣代缴所得税	
针对居民与非居民	16
其他税种	
消费税，对各种商品征收，包括汽油、酒精、烟草、啤酒、白酒和香槟	税率不等
银行税	税率不等
能源供应税	31
地方营业税，征收基数为营业额或毛利	2

（二）企业所得税

在匈牙利注册成立的公司应就其全球利润缴纳企业所得税。非匈牙利注册公司如实际管理地点位于匈牙利，在企业所得税角度亦视为匈牙利税收居民，因此应就其全球利润缴纳企业所得税。通过常设机构在匈牙利开展应税活动的外国公司应就其源于匈牙利的净利润缴纳企业所得税。

企业所得税税率也适用于非居民企业常设机构的应纳税所得额。通常，非居民企业的各个常设机构分别作为单一实体缴税。然而，如果常设机构在匈牙利法院登记为不同的分支机构，其应纳税所得额则须单独计算，并且分公司之间发生的亏损与利润不可互相抵销。根据外国公司注册成立的国家/地区、计划的活动及其他情况的差异，此类登记在某些情形下是强制性的。

替代性最低税（AMT）：纳税人缴纳替代性最低税，或递交免于缴纳替代性最低税的表格，但该情况下原则上可能会被选定进行税务审计。

替代性最低税对计税基础采用10%和19%的一般税率进行计算。一般而言，替代性最低税计税基础为总收入减去商品销售成本、相关服务成本以及应分配至外国常设机构的总收入之后的2%，同时，需额外增加该公司在税务年度内订约的来自其股东或集团成员新增贷款额的50%。

1. 税收激励

对特定类型的收入采用优惠税率。公司可从企业所得税计税基础中减去特许权使用费收入的50%，在特定情况下，特许权使用费收入包括无形资产处置收入。实际上，只有一半特许权使用费收入计入应纳税所得额。

研发双倍扣除。除了规定的税前扣除的费用外，公司经营范围内发生的基础研究、应用研究与研发的直接成本均可进一步减少企业所得税计税基础。因此，从企业所得税角度，这些费用可获得双倍扣除。研发活动本身并不要求在匈牙利进行，且双倍扣除可包括从关联或非关联外国企业采购的研发成本，并且在某种情况下，也可包括从匈牙利企业采购的研发成本。

研发三倍扣除：与匈牙利艺术与科学院（Hungarian Academy of Arts and Sciences）及其研究所、国家直接或间接持有的公共或私人研发中心合作开展的特定研发活动可享受研发成本的三倍扣除，但上限为5千万匈牙利福林（约17.2万美元）。

投资税收优惠：如果公司符合特定条件，包括履行程序要求、符合投资范围、投资领域以及可能适用的其他条件，可按欧共体法律在最多10个税务年度内享受投资税收优惠（税收抵免）。

投资税收优惠最多可使公司企业所得税应纳税额减少80%，使实际税率达到2%（而非10%）~3.8%（而非19%）。根据项目的位置，投资税收优惠金额可达符合条件的投资成本的20%~50%。通常，优惠金额可在投资投入运营后为期10年的期间内使用，但是须在提交投资税收优惠申请后14年内使用完毕。通常，该10年期间自投资投入运营的次年开始，但投资者亦可要求自投资投入运营当年开始。

资本利得：匈牙利公司取得的资本利得需列入应纳税所得额，按企业所得税标准税率缴税。非居民企业出售匈牙利股权（除匈牙利房地产公司的股权外）的资本利得无须缴税，但通过卖方在匈牙利的常设机构持有的股份除外。

匈牙利房地产股份公司。非居民转让匈牙利房地产股份公司股份的收益需按照19%的税率缴税，除非有税收协定对此类收益予以减免。

亏损结转：2015 年度前的损失可结转至2025 年度前的任何税务年度。2015 年及以后年度发生的损失仅可向以后年度结转五年。亏损仅可用以抵销特定年度计税基础的50%。

资本弱化：超过公司纳税年度平均净资产三倍的净债务金额的应付利息将用于调增公司的应纳税所得额。

税收折旧：一般而言，折旧可按企业所得税法附录的规定扣除。在高于会计折旧的情况下，可能会采用更低的折扣率进行折旧扣除。

2. 税收管理

一般而言，税务年度为日历年度。然而，为满足公司商业周期或母公司的管理信息需求，公司可以选择不同的税务年度计算方法。公司选择不同于日历年度的税务年度，须在作出该选择决定后15 天内通报税务机关。

公司须在税务年度结束后的5 个月内报送企业所得税纳税申报表。如果公司的年度应纳税额超过该年度中预缴的企业所得税，则需在报送申报表时结清差额。

境外税收抵免：就源于外国的收入缴纳的境外税款可抵免匈牙利税款。如果外国股息或未分配利润需在匈牙利缴税，则外国股息预提税可抵免匈牙利税款。

合并纳税集团：匈牙利税法不允许按合并纳税集团进行纳税申报。

（三）增值税（VAT）

增值税适用于以下交易：

- ▶ 纳税人在匈牙利提供商品或服务
- ▶ 纳税人从其他欧盟成员国进行欧盟内商品采购
- ▶ 匈牙利纳税人就购买的服务和商品按照反向征税机制缴纳增值税
- ▶ 向匈牙利进口商品，无论进口商资质如何纳税人即是在经营活动中以自己的名义提供应税商品或服务的任何公司或个人。

在匈牙利开展经营活动的实体或个人均须在开始进行经营活动前进行增值税登记。增值税补登记亦可适用，但可能导致高额罚款。禁止补办匈牙利欧盟增值税号码。

增值税合并登记：当参与经营的实体被视为单一纳税人，并且合并制度适用于集团成员进行的所有交易时，符合关联方条件的集团内成员以及在匈牙利拥有机构以缴纳增值税的公司可选择进行增值税合并登记。

非常设公司：在匈牙利提供商品或服务的非常设公司，如果就其提供的商品或服务存在匈牙利增值税纳税义务，或者在欧盟内部提供或购买商品，则须进行增值税登记。

收到所提供商品或服务的纳税人须负责申报相关匈牙利增值税。

同样地，如果非常设公司提供如下商品或服务，则须进行匈牙利增值税登记：

▶ 共同体内部供应

▶ 共同体内部购买

▶ 超过最低限额的远程销售

▶ 提供不适用于反向征税机制的商品和服务（例如，向个人提供的商品或服务）

▶ 商品进口

▶ 从其他国家购买服务

以下提供了免税商品及服务，以及可以按优惠税率纳税的商品及服务的部分范例。

免税商品及服务包括：

▶ 金融服务

▶ 保险

▶ 财产租赁

▶ 证券销售

▶ 土地出售或租赁

▶ 人身医疗保健

可按5%税率纳税的商品及服务包括：

▶ 人体用药和特定医疗产品

▶ 书籍

可按18%税率纳税的商品及服务包括：

▶ 基本食品供应

▶ 酒店服务

小型公司/新登记公司免税：如果纳税人的营业额在上一增值税纳税年度未超过6百万匈牙利福林，可申请增值税免税。免税申请须在免税生效年度前的增值税年度结束前提交。如果新公司的预计营业额预期不超过6百万匈牙利福林/年，可申请免税。免税申请须在登记时提交。

如果被授予免税身份，该公司仍须进行增值税登记，但不能就其提供的商品及服务收取增值税，也不能就其费用和购买进行进项增值税抵扣。此外，此类公司通常无需提交增值税申报表。

部分免税：如果匈牙利纳税人兼有免税与应税活动，则不可全额抵扣进项税。

可抵扣的进项税额按照以下两个步骤计算：

▶ 第一步：就免税采购和应税采购进行直接分配

▶ 第二步：按照应税采购占总采购的比例（称为抵扣比）分配剩余部分进项税

内部统计。与其他欧盟国家交易的纳税人须完成统计报告，即内部统计。

汇总表。纳税人还须提交商品及货物的汇总表（欧盟销售清单及欧盟购买清单）。

（四）其他事项

1. 转让定价

对于关联公司之间的合同，如果采用市场价格会为公司带来更高的收入，则公司的计税基础必须根据市场价格与合同价格之间的差额进行调整。在某些情况下，如果不采用市场价格使得公司的收入比采用市场价格的收入高，则纳税人也可以降低计税基础。如果交易涉及被视为受控外国公司（CFC）的集团成员则不适用。

匈牙利国家经济部颁布的法令规定了对关联交易文档的要求。无论协议签署于何时，都必须为所有现行有效的关联方交易准备转让定价同期文档。

转让定价规定同样适用于大股东的实物出资额（包括初始出资）和实物资产撤资额（在减资及可能发生停业的情况下）。转让定价规定还适用于实物股息分配。在匈牙利可以使用预约定价协议（APA）。

2. 外汇管制

匈牙利不实施任何外汇管制；福林（匈牙利货币）可以自由兑换。

在匈牙利从事经营业务的公司必须在一家匈牙利银行开立账户，以便与匈牙利当局进行款项收付结算。公司也可在其他国家/地区的银行开立账户以进行其他交易。

可以自由地向匈牙利境外的各方支付匈牙利或外国货币款项。

3. 受控外国公司

受控外国公司（CFC）的定义基本与OECD规定一致。

如果非居民企业注册地或办公地址位于OECD或欧盟成员国，或位于与匈牙利签订双边税收协定的国家/地区（且该外国公司在这个国家/地区拥有实际的经济实体；这一条件适用于上述全部三种情况），则不属于受控外国公司。此外，如果该外国公司已经在认可证券交易所上市至少五年或者有关联方在纳税年度内持续持有该外国公司至少25%的股份，该外国公司也不属于受控外国公司。

如果匈牙利公司持有受控外国公司至少25%的股份，则须按与受控外国公司未分配税后利润所属份额相等的数额将计税基础调高。如果是被视为匈牙利税收居民的个人持有这家匈牙利公司的股份，则不适用此调整。

从受控外国公司收到的股息不适用参股免税制度，因此需计入匈牙利股东的应纳税所得额（以前年度已作为未分配税后利润缴税的股息除外）。受控外国公司的投资亏损从税收角度不可扣除。

二、个人相关事项

（一）个人所得税

无论居民的资金是否转入匈牙利，均应就其全球收入缴纳个人所得税。

非居民仅需就来源于匈牙利的收入缴税。

雇佣收入：雇佣收入总额包括所有报酬和大部分津贴、员工养老金的雇主缴款以及雇主为员工缴纳的大部分保险费。大多数实物福利在公司层面缴税。

投资收入：来源于匈牙利的股息收入应按16%的税率缴纳最终预提税。资本利得适用相同税率。特许权使用费收入属于一般应纳税所得额，在费用扣除后按正常税率（16%）计税。

费用扣除：个人可以从独立活动收入中扣除10%的标准扣减额，或所得税法规定可以扣除的已实际发生且可以提供相关书面材料的费用。

税率：16%的个人所得税统一税率既适用于合并计税基础，也适用于投资收入。非居民来源于匈牙利的收入应按适用于居民的税率缴税。

（二）社会保险

承保范围。在匈牙利，社会保险缴款包括健康、养老及失业保险。根据劳动合同在匈牙利工作的个人，无论国籍，均需纳入匈牙利社会保险体系。被匈牙利境外注册的外籍雇主调派至匈牙利的第三国国民（非匈牙利、非欧洲经济区和非双边社会保险互免协定国家国民）无需加入匈牙利社会保险体系。

缴款。雇主必须按工资总额28.5%（27%的社会保险税和1.5%的培训基金缴款）的比例缴纳。每名员工应就其主业工资缴纳18.5%社会保险费（10%的养老保险和8.5%的医疗与劳动力保险）。除以上缴款外，超过1百万匈牙利福林的资本利得、证券借款收入、股息以及不动产租金应缴纳14%的健康税。

（三）纳税申报和缴纳程序

匈牙利本身有一个自评税收系统，但个人可以要求税务机关根据已提交信息计算个人所得税。居民必须申报其全球收入，计算其税额，报送纳税申报表并缴纳税款。已婚夫妻分别纳税，而非合并纳税。

雇主必须考虑到员工津贴和其他可降低员工应纳税所得额的项目，适当地计算并代扣代缴所得税（个人所得税和社会保险缴款，如适用）。

从外籍雇主获得收入的外籍员工必须按季度预缴根据实际收入计算的税款，截止日期是季度结束后当月12日。

纳税年度为日历年度。纳税申报表应在纳税年度结束后的5月20日之前提交。

土耳其税制介绍

一、企业相关税项

（一）概览

在土耳其进行外商投资具有多种方式，包括设立100%的控股子公司、合资企业以及在土耳其其他法人实体、分支机构或代表处中持股。

表1　企业相关税项

税种	适用税率（%）	
企业所得税	20	
资本利得税	20	
分支机构所得税	20	
预提所得税	国内税法	与中国签订的双边税收协定（1995年）①
股息	15	10
其他利息	0/3/7/10/12/13/15/18	10②
专利权、专有技术等特许权使用费	20	10
分支机构汇回税	15	
与土耳其签订双边税收协定的国家/地区数量	截至2016年1月1日，土耳其已与84个国家/地区签订双边税收协定	

续表

税种	适用税率（%）
资本弱化	
债资比	3:1
税务亏损	（年）
向以前年度结转年限	0
向以后年度结转年限	5
增值税	
标准税率	18
低税率	1 和 8
银行及保险业的交易税	0/1/5
对于运送、进口或初次购买特定货物所征收的特别消费税	0～130
社会保险费	雇员与雇主比例：14/20.5
失业保险费	雇员与雇主比例：1/2

注：①中国与土耳其间的有效税收协定签订于 1995 年 5 月 23 日。
②从特定机构（例如缔约国或所属地区的中央银行或政府）取得的贷款利息可能享受免税待遇。

（二）企业所得税

如果一家企业的总部位于土耳其，或其经营活动集中在土耳其，或其管理场所位于土耳其，则该企业为土耳其居民企业。无论企业的收入是否来源于土耳其，应当按其来源于全球的收入缴纳企业所得税。所有来源的收入都被认定为经营所得。根据土耳其税法，这些企业被称为完全纳税义务纳税人，也被称为居民企业。

有限纳税义务人（除完全纳税义务人之外的非居民企业或纳税人）就以下应税收入缴税：

▶ 在土耳其获得的专业服务费

▶ 来源于土耳其的商业、农业、工业企业的利润（如上述企业在土耳其设有机构场所或永久性代表处）

▶ 来源于土耳其的不动产、所有权和动产产生的租金

▶ 来源于土耳其的证券收入；以及

▶ 来源于土耳其其他的收入和利润

1. 税收优惠

企业所得税有效税率为20%。然而，来源于投资的收益可享受较低税率的优惠待遇。

优惠政策为有鼓励类投资证明的特定投资活动提供了一系列优惠和支持，包括较低的企业所得税税率，政府对于贷款利息的支持，雇主和雇员社会保险金扶持、工资税优惠、增值税和关税免税、增值税返还和政府财政资金分配。税收优惠和扶持都将根据投资的种类、部门、项目、规模和地点而定。

企业在土耳其从事研发、创新和软件开发活动取得的以下所得，在特定情况下，所得50%的部分可享受免税：

▶ 租赁所得

▶ 转让或处置所得

▶ 销售在土耳其大规模生产的产品所取得的所得。根据相关优惠规定，本项所得是指，销售在土耳其境内大规模生产产出的产品，且该产品取得了执照或受益模式证书（beneficial model certificate）。土耳其专利局将根据专门的审核制度授予上述执照，或根据研究报告授予上述受益模式证书；以及

▶ 发明（已取得执照或受益模式证书）相关的所得，该发明相关的技术应已应用在产品生产过程中（生产地在土耳其），因此，发明相关的所得包含在销售产品的收入中。

此外，开展研发、创新和软件开发活动，且在持有执照或受益模式证书的情况下，其技术成果的租赁、转让和处置所得可享受增值税免税。

来源于土耳其企业（居民企业）分派的股息收入：根据土耳其税法的规定，土耳其企业（居民企业）享有参股免税的优惠政策。符合条件的股息可享受参股免税待遇。土耳其居民纳税人只须持有另一家土耳其居民企业，即符合参股免税待遇条件。

来源于土耳其境外企业（非居民企业）分派的股息收入：根据土耳其税法的规定，境外企业享有参股免税的优惠政策。符合条件的股息可享受参股免税待遇。

对于符合以下所有条件的来源于外国参股方的股息收入可以享受参股免税待遇：

▶ 土耳其企业持有境外企业不少于10%的实收资本，且在收到股息时已连续持股超过一年

▶ 境外企业必须为有限责任或股份公司

▶ 境外企业所在地的企业所得税有效税率不少于 15%。对主要设立目的为融资，包括融资租赁，市场化证券和保险投资，其所在地企业所得税有效税率至少为土耳其的企业所得税税率，即至少为 20%；以及

▶ 股息必须在企业所得税年度申报日（4 月 25 日）之前汇回土耳其

企业根据以下公式，计算得出其有效所得税税率：

企业所得税有效税率 = 企业所得税/（企业可分配利润 + 企业所得税）

特殊参股免税优惠待遇适用于设立在土耳其境外、主要经营活动为提供建筑装修、装配和技术服务的企业。如果一家企业根据外国法律成立，且经营活动如前所述，则该企业可以享受特殊参股免税待遇，但在土耳其境外的分支机构派回土耳其母公司的股息无须满足上述条件即可享受此待遇。

同时，对于来源于设立在土耳其境外的常设机构（PEs）和永久性代表处的收入，如果符合以下条件，则可以享受特殊免税待遇：

▶ 常设机构或永久性代表处所在地的企业所得税有效税率至少为 15%。但对于主要经营活动为融资，包括融资租赁、投资于市场化证券和保险的常设机构或永久性代表处，其所在地企业所得税有效税率至少为土耳其的企业所得税税率，即大于等于 20%

▶ 来源于土耳其境外的常设机构的收益必须在企业所得税年度申报日（4 月 25 日）之前汇回土耳其

参股免税待遇同样适用于资本利得。详细说明请参考下文交易收入的定义。

2. 国际控股公司

土耳其税法对国际控股公司有特别规定。

如果国际控股公司符合适用于其他企业享受参股免税待遇的条件（请参考上文的参股免税待遇），可就来源于外国合资方的股息享受参股免税待遇，国际控股公司也可就资本利得享受参股免税待遇，但享受该优惠须满足的条件不同。如果外国合资方持有国际控股公司非现金资产的比例达 75% 以上，且国际控股公司已持有外国有限公司或股份公司超过 10% 的股份两年以上，土耳其国际控股企业可就资本利得享受参股免税待遇。

如果国际控股公司将来源于外国合资方利润作为股息分派给非居民企业，则该行为应当缴纳预提所得税，税率为一般股息预提所得税的一半，因此预提所得税税率为 7.5%。

3. 资本利得

对于来源于公司的资本利得，包括境外公司分支机构的资本利得，应当包含在企业的一般收入内并缴纳企业所得税。一般而言，资本利得等于资产售价与成本之差，其中，成本包括支付给出售方的相关费用。

如果公司将处置可折旧固定资产获得的资本利得用于购置新的固定资产，则该资本利得无须缴税。但是，用于购置新固定资产的资本利得部分应当从该新资产可折旧的成本中扣除。用于在投资新固定资产的资本利得必须转移到特殊准备金账户。如果特殊准备金在随后三年不用于购置类似的新固定资产，准备金的剩余部分应当计入应税收入。

在土耳其境内未设常设机构的非居民企业，相应地，应当就来源于处置居民企业股权的资本利得缴纳企业所得税。在计算该资本利得时，不考虑汇兑损益。

对于来源于处置持有两年以上股权的资本利得，如果其中的75%在处置年度后5年内，以特别资金的形式保留在资产负债表的所有者权益科目，则可以享受免征企业所得税。

4. 股息

居民企业无须就其收到其他居民企业派发的股息缴纳企业所得税。

居民企业从外国企业收到的股息属于应税收入。但是，如果从外国企业收到的股息满足参股免税待遇或国际控股制度（请参见参股免税待遇和国际控股公司），那么该部分的股息可能可以享受免税优惠待遇。

在土耳其设有常设机构或永久代表处的非居民企业，应当就其汇回总部的利润缴纳15%的分支机构利润汇回税。

5. 境外税收抵免

对于来源于境外的收入，且该收入已经在境外缴纳企业所得税和类似的税金，而且这些收入已经包含在土耳其的应税收入中，那么该收入可能可以在土耳其抵免。

如果适用于受控外国公司（CFC）规则，对于境外关联公司已经缴纳的类似于收入和企业所得税的税金，可以抵免按照境外公司收入计算的企业所得税。

如果居民企业直接或间接持有外国分支机构 25% 以上的股权或投票权，则可就由于其境外分支机构分派居民企业的股息所缴纳的企业所得税申请税收抵免。抵免限额是在土耳其就股息分配部分应缴纳的税额。因此，抵免仅适用于未享受参股免税待遇的股息。

对于来源于外国的、可以在土耳其抵免的收入的税额，不得超过根据土耳其本国企业所得税税率（20%）对于该收入计算的税额。

因企业收入不足，在境外缴纳的税收不能抵减在土耳其应当缴纳的企业所得税，可以向以后三年结转。税收抵免可以与预缴税款进行抵销。

6. 交易收入的定义

企业所得税是以收入扣除费用的差额作为计税基础的。但是下列项目不属于企业所得税的征税范围：

▶ 来源于企业（包括非居民企业）、投资于其他属于完全纳税义务的企业所获取的收益，但不包括来源于合资方投资基金和股票的收益

▶ 来源于处置企业优先股的利得，以及来源于合资企业处置设立时入股股份的利得和增资时股票市价超过面值的部分；以及

▶ 来源于处置普通股、优先股、优先购买权、红利股或不动产利得的 75%，持有至少两年的不动产的收益，且该收益储存于储备账户，不分配的时间超过五年

企业所得税免税适用于参股免税待遇和国际控股制度。此外，下列土耳其和外国投资基金和公司适用企业所得税免税：

▶ 来源于共同基金（不包括外汇基金）和信托机构涉及运营组合交易的收益

▶ 来源于风险投资基金和公司运营投资组合的收益

▶ 来源于不动产投资基金和公司运营投资组合的收益；以及

▶ 来源于指定的私人养老金投资基金的收益

与企业经营相关的费用可在企业所得税税前扣除，但以下费用除外：

▶ 股权或股东预付款的利息

▶ 利润之外的储备金（保险公司的技术储备金和经法律程序确认的呆账除外）

▶ 企业所得税和与税收相关的罚金和利息

▶ 处置本企业有价证券低于账面价值的折损或折扣

▶ 对于非居民企业，以自己名义向其位于土耳其以外的总部或其他境外机构支付的佣金、利息和其他费用，以及属于土耳其境外总部或分支机构的损失和费用分配给非居民企业的部分。但如果上述分配符合公平交易原则，并与其在土耳其产生收入而发生的与维持相关的费用除外

▶ 基于虚假资本的利息、汇兑差异或类似费用；以及

▶ 通过不合理的转让定价的方式分派的利润

对于流动负债超过所有者权益的公司（贷款机构、金融机构、融资租赁、保理和融资公司除外），根据财政部的规定，此类公司发生的利息、佣金、到期差异、滞付利息、股息、汇兑损益和与负债相关项目（构成投资成本的财务费用除外）的总费用和成本不超过10%的部分，可在税前进行抵扣。但是，超过10%的部分以外的上述费用不得在所得税前扣除。

（1）准备金

可在所得税前扣除的准备金包括坏账准备、已放弃的债权和技术准备金。

（2）税法折旧

公司使用超过一年的，且属于损耗性质的资产，应当进行折旧。

使用年限指的是固定资产折旧年限。对于不同类型的固定资产，财政部规定了不同的折旧年限。常用的固定资产的使用年限见表2。

表2　　　　固定资产的使用年限

资产	使用年限（年）
建筑	50
办公家具、办公设备和汽车	5
计算机	4
计算机软件和移动电话	3

纳税人可以选择直线折旧法或余额递减法作为折旧方法。在固定资产使用年限期间，余额递减法可变更为直线折旧法（但不允许追溯调整）。公司可以根据资产实际情况变更折旧方法。

固定资产折旧始于资本化年度（即开始使用年度）。对于外购的且准备开始使用的固定资产，从固定资产外购年度开始计提折旧。对于需要安装或装配的固定资产，从安装或装配完成且资产开始使用年度开始计提折旧。

一般而言，资产是否符合整年折旧的条件，不取决于其资本化起始点。

例如，即使固定资产在会计年度的最后一个月开始资本化，仍可以计提整年的折旧。但乘用车不适用此一般规定。乘用车从外购月份开始计提折旧。例如，如果乘用车购买价格为1000土耳其里拉，且直线折旧率为20%，通常整年折旧200土耳其里拉。据此，如果在11月购买乘用车，则本年税前可抵扣折旧费用如下：

2/12×200土耳其里拉=33.33土耳其里拉

在资产使用年限的最后一年，自外购年度起，资产的剩余折旧余额以及当年正常折旧均可在税前扣除。

（3）投资额减免

关于投资额减免的规定于2006年1月1日正式废除。然而，企业仍然可以将截至2005年12月31日及之前的投资抵免向以后年度结转。

（4）研究与开发费用

满足一定条件的研究与开发费用（研发费用）可在税前全部扣除，这是除研发费用资本化以外的优惠政策。可以享受该优惠的研发费用包括：

▶ 原材料和耗用材料成本

▶ 人工费用

▶ 一般费用

▶ 因获益和服务支付给外包公司的款项

▶ 税费

▶ 折旧和损耗；以及

▶ 财务费用

如果应税收入不足以抵减研发费用，那么企业可以在以后年度抵减未抵减部分。

此外，为支持研发活动，土耳其科学技术研究理事会（Turkish Scientific and Technological Research Institution，“TUBITAK”）对于满足条件的研发活动提供现金形式的补助。全新的研发活动法规自2008年4月1日起生效。此法规规定了优惠的种类，例如研发费用扣除、工资薪金免税、社保费支持、印花税免税和技术企业的资金支持。

（5）亏损弥补

一般而言，企业某一纳税年度发生的亏损可以用以后年度的所得弥补，但最长不得超过5年。但是亏损不得向以前年度调整。当年亏损和免税收入与应税收入的抵减，应考虑优先顺序。即使当年发生亏损，以前年度的亏损仍可在扣减免税收入后弥补。在盈利年度，其他免税收入在亏损弥补后进行扣减（投资津贴、研发费用抵减，可税前抵扣的捐款和其他项目）。

如果居民企业在境外开展商业活动产生的亏损根据所在国法律经审计是可以扣除，那么该居民企业可以抵减该亏损。如果在境外开展商业活动的收入属于免税收入，那么该活动产生的损失不可以抵减。

7. 受控外国公司

居民个人和企业纳税人直接或间接控制外国公司至少50%的股份、股息或投票权，且符合以下情况时，将适用受控外国公司规则：

▶ 外国公司收入总额的至少25%是被动收入（组合投资收入）。如果公司的商业活动与资本、组织或工人总数不匹配，来源于商业、农业或独立个人服务的收入可能视为被动收入

▶ 外国公司所在国的有效税率低于10%；以及

▶ 外国公司的年收入总额超过100000土耳其里拉（约55000美元）

如果外国公司符合土耳其受控外国公司的条件，土耳其居民纳税人必须就外国分配的收入缴纳税款。如果外国公司分配股息，股息接受方必须根据受控外国公司规则，就未缴税的部分缴纳税款。

土耳其居民纳税人必须就现金支付的所有款项，以及与土耳其政府认为具有避税嫌疑的国家的居民企业进行的交易款项，缴纳30%的预提所得税。土耳其政府尚未完成对于这些国家的认定。原则上，向境外设立的金融机构借款会产生利息和利润分配。与土耳其境外设立的金融机构负债相关的本金、利息或利润和支付给境外设立的保险和再保险公司的款项，无需缴纳30%的预提所得税。针对按照公平交易原则进行的交易，土耳其政府有权将预提所得税税率降为0%。

根据前述规定已经交纳税款的交易款项无需缴纳额外的企业所得税或所得税。

土耳其税法包括反滥用条款。核心的原则是实质重于形式原则，载明在税收程序法第3章中。

（三）增值税

增值税纳税义务人是指在土耳其境内进行增值税登记的个人或法人机构。

在土耳其拥有固定经营场所或在土耳其境内开展商业或专业运营活动的机构都应当进行增值税登记。

土耳其未设增值税登记标准。当税务机关为企业所得税进行税务登记时，将自动为企业进行增值税登记。拥有固定经营场所的纳税人必须进行增值税登记。固定经营场所包括在土耳其境内的居住地、经营地和已注册的总部或营运中心。向土耳其进口商品也必须进行税务登记。

1. 合并注册

根据土耳其增值税税法，不允许集团企业合并注册增值税。法人须单独注册增值税。在税收目的上，关联方视作相互独立的个体。

2. 非常设公司

“非常设公司”是指未在土耳其设立场所的企业。只有未设立场所的企业可以不进行增值税登记。如果土耳其纳税人接受未在土耳其境内设立场所的企业提供的服务，则适用反向征税机制缴纳增值税（即土耳其服务接受方须自评增值税）。

3. 反向征税机制

反向征税是一种通过服务接受方自评增值税计征税款的机制。反向征税适用于非土耳其居民和在土耳其境内未设立常设机构或总部的一方。财政部有权判定负有纳税义务的一方。服务接受方无需根据土耳其增值税法成为纳税人。服务接受方可以是个人或机构。

4. 纳税义务发生的时间

增值税纳税义务发生时间可以称为“应税行为发生时点”或“纳税时点”。在土耳其，销售货物的一般纳税时点是货物转移时点。提供劳务的一般纳税时点是劳务发生时点。但是如果发票开具时点早于上述货物销售和劳务发生时点，增值税纳税义务发生时点是发票开具时点。

5. 增值税抵扣

纳税人可以抵扣经营过程中获取的货物和劳务中已经缴纳的增值税，即进项税额。纳税人可以将进项税额从销项税额中抵扣，即抵扣已经就获取的货物或劳务缴纳的增值税。

进项税额包括在土耳其供给的货物和劳务、进口货物缴纳的增值税和反向征税机制产生的自评增值税。

增值税进项税额超过增值税销项税额的部分一般不能返还，但是未抵扣完的进项税额可以结转到下个增值税纳税期间继续抵扣。

一般情况下，申请进项税额抵扣必须提供有效发票或关税文件。纳税人可以在接受方购买货物或劳务入账的纳税期间抵扣，但是必须在应税行为发生的一年内完成抵扣。

6. 非常设公司的增值税抵扣

在土耳其，未设立场所企业不能获取增值税抵扣，但以下情况除外：

▶ 非居民国际运输商的修理、燃料和备件费用；以及

▶ 未设立场所企业的展会费和展览费（如果企业所属国与土耳其有双边税收协定）

（四）其他事项

1. 转让定价

土耳其企业所得税法包含转让定价的规定，包括公平交易原则和所有关联方交易的文件要求。公平交易原则适用于纳税人与关联方进行的交易。根据土耳其转让定价规定，企业可以适用经济合作与发展组织（OECD）定价指南提出的传统转让定价方法。在判定价格是否公允时，纳税人采用的主要方法为可比非受控价格法、成本加成法和再销售价格法。

但是如果传统方法不适用于交易，那么纳税人可以采用其他转让定价方法。企业可以与税务机关进行预约定价安排。

财政部已针对转让定价规则和相关文件要求做出了明文规定。纳税人必须根据这些规定准备年度转让定价表格、报告和其他文件。

（1）转让定价处罚

对于转让定价，没有专门的处罚，但如果关联交易的转让定价不符合公平交易原则，则会被认定存在虚假收入分配。如果被认定为虚假分配，则适用于下列规定：

▶ 在假设没有进行虚假分配的基础上，重新计算 20% 的企业所得税；以及

▶ 按照虚假分配的 15% 计算股息预提所得税

此外，纳税人必须缴纳滞纳金（每月 1.4%）和税收罚金（金额与少缴的税收一致）。

文件截止日期：纳税人需要在企业所得税申报日之前完整填写文件。根据税务机关的要求，文件应当在税务机关要求的 15 日内递交。

转让定价评估的限制性法规：没有特别的关于转让定价评估的限制性法规。但是，一般法规规定，转让定价评估需在实际缴纳税款起 5 年内进行。

（2）预约定价安排

预约定价安排：纳税人可以申请双边、单边或多边的预约定价安排。原则上，经同意的方法与预约定价安排一样，不能超过 3 年。

预约定价安排的使用仅适用于跨国公司间的交易，税收征管部门仅在 2011 年 12 月 31 日发布了一项预约定价安排。

根据新的资本弱化法规规定，关联方是指一方直接或间接拥有另一方至少 10% 的股权或投票权。

如果企业向关联方借款，债务/权益比例超过 3∶1 的部分为虚假资本。银行或金融机构关联方借款的债务/权益为 6∶1。如果关联方为银行或金融机构，那么 50% 的借款将作为计算虚假资本的基础。所有关联方借款都必须纳入债务/权益比例的考虑范围。

纳税人的所有者权益年初数是计算债务/权益比例的基数。在计算企业所得税计税基础时，与虚假资本相关的已付或应计利息和外汇损益不可在税前扣除。与虚假资本相关的利息应被认定为股利分配，应当缴纳股利预提所得税。

2. 兼并与收购

对于两个居民企业间发生的兼并、收购和分立，且资产以账面价值进行转让，则无需缴纳税款。

3. 征收管理

纳税人根据财政年度申报企业所得税。

企业所得税申报表必须在下一个财政年度终了第 4 个月的第 25 天前向相

关税务机关提交。一并提交的材料还包括资产负债表、损益表和其他税务机关要求的材料。

企业所得税税款必须在财年终了后的 4 个月内缴纳。

在一个财政年度内，公司应当预缴企业所得税。预缴税款相当于季度应纳税所得额的 20%。

如果预缴的企业所得税超过最终应纳所得税额，超过部分可以与公司其他应缴税款进行抵消或返还。

4. 外汇管制

土耳其拥有自由的外汇制度，可以在土耳其开立外汇账户。

根据第 4875 号法条，银行可以先为公司对外支付利润，然后公司再向银行提交经批准的纳税申报表和税收缴款书。该法条同时适用于汇出因撤回投资而获取的收益。外国合伙企业和基金可以投资土耳其证券，并且可以无限制地汇出股息、利息、利润和资本。

土耳其居民企业可以向境外关联方提供担保。

二、个人相关事项

（一）个人所得税

居住在土耳其境内的个人（完全纳税义务人）按来源于全球的收入纳税。非居民企业仅按来源于土耳其的收益和收入纳税。

居民纳税人包括在一个日历年度内在土耳其境内拥有法定永久住所和居住超过 6 个月的个人。短暂离境不视为在土耳其连续停留的中断。

国内法将居住定义为“有定居的意愿”。法律并未对“定居”做出明确的定义。然而，事实上类似于在土耳其境内购置房屋，终止海外经营活动和在土耳其境内获得重大社会和经济利益，均可用于判定是否在土耳其境内居住。

不适用于上述在土耳其境内超过 6 个月被认定为居民纳税人的情况是：在土耳其短暂停留或从事预先安排活动的商人、科学家、专家、政府人员、记者，以及在土耳其学习、就医、休假和旅游的人员。即便上述人员在一个日历年度中停留超过 6 个月，也视为非居民纳税人。

一般情况下，即使个人根据法律被视为非居民纳税人，也能基于非居民纳税人的身份适用土耳其双边税收协定。该规定会影响非来源于土耳其的收入在来源地国家的征税。

应税收入。

土耳其针对不同来源的收入加以汇总计算个人所得税，实行统一税收制度。根据统一税收制度，预提所得税视为预付税款，且能够从个人所得税年度申报中的应缴税款中扣除。居民和非居民来源于土耳其的收入分为以下类别：

▶ 商业收入

▶ 农业收入

▶ 雇佣收入（报酬）

▶ 自营收入

▶ 不动产（包括特别使用权）的收入

▶ 资本投资收益（股息和利息）；以及

▶ 其他收益和利得（资本利得）

（二）社会保险

土耳其以前的社会保险系统是由三种基于各自法律规范设立的机构组成。这些机构分别为社会保险机构（适用于私营企业雇员）、保险基金（适用于国营企业雇员）和 BagKur（适用于自营个人）。自 2008 年 10 月 1 日起，社会保险和一般医疗保险第 5510 号法案统一了三种社会保险制度。根据该法案，所有私营企业的雇员均须加入公司社会保险制度。该制度涵盖了工伤、疾病、一般社会保险、残疾和死亡。同时，该法案还对退休金进行了规定。雇主和雇员根据该法案中的上限和下限，基于工资收入总额和不同费率计算应缴社会保险费。在 2015 年 1 月 1 日至 2015 年 6 月 30 日间，需缴纳社会保险费的月收入上限为 7809. 90 里拉，需缴纳社会保险费的月收入下限为 1201. 50 里拉。2015 年 7 月 1 日至 2015 年 12 月 31 日间，需缴纳社会保险费的月收入上限为 8277. 90 里拉，需缴纳社会保险费的月收入下限为 1273. 50 里拉。雇员承担的费率为 14% 。雇主承担的费率为 20. 5% 。在符合一定条件的情况下，雇主承担费率中的5%可以向土耳其财政部的秘书处报销。雇员和雇主承担的失业保险费率分别为1%和2%。在原所在国已缴纳社会保险费的雇员能够提交相关外国社会保险机构的法定文件，那么可以免缴土耳其社会保险费。

为避免社保费的重复缴纳，确保社会保险的覆盖率，土耳其已与以下国家/地区签订双边社会保险互免协定，具体条款根据协定各不相同。

阿尔巴尼亚	丹麦	挪威
奥地利	法国	魁北克
阿塞拜疆	格鲁吉亚	罗马尼亚
比利时	德国	塞尔维亚
波斯尼亚－黑塞哥维亚	瓜德罗普岛	斯洛伐克
保加利亚	意大利	斯洛文尼亚
加拿大	利比亚	瑞典
克罗地亚	卢森堡	瑞士
捷克	马其顿	英国
	荷兰	

同时，土耳其也加入了欧洲社会保险协议。根据协议第15－1/a章的规定："缔约国一方企业的正式员工被派遣至该缔约国另一方为本企业进行特定的工作，如果工作的时间不超过12个月，且雇员并非替代之前的员工，则可在原雇用国家缴纳社会保险费。然而，如果由于不可预见的原因导致工作时间超过12个月，那么在该员工的派遣结束之前都适用原雇用国的法律。"

泰国税制介绍

一、企业相关税项

（一）概览

外商在泰国可被允许进行的投资形式多样，包括设立全资控股子公司、在合资企业以及其他泰国法人实体中持股、设立分支机构或办事处。

表1　　企业相关税项

税种	适用税率（%）	
企业所得税	20	
资本利得税	20	
分支机构所得税	20	
预提税	国内税法	与中国签订的双边税收协定（1986年）①
股息	10	10
其他利息	15	10
专利权、专有技术等特许权使用费	15	15
分支机构利润汇出税	10	
与泰国签订双边税收协定的国家/地区数量	截至2016年1月1日，泰国已与62个国家/地区签订双边税收协定	
资本弱化		
债资比	没有官方规定的债资比	

续表

税种	适用税率（%）
税务亏损	（年限）
向以前年度结转年限	0
向以后年度结转年限	5
增值税	
标准税率	7
低税率	零税率或免税
对于金融服务业和房地产业的特定营业税	适用不同税率

注：①中国与泰国目前执行的税收协定签订于1986年10月27日。

（二）企业所得税

泰国的居民企业应就其全球收入缴纳企业所得税。泰国的居民企业是指在泰国注册成立的企业。外国企业的分支机构仅需就其来源于泰国的所得在泰国缴纳企业所得税。

1. 企业所得税税率

泰国居民企业和外国企业的分支机构均需按照企业应纳税所得额的20%缴纳企业所得税。

在泰国当地注册成立的企业，且实收资本不超过500万泰铢、年收入不超过3000万泰铢的，适用0%、15%和20%的企业所得税累进税率。

2. 税收优惠

在泰国设立国际总部（IHQs）、财务中心（TCs）或国际贸易中心（ITCs），如满足一定条件，可享受税收优惠。

国际总部：国际总部向符合条件的境外关联企业提供支持性服务取得的收入，以及提供/授予知识产权取得的许可证费用可免除泰国企业所得税。国际总部从符合条件的当地关联企业取得的服务费和许可证费用可按10%的低税率缴纳企业所得税。

财务中心：经泰国银行认证的国际总部财务中心取得的利息收入，以及财务中心向符合条件的境外关联公司提供财务服务取得的收入可免除泰国企业所得税。财务中心从符合条件的当地关联企业取得的利息收入和财务服务费可按 10% 的低税率缴纳企业所得税。

国际贸易中心：国际贸易中心从泰国境外供应商购买商品并销售给泰国境外顾客（境外 – 境外交易）取得的收入，及其相关服务取得的服务费，可免除泰国企业所得税。

3. 资本利得

资本利得被认定为一般的营业收入，应缴纳所得税。

4. 企业所得税申报管理

企业所得税申报表及经审计的财务报表须在会计年度结束后 150 天内向税收部门报送。企业所得税缴款应在申报日缴纳完毕。年中（中期）税务申报表须在会计年度上半年结束后的两个月内申报，同时缴纳税款。上市公司、金融机构及经税务局局长批准的公司可根据实际经营情况申报上半年的税款。其他公司根据预估年盈利的一半计算中期税款，无须提交经审计或审核的财务报表。中期税款可抵扣年终的应纳所得税额。

5. 股息

从居民企业获取的股息：通常，居民企业从其他居民企业处获取的股息的一半可从其应纳税所得额中扣除。然而，如果满足以下任一条件，则其所获的股息可以全额从应纳税所得额中扣除：

▶ 获取股息的公司为在泰国证券交易所上市的公司

▶ 如果股息派发公司并未直接或间接持有获取股息公司的股权，获取股息的公司须持有股息派发公司至少 25% 的股权

如果相关股权于股息获取前的至少三个月购买，并且股息获取后的三个月内未出售相关股权，则适用上述规定。

从外国公司获取的股息：如果泰国公司持有一家外国公司至少 25% 的股权，其可将获取的股息从应税所得中扣除，但应满足一定条件，即截至股息获取日，该公司已持有该外国公司股份至少六个月，该外国公司就产生股息的所得缴纳至少 15% 的所得税。

6. 境外税收抵免

截至 2016 年 1 月 1 日，泰国已与 62 个国家和地区签订了双边税收协定。

通常情况下，根据双边税收协定，境外税收抵免限额为已缴纳的外国税款与应交泰国税款两者的孰低值。

在非协定国家/地区缴纳的外国税款可抵免泰国税款，但是前提为外国的税款符合相关条件，抵免限额为以外国所得所适用的泰国税种计算出的泰国税款。如果外国税款未用于抵免，则其可能在企业所得税税前列支。

7. 交易收入的定义

企业所得税以经审计的财务报表为基础，并作相应的税务调整。通常，全部且专门用于产生收入而发生的成本费用可税前抵扣。然而，准备金（如坏账准备或存货跌价准备等）或折旧在实际发生之前不得在企业所得税前扣除。

存货——存货应当以成本或市价两者间孰低的原则进行计量。存货成本可使用公认的会计方法进行计量。计价方法一经选定，一般不得变更，若需变更，应事先获取税务局局长的批准。

折旧与备抵摊销——公司可按照公认的会计方法对固定资产进行折旧，前提是所选方法的折旧年限不少于最低法定年限。然而，折旧方法一经选定，一般不得变更，若需变更，应事先获取税务局局长的批准。表 2 列示了部分主要固定资产的法定最低折旧年限。

表 2　　部分主要固定资产的法定最低折旧年限

资产	法定最低折旧年限
房屋建筑物	20 年
办公家具、固定设备、机械、设备及机动车辆	5 年
商标、商誉、执照、专利及版权（包含软件）	整个使用期限（如不存在使用期限则为 10 年）
计算机硬件及操作软件	3 年

8. 税务亏损

通常税务亏损可以向以后年度结转，结转年限为五年。税务亏损不得向以前年度结转。

9. 合并纳税集团

泰国税法没有合并纳税的概念，即将同一集团的公司视为一个纳税实体进行合并纳税申报。每家独立的公司均须申报各自的企业所得税并缴纳相应的税款。

（三）增值税

1. 增值税范围

增值税适用于下列交易：

▶ 由纳税人提供的在泰国境内消费使用的商品或服务

▶ 向泰国境内进口商品或服务

▶ 从泰国境内向境外出口商品或服务

增值税纳税人是指以下任一实体或个人：

▶ 在泰国从事经营活动的商品出售方

▶ 在泰国从事经营活动的服务提供方

▶ 商品及服务的进口方

▶ 法律认定为从事贸易活动的个人，例如在泰国境内出售商品或提供服务的外国企业的本地代理商

2. 增值税注册登记

增值税的注册登记应在收入超 180 万泰铢后的 30 天内或经营活动开始前进行。从事贸易活动的海外个人或实体如果在泰国境内将开展至少为期一年的经营活动、或从事由外国贷款或资助的政府项目至少为期 3 个月的情况下，应进行增值税注册登记。

3. 自愿注册登记

如果企业的营业额低于增值税登记限额（即年收入 180 万泰铢）时，企业可自愿选择进行增值税注册登记。企业也可以选择在进行应税活动之前注册登记增值税。

4. 反向征税机制

如果海外服务提供者或商品供应商临时在泰国境内从事经营活动，或在海外向泰国境内服务接受方提供服务，但并未登记为泰国增值税纳税企

业，那么泰国境内商品或劳务的接受方须自行评估应缴的增值税，并向泰国税务机关缴纳。税款最迟须在收款次月的第 7 天缴纳。如果接受商品和服务的客户在泰国是增值税纳税人，那么可用所缴纳的增值税抵扣销项增值税。

5. 豁免登记

从事增值税应税活动的企业不适用增值税豁免登记。然而，特定的经营活动可免征增值税。

6. 注销登记

终止经营的公司应当自终止经营日起 15 日内至税务机关进行增值税注销登记。

7. 逾期登记处罚

未进行增值税登记的企业会受到处罚。处罚金额为未进行增值税登记期内每月应交增值税税额的 200%。

8. 纳税义务发生时间

确定缴纳增值税的时间称为“纳税义务发生时间”或“纳税时点”。

提供商品的纳税时点为商品的交付时间，除交付前发生以下任一事项外：

► 所有权转让

► 收到款项

► 开具税票

提供服务的纳税时点为收到款项当日，除交付前发生以下任一事项外：

► 开具税务发票

► 在免费提供服务的情况下，服务提供方或其他接受方使用服务时

进口商品的纳税时点为商品进口时，即清关时。

出口商品的纳税时点为出口关税支付时，如果商品免征关税，则为商品清关时。

9. 增值税抵扣

纳税人出于商业目的购买商品或接受服务产生的增值税可以作为进项税

抵扣，一般用来抵扣销项税额。

增值税进项税包含对于在泰国境内购买商品或接受劳务征收的增值税、进口到泰国境内商品缴纳的增值税以及反向征收中自行评估的增值税。

出于非商业目的购买的商品及服务（如企业家用于购买个人用途的商品）不适用增值税进项税抵扣。此外，营业支出中的部分项目也不适用进项税退税。

未在泰国设立场所的企业（即外国法人实体）发生的增值税仅在该公司登记为泰国增值税纳税企业时可实行进项税抵扣。

（四）其他事项

1. 转让定价

根据泰国财政部颁布的转让定价指导，所有的销售或服务均应当按照公平交易原则，且纳税人需编制并保留证明价格公允的同期资料。可接受的转让定价方法包括可比非受控价格法、再销售价格法、成本加成法和其他国际通用方法。

如果纳税人无法证明税务机关质询的交易是按照公平交易原则进行的，则可能需要缴纳额外的税款。关联方之间的交易需接受特别审查。

2. 外汇管制

商业银行在收到相关的支持文件后，一般可以处理所有的外汇交易。

二、个人相关事项

（一）个人所得税

所有居民与非居民个人应就来源于泰国的收入缴纳个人所得税（PIT）。泰国居民的个体经营收入和汇回泰国的海外营业收入应缴纳个人所得税。一个日历年度内在泰国连续或累计居住满 180 天的外国个人即被认定为泰国居民。泰国居民的海外收入如在取得收入当年汇回泰国也需缴纳个人所得税。

1. 应税收入

应税收入由可征税的收入、可扣除的费用和补贴组成。各类应税收入列示如下。

（1）雇佣收入

雇佣所得的各项收入，除法律明确免税的，均属应税收入。雇佣所得应税收入包括工资、薪金、津贴、奖金、奖励金、赠品、董事费、养老金、租房补贴、雇主提供的免费住房相应的货币价值，以及雇主为员工支付并承担的个人所得税。

免税收入包括医疗费用及员工专门为履行工作职责时发生的差旅费用。此外，雇主为员工向在泰国的保险公司支付的集体医疗保险费，如果集体保单不超过一年，则属于免税收入。自2006年4月25日起，员工因退休、残疾或死亡终止雇佣关系所收到的公积金收入，根据特定条件可免于缴纳个人所得税。

（2）个体经营收入和营业收入

应税个体经营收入和营业收入为应税收入减去可扣除的费用和补贴。一般情况下，各类收入除法律明确免除的以外，均属应税收入。

（3）投资所得

利息、股息和其他投资所得均需按规定缴纳个人所得税。定居泰国的个人从在当地成立的企业获得的股息收入可享受税收抵免。

抵免按照下列公式计算：

$$\text{税收抵免} = \frac{t}{100 - t} \times \text{获取的股息}$$

在上述公式中，t 为派发股息的企业适用的企业所得税税率。

2. 资本利得

股权转让所得一般应缴纳个人所得税。但转让泰国证券交易所上市证券的所得可以享受免税。房地产转让所得应缴纳个人所得税，根据持有年限，可按标准扣除一定费用。贸易或商用房地产销售转让也需要缴纳所得税。

员工因雇主免费或以优惠价格提供的股权而获得的收益属于应税收入。应税所得为员工所支付价格（如适用）与股权的公允价值之间的差额。

3. 抵扣

（1）可扣除费用

应税收入的40%（最高可达6万泰铢）可在工资薪金前扣除。个人抵扣和补贴适用于在泰国工作的外派人员。表3的补贴允许在计算净应税收入时抵扣。

表3　　允许在计算净应税收入时抵扣的补贴

补贴	金额
个人补贴	30000泰铢
配偶补贴	30000泰铢
子女补贴	每个子女15000泰铢（最多3个子女，并满足特定条件）
教育津贴	每个在泰国上学的子女2000泰铢（最多3个子女）
赡养补贴	每人30000泰铢（并满足特定条件）
寿险补贴	最高100000泰铢（并满足特定条件）
父母医疗保险补贴	最高每人15000泰铢（并满足特定条件）
公积金补贴	最高500000泰铢（不得超过应税收入的15%）
退休金共同基金	最高500000泰铢（不得超过应税收入的15%；退休金补贴和公积金补贴总额应满足特定条件）
长期基金	最高500000泰铢（不得超过应税收入的15%）
利息补贴（房贷）	最高100000泰铢（并满足特定条件）
捐款补贴	最高为应税收入的10%
社会保险基金补贴	实际金额（基本工资的5%，最高每年9000泰铢）
配偶/父母残疾补贴	每个子女60000泰铢（需满足特定条件）

（2）业务抵扣

根据收入类型，某些费用可全额或部分扣除。某些费用可按标准抵扣。表4所示为特定类型收入的扣除比例。

表 4 特定类型收入的扣除比例

收入类型	扣除比例
服务收入	40%，最高 60000 泰铢
版权收入	40%，最高 60000 泰铢
商誉或其他权益收入	无
股息	无
租金收入	10%～30%，或按实际金额
自由职业收入	30%～60%，或按实际金额
工作收入	70%或实际合同费用
其他业务、商业、农业、工业和交通费用收入	比例各不相同，或按实际金额

（3）税率

个人所得税根据表 5 所示累进税率对于个人的净应税收入征税。

表 5 累进税率

应税收入		
超过（泰铢）	不超过（泰铢）	税率（%）
0	150000	0
150000	300000	5
300000	500000	10
500000	750000	15
750000	1000000	20
1000000	2000000	25
2000000	4000000	30
4000000	—	35

（二）社会保险

社会保险缴款比例为 5%，基数上限为每月 15000 泰铢。因此，社保缴款上限为每月 9000 泰铢。

越南税制介绍

一、企业相关税项

（一）概览

表 1　　企业相关税项

税种	适用税率（%）	
企业所得税	22%（标准税率，从 2016 年 1 月 1 日起降至 20%） 例外：油气开采开发以及稀有自然资源的开发适用税率是 32% ~50%	
资本利得税	▶22%（从 2016 年 1 月 1 日起降至 20%） ▶外国投资者的有价证券转让（如上市公司的股票）需就所有转让价款按 0.1% 缴税	
分支机构所得税	22	
预提税	国内税法	与中国签订的双边税收协定
股息	0	10
利息	5	10
特许权使用税	10	10
分支机构利润汇出税	0	
与越南签订双边税收协定的国家/地区数量	截至 2015 年 1 月 1 日，越南已与 65 个国家/地区签订双边税收协定，其中包括与 7 个国家已签订但尚未执行的税收协定	

续表

税种	适用税率（%）
利息抵扣的限制条款	
利息抵扣	以下利息费用不可税前扣除： ▶ 如果股权投资款未到位，其所对应的借款利息不可税前扣除 ▶ 向非信贷机构或者经济组织借款所发生的利息费用，如果利息率超过同期越南国家银行基准利率的 150%，则该利息费用不可税前扣除
税务亏损	（年限）
向以前年度结转	0
向以后年度结转	5
增值税	
标准税率	10
提供必需的商品和服务（如水、药品、民用住房的租售等）	5
免税商品（如初级农业产品、牲畜、资本转让等）	0
外国承包商	3/5/7
出口商品和服务	0
其他重要税种	
特殊消费税（如香烟、啤酒、白酒、机动车辆等）	10 ~ 70
由雇主和/或雇员缴纳的社保，健康和失业保险	1 ~ 18
外国承包商税	1 ~ 10
土地使用税（每年征收，土地面积乘以单价）	不同地区税率不同
环境税（石油、润滑油、煤炭、可征税塑料袋等）	不同产品税率不同
自然资源税	1 ~ 35

（二）企业所得税

下列企业需缴纳越南企业所得税：

▶ 根据相关的越南法律成立的企业

▶ 从事商业活动的公共和非公共组织

▶ 根据合资合作法建立的组织

▶ 依照国外法律成立的在越南构成常设机构的企业

▶ 其他从事生产和商业活动并产生应税收入的组织

1. 企业所得税税率

除非适用税收优惠，现行的企业所得税税率是22%（2016 年降至20%）。对从事油气的开发开采以及稀有自然资源开采的公司适用税率从 32% ~50%，具体税率取决于具体的项目以及商业发展情况。

2. 资本利得税

股票买卖或者股权转让所得需要缴纳22%的资本利得税（从2016年1月1日起，该税率将降至20%）。资本利得等于转让价款减去购买价格和转让发生的费用。外国投资者转让有价证券（如上市公司的股票），无论是否有转让增值，均需就转让价款总额按0.1%的税率缴纳资本利得税。

3. 税务亏损

税务亏损可向以后年度结转，用以弥补以后年度产生的利润，结转年限为五年。亏损必须在以后连续的五年结转（包括适用税收优惠的年度）。税务亏损不可向以前年度结转。

4. 利息抵扣的限制

以下的利息费用不可税前扣除：

▶ 如果股权投资款未到位，其对等数额的借款发生的利息不可税前扣除

▶ 向非信贷机构或者经济组织借款所发生的利息费用，如果利息率超过同期越南国家银行基准利率的150%，则该利息费用不可税前扣除

5. 税务申报

企业一般采用日历年作为税务年度。拥有特殊经营特点的企业可以选择为期12个月的财年作为税务年度，但必须告知当地的税务部门。企业必须在每季度结束后的30天之内缴纳季度企业所得税，在税务年度截止后的90天内申报年度企业所得税并缴纳剩余税款。

6. 股息

股息和分支机构利润汇出均无须缴纳股息预提税。

7. 预提税

自2012年3月1日起，根据贷款协议向境外支付的利息适用5%的利息预提税。向外国法律实体就技术转让和许可支付的特许权使有费适用10%的预提税税率。

8. 税收优惠

（1）优惠税率

越南政府鼓励的行业或地区内符合条件的外国投资项目可以享受10%或者20%（从2016年1月1日起降至17%）的企业所得税优惠税率：

► 在社会经济条件极其困难的地区或经济和高新技术开发区投资的新项目，从事科学研究及高新技术开发，投资国家重要基础设施、再生能源、清洁能源、废弃物再生能源、发展生物技术或环境保护，大型生产项目（如果满足一定条件），自取得第一笔收入起的15年内享受10%的优惠税率

► 从事教育培训，医疗保健、文化、体育、环境、社会住宅、林业、农业、渔业、产盐、出版等行业的企业可在经营的全部期间享受10%的优惠税率。享受此优惠税率需要满足首相另行颁布的详细条件

► 从事优质钢铁或节能产品生产的新投资项目，农业、林业、水产业和产盐业的机器设备的生产和灌溉设备的生产，从事传统贸易的发展等企业，可自取得第一笔收入起的10年内享受20%（从2016年1月1日起降至17%）的优惠税率

► 人民信贷基金和根据越南信贷机构法成立的微型金融机构可在其所有经营期间享受20%（从2016年1月1日起降至17%）的优惠税率

（2）税收减免

以下收入可享受最多4年的企业所得税免税优惠以及之后最多9年的企业所得税应纳税额减半征收的税收优惠：

► 在社会经济条件极其困难地区或者经济和高新技术开发区的新投资项目收入，或者从事符合条件的科学研究以及高新技术产业的新投资项目收入

► 满足一定条件的情况下，总投资至少为6万亿越南盾的生产型新投资

项目收入（不包括需缴纳特殊销售税的项目以及矿业开采项目）

▶ 满足一定条件的情况下，大型制造业项目（不包括需缴纳特殊销售税的项目以及矿业开采项目）

▶ 新成立的从事教育培训，医疗保健，文化、体育、环境等行业的企业

以下收入可享受 2 年的企业所得税免税优惠以及之后最多 4 年的企业所得税应纳税额减半征收的税收优惠：

▶ 在工业区或社会经济条件极其困难的地区投资的新项目收入

▶ 从事优质钢铁或节能产品的生产

▶ 农业，林业，水产业和产盐的机械设备的生产，灌溉设备的生产，从事传统贸易的发展等

（三）增值税

除非特殊规定为非应税商品和服务，用于越南境内生产、经营和消费的商品和服务为增值税应税商品和服务（包括进口的商品和服务）。在越南境内生产和销售应税商品和服务，以及进口应税商品和服务的单位和个人为增值税的纳税人。

1. 增值税税率

法定税率是 10%。5% 的税率适用于必需品，例如水、药品、医疗器材、教育工具、农产品以及可供租售的民用住宅等。

零税率适用于出口的商品和服务，包括国际电信和邮政服务、向境外转让技术和知识产权、境外再保险业务、信贷服务、资本转让、衍生金融服务以及矿产和其他未加工的天然资源等。

某些商品和服务免征增值税，一般适用于无法抵扣进项税的商品和服务，例如初级农产品、牲畜、土地使用权、资本转让及医疗服务等。

2. 海外承包商

在越南境内提供商品和服务的海外承包商适用的核定增值税税率如下：

▶ 销售商品（与合同中的服务价值分列）：免税

▶ 服务（石油钻井服务除外）、机器和设备租赁以及保险服务：5%

▶ 石油钻井服务：7%

▶ 建筑及安装服务（提供材料和设备）：3%

▶ 建筑及安装服务（不提供材料和设备，或者材料和设备被分包）：5%

▶ 销售机器和设备并提供安装、培训、操作和试操作服务（合同中每项服务的价格没有分列）：3%

▶ 交通、生产以及其他：3%

▶ 海外承包商应缴纳的增值税由越南合同方代扣代缴，海外承包商已在越南进行了税务登记的除外

3. 已登记纳税人的增值税返还

（1）可抵扣的进项税

纳税人购进货物或者接受应税劳务用于生产或销售应税商品和服务而支付的增值税额，可申报进项税抵扣。纳税人可用进项税额抵扣其销项税额（销售商品和提供服务缴纳的增值税），抵减后的差额为增值税应纳税额。申请进项税抵扣需提供银行支付凭证，购入价格低于 2 千万越南盾的除外。

（2）不可抵扣的进项税

纳税人购进货物或者接受应税劳务用于非增值税应税项目的进项税额不得从销项税额中抵扣。另外，与生产经营无关或不符合法定支付方式的费用相应的进项税额也不得抵扣。

（3）越南境内无机构场所的企业的增值税返还

增值税返还只有在销项税额抵扣进项税额后的余额部分可以退税返还。如果采用越南会计准则或混合税制并满足某些账簿及税务登记要求，在越南境内无机构场所但在越南进行经营活动或有来源于越南的收入的海外承包商也可申请增值税返还。

（4）增值税的发票和抵扣凭证

纳税人应就其所有的应税交易提供发票，包括出口交易。进项税抵扣需以合法增值税发票作为凭证。

（5）增值税的申报和缴纳

企业一般需要按月申报并在下月 20 日之前缴纳增值税。也可按季（如果纳税人上一年度收入低于 2 千万越南盾）、按次或核定申报。

（四）其他事项

1. 转让定价

越南税务机关可能会按照国内或者国际的市场价格对交易价格进行重新核定。其价格核定方法与OECD发布的指引基本一致。

关联企业交易的申报必须连同年度企业所得税汇算清缴申报表在年度结束后90天之内上报给税务机关。同期资料文档必须按年准备，并需要在税务机关书面要求后30个工作日之内上交。

2. 外汇管制

有外国投资的企业必须在越南国家银行批准的本地银行开立专门的外币或者越南盾账户。所有外汇交易（如海外支付或海外汇款）都必须遵循越南国家银行的规定。

如果商业银行有足够的外汇储备，有外资和海外关联方的企业可以从该商业银行购买外汇，以进行即时交易或者其他被允许的交易。政府可能为极其重要的投资项目提供外汇担保或者向基础设施建设和其他重要项目的投资人保证外汇的充足性。

二、个人相关事项

（一）个人所得税

根据自2013年7月1日起生效的个人所得税法，取得应税收入的居民及非居民个人为个人所得税纳税人。

下列个人将被视为居民纳税人：

▶ 在连续12个月或一个公历年度中在越南境内居住累积超过183天（从入境第一天开始计算，入境和出境共算一天）的个人

▶ 在越南永久居住的个人，包括持有永久或暂时居住证的外国人

▶房屋租赁合同中租赁期间等于或多于183天的个人。租赁期间为一个纳税年度内不同地方租期的总和，包括宾馆、汽车旅馆、工作场所和办公室

在上述第二和第三种情况下，如果个人在越南境内有住所，但是其在一个纳税年度内在越南境内停留少于183天并且可以证明他/她是另一国的居民纳税人，则他/她在当年可以被视为非居民纳税人。

居民纳税人需要就其在全球所得缴税，而非居民纳税人只需就其来源于越南的所得缴税。

根据个人所得税法，以下十类个人所得需要缴纳个人所得税：

▶个体工商户的生产、经营所得

▶工资、薪金所得

▶资本投资所得

▶资本转移所得

▶财产转让所得

▶特许权使用费所得

▶特许经营权所得

▶获奖所得

▶遗产继承所得

▶礼品所得

税率：表2列示了居民纳税人工资薪金所得及个体工商户生产、经营所得的累进税率。根据表2，需将应纳税所得乘以税率再减去调整项来计算应交税额。

表2　　累进税率

个人每月平均应税所得（千越南盾）	不超过（千越南盾）	税率	调整项（千越南盾）
0～5000	5000	5%	0
5000～10000	10000	10%	250
10000～18000	18000	15%	750
18000～32000	32000	20%	1650
32000～52000	52000	25%	3250
52000～80000	80000	30%	5850
80000以上	—	35%	9850

表3中的固定税率适用于工资薪金所得及个体工商户生产、经营所得以外的其他居民纳税人所得。

表3　　固定税率

所得类型	税率
资本投资所得	5%
特许权使用费和特许经营权所得（超过1000万越南盾）	5%
获奖所得（超过1000万越南盾）	10%
遗产继承所得（超过1000万越南盾）	10%
资本转让所得	20%
财产转让所得	25%

表4中的税率适用于非居民纳税人。

表4　　非居民纳税人税率

所得类型	税率
工资、薪金所得	20%
个体工商户生产、经营所得： ► 销售商品 ► 提供服务 ► 生产、建筑、交通及其他	 1% 5% 2%
资本投资所得	5%
特许权使用费和特许经营权所得（超过1000万越南盾）	5%
获奖所得（超过1000万越南盾）	10%
资本转让所得	0.1%
财产转让所得	2%

（二）社会保险

表5是雇主和职工对于社会保险、医疗保险和失业保险（以下简称“三险”）的法定缴费率。

表 5　雇主和职工对于社会保险、医疗保险和失业保险的法定缴费率

	社会保险	医疗保险	失业保险
雇主	18%	3%	1%
雇员	8%	1.5%	1%
总计	26%	4.5%	2%

三险的法定缴费率是以劳动合同规定的工资薪金为基础计算的。然而，该工资薪金不能超过政府规定的最低工资薪金的 20 倍。从 2013 年 7 月 1 日起，计算三险的最高工资薪金为 2300 万越南盾（最低工资薪金 115 万越南盾的 20 倍）。最低工资薪金将根据政府的决策逐年进行调整。

社会保险和失业保险不适用于外国人。与越南企业签订 3 个月及以上劳动合同的外国人必须缴纳越南医疗保险，其缴费率和工资薪金基准与越南居民纳税人相同。

（三）税款申报和支付流程

单位和个人必须从支付给居民纳税人和非居民纳税人的工资薪金、资本投资所得、资本转让所得（包括证券转让）、特许权使用费所得、特许经营权所得和获奖所得中代扣代缴个人所得税。

工资薪金必须在下个月的 20 日之前按月申报和缴纳。如果支付工资薪金的单位和个人每月的应纳税额少于 5000 万越南盾，则该代扣代缴人无需按月进行纳税申报，可在下一个季度的第一个月的 30 日前按季进行纳税申报。

个人取得来源于海外的工资薪金需要按季进行纳税申报。上述个人还需进行年度汇总申报，汇总后应补缴的个人所得税必须在第一个纳税年度或公历年度结束后的 90 天内付清。

个人取得的遗产继承或接受礼物所得必须在每次产生所得时进行纳税申报。在遗产或捐赠资产的所有权或使用权转移时，纳税人必须进行纳税申报。

居民纳税人取得来源于海外的收入、工资薪金所得和生产经营所得，需要按季或按年进行申报。其他种类的所得（资本投资所得、资本转让所得、财产转让所得、特许权使用费所得、特许经营权所得和获奖所得）必须在产生或收到所得后的 10 天内进行申报。

马来西亚税制介绍

一、企业相关税项

（一）概览

表 1　　　　企业相关税项

税种	适用税率	
企业所得税	▶ 企业所得税的法定税率为 24% ▶ 对于符合实收资本等于或小于 250 万马币及其他条件的居民企业，第一笔不超过 50 万马币的应纳税所得额适用税率为 19%，剩余应纳税所得额适用税率为 24%	
资本利得税	▶ 资本收益不征税 ▶ 出售位于马来西亚的物业取得的收益和出售与重大房地产利益息息相关的受控公司取得的收益需要缴纳房产利得税	
预提税	国内税法	与中国的税收协定
股息	0%	0%
利息	15%	10%
特许权使用费	10%	10%
分支机构利润汇出税	马来西亚所得税法没有对分支机构利润汇出的税率做出规定	
与马来西亚签订双边税收协定的国家/地区数量	截至 2016 年 1 月 1 日，马来西亚已与全球 70 多个国家/地区签订双边税收协定	
资本弱化		
债资比	无具体规定	
税务亏损	（年限）	
向以前年度结转年限	不适用	

续表

税种	适用税率			
向以后年度结转年限	无年限限制			
消费税（GST）				
法定税率	6%			
销售生活必需食物	0%			
畜牧业产品供应	0%			
供应给国内用水	0%			
提供国际服务	0%			
出口产品（在零税率清单上的）	0%			
雇员的社保	对于马来西亚公民，雇主和雇员都需要缴纳马来西亚的社会保险供款，是强制性的。社会保险采用不同的缴款比例供款。 对马来西亚公民的雇员必须缴纳雇员公积金。雇员公积金是马来西亚为员工提供养老退休的法定储蓄计划。法定的缴款比例为月工资的23%或24%。如果雇员的每月工资在5000马币以上，雇主按12%的比例缴纳；如果雇员的每月工资不到5000马币，雇主按13%的比例缴纳。雇员按每月工资的11%供缴			
员工个人所得税（由雇主代扣代缴）				
包括马来西亚居民和外国居民	应税收入（马币）	税率（%）	应纳税款（马币）	累计应纳税款（马币）
	最初的5000	0	0	0
	其次的15000	1	150	150
	其次的15000	5	750	900
	其次的15000	10	1500	2400
	其次的20000	16	3200	5600
	其次的30000	21	6300	11900
	其次的150000	24	36000	47900
	其次的150000	24. 5	36750	84650
	400000以上	25	—	—

（二）企业所得税

1. 企业所得税

纳税人为居民企业和非居民企业。马来西亚税法规定，居民企业和非居民企业应对来自于马来西亚的所得纳税。居民企业中涉及银行、保险、船运和空运的企业，应就其来自全世界的所得纳税。居民企业指其实际管理权和控制权在马来西亚的企业，注册地是否在马来西亚不决定一个企业是否被认定为居民企业。

2. 企业所得税税率

企业所得税税率为24%。对于符合实收资本等于或小于250万马币及其他条件的居民企业，对于第一笔不超过50万马币的应纳税所得额适用税率为19%，剩余应纳税所得额适用税率为24%。该累进税率不适用于以下情况，即若该公司直接或间接地控制或受控于另一家实收资本大于250万马币的企业，或该公司直接或间接的关联方企业，其实收资本大于250万马币。

3. 不动产转让所得

出售不动产：出售不动产的转让所得需缴纳不动产所得税。从2014年1月1日开始，处置持有3年内的不动产适用税率为30%；处置持有4年内的不动产适用税率为20%；处置5年内的不动产适用税率为15%；处置持有6年及以上的不动产适用税率为5%。

4. 企业所得税计算

经营所得须依据已审财务数据计算确定。非居民企业应根据马来西亚公司法准备其在马来西亚的分支机构的财务报表。完全与生产经营相关的成本费用允许在税前扣除，其中：

► 会计确认的账面固定资产折旧不得在税前扣除，仅允许法定资本性资产折旧在税前扣除。例如，对于工厂和机器设备，首年折旧为20%，之后每年扣除认可成本的10%～20%；对于工业性房屋建筑物，首年折旧为10%，之后每年扣除认可成本的3%；对于交通工具，每年扣除认可成本的20%；对于办公设备，首年折旧为20%，之后每年扣除认可成本的10%

► 员工度假差旅费支出不得在税前扣除

► 业务招待费可能有扣除限额，但某些特殊情况下，业务招待费可以申请全额扣除

► 一般的准备金、预计未来亏损的储备金及预计负债不得在税前扣除

► 特定行业加计扣除，包括参与经许可的交易会、展览的费用、海外分

支机构的维持费用及研究与开发费用可以双倍扣除

5. 税务亏损

当年经营亏损可用于抵减当期其他经营所得以及投资或资产所得。未使用的经营亏损可以往以后年度无限期结转，但只能冲抵经营所得。

6. 股息

公司、合伙企业，包括在经济特区设立的企业向马来西亚居民、非马来西亚居民，以及在马来西亚设有常设机构的非马来西亚居民支付股息时不需要缴纳股息预提税。

7. 预提税

▶ 股息不征收预提所得税

▶ 非居民企业取得的来自于马来西亚的利息收入，适用税率为15%，批准贷款的利息不征预提所得税

▶ 非居民企业取得的来自于马来西亚的特许权使用费收入、特定的服务收入，以及在马来西亚使用有形动产的收入，适用税率为10%

▶ 非居民企业取得的马来西亚船运公司支付的船舶租赁收入（限于程租船、期租船和无条件租船），可免征预提所得税。对于非居民企业取得的来源于马来西亚的其他收入，包括佣金、担保费收入等，适用税率为10%（除非该些其他收入为营业利润）

对于同马来西亚签订了双边税收协定的国家/地区，该国居民源于马来西亚的所得有可能享受更低的预提所得税税率。根据马来西亚与中国签订的税收协定，中国企业从马来西亚取得的利息收入按不超过利息总额的10%征收预提所得税。

（三）货物与劳务税

1. 货物与劳务税

在马来西亚境内提供货物与劳务（包括进口至马来西亚的劳务及货物与劳务税项下任何供应）以及进口的货物需要缴纳货物与劳务税。纳税义务人：

货物与劳务税的纳税义务人（经登记或应登记）是在马来西亚境内发生应税货物或劳务供应的单位或个人。

货物与劳务税的登记门槛是50万马币。年销售额达到或有可能达到50万马币的企业必须进行货物与劳务税登记。年销售额未达到上述标准的纳税人，符合规定条件的情况下，亦可自愿申请登记为“货物与劳务税纳税人”。

对于在马来西亚未设立固定经营场所的企业，如果其在马来西亚境内提供应税货物或劳务年销售额超过上述标准（即50万马币），同样有上述法定登记义务，并需委托马来西亚当地的税务代表协助完成登记。

2. 货物与劳务税税率

货物与劳务税的标准税率为6%。所有提供的货物与劳务都适用于该标准税率，零税率或免税的除外。出口货物与提供国际服务通常执行零税率政策。

零税率示例：

▶ 基本粮食（如米、盐、糖、面粉、食油）

▶ 基本药物

▶ 牲畜

▶ 每月首300单位家庭供电

▶ 国内用户的供水

▶ 国际业务

免税示例：

▶ 住家用途的土地或房产的销售、租赁

▶ 国内大众公共交通

▶ 收费高速公路

▶ 农业用途土地及一般用途土地（政府大楼及墓地）

▶ 私人医疗及部分教育服务

▶ 部分金融服务

3. 纳税人的货物与劳务税进项抵扣

经登记的货物与劳务税纳税人，在发生应税货物与劳务的过程中产生的进项税，且有相应的有效税务发票作为凭证支持，可以进行进项抵扣。如果当期进项税大于销项税，超过的部分可以退还纳税人。原则上，若为网上申报纳税申报表，在税务机关收到货物与劳务税纳税申报表之日起14

个工作日内，纳税人一般可以收到退税；若为人工提交纳税申报表，在税务机关收到货物与劳务税纳税申报表之日起28天，纳税人一般可以收到退税。

4. 发票和账单

经登记的货物与劳务税纳税人在提供标准税率服务时必须开具税务发票。为了得到税务部门的批准，可以选择在发票、收据或者任何类似的文件中选取一种作为简化的税务发票，简化的税务发票在获得税务部门批准下可以申请进项税抵扣。然而，若发票没有采购方的名称及地址，则该发票可抵扣的最大进项税额为30元马币。

如果应税货物或劳务发生退回或者需要调整款项的行为，销售方/服务提供方可以开具调整通知单以进行调整，但需要包含规定的事项，且必须列出原始货物与劳务税发票的编号及日期。

5. 出口证明

如果能提供货物从马来西亚出口的证明资料，则可适用货物与劳务税零税率政策。

6. 货物与劳务税的申报

经税务部门的批准，货物与劳务税纳税人按要求按月/季/或规定期间进行纳税申报。

（四）其他税务事项

1. 转让定价

马来西亚相关法规规定关联交易须遵循公平交易原则，并要求企业提供相应转让定价同期文档来证实转让定价符合公平交易原则。此外，企业在跨境交易中可以与税务机关事先约定关联交易的转让定价政策（即预约定价安排）。预约定价安排可以保证企业在进行纳税申报时避免税务机关对转让价格提出质疑并调整，进而产生潜在的罚款和滞纳金。

2. 外汇管制

马来西亚的外汇体系较为开放，非居民可以以林吉特或其他外国货币自由投资马来西亚，非居民企业向境外分派资本、利润、股息等不受外汇管制。在该居民的外汇借款不超过规定上限的前提下，非居民企业可以被允许借款（以外币为单位）给居民企业。

3. 油气开发和生产企业的特殊规定

企业所得税：油气开发和生产企业的所得应适用38%的石油收入税税率，此外适用于24%的企业所得税税率。如果在共同开发地区进行生产，首8年内免征石油收入税，之后的7年可以享受10%石油收入税税率，剩余年份按20%的税率缴纳。

二、个人相关事项

（一）个人所得税

1. 纳税义务人

马来西亚居民纳税义务人和非居民纳税义务人均就其来源于马来西亚的收入纳税。一般来说，居民纳税人是指在一个公历年度在马来西亚居留至少182天。对于在马来西亚居留不满182天的，该个人在达到某些特定的条件下也有机会被认定为居民纳税人。

2. 应税所得的确定

▶雇佣收入。因雇佣关系而取得的收入无论其雇佣合同及薪金发放地是否在马来西亚都属于应税收入，应税收入包括工资、薪金、假期补贴、佣金、奖金、津贴、额外补贴等。员工股票期权收入以及董事费收入也要征税。某些指定的福利补贴满足要求可以免税，例如因公务出差而发放的交通补助（一年6000马币）、伙食津贴、停车费、电话费和搬迁费等。

▶ 自雇收入及经营收入。所有来源于马来西亚的利润和经营所得都需要纳税。马来西亚居民纳税人来源于国外的收入汇款到马来西亚无需纳税。

▶ 投资收入。个人在批准机构的存款利息收入可以免税。

3. 资本收益

一般来说，资本收益不征税。然而，出售位于马来西亚的物业取得的收益和出售与重大房地产利益息息相关的受控公司取得的收益需要缴纳房产利得税。

4. 扣除项

可扣除费用：雇员的扣除项目通常包含特定的交通费和娱乐费用，以及专业书刊订阅费等。往返于工作场所和住所而产生的交通费不可抵扣。给当地政府机关或批准的机构组织的现金捐款可以税前扣除，满足指定条件的房屋贷款利息也可以扣除。

个人扣除额与免税额：马来西亚居民纳税人可以从总收入中扣除个人减免项目。在 2015 年纳税年度中，马来西亚居民纳税人享受的个人免税额包括配偶免税额（3000 马币）、残疾配偶免税额（3500 马币）、子女免税额（18 岁以下 1000 马币/人，18 岁以上 6000 马币/人）、残疾子女免税额（6000 马币/人）等。而非居民纳税人不享受所得税个人减免额。

5. 个人所得税税率

表 2 所示的累进税率适用于马来西亚居民纳税人。非居民纳税人适用 25% 的固定税率。

表 2　　　　累进税率

应税收入（马币）	税率（%）	应纳税款（马币）	累计应纳税款（马币）
最初的 5000	0	0	0
其次的 15000	1	150	150
其次的 15000	5	750	900
其次的 15000	10	1500	2400

续表

应税收入（马币）	税率（%）	应纳税款（马币）	累计应纳税款（马币）
其次的 20000	16	3200	5600
其次的 30000	21	6300	11900
其次的 150000	24	36000	47900
其次的 150000	24.5	36750	84650
400000 以上	25	—	—

（二）社会保险

对于马来西亚公民，雇主和雇员都需要缴纳马来西亚的社会保险供款，是强制性的。社会保险采用不同的缴款比例供款。

对马来西亚公民的雇员必须缴纳雇员公积金。雇员公积金是马来西亚为员工提供养老退休的法定储蓄计划。法定的缴款比例为月工资的 23% 或 24%。如果雇员的每月工资在 5000 马币以上，雇主按 12% 的比例缴纳；如果雇员的每月工资不到 5000 马币，雇主按 13% 的比例缴纳。雇员按每月工资的 11% 供缴。

（三）税款申报和支付流程

马来西亚的纳税年度为日历年。员工的税款需通过每月扣税系统被强制性地代扣代缴。所有的雇主都必须从员工的现金薪酬中代扣代缴税款。税款应于每月结束后的 15 天内向税务机关缴纳。

马来西亚实行个人自我评估的税收制度。在自我评估制度下，如果只有雇佣收入和/或被动收入时，个人需在次年 4 月 30 日前向税务局提交个人申报表，并缴纳剩余的应付税款（如有）。如果有经营收入，个人需在次年 6 月 30 日前向税务局提交个人申报表，并缴纳剩余的应付税款。

巴基斯坦税制介绍

一、企业相关税项

（一）概览

表 1　　企业相关税项

税种	适用税率	
企业所得税	2016 纳税年度（年度截止日为 2015 年 7 月 1 日至 2016 年 6 月 30 日期间的收入年度）企业所得税税率为 32%。但银行类企业依然按 35% 的税率缴税。 符合一定条件的小型企业，可减按 25% 的税率缴纳企业所得税。 对非居民纳税人取得的航空、海运收入，除需分别按照 3% 及 8% 缴纳企业所得税外，不再缴纳税费	
资本利得税		
出售股票、衍生金融产品等	0%/7.5%/12.5%/15%，税率因持有时间不同而有差异	
出售其他资产（包括非上市公司股权）	适用企业所得税税率 32%。如转让持有超过 12 个月的资产（不包括不动产以及允许税务折旧的资产），仅就 75% 的资本利得缴纳企业所得税	
转让不动产	其持有期间未超过一年的，适用所得税率为 10%； 其持有期间超过一年的，但少于两年的，其适用所得税率为 5%	
分公司税	32%	
预提税	国内税法	与中国的税收协定
股息	7.5%/10%/12.5%/17.5%/25%	10%
利息	10%/17.5%/20%	10%
特许权使用费	15%/20%	12.5%

续表

税种	适用税率	
技术服务费	8%/10%/12%/15%	
分公司利润汇出税	10%（非居民石油勘探和生产企业的分公司的税后利润汇出巴基斯坦可免税）	
巴基斯坦税收协定	截至2016年1月1日，巴基斯坦与全球65个国家/地区签订了双边税收协定	
资本弱化规定		
债资比	3∶1	
税务亏损	（年限）	
向以前年度结转年限	无	
向以后年度结转年限	6年 （除资本损失及投机性交易产生的损失外）	
销售税		
商品	17%	
服务	16%（旁遮普、伊斯兰堡）、 15%（开伯尔、俾路支）、 14%（信德省地区），不包括电信服务	
纺织业、毛、地毯等某些出口导向型行业的商品的本地进口和供应、向零售商和没有注册销售税的主体提供外科等产品	2%~5%	
白糖、非本地制造的机器设备且本地没有同类替代品	6%~10%	
电信服务	18%（信德省的电信服务）、18.5%（伊斯兰堡的电信服务）、19.5%（大部分地区的电信服务）	
其他优惠税率	1%、2%、3%、4%、5%、6%、8%、10%	
出口、享有特权的法人或者组织、特定文具用品，如橡皮等	零税率（0%）	
雇员的社保员工个人所得税（由雇主代扣代缴）	雇主按照一定的比例缴纳社会保险，雇员可参与死亡、残疾、受伤、医疗费用和养老金以及工人子女学业奖学金的社会保险。 巴基斯坦没有与任何国家/地区签订互免缴纳社会保险费协议	

续表

<table>
<tr><td>税种</td><td colspan="3">适用税率</td></tr>
<tr><td rowspan="16">巴基斯坦居民纳税人和非居民纳税人
（雇佣收入、自雇收入及营业收入）</td><td colspan="2">应税收入
（巴基斯坦卢比）</td><td>税款</td></tr>
<tr><td>超过</td><td>不超过</td><td>（巴基斯坦卢比）</td></tr>
<tr><td>0</td><td>400000</td><td>0</td></tr>
<tr><td>400000</td><td>500000</td><td>2%</td></tr>
<tr><td>500000</td><td>750000</td><td>超 400000 的应税收入 5%</td></tr>
<tr><td>750000</td><td>1400000</td><td>17500 + 超 750000 的应税收入的 10%</td></tr>
<tr><td>1400000</td><td>1500000</td><td>82500 + 超 1400000 的应税收入的 12. 5%</td></tr>
<tr><td>1500000</td><td>1800000</td><td>95000 + 超 1500000 的应税收入的 15%</td></tr>
<tr><td>1800000</td><td>2500000</td><td>140000 + 超 1800000 的应税收入的 17. 5%</td></tr>
<tr><td>2500000</td><td>3000000</td><td>262500 + 超 2500000 的应税收入的 20%</td></tr>
<tr><td>3000000</td><td>3500000</td><td>362500 + 超 3000000 的应税收入的 22. 5%</td></tr>
<tr><td>3500000</td><td>4000000</td><td>475000 + 超 3500000 的应税收入的 25%</td></tr>
<tr><td>4000000</td><td>7000000</td><td>600000 + 超 4000000 的应税收入的 27. 5%</td></tr>
<tr><td>7000000</td><td>—</td><td>1425000 + 超 7000000 的应税收入的 30%</td></tr>
<tr><td colspan="3">如果个人 50% 的收入来源于雇佣收入，适用以上的累进税率（除了指定的投资收益）</td></tr>
<tr></tr>
<tr><td rowspan="3">其他税种</td><td colspan="2">税种</td><td>税率</td></tr>
<tr><td colspan="2">关税
巴基斯坦进口或者从巴基斯坦出口的商品；
从任何其他国家/地区或者海关处购买，且在那没有缴税，被装船、运输或者携带至任何关口而进口的商品；
从一个关口运到另外一个关口的保税货物</td><td>2% ~ 35% 不等。关税税率依据若干个因素，包括商品类型、组成材料和产国等</td></tr>
<tr><td colspan="2">联邦消费税
在巴基斯坦生产或制造的商品、进口到巴基斯坦的商品、在非关税区域生产或者制造的特定商品并运至关税区域销售或者消费的特定商品，以及在巴基斯坦提供的一些特定服务（例如，保险、广告、快递邮政、会计服务等）</td><td>一次性征收，对特定的商品采取不同的税率</td></tr>
</table>

（二）企业所得税

1. 企业所得税

巴基斯坦税收居民需就其全球范围的所得缴纳企业所得税。上述所得包括其在会计期间内取得的，包括股息、应税资本利得等在内的全部所得。外国企业分支机构及非居民纳税人仅就其来源于巴基斯坦的收入缴纳企业所得税。税收居民，是指在巴基斯坦境内依法成立或者其实际管理机构设立在巴基斯坦境内的企业。

2. 企业所得税税率

2016 纳税年度（年度截止日为 2015 年 7 月 1 日至 2016 年 6 月 30 日期间的收入年度）企业所得税税率为 32%。但银行类企业依然按 35% 的税率缴税。

符合一定条件的小型企业，可减按 25% 的税率缴纳企业所得税。

非居民纳税人取得的航空、海运收入，除需分别按照 3% 及 8% 缴纳企业所得税外，不再缴纳税费。

油气开发和生产企业的所得适用 40% 的所得税税率。详情请参见油气行业部分。

3. 资本利得

（1）转让股票、衍生金融产品等取得的资本利得，根据其持有的期间长度计算企业所得税，不同纳税年度资本利得适用税率也不同，以 2016 年为例：

▶ 持有期间短于一年的，税率为 15%

▶ 超过一年但不足两年的，税率为 12. 5%

▶ 超过两年但不足四年的，税率为 7. 5%

▶ 超过四年的，税率为 0%

（2）除（1）款所述的资产外（包括非上市公司股权），转让其他资产取得的资本利得适用企业所得税率。如转让的持有超过 12 个月的资产（不包括不动产以及允许税务折旧的资产），仅就 75% 的资本利得缴纳企业所得税。

（3）纳税人转让不动产：

▶ 其持有期间未超过一年的，适用所得税率为 10%

▶ 其持有期间超过一年的，但少于两年的，其适用所得税率为 5%

▶ 其持有期间超过两年的，适用所得税率为 0%

资本损失只能由资本利得弥补。资本损失可以在以后连续 6 年内抵减资本利得。但是，处置证券的资本损失（如处置上市公司股票、巴基斯坦电信公司的票券、可赎回资本产品和衍生产品）只能抵减当年证券处置的资本利得。

4. 企业所得税计算

应纳税所得额是根据企业已审财务报表并做出一定调整后计算的。企业的各类收入需要在巴基斯坦缴纳企业所得税，包括各类直接和间接收入：在巴基斯坦设立常设机构或其他商业机构所取得的改入；来源于位于巴基斯坦的房产、财产，以及其他来自于巴基斯坦的收入。获取应税收入所需支出的费用可以在计算企业所得税时税前抵扣。

5. 存货的计价

以历史成本和可变现净值孰低的原则计量。如单个存货价值无法可靠计量，则可采用先进先出或加权平均法计量存货价值。上述计量方法一经确定不得随意变更，但经税务机关批准的除外。

6. 准备金

企业计提的坏账准备不可以在税前扣除，然而对于某些特别规定的准备金项目，在取得主管所得税税务局批准的情况下，允许税前扣除。

非银行金融企业及房地产金融企业可以按其消费贷款收入的 3% 提取坏账准备，并在税前扣除。上述消费贷款需符合一定条件。

对于银行业，符合一定条件的借款及资产负债表表外项目的 1% 的金额提取坏账准备并在所得税前扣除。如果这些借款或资产负债表表外项目是借予最终消费者或中小企业，该扣除比例可以达到 5%。

7. 折旧

依照会计准则计提的折旧不可以税前扣除。不同类型的资产的税务折旧年限不同。资产开始使用当年，可以计提全年的折旧，在资产处置或报废的当年应停止计提折旧。资产税务折旧可按照余额递减法计算。

为促进产业发展，巴基斯坦政府颁布了针对一系列资本支出加速折旧办法，如：

（1）投资者首次在巴基斯坦购置的资产，允许按照资产价值的25%提取初始折旧，并税前扣除（房屋按15%计提初始折旧）；

（2）针对特定农村地区或欠发达地区企业，允许按照购置资产价值的90%提取首次折旧，并税前扣除；

（3）用于开发可替代能源的设备给予90%首年折旧；

（4）无形资产允许按照使用年限摊销，无确定使用年限则按照不低于10年摊销；

（5）开办支出允许按照直线法分五年摊销等。

8. 税务亏损

除资本损失及投机性交易产生的损失外，其他损失如在当年未完全抵减应纳税所得，可以结转到以后年度，在6个连续的纳税年度内抵减应纳税所得额。

境外损失只能在6个连续的纳税年度内抵减境外所得。

9. 资本弱化规定

根据资本弱化规定，如果外资控股企业（不包括金融机构或银行类企业）的外债资本比例超过3∶1，超过部分的外债利息不可税前扣除。

10. 纳税申报

企业所得税的纳税年度，从7月1日起至6月30日止。公司必须把6月30日作为他们的财年截止日。若以其他时间作为财年，则需要经过所得税专员（Commissioner of Income Tax）的特别批准。税收联邦委员会（The Federal Board of Revenue）已经列明某些行业如糖、纺织业等可以以9月30日作为财年截止日，保险行业可以以12月31日作为财年截止日。

若公司财年截止日在7月1日至12月31日之间，则企业必须在次年的9月30日前向税局报送企业所得税申报表，若公司财年截止日在1月1日至6月30日之间，则企业需要在当年的12月31日之前报送企业所得税申报表。

企业所得税申报之时，需向税局结清应缴金额，应缴金额是汇算清缴与预缴和预提所得税之间的差额。

11. 预缴税款

一般来说，企业需根据最近一个纳税年度的税务/收入比例按季度预缴所得税。银行业需要按月预缴所得税。其他非银行业的纳税人，预缴所得税的纳税期限是9月25日、12月25日、3月25日和6月15日。银行业需在每个月的15日之前支付预缴企业所得税。

12. 预提所得税

支付给居民企业和非居民企业（没有构成常设机构）的利息收入按10%缴纳预提所得税。

股息收入（包括设立在巴基斯坦的分支机构向总公司分配利润，但不包括在巴基斯坦境内开采及生产石油的分支机构向总公司派发利润）缴纳预提所得税，一般适用税率为12.5%。在100%同一控制集团内部的股息免征企业所得税。7.5%预提所得税适用于发电企业支付的股息，或者经政府部门批准私有化的发电项目企业，以及向发电项目供应煤炭的企业。

根据巴基斯坦与中国签署的税收协定，中国企业从巴基斯坦取得的股息和利息的预提所得税税率不超过10%。

13. 境外税收抵免

若已经对来源于国外的收入在外国缴纳了所得税，巴基斯坦居民企业在计算其巴基斯坦企业所得税时可以申请相当于在外国实际缴纳的税款金额的税额抵免，但最高不超过用巴基斯坦平均所得税率计算的应纳税额。

14. 合并纳税集团

在一定条件下，由控股公司及100%控股的子公司组成的集团在缴纳企业所得税时可以以一个纳税单位的名义申报。同时，满足特定条件，集团内公司可将其当年可弥补亏损（不包括资本亏损和以前年度亏损）用于弥补其他集团内公司盈利。

（三）销售税

1. 销售税

销售税适用于特定交易，主要如下：

▶ 纳税人在进行应税商业行为的过程中在巴基斯坦生产的商品

▶ 进口应税商品应缴纳销售税

▶ 联邦法律或地方性法规规定的特定服务

2. 纳税义务人

▶ 生产企业：计税营业额在前 12 个月内超过 500 万巴基斯坦卢比或者水电费（燃气、电、通信）超过 80 万巴基斯坦卢比

▶ 零售商

▶ 进口商

▶ 批发商（包括经销商）和分销商

▶ 计划申请销售税退税的出口商

▶ 提供应税服务的企业

每一个纳税义务人都需要进行销售税登记，销售应税商品而没有进行销售税登记，属于偷税漏税行为。

3. 销售税税率

“应税供应”指的是提供应税商品、服务以及进口商品。销售税税率包括如下几种：

▶ 商品：一般税率为 17%，如进口商品

▶ 服务：一般税率为 16%（旁遮普、伊斯兰堡）、15%（开伯尔、俾路支）、14%（信德省地区），不包括电信服务

▶ 优惠税率：1%、2%、3%、4%、5%、6%、8%、10%

▶ 其他税率：18%（信德省的电信服务）、18.5%（伊斯兰堡的电信服务）、19.5%（大部分地区的电信服务）、24%

▶ 零税率（0%）：如出口、享有特权的法人或者组织、特定文具用品如橡皮等

（四）免税商品

▶ 农产品，如牛奶、鸡蛋
▶ 医药品
▶ 报纸和书籍
▶ 教育和科技出版物
▶ 治疗 AIDS 和癌症设备
▶ 国际投标下的商品或服务供应
▶ 拥有 50 张及以上病床的医院提供的服务

（五）进口商的特殊规定

在进口阶段，进口商除了按照适用税率缴纳销售税之外，还必须缴纳 3% 的额外销售税。3% 的额外税可以作为进项税抵扣；多余的进项税可以留待下次抵扣，但不能申请退税。为企业内部消费而进口商品的，无需缴纳 3% 的额外增值税。

（六）零售商的特殊规定

以下零售商要进行销售税注册：
▶ 经营国家或国际级连锁专卖店的零售商
▶ 在装有空调的商场/购物中心营业的零售商
▶ 在过去 12 个月累计电费超过 60 万巴基斯坦卢比的零售商
▶ 批发商兼零售商

上述零售商需要根据其计税营业额按照标准税率（如 17%）缴纳销售税，并按月进行纳税申报。上述零售商的进项税额可进行相应抵扣。

除上述以外的零售商，若每月由电力公司开具的电费账单没有超过 2 万巴基斯坦卢比，则可根据电费账单适用 5% 的销售税税率；若电费账单超过 2 万巴基斯坦卢比，则适用税率为 7.5%，并由电力公司一同收取。此类零售商既不用抵扣进项税额，也不用按月申报销售税。

1. 纳税人的销售税抵扣项

可抵扣的进项税：销售税纳税义务人可以把提供应税商品和应税服务前已支付的销售税作为进项税额。纳税义务人提供应税供应要缴纳销售税，这可以确认为销售税销项税额，之前已支付的销售税进项税额可以从销售税额中进行抵扣。对于制造商和服务提供商（某些除外），纳税人在当期可以抵扣的进项税额不能超过销项税额的90%。但是当期未能抵扣的销售税进项税额可以结转至以后期间抵扣。

进项税额包括在巴基斯坦购买货物和服务时支付的销售税和巴基斯坦进口货物支付的销售税，以及运用销售税机制征收的联邦税。

2. 发票

进项税额一般要在发票开具的当月进行抵扣。然而，对于电力和气体供应商，进项税额需要在支付发票的当月进行认证。如果进项税额没有在当期进行认证，必须进行另一次认证。

进项税额认证必须要有有效的税务发票或海关文书证明。

3. 进项税额抵扣

若货物和服务不是用于商业目的（如企业家采购商品用于私人消费），则购买商品和服务时所支付的进项税额不能抵扣销项税额。另外，某些商业支出所包含的进项税也不能抵扣。例如：非商业目的的采购；商业礼品；商业和员工的业务招待费；购买汽车或汽车零配件；房屋、建筑原材料或其他用于不动产或与不动产不能分割的其他物品；非用于出售的电器或燃气器具、家具、办公用品；没有缴纳销售税的供应商提供的商品或服务；适用于消费税优惠税率的服务等。

纳税人兼营免税商品和服务时，其支付免税商品和服务时所支付的进项税额就不能从销项税额中抵扣。

若货物和服务是用于销售税应税项目，则购买商品和服务时所支付的进项税额可以抵扣销项税额，如提供销售税应税项目的商品或服务、机器设备、酒店、保险、广告、其他用于商业活动的商品和服务等。

在成为销售税纳税人之前，纳税人购买存货所支付的销售税进项税额仍可以抵扣。在申请成为销售税纳税人之前30天内本地采购的应税商品的销售税允许作为进项税额抵扣；在申请成为销售税纳税人之前90天内进口的应税商品的销售税允许作为进项税额抵扣。

4. 销售税退税

如果当期进项税额大于销项税额，超过的部分可以退回。在实践中，零税率的纳税义务人会经常发生销售税退税。

5. 外币发票

如果销售税发票是以外币金额开具的，必须要换算成巴基斯坦卢比的金额。换算标准是按照公开市场汇率来计算的。

6. 销售税申报

除了零售商之外的纳税义务人必须按月进行销售税申报。申报期限是下个月18日。但是下个月15日之前必须支付销售税。

（七）其他事项

1. 外汇管制

一般情况下，巴基斯坦会限制外币汇入巴基斯坦，所有的外币汇入要经过巴基斯坦联邦银行的许可。然而，外币可以通过二级市场汇入巴基斯坦。

2. 油气开发和生产企业的特殊规定

3. 企业所得税

在巴基斯坦从事石油勘探和生产活动要遵从以下协议：

▶ 在岸经营，要遵从石油特许协议（PCA）

▶ 离岸经营，要遵从生产共享协议（PSA）

据2012年签订的石油勘探和生产政策，在岸经营和离岸经营的企业所得税税率是利润或利得的40%。

4. 企业所得税税率

适用的企业所得税税率为40%。

二、个人相关事项

（一）个人所得税

1. 纳税义务人

外籍人士在一个纳税年度在巴基斯坦停留183天或以上（7月1日至次年6月30日）会被认定为居民纳税人。巴基斯坦的居民纳税人就其全球收入纳税，非居民纳税人只就来源于巴基斯坦的收入纳税。若居民纳税人来源于境外的工资收入已在境外缴纳税款，该境外工资收入在巴基斯坦可豁免征收个税。

2. 应税所得的确定

雇佣收入。如果雇佣收入是在巴基斯坦赚取的，无论该收入是否在巴基斯坦发放都属于来源于巴基斯坦的雇佣收入。应税收入包含董事费以及所有的雇佣工资薪金。

对雇员而言，所有的收入，包含福利和津贴，除了特定的情况免税之外，都需要缴纳所得税。特定的情况包括：

▶ 雇佣合同条款支付的医疗福利全部免税，如果不是按合同条款支付的医疗福利，不高于基本工资的10%的医疗福利可以免税

▶ 雇主提供的交通工具视员工的使用性质来决定其应税所得

雇主提供的股票期权收入。如果雇员行使权利购买股票，则行使权利当日的股票市场价值与雇员支付的价款的差额，需缴纳税款。

自雇收入和经营收入。自雇人士或经营企业的个人取得的收入都需要缴纳税款。

投资收益。一般来说，股息红利需要代扣代缴12.5%或17.5%的税额。

3. 资本收益

一般来说，从处置资本资产而不是折旧资产取得的资本收益，如果持有

该资产超过12个月的可以享受优惠的税收待遇，即只有资本收益的75%需要征税。处理证券取得的资本收益以及买卖不动产取得的收入也需要缴纳税额。

4. 扣除项

可扣除费用。个人对指定机构的慈善捐款可申请税收抵免。

特定的居民纳税人在经批准的养老基金中缴纳的保费可申请税收抵免。

表2　　税款及税率

应税收入（巴基斯坦卢比）		税款	税率
超过	不超过	（巴基斯坦卢比）	%
0	400000	0	0
400000	500000	0	2
500000	750000	2000	5
750000	1400000	14500	10
1400000	1500000	79500	12.5
1500000	1800000	92000	15
1800000	2500000	137000	17.5
2500000	3000000	259500	20
3000000	3500000	359500	22.5
3500000	4000000	472000	25
4000000	7000000	597000	27.5
7000000	—	1422000	30

（二）社会保险

雇主按照一定的比例缴纳社会保险，雇员可参与死亡、残疾、受伤、医疗费用和养老金以及工人子女学业奖学金的社会保险。

巴基斯坦没有与任何国家/地区签订互免缴纳社会保险费协议。

（三）税款申报和支付流程

所有人的纳税年度为7月1日至6月30日。个人必须拿到巴基斯坦联邦税收委员会的特别许可，才可以选择不同的会计年度。

取得薪金收入的个人（即 50% 的收入都来自雇佣收入的个人）必须在纳税年度结束后，8 月 31 日之前申报个人所得税。其他非取得薪金收入的个人必须在纳税年度结束后，9 月 30 日之前申报个人所得税。

雇主必须为取得薪金收入的员工代扣代缴税款。

非雇员个人取得的巴基斯坦卢比 500000 或以上的应纳税收入，必须于 9 月 15 日、12 月 15 日、3 月 15 日和 6 月 15 日分 4 次预付相等的税款。在预付税款和源泉缴纳税款调整后还有应纳税款的，必须申报纳税。

印度税制介绍

一、企业相关税项

（一）概览

表 1 企业相关税项

<table>
<tr><td>税种</td><td colspan="2">税率（%）</td></tr>
<tr><td>企业所得税</td><td colspan="2">▶ 国内企业基本税率为 30
▶ 外国企业基本税率为 40
（以公司所得税为税基，考虑到附加税和附加教育税后国内企业和外国企业的实际税率分别为 33.06/34.61 和 42.02/43.26）</td></tr>
<tr><td>资本利得税出售资本性资产</td><td colspan="2">按持有期限长短分为长期资本利得和短期资本利得，并适用不同税率征税</td></tr>
<tr><td>分支机构税</td><td colspan="2">40</td></tr>
<tr><td>预提税</td><td>国内税法</td><td>与中国签订的双边税收协定</td></tr>
<tr><td>股息</td><td>0
（股息分配税基本税率 - 15）</td><td>0</td></tr>
<tr><td>利息</td><td>20</td><td>10</td></tr>
<tr><td>特许权使用税</td><td>10</td><td>10</td></tr>
<tr><td>分支机构利润汇出税</td><td colspan="2">0</td></tr>
<tr><td>与印度签订双边税收协定的国家/地区数量</td><td colspan="2">截至 2016 年 1 月 1 日，印度与全球 90 多个国家/地区签订了双边税收协定</td></tr>
<tr><td>资本弱化规定</td><td colspan="2"></td></tr>
</table>

续表

<table>
<tr><th>税种</th><th colspan="3">税率（%）</th></tr>
<tr><td>债资比</td><td colspan="3">4:1</td></tr>
<tr><td>税务亏损</td><td colspan="3">（年限）</td></tr>
<tr><td>向以前年度结转年限</td><td colspan="3">不适用</td></tr>
<tr><td>向以后年度结转年限</td><td colspan="3">8 年</td></tr>
<tr><td>增值税</td><td colspan="3"></td></tr>
<tr><td>法定税率</td><td colspan="3">12.5 ~ 15</td></tr>
<tr><td>产品出口</td><td colspan="3">0（符合特定条件）</td></tr>
<tr><td>雇员的社保</td><td colspan="3">雇员公积金计划和养老保险金计划适用于“国际工人”的员工。雇主必须向“国际工人”的员工缴纳雇员公积金和养老保险金。雇主需要按雇员的每月工资的 24%（雇主与雇员各自按 12% 的比例缴纳）缴纳雇员公积金和养老保险金</td></tr>
<tr><td>员工个人所得税（由雇主代扣代缴）</td><td colspan="3"></td></tr>
<tr><td rowspan="8">包括印度居民纳税人和非居民纳税人</td><td colspan="2">应税收入（印度卢比）</td><td rowspan="2">税率（%）</td></tr>
<tr><td>超过</td><td>不超过</td></tr>
<tr><td>0</td><td>250000</td><td>0</td></tr>
<tr><td>250000（含）</td><td>500000</td><td>10</td></tr>
<tr><td>500000（含）</td><td>1000000</td><td>20</td></tr>
<tr><td>1000000（含）</td><td>—</td><td>30</td></tr>
<tr><td colspan="3">除上述个人所得税之外，如果年应税收入超过 1000 万印度卢比，则需要额外缴纳附加税。该附加税为总应纳税额的 12%</td></tr>
<tr><td colspan="3"></td></tr>
<tr><td rowspan="5">其他税种</td><td colspan="2">税种</td><td>税率</td></tr>
<tr><td colspan="2">服务税</td><td>14%</td></tr>
<tr><td colspan="2">货物入市税</td><td>多种税率</td></tr>
<tr><td colspan="2">货物服务税</td><td>即将开征新税种</td></tr>
<tr><td colspan="2">印花税
（由各邦政府对特定文书、交易征收，包括财产转让）</td><td>多种税率</td></tr>
</table>

（二）企业所得税

1. 企业所得税

纳税人为居民企业和非居民企业。印度税法规定，居民企业指在印度注册成立的（包括某些在印度境内有宣告和支付股息安排的外国公司）或其实际管理机构在印度的外国公司。

根据2015/16年印度财政预算/税法更新，从2016年4月1日起，在一年中的任何时候，若外国公司存在实际管理机构在印度的情况，则该外国公司将会被视为印度居民企业。实际管理机构，是指做出商业活动中必不可少的关键管理及商业决策的机构。

居民企业就来自全世界的所得（经营和非经营所得）纳税（除非有特定豁免），非居民企业仅就来自印度的所得纳税。

2. 企业所得税税率

国内企业基本税率为①，外国企业基本税率为40%（根据营业收入的不同在基础税率之上需要加收2%、5%、7%或12%的附加税（以公司所得税为税基，国内企业附加税率为7%或12%②，外国企业附加税率为2%或5%），另以公司所得税和附加税为税基，按3%税率征收附加教育税。因此，国内企业和外国企业的实际税率分别为33.06%/34.61%和42.02%/43.26%）。

若企业的应纳税额小于账面利润18.5%，企业则需按照账面利润的18.5%征收最低替代税，并在此基础上另外加收附加税和附加教育税（具体税率和税基同上）。

外国公司提供外币贷款给印度公司或印度政府需按照利息全额缴纳20%的税款。根据中国与印度之间签订的避免双重征税协定，利息的预提所得税率为10%。

非居民企业取得的与在印度的常设机构没有有效联系的特许权使用费和技术服务费按10%征税，并在此基础上另外加收附加税和附加教育税（具体税率和税基在发生年度申报表中及时申报的经营亏损，可在以后同上）③。根据中国与印度之间签订的避免双重征税协定，特许权使用费的预提所得税率

---

① 印度财政部宣布国内企业所得税税率从纳税年度2016—2017起，在未来4年内将从30%逐年下降至25%。在合乎经济原则的基础上，税率的下降将伴随着部分税收减免和优惠的取缔。

② 从纳税年度2016—2017年起，对于年应税所得超过1千万印度卢比的国内企业，附加税率将提高2%，即从5%～10%提高到7%～12%。因此，国内企业的实际税率将提高到33.063%/34.608%。

③ 从2015—2016纳税年度起，非居民企业取得的上述性质的特许权使用费和技术服务费的适用税率将从25%降至10%。此修订适用于2015年4月1日后支付的款项。

为 10%。

3. 资产转让所得

资本利得按资产的持有期限长短分为长期资本利得和短期资本利得，并适用不同税率征税。

间接转让价值主要直接或间接来自于印度资产的外国公司股权而取得的所得，需在印度缴税。

2015/2016 年印度财政预算进一步明确了有关间接转让印度公司股权的相关征税问题，具体包括：

▶ 如同时符合以下条件，外国公司的股份/权益的价值将被视为主要来自于印度资产：

▶ 印度资产的价值超过 1 亿印度卢比

▶ 外国公司持有至少 50% 及以上印度资产

▶ 间接转让股权的所得将按比例计算应在印度缴税的所得

▶ 对直接或间接影响对印度公司的股权架构或控制的境外股权转让，印度公司（其资产由外国公司持有的）有义务向税局提供相关的信息。未履行相关义务者将处以罚款

4. 税务亏损

在发生年度申报表中及时申报的经营亏损，可在以后年度 8 年内用经营所得进行弥补。

5. 资本弱化规定

目前印度对资本弱化没有强制性的规定。银行和金融机构需服从资本充足率标准。外汇监管规定债资比例不得超过 4∶1。

6. 申报

印度的财政年度是 4 月 1 日至次年 3 月 31 日。

7. 股息

印度子公司向股东派发股息需征收股息分配税，综合税率为 20.36%（基

础税率为15%，再加上12%的附加税和3%的教育税附加)[①]，外国企业不适用。股息收取方从国内企业取得的股息收入，如国内企业已按规定缴纳了股息分配税的，相关股息收入免税。根据中国与印度之间签订的避免双重征税协定，股息的预提所得税率为0%。

8. 预提税

非居民企业向印度居民企业提供服务所取得的收入需缴纳预提所得税，征税税率如下：

▶ 股息 0%

▶ 利息 20%

▶ 稿费及技术服务费 10%

▶ 租金 40%

▶ 彩票及赌马收入 30%

▶ 长期资本利得 20%

▶ 其他收入 40%

非居民企业需要享受协定待遇的，需取得协定缔约对方税务主管当局出具的税收居民身份证明，并根据要求提供相应的支持文件及信息。

9. 境外税收抵免

印度居民企业在印度境外缴纳的外国税款，如果印度与其境外国家/地区没有税收协定，允许从其当期应纳税额中进行抵免。非居民企业申请境外税收抵免，需获得由境外国家/地区的政府颁发的税收居民证书并准备相应的支持文件及信息。

（三）服务税

1. 服务税

服务税一般情况下针对在印度境内提供的特定类别服务征收（营业额超

---

① 2015/2016年印度财政预算中提议修改股息分配税的计算方法，修改后的计算方法为将股息分配额换算成含税金额再进行税额计算。因此，虽然基础税率仍为15%，但是，实际税率（包括12%的附加税和3%的教育税附加）将提高到20.358%。

过印度卢比1百万元)。

2. 纳税义务人

服务税的纳税义务人是指提供应税服务的企业。

3. 销售和服务税税率

服务税现行税率为14%。

从2015年6月1日开始，服务税税率将从12.36%的综合税率提高到14%（其中，原3%的教育税附加将予以免除)。

4. 免征情况

以下行为不属于服务税应税范围：

- 任何仅包括以下行为的服务：
  - 动产或不动产产权转移
  - 交易，比如转让动产使用权的行为，在印度此行为视同销售
  - 货币交易或诉讼
- 雇员为雇主提供的服务
- 其他服务

(四) 增值税

增值税是在各个销售环节针对印度邦内的商品销售征收，包括：

- 在印度邦内销售商品，包括转让使用权
- 在执行工程合同期间商品转移，包括提供材料及服务
- 在特定情况下向未注册供应商购买商品
- 以分期付款或其他任何分期支付方式购买商品
- 作为提供服务的一部分或其他任何方式供应食品饮料或其他消耗品

1. 纳税人

增值税纳税人为超过法定免税销售额的销售方，各邦的法定免税销售额有所不同。

增值税的基本税率为12.5%~15%。除特别规定外，基本税率适用于大

部分货物。取决于不同邦的相关规定，其他特殊增值税税率包括0%、1%、4%～5.5%及20%。

以下为部分适用特殊增值税税率的产品的举例：

▶ 水果、蔬菜、农用工具、书本等免征增值税

▶ 金、银、其他贵金属及用此类金属制造的物品等，税率为1%

▶ 药、无形资产、农业及工业投入品、信息技术产品、电话等，税率为4%～5.5%

▶ 酒精、发动机燃料等，税率为20%或以上

在符合特定条件下，对包含进口货物、出口货物的销售不征收服务税和增值税。

2. 发票和账单

纳税人必须对在本地发生的应税销售开具增值税发票。采取组合模式缴税的小规模企业一般不允许开具增值税发票。

增值税发票是申请税收抵免的有效凭证。发票所示内容需符合增值税税法的规定。

应付增值税的金额发生变化时，需要开具调整票据（借记票据或贷记票据），如发票金额填写错误，退货等情况。有一些州邦对退货所导致的票据调整有一定时间限制（一般是6个月）。

对于服务税，发票或者账单需要在提供应税劳务后的30天之内开具（如果服务提供方是银行或金融机构则为45天内）。发票必须包含服务税法规定的信息。

对于消费税，纳税人必须在商品从工厂和仓库运出时开具发票。该发票信息必须符合消费税税法的规定。

（五）货物入市税

各邦政府针对运往当地以供使用/销售的货物会征收一定的入市（境）税，各邦税率不同。

（六）货物服务税

印度中央政府提议开征新的货物服务税，新的货物服务税预计将覆盖现

行的大部分中央及邦级间接税。具体开征新的货物服务税的日期尚不明确。根据2016/2017年印度财政预算/税法更新，新的货物服务税预计将在2017年度开征。

（七）其他税务事项

1. 转让定价

在转让定价的条规下，两个或更多企业之间的国际业务往来，收入和费用，包括利息费用，必须采用公平的价格。转让定价的条规还适用于其他交易往来，成本分摊安排，资本融资交易，企业重组和处理无形资产。税务机关有权对企业的应税所得做出调整。涉及转让定价交易的企业需要向税务部门描述交易的相关信息，并且在企业所得税汇算清缴之日前提交转让定价报告。

2. 外汇管制

所有与非居民的跨境交易需遵循外汇管理法规。

3. 油气开发和生产企业的特殊规定

企业所得税：境内油气开发和生产企业的所得应适用30%的所得税税率，外国油气开发和生产企业的所得应适用40%的所得税税率。除此之外，如果收入超过了1千万卢比，境内企业必须缴纳7%的附加税，外国企业必须缴纳2%的附加税。如果收入超过了1亿卢比，境内企业必须缴纳12%的附加税，国外企业必须缴纳5%的附加税。同时还须按3%缴纳教育附加税。

根据2016年印度财政预算（从2016年2月开始生效），外国企业在印度使用特定设备储藏油以及销售原油给印度居民可享受新的税收豁免。外国企业的上述储藏和销售行为应符合相关由印度中央政府批准的协议或者安排。这项新的税收豁免从2016年4月1日开始生效。

（八）主要税收优惠介绍

所得税相关税收优惠如下：

（1）以下企业可享受10年期按减免应纳税所得额优惠政策：

▶维修并运营基础设施（包括道路、收费公路、桥梁、铁路系统、公路工程包括房屋及其他公路工程主要部分工程、水供给工程、水处理系统工程、灌溉工程、环保及排水系统、固体废物管理系统、港口、机场、内陆航道或海上航道）的企业

▶1993年4月1日至2017年3月31日期间，开始从事能源的生产或生产和销售的企业

▶1993年4月1日至2017年3月31日期间，通过铺设新的传输或分销线路的网络从事传输或分销业务的企业

▶1993年4月1日至2017年3月31日期间，通过对原有传输或分销线路的网络进行重大翻新和现代化改造的业务（厂房和机器设备的账面价值至少增加50%）

符合条件的公司可以选择从开始经营起15年中的任意连续10年作为免税期（某些情况下可以选择从开始经营起20年中的任意连续10年作为免税期）。这项优惠政策不再适用于通过合并或分立形成的从事上述业务的企业。

（2）符合条件的参与印度政府主导的经济特区业务发展建设的企业，可以享受10年期按100%减免应纳税所得额优惠政策。

（3）从2005年4月1日开始，在经济特区从事出口的制造、生产或服务企业，在前5年可以享受100%减免应纳税所得额优惠政策，在第6年到第10年可以享受按50%减免应纳税所得额优惠政策，最后5年可以享受的减免应纳税所得额比例取决于对特殊公积金的利润分配情况以及该公积金的使用情况，但最高不得超过分配给特定公积金的利润的50%。

（4）在东北各邦从事特定商品的制造或生产企业可以享受10年期的免税优惠，100%的应纳税所得额可以享受减免。如果从事特定商品的制造企业进行实质性的扩张，即在工厂和机器方面的投资至少增长了相当于工厂和机器的账面价值（按照折旧前的价值计算）的25%，该制造企业也可以享受上述税收优惠。

（5）对于某些特定行业，其购置资产发生的资本支出允许自购置当年开始加速扣除（不包括土地、商誉或金融工具的购置支出）；对于部分行业的开办支出，允许在开始营业起作为扣除项目在企业所得税税前扣除。经营以下行业/项目的企业（包括但不限于），其资本支出适用上述规定：

▶设立和运营冷链设备或仓储设备用于储存农产品

▶ 建设并运营跨国界输送天然气、原油、石油的油气基础管道网络以及仓储设施

▶ 在印度建造和运营中央政府分类为 2 星级及以上星级的新酒店

▶ 在印度建造和运营至少有 100 张病床的新医院

▶ 参与政府主导的贫民窟改造或升级项目，从事安居工程项目建设的

▶ 依据国家有关规定，参与由中央或地方政府主导的经济适用房项目，从事经济适用房项目建设的

▶ 新设立厂房或原有厂房基础上扩张产能，从事化肥生产的

▶ 根据关税法案经批准或备案设立的，运营集装箱内陆货运站或集装箱货物集散站的

▶ 设立和运营储藏糖的仓储设备

▶ 养蜂和生产蜂蜜和蜜蜡

▶ 铺设和运用泥浆管道用于运输铁矿石

▶ 根据相关指引，在税局中央委员会通知下设立和运营半导体晶片生产和制造单位

在上述规定的基础上，从事以下行业（包括但不限于）的企业发生的资本支出允许按照 1.5 倍加计扣除：

▶ 搭建并运营冷链设备的

▶ 设立和运营仓储设备用于储存农产品

▶ 建造和运营至少有 100 张病床的医院

▶ 参与政府主导的贫民窟改造或升级项目，从事安居工程项目建设的

▶ 在印度生产肥料

（6）以下税收优惠适用于在安德拉邦、比哈尔邦、特伦甘纳邦和西孟加拉的落后地区成立的从事生产和制造的企业：

▶2015 年 4 月 1 日至 2020 年 3 月 31 日期间，对新取得或安装的工厂和机器设备，在现有的 20% 投资补贴的基础上，再给予额外 15% 的投资补贴；

▶2015 年 4 月 1 日至 2020 年 3 月 31 日期间，对新取得或安装的工厂和机器设备，在正常 15% 折旧率的基础上给予额外 20% 的折旧率，合计为 35% 的折旧率。

上述税收优惠自 2015 年 4 月 1 日起生效。

二、个人相关事项

（一）个人所得税

1. 纳税义务人

居民纳税人需就其来源于全球的收入在印度纳税。非居民纳税人仅就来源于印度境内的收入负有纳税义务。

满足下列情况之一的个人，是居民纳税人：

▶ 在一个纳税年度内在印度停留达到或者超过 182 天（印度的纳税年度为 4 月 1 日至次年的 3 月 31 日）

▶ 在一个纳税年度内在印度停留 60 天以上，且在前四个纳税年度停留时间合计达到 365 天或以上的个人

不满足以上条件的个人被认为是非居民纳税人。

2. 应税所得的确定

雇佣收入：不管是否在收入支付地或接收者的居民状况，所有在印度提供服务取得的收入都是应税收入。

如果同时满足以下所有条件，外国企业的外国籍员工可以不缴纳所得税：

▶ 外国企业不在印度从事贸易或经营业务

▶ 外籍员工在纳税年度在印度停留不超过 90 天/183 天（税收协定国家/地区）

▶ 外籍员工的工资薪金不从外国企业的应税收入中扣除

一般来说，大部分的工资薪金在印度都属于应税收入。

但是在满足一定条件的情况下，以下福利可以享受优惠计税方法：

▶ 雇主提供的住房福利

▶ 旅馆住宿

▶ 免息或低息贷款。如果贷款是用于对指定疾病的医用治疗的话，该贷款可以免于缴纳所得税

▶ 雇主提供的车辆福利。如果车辆是专门用于公务的，有规定的文档支持的话，雇员的车辆福利无需缴纳所得税

▶ 雇主为员工支付的非现金形式福利产生的税金

自雇收入和经营收入：在印度，个人取得的自雇收入和经营收入均属应税所得，应缴纳所得税。

投资收益：股息红利属于应税收入。证券、投资、银行存款在印度取得的利息都属于应税收入。

租赁收入：根据相关的规定，个人房产租赁（包括建筑物或土地附属）取得的租金收入需按确定的价值缴纳所得税。

3. 资本收益

短期资产转让取得的资本收益按正常税率征税。持有资产超过三年的资产产生的收益属于长期资本收益。在特定情况下，此长期资本收益在规定时间内再投资的，可以免于缴纳所得税。

4. 扣除项

常见的可以在应纳税所得额中扣除的项目有：

▶ 不超过150000印度卢比的个人缴纳的人寿保险、储蓄项目、养老金（如印度新退休金计划）

▶ 从2015年4月1日起，纳税人缴纳的印度新退休金计划可额外扣除50000印度卢比，纳税人的雇主缴纳的印度新退休金计划也可以在指定的限额中扣除

▶ 为取得高等教育贷款所支付的利息

▶ 针对储蓄存款利息收入，可以申请不超过10000印度卢比的税前扣除

▶ 向印度政府公认的机构缴纳的医疗保险，可以申请不超过25000印度卢比的税前扣除

▶ 向宗教、慈善和特定组织的捐款，可以扣减应税收入的50%～100%

5. 个人所得税税率

表2累进税率适用于印度居民纳税人和非居民纳税人2015—2016年度的收入。

表 2 累进税率

应税收入（印度卢比）		累积应付税款	税率
超过	不超过	（印度卢比）	（%）
0	250000	0	0
250000	500000	25000	10
500000	1000000	125000	20
1000000	—	—	30

除上述个人所得税之外，如果年应税收入超过 1000 万印度卢比，则需要额外缴纳附加税。该附加税为总应纳税额的 15%。

（二）社会保险

印度社会保险主要包含以下三个方面：

- 雇员公积金计划，1952
- 雇员养老保险金计划，1995
- 雇员存款相关的保险计划，1976

雇员公积金计划和养老保险金计划适用于“国际工人”的员工。雇主必须向“国际工人”的员工缴纳雇员公积金和养老保险金。雇主需要按雇员的每月工资的 24%（雇主与雇员各自按 12% 的比例缴纳）缴纳雇员公积金和养老保险金。

（三）税款申报和支付流程

印度的纳税年度为 4 月 1 日至次年的 3 月 31 日。所有纳税人，包括非居民纳税人，应纳税所得额超过豁免金额的，都必须申报个人所得税。雇佣的收入需于 7 月 31 日前申报；自雇收入及经营的收入也需于 7 月 31 日前申报，或者，在税务检查的情况下，于 9 月 30 日前申报。

应税收入超过 500000 卢比的，或者在印度申报表上申请外国税款抵免的纳税人必须提交电子申报表。

取得雇佣收入的纳税人由雇主从其每月工资薪金中代扣代缴纳税款。在扣除代扣代缴的税款后，应纳税款超过 10000 卢比的纳税人必须分 3 期预付税款。预付税款日为 9 月 15 日、12 月 15 日，以及 3 月 15 日。

新加坡税制介绍

一、企业相关税项

（一）概览

表 1　　企业相关税项

税种	适用税率	
企业所得税	▶ 法定税率 17%，某些情况可享受减、免税 ▶ 从新加坡居民企业取得股息收入通常为免税所得	
资本利得税 ▶ 出售股票 ▶ 出售其他资产	0 资本收益在新加坡通常不征税。然而，某些特定的情况下，税务机构会认定某些涉及房地产、股票、期权买卖的交易为贸易行为。在这种情况下，来源于这些交易的资本收益则需要征税。对资本收益是否征税的判定会基于对事实的考虑和每个具体案件的情况	
分公司税	法定税率 17%，某些情况可享受减、免税	
预提税	国内法	与中国的税收协定
股息	0	5%/10% 股息受益所有人是公司（合伙企业除外），并直接拥有支付股息公司至少 25% 资本的情况下可适用 5% 的低税率
利息	15	0/7%/10% 利息是由银行或金融机构取得的情况下，可适用 7% 的低税率；如属于税收协定中规定的国家机构（包括列举的央行或政策性银行）取得利息可豁免预提所得税
特许权使用费	10	6%/10% 使用或有权使用工业、商业、科学设备而支付的特许权使用费可适用 6% 的低税率

续表

<table>
<tr><th>税种</th><th colspan="4">适用税率</th></tr>
<tr><td>分公司利润汇出税</td><td colspan="4">无</td></tr>
<tr><td>新加坡税收协定</td><td colspan="4">截至 2016 年 1 月 1 日，新加坡已与全球 80 个国家/地区签订了双边税收协定</td></tr>
<tr><td colspan="5">资本弱化规定</td></tr>
<tr><td>债资比</td><td colspan="4">新加坡没有关于资本弱化关联负债利息扣除的相关规定</td></tr>
<tr><td>税务亏损</td><td colspan="4">（年限）</td></tr>
<tr><td>向以前年度结转年限</td><td colspan="4">1 年（满足特定条件、合计不超过 10 万新加坡元的经营亏损）</td></tr>
<tr><td>向以后年度结转年限</td><td colspan="4">通常可无限结转</td></tr>
<tr><td colspan="5">消费税</td></tr>
<tr><td>法定税率</td><td colspan="4">7%，特定项目可免税或适用零税率</td></tr>
<tr><td>商品和服务贸易出口</td><td colspan="4">0</td></tr>
<tr><td>雇员的社保</td><td colspan="4">中央公积金（公积金）是一个法定的储蓄计划，为新加坡雇员提供养老退休保障。只有新加坡公民或者在新加坡工作的永久居民需要缴纳中央公积金。外籍人员（包括马来西亚人）无须缴纳公积金且不能自愿参保。在补充退休计划下，新加坡公民以及永久居民可以向其选择的私营基金缴纳供款，作为中央公积金供款的补充。在新加坡工作的外籍人士也可以参与上述计划。自愿补充退休计划由雇员负责供款，雇主并无供款义务。然而，雇主也可以以雇员的名义向补充退休计划缴纳供款，但是有一定的上限限制。到目前为止，新加坡与中国尚未签订社会保险双边协议</td></tr>
<tr><td colspan="5">员工个人所得税</td></tr>
<tr><td rowspan="11">居民纳税人适用于右边的税率表
非居民纳税人视不同收入适用不同税率</td><td>应税收入（新加坡元）</td><td>税率（%）</td><td>应纳税款（新加坡元）</td><td>累计应纳税款（新加坡元）</td></tr>
<tr><td>最初的 20000</td><td>0</td><td>0</td><td>0</td></tr>
<tr><td>其次的 10000</td><td>2</td><td>200</td><td>200</td></tr>
<tr><td>其次的 10000</td><td>3.5</td><td>350</td><td>550</td></tr>
<tr><td>其次的 40000</td><td>7</td><td>2800</td><td>3350</td></tr>
<tr><td>其次的 40000</td><td>11.5</td><td>4600</td><td>7950</td></tr>
<tr><td>其次的 40000</td><td>15</td><td>6000</td><td>13950</td></tr>
<tr><td>其次的 40000</td><td>17</td><td>6800</td><td>20750</td></tr>
<tr><td>其次的 120000</td><td>18</td><td>21600</td><td>42350</td></tr>
<tr><td>320000 以上</td><td>20</td><td>—</td><td>—</td></tr>
<tr><td colspan="4">以上税率表适用于 2015 年的评估年度（对来源于 2014 年历年的收入进行评估）</td></tr>
</table>

续表

税种	适用税率	
	税种	税率
其他税种	关税 ▶新加坡只对很少的商品（如石油、摩托车、酒类饮料以及烟草产品等）征收进口环节关税或特别消费税 ▶出口商品不征关税	
	印花税（不动产、股权或股票相关的商业、法律文书需要缴纳印花税）	多种税率

（二）企业所得税

1. 企业所得税

根据新加坡国内法规定，所有来源于新加坡的所得以及从新加坡收到的来源于新加坡以外的所得均需要在新加坡纳税。然而，非居民企业如果不在新加坡从事经营活动，其从新加坡收到的源自新加坡以外的所得通常无需在新加坡纳税。

新加坡税法规定，居民企业指实际管理和控制机构在新加坡的企业，与该企业的实际注册地无关。

符合法定的条件下，新加坡居民企业在新加坡收到的其源自境外的股息红利所得、境外分支机构利润汇回以及某些特定的服务所得可以免征新加坡所得税。

2. 企业所得税税率

新加坡企业所得税法定税率为17%，符合某些条件可享受减、免税。此外，从新加坡居民企业取得股息收入通常为免税所得。

3. 资产转让所得

资本收益在新加坡通常不征税。然而，某些特定的情况下，税务机构会认定某些涉及房地产、股票、期权买卖的交易为贸易行为。在这种情况下，来源于这些交易的资本收益则需要征税。对资本收益是否征税的判定会基于对事实的考虑和每个具体案件的情况。

4. 企业所得税的计算

一般情况下，企业所得税是在根据公认的会计准则编制的经审计的财务报表会计账面利润基础上，按照新加坡税收法规进行相应税务调整后计算得出应税所得。如果公司财务报告的记账本位币不是新加坡元，而是其他功能货币，根据新加坡的财务报告要求，公司必须按照法律规定向新加坡税务局提供以该种外币表示的所得税计算表。

5. 可扣除项目

对经营所得的费用类扣除项目，新加坡税法规定需要同时满足下列条件方可扣除：

▶ 完全的、纯粹的为创造收入而发生

▶ 属于营业性质

▶ 公司所得税法或其他法律没有特别规定的不准列支的项目

此外，源自新加坡外的收入项目对应的支出项目不得扣除，除非该项境外所得在新加坡收到并且需要在新加坡征税。

关于资本扣除项目（“税务折旧”）的规定：根据新加坡税法，所有的会计折旧均不允许税前扣除，企业需要按照税法规定的折旧年限和计算方法提取准予扣除的折旧。

▶ 机器设备：通常可在 3 年内提取折旧。对于单笔原值小于 5000 新加坡元的机器设备可在购入当年一次性扣除（但是该类扣除总额每年不得超过 30000 新加坡元）。

注：机器人、发电机、计算机类自动化设备、经批准的节能/环保设备、某些化工或噪声控制设备等可以享受加速折旧政策，在购入当年一次性扣除。

▶ 汽车：通常不可提取税务折旧。商业用车或者在新加坡之外注册且仅在新加坡境外使用的汽车可以提取税务折旧。

▶ 工业建筑：2010 年 2 月 23 日之后购入的工业建筑，通常不得提取税务折旧，然而，符合特定行业的企业可以申请“土地集约化免税额”，第一年提取 25% 税务折旧，和每年提取 5% 的税务折旧。

▶ 知识产权：核准知识产权，一般按 5 年以直线法摊销，通常要求新加坡公司持有该项权利的法律和经济所有权。

▶ 某些类别的支出（如经批准的展销会、海外贸易发展费用、研发费用支出等）可能享受加计扣除政策。

6. 税收优惠

投资补贴：从事符合一定条件的业务的企业可以申请，并在通过审批后，根据其投资费用的数额享受一定的投资补贴。上述企业除了按规定正常计提折旧外，还可以根据对生产设备支出的一定的比例（最多可以达到100%）获得补贴。

新设公司免税计划：在新加坡新设的居民企业或者担保责任有限公司，在满足一定的条件下，在其前三个纳税年度可以享受应税收入在10万新加坡元以下的部分免税以及在10万至30万新加坡元之间的部分减半征收企业所得税的税收优惠。这个计划不适用于房地产开发或从事股权投资的企业。

海事方面优惠政策：从事船舶营运、租赁以及相关海事服务的纳税人，根据本条可以享受税收优惠。

具体来说，主要是对从事以下三类业务的企业适用免税或5%和10%的优惠税率的优惠：

▶ 国际运输服务

▶ 船舶租赁

▶ 船舶运输辅助服务

7. 税务亏损

当年未利用的经营亏损及资本扣除项目在通常情况下可以向以后年度无限结转。此外，符合条件的情况下，纳税人也可以申请向前结转一个纳税年度合计不超过10万新加坡元的经营亏损和资本扣除项目。

经营亏损及资本扣除结转时，至少50%的股东必须维持不变。此外，对于资本扣除，带来有关资本扣除的贸易活动必需仍然进行。

8. 资本弱化规定

新加坡没有关于资本弱化关联负债利息扣除的相关规定。

9. 申报

新加坡的纳税年度通常为公历年度（但是企业纳税人也可以选择其会计

年度作为纳税年度)。企业纳税人通常需要在其会计年度结束后的3个月内提交预计的所得税应税收入，并在每个评税年度的11月30日前针对上一会计年度进行所得税的纸质申报，在每个评税年度的12月15日前针对上一年度进行所得税的电子申报，企业所得税申报不得延期。

10. 股息

从新加坡居民企业取得股息收入通常为免税所得。

11. 预提税

通常而言，向非居民企业支付的利息和可移动资产租金适用的预提所得税率为15%，特许权使用费适用的预提所得税率为10%，股息不征收预提所得税。

另外，通常而言，对于非居民企业利用科技、技术、工业或商业的知识或信息向居民企业提供的服务，以及提供的贸易、商业或专业管理服务，其取得的收入适用的预提所得税税率为17%。但是向非居民企业在新加坡的常设机构支付的，并且支付日期在2014年2月21日后的上述费用，不属于预提所得税的征税范围，其应在年度企业所得税中进行申报并缴纳相应的企业所得税。

对于同新加坡签订了双边税收协定的国家/地区，该国居民源于新加坡的所得有可能享受更低的预提所得税税率。根据新加坡与中国签订的税收协定，中国企业从新加坡取得的利息收入按不超过利息总额的10%预提所得税。

境外税收抵免：新加坡法规规定，境外税收抵免的限额是外国税款和新加坡对同一笔收入征收的税款两者中的较低者。境外税收抵免通常是分国分项进行，除非纳税人主动选择综合抵免法且符合综合抵免的法定条件。

12. 合并纳税集团

新加坡税法规定，符合法定的条件下，新加坡纳税人本年未利用的税务亏损、资本扣除项目、捐赠项目可以在同一集团内部相互转移。

满足以下条件之一的两家新加坡企业，被认为是同一集团的成员企业：

▶ 一家新加坡企业被另外一家新加坡企业持有75%（含）以上的股权

▶ 两家新加坡企业共同被另外一家新加坡企业持有75%（含）以上的股权

（三）消费税

1. 消费税

在新加坡境内提供商品和服务以及进口的货物需要缴纳消费税。在某些特殊情况下可以豁免消费税或者适用零税率。

2. 纳税义务人

消费税的纳税义务人是经登记（或应登记的）消费税纳税人。

应税商品和服务收入（包含零税率商品和服务收入，但不包含免税收入）年销售额超过100万新加坡元的企业，除非得到登记豁免，否则有法定义务申请登记为"消费税纳税人"。年销售未达到上述标准的纳税人，符合规定条件的情况下，亦可自愿申请登记为"消费税纳税人"。

特别地，对于在新加坡未设立固定工作场所的企业，如果其在新加坡境内提供应税商品或服务收入年销售额超过上述标准（即100万新加坡元），同样有上述法定登记业务，并委托新加坡当地的税务代表协助其完成注册登记。

在新加坡通过互联网或者电子媒介所取得的应税商品和服务收入同样属于消费税应税收入。

3. 消费税税率

新加坡对下列交易征收7%的消费税：

▶ 由经登记（或者应登记）的消费税纳税人在新加坡境内提供的商品和服务（零税率及免税服务除外）

▶ 进口至新加坡的商品（除非该项商品可以豁免进口税收）

商品和服务贸易出口通常执行零税率政策。

4. 纳税人的消费税进项抵扣

经登记的消费税纳税人，其采购对应的进项消费税，通常可以抵扣其销项消费税。某些情况下（比如用于非商业目的或者直接用于免税项目的进项），进项消费税不得抵扣。

如果当期进项税大于销项税，超过的部分可以退回给纳税人。在税务监察官收到消费税纳税申报表之日起 3 个月内，纳税人一般可以收到退税。如果纳税人是按月申报消费税，则一般自申报之日起 1 个月内可收到退税。

纳税人可在注册后首次消费税申报时，抵扣在完成注册前所发生的费用。

5. 发票和退货单

消费税纳税人在向另一个消费税纳税人销售应税商品或提供应税服务后，需要在销售或服务提供之日起 30 日内开具消费税发票。如果应税收入（含消费税）少于 1000 新加坡元，则可出具简易消费税发票。消费税纳税人的进项抵扣都必须要有消费税发票支持。

如果应税商品或者服务发生退回或者需要调整款项的行为，销售方/服务提供方可以开具退货单并对消费税销项进行调整（但通常需要跟踪回原始消费税发票并在退货单上对原始消费税发票的开具日期和金额进行标注）。

6. 出口证明

如果能提供货物从新加坡出口的证明资料，则可适用消费税零税率政策。所需的证明资料包括出口许可证、提货单/航运收据、原始发票。

7. 消费税的申报

消费税纳税人一般是按季度进行申报。然而，经常会产生退税的纳税人可考虑向税局争取申请按月申报，尽快退税，以减少现金流负担。自 2007 年 1 月 1 日起，所有新登记的纳税人必须通过电子方式申报消费税。

（四）其他税务事项

1. 转让定价

新加坡有专门税法规定关联方交易要遵循公平交易原则。企业与其关联方之间的商务往来或财务往来，或归属于常设机构的利润，不符合公平交易原则而减少企业或者其关联方应税收入或者所得额的，新加坡税务机关可能会对企业的应税所得做出调整。

2. 外汇管制

新加坡不会对资金汇入或汇出新加坡进行管制。

3. 油气开发和生产企业的税收规定

在新加坡，油气开发和生产企业同其他行业一样，适用相同的企业所得税政策。

二、个人相关事项

（一）个人所得税

1. 纳税义务人

任何因在新加坡工作而取得雇佣收入的个人，无论该收入在新加坡境内还是境外支付，都在新加坡负有纳税义务。新加坡居民纳税人对其来源于境外的所得不具有纳税义务。

在纳税年度前一年，如果个人除了合理且与实际相符的短暂性离境外，都在新加坡居留，则此人会被认定为新加坡税收居民。而那些在纳税年度前一年，在新加坡实际居留任职（除了担任公司董事）时间不少于 183 天的个人，也会被认定为税收居民。对于任职横跨两个日历年的个人来说，如果他们于两年内在新加坡连续居住或工作超过 183 天，就算每年不超过 183 天，那么在上述两个年度内，该个人均会被认定为新加坡税收居民。

2. 应税所得的确定

▶ 雇佣收入：应税雇佣收入包括现金报酬、工资、薪金、假期补贴、董事费、佣金、奖金、遣散费、额外津贴、员工股权计划收益和提供服务的额外津贴。因雇佣所得的福利如探亲费用、雇主提供的住房和通话费用以及雇员孩子的入学费用都属于应税收入。

▶ 自雇收入及经营收入：根据普遍认可的会计准则编写的财务报表中的

收入，属于应税自雇收入。纳税人取得的经营收入，应与其他收入合并计算，从而得出应纳税所得额。

▶投资收入：在单一公司税制下，由新加坡税收居民公司支付给股东的股息，无论是否为税后收入或免税收益，均不征收所得税。

3. 资本收益

资本收益在新加坡不征税。然而，某些特定的情况下，税务机构会认定某些涉及房地产、股票、期权买卖的交易为贸易行为。在这种情况下，来源于这些交易的资本收益则需要征税。对资本收益是否征税的判定会基于对事实的考虑和每个具体案件的情况。

4. 扣除项

▶可扣除费用：从原则上说，为创造收益而产生的费用都可以扣除。但在实际操作中，可从雇佣收入中扣除的费用是有限的，因为税务当局普遍认为雇员在履行职务过程中产生的所有必要费用，均应由雇主承担。

▶个人扣除额与免税额：新加坡居民均享有个人免税额。在2015纳税年度，新加坡居民享受的个人免税额包括配偶免税额（2000新加坡元）、残疾配偶免税额（5500新加坡元）、子女免税额（4000新加坡元/人）、残疾子女免税额（7500新加坡元/人）等。另外，某些寿险保费以及向被认可的养老基金的供款在限额范围内都可扣除。

5. 个人所得税税率

表2列示了税率表适用于居民纳税人2015年的评估年度（对来源于2014年历年的收入进行评估）。

表2　　税率

应税收入（新加坡元）	税率（%）	应纳税款（新加坡元）	累计应纳税款（新加坡元）
最初的20000	0	0	0
其次的10000	2	200	200
其次的10000	3.5	350	550
其次的40000	7	2800	3350
其次的40000	11.5	4600	7950

续表

应税收入（新加坡元）	税率（%）	应纳税款（新加坡元）	累计应纳税款（新加坡元）
其次的40000	15	6000	13950
其次的40000	17	6800	20750
其次的120000	18	21600	42350
320000以上	20	—	—

2015年财政预算案介绍了新的税率表（见表3），将适用于居民纳税人2017年的评估年度（对来源于2016年历年的收入进行评估）。

表3　　新的税率

应税收入（新加坡元）	税率（%）	应纳税款（新加坡元）	累计应纳税款（新加坡元）
最初的20000	0	0	0
其次的10000	2	200	200
其次的10000	3.5	350	550
其次的40000	7	2800	3350
其次的40000	11.5	4600	7950
其次的40000	15	6000	13950
其次的40000	18	7200	21150
其次的40000	19	7600	28750
其次的40000	19.5	7800	36550
其次的40000	20	8000	44550
320000以上	22	—	—

非居民纳税人视不同收入适用不同税率。非居民纳税人的雇佣收入（董事费除外）按15%的税率与按税收居民适用税率计算得出的应纳税额两者中取较高者（于一个日历年内在新加坡从事雇佣劳动不超过60天的非居民个人，其取得的雇佣收入免于缴纳所得税）。

（二）社会保险

中央公积金（公积金）是一个法定的储蓄计划，为新加坡雇员提供养老退休保障。只有新加坡公民或者在新加坡工作的永久居民需要缴纳中央公积金。外籍人员（包括马来西亚人）无须缴纳公积金且不能自愿参保。在补充退休计划下，新加坡公民以及永久居民可以向其选择的私营基金缴纳供款，作为中央公积金供款的补充。在新加坡工作的外籍人士也可以参与上述计划。自愿补充退休计划由雇员负责供款，雇主并无供款义务。然而，雇主也可以以雇员的名义向补充退休计划缴纳供款，但是有一定的上限限制。到目前为止，新加坡与中国尚未签订社会保险双边协议。

（三）税款申报和支付流程

新加坡的纳税年度为日历年，并在次年征收上一课税年度的税款。无论是居民个人或非居民个人都需要在每年的 4 月 15 日前申报上一课税年度的所得税。个人可选择在纳税评估发出后的一个月内一次性缴纳税款，也可选择分期付款（一年最多 12 期）。

印度尼西亚税制介绍

一、企业相关税项

（一）概览

表 1　　　　企业相关税项

税种	税率（%）	
企业所得税	25	
资本利得税	0	
分支机构利润税	20①	
预提所得税	国内法	与中国签订的双边税收协定（2001 年）②
股息	10/15/20	10
其他利息	15/20	0/10
专利权、专有技术等的特许权使用费	15/20	10
支付给非居民企业的收入	20	
与印尼签订双边税收协定的国家/地区数量	截至 2016 年 1 月 1 日，印尼已与 65 个国家/地区签订双边税收协定	
资本弱化		
债资比	4 : 1③	
税务亏损	（年）	
向以前年度结转	0	

续表

税种	税率（%）
向以后年度结转	5～10
增值税	
标准税率	10
货物和部分劳务出口	零税率或免税
奢侈品消费税 对进口到印尼或在印尼生产的奢侈品，就其交付时缴纳的增值税征收额外的奢侈品消费税；税率取决于货物的性质	10～200
土地或建筑物转让税	5

注：①该税种是针对常设机构税后净利润征收的最终税。无论常设机构是否将利润汇回总部都需要缴纳分支机构利润税。

②中国与印尼间的有效税收协定签订于2001年11月7日，于2003年8月25日起生效。

③2015年9月，财政部规定了债资比最高为4:1，自2016年税收年度开始生效。

（二）企业所得税

在印尼注册设立的企业需就其全球收入在印尼缴纳企业所得税。企业在境外缴纳的税款根据限额规定可在印尼境内进行抵扣。外国企业的分支机构仅需就其来源于印尼的所得在印尼缴纳企业所得税。然而，如果一家外国企业在印尼构成常设机构，则根据“引力原则”，其直接从印尼获得的其他与该常设机构业务相似的收入将会被归属于该常设机构的应纳税所得额进行纳税。

1. 企业所得税税率

企业所得税按25%的统一税率征收。该税率适用于印尼企业和在印尼构成常设机构的外国企业。上市公司如有至少40%的实收资本在证券交易所进行交易，则其适用税率可减少5个百分点。中小型国内企业（即总营业额不超过500亿印尼卢比的企业）按12.5%的税率减半征收所得税。适用低税率的应纳税所得额所对应的营业收入总额不得超过48亿印尼卢比。

2. 分支机构利润税

常设机构税后净利润需缴纳20%的分支机构利润税。根据适用的双边税收协定，税率可以相应降低。无论常设机构是否将利润汇回总部都需缴纳分支机构利润税。如果该利润被用于在印尼再投资，则可享受免税优惠的待遇。

3. 税收优惠

税收优惠规定：印尼的税收优惠规定中的具体税收优惠政策，适用于符合条件的，投资于某类特定业务或区域的印尼居民企业。

税收优惠规定包含以下优惠政策：

▶ 加速折旧摊销

▶ 某些情况下，将税务亏损的结转年限延长至10年（一般为5年）

▶ 支付给非居民企业的股息红利减按10%征税（或根据相关的双边税收协定按更低的税率征收）

▶ 投资抵减：投资土地、建筑物、工厂和设备的投资总额的30%可以用于抵减净利润。抵减年限为6年，每年减免5%

符合上述优惠政策的投资必须是一项新的投资或者是以扩大当前业务为目的的投资。根据政府法规，66类行业和某些区域的77类其他行业可以享受该税收优惠政策。上述规定的区域或省份一般位于爪哇岛外，主要位于东北地区和苏拉威西岛区域。

自开始商业生产或资产税务使用寿命的6年内，享受优惠政策的固定资产在使用和转让时会受到一定限制。如果违反规定，该税收优惠将被撤销。政府对此专门设立监管团队，自优惠待遇批准之日起两年内对企业落实政府规定的情况进行考评。

税收优惠期：属于“先锋行业”的部分纳税人可以享受2011年出台的税收优惠期政策，该政策于2015年8月更新。在税收优惠期间，企业自开始商业生产的5~20年内，可以减免10%至最高100%（免征企业所得税）的企业所得税。

财政部还可能会授予企业额外最长至20年的优惠期限以保证民族产业的竞争力和部分行业的战略价值。

目前，以下九个行业符合先锋行业资格要求：

▶ 基础金属行业

▶ 石油精炼行业

▶ 以石油和天然气为原料的有机化工生产业

▶ 机械制造业

▶ 农，林、渔业产品加工

▶ 电信、信息和通信行业

▶ 海洋运输业

▶ 经济特区（KEK）内的主要加工业

▶ 除利用政府和企业之间的伙伴关系外的经济基础建设业

为了符合税收优惠期的要求，纳税人必须满足以下条件：

▶ 必须为新设立的纳税人

▶ 必须从事“先锋行业”

▶ 必须拥有经相关政府部门批准的投资计划，投资总额最低为 1 万亿印尼卢比（约 7500 万美元）

▶ 必须满足财政部所规定的资本弱化比率要求

▶ 必须提交声明，确认将投资总额的 10% 存入印尼的银行系统，并在投资实现前不得撤回

▶ 必须通过印尼法人实体的形式投资，且该印尼法人实体于 2011 年 8 月 15 日后成立

已享受某些行业或区域投资优惠的纳税人不再适用税收优惠期政策，反之亦然。

4. 特殊税率

某些特定企业适用的特殊税率如下所示。

石油：石油企业只有在合同签订并批准后才能适用优惠税率。此外，外国石油企业需对其应纳税所得额缴纳 20% 的分支机构利润税，除非适用的双边税收协定另有规定。

采矿：一般矿业公司的应纳所得税额取决于取得税收优惠待遇的时间（即何时取得该税收优惠待遇）。早期的优惠享有者按 30% ~45% 的税率纳税（早期税率）。最近的优惠享有者需根据现行的税法规定缴税（目前税率为 25%）。尽管支付给境外的股息红利通常需缴纳 20% 的预提所得税，但某些早期优惠待遇可以减按 10% 征收预提所得税。根据相关税收协定可以减免上述税率。

建筑企业：建筑企业需按照合同价值的 2% ~6% 缴纳最终企业所得税（通过代扣代缴或者自主申报）。整体或部分的建筑活动均需缴纳企业所得税。

适用的所得税率取决于各企业的资质和/或其提供的服务类型。该税款被认定为最终税款。因此，财年结束时该部分收入无需缴纳企业所得税。外国企业通过其在印尼境内的分支机构或常设机构开展经营活动的，在扣除最终税款后，还需就其应税收入（纳税调整后的会计利润）缴纳20%的分支机构利润税，该税率以相关税收协定的规定为准。在上述情况下，分支机构利润税有可能被免除。

外国钻井公司：外国钻井公司的钻井总收入按照3.75%的有效税率缴纳企业所得税，税后净利润还需缴纳20%的分支机构利润税。分支机构利润税可以根据相关税收协定给予减免。在上述情况下，分支机构利润税有可能被免除。

非居民国际航运公司和航空公司：非居民国际航运公司和航空公司需就营业收入总额的2.64%缴纳企业所得税（包括分支机构利润税）。由于2010年企业所得税税率下降，实际税率可能有所变化。然而，已颁布的税收法规中尚未确认该税率。

中小型企业：年营业收入总额小于48亿印尼卢比的个人和企业纳税人（不包含常设机构）按照月营业收入总额的1%缴纳企业所得税，并且为最终税款。

下列纳税人不在最终税款的范围内：

▶ 出于非商业目的，使用组装的基础设施和公共设施进行贸易活动和/或提供服务的个人纳税人

▶ 尚未开展商业活动的企业纳税人

▶ 一年内来源于商业活动的总收入超过48亿印尼卢比的企业纳税人

上述规定中，营业收入不包括独立的专业服务收入，比如律师、会计师、医生和公证员提供的服务。

符合其他最终税制规定的纳税人，比如建筑服务公司，不能适用1%的最终税款税率。

5. 资本利得税

在印尼，通过证券交易所出售公开上市的股票取得的收入需缴纳0.1%的最终预提所得税。出售公开发行的创始人股份还需就其股票价值的0.5%缴纳额外的税费。创始人股东必须在股票发行的1个月内缴纳该0.5%的税费。未在截至日期前缴税的创始人股东，其取得的利得按照一般所得税税

率缴税。

居民企业获得的资本利得包含在应税收入中，按一般企业所得税税率纳税。非居民企业获得的资本利得按照20%的税率纳税。法律规定核定利润按照20%的税率纳税。财政部针对转让非上市公司股票设定了核定利润。核定利润率为总销售收入的25%，因此，这项交易的有效税率即为总销售收入的5%。此项规定适用于非税收协定国家/地区的居民企业以及税收协定国家/地区的居民企业（如果相关税收协定允许印尼对该所得征税）。

除了出售和转让股权，在印尼未构成常设机构的非居民企业出售或转让某些资产的预计净收益的25%需缴纳20%的税款。上述资产包括高级珠宝、钻石、黄金、宝石、高级手表、古董、字画、汽车、摩托车、游艇和/或轻型飞机。这导致实际有效税率为5%。购买者需代扣代缴预提所得税。价值低于1000万印尼卢比的交易免税。但税收协定中的条款规定优先于上述规定。

非居民企业买卖或转让在避税港管辖范围内设立或注册的管道公司或特殊目的的实体的股份，若该管道公司或特殊目的的公司与一家印尼公司或印尼境内的常设机构有特殊关系，则其买卖或转让股份的行为将被视同为该印尼公司或该常设机构实施的行为。相关法律规定需要按交易收入总额缴纳5%的印尼所得税。5%的税率，是根据将总交易收入的25%视同销售利润，乘以所得税法第26条中规定的20%跨境预提所得税税率得出的。如果卖方所在国与印尼有税收协定，税收协定中的条款规定优先于上述规定。

出售或转让土地或建筑物使用权，销售方或出让方需就交易价值和政府官方报价中孰高者缴纳5%的所得税。购买方或受让方需缴纳5%的转让税，若取得税务总局批准，企业合并中发生的转让行为可减按2.5%征税。

6. 股息

一般来说，股息属于应税收入。

在境内支付给印尼居民企业纳税人的股息需缴纳15%的预提所得税。该预提所得税就作为股息接受方的预付税款。如果该笔股息是从留存收益中支付并且股息接受方的股权占支付方实收资本的25%或以上，可以享受免税优惠，免税的股息无需缴纳15%的预提所得税。印尼居民纳税人收到的股息需缴纳最高10%的最终税款。

汇出境外的股息需缴纳20%的最终预提所得税，除非相关税收协定规定了更低的税率。

7. 交易收入的确定

一般情况下，收入定义广泛，包括但不限于以下内容：

▶ 营业利润

▶ 销售或转让财产收入

▶ 利息、股息、特许权使用费、租金及财产使用相关的其他收入

▶ 重组产生的收入（不论其以何种名义或形式）

▶ 销售或转让全部或部分采矿权、矿产公司的投入资金或出资额

▶ 收到作为抵免税款的税收返还

▶ 伊斯兰教相关企业获得的收入（伊斯兰教企业指的是根据伊斯兰法律管理的企业）

▶ 利息补偿

▶ 印尼银行的盈余

某些收入无需纳税或者适用最终税款制度。居民纳税人的定期存款、存款单以及存款账户取得的利息需缴纳20%的预提所得税，即该收入的最终税款。非居民纳税人收到的利息需按20%（或税收协定中规定的较低税率）缴纳最终预提所得税。

一般情况下纳税人可以在税前扣除与应税收入相关的全部直接或间接费用。

不允许抵扣的费用如下所示：

▶ 企业所得税款和罚款

▶ 由于公司股东、合伙人或成员的私人用途产生的费用

▶ 赠品

▶ 捐赠支出（不包括为国难捐款、用于在印尼的研究开发活动的补助金、用于社会基础设施发展的补助金、用于教育设施的补助金（如用于购买书籍、计算机、桌椅和其他教育资源产生的费用），和用于体育发展的补助金）

▶ 实物福利，包括发放给员工或关联方的补贴、援助、礼品或奖品

▶ 部分行业的准备金

境外发生的营业亏损不可扣除。

外汇收益和损失应分别作为应税收入和税前可扣除费用，前提是符合印尼公认会计准则且公司持续采用该准则。

8. 存货

根据税法规定，存货必须按照先进先出法（FIFO）或平均成本法计量成本，不得采用后进先出法（LIFO）。

9. 准备金

准备金通常不允许在税前扣除。

某些纳税人会申请坏账准备金税前抵扣，包括银行和某些非银行金融机构，比如，提供贷款的其他企业、保险公司、融资租赁公司、消费融资公司和代理融通公司。

下列公司也可申请准备金税前抵扣：

▶ 社会保险机构：社保基金准备金

▶ 林业公司：再造林准备金

▶ 矿业公司：采矿遗址再利用准备金

▶ 工业废物处理公司：关闭和维持废物处理工厂的准备金

纳税人申请坏账准备的税前扣除时，需满足下列条件：

▶ 相关费用在财务报告上列示为经营亏损

▶ 债务人名单和坏账总额已上报给税务总局

▶ 向主管国家应收账款的公共法院或政府机构上报债务催收的法律诉讼文件。另外，纳税人可以在一般或特定出版物上公示坏账情况，或者获得相关债务人勾销坏账的确认书

关联方勾销应收账款不能税前扣除。

10. 折旧和摊销

折旧是根据资产使用年限按照直线法或余额递减法计算的。一般自产生费用当月起准予扣除折旧费用。但是，在建工程应从工程完工当月起开始计提折旧。建筑物采用直线法折旧。表 2 列示了可折旧资产的使用年限和折旧率。

表 2　　可折旧资产的使用年限和折旧率

资产类别	使用寿命	直线法（%）	余额递减法（%）
建筑物			
▶永久的	20	5	—
▶非永久的	10	10	—
其他资产			
▶级别 1	4	25	50
▶级别 2	8	12. 5	25
▶级别 3	16	6. 25	12. 5
▶级别 4	20	5	10

11. 资产的税务价值重估

经税务总局批准，对由于价值重估而导致固定资产价值提高的情况，应按照以下的税率缴纳最终企业所得税：

▶从 2015 年 10 月 15 日至 2015 年 12 月 31 日提交的申请，适用 3%

▶2016 年 1 月 1 日至 2016 年 6 月 30 日提交的申请，适用 4%

▶从 2016 年 7 月 1 日至 2016 年 12 月 31 日提交的申请，适用 6%

▶在 2017 财政年度提交的申请，适用 10%

价值重估导致固定资产价值提高的部分或者预估价值超过固定资产税务净值的部分应缴纳该最终税。提交申请前必须先缴纳税款。固定资产重估后的价值应等于由授权的评估公司所确定的市场公允价值。税务总局可重新决定相关固定资产的市场公允价值。

企业可对其全部固定资产进行价值重估，或对部分位于印尼境内且与应税收入有关的固定资产进行价值重估。固定资产的价值重估只可每五年执行一次，违反这一时间规定需缴纳额外的税款。价值重估后的固定资产应按照重估价值进行折旧，其使用寿命与新的资产相同。

重估后的级别 1 和级别 2 的固定资产在未达到使用寿命之前转让，以及重估后的级别 3 和级别 4 的固定资产和土地及建筑物在获得重新评估许可的 10 年内转让，需缴纳额外的税款。

（三）增值税

增值税适用于以下交易：

▶ 在纳税人的经营活动中，在印尼关税地区提供应税货物或应税劳务

▶ 进口到印尼的应税货物，不考虑进口方的身份

▶ 使用外国企业在印尼境内提供的应税劳务和无形商品

▶ 纳税人出口应税货物（有形或无形）和/或应税劳务

▶ 单位或个人所从事的经营活动以外的自建工程，且用于自用或者供他方使用

▶ 以非出售目的获取的资产的交付。如该购买行为与经营活动无关或者是由于购买豪华轿车而导致增值税进项税不能进行抵扣，适用免税政策

从事涉及增值税应税货物或劳务的经营活动的企业都需要登记注册为增值税“纳税企业”，除非这些企业被认定为“小规模企业”。此规定同样适用于非居民企业在印尼的常设机构。

▶ 小规模企业：如果企业的年度总营业额（来源于货物或劳务供应）不超过 48 亿印尼卢比，则该企业被认定为小规模企业。

▶ 非居民企业和税务代表：尚无法规要求需要在印尼任命财务代表。但是，纳税企业可以指定代理人来处理其增值税退税或稽查事宜。

▶ 逾期登记处罚：如果纳税企业逾期注册登记，可能会对登记注册前所提供的应税货物或劳务处以罚款。在登记注册之前发生的增值税进项税不可对登记注册以后发生的销项税进行抵扣。

1. 增值税税率

“应税物资”是指提供的需要缴纳增值税的应税货物或劳务，包括适用税率为零的货物或劳务。两种税率一般包括税率 10% 和零税率（0%），零税率适用于出口应税货物（有形或无形）和应税劳务（关于出口应税劳务适用零税率的详情，请参考下文内容）。

非应税货物包括从自然资源中开采或钻取的产品，公共必需品（水稻、玉米、西米、大豆、碘盐和无碘盐、鲜肉、鸡蛋、牛奶、水果和蔬菜），酒店、餐馆、美食广场和其他类似场所（堂吃或外卖，包括餐饮）供应的食物和酒水饮品，货币，金条和有价证券。

“免税交易”是指一些应税货物或劳务的交易免征增值税，并且不会产生进项税的减免或抵扣。

增值税免税同样适用于被列入“战略物资”的货物的交易或进口。这些物资包括但不限于：以工厂机器和设备形式存在的资本、货物、某些农产品、农业种子和家庭用电。

但是，现行法规规定适用于增值税零税率的出口劳务只限于以下类别：

▶ 为符合一定条件（在来料加工的过程中，制作承包商通过使用订货方提供的原材料进行货物加工，并将产成品运送给订货方或者订货方指定的其他方）的外国客户提供来料加工服务

▶ 为在印尼关税区以外的地方使用的动产进行的修理和维护服务

▶ 工程施工服务，其中包括工程施工计划咨询服务、工程执行服务和工程监督咨询服务，前提是这些服务与位于印尼关税区以外的不动产有关

▶ 自由贸易区（FTZ）制度规定在自由贸易区内进行的货物或劳务交易免征增值税，并且进入到自由贸易区的应税货物或劳务免征增值税。已经被确认为自贸区的区域有巴淡岛、沙璜岛、民丹岛和吉里汶岛。

2. 特殊增值税免税制度

其他增值税制度从技术层面规定了免除增值税纳税义务的范围，包括：

▶ 支付给保税区企业和出口货物生产商的款项不计征增值税

▶ 由外国援助贷款或资助项目的首席承包商供应的货物或劳务，不计征增值税

在上述情况下，不计征是指对某些应税货物和劳务免征增值税，但相关的增值税进项税仍然可以进行抵扣。

提供货物或劳务的时间：在印尼，增值税纳税义务发生时间为提供应税货物或劳务的当日或者收到预付款的当日。在已提供应税货物或劳务，或者已取得支付款项时，必须开具税务发票，开票时间以上述两者较早者为准。

进口货物：进口货物的纳税义务发生时间为货物进口当日；被认定为保税区企业的进口货物，纳税义务发生时间为货物离开保税区当日。

3. 增值税的抵扣

纳税人可以进行增值税进项税抵扣，这部分进项税是纳税人以商业目的购买应税货物或劳务产生的，且发生的成本应当与其应税销售行为相关，才

能予以抵扣上述进项税。纳税人一般在提供应税货物或劳务产生的销项税中抵扣进项税。如果进项税额超过了销项税额，超出部分的税额可以申请退还。

进项税包括在印尼购买应税货物或劳务而产生的增值税、进口货物产生的增值税以及在印尼关税区内使用外国企业提供的应税劳务和无形商品而产生的自费增值税（自费方式下，使用无形商品或劳务的一方可以直接以国外企业的名义向国库缴纳10%的增值税）。

进行增值税进项税的抵扣，一般必须同时申报有效的标准税务发票或者海关文书。

在2010年9月，印度尼西亚税务机关出台了最新的公告，规定出口“战略物资”（包括动物饲料、动物饲料生产所需原材料、农产品和种子）适用增值税零税率。公告确定，出口“战略物资”的纳税人可以对相关的出口销售申请增值税进项税抵扣。如果产生增值税留抵税额（即进项税的抵扣额大于销项税税额），则会产生退税。

不可抵扣的进项税：一般情况下，出于非商业目的购买的货物和劳务不可以抵扣进项税（如企业购买的自用货物）。

此外，在纳税企业开始提供应税货物或劳务前购买的应税货物或劳务亦不得抵扣进项税，但资本货物除外，上述情况下资本货物仍可以进行纳税抵扣。

增值税纳税企业进口或购买的资本货物产生的进项税在其筹办期已抵扣或退税的，如在三年内未生产增值税应税货物，则该企业必须补缴这部分进项税。

退税：如果一定时期内的可抵扣进项税额超过了同一期间应交销项税额，超过部分可以进行退税。一般情况下，退税申请必须在年末进行申报。但是，某些纳税人可以按月申请退税。印尼税务机关会通过稽查以确认增值税退税申请的正确性。税务稽查必须在退税申请之日起一年内完成。

如果税务稽查确认增值税退税申请是真实有效的，在税务稽查评定书发布后的一个月内，纳税人可以收到多支付的税款。

如果税务机关延迟支付退税税款，那么税务机关必须按照每月应退税额的2%向企业支付利息。

通过税务检查加速退税的流程适用于某些满足合规纳税人或低风险纳税人的条件的纳税企业。

4. 非居民企业的增值税退税

对于既未设立在印尼，也未在印尼进行增值税登记的企业，印尼不会向其退还税款。非居民企业在印尼的常设机构可以采用印尼纳税企业的方法申请增值税退税。

（四）其他考量

1. 转让定价

法规中规定了以下几个确定公平交易价格的方法：

▶ 可比非受控价格法

▶ 再销售价格法

▶ 成本加成法

▶ 利润分割法

▶ 交易净利润法

印尼税务机关要求企业与联营企业间的关联交易来往是以“合理商业方式”及公平交易原则进行。纳税人需保存证明关联交易是以公平交易原则进行的同期资料。企业转让定价资料必须从相关的纳税年度起保存10年。

印尼税务机关采用预约定价安排（APAs）来规范关联方之间的交易，并减少企业未来与国家税务总局之间的转移定价纠纷。一般情况下，预约定价安排指的是企业和国家税务总局为预先确定关联交易适用价格签署的一份协议。预约定价安排提供了生产货物的销售价格、特许权使用费金额及其他信息。

预约定价安排可以是与国家税务总局签订的单边协议，或是与国家税务总局及外国税务机关签订的双边协议。

2. 转让定价处罚

税务稽查过程中，若发现存在由于关联交易有关的收入与成本调整所产生的税款缴付不足，每月按未缴税款的2%征收罚款，上限为48%。

纳税人如未在企业所得税申报表中准确披露关联交易的相关信息，应视为欺诈并导致最多可达未缴税款400%的行政处罚。

同期资料申报截止时间：根据 PER－32，纳税人需要提供转让定价同期资料报告其关联交易。关联交易必须披露在年度所得税申报表中。此外，税务稽查时，企业必须在税务稽查人员提出要求之日起一个月内提供所要求的资料。另外，根据 PER－43，所有证明关联方往来中公平交易实质的相关文件，包括转让定价研究，必须自相关纳税年度结束起保存十年。

转让定价协议评估的时效：PER－43 未单独规定评估时效期限。但是，税法中规定，税务机关可以自相关财务年度起五年内执行税务稽查，包括评估关联交易的公平交易实质。

预约定价安排带来的机会：根据 PER－43，可使用预约定价安排。在 PER 69/PJ/2010（PER－69）中，对预约定价安排作出了规定。预约定价安排可以是单边或双边的。2015 年 1 月政府出台了财政部法规 No. 7/PMK. 03/2015（PMK－7），其中规定了预约定价安排的构成和执行方式。该法规自颁布之日起（即 2015 年 4 月 12 日）90 天内生效，并适用于所有现有和未来的预约定价安排问题。

此外，根据 PER－43，按照相关税收协定中的条款，可以采用相互协商程序（MAP）。国家税务总局在 2010 年 12 月 3 日出台的 PER－48/PJ/2010 进一步规定了申请 MAP 救济的程序。之后政府出台了财政部法规 No. 240/PMK. 03/2014（PMK－240），相对于之前的法规，进一步落实了 MAP 的执行方法。PMK－240 自 2014 年 12 月 22 日起生效，适用于该日之前及之后生效的税收协定中规定的 MAP 程序的执行。

3. 征收管理

税务机关：国家税务总局（DGT）

管理：在每个财年结束后的第四个月底前提交企业所得税年度申报表。该截止日期可以延长两个月。年度税负余款必须在汇算清缴前付清。

企业所得税必须通过每月分期预付，截止日期是相关纳税月份次月的 15 日。分期税款等于前一年度的应交税金（扣除非正常收入）的 1/12 或者基于最近收到的税收评估的应交税金。

4. 外汇管制

对偿还贷款及支付股息、利息和特许权使用费没有外汇管制。汇款金额大于等于10000美元必须通过汇出行支付给印尼央行来完成。境外贷款必须上报给印尼央行，以加强对国家外汇储备的监管。

二、个人相关事项

（一）个人所得税

印尼居民纳税人须就全球收入缴纳个人所得税。非居民纳税人仅就来源于印尼的收入缴纳个人所得税。对于外交官和某些国际组织代表，若其所代表的国家/地区与印尼之间有互惠豁免的协议，则其将免于缴纳印尼个人所得税。税法上所规定的居民纳税人是指在任何连续12个月内在印尼停留连续或累计超过183天的个人，或在纳税年度内有意在印尼定居者。根据2009年1月12日发布的税法规定，在任何连续12个月内在国外连续或累计工作超过183天的印尼国民被视为非居民纳税人。

各类应税收入的征税说明如下所示。

工资薪金：雇员的应税收入包括工资、薪金、佣金、奖金、养老金、董事费及其他工作报酬。雇员提供劳务或服务所取得的实物补贴不属于个人所得税应税收入，也不能作为雇主的可扣除费用。

但是，这项规定并不适用于以下机构的员工：

▶ 在1984年之前颁布的法律规范下签订雇佣合同的石油和天然气公司

▶ 不征收印尼企业所得税的代表机构

▶ 各种国际组织和大使馆

▶ 在“核定利润”的基础上纳税的雇主

▶ 缴纳最终税款的雇主

虽然提供给员工的额外福利，包括雇主提供的住房和汽车，并不属于员工的应纳税所得额，但如果员工在偏远地区工作，则允许雇主税前扣除这些额外福利。雇主必须取得偏远地区的批准许可。对于以现金补贴形式取得的福利应并入应纳税所得额。

遣散费和一次性支付的退休金需根据税率中列示的相关税率代扣代缴个人所得税。

在任何12个月内在国外连续或累计工作超过183天的印尼国民在海外获得的工资薪金免于缴纳个人所得税，但此项收入来源须在国外纳税。

自雇收入和营业收入：合伙企业、公司和协会中的人员，以及其他个人需要就其自雇收入或营业收入缴纳个人所得税。应税收入包括营业利润、销售与商业有关的财产的所得、年金和债务豁免（不包括小型企业500万印尼卢比以下的债务豁免）。

收入和营业收入与其他收入结合，按照税率中所述的税率缴税。

董事费：董事费应并入工资薪金的应纳税所得额中。

投资收益：支付给个人的股息、租金、特许权使用费和部分利息需要按不同税率缴纳预提所得税。这些类型的投资收益一般与其他收入一起按照税率中所述的税率缴税。

但是，以下投资利息缴纳的20%的预提所得税是最终的预提所得税。

▶ 定期存款，包括通过印尼境内设立的银行或外国银行在印尼境内的分支机构存在境外的定期存款

▶ 定期存单

▶ 储蓄账户

出租土地和建筑物的收入按照10%缴纳最终预提所得税。

支付给居民个人的股息按照10%缴纳最终预提所得税。

（二）社会保险

社会保障管理机构（Badan Penyelengara Jaminan Sosial，BPJS）管理印尼社会保障计划。

BPJS有以下两个分类：

▶ 员工社会保障（BPJS—Ketenagakerjaan）

▶ 医疗保障（BPJS Kesehatan）

参加Jamsostek医疗保健计划的企业需要在2014年1月1日起参加BPJS Kesehatan项目。其他企业最迟需在2015年7月1日参加该项目。

在印尼工作超过六个月的外籍员工必须参加印尼社会保障计划，印尼没有和任何国家/地区签署双边社会保险互免协定。

表3　　　　　　　　　　缴纳比例（1）

	缴纳比例	
项目类型	雇主缴纳比例（%）	雇员缴纳比例（%）
工伤意外保险	0.24～1.74①	0
人寿保险	0.3	0
养老保险	3.7	2

注：①比例取决于企业所处的行业类型。

表4　　　　　　　　　　缴纳比例（2）

	缴纳比例
雇主	4（a）
雇员	1（b）

注：（a）最高支付金额是189000印尼卢比
（b）最高支付金额是47250印尼卢比

埃及税制介绍

一、企业相关税项

（一）概览

表 1　　企业相关税项

税种	适用税率	
企业所得税	▶ 法定税率 22.5% ▶ 油气开发和生产企业适用税率为 40.55% ▶ 埃及苏伊士运河公司、埃及国家石油公司和埃及中央银行适用税率为 40%	
资本利得税 ▶ 出售证券 ▶ 出售其他资产	10%/22.5% 22.5%	
分支机构税	22.5%	
预提税	国内税法	与中国的税收协定
股息	10%	8%
利息	20%	10%
服务	20%	8%
特许权使用费	20%	—
分支机构利润汇回税	5%	
埃及税收协定	截至 2016 年 1 月 1 日，埃及与全球 70 个国家/地区签订了双边税收协定，其中 13 个尚未生效	
资本弱化规定		

续表

<table>
<tr><th>税种</th><th colspan="3">适用税率</th></tr>
<tr><td>债资比</td><td colspan="3">4:1</td></tr>
<tr><td>税务亏损</td><td colspan="3">（年限）</td></tr>
<tr><td>向以前年度结转年限</td><td colspan="3">无年限限制（长期项目）</td></tr>
<tr><td>向以后年度结转年限</td><td colspan="3">5 年</td></tr>
<tr><td>货物与销售税</td><td colspan="3">正在考虑更名为增值税</td></tr>
<tr><td>法定税率</td><td colspan="3">10%</td></tr>
<tr><td>销售机器设备、安装和建筑施工合同</td><td colspan="3">1.2%</td></tr>
<tr><td>土建工程</td><td colspan="3">2.9%</td></tr>
<tr><td>家用清洁材料和钢铁</td><td colspan="3">5%</td></tr>
<tr><td>排量在 1.6 升及以下的汽车</td><td colspan="3">15%</td></tr>
<tr><td>排量在 1.6~2 升的汽车</td><td colspan="3">30%</td></tr>
<tr><td>国产排量在 2 升以上的汽车</td><td colspan="3">30%</td></tr>
<tr><td>进口排量在 2 升以上的汽车</td><td colspan="3">45%</td></tr>
<tr><td>超过 12 英尺的冰箱、空调和录像机</td><td colspan="3">25%</td></tr>
<tr><td>产品出口</td><td colspan="3">0%</td></tr>
<tr><td>雇员的社保</td><td colspan="3">具有埃及国籍的全职雇员需要缴纳社会保险。雇员按照其每月基本工资的 14% 缴纳，并且不超过 1012.5 埃及镑。对超过该限额的部分和对其他收入包括加班费或津贴等按照 11% 缴纳，最高不超过 1830 埃及镑</td></tr>
<tr><td>员工个人所得税（由雇主代扣代缴）</td><td colspan="3"></td></tr>
<tr><td rowspan="8">包括埃及居民和外国居民</td><td colspan="2">应税收入（埃及镑）</td><td rowspan="2">税率（%）</td></tr>
<tr><td>超过</td><td>不超过</td></tr>
<tr><td>0</td><td>5000</td><td>0</td></tr>
<tr><td>5000（含）</td><td>30000</td><td>10</td></tr>
<tr><td>30000（含）</td><td>45000</td><td>15</td></tr>
<tr><td>45000（含）</td><td>250000</td><td>20</td></tr>
<tr><td>250000（含）</td><td>1000000</td><td>25</td></tr>
<tr><td colspan="3">除上述个人所得税之外，如果年应税收入超过 100 万埃及镑，则需要额外缴纳 5% 的附加税，该附加税自 2014 年开始连续征收 3 年。
埃及居民从其雇主之外的企业取得的收入需要缴纳 10% 的所得税，无扣除额和免税额。</td></tr>
</table>

续表

税种	适用税率	
	税种	税率
其他税种	关税 ▶ 通常，从价计征 ▶ 作为投资的设备价款	多种税率 5%
	印花税［包括汇票、本票、保函、各种文书、合同、支票、凭证（在埃及证券交易所上市的股权和债券免印花税）］	多种税率

（二）企业所得税

企业所得税：埃及居民企业应就其来源于埃及境内的利润缴纳企业所得税，对于来源于境外的利润，除非其境外活动是通过设在境外的常设机构完成，否则来源于境外的利润也需缴纳企业所得税。常驻在埃及境内的外国企业应就其来源于埃及境内的利润缴纳企业所得税。

企业所得税税率：埃及企业所得税法定税率为 22.5%。同时也存在除了 22.5% 之外的税率。油气开发和生产企业的所得适用 40.55% 的所得税税率。苏伊士运河公司、埃及国家石油公司、埃及中央银行按照利润的 40% 征收所得税。

资产转让所得

出售证券所得：非埃及企业出售证券所得适用 10% 的所得税率（自 2015 年 7 月 15 日起，出售上市证券所得暂缓两年征收所得税）。

埃及企业出售证券适用的税率如下：

▶ 出售来源于埃及且在埃及交易所登记的证券所得适用 10% 的所得税率（自 2015 年 7 月 15 日起，出售上市证券所得暂缓两年征收所得税）。

▶ 出售来源于埃及且未在埃及交易所登记的证券所得，来源于埃及境外的证券所得以及出售股票所得适用法定企业所得税率 22.5% 。

出售其他资产：出售其他资产的转让所得需并入一般经营性所得缴纳企业所得税，不进行单独计算。资产处置损失可以从资产转让所得中扣除。

企业所得税计算：企业所得税是在会计利润基础上进行相应税务调整后

计算得出应税利润。税务调整主要包括资产折旧、减值准备、存货跌价准备、关联方交易以及有关费用。股息收入免征企业所得税。符合条件的在埃及证券市场交易的债券利息免征企业所得税。公司开办费和筹建费用可在生产经营当期一次性扣除。

税务亏损：通常税务亏损可以向以后年度结转，结转年限为五年。长期项目发生的亏损可无期限向以前年度结转，用以抵减同一项目以前年度产生的利润。发生在埃及境外的亏损不得抵减埃及境内的应税所得额。

资本弱化规定：埃及税法规定债资比不得超过4∶1，超过部分的债务利息不得进行税前扣除。

申报：纳税义务人必须在每年的5月1日之前或财政年度结束后4个月内提交企业年度纳税申报表及附列资料，财务报表也需一并提交。申报表须纳税人签章。在缴纳了预估税款后，纳税人可以申请延期申报企业所得税表。

股息：公司、合伙企业，包括在经济特区设立的企业向埃及居民、非埃及居民，以及在埃及设有常设机构的非埃及居民支付股息时需要缴纳股息预提税。

股息预提税法定税率为10%，无扣除和免税额。然而，在同时满足下列两个条件时股息预提税可降至5%：

▶ 股息接收方持有支付股息公司至少25%的股权或表决权

▶ 股息接收方持有支付股息公司的股权或承诺持有股权时间不少于两年

法律规定，外国分支机构在埃及的利润可以在财政年度结束后60天之内进行分配。因此，外国分支机构必须在财政年度结束后60天之内支付当年利润的股息预提税。

在满足某些特定条件下，投资基金、母公司和控股公司可享受免税待遇。

以无偿配股的形式发放的股息免税。

预提税：非居民企业向埃及居民企业提供服务（无论在埃及境内还是境外提供的服务）所取得的收入均应根据所得额按20%的税率缴纳预提所得税，但征税范围不包括如下活动：

▶ 交通

▶ 船运

▶ 保险

▶ 培训

▶ 参加会议和展览

▶ 境外股票市场注册

▶ 广告营销

境外税收抵免：埃及居民企业在埃及境外缴纳的外国税款，如果能够提供相关支持文件，允许从其当期应纳税额中进行抵免。

埃及与其他国家/地区签订的税收协定为企业在境外缴纳的税款可在埃及抵免提供了依据。

（三）销售和服务税

销售和服务税：埃及境内生产的货物以及进口的货物需要缴纳销售税。在某些特殊情况下的货物可以免缴销售和服务税。

税法规定有17种类型的服务需要缴纳销售和服务税，其中包括：

▶ 酒店与餐饮业

▶ 电信业

▶ 维修与安装服务业

▶ 汽车租赁与旅游运输服务业

▶ 安保与清洁服务业

▶ 快递业

埃及正在考虑引入单一税率的增值税来取代销售和服务税，增值税也将对货物和服务征收。然而，目前这一举措及预期引入的时间都暂未确定。

纳税义务人：销售和服务税的纳税义务人通常是满足下列条件的企业：

▶ 从事生产、提供服务或销售货物的企业，并且销售额已经达到税法规定的最低额。根据企业从事不同的商业活动，最低额也不同

▶ 进口货物或服务的进口商没有最低额

纳税义务人必须在埃及税务机关进行登记，否则超过最低销售额的未登记企业不得在其账单中加收销售和服务税。

销售和服务税税率：销售和服务税的法定税率为10%。然而，某些商品和服务的税率为1.2%~45%，建筑施工的税率为1.2%~10%。国防和国家安全所必需的货物、设备、机器、服务和相应原材料在取得有关部门的批准后通常免征销售税。

免征情况：国防和国家安全所必需的货物、设备、机器、服务和相应原材料通常免征销售和服务税。该免征适用于以下经政府相关部门批准的企业：

▶ 与国防安全有关的公司和组织

▶ 内政部

▶ 国家安全部

▶ 阿拉伯国家制造局

1. 纳税人的销售和服务税抵扣项

可抵扣的进项税：根据有关法规，在计算应纳税额时，下列进项税允许抵扣：

▶ 购入货物时支付的税款

▶ 退回的商品中所含的税款

▶ 分销过程中支付的税款

资本性货物：在计算应纳税额时，纳税人可以将为了生产应税商品或提供应税服务而使用的生产机器设备、零部件的购进支付的销售和服务税从其应纳税额中扣除。但不包括购买交通工具和小汽车支付的销售和服务税，除非该交通工具和小汽车是为了从事该公司的许可经营业务。

当期未能抵扣的销售和服务税进项税额可以结转至以后期间抵扣。

2. 非居民企业的销售和服务税抵扣

通常来讲，外国公司在埃及设立法律机构、场所前不能进行销售和服务税的登记。在埃及没有设立机构或场所而进行的应税商业行为同样需要向税务机关缴纳销售和服务税，但税务局不会就从事该业务支付的销售和服务税退税。对于设立机构、场所的非居民企业向埃及居民企业销售商品，销售和服务税在清关时由进口商缴纳，其向居民企业提供应税服务，税务机关可以要求埃及居民企业为销售和服务税的代扣代缴义务人。

发票和账单：发票应标有连续编号，包含纳税人的销售和服务税注册编码、公司地址以及联系方式。根据埃及税务机关的要求，纳税人应当完好地保留原始凭证以备查验。销售和服务税纳税人应当保留账簿以及相关记录以证实其历史交易，该记录连同有关发票需要从交易发生的财年起至少保存 3 年。

申报表与税款支付：申报表需要按月提交。对于埃及销售和服务税法附表一所列的货物和服务，销售和服务税申报表和税款需在申报期的下一个月内提交和缴纳，对于附表一未列的其他的货物和服务，申报表和税款需在申报期的2个月内提交和缴纳。

（四）其他税务事项

外汇管制：埃及的外汇体系较为市场化。汇率由供给和需求决定，且埃及中央银行或经济部不会进行干预。

转让定价：埃及税法规定转让定价需遵循公平交易原则。企业与其关联方之间的业务往来，不符合独立交易原则而减少企业或者其关联方应税收入或者所得额的，税务机关有权对企业的应税所得做出调整。

然而，在新税法下，企业可以与税务机关事先约定关联交易的转让定价政策（即预约定价安排）。预约定价安排可以保证企业在进行纳税申报后，税务机关不会对转让价格提出质疑并调整，从而避免了罚款和滞纳金。

埃及税务部门与经济合作部门联合发布了转让定价指南。该指南为纳税人申请按公平交易原则为集团内部交易定价提供了向导，同时也列举了纳税人需留存的以表明其符合该准则的相关资料。

油气开发和生产企业的特殊规定

企业所得税：油气开发和生产企业的所得应适用40.55%的所得税税率。特许权协议（Concession agreement）应优先于公法（即所得税法），因而，在签订特许权协议时会约定所得税率为40.55%。

由于埃及国家石油公司（EGPC）是企业所得税的最终承担方（即合同方企业所得税负由埃及国家石油公司承担），因此合同方企业所得税应采用以下含税公式计算：

$$应税收入=预计收入+含税附加值$$

$$含税附加值=(预计收入\times税率)/(1-税率)$$

税收抵免：埃及国家石油公司（EGPC）承担的企业所得税可以由合同方总部进行税收抵免，前提是该合同方所在国有相应的税收抵免政策。

缴税基数：企业所得税的缴税基数是根据特许权协议要求的会计政策编制的财务报表中的税前利润数字来确定。

其他税务减免：特许权协议中应当明确埃及石油公司和合同方相关的税收减免（包括但不限于关税、销售和服务税等）以及未来可能适用的其他税务事项。

二、个人相关事项

（一）个人所得税

以下所得需在埃及缴纳个人所得税：

▶ 不论雇员的居住地、服务发生地或付款地，只要是由埃及政府或者其他埃及公共组织向其雇员支付的工资和劳务所得

▶ 由埃及公司或外国公司支付给居住在埃及境内或境外雇员的来源于埃及的所得（退休金除外）

▶ 如果埃及是个人进行商业、工业或专业活动的总部，支付给埃及居民或个人的非来源于埃及的所得

根据有关法律，拥有永久居住地的个人将被视为居民纳税人。在一个公历年度内当个人在埃及居住超过 183 天将被视为埃及居民纳税人。非居民个人以及外籍专家一般只需就其来源于埃及的收入缴纳个人所得税。

埃及对以下所得征收个人所得税：

▶ 工资薪金所得

▶ 营业所得、非商业所得（自营所得）、不动产所得（包括对农业土地和建筑物租金所得）

▶ 股息红利

▶ 对证券处置的资本利得

个人所得税税率：表 2 累进税率适用于工资薪金所得，商业、工业、非商业以及不动产等的个人所得。

表 2　　　　累进税率

所得额（埃及镑）	税率（%）
0～5000	0
5000～30000	10
30000～45000	15
45000～250000	20
250000～1000000	25

除了上述个人所得税，对于年度应税收入超过 100 万埃及镑的个人则需要额外缴纳 5% 的附加税。该附加税从 2014 年开始连续征收 3 年。埃及居民从其雇主之外的企业取得的收入需要缴纳 10% 的所得税，无扣除额和免税额。

（二）社会保险

只有在埃及进行全职工作的埃及公民才需要缴纳社会保险。雇员按照每月基本工资的 14% 缴纳，并且不超过 1012.5 埃及镑。对超过该限额的部分和对其他收入，包括加班费或津贴等，按照 11% 缴纳，最高不超过 1830 埃及镑。

为了避免双重征收社会保险，保障福利落实，埃及与塞浦路斯、希腊、荷兰和苏丹签订了综合化协议，协议通常无期限。

（三）税款申报和支付流程

埃及的税收年度是日历年。夫妻双方就各自收入分别独立纳税。个人从事商业活动或专业性活动的，应当分别于活动开始后 30 日内和结束后的 30 日内通知有关税务机关。埃及纳税人应当获得纳税登记证。

公司应当代扣代缴雇员的个人所得税并及时向税务机关申报缴纳个人所得税。公司应当在每年 1 月、4 月、7 月、10 月进行季度申报，并在每年 1 月进行全年的雇员个人所得税申报。自由区内的工程项目需代扣雇员的个人所得税，并向税务机关缴纳。非居民以合伙人身份从事商业和工业活动的，必须在财年结束后 4 个月内，或活动结束后 30 天内进行年度纳税申报。

在收到税务机关的税款最终核定通知后 30 天内缴纳相应税款。如逾期缴纳税款，将按照 2% 加上埃及中央银行每年一月份颁布的贷款和贴现利率收取滞纳金。

阿联酋税制介绍

一、企业相关税项

（一）概览

表 1　企业相关税项

税目	税率（%）
企业所得税率	0
资本利得税率	0
分支机构税	0
预提所得税	0
增值税	不适用

注：阿联酋联邦政府没有任何税收。目前在阿联酋没有增值税或类似的消费税种。然而，海合会成员国已同意于2018 年引入增值税，且已宣布增值税税率为5%。

（二）企业所得税

尽管阿联酋无任何联邦税收，每个独立的酋长国（阿布扎比、阿治曼、迪拜、富查伊拉、哈伊马角、沙迦和乌姆盖万）均颁布了企业税法，理论上适用于在阿联酋设立的所有商业实体。但这些税法并未实际施行。各酋长国目前只对与政府订立了特许权协定的油气生产公司和外资银行在阿联酋的分支机构征税。

▶ 外国油气生产公司（在酋长国境内生产石油/二氧化碳的公司），税率由其与酋长国政府签订的特许权协定作出规定并对外保密

▶ 外资银行在阿联酋的分支机构，税率依据特定税收法令或该分支机构所在酋长国协议

在独立的酋长国层面，税收实施形式的变化见于上一段，法律目前并不提供普遍适用的税收豁免方法。投资者应关注税收法律在未来普遍适用的风险，以及（在可能性较低的情况下）追溯征收的风险。同时，投资者也应当关注在中长期范围内，可能会在联邦层面出台相关税收法律。

2015 年 8 月，阿联酋财政部长宣布可能将企业所得税引入阿联酋，但关于税率和时间进程未做详细介绍。财政部长表示，在宣布并且出台相关法律之后，在要求企业履行在阿联酋的企业所得税纳税义务之前，至少需要 12 个月。这将使得企业有时间为企业所得税法的实施做好准备。

税收激励政策：

多个酋长国均设立了自由区域，提供税收和营商鼓励政策，旨在将阿联酋建成为全球金融和商贸中心。这些鼓励政策包括在一定期限内提供税收豁免、允许外资设立 100% 全资机构的可能性、免税区内豁免关税和提供“一站式”行政服务。自由区域包括但不限于迪拜机场免税区、迪拜国际金融中心（通常对应金融服务）、迪拜互联网城、迪拜媒体城、迪拜综合商品城、迪拜世界中心城、杰贝阿里港免税区等，而仅迪拜这一酋长国就拥有约 30 个这样的免税区。

（三）增值税

目前在阿联酋没有增值税或类似的消费税种。然而，海合会成员国（巴林、科威特、阿曼、卡塔尔、沙特阿拉伯以及阿联酋）已同意于 2018 年引入增值税，且已宣布增值税税率为 5%。

海合会各成员国财政部正采取措施，使增值税在 2018 年 1 月 1 日前得以实施。所有海合会成员国须在 2018 年底前完成增值税实施。一旦海合会的增值税框架获得批准，并在全国范围内立法（预计在 2016 年底前完成），企业将在有限时间内为增值税的引入做准备。企业应当已在评估增值税引入对其业务的影响，并已着手为阿联酋及海合会成员国间的增值税制进行准备。

(四)关税

阿联酋是海湾合作委员会(海合会)成员国,其他成员包括巴林、科威特、阿曼、卡塔尔和沙特阿拉伯。2002 年 12 月 22 日,这些成员国通过了海合会关税法实施法则,统一了所有成员国的关税征收程序,建立了一个关税联盟,联盟内所有成员均执行海合会关税法。但在实际操作中,各国执法上存在差异。

在海合会关税法下,除烟、酒(通常适用更高税率)及其他豁免名录上的商品(通常适用更低税率或零税率)外,大部分国外进口商品需按发票上的到岸价(含成本、保险费和运费)的 5% 缴纳关税。进口关税仅在首次进入海合会成员国时征收,海合会成员国不征收任何出口关税。

一般情况下,货物进入阿联酋境内的自由区域时不产生关税,从阿联酋自由区域离境时也不产生出口关税。但货物移出阿联酋自由区域、随后进入海合会成员国国内,则在货物进入海合会成员国的首个入境地征收进口关税。

(五)外汇管制

阿联酋联邦政府和各酋长国均不实行外汇管制。

(六)税收约定

阿联酋目前与下列国家/地区签订了具有效力的税收约定:

▶ 阿尔巴尼亚
▶ 阿尔及利亚
▶ 亚美尼亚
▶ 奥地利
▶ 阿塞拜疆
▶ 孟加拉
▶ 白俄罗斯
▶ 比利时
▶ 波黑
▶ 文莱
▶ 匈牙利
▶ 印度
▶ 印尼
▶ 爱尔兰
▶ 意大利
▶ 日本
▶ 哈萨克斯坦
▶ 韩国
▶ 拉脱维亚
▶ 黎巴嫩
▶ 新加坡
▶ 斯洛文尼亚
▶ 西班牙
▶ 斯里兰卡
▶ 苏丹
▶ 瑞士
▶ 叙利亚
▶ 塔吉克斯坦
▶ 泰国
▶ 突尼斯

- ▶ 保加利亚
- ▶ 加拿大
- ▶ 中国
- ▶ 塞浦路斯
- ▶ 捷克
- ▶ 埃及
- ▶ 爱沙尼亚
- ▶ 芬兰
- ▶ 法国
- ▶ 格鲁吉亚
- ▶ 德国
- ▶ 立陶宛
- ▶ 卢森堡
- ▶ 马来西亚
- ▶ 马耳他
- ▶ 菲律宾
- ▶ 波兰
- ▶ 葡萄牙
- ▶ 罗马尼亚
- ▶ 俄罗斯
- ▶ 塞尔维亚
- ▶ 塞舌尔
- ▶ 土耳其
- ▶ 土库曼斯坦
- ▶ 乌克兰
- ▶ 委内瑞拉
- ▶ 越南
- ▶ 也门

此外，阿联酋目前正与下列国家/地区进行针对税收约定的谈判、再谈判、签署，及批准、翻译、生效的工作：

- ▶ 安道尔
- ▶ 阿根廷
- ▶ 巴巴多斯
- ▶ 伯利兹
- ▶ 贝宁
- ▶ 科摩罗
- ▶ 克罗地亚
- ▶ 厄瓜多尔
- ▶ 埃塞俄比亚
- ▶ 斐济
- ▶ 希腊
- ▶ 根西岛
- ▶ 几内亚
- ▶ 中国香港特别行政区
- ▶ 泽西岛
- ▶ 约旦
- ▶ 肯尼亚
- ▶ 吉尔吉斯斯坦
- ▶ 利比亚
- ▶ 列支敦士登
- ▶ 马其顿
- ▶ 马拉维
- ▶ 毛里塔尼亚
- ▶ 摩尔多瓦
- ▶ 尼日利亚
- ▶ 巴勒斯坦
- ▶ 秘鲁
- ▶ 斯洛伐克
- ▶ 乌干达
- ▶ 英国
- ▶ 乌拉圭
- ▶ 乌兹别克斯坦

二、个人所得税

（一）收入所得税

阿联酋当前不向个人征税。

（二）其他税收

阿联酋不征收资本利得税，而是将资本利得作为企业运营利润的组成部分进行征税。阿联酋也不征收财产净值税、遗产税或赠与税。

（三）社会保障

阿联酋不对外籍人士征收社会保障税。根据相关法规要求，拥有阿联酋国籍和其他海合会成员国国籍的雇员须缴款退休基金，其中在阿布扎比酋长国工作的阿联酋公民仅需向“阿布扎比退休金和福利基金”缴纳款项即可。

三、石油天然气相关税制

（一）概览

阿联酋石油天然气企业适用的税制可总结为：

▶ 特许权类

a. 特许权使用费

b. 企业所得税（详见第一部分）

▶ 资本利得税率（详见第一部分）

▶ 分支机构税率（阿联酋联邦政府和每个独立的酋长国均未发布）

▶ 预提所得税率（阿联酋联邦政府和每个独立的酋长国均未发布）

（二）企业所得税

各酋长国目前只对阿联酋上游企业（即阿联酋油气生产企业）按照特定的并且保密的特许权协议进行征税。

通常，签订特许权协议的企业也要为油气开采支付特许权使用费。税率因不同案例而定。有关油气资源的勘探、开发、生产成本和费用，以及企业损失一般允许税前扣除。

（三）增值税

如上所述，目前在阿联酋没有增值税或类似的消费税种。然而，海合会成员国已同意于2018年引入增值税，且已宣布增值税税率为5%。

老挝税制介绍

一、企业相关税项

（一）概览

表 1　企业相关税项

税目	税率（%）
企业所得税	24①
资本利得税	—②
分支机构税	24③
预提所得税④	
股息	10
利息	10
特许权使用费	5
税务亏损	（年限）
向以前年度结转	0
向以后年度结转	3
增值税	
增值税适用于年收入超过 4 亿基普（约 50000 美元）以及自愿注册增值税的企业	
应税货物、材料和服务	10
出口货物、材料和服务	0
不动产的租赁的所得税；收款人获得收入时应税	10

续表

税目	税率（%）
消费税对进口商品的价值征税	
燃料	5 ~ 25
酒精饮料	50 ~ 70
软饮料和矿泉水	5 ~ 10
卷烟和雪茄	60
香水和化妆品	20
摩托车	10 ~ 25
汽车	25 ~ 150
摩托艇	15
电子产品（电视、相机以及乐器）	10
冰箱、洗衣机和吸尘器	10
运动相关（如斯诺克、足球、游戏机）	20 ~ 30
娱乐（夜总会、迪斯科以及卡拉 OK）	60
移动电话和互联网	10
彩票和赌博活动	25 ~ 80
社保；对每月工资（2 百万基普为限）进行征收	
雇员	5. 5
雇主	6

个人所得税——雇佣所得采用累进制税率

应纳税所得额		
超过部分单位（基普）	未超过部分单位（基普）	税率（%）
0	1000000	0
1000000	3000000	5
3000000	6000000	10
6000000	12000000	12
12000000	24000000	15
24000000	40000000	20
40000000	—	24

个人所得税——其他所得采用固定税率

税目	税率（%）
合伙人或股东收取的股息、红利，及转让股份所得	10
利息、佣金、担保费	10
经营所得	10

续表

税目	税率（%）
高于100万基普的奖金、彩票以及其他偶然性质的个人所得	10
土地、房屋、车船、建筑物、机器设备等财产租赁所得	10
专利权、著作权、商标等特许权使用费收入	5
土地使用权，建筑物以及建设用地转让所得	5

注：①又称为“利得税”。烟草公司的适用税率为26%。

②税法未明确针对转让有形资产取得的资本利得的相关税收规定。转让股票取得的收益适用税率为10%。

③老挝所得税相关法律法规未对“常设机构”进行定义。只有特定行业的外国公司能够在老挝设立分支机构，如外国银行、金融机构、保险公司或航空公司。

④该项为对老挝及外国的法人企业和个人最终征收的预提所得税。

（二）企业所得税

1. 利得税

从事生产、贸易及提供服务的公司及个人应就其来源于老挝的所得缴纳老挝利得税。从老挝境内取得收入或与老挝境内的项目委托人共同成立合营企业的外国公司也应缴纳老挝利得税。

在计算利得税时，老挝法人企业分支机构的所得应并入母公司的所得中计算应纳税所得。

2. 利得税税率

商业活动利得税的基本税率为24%。

从事特定行业（如采矿业）的企业，根据与政府之间的协定，将适用不同的利得税税率。

根据所从事的行业及所处地区的不同，外国投资者在一定时期内可以享受免税优惠。

在老挝上市的公司可享受4年的利得税优惠税率。

3. 总额税

个人所得及未进行增值税税务登记的中小企业适用总额税。

4. 资本利得

税法未对转让有形资产取得的资本利得是否应缴纳资本利得税进行规定。然而，转让证券取得的收益应按 10% 的税率缴纳资本所得税。

5. 税收征管

通常情况下，老挝的纳税年度为一个日历年。

采用高级会计制度或普通会计制度的企业及个人应分别于 4 月 10 日、7 月 10 日及 10 月 10 日按季度申报及预缴利得税，并于次年 3 月 10 日之前进行汇算清缴。每季度预缴税款将基于上一年度汇算清缴的应税所得或本年度的预计所得计算。预缴税款超额部分可在年终汇算清缴时抵扣，或结转以后年度抵扣。

采用基本会计制度的企业及个人应根据其与政府达成的协定申报及缴纳利得税。

6. 股息

支付股息的企业在分派股息时应适用 10% 预提所得税。

（三）应税所得计算

1. 概论

计算企业及个人利得税应税所得的方式取决于纳税人所采用的高级、普通和基本会计制度。

采用高级会计制度或普通会计制度的企业及个人可选择以下任一方式计算应税所得：

► 资产的年终价值与该资产的年初价值之间的差额，减去当年投入的资本，加上股东或企业所有者的个人支出（也称为“利润法”）

► 总收入减去所有法定扣除项目

采用基本会计制度的企业及个人采用“总收入减去法律允许扣除的支出”的方法计算其应税所得。如果无法计算总收入与支出之间的差额，也可选择直接申报年度总利润。年度总利润由年度总收入乘以利润率得出，不同行业的利润率有所不同。

应税收入包括以下收入：

▶ 从事手工业、农业及工业取得的收入

▶ 从事开发、开采自然资源取得的收入

▶ 从事进出口业务取得的收入

▶ 从事银行、保险及金融业务取得的收入

▶ 从事旅游业取得的收入（包括酒店行业）

▶ 从事彩票、赌博及运动行业取得的收入

▶ 提供一般服务取得的收入

可扣除项目包括以下支出：

▶ 一般商业支出，包括电费、广告费、维修费用、工资薪金支出、福利及社保支出、房租、利息及保险费用等

▶ 折旧（见折旧部分）

▶ 交通支出，最高扣除限额为年收入的0.6%

▶ 业务招待费及通信支出，最高扣除限额为年收入的0.4%

▶ 捐赠支出，最高扣除限额为年收入的0.3%

与生产经营活动无关的支出不可进行税前扣除。其他不可进行税前扣除的项目包括：

▶ 利得税

▶ 向股东支付的利息（与资本性投入相关的部分）

▶ 罚款

▶ 高尔夫、舞蹈、礼品及奖励相关支出

▶ 预提准备金及其他不可预见的支出

2. 存货

法律中没有规定存货估价的基础。纳税年度的存货按成本或净可实现价值孰低作价。

3. 折旧

可以以直线法或贬值法计算折旧。收购或处置的当年，可以将投入使用的部分资产计提折旧。直线法下的折旧率见表2。

表 2　　直线法下的折旧率

资产	年折旧率（%）
无形资产	20 ~ 50
建筑物	
工业用楼	2 ~ 5
商住楼	5 ~ 10
机器设备	20
机动车辆	20
办公设备	20
软件	50

开办费用可在两年内进行分摊。

4. 亏损结转

亏损可以在三年内进行结转。损失不可向以前年度结转。

（四）外汇管制

老挝银行决定本国的外汇管制政策。通过提交规定的证据资料，外国投资者可以自由地将他们的税后利润和资本汇回本国。

老挝的货币单位是基普（LAK）。允许持有外币银行账户。

（五）税收协定预提所得税税率

表 3　　税收协定预提所得税税率

	股利（%）	利息（%）	版税（%）
文莱	5/10	10	10
中国内地	5	5/10	5/10
韩国	5/10	10	5
马来西亚	5/10	10	10

续表

	股利（%）	利息（%）	版税（%）
缅甸	5	10	10
泰国	15	10/15	15
越南	10	10	10
无双重协定的国家/地区	10	10	5

二、个人相关事项

（一）所得税

1. 纳税义务人

根据2011年12月20日的税法21号，个人或法律实体来源于老挝的所得需缴纳个人所得税。

下列及其他人员须在老挝缴纳所得税：

▶ 在老挝取得收入的个人

▶ 在国外的大使馆、领事馆办公处或国际组织工作，并在老挝取得收入的老挝员工

▶ 从老挝或国外接收工资并在老挝工作的外国人，适用双重税收协定除外

2. 应纳税所得

雇佣所得：雇佣所得包括工资、薪金、奖金、加班费、预付工资、补贴以及以现金或其他形式发放的酬劳。

3. 其他所得

以下所得为应税所得：

▶ 股息、红利和支付给股东或根据合同或其他有约束力的义务而取得的其他分红以及出售股票的收益

▶ 贷款利息收入、佣金以及担保费
▶ 经营所得
▶ 个人奖金、彩票以及其他偶然性质的所得
▶ 租赁土地、房屋、车船、建筑物、机器设备等财产取得租赁所得
▶ 专利权、著作权、商标等特许权使用费收入

4. 免税收入

以下所得为免税收入：
▶ 工资、薪金收入低于100万基普的部分
▶ 在老挝证券交易所转让的股权所得
▶ 发放给学生、配偶以及未成年人的补贴、生育补贴以及事故补贴
▶ 在老挝证券交易所上市的符合特定条件的支付给合伙人或股东的股利

5. 个人可扣除、减免项

扣缴的养老保险和其他福利基金可以税前扣除。

根据从2004年10月22日起施行的老挝促进外商投资法第11条，外商投资企业雇佣外国员工适用的所得税率为10%，其劳动合同在2011年3月1日前签订或展期的，可以继续沿用10%的个人所得税率直到其劳动合同结束为止。

（二）社保保险

1. 缴纳金额

根据老挝社会保险体系法第34条，雇员和雇主的所需要缴纳的社保金分别为收入的5.5%和6%。该比率适用于收入不超过200万基普的雇员，因此雇员每月最多需要缴纳110000基普，雇主则为120000基普。

2. 范围

以下单位或个人为社保缴纳对象：
▶ 国家机构
▶ 社会公共组织

▶ 提供劳动岗位和支付工资薪金的企业和单位

▶ 自由职业者和自愿者

法规中没有规定在老挝工作的外国雇员需要在老挝社会保险系统中登记，因此外国雇员是否为社保缴纳义务人依然存在争议。

（三）纳税申报和支付程序

工资、薪金实行源泉扣缴，在支付日的下个月 15 日前向当地税务局申报。雇主为代扣缴申报义务人。

租金收入必须在取得实际收入 10 日内向主管税务局机关办理纳税申报。

如企业或个人为以下所得支付者时必须进行代扣代缴，在支付后 10 日内内向主管税务局机关办理纳税申报：

▶ 股利

▶ 贷款利息

▶ 特许权使用费

▶ 支付股份转让款

▶ 金额超过 100 万基普的彩票或奖金

中国香港地区税制介绍

一、企业相关税项

（一）概览

表 1　　企业相关税项

税种	适用税率（%）
企业利得税	16.5
资本利得税	0
分支机构税	16.5
预提税	
股息	0
利息	0
特许权使用费（包括专利、技术等）	
支付给公司	4.95/16.5①
支付给个人	4.5/15①
分支机构汇款税	0
营业净亏损（年）	（年限）
向以前年度结转	0
向以后年度结转	无限制

注：①这是适用于香港无经营业务人群的最终税率。对于公司收款，一般预提税率是4.95%。对于个人收款（包括非法人企业），一般预提税率是4.5%。然而，如果收款人是付款人的关联方并且知识产权之前由香港纳税人所有，则公司收款的预提所得税率为16.5%，个人收款（包括非法人企业）的预提税率为15%。

（二）企业所得税

1. 利得税

凡在香港经营任何行业、专业或业务而从该行业、专业或业务获得于香港产生或来源于香港的所有利润均需缴纳利得税。而没有在香港经营任何行业、专业或业务的外国企业从香港纳税人收取的特许权使用费也应在香港缴纳预提税。（参考（一）表1）

香港征税基础为属地原则。利润和收入来源的确定非常复杂且通常包含不确定性，需要根据具体案例情况具体分析。因此，纳税人可就交易事项的税务影响向税务局申请预先裁定，这期间可能需缴纳特定费用及符合一定的程序。

2. 利得税税率

利得税税率为16.5%。

对于公司从期限少于7年的符合条件的债务工具获得的利息所得和交易利润以8.25%的税率征税，而对于从更长期限的金融工具获得的利息所得和交易利润则免除征税。在香港获得授权的专业再保险公司的离岸风险再保险的收入有可能会被征税，税率为利得税的50%（即征税税率为8.25%）。在香港的授权专属自保保险人可永久按离岸风险保险业务收入的8.25%征税。经授权的及某些正当广泛持有的共同基金、集体投资方案和单位信托免税。

3. 企业财资中心税收优惠

为鼓励跨国企业在香港设立企业资金管理中心（CTCs），香港政府提议对于符合资质的企业资金管理中心获得的应税收入以8.25%的优惠税率征收利得税。

4. 非居民基金免征税款

若非居民实体（包括公司、合伙人和信托财产受托人）在香港的活动仅限于特定的交易和/或仅附带此类交易，则相应的收入在香港免税。若一个实体的中心管理和控制所在地为香港以外，则被认为是非居民实体。特定的交易泛指以下：投资基金（如涉及证券、期货和货币的交易）、商品交易和除存款放债业务以外的交易。

反避税措施规定在某些情况下，在免税非居民基金投资的居民被视为获得基金免税收入的一部分，无论基金是否作出实际分配，收入都须被征税。

5. 资本利得

香港对资本利得免征税，而资本损失不抵扣利得税。

6. 征收管理

财政年度从 4 月 1 日起到来年 3 月 31 日止。如果会计期间和财政年度不一致，会计期间的利润将被视为是在该会计期间结束时所属财年的盈利。对于业务开始和结束的时间界定，以及如何处理小于或大于 12 个月的会计期间，有专门的规定。

企业通常在一个财年缴纳两次利得税。第一次缴纳的税款为当前年度 75% 的预缴税款加上上一年度最终支付额的 100%。第二次缴纳的税款为当前年度预缴税款的 25%。税款支付时间由评税通知书而不是预设的日期决定，通常为财年的 11 月到 4 月。

7. 股息

香港不向支付给境内或境外股东的股息征收预提税。另外，从外国公司获得股利在香港免税。

8. 国外税收抵免

在某些情况下，国外已缴纳的税收可在香港获得抵免。国外税收抵免在香港和其他司法管辖区间签订了全面避免双重征税协定/安排的情况下适用。然而，抵免金额不应超过香港税法下与收入相关的应纳税税额。香港避免双重征税的相关细节，请参考（五）。

（三）应税利润的确定

1. 概述

该评估是基于以公认会计原则准备的账目，并根据相关的法规做相应的税务调整。

通常情况下，在金融机构的存款利息所得免征利得税。然而，当利息受益方是一个金融机构或者当存款被用贷款担保并且相应的利息费用已在税前扣除，则不适用于该项豁免。

费用须在为赚取应税利润时产生。某些特定的费用不可税前扣除，包括家政及私人开支、资本支出、改进成本、按保险赔付款和税款。利息的扣除有一定的限制（参考（四））。

2. 存货

存货通常以成本与可变现净值孰低原则计量。成本采用先入先出法（FIFO）或者平均成本、标准成本或者调解售价基础上确定。不接受后进先出法（LIFO）。然而，这不适用于以交易为目的而持有的股份和证券。

3. 折旧

工业建筑：对新建工业建筑，在支出发生的当年可享受20%的初期折旧。在建筑首次投入使用开始，年度折旧额为符合条件资本支出的4%。对于购买二手建筑没有初期折旧，但是年度折旧额仍然适用。受某些例外情况的影响，工业建筑是指用于符合条件的交易的建筑。

商业建筑：商业建筑可享受年度折旧额（每年符合条件的资本支出的4%）。不符合工业建筑条件的建筑为商业建筑。房地翻新成本，除了那些用于国内住宅的，可以等量在5年内扣除。

指定工业装置和机械：满足一定条件的情况下，与制造业有关的工业装置和机械以及计算机软件硬件支出的100%，可在当年全额扣除。

环保设施：满足一定条件的情况下，对于合格环保机械和车辆的资本支出在发生支出的当年全额扣除。建筑内合格环保装置的安装支出可等量在5年内扣除。

其他工业装置和机械，以及办公设备：对非制造相关的工业装置和机械，以及办公设备，在购买当年可享受60%的初期折旧额。在余额递减法下，在资产首次投入使用当年开始计算，年初余额的10%、20%或者30%可作为年度折旧额。因此，在第一年的折旧总额比例（初期及年度）可达64%、68%或72%。

机动车：购买机动车的当年可享受60%的初期折旧额。在统筹系统（余额递减法）下，在资产首次投入使用当年开始计算，年初余额的30%可作为年度折旧额。

知识产权：反避税条款中规定，购买专利、行业技术、注册商标、版权及注册设计的资本支出可在1~5年内进行摊销。

冲回：如果出售折旧资产收益超过税收折旧价值，则折旧额需要冲回。冲回规则也适用于规定的工业装置及机械（与制造业有关的工业装置及机械，计算机硬件和软件）以及以前完全注销的环保机械和设备。因此，在出售当年，规定资产销售收益（不超过资产原始成本的收益部分）一般包含在课税利润里。商业和工业建筑的折旧额（不超过其原始成本的折旧部分）可能被冲回。根据折旧率的不同，资产池系统（余额递减法）下的可折旧资产可分配至以下三个区间：10%、20%或30%。从池中资产销售所获得的收入（不超过资产成本的部分）从池余额中扣除。如果池余额为负，则会增加应赋税利润。

4. 营业亏损补偿

在1年内遭受的损失可以无限期结转并用以抵消该公司随后几年的利润，不适用向以前年度结转。亏损公司的交易被特定的规则禁止。此外，特定规则规范正常商业损失与特惠营业收入（即以特惠税率而不是普通税率征税的收入）相互抵消，反之亦然。

5. 公司集团

不允许合并申报。香港不为税务亏损提供集团内抵免。

（四）其他事项

1. 兼并和重组

公司在香港进行收购业务时，须决定是收购目标公司的股份或者资产。与其他司法管辖区不同，香港税法不允许相关资产的计税基础受股权交易而影响。不论支付的股价为多少，目标公司的资产仍保持相同的计税基础。

从2014年3月3日开始生效，新公司条例（第622条）推出措施促进组内两个或多个全资公司合并，而无须法院批准。目前税务条例中并未涉及免除法院批准的相关内容，因此需要适时在实际评估中落实具体措施。

2. 反避税立法

人为的、虚构的或者以节约税款为主要目的的交易可能在一般反避税税务措施中被否认。此外，若公司股东持股变化的主导意图是利用税收亏损，则不能使用税收亏损结转。其他具体反避税措施包括侦查香港当地公司与外国关联方公司间某些杠杆和跨境租赁、不合理交易，和利用私人服务公司来掩饰雇主与雇员关系的措施。

3. 外汇管制

香港不实行外汇管制。

4. 伊斯兰债券

相对于常规债券，特殊的法律框架给一些常见类型的伊斯兰债券（sukuk）的印花税、所得税和物业税提供了类似的税收待遇。然而，对于伊斯兰债券没有特殊税收优惠政策。

5. 利息支出

为了防止避税，香港税制对利息费用的扣除采取了限制。

一般情况下，根据反避税规则，借入款项利息在香港可抵税，如果其是为赚取应评税利润而产生的并且满足以下附加条件之一：

▶ 收受人在香港对利息缴税

▶ 利息支付给在香港或海外认可的金融机构

▶ 利息由在香港上市或认可的海外市场的债务工具产生

▶ 利息从非关联方所借款项产生，并且款项完全以融资购买工业装置及机械的支出或交易股票

香港政府提议，根据某些反避税规定，如果借款方是专门从事借贷的关联公司并且贷款方所在国的相关税费已由贷款方以不低于8.25%或16.5%的税率支付，则向海外关联公司借款产生的利息支出是可以税前抵免的。

6. 中国主权

自1997年7月1日起，根据中国宪法第31条，香港已是中国的一个特别

行政区（SAR）。然而，作为一个特别行政区，香港拥有基于普通法和区别于中国大陆所使用系统的税收制度。

此外，香港（中国香港）与世界各国、各区域及相关国际组织在金融、航运、通信、旅游、文化、体育等领域保持发展关系，签署并履行各项协议。

（五）税收协定/安排

香港和中国大陆税务机关均认可中国大陆与其他国家/地区的税收协定/安排不包括香港。

为避免对航运收入双重征税，香港已与丹麦、德国、挪威、新加坡、斯里兰卡和美国签订协议。这些协议约定在缔约一方境内其他区域的从事国际运输企业获得的利润及资本利得可在缔约另一方享受免税优惠。然而，在香港和斯里兰卡之间的协议中，从国际运输船舶运营所得利润的50%可在来源地征税。除了这些协议，与智利、韩国和新西兰的税务机关也签署了相互豁免条款。

香港已与几个辖区关于航空公司利润签订避免双重征税协定/安排，包括：

- 孟加拉国
- 克罗地亚
- 丹麦
- 爱沙尼亚
- 埃塞俄比亚
- 斐济
- 芬兰
- 德国
- 冰岛
- 以色列
- 约旦
- 肯尼亚
- 韩国
- 老挝
- 中国澳门特别行政区
- 马尔代夫
- 毛里求斯
- 挪威
- 俄罗斯联邦
- 塞舌尔
- 新加坡
- 斯里兰卡
- 瑞典

根据这些协议，香港航空公司来自这些签署国的国际运输收入免税。然而，香港航空公司的国际运输收入在香港须征税。

香港也与表2列示的司法管辖区签署了以经济合作与发展组织（OECD）采用的传统税收协定/安排为蓝本而制定的全面性避免双重课税协定/安排。该表显示了由香港支付给缔约另一方居民的股息、利息和特许权使用费的预提税税率。表2中税率遵循条约税率与香港法律适用税率孰低原则选取。

表2　　与香港签署了全面避免双重课税协定/安排的国家（地区）

	股利（%）	利息（%）	特许权使用费（%）
奥地利	0	0	3
比利时	0	0	4.5/4.95①
文莱达鲁萨兰国	0	0	4.5/4.95①
加拿大	0	0	4.5/4.95①
中国大陆	0	0	4.5/4.95①
捷克共和国	0	0	4.5/4.95①
法国	0	0	4.5/4.95①
根西岛	0	0	4
匈牙利	0	0	4.5/4.95①
印度尼西亚	0	0	4.5/4.95①
爱尔兰	0	0	3
意大利	0	0	4.5/4.95①
日本	0	0	4.5/4.95①
新泽西	0	0	4
韩国	0	0	4.5/4.95①
科威特	0	0	4.5/4.95①
列支敦士登	0	0	3
卢森堡	0	0	3
马来西亚	0	0	4.5/4.95①
马耳他	0	0	3
墨西哥	0	0	4.5/4.95①
荷兰	0	0	3
新西兰	0	0	4.5/4.95①
葡萄牙	0	0	4.5/4.95①
卡塔尔	0	0	4.5/4.95①
南非	0	0	4.5/4.95①
西班牙	0	0	4.5/4.95①
瑞士	0	0	3
泰国	0	0	4.5/4.95①
英国	0	0	3
越南	0	0	4.5/4.95①
非条约的国家/地区	0	0	4.5/4.95①

注：①香港的个人（包括未注册业务）和公司预提税税率分别为4.5%和4.95%。这些税率低于相关协议的税率，因此，选用香港当地税率。

二、个人相关事项

（一）薪俸税

1. 应税个人

个人从香港办事处、香港就业或从任何纳税年度超过60天的访问期间内提供的服务中赚取的所得，都须缴纳薪俸税。

香港按属地原则征税，因此，除了个别的情况，税务居民的概念在确认税务义务方面没有太多意义。

2. 应评税收入

各类型的收入评税说明如下。

受雇工作收入：应评税收入由所有现金薪酬，包括奖金和酬金组成。实物福利大部分不纳税，除非将他们兑换成现金或者与假期旅游、孩童教育有关。由雇主提供的住宿福利需要纳税。应纳税额取决于住宿类型，范围为雇员其他纳税收入的4% ~10%。

一名雇员如果他或她的收入源自香港，即使他或她不是常住居民，也应缴纳薪俸税。然而，除了董事费，法定豁免适用于所有服务在香港以外提供的或一个课税年度内在港服务不超过60天的雇员。相反，如果非居民在香港未受雇在一个课税年度内在香港服务超过60天，他或她须按比例计算征税。

自雇和业务收入：任何在香港从事专业贸易或业务的人都须就其来源于香港的所得缴纳利得税。应纳税所得额由一般公认会计准则确定，并根据从判例法衍生的税法和原则进行调整。

如果一个人收到租金收入但相应的租赁活动不构成商业行为，收入将按物业税而不是所得税（参见税率）征税。物业税按照香港房产租金的80%以15%的税率征收，因而实际税率为12%。

利得税、薪俸税及物业税是分开课税的。如果对纳税人有利，永久或暂时的香港居民个人可选择根据个人入息课税评估标准评估（即按薪俸税方法；

参考税率），对他或她的所有来源的收入及亏损综合征收。

3. 投资收益

非投资企业基金获得的利息收入及所有股息收入都免税。

在香港，支付给非居民的股利或利息不征收预提税。然而，对使用知识产权而支付给非居民个人的特许权使用费被认为是来源于香港业务所得，须缴纳 4.5% 的实际预提税。如果收款人与付款人有关联，并且相应的知识产权之前由在香港从事行业、专业或业务的人拥有，预提税须提高至 15%。

4. 董事酬金

在香港进行中央管理及控制的企业支付的董事费须在香港缴纳薪俸税。否则，董事费不征税。

5. 雇主提供的股票期权税收

雇主提供的股票期权在行权时须征税。然而，对于非香港雇佣并且只根据他或她在香港提供服务按天数比例征税的个人，部分或全部期权所得可从应纳税所得额中扣除。扣除的金额取决于各种因素，包括期权是否有条件或无条件产生；如果有条件产生，则取决于个人在等待期内在香港提供服务的天数。

6. 就业相关的股份奖励税收

就业相关股份奖励通常被认为是就业津贴，并作为薪酬的一部分征税。一般情况下，当一个雇员获得被授予股份的全部经济利益时，需就股份奖励征税。如果雇员为非香港雇佣，须纳税部分参考按他或她在港提供服务天数的比例分配得出的股票期权收益得出。

7. 资本利得

香港不对资本利得征税。

8. 扣除

扣除的费用：若费用全部由纳税人为赚取应税利润产生，可获税前扣除。为赚取应税利润而使用的工业装置及机械也可能获得折旧额（资本津贴）。

个人扣除额和津贴：计算薪俸税的时候，支付给特定教育机构的教育费用扣除额可达 80000 港币一年。认可的教育捐款最高可按应纳税收入的 35% 扣除。住房抵押贷款扣除额，最高每年达 100000 港币，最长 15 年。从 2015—2016 税务年度开始，"认可职业退休金计划"的供款可扣除额高达 18000 港币。

对于收入水平低于"收支平衡点"的个人（即 15% 的标准适用税率起征点，参考"税率"）享有薪俸税下个人免税额。对于 2015—2016 纳税年度，个人津贴数额见表 3：

表 3　　　　个人津贴额

个人免税额	港元
规定的免税额	
单身①	120000
已婚②	240000
子女免税额	
一孩至九孩（每人）	100000
每个在当年出生的子女（附加）	100000
供养父母/祖父母免税额（每人）	
▶60 岁及以上	
▶与纳税人共住	80000
▶不与纳税人共住	40000
▶55～59 岁	
▶与纳税人共住	40000
▶不与纳税人共住	20000
长者住宿照料开支③	最高 80000
供养残疾人免税额（每人）	66000
供养兄弟姐妹免税额（每人）	33000
单亲免税额	120000④

注：①适用于单身或已婚但没有选择合并评税的个人。

②适用于已婚人士且其配偶没有应评税入息的个人，或选择了合并评税的夫妇双方的任一方。

③此纳税减免不可与同一需照料者的其他赡养纳税减免共同使用。

④适用于在评估当年单身、丧偶、已婚但与其配偶分居或离异以及是子女唯一、主要监护人，同时也必须符合享受子女免税额条件的个人。

商务扣除及资本津贴：为赚取应纳税所得额产生的费用可以抵扣。某些特定费用不能抵扣，包括家政和私人开支、资本性开支或任何损失或资本撤离、用于改进方面的成本以及已付和应付税款。利息抵扣根据详细规则来确定。

在某些条件满足的情况下，购买计算机硬件或软件、用于制造业的工业装置及机械、合格的环保机械及环保型车辆的资本开支可即时获得100%的抵扣。用于其他工业装置及机械的资本支出的初始扣除额为60%，余额可按资本相关的分类，在以后年度10%、20%或30%的比例计算分摊。对于某些环保设备及建筑结构（除境内建筑或因各业务而改变的建筑外）翻新，可获20%的年度折旧额（基于成本），持续5年。

对新建工业建筑，在支出发生的当年可适用20%的初期扣除额，年度折旧额为在建筑首次投入使用当年产生的符合条件资本支出的4%。对于购买二手建筑初期扣除额不适用，但是每年折旧仍然适用。用于商业建筑符合条件的每年资本支出可获4%的年度折旧额。

若资产出售所得超出其折旧后净值，以上提及的所有资本折旧额可能被冲回。

税率：在香港征收三种独立的所得税，而不是单一的一体所得税。

以下是对于2015年4月1日到2016年3月31日这段时期三种税制的适用税率的介绍：

▶ 利得税：按非企业专业、贸易或行业收入的15%的统一税率征收

▶ 物业税：扣除20%的标准抵扣后，按租金收入的15%的统一税率征收

▶ 薪俸税：按净应课税入息（应税收入减去个人抵扣及免税额）按2%～17%的累进税率征收或按应评税入息减去个人抵扣的15%的统一税率（最高利率）征收，两者取较低应纳税额征收

表4为2015年4月1日至2016年3月31日薪俸税的累进税率表。

表4　　累进税率

应税收入实额港币（HKD）	税率（%）	税款港币（HKD）	累进税款（HKD）
最初40000	2	800	800
增加40000	7	2800	3600
再增加40000	12	4800	8400
剩余	17	—	—

9. 退税

2015—2016 年财务预算建议包含 2014—2015 纳税年度的一次性退税额。退税为薪俸税及个人应评税款的最终应纳税额的 75%，每种情况下最多不超过 20000 港币。

10. 损失补偿

个人企业亏损的计算与利润计算方式相同，并可在同一业务的未来收入中无限结转或者与个人入息评估下其他收入来源相互抵消。以上两种情况中，亏损都不能被转回。

（二）遗产税

自 2006 年 2 月 11 日起遗产税被废止。该日及以后去世的人士，其遗产无须缴纳遗产税。

（三）社会保险税

香港没有社会保险税。雇主与雇员双方每月需缴纳一定供款到认可的强制性公积金计划（除非雇员已参与其他认可的职业退休计划）。供款额度为雇员收入的 5% 或 1500 港元的较低者。

（四）纳税申报及税款缴纳程序

香港的纳税年度为每年的 4 月 1 日到次年的 3 月 31 日，违反纳税申报表申报期限要求会带来罚款。自然纳税人需要在个别人士综合申报表中申报所有收入，包括经营收入、雇佣收入以及资产租赁收入在内的全部收入。针对已婚人士，薪俸税根据个人收入自动计算、分别扣缴。但已婚人士也可以选择将两人的薪俸合并计算税款，或选择将两人的所有来源收入合并计算所得税。

除雇员于非任职期间将离港超过 1 个月以上者，薪俸税没有代扣代缴的要求。所得税、薪俸税或物业税都需要在预缴税系统下进行预缴。预缴税的评估通常基于上一课税年度的纳税额得出。纳税人可以分两期缴纳税款，第一期为上一课税年度纳税额的75%，通常在课税年度的最后一季度进行预缴；第二期，即上一课税年度纳税额的25%，则在3个月后预缴。在课税年度的实际收入确定后，将会进行最终纳税评估，并退还多缴的预缴税款。最终纳税评估将与下一课税年度的预缴税评估同时进行，且最终税负缴纳期限与下一课税年度的第一期（75%）预缴税期限相同。

（五）境外税收抵免和税收协定/安排

个人因香港雇佣关系在香港境外取得的收入，如果在境外同样需要纳税且相应税款已扣缴，则可以免除缴纳香港薪俸税。

若无境外税收抵免和税收协定/安排规定，境外已缴税款在香港不享受税收抵免。但特定情况下符合香港税法规定要求的境外已缴税款可以享受所得税抵免。香港签订的所有避免对所得双重征税的协定/安排，均适用于香港居民的相应收入，使其可享受境外已缴税收抵免。

香港已与以下国家/地区签订并实施了避免对所得双重征税的协定/安排：

- 奥地利
- 比利时
- 文莱
- 加拿大
- 捷克
- 法国
- 根西岛
- 匈牙利
- 印尼
- 爱尔兰
- 日本
- 科威特
- 列支敦士登
- 卢森堡
- 中国大陆
- 马来西亚
- 马耳他
- 墨西哥
- 荷兰
- 新西兰
- 葡萄牙
- 卡塔尔
- 瑞士
- 泰国
- 英国
- 越南

香港与以下国家/地区签订相关协定/安排但未获核准生效：

- 意大利
- 韩国
- 南非
- 阿联酋